西山慶彦
新谷元嗣
川口大司
奥井 亮

計量経済学

Econometrics:
Statistical
Data Analysis
for Empirical
Economics

YUHIKAKU

有斐閣

はしがき　ECONOMETRICS

　本書は，大学学部から大学院修士課程までの計量経済学の勉強に使うことができる教科書を目指して，執筆されたものです。近年，統計分析あるいはデータ分析一般について大きな期待とともに注目が集まっており，多くの教科書や一般向けの新書が出版されています。また，経済分析のための統計手法である計量経済学は，ここ 20 年の間に，大きな進展をとげました。本書は計量経済学の内容を，計量経済学の初学者から大学院修士レベルの読者を対象に，現在の経済実証分析で要求される水準に即して解説しています。そのため，内容的には初歩から始めて，現在進められている比較的新しい研究の流れや結果まで含めてあります。とくに，近年重要性が高まっている因果関係をデータ分析によって解明するための手法である因果推論に関する議論と，マクロ経済分析の実態に即した時系列分析の解説は，日本語で書かれた計量経済学の本格的な教科書としては類をみないものになっていると思います。また，初学者にとって難しいと思われる項目には，その見出しに ★ を付しています。それらの項目は，読み飛ばしても通読できるようになっていますが，関心のある読者の方は，ぜひチャレンジしてください。

　本書を書くにあたって，とくに次の点に留意しました。第 1 に，分析の目的がどのように計量経済学モデルやその分析手法と関連してくるのかを，直観的に理解できるよう説明しました。とくに前提とする仮定の実証分析における意味や役割を詳しく述べています。第 2 に，実証分析を行う読者に向けて，分析結果の解釈の仕方や実際の分析において注意すべき点などを丁寧に解説しました。また，卒業論文はもちろん，修士論文の実証分析に用いることができる水準の手法の紹介も含めるようにしました。第 3 に，実証例を豊富に紹介しています。実証例として，若干単純化しつつも実際に学術雑誌に掲載された論文の分析結果を使いました。また，そこで用いられるデータは，本書のウェブサポートページに公開されており，読者がダウンロードして自分で再現することができます。それによって，臨場感のある実証例を学ぶことができるのと同時に，読者自身が研究者レベルの計量経済分析を追体験できるようにしました。第 4 は，因果関係の考え方に注意して説明しました。経済データは観測

i

や調査に基づくデータがほとんどであり，自然科学の実験データのように因果関係を取り出しやすいデータではありません。そのため，本書全体を通じて，経済データから変数の因果関係を量的・質的に明らかにするための条件や手法についてとくに注意深く説明することを心がけました。第5は，時系列分析を現在のマクロ経済分析の実態に即して解説するように心がけました。

本書は 12 章構成の本文と巻末付録に分かれており，本文は初学者にも読み進められる内容にし，例を交えながらできるだけ平易な言葉で書くように努めました。ただし，より進んだレベルの勉強にも対応できるように，過度に難しくならない範囲で発展的な内容や新しい研究結果が紹介されている箇所もあります。行列表記を用いた説明など数学的に難しい内容は巻末付録で紹介しました。

本文はイントロダクションとなる第 1 章を除いて 3 つの部で構成されています。第 I 部「基礎編」では，確率・統計の基礎を復習しますが，十分な知識がある読者は第 II 部「ミクロ編」から読み始めても構いません。第 II 部ではミクロ計量経済分析を取り扱います。これは，個人や家計，企業といった経済単位に関して収集されたデータを用いて行う分析で，本書ではとくに回帰分析，操作変数法，パネルデータ分析，制限従属変数モデル，政策効果分析について解説します。近年，学術研究の現場ではある政策について，洗練された計量経済学の手法に基づいてできるだけ正確に因果関係を捉えたうえでその効果を分析するための取り組みが数多く行われています。この政策効果分析の理論的な背景と具体的な実践的手法を，具体例を交えて解説している点が本書の特長の 1 つとなっています。第 III 部「マクロ編」はマクロ計量経済分析で，国や都道府県等の単位で集計された経済データの分析法を解説します。ここでは，時系列分析の技術を用いたアプローチが中心になります。記述統計としての系列相関，それを説明する時系列モデルを解説したあと，実際の経済データに見られるトレンド，構造変化，因果性と共和分といったトピックを紹介します。全体を通じて，重要な箇所は例題で理解を確認しつつ勉強を進められるようになっています。

巻末付録では線形代数を用いた表現が必要な場合を含め，数学的に難しくなる部分を解説しています。大学院修士レベルを念頭においており，ある程度の数学的な準備が必要になります。線形代数と漸近理論の基礎知識を巻末付録 A で，それらを用いて本文で紹介した推定法や検定法の統計的性質を示す証明を巻末付録 B で解説しました。難しいと感じる内容があるかもしれません

が，必要に応じて繰り返し読んで理解を深めてもらえれば幸いです。加えて，レポートや卒業論文等で初めて計量経済分析に取り組む際の参考として，実際に実証分析を行う際の進め方の手引きを巻末付録 C に含めています。これは川口が一橋大学，東京大学での学生指導に用いている教材に手を加えたものです。また，巻末付録 D として，本書以外に統計学や計量経済学の勉強に役立つ書籍を紹介しました。その他計量経済分析でよく使われるデータの所在や統計解析ソフトの案内が，例題や練習問題に用いるデータとともに本書のウェブサポートページに公開されておりますので，適宜，勉強に活用してください。

本書を採用いただく先生方へ

　本書は，学部生向けあるいは修士課程向けのさまざまなレベルの計量経済学の授業で使用することができます。第 2 章と第 3 章で確率・統計の基礎を紹介していますが，基本的には学部で 2 単位の確率・統計の講義を受講した経験のある学生を対象とした講義での使用を想定しています。

　各章を教授するのに必要な時間は次の通りです。講義 1 回当たり 90 分としますと，第 2 章と第 3 章は，あわせて 2 回から 4 回程度の講義が，受講生の確率・統計の準備度合いに応じて必要となるでしょう。それ以降の各章は 2 回の講義が必要と考えます。もし，問題演習や統計分析ソフトを用いた実習などを加える場合，講義も含めて各章 3 回の授業時間が必要になると思います。

　学部生向けの計量経済学入門の 2 単位授業ですと，第 I 部すべてと第 II 部から 1 つか 2 つのトピックを選ぶとよいかと思います。また，2 単位の計量経済学入門の授業を終えたあとに，第 I 部の復習と第 II 部を合わせて，2 単位のミクロ計量経済学の授業を編成することができるでしょう。あるいは，第 I 部の復習と第 III 部を合わせて 2 単位のマクロ計量経済学の授業を編成することもできます。講義のみの 4 単位授業であれば，巻末付録を除いた本書すべてをカバーすることが可能だと思います。問題演習やデータ分析実習も含むのであれば，1 つか 2 つの章は扱う時間が足りないかもしれません。

　修士課程向けの応用を主とする課程の 2 単位授業では，応用の対象に合わせて，上記の学部向けのミクロ計量経済学あるいはマクロ計量経済学の授業の構成を利用することができるかと思います。また 4 単位授業の場合は，本書すべてをカバーすることができるでしょう。経済学研究者養成を目的とする課程の場合はさらに巻末付録の内容も議論するか，経済学研究者養成向けに特化

した別の教科書を使用する必要があるでしょう。

謝　辞

　本書の執筆に当たり，有斐閣書籍編集第 2 部の尾崎大輔氏（企画当時），岡山義信氏には，筆の進まない著者たちが少しでも効率的に執筆を進められるように，企画の段階から最終稿の完成まで多大な時間と労力を割いて手厚いサポートをいただきました。また，著者 4 名が東京，京都，上海（当時）に散らばっているため，インターネット回線や有斐閣 TV 会議システム等を駆使して打ち合わせ会議を実現していただき，本当にお世話になりました。朝井友紀子氏，神林龍氏，近藤絢子氏，坂口翔政さん，藪友良氏，山口慎太郎氏，要藤正任氏には，論文で使用されたデータを提供いただき，またデータの解説や原稿へのコメントをいただきました。大城愛子氏，川田恵介氏，依田高典氏，若狭愛子氏には実証分析例の説明や，制度的な背景，適切な用語についての助言をしていただきました。また，片山宗親氏，金燕春さん，栗田高光氏，塩路悦朗氏，宮越龍義氏，京都大学経済学部で西山が行った演習に出席した学部生の坂下史幸さん，田中新一郎さん，畠山喜充さん，早川裕太さん，平沢俊彦さん，正木克弥さん，それにソウル大学の鄭用載さんには，本書の原稿を読んで数多くのコメントをいただき，本書の内容を改善することができました。深く感謝します。

　本書が計量経済学を学ぶ多くの人たちに座右の書として役立てていただけることを願います。

　2019 年 5 月 29 日

　　　　　　　　　　　　　　有斐閣 TV 会議システム上にて　　著者一同

ウェブサポートページのご案内

以下のページで，本書の実証例や練習問題で用いるデータセット，分析コード例などを提供しています。ぜひダウンロードしてご利用ください。

http://www.yuhikaku.co.jp/books/detail/9784641053854

著者紹介　ECONOMETRICS

西山 慶彦（にしやま　よしひこ）　〔担当：第 1, 2, 3, 4 章，付録 A，B〕
2000 年，ロンドン・スクール・オブ・エコノミクス博士課程修了
現職：京都大学経済研究所教授，Ph.D.（経済学）
専門：計量経済学
主著：

Nishiyama, Yoshihiko, Kohtaro Hitomi, Yoshinori Kawasaki, and Kiho Jeong (2011) "A Consistent Nonparametric Test for Nonlinear Causality: Specification in Time Series Regression," *Journal of Econometrics*, 165(1), 112-127.

Hitomi, Kohtaro, Yoshihiko Nishiyama and Ryo Okui (2008) "A Puzzling Phenomenon in Semiparametric Estimation Problems with Infinite-Dimensional Nuisance Parameters," *Econometric Theory*, 24(6), 1717-1728.

Nishiyama, Yoshihiko and Peter M. Robinson (2005) "The Bootstrap and the Edgeworth Correction for Semiparametric Averaged Derivatives," *Econometrica*, 73(3), 903-948.

新谷 元嗣（しんたに　もとつぐ）　〔担当：第 10, 11, 12 章〕
2000 年，イェール大学経済学部博士課程修了
現職：東京大学大学院経済学研究科教授，Ph.D.（経済学）
専門：マクロ経済学，計量経済学（とくに時系列分析）
主著：

Inoue, Atsushi and Mototsugu Shintani (2018) "Quasi-Bayesian Model Selection," *Quantitative Economics*, 9(3), 1265-1297.

Park, Joon Y. and Mototsugu Shintani (2016) "Testing for A Unit Root Against Transitional Autoregressive Models," *International Economic Review*, 57(2), 635-664.

Crucini, Mario J., Mototsugu Shintani, and Takayuki Tsuruga (2015) "Noisy Information, Distance and Law of One Price Dynamics across US Cities," *Journal of Monetary Economics*, 74, 52-66.

川口 大司（かわぐち　だいじ）　〔担当：第 8, 9 章，付録 C〕

2002 年，ミシガン州立大学経済学部博士課程修了

現職，東京大学大学院経済学研究科教授，Ph.D.（経済学）

専門：労働経済学

主著：

Kawaguchi, Daiji, and Yuko Mori (2016) "Why Wage Inequality Have Evolved so Differently between Japan and the US? The Role of Supply of College Educated Workers," *Economics of Education Review*, 52, 29-50.

Kawaguchi, Daiji, Tetsushi Murao, and Ryo Kambayashi (2014) "Incidence of Strict Quality Standards: Protection of Consumers or Windfall for Professionals?" *Journal of Law and Economics*, 57(1), 195-224.

川口大司（2017）『労働経済学——理論と実証をつなぐ』有斐閣。

奥 井　亮（おくい　りょう）　〔担当：第 1, 5, 6, 7 章，付録 C, D〕

2005 年，ペンシルベニア大学経済学部博士課程修了

現職：東京大学大学院経済学研究科教授，Ph.D.（経済学）

専門：計量経済学（とくにミクロ計量経済学，パネルデータ分析），実験経済学

主著：

Lee, Yoon-Jin, Ryo Okui, and Mototsugu Shintani (2018) "Asymptotic Inference for Dynamic Panel Estimators of Infinite Order Autoregressive Processes," *Journal of Econometrics*, 204(2), 147-158.

Hossain, Tanjim and Ryo Okui (2013) "The Binarized Scoring Rule," *Review of Economic Studies*, 80(3), 984-1001.

Kuersteiner, Guido and Ryo Okui (2010) "Constructing Optimal Instruments by First Stage Prediction Averaging," *Econometrica*, 78(2), 697-718.

目　次　ECONOMETRICS

はしがき　i

著者紹介　v

第1章　計量経済学の目的と特徴　I

1　計量経済学とは何か　2

2　計量経済学がなぜ必要か　3
観察データを用いた分析(4)　経済モデルの推定(5)　経済データの特徴(6)

3　経済データ　7
経済データの入手(8)　さまざまな経済データ(8)

4　本書の構成　10

第Ⅰ部　基礎編：実証分析のための基礎知識

第2章　データの整理と確率変数の基礎　14

1　データの整理　15

1-1　代表値とヒストグラム　15
データの中心(15)　データの散らばり(17)　データの標準化(18)　ヒストグラム(19)

1-2　散布図と相関　22
散布図(22)　相関係数(22)

2　確率変数とその分布　26

3　1次元確率変数と分布　27

3-1　1次元離散確率変数　27
確率関数と分布関数(27)　分布の代表値(28)　ベルヌーイ分布(32)　二項分布(33)　ポアソン分布(34)

3-2　1次元連続確率変数　34
分布関数と密度関数(34)　分布関数と密度関数の性質(38)　分布の代表値(39)　期待値，分散の性質と標準化(40)

3-3　正規分布　45
正規分布の性質(45)　標準正規分布(47)　正規分布と関連するその他の分布(47)　χ^2分布(48)　t分布(48)　F分布(49)

4　2次元確率変数と分布　49

vii

4-1 2次元離散確率変数 49
　同時確率関数と同時分布関数(49)　　周辺分布(50)　　条件付き分布(53)
　条件付き分布と独立(54)

4-2 2次元連続確率変数 55
　同時分布関数と同時密度関数(55)　　周辺分布(56)　　条件付き分布と独立
　(57)

4-3 分布の代表値 58
　離散確率変数(58)　　連続確率変数(61)

4-4 2次元正規分布 64

4-5 k 次元確率変数 71
　分布関数と密度関数(71)　　期待値と分散(72)　　独立(73)　　多項分布と
　k 次元正規分布(74)

第3章　統計理論の基礎 79

1 点 推 定 80

1-1 母集団と標本 80

1-2 望ましい点推定 81
　不偏性(81)　　一致性(83)　　効率性(83)

1-3 期待値の推定 84
　標本平均の期待値と分散(84)　　大数の法則と確率収束(84)　　中心極限定
　理と分布収束(85)

1-4 分散と共分散の推定 87

2 区 間 推 定 89

3 仮 説 検 定 90

3-1 仮説検定の考え方 90

3-2 検定の一般的な手続き 92
　検定統計量と帰無仮説，対立仮説(92)　　有意水準と検出力(93)　　棄却域
　と p 値(93)

3-3 t 検 定 94

4 ★ 尤度を使った方法 96
　最尤推定(97)　　尤度比検定(100)

第4章　線形単回帰モデルの推定と検定 103

1 単回帰モデル 104
　線形単回帰モデル(104)　　さまざまな回帰モデル(106)

2 直線の当てはめと最小2乗法 108

2-1 最小2乗法 109

2-2 予測と残差 111

viii

2–3 回帰の特殊例 113

説明変数がない回帰(113) 定数項がない回帰(113) 説明変数がダミー
変数の回帰(114)

3 決 定 係 数 114

4 OLS 推定量の統計的性質 117

条件(118) 回帰分析における因果関係(119) 不偏性と一致性(121)
漸近正規性(123)

5 最小 2 乗推定量の漸近分散の推定 124

6 回帰係数の検定と区間推定 126

係数の仮説検定(126) 区間推定(127) 実証例 4.1 労働生産性と実
質賃金の関係(128)

7 均 一 分 散 129

均一分散の場合の漸近分散(130) ガウス＝マルコフの定理(132) t 統
計量の分布(132)

8 補足といくつかのトピック 132

非線形回帰(132) 非確率的な説明変数(133) 相関と因果(133) 逆回
帰(135) 異常値と LAD (136)

9 ま と め 136

第 5 章 重回帰モデルの推定と検定 141

1 重回帰モデルと欠落変数のバイアス 142

重回帰モデル(142) 欠落変数のバイアス(143) 欠落変数問題の解決法
としての重回帰分析(146) 内生と外生(147)

2 最小 2 乗法 150

OLS 推定量(150) 実証例 5.1 信頼と規範が経済成長に与える影響の
重回帰分析(151) FWL 定理(152) 実証例 5.2 FWL 定理の確認
(154) 実証例 5.3 FWL 定理の別表現の確認(155)

3 自由度修正済み決定係数 156

通常の決定係数(156) 自由度修正済み決定係数(157) 注意点(158)

4 OLS 推定量の理論 159

重回帰分析の仮定(159) OLS 推定量の性質(160) 実証例 5.4 信頼
と規範が経済成長に与える影響の重回帰分析の標準誤差(163)

5 多重共線性 164

多重共線性の例(164) 多重共線性の定義(165) ダミー変数の罠(166)

6 非線形モデル 168

多項式モデルと交互作用モデル(168) 実証例 5.5 信頼と規範が経済
成長に与える影響の多項式モデル(170) ダミー変数の交差項(172)
実証例 5.6 都市化の度合いと初期時点 GDP の交互作用(173)
実証例 5.7 都市化の度合いと初期時点 GDP のダミー変数同士の交互作

目 次 ix

用(175)

7 複数の制約からなる仮説の検定　175
　結合仮説(176)　　　F 検定(176)　　　実証例5.8　非線形モデルにおける結合仮説の検定(178)　　　F 値(180)　　　★ 係数の線形変換の標準誤差(180)　　★ ボンフェローニの方法(183)　　　実証例5.9　ボンフェローニ検定(184)

8 変 数 選 択　185
　欠落変数の問題を回避するためにモデルに含める(185)　　含める変数によってモデルの解釈が変化しうる(188)　　どの変数をモデルに含めるかによって推定の精度が変わる(190)

9 実証例：信頼と規範とが経済成長率に与える影響　191
　問題意識(191)　　　データ(192)　　　結果(194)

10 ま と め　196

補論 A：信頼と規範が経済成長率に与える影響の実証例で使用したデータについて　203

★ 補論 B：均一分散の場合の F 検定について　204

★ 補論 C：モデルに含める変数と推定誤差の関係　206

第 II 部　ミクロ編：ミクロデータの分析手法

第6章　パネルデータ分析　210

1 パネルデータ　211

2 パネルデータの特徴と分析上の利点　212
　プールした最小 2 乗推定量(212)　　　パネルデータ利用の利点(215)

3 固定効果モデル　216

4 固定効果推定量　217
　固定効果推定量の計算方法(217)　　　実証例6.1　保育所が母親の就業に与える影響の固定効果推定(220)　　最小 2 乗ダミー変数（LSDV）(221)

5 固定効果推定量の漸近理論　222
　固定効果推定のための仮定(222)　　　固定効果推定量の性質(227)　　標準誤差(229)　　　実証例6.2　保育所が母親の就業に与える影響の固定効果推定の標準誤差(231)　　　実証例6.3　保育所が母親の就業に与える影響のプールされた OLS 推定の標準誤差(231)

6 時間効果，個別トレンドの導入　233
　時間効果(234)　　　実証例6.4　保育所が母親の就業に与える影響の時間効果を入れた分析(236)　　観察個体と時点の両方の固定効果(237)　　実証例6.5　保育所が母親の就業に与える影響の都道府県効果と年効果を入れた分析(239)　　★ 個別トレンド(240)　　　実証例6.6　保育所が母親の就業に与える影響の個別トレンドと年効果を入れた分析(241)

x

7 実証例：保育所定員率が母親の就業に与える影響　242
　　データ(242)　　分析結果(244)

8 パネルデータ分析における決定係数　246

9 1 階差分変換　249
　　1 階差分推定量(249)　　★2 階差分を用いた個別トレンドモデルの推定(250)

10 ★ 変量効果モデル　251
　　変量効果(251)　　固定効果と変量効果(252)

11 ★ 補　　足　255
　　不揃いなパネルデータ(255)　　他のクラスター構造を持つデータの分析
　　(257)　　繰り返しクロスセクションデータと疑似パネルデータ(259)

12 ま　と　め　260

補論 A：保育所定員率が母親の就業に与える影響の分析の実証例で使用し
　　たデータについて　264

★ 補論 B：固定効果推定量と LSDV 推定量の同値性　264

第7章　操作変数法　267

1 欠落変数バイアスと操作変数 ●経済成長とプロテスタンティズムの関係を
　　例として　268

2 操作変数法　270
　　操作変数とは(271)　　モーメント法による推定(273)　　 実証例 7.1 　単
　　回帰モデルの操作変数推定(275)

3 漸　近　理　論　276
　　漸近理論のための仮定(276)　　操作変数推定量の漸近的性質(277)　　操作
　　変数推定量の標準誤差とそれに基づいた統計的推測(278)　　 実証例 7.2
　　操作変数推定量の標準誤差(280)

4 2 段階最小 2 乗法　280
　　一般的な操作変数法のモデル(280)　　一般的な操作変数法のためのモデル
　　における外生性(281)　　一般的な操作変数法のためのモデルにおける操作
　　変数の関連性(283)　　丁度識別の場合の推定量(285)　　過剰識別の場合の
　　推定法：2SLS 推定量(286)　　2SLS 推定量の他の解釈(289)

5 2SLS 推定量の漸近理論　293
　　2SLS 推定量のための仮定(293)　　標準誤差に関する補足(294)
　　 実証例 7.3 　19 世紀プロイセンのデータの外生変数を含めた 2SLS 推定
　　による分析(295)

6 操作変数が適切かどうかの判定　296
　　弱い操作変数の問題(296)　　 実証例 7.4 　操作変数の強さの判定(298)
　　過剰識別検定(299)　　 実証例 7.5 　操作変数の外生性の検定(302)

7 19 世紀プロイセンのデータを用いた実証例のまとめ　303

目　次　xi

データ(303)　　分析結果(304)

8 固定効果操作変数推定　307
固定効果モデルの操作変数推定(307)　　私立中高一貫女子校の「サンデーショック」の分析(308)

9 欠落変数問題以外での操作変数の使い道　311
需要曲線と供給曲線の推定(311)　　測定誤差(312)

10 操作変数の見つけ方　313
ランダム化奨励デザイン(313)　　自然実験(316)

11 補　足　317
決定係数(317)　　操作変数の数について(317)　　ハウスマン検定(318)

12 ま と め　320

補論 A：19 世紀プロイセンのデータについて　322

★ **補論 B**：一般的なモデルでの 2 段階最小 2 乗法　323

第8章　制限従属変数モデル　327

1 従属変数が限定された値を取る場合の分析　328

2 被説明変数が 2 値変数の場合　329

2-1 モチベーション：女性の就業選択　329

2-2 線形確率モデル　331

2-3 プロビット・モデルとロジット・モデル　336
プロビット・モデルの構造(336)　　潜在変数を用いたプロビット・モデルの導出(338)　　プロビット・モデルの推定(340)　　プロビット・モデルにおける推定結果の解釈：限界効果(341)　　ロジット・モデル(345)
実証例 8.1　PIAAC を用いた女性の就業選択の実証(347)

3 被説明変数が離散変数の場合　348

3-1 離散変数が順序付けられる場合　349
線形確率モデル(351)　　順序付きプロビット・モデル(352)
実証例 8.2　PIAAC を用いた仕事満足度の決定要因の分析(356)

3-2 連続変数が離散変数に変換されている場合　358
線形モデル(358)　　区間回帰モデル(358)

3-3 離散変数が順序付けられない場合　360
線形確率モデル(360)　　多項ロジット・モデル(362)　　実証例 8.3
PIAAC を用いた就業形態決定要因の分析(364)

4 被説明変数が限定された値を取る場合　●トービット・モデル　366
実証例 8.4　PIAAC を用いた女性の労働時間決定の分析(371)

5 ★ 連続な内生変数があるときの非線形モデルの推定　372

5-1 操作変数がある場合　373
被説明変数が 2 値変数である場合(373)　　被説明変数が制限された値だけ

xii

を取る場合 (376)

5-2 パネルデータが使える場合　377

6 サンプル・セレクション・バイアスへの対応　380
　　爆撃機のどこを強化すべきか (380)　　ヘキット・モデル (382)
　　実証例 8.5　PIAAC を用いた女性賃金の決定要因の分析 (386)

補論 A：逆ミルズ比の導出　390

第9章　政策評価モデル　　391

1 問題の設定　●語学研修プログラムの効果　392
　　ある国立大学の取り組み (392)　　語学研修の効果を評価する (393)

2 無作為参加割当　399
　　社会科学における実験的手法 (399)　　属性変数を用いた検証 (401)　　無作
　　為割当の実証例 (402)　　無作為割当の威力 (404)

3 属性変数を制御することによる評価　404
　　母集団における識別 (404)　　ATE, ATT の推定方法 (407)

4 マッチング推定法　410
　　属性変数をまとめた指標による制御 (410)　　傾向スコア・マッチング (410)

5 ★ ノンパラメトリック回帰を用いたマッチング法　414

6 線形回帰モデルによる属性変数の制御　416

7 ランダム化奨励デザインによる評価　418
　　ランダム化奨励デザイン (418)　　操作変数法による局所平均処置効果の推
　　定 (419)　　操作変数とプログラム参加の関係 (421)

8 自然実験を用いた内生性の回避　423
　　自然実験アプローチ (423)　　差の差（DD）推定 (426)　　差の差推定と回
　　帰分析 (430)　　広島大学における短期留学補助プログラム効果の実証例
　　(432)　　ドイツにおける課税の帰着の実証例 (436)　　差の差の差（DDD）
　　推定 (438)

9 回帰非連続デザイン　442
　　シャープな回帰非連続デザイン (442)　　ブラジルにおける電子投票制度に
　　関する実証例 (448)　　ファジーな回帰非連続デザイン (450)　　高校卒業の
　　シグナリング効果に関する実証例 (452)

第Ⅲ部　マクロ編：時系列データの分析手法

第10章　系列相関と時系列モデル　　460

1 マクロ経済データの分析　461

1-1 マクロ時系列データとその変換　461

原系列(461)　　名目系列と実質系列(462)　　対数系列とトレンドの除去
(463)　　階差系列と変化率(464)　　季節調整済み系列(466)

1-2　系列相関と景気循環　　470

1-3　変数間の相関と回帰分析　　471

2　系列相関の検定　　476

自己共分散と自己相関(476)　　系列相関の検定統計量(479)
実証例 10.1　GDP ギャップの系列相関(482)　　**実証例 10.2**　ホワイ
トノイズの系列相関(482)　　回帰残差を用いた系列相関の検定(483)
実証例 10.3　フィリップス曲線の誤差項の系列相関(484)

3　系列相関がある場合の回帰係数の検定　● **HAC 標準誤差**　　484

説明変数がないモデル(484)　　説明変数があるモデル(491)
実証例 10.4　フィリップス曲線の HAC 標準誤差(494)

4　時系列分析の基礎　　495

自己回帰モデル(495)　　ラグ次数の選択：AIC と BIC(499)
実証例 10.5　GDP ギャップの AR モデルのラグ選択(501)

5　分布ラグモデル　　503

GLS 推定(503)　　自己回帰分布ラグモデル(505)　　回帰残差を用いた系
列相関の検定：一般的な場合(507)　　**実証例 10.6**　ラグ付きインフレ率
を含むフィリップス曲線の推定と誤差項の系列相関の検定(510)

6　分散変動の時系列モデル　　512

ARCH モデル(512)　　ARCH 効果の診断(514)　　GARCH モデル(516)
実証例 10.7　ARCH モデルと GARCH モデルの推定(518)

7　ま　と　め　　519

補論 A：マクロ経済分析で使用するデータについて　　522

補論 B：系列相関がある場合の標本平均の分散の導出　　524

補論 C：HAC 標準誤差のラグ次数の厳密な選択法　　525

補論 D：AR(1) モデルの残差の自己相関の分布の導出　　526

第11章　トレンドと構造変化　　529

1　マクロ経済データのトレンド成分　　530

トレンド・サイクル分解とは(530)　　線形トレンド(531)　　非線形トレン
ド(533)　　ホドリック＝プレスコット・フィルター(535)　　確定トレンド
と確率トレンド(538)　　構造変化(540)

2　線形トレンドとトレンド・サイクル分解　　541

線形トレンドモデルの OLS 推定量の一致性と漸近正規性(541)　　系列相
関と GLS 推定(544)　　**実証例 11.1**　GDP の線形トレンド・モデル推
定(547)

3　単位根検定　　549

xiv

ディッキー゠フラー検定(549)　　実証例 11.2　為替レートの単位根検定
(552)　　拡張ディッキー゠フラー検定(554)　　実証例 11.3　インフレ率
の単位根検定(555)

4 ★ 確率トレンドとトレンド・サイクル分解　557
　　　　実証例 11.4　ランダムウォーク型のトレンド・インフレ率の推定(560)

5 構造変化の検定　563
　　　　構造変化点が既知の場合(563)　　構造変化点が未知の場合(565)
　　　　実証例 11.5　水準シフト型のトレンド・インフレ率推定と構造変化検定
(567)　　実証例 11.6　外国為替市場介入関数の構造変化検定(568)

6 ま　と　め　571

補論 A：季節ダミー変数による季節調整　573

補論 B：単位根検定の漸近分布　574

補論 C：パネル単位根検定　576

第12章　VAR モデル　　　　577

1 マクロ経済変数のシステム分析　578
　　　　短期金利と長期金利(578)　　AR モデルから VAR モデルへ(580)

2 因果性の検定　581
　　　　時系列モデルと予測(581)　　グレンジャー因果性(583)　　実証例 12.1
　　　　金利の期間構造とグレンジャー因果性(587)　　シムズ検定(588)
　　　　実証例 12.2　金利の期間構造とシムズの因果性検定(589)　　グレンジ
ャー因果性と政策評価の関係(589)

3 見せかけの回帰と共和分　591
　　　　見せかけの回帰(591)　　実証例 12.3　南極のペンギンの数と日本の
GDP (592)　　共和分の定義(593)　　エングル゠グレンジャー検定(595)
　　　　実証例 12.4　金利の期間構造と共和分(597)　　実証例 12.5　南極のペ
ンギンの数と日本の GDP (再考)(598)　　誤差修正モデル(598)
　　　　実証例 12.6　金利の期間構造と誤差修正モデル(600)　　共和分係数の動
学 OLS 推定量(600)　　実証例 12.7　金利の期間構造と動学 OLS 推定
(601)

4 ★VAR モデルの定常性と共和分階数　602
　　　　AR モデルの定常性(603)　　VAR モデルの定常性と共和分(606)　　ヨハ
ンセン検定(608)　　実証例 12.8　金利の期間構造と共和分階数(610)

5 ★インパルス応答関数と分散分解　611
　　　　短期制約(612)　　実証例 12.9　GDP と銀行貸出(617)　　インパルス応
答関数と政策評価の関係(620)　　長期制約(621)　　実証例 12.10　沖縄
返還と通貨切替え(623)　　符号制約(624)

6 ま　と　め　624

目　次　xv

★ 補論 A：ヨハンセンの共和分検定　　626

付録 A　線形代数と漸近理論の基礎　　631

A.1　ベクトルと行列　　631
　　ベクトル(631)　　行列(631)

A.2　ベクトルと行列の演算　　632
　　行列の足し算と引き算(632)　　掛け算(633)　　いろいろな行列(634)
　　行列のトレース(634)　　行列のノルム(634)　　1次独立とランク(634)
　　逆行列(635)　　行列式(635)　　固有値と固有ベクトル(637)　　半正値定
　　符号行列(637)　　行列の大小(638)　　べき等行列(638)　　行列の分解
　　(639)　　ベクトルによる微分(642)

A.3　確率変数を要素に持つベクトルと行列　　642
　A.3.1　期待値と分散　　642
　A.3.2　正規確率変数ベクトル　　643

A.4　k 変量確率変数の標本平均の期待値と分散　　644

A.5　いくつかの確率分布　　645
　　χ^2 分布(645)　　t 分布(646)　　F 分布(646)

A.6　漸近理論（大標本理論）　　646
　A.6.1　大数の法則　　647
　A.6.2　チェビシェフの不等式と大数の法則の証明　　647
　A.6.3　中心極限定理　　649
　A.6.4　確率収束と分布収束の保存　　650
　A.6.5　スチューデント化した標本平均の漸近分布　　650

A.7　指数関数と対数関数　　651
　　指数の性質(651)　　指数関数(652)　　対数関数(652)　　対数の性質(652)
　　対数関数の性質(653)

付録 B　回帰分析，モーメント法，最尤法の漸近理論　　655

B.1　最小2乗推定量の漸近理論　　655
　B.1.1　単回帰の最小2乗推定量と漸近分散の導出　　655
　　漸近分散の一般形(655)　　均一分散のもとでの漸近分散(657)
　B.1.2　重回帰における OLS 推定量の導出　　657
　B.1.3　OLS 推定量の一致性と漸近正規性　　658
　　一致性(658)　　漸近正規性と漸近分散(659)
　B.1.4　トレンド・モデルの最小2乗推定　　659
　B.1.5　OLS 残差と R^2 の表現　　661
　　OLS 残差の性質(661)　　総変動の分解と R^2 の表現(661)

xvi

B.1.6 OLS 推定量の分散の推定量 $\hat{V}$ の一致性 662

不均一分散に頑健な $\hat{V}$ (662)　　均一分散の場合 (663)

B.1.7 FWL 定理 664

部分回帰 (664)　　FWL 定理 (666)

B.1.8 ガウス = マルコフの定理 667

B.1.9 ワルド検定と F 検定 668

頑健な F (F_{rob}) (668)　　均一分散の場合 (670)　　制約が 1 つと 2 つの場合の F 統計量 (673)

B.1.10 不均一分散, 系列相関と HAC 標準誤差 674

B.2 GLS 推定量の漸近理論 676

B.2.1 GLS 推定量の導出 676

B.2.2 一致性と漸近正規性 677

B.2.3 F G L S 678

B.2.4 GLS 推定量の漸近分散の推定 679

B.3 一般化モーメント法（GMM）の漸近理論 679

B.3.1 モーメント法 679

B.3.2 一般化モーメント法 680

一致性 (681)　　漸近正規性 (682)　　効率的 GMM (682)　　J 検定 (684)

B.3.3 線形モデルの一般化モーメント法と 2 段階最小 2 乗法 685

線形モデルにおける GMM と 2SLS の関係 (685)　　線形モデルにおける J 検定 (687)

B.4 最尤推定の漸近理論 687

B.4.1 最尤推定量の漸近的性質 687

一致性 (688)　　漸近正規性 (689)

B.4.2 ロジット推定とプロビット推定の漸近分散 690

効率性 (689)　　二項選択モデル (691)　　プロビット推定量の漸近分散 (691)　　ロジット推定量の漸近分散 (692)

付録 C　実証研究の手引き 693

C.1 は じ め に 693

C.2 テーマ設定から研究対象の確定まで 694

問題意識：テーマを見つける (694)　　データを集める (694)　　仮説を立てる (695)　　先行研究を調べる (696)　　作業の順序 (697)

C.3 分析を進める 697

データの整理と記述統計のまとめ方 (697)　　モデルと推定手法 (697)　　分析結果のまとめと解釈 (698)

C.4 ま　と　め 698

目　次　xvii

付録 D　文献ガイド　702

D.1　統計学・計量経済学の基礎的な文献　702

D.2　ミクロ計量経済学の発展的な文献　703

D.3　マクロデータ，時系列分析の発展的な文献　703

付　表

1　標準正規分布　704
2　χ^2_k 分布　705
3　$F_{k,\,\infty}$ 分布　706

引 用 文 献　707

事 項 索 引　713

人 名 索 引　724

◆ **COLUMN**

2-1　連続確率変数の分布関数，密度関数と期待値，分散　42
3-1　母集団と標本の考え方　82
4-1　「回帰」という言葉の由来　115
5-1　内生と外生の用語の変遷　148
5-2　因果関係と因果推論　149
5-3　フリッシュ：計量経済学の創始者　155
5-4　成 長 回 帰　192
5-5　有 意 の 星　196
7-1　構造形と誘導形　290
7-2　生まれた四半期を用いた研究　300
7-3　操作変数としての「雨」　314
8-1　デルタ法とブートストラップ法　344
9-1　アングリストらによる自然実験アプローチの発展　424
10-1　フィリップス曲線の推定と基本的な解釈　474
10-2　フィリップス曲線からニューケインジアン・フィリップス曲線へ　516
11-1　最適な金融政策とトレンド・サイクル分解　561
12-1　シムズとマクロ経済の実証分析　618

（本文中の重要な語句〔キーワード〕および基本的な用語を太い青字〔**ゴシック体**〕にして示した。）

xviii

第 1 章 計量経済学の目的と特徴

2018（平成30）年4月27日の第2回EBPM推進委員会の模様。近年、日本においても証拠に基づく政策形成（EBPM：evidence based policy making）の重要性が指摘されている。そのため、経済問題に関して統計的な証拠を得る手段である、計量経済学の重要性はますます高まっている。

（写真：内閣府）

CHAPTER 1

INTRODUCTION

計量経済学とは、経済の実証分析における経済データの分析手法に関する学問である。主に次の3つの理由から、一般的なデータ分析に関する学問である統計学との関連を保ちつつも、計量経済学は経済学の1分野としての独自性を持ちながら発展してきた。1つめの理由は、経済学では、人々の自発的な行動の結果を記録した観察データを使用することが多いが、それを用いて原因と結果の因果関係を正確に分析するためにはさまざまな課題があるためである。2つめは、経済学の理論モデルを実際のデータに当てはめる手法が求められるためである。3つめは、パネルデータや時系列データなど経済学に特徴的なデータを扱える分析手法が必要となるためである。本章ではこれらの論点を概観した後、経済学の実証分析で使用されるデータの種類とその特徴を解説する。そして、本書の構成を述べる。

KEYWORD
FIGURE

計量経済学とは何か

　経済学研究は，大きく理論分析と実証分析とに分けられる。理論分析では，個人，家計，企業，政府，地方自治体といった経済主体がどのような行動原理に従って経済活動を行い，その結果としてどのような均衡や不均衡，その他の経済状態が実現するかを明らかにすることを目指す。そこでは理論上の結果が得られるものの，それが必ずしも実際の経済をうまく表現するものであるとは限らない。なぜなら理論研究では，効用関数や生産関数の特定化や経済主体の最適化の行動原理など，分析結果を得るまでに多くの仮定や仮説が前提とされているが，それらが実際の経済社会で本当に成立しているという保証は必ずしもないからである。そこで，経済データを用いた実証分析によって経済の実態を明らかにし，そのような理論が妥当性を持つか否かを調べる研究が行われる。他方，特定の経済理論を前提としない実証分析によってそれまで知られていない実態が明らかになったとき，理論研究者はなぜそのようなことが起こるのか，そのメカニズムを記述するための新たな理論の構築を模索する。このように，経済学研究は，理論分析と実証分析が互いに影響を与え合いながら発展してきた。

　計量経済学は，実証分析における経済データの分析手法を研究することを目的とする。上に述べたように，データを用いて経済の実態を探ることは，経済理論と現実の経済の橋渡しをする重要な分析である。計量経済学は，そのための枠組みや手法を提供するという根本的な役割を担っているため，現在の経済学教育においては，ミクロ経済学，マクロ経済学と並んで，中核をなす科目と位置づけられている。なお，実証分析も含めて計量経済学と呼ばれることもあるが，通常は，実証分析は実際にデータを用いて経済学への貢献のある結論を得る分析，計量経済学はその分析手法を与えるものとして切り分けられる。実証分析は，応用計量経済学や計量経済分析と呼ばれることもある。

　計量経済学の主たる役目は，まずどのような統計モデルを実証分析に使うことが適切か検討し，そしてそのモデルの統計解析にあたって良い性質を持っている統計手法を開発すること，あるいは既存の手法が良い性質を持っているかどうかを調べることである。経済理論から実証分析に直結するモデルが得ら

れることは稀であるため，実証分析ではまず経済理論と入手できる経済データおよびその特徴を理解したうえで，統計分析に用いる計量経済モデルを構築する必要がある。それを用いて実証分析を行う統計手法を検討するステップに進む。

計量経済学では，数理統計学で漸近理論と呼ばれるアプローチにより，統計手法の良し悪しを判断することが多い。漸近理論は大標本理論とも呼ばれ，データに含まれる観察点の個数が多い場合での統計量の性質を近似的に求める方法である。漸近理論に照らして良いとされた手法は，少なくとも大規模なデータではうまくいく保証が得られるわけである。数理統計学では，大標本理論に対して小標本理論というアプローチがある。これは，データの観察点の数が多くないときにも使うことができるために有用であるが，データが従う分布を仮定する必要がある。しかし，多くの経済データはどのような分布に従うのか，事前に正確にはわからない。さらに分布を適切に仮定できたとしても，少し複雑なモデルや統計手法については，小標本理論で統計量の分布を求めることはきわめて難しい。一方，漸近理論ではデータの分布を定める必要はなく，弱い仮定のもとで成立するために適用範囲が広く，モデルや統計手法が複雑になっても比較的容易に理論的性質を明らかにすることができる。また，経済データは非常に多様であるので，多くの状況に当てはまる理論があると便利である。さらに，近年になってデータ蓄積の重要性が認識されるようになったことに加えて，ICT 技術（情報通信技術）が急速に進歩したことによって，観察点の数が大きい経済データも増えてきた。したがって漸近理論は，経済の実証分析の実態において，計量経済学の理論研究のためには有用な枠組みといえるであろう。

計量経済学がなぜ必要か

なぜあえて経済分析に特化した計量経済学という学問の存在する意義があるのであろうか。なぜ統計学とは別に計量経済学という経済学独自の統計分析手法についての学問が発達したのであろうか。この点について，主な理由は次の3つである。第1に，経済学では，人々の自発的な行動の結果をそのまま記録した観察データを使用することが多いためである。第2に，経済学の理論モデ

ルを推定するために，その特徴に適した手法が必要となるためである。そして第3に，経済データに特徴的で，他の分野ではあまり見られない構造を持ったデータを分析する必要があるためである。以下では，これらについて順に解説しよう。

観察データを用いた分析 自然科学では，統計分析を行うためのデータを実験から得ることが多い。そこでは，統計分析とその解釈が率直に行えるように，外的要因をうまく揃えてデータが集められる。このようなデータを**実験データ**という。他方，経済学では実験を行うことは難しいことが多く，経済分析で使用されるデータの多くは人々の自発的な行動の結果を記録したもので，**観察データ**と呼ばれる（ただし，近年は経済学でも実験に基づく研究が増えつつある）。そのために，単純な観察データを用いた分析では，必要となる情報を得られないことがある。たとえば，大学を卒業した人と，そうでない人の所得を比較して，大学を卒業した人のほうが，所得が平均的にかなり高いことがわかったとしよう。この結果が有用であるかどうかは，分析の目的に依存する。もし，ある人の所得に興味があるが，所得を直接聞きにくく，学歴の情報だけを用いて，その人がどれほどの所得を得ているのかを知りたい場合には，この分析結果は有用であろう。一方で，大学に進学しようか迷っている生徒への助言をしたい場合や，大学進学率を上げる政策を行った場合にどれほど人々の所得が上がるかを知ることが分析の目的である場合には，実はこの分析結果はそれほど有用なものではない。

この問題は，大学に進学することは人々の自発的な行動であることに起因する。ある人が大学に進学したのは，何らかの意味で大学に進学したほうが有益であるとその人が判断したからである。とくに，将来の所得は大学進学に際して考慮する重要な要素の1つであろう。そのために，大卒者の所得は，大学教育の効果を過大に，あるいは過小に反映している可能性がある。たとえば，大学受験や大学での学習を苦労なくこなすことのできる，そもそも能力の高い人が大卒者になっている場合には，大卒者の所得は，大学進学の効果を過大に反映している可能性がある。またその逆に，高校卒業の段階では十分に稼ぐ能力のない人が，大学に行くことで能力を高めて将来の所得を上げようとしているとすると，大卒者の所得は，大学進学の効果を過小に反映しているといえる。専門的にいうと，大卒者とそうでない人の所得の単純な比較では大学教育の因果効果を識別できない，ということであり，その理由は観察データを用い

た分析をしているからである。

経済分析では，観察データを使用することが多い一方で，分析の目的は因果効果の解明にあることが多い。そのため，観察データを用いても因果効果の分析ができるのはどのような場合かを明らかにすること，また因果効果の分析のための統計手法を開発することが，計量経済学の1つの役割である。本書で紹介する統計手法も観察データを用いて因果効果を分析するための手法を主としており，とくに第II部において，計量経済学で発展してきた手法を紹介している。

経済モデルの推定

計量経済学の目的には，経済学のモデルをデータに当てはめて分析することもあり，それゆえに計量経済学は独自に発展してきた。経済学は，経済現象のメカニズムを明らかにすることを目指す学問であり，その知見を用いて経済状況を改善する適切な政策を提言することは，その重要な役割の1つである。そのために，近代経済学では主として数理モデルを用いた分析が行われてきた。こうしたモデルから数量的な含意を得るためには，データを用いた実証分析が必要である。

経済学ならではのモデルを統計分析する手法を提供することは，計量経済学の重要な役割の1つである。しかし，現代の経済学の研究で推定される経済モデルは複雑なものが多く，その分析手法は本書の範囲を超えるため，本書ではいくつかの基本的な例に触れる程度にする。ここでは，一例として需要関数の推定の問題について紹介しておこう。

消費の理論では，消費者は所得と財の価格を所与とし，自身の効用が最大になるように財の消費量の組合せを決めると考える。そこから価格と需要量の関係が明らかになり，需要関数が導かれる。いま，経済理論から需要関数

$$q = \alpha - \beta p$$

が得られたとしよう。ここで q, p は需要量と価格，α, β は未知の定数でパラメータと呼ばれる。これは需要を表す経済モデルであるが，モデル（模型）という言葉に表されるように，現実の枝葉末節を削ぎ落とし，経済学の分析において本質的と思われる部分だけを残したものである。というのも，経済理論から上のような直線の需要関数が得られたとしても，実際には価格以外にも多くの要因が需要と関係するため，現実のデータがすべてその一直線上に並ぶことはない。そこで，データに当てはめる際には，「枝葉末節」に対応する誤差 u

第1章 計量経済学の目的と特徴 5

を許すことにして,

$$q = \alpha - \beta p + u$$

とする。このように,経済学から得られた関係を基礎として,データ分析に用いることができるように変更を加えたモデルを,計量経済モデルという。ここで紹介しているものは,右辺に誤差 u を加えただけの簡単なものであるが,実際にはより複雑な構造を考えなければならない場合が多い。

経済理論からは,$\beta > 0$,つまり通常は価格が上がると需要が下がることが導かれる。これは重要な質的情報であるが,たとえば米の価格が $1\,\mathrm{kg}$ 当たり 100 円下がったときに需要がどれだけ増えるかといった数量的な情報を教えてはくれない。つまり経済理論では,需要の増減に関する定性的な議論をすることはできても,定量的な議論をすることは難しいのである。そこで,定量的な議論を進めるためには,計量経済学の手法を用いた実証分析によって実際の販売(需要)量と価格の経済データから需要関数の傾きを求めて,定量的な結果を得ることが必要になる。

本書第7章で詳しく説明するが,この例において,実は単に価格と販売量のデータを見ただけでは需要関数の推定はできず,計量経済学的な知見とアプローチが重要となる。経済理論によると,価格と販売量は,需要と供給の関係によって決まる。生産者は,投入要素と生産物の価格および生産技術を所与として,自身の利潤が最大になるように投入要素と生産量を決めると考え,そこから供給曲線が導かれる。そして,需要曲線と供給曲線が交差するところで均衡が決まり,現実に観察される価格と販売量が得られる。つまり,そのデータはこれら2つの曲線の交点の値になっているため,経済分析と統計学の手法を組み合わせて分析する必要がある。ここに計量経済学の役割がある。

経済データの特徴　計量経済学が発展した第3の理由は,経済分析で扱うデータには他の分野ではあまり見られない特徴があるからである。とくに個体間の観察できない異質性と時系列構造を持つデータの利用の2つが,経済学独自のデータ分析手法を開発する必要性をもたらした。

まず,観察個体間の異質性の問題を解説しよう。たとえば,大学を卒業することでどれほど所得の上昇が見込まれるかを分析したいとしよう。この問題に対し,大卒者とそれ以外のグループの平均所得を比べて,大学を卒業すると所

得が平均して年100万円増えるなどというように，おおまかな分析を行うことはもちろん可能である。しかし，大学教育の効果は人それぞれで個人差があり，大学教育が所得に大きく貢献する人もいれば，そうでない人もいるであろう。そのような個人間の異質性に配慮しつつ一歩踏み込んだ分析を行うことによって，より詳細な経済学的含意が得られる。そのような工夫として，計量経済学がこの問題に対処する方法が2つ提案されている。1つは，平均的な効果をより正確に推定するためにはどのようにすればよいかを考えることであり，もう1つは，データから比較的簡便に計算できる数字が，どのような人にとっての効果の値を示しているかを解明することである。第9章でこれらの問題について議論する。異質性に関わるもう1つの問題は，実証分析で必要となるすべての経済変数が必ずしも観察できるとは限らないことに起因するものである。たとえば，経済行動に影響を与える可能性のある地域の文化の違いや個人の性格の違いなど，すべてを観察することは不可能である。そのためこうした観察できない変数の影響をいかにして回避して分析目的を達成するかについて，計量経済学では多くの発展があった。本書の第7章と第8章では，この問題に対処する方法を述べる。

次に，時系列構造を持つデータについて解説しよう。とくにマクロ経済分析においては，時系列構造を持つデータが利用される。たとえば，日本の経済動向を調べるために，日本の国内総生産（GDP）の分析をするとしよう。年次データを利用する場合には，データは各年ごとのGDPの値を並べたものになる。しかし，ある年のGDPとその次の年のGDPの値には関係があると考えるのが自然であろう。したがって，GDPの分析には，異なる観測時点での関係を考慮したうえで分析する必要がある。さらにGDPは長期で見ると上昇していく傾向が観測される。このようなトレンドの存在はデータ分析において問題を起こしうる可能性が指摘され，計量経済学ではその問題に対処するための方法が開発されてきた。時系列分析については，本書の第Ⅲ部で解説する。

経済データ

前節で述べたように，実証分析を行うには，経済データとそれを分析するための手法が必要である。ここでは，経済分析で使用するさまざまなデータの特

徴について簡単に解説する。

経済データの入手

経済データの入手方法については，本書では直接は取り扱わないが，いくつか経済データの入手について特徴的な点を述べておこう。なお本書の付録 C（693 ページ）に経済データに関する情報を簡単にまとめているので，参照されたい。

まず，経済学の実証分析では，データの 2 次利用を行うことが多い。自ら調査対象に聞き取りなどを行って必要なデータを入手し，分析するのが 1 次利用である。他にも，自然科学のように実験を行って，経済データを集める研究もある。2 次利用はすでに別の目的のために集められたデータを，それとは異なる目的のために分析することである。たとえば，政府が収集したデータそのもの，もしくはそれを集計したデータを用いることはよくある。あるいは，大学や民間企業が自主的にデータを集めていることもあり，そのようなデータを申請あるいは購入して使える場合もある。

自らデータを収集し分析を行うことは，もちろん重要な研究である。しかし，これまで頻繁に利用されてきたデータであっても，新しい問題意識や，新しい観点から分析することも重要な貢献となる。さらに，同じような研究であっても，より洗練された統計手法を用いることや，計量経済学の観点から統計手法の理論分析を行うことで，より深い理解が得られることや，場合によっては異なる結果や解釈が得られる場合もある。

さまざまな経済データ

実際の計量経済分析においては，目的に合わせてさまざまな経済データが用いられる。経済データは，そのデータの特徴の観点から以下のように分類することができる。経済データは，GDP や株価などといったよく新聞などで目にするものだけでなく，多くの個人や企業から集めたデータもあることを知っておこう。さらに，経済学の実証分析を見ていくと，いかに多様なデータが使用されているかに驚くこともあろう。

(1) 離散データ，連続データ

データは取りうる値の様子によって，離散なものと連続なものに分けられる。離散データとは，たとえば会社が保有する特許の件数や世帯の構成員数などのように飛び飛びの値を取る変数であり，連続データとは，たとえば GDP，金利，為替レートなどのように連続な値を取りうる変数である。なお，性別や

8

会社での役職など，もともと質的な情報に数値を与えてつくられるデータも離散データに分類される。たとえば，社長は1，専務は2，部長は3，課長は4，平社員は5というように，コードを振ったものなどである。とくに，男性と女性のように分類が2つだけのときに，男性なら0，女性なら1というように0，1のコードを振ることが多い。これをダミー変数あるいは二項変数という。

(2) 1次元データ，多次元データ

データに含まれる変数の数に応じてデータを分類することもある。たとえば，ある年度の東証一部上場企業の営業利益を調べたデータは，営業利益という1つの量のみに着目したもので，これは1次元データである。それに対して，企業ごとに，営業利益，資本ストック，従業員数，……，といった複数の項目を集めたデータを多次元データという。

(3) ミクロデータ，マクロデータ

ミクロ経済分析では，個人や世帯，企業といった個別の経済主体を単位として調べたミクロデータが用いられる。たとえば，家計の消費，貯蓄行動，あるいは企業財務などのデータである。マクロデータは，多くの経済主体の行動の結果が，国，都道府県，市町村などの経済単位でまとめられて集計されたデータである。たとえば，マクロ経済分析においては，GDP，金利，民間消費支出，民間投資支出，為替レート，輸出入額など数多くのマクロ経済変数のデータが用いられる。

(4) 横断面データ，時系列データ，パネルデータ

横断面（クロスセクション）データは，ある時点でのさまざまな調査対象を調べたデータである。たとえば，ある年度の世界の国々のGDPはマクロ横断面データである。また，ある年度の東証一部上場企業すべての営業利益などの財務データは，ミクロ横断面データである。

時系列データは，ある特定の対象を複数時点にわたって記録したデータである。たとえば，日本のGDPを過去から現在まで並べたようなデータである。上にも述べたように，時系列データには他の分野のデータにはない特徴とそれに合わせた分析が必要であり，計量経済学が独自に発達した理由の1つとな

第1章　計量経済学の目的と特徴　9

っている。

横断面データと時系列データの両方の側面を持つデータを**パネルデータ**という。たとえば、東証一部上場企業すべての営業利益を過去20年分並べたデータがそうである。また、マクロデータであれば、国ごとのGDPを過去20年分集めたデータもパネルデータである。

(5) 実験データ、観察データ

実験データとは、観測個体を無作為に2つのグループに分け、片方のグループには効果を測定したい処置を与え、もう片方には与えず、それぞれのグループの結果を比較することで効果を測定するというランダム化比較実験（RCT）によって、得られるデータである。一方で、**観察データ**とは、前節でも紹介した通り経済主体の自発的な行動の結果を記録したものであり、観察データを用いた因果関係の分析方法を探ることが、計量経済学の重要な目的の1つであった。一方で、近年では、実験データを用いることで因果関係が明確に解明できる利点が重要視され、経済学研究でもランダム化比較実験を行うことが盛んになってきている。しかし、実際の社会・経済において行う大規模な経済実験は費用面や倫理上の問題が起こることも多く、今後も観察データの利用は続いていくことであろう。

 本書の構成

本書は、学部2年生から修士課程の学生を対象にしている。計量経済学の基本的な知識の習得を望む人、あるいは実証分析の論文を読んだり、実際に実証分析を行う学部生・大学院生にも役に立つ内容を含めている。とくに、比較的新しい計量経済分析の知識がかなり盛り込まれている。

本書は、以下のように構成されている（図1-1は、本書の各章間の関係を表している）。第Ⅰ部「基礎編」を基礎知識として、以降の章は大きく2つに分かれる。第Ⅱ部「ミクロ編」でミクロデータを扱うモデルと分析手法が展開され、第Ⅲ部「マクロ編」はマクロデータの分析について解説する。マクロデータ分析にのみ興味のある読者は、第Ⅱ部を飛ばして読んでもかまわない。なお、本文ではベクトルや行列の知識を必要としないが、巻末の付録A、Bで

FIGURE 図 1-1 ● 本書の構成

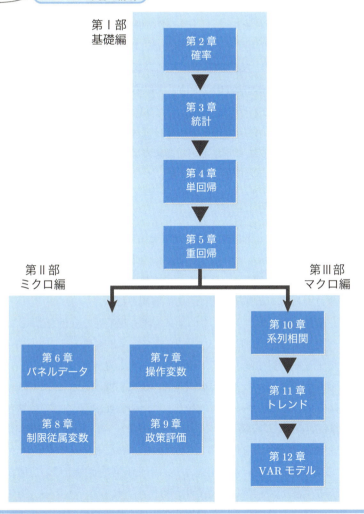

それらを用いた解説を与えている。

　まず第2～5章で構成される第Ⅰ部は基礎編であり，内容は次の通りである。第2章と第3章では，計量経済学で用いる**確率・統計**の基礎知識を概観する。第4章と第5章では**回帰モデル**とその分析法の基礎を扱う。回帰モデルとは，ある変数の動きを別の変数の動きで説明しようという統計モデルである。とくに，最小2乗法によるパラメータの推定法とそれを使った**仮説検定法**，その統

計的性質を紹介する。

第Ⅱ部，第6〜9章の内容は以下の通りである。第6章ではパネルデータを用いた分析を解説する。そこでは，データの構造や特徴を考慮しつつ，第4，5章で解説した方法を応用する。第7章では，操作変数という追加的な変数を使用した分析を考える。ある変数 X から別の変数 Y に与える影響を分析する際に，X と関連し，かつ Y に影響を与える変数があると，そのような変数と X の効果を別々に測定することは難しい。操作変数とは，X とは相関しているが，X を通してしか Y に影響を与えない変数のことであり，そのような変数を用いることで X の効果の測定が可能になるのである。第8章では，制限従属変数のモデルとその分析手法を扱う。このモデルは，いくつかの有限の候補の中からの選択の結果を説明するものである。たとえば，ある世帯が家を購入するかどうか，あるいは，通勤手段としてバス，鉄道，自動車のどれを使うかというような選択と関係する他の変数を用いて説明するものである。第9章では，政策評価の方法を紹介する。とくに因果関係の統計分析にはどのような仮定が必要になるのか，という視点を中心に解説する。また，因果関係を分析できるような研究のデザインについても解説を行う。

第Ⅲ部，第10〜12章では，とくにマクロ経済時系列の分析を念頭におきつつ，時系列分析の基礎を解説する。第10章では，まず導入として時系列データに関する記述統計量を解説する。横断面データと違って，時系列データではデータ自身や回帰モデルの誤差項の時点間の値に相関があることが多い。これを系列相関といい，この構造を調べる方法について述べる。さらに，いくつかの簡単な時系列モデルを紹介する。第11章では，トレンドや構造変化がある時系列データの分析手法を述べる。GDPのデータなど，上昇トレンドを持って変動する時系列データは数多い。また，原油価格や金融市場の急激な変動，自然災害等に起因して経済に構造変化がもたらされることもある。第12章では，複数のマクロ経済変数を同時に捉えて分析するためのVAR（ベクトル自己回帰）モデルについて解説する。また，それらの変数間に長期的な強い関係がある場合に使用される共和分モデルと，その分析法について紹介する。

第 I 部

基礎編

実証分析のための基礎知識

第2章 データの整理と確率変数の基礎

区分	男 身長 (cm) 平均値	標準偏差	体重 (kg) 平均値	標準偏差	女 身長 (cm) 平均値	標準偏差	体重 (kg) 平均値	標準偏差
全国	170.6	5.78	62.4	10.37	157.8	5.30	52.9	7.76
北海道	170.5	5.88	63.6	11.90	157.6	5.53	53.1	8.24
青森	171.7	6.10	64.8	11.35	158.3	5.87	53.5	7.78
岩手	169.5	5.73	62.5	10.86	157.6	5.28	54.2	8.39
宮城	170.8	5.88	63.1	9.94	157.6	4.94	53.9	9.24
秋田	171.6	6.23	65.2	12.34	158.4	6.32	54.3	8.92
山形	170.9	5.85	63.8	10.22	158.4	5.43	54.1	8.31
福島	170.1	5.90	62.7	10.05	158.1	5.04	54.4	8.90
茨城	170.1	5.45	62.7	11.57	157.1	5.45	52.7	7.39
栃木	170.1	5.73	62.8	10.98	158.0	5.10	54.3	8.03
群馬	170.6	5.47	64.1	12.78	157.9	5.34	53.1	7.41
埼玉	170.8	6.01	62.4	10.07	157.8	5.27	53.3	8.02
千葉	171.3	5.72	63.0	10.29	158.0	5.25	53.6	7.59
東京	171.1	5.59	62.0	9.92	158.2	5.20	53.0	8.42
神奈川	171.3	5.78	62.0	9.71	158.6	5.33	52.2	7.25
新潟	170.7	5.79	61.8	9.72	158.1	5.14	53.2	7.02

学校保健統計調査のデータ。本格的な計量分析の前には，得られたデータを，さまざまかたちで要約した代表値にして検討する必要がある。

（学校保健統計調査のデータ）●

CHAPTER 2

KEYWORD

FIGURE

TABLE

COLUMN

EXAMPLE

EMPIRICAL

EXERCISE

　計量経済分析の目的は，経済理論が含む未知の値や経済分析において重要な未知の量をデータから言い当てたり（推定），ある経済理論がデータに照らして正しいといえるかどうか調べたり（検定）することである。そこでは，経済データは確率的に値が決まる変数（確率変数）であると考えて分析を行う。その理論的基礎づけを与えるのは，「確率論」と「統計学」である。確率論は，確率変数の表し方や取り扱いの枠組みを与える数学理論である。中学校や高校の試験でクラスの平均点が計算されたように，とくに確率論や統計学を知らなくても，データの初歩的な特徴を調べることは可能である。本章では，まずそのようなデータの整理法について述べ，その後で確率変数の基礎を概観する。本章の内容をベースとして，データが確率的であるときに，さらにどのような統計分析が可能になるかについては，次章で学ぶ。

INTRODUCTION

データの整理

本節では，入手したデータの様子を調べるための**記述統計量**を紹介する。

1-1　代表値とヒストグラム

いま，1番目からN番目までの1次元のデータ$\{x_1, \ldots, x_N\}$が得られたとしよう。それ自体は単にN個の数値の並びであり，それを見ただけでその特徴や様子を捉えるのは難しいだろう。とくにNが大きいときや，データの桁数が多いときは不可能である。しかし，その特徴をうまくまとめる簡単な量を考えることができる。そのような量を，**代表値**という。

データの中心　まず知りたいのはデータの中心であろう。中心を表す代表値として最もよく用いられるのは，**標本平均**（あるいは単に**平均**）

標本平均

$$\bar{x} = \frac{1}{N}(x_1 + x_2 + \cdots + x_N) = \frac{1}{N}\sum_{i=1}^{N} x_i$$

である。ここで，$\sum_{i=1}^{N}$は和を表す記号で，iを1からNまで動かしながらその右側にある変数を足し合わせるという意味である（$\sum$は「シグマ」と読む）。上の式程度の簡単な和なら，普通に"+"の記号を使って足し算の形で書けばよい。しかし，足し算で書くと表現が長くなりすぎる場合には，$\sum_{i=1}^{N}$の記号を用いる。また，a, b, cを定数として，以下の関係が成り立つ。

$$\sum_{i=1}^{N}(ax_i + by_i + c) = a\sum_{i=1}^{N} x_i + b\sum_{i=1}^{N} y_i + Nc \tag{2.1}$$

この関係は，本書を通じて繰り返し用いられるため，簡単ではあるが証明しておこう。

$$\sum_{i=1}^{N}(ax_i + by_i + c) = (ax_1 + by_1 + c) + (ax_2 + by_2 + c) + \cdots$$

$$+ (ax_N + by_N + c)$$

$$= a(x_1 + x_2 + \cdots + x_N) + b(y_1 + y_2 + \cdots + y_N) + Nc$$

$$= a\sum_{i=1}^{N} x_i + b\sum_{i=1}^{N} y_i + Nc$$

最初と最後の等号で $\sum_{i=1}^{N}$ の定義を用いた。$a = b = 0$ と置けば明らかだが，和を取る対象に添え字 i がついていない定数のときは，$\sum_{i=1}^{N} c = Nc$ となる。

標本平均以外に，データの中心を表す代表値として，**中央値（メディアン）**と**最頻値（モード）**がよく用いられる。

中央値はデータを大きさの順に並べ替えたときに真ん中にくる値である。データの個数が奇数であればちょうど真ん中の値であるが，偶数のときには真ん中の 2 つの値の平均を中央値とすることが多い。たとえば，$N=9$ のときは 5 番目の値であり，$N=10$ のときは 5 番目と 6 番目の値の平均値ということである。一方，真ん中の 2 つの値の平均でなく，その小さいほうをデータの中央値とすることもある。つまり，$N=10$ のときも，5 番目の値を中央値とするのである。こちらのほうが，後に述べる分布の中央値の定義と整合的である。標本平均と中央値はよく似た指標であるが，標本平均は**異常値**（〔外れ値〕他と比べてひどく大きい値や小さい値）の影響を受けやすい一方，中央値はその影響を受けにくいという特徴がある。その意味で，中央値のほうが頑健（ロバスト）であるといわれる。

最頻値は，文字通り最も頻繁に現れる値である。同じ値のデータがいくつかあるときに，値ごとに個数を数えて，個数が最も多い値を最頻値という。

例題 2.1 ● ▷ ◁EXAMPLE

次のような 10 人分の試験結果が得られた。このとき，以下の問いに答えなさい。

$$\{10, 17, 85, 63, 10, 30, 75, 10, 100, 20\}$$

(1) データの平均を求めなさい。

(2) データの中央値を求めなさい。

(3) データの最頻値を求めなさい。

(4) 100 というデータが間違いで，実は 50 だったとしよう。そのとき，平均と中央値を求め，(1), (2) の結果と比べなさい。

（解答例）

(1) $(10 + 17 + 85 + 63 + 10 + 30 + 75 + 10 + 100 + 20)/10 = 42$

(2) データを小さいほうから並べ替えると

$$\{10, 10, 10, 17, 20, 30, 63, 75, 85, 100\}$$

データの個数が 10 個なので，中央値は 5 つ目と 6 つ目の平均だから，$(20 + 30)/2 = 25$。

(3) 10 が 3 回観測され，それが最も多いので，最頻値は 10。

(4) 平均は $(10 + 17 + 85 + 63 + 10 + 30 + 75 + 10 + 50 + 20)/10 = 37$。一方，並べ替えると

$$\{10, 10, 10, 17, 20, 30, 50, 63, 75, 85\}$$

なので，中央値は $(20 + 30)/2 = 25$ となり，変わらない。平均のほうがひどく大きな値の影響を受けやすいことがわかる。♠

データの散らばり

中心が同じであっても，ばらつきが異なればデータの様子は大きく変わる。たとえば，2 つの企業において従業員の平均賃金が同じであったとしても，一方の企業では全従業員がほとんど同じ賃金だが，他方の企業では従業員によって大きく異なり，賃金の高い人と低い人がいるということがありうる。そういった散らばり具合の特徴を調べる量として最もよく用いられる指標が，標本分散である。

標本分散（不偏分散）

$$s_x^2 = \frac{1}{N-1} \sum_{i=1}^{N} (x_i - \bar{x})^2 \tag{2.2}$$

第2章　データの整理と確率変数の基礎　17

(2.2) 式から明らかに標本分散は正または 0 である。負にならないという意味で，「非負」ともいう。データのばらつきが大きいときはこの値は大きく，ばらつきが小さければ小さくなる。極端な場合，ある企業の従業員の賃金が全員同じでまったくばらつきがなければ，$s_x^2 = 0$ となる。なお，分散はあくまでも平均の周りにおける散らばり具合を調べる値であり，全体の水準とは関係がない。たとえば，従業員全員の賃金が 25 万円の企業と 50 万円の企業とでは，賃金水準では倍の隔たりがあるが，ともに給与の標本分散は 0 である。

標本分散の正の平方根 $s_x = \sqrt{s_x^2}$ を標本標準偏差といい，同様の意味で散らばりを表す指標である。後に説明するように，これは標準化という操作や検定の際に有用である。

標本分散以外に，四分位範囲も，散らばりを表す指標として用いられる。四分位範囲とは，中央値と同様にデータを大きさの順に並べ替えたときの 4 分の 1 のところにあるデータと 4 分の 3 のところにあるデータとの差である。大きく散らばったデータではこの値は大きくなり，散らばりが少なければ小さくなる。

なお，(2.2) 式の右辺で N でなく $N-1$ で割ってあるのは，それによって後に説明する不偏性という望ましい性質を持つためである。N が十分に大きければ N で割っても値は大きく違わないため，そちらを用いることもある。また，簡単な計算から

$$\sum_{i=1}^{N} (x_i - \bar{x})^2 = \sum_{i=1}^{N} (x_i - \bar{x})x_i = \sum_{i=1}^{N} x_i^2 - N\bar{x}^2 \tag{2.3}$$

となることを示すことができる（練習問題 2-2 参照）。

データの標準化

データの個別の値から平均値を引いて，標本標準偏差で割る操作を標準化という。つまり，x_i を標準化した量は $(x_i - \bar{x})/s_x$ である。標準化されたデータは平均が 0，分散が 1 になる。なお，試験結果等で用いられる「偏差値」は

$$\frac{10(\text{得点} - \bar{x})}{s_x} + 50$$

で計算され，標準化した得点を 10 倍して 50 を加えたものである。この操作によって，偏差値の平均は 50，標準偏差は 10 となっている。

18　第 I 部　基礎編

例題 2.2

例題 2.1 のデータについて，分散，標準偏差，四分位範囲を計算しなさい。

（解答例）

分散は，

$$[(10-42)^2 + (17-42)^2 + \cdots + (100-42)^2 + (20-42)^2]/9 \approx 1229.8$$

である。$\approx$ は近似を表す。

標準偏差は，$\sqrt{1229.8} \approx 35.07$ である。

大きさの順に並べ替えて，小さいほうから 4 分の 1 のところの点数は 10，4 分の 3 のところの点数は 63 なので，四分位範囲は，$63 - 10 = 53$ である。♠

ヒストグラム

データの分布の様子を視覚的にまとめるために，ヒストグラムというグラフが用いられる。ヒストグラムを描く際には，まず基礎となる表を作成する。これは，データの範囲をいくつかの区間に分割し，その中に含まれるデータの個数を数えて表にしたものであり，度数分布表という。それを棒グラフにしたものが，ヒストグラムである。

ヒストグラムは，データの分布の様子を調べるには便利なグラフであるが，いくつかの問題点もある。1 つは，端点をどこから始めるか，また区間の幅をどのように設定するかによって，グラフから受ける印象がかなり変わってしまう点である。もう 1 つは，結果のグラフは階段状になるが，滑らかなグラフを描くほうが望ましい場合もあるという点である。そのときには，カーネル法と呼ばれる平滑化（滑らかにする）の技術により，そういった問題点を解決することができる（カーネル法については，たとえば末石 (2015，第 9 章) を参照のこと）。

例として，2014 年の世界 187 カ国の国民 1 人当たり名目 GDP (US ドル換算) のデータを使って計算をしてみよう。データは IMF (国際通貨基金) の World Economic Outlook Database から取得したもので，単位は千 US ドルである。そのデータで度数分布表をつくると，表 2-1 のようになる。度数分

TABLE	表 2-1 ● 度数分布表			

階級	階級値	度数	累積度数
～10	5	119	119
10～20	15	26	145
20～30	25	13	158
30～40	35	4	162
40～50	45	9	171
50～60	55	10	181
60～70	65	2	183
70～80	75	0	183
80～90	85	1	184
90～100	95	2	186
100～	105	1	187

(出所)　国際通貨基金 World Economic Outlook Database, 国民 1 人当たり GDP（2014 年，単位：千 US ドル）。

布表の 1 列目には，データの範囲の区分が記されており，これを**階級**という。たとえば，3 つめの階級は 20 以上 30 未満である。2 列目は，階級の幅の中央の値で，階級値と呼ばれる。3 列目にはその区分の中に入るデータの個数が書かれており，それを**度数**という。4 列目はその階級以下にあるデータの個数で，**累積度数**という。たとえば，3 番目の階級を見ると，1 人当たり GDP が 20,000 ドル以上 30,000 ドル未満の間に入っている国は 13 カ国あり，30,000 ドル未満の国は全部で 158 カ国あることがわかる。

　図 2-1(a) はこのデータをヒストグラムにしたもので，かなり歪んだ分布になっていることが見て取れる。このデータの平均値と中央値を求めると，14.26 と 5.90 である。分布が歪んでいたり，異常値がある場合には，このように平均値と中央値が大きく乖離することが多い。

　他方，このデータを対数変換したものについて，同じくヒストグラムを描いたのが図 2-1(b) である。ヒストグラムは棒グラフであるが，上に触れたカーネル法を適用すると，図 2-2 のように滑らかになる。こちらは図 2-1(a) と比べるとかなり左右対称に近く，平均値と中央値はそれぞれ 8.65 と 8.68 で，かなり近い値である。対数を取るだけでかなり印象の異なるグラフになる。どちらが良いとか悪いというものではないが，所得格差の実態に着目するなら，図 2-1(a) を見るべきだろう。

　一方，$\ln a - \ln b = \ln(a/b)$ なので，対数を取ることによって比率の意味

図 2-1 ● 国別の1人当たり GDP（対数値），2014 年，$N = 187$

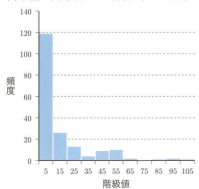

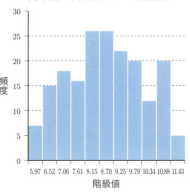

(出所) 表 2-1 に同じ。

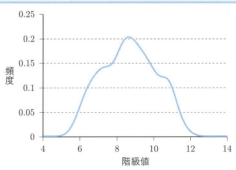

図 2-2 ● 国別の1人当たり GDP（対数値），2014 年，カーネル法

(出所) 表 2-1 に同じ。

での違いが見やすくなる。ln は**自然対数**を表し，$\ln x = \log_e x$ である。$e \approx 2.718$ は自然対数の底でネイピア数とも呼ばれる。たとえば，月給が2万円増えたといっても，もとの月給が10万円の人と50万円の人では感じ方に大きな差があるだろう。このような感じ方の差をよりうまく捉えるには，対数を取った差のほうが適切だろう。実際計算してみると，$\ln(12) - \ln(10) \approx 0.18$，$\ln(52) - \ln(50) \approx 0.04$ と，前者のほうがかなり大きい。また，対数の差によ

第 2 章 データの整理と確率変数の基礎　21

って近似的に上昇率を捉えられることがわかる（詳細は付録 A〔653 ページ〕参照）。

　同じようなことであるが，乖離率を捉える際にも自然対数を用いることができる。たとえば，売上目標が月額 5000 万円の大型店舗と月額 500 万円の小型店舗では，仮に売上目標に 100 万円届かなかったとしても，目標との乖離率は大きく違う。前者では $\ln(4900) - \ln(5000) = -0.020$ だが，後者では $\ln(400) - \ln(500) = -0.223$ となる。なお，対数関数については付録 A（651ページ）を参照のこと。

1-2　散布図と相関

　2 変量データ $\{(x_1, y_1), \ldots, (x_N, y_N)\}$ がある場合には，x，y それぞれのデータについて上のような計算やまとめ方ができる。さらに，x と y の関係を視覚的に調べたいときには，散布図が有用である。また，共分散と相関係数によって 2 つの変数の関係を数値化して捉えることもできる。

　　　　　散布図　　　　散布図とは，横軸に x，縦軸に y を取り，$(x_1, y_1), \ldots, (x_N, y_N)$ の各点をプロットしたグラフである。このグラフを見ると，たとえば x が大きいときには y が小さい，あるいは逆に x が小さいときには y が大きい，といった関係を簡単に見て取ることができる。

　図 2-3 は 2012 年の都道府県別男女別の平均身長と平均体重を表している。(a) は女子の平均身長を縦軸，男子の平均身長を横軸にして散布図を描いたもの，(b) は同様に体重の関係を見たものである。これを見れば，いずれにせよ体格には関係があって，男子の身長が高い都道府県では女子も高く，体重についても同様である。しかし，よく見るとその関係は (b) よりも (a) のほうが若干強く見える。つまり，身長については高い県は男女とも高く，体重についても同様だが，身長に比べると体重のほうがその関係が弱いということである。

　　　　　相関係数　　　　2 つの変数の直線的な関係の強さを数値的に調べるために用いられる代表値が，標本共分散と標本相関係数である。

22　第 I 部　基礎編

FIGURE 図 2-3 ● 都道府県別平均身長と体重（17歳，男女），2012年，$N = 47$

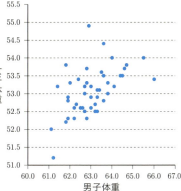

(出所) 文部科学省「学校保健統計調査」。

標本共分散

$$s_{xy} = \frac{1}{N-1} \sum_{i=1}^{N}(x_i - \bar{x})(y_i - \bar{y}) \tag{2.4}$$

標本相関係数

$$r_{xy} = \frac{s_{xy}}{s_x s_y}$$

分母の s_x, s_y はそれぞれ x, y の標本分散の正の平方根，すなわち標本標準偏差である。なお，(2.1) 式を用いると

$$\sum_{i=1}^{N}(x_i - \bar{x})(y_i - \bar{y}) = \sum_{i=1}^{N}(x_i - \bar{x})y_i = \sum_{i=1}^{N}x_i(y_i - \bar{y})$$
$$= \sum_{i=1}^{N}x_i y_i - N\bar{x}\bar{y} \tag{2.5}$$

が成り立つことがわかる (練習問題 2-2 参照)。標本分散のところで示した (2.3)
式とこの結果を使うと，さまざまな推定量の統計的性質を調べる計算が少し簡
単になるため，本書全体を通じてしばしば用いられる。なお，(2.4) 式で N で
はなく $N-1$ で割られている理由は (2.2) 式のところで説明した理由と同じく
不偏性を持つからである。標本分散と同様，$N-1$ の代わりに N で割ったも
のも用いられる。

　全体の傾向として，「x が大きいときには y も大きい」という関係があれば
s_{xy} は正の値を取り，逆の関係があるときには負の値を取る。なぜだろうか。
図 2-4 に前者の場合の散布図の例を描いた。$\bar{x}, \bar{y}$ はそれぞれ x と y の平均で
ある。点 A, B, C, D の座標をそれぞれ (x_A, y_A), (x_B, y_B), (x_C, y_C), (x_D, y_D)
とする。また，点 A は $(\bar{x}, \bar{y})$ よりも左下にあるので，$x_A - \bar{x} < 0$, $y_A - \bar{y} <$
0 である。どちらも負なので，$(x_A - \bar{x})(y_A - \bar{y}) > 0$ である。点 D は $(\bar{x}, \bar{y})$
よりも右上にあるので，$x_D - \bar{x} > 0$, $y_D - \bar{y} > 0$ だから，同じく $(x_D -$
$\bar{x})(y_D - \bar{y}) > 0$ である。点 B は $(\bar{x}, \bar{y})$ よりも左上にあるので，$x_B - \bar{x} < 0$,
$y_B - \bar{y} > 0$ で，$(x_B - \bar{x})(y_B - \bar{y}) < 0$ である。同様に考えると，点 C につい
ても $(x_C - \bar{x})(y_C - \bar{y}) < 0$ である。

　図のようにデータが左下から右上に向かって分布しているときには点 A や
D のように平均からの乖離の積が正のものが多いので，(2.4) 式の和の中身は
正のものが多いことになる。その結果，(2.4) 式は正になる。逆に，データが
左上から右下に散らばっていれば，点 B, C のように平均からの乖離の積が負
のものが多く，(2.4) 式は負の値になる。

　$s_{xy} > 0$ のときには x と y には正の相関があるといい，逆に $s_{xy} < 0$ のとき
には x と y には負の相関があるという。また，もし $s_{xy} = 0$ なら無相関である
という。s_x, s_y は正だから，r_{xy} は s_{xy} と同符号となり，相関係数と共分散は
同様の意味を持つ。ただし，$-1 \leq r_{xy} \leq 1$ であることを示すことができる。
体格のデータで見ると，身長の男女間の相関係数は 0.747 で，体重の相関係数
は 0.536 であり，前者のほうが少し高い。とくに，もし $(x_1, y_1), \ldots, (x_N, y_N)$
がすべて正の傾きを持つ直線上にあれば，相関係数は 1 となる。逆に，負の
傾きを持つ直線上にあれば，-1 となる。これは，傾きの大小には依存しない
(図 2-5 の直線 (a)～(d) 参照)。なお，図 2-5 の直線 (f) のように，もしすべての
点が x 軸に平行な直線上にあるときには，すべての点の y の値が等しいわけ
だから，$y_i - \bar{y} = 0$, $i = 1, \ldots, n$ となり，$s_y = 0$, $s_{xy} = 0$ なので，相関係数

24　第 I 部　基礎編

FIGURE 図 2-4 ● 共 分 散

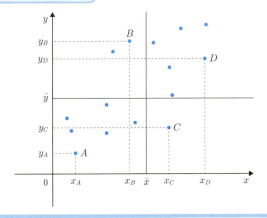

FIGURE 図 2-5 ● 相関係数：特別な場合

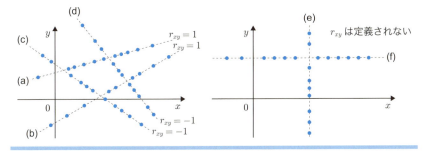

は定義されない。また，直線 (e) のように y 軸に平行な直線上にある場合も同じである。

s_{xy} も r_{xy} も，2つの変数の関係を調べるという意味でよく似た指標で，変数間の関係が強いほど絶対値で大きい値を取る。しかし，共分散 s_{xy} は計測単位の取り方によって数値が変わってしまう一方，相関係数 r_{xy} は単位に依存しない。たとえば，x と y が身長と胸囲で，ともに単位は m（メートル）だとしよう。身長の単位を cm（センチメートル）に変更すると，身長 170 cm ＝ 1.7 m なので x の数値は 100 倍になる。すると，単位を変えたことによって x のすべての値とその平均 $\bar{x}$ が 100 倍になるため，標本共分散 s_{xy} の値も 100 倍になる。このように大きさが単位に依存するため，s_{xy} の値が与えられても，x と y の関係が強いといっていいのかどうかすぐにはわからない。一方，

第 2 章　データの整理と確率変数の基礎　25

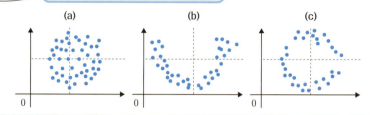

図 2-6 ● 相関係数が 0 に近くなる例

同じ単位の変更によって分母にある s_x も 100 倍になるため，r_{xy} の値は変化しない。また，r_{xy} が 1 または −1 に近ければ関係が非常に強いわけだから，こちらのほうが関係の強さを直観的に理解しやすい指標である。

最後に，相関係数と共分散はあくまでも 2 つの変数の「直線的な」関係の強さを調べる指標であることを強調しておきたい。何らかの強い関係があっても，それが直線的でなければ相関係数が 0 に近くなってしまうことがある。図 2-6 において，(a) のように 2 つの変数にまったく関係がない場合には相関係数が 0 に近い値を取ることは明らかだろう。ところが (b)，(c) はそれぞれ，かなりはっきりと 2 次曲線，円周の関係があるけれども，実際に相関係数を計算してみると，どちらもほぼ 0 となるのである。

確率変数とその分布

確率変数とは，文字通り確率的にさまざまな値を取る可能性がある変数のことである。初歩的な統計学の教科書でよく例として挙げられるサイコロの目の数や，よく切ったトランプから 1 枚引いたカードの数字といったものは，典型的な確率変数の例である。調べる対象がもともと数値であれば，それ自身を確率変数とするのが自然だが，たとえばカードの種類（ハート，ダイヤ，スペード，クラブ）といった質的なものの場合は，それを数値で置き換えて確率変数とする。計量経済学では，多くの経済変数は確率変数であると見なして分析を行う。

データに「離散」のものと「連続」のものがあることに対応して，確率変数の取りうる値が「離散」のものと「連続」のものを考え，それぞれ**離散確率変**

数，**連続確率変数**と呼ぶ。なお，離散の部分と連続な部分が混在するような確率変数もありうる。それは，計量経済学では**打ち切りデータ**という形で現れることが多い。例として，既婚女性の（家事労働以外の有給の）労働時間が挙げられる。専業主婦に関しては0であり，これが一定の割合を占める。仕事を持つ既婚女性に関しては，それぞれ労働時間が正で連続な分布を持つ。このような変数を用いた計量経済分析は第8章で取り扱う。

また，データに合わせて1次元のものと，多次元のものを取り扱う。本章と次章ではこれ以降，確率変数を大文字アルファベット X, Y 等で表し，その実現値を小文字 x, y 等で表すことにする。

1次元確率変数と分布

3-1　1次元離散確率変数

確率関数と分布関数　　離散確率変数 X が，値 $x_1,\ldots,x_J$ ($x_1 < x_2 < \cdots < x_J$) をそれぞれ確率 $p_1,\ldots,p_J$ で取るものとしよう。そのとき，X がどの値をどの程度取りやすいかを表す関数を，**確率関数**という。

確率関数
$$P_X(x_j) = \Pr(X = x_j) = p_j, \quad j = 1, 2, \ldots, J$$

ここで，$\Pr(\cdot)$ はカッコの中のことが起きる確率である。もちろん，p_j の総和は1である。取りうる値の数 J は有限でも無限でもよい。しかし，$J = \infty$ の場合は，確率の総和が1であるという条件から，p_j は j が無限大に近づく ($j \to \infty$) とともに0に近づかなければならない。

確率変数 X が x 以下の値を取る確率を x の関数と見たものを**累積分布関数**という。

第2章　データの整理と確率変数の基礎　　27

分布関数（累積分布関数）

$$F_X(x) = \Pr(X \leq x)$$

累積を省略して，単に分布関数とも呼ばれる。以下では，主に後者の用語を用いる。F に下付きの添え字 X を付けるのは，確率変数 X の分布関数であることを明示するためである。とくに確率変数が複数ある場合は，添え字によって，どの変数に関する分布関数かをはっきりさせることができる。付けなくても明らかな場合は省略されることが多い。

$F_X(x)$ が（広義の）増加関数であることは，先の定義から明らかである。また，$x \to -\infty$ とすると $F_X(x) \to 0$ であり，$x \to \infty$ とすると $F_X(x) \to 1$ であることもわかるだろう。また，これは，後出の例題 2.3 の図 2-7（31 ページ）の $F_X(x)$ に描かれているように，階段状の関数であって，各線分に左端の点は含まれていて，右端は含まれていない。これを右連続な階段関数という。なお，確率関数から分布関数を求めることができ，また逆に分布関数がわかれば確率関数を導出できるため，これらは分布に関してまったく同じ情報を持っている。

分布の代表値

確率変数の分布の様子を表す値を，分布の代表値という。中心を表す代表値には期待値，中央値，最頻値があり，散らばりを表す代表値は分散，四分位範囲，分位点などである。英語では期待値を "expectation" というため，頭文字を取って X の期待値を $\mathrm{E}(X)$ と表す。また，期待値を平均ともいうため，その英語 "mean" の頭文字 "m" のギリシャ文字 μ（「ミュー」と読む）を使って μ_X とも表記する。離散確率変数の期待値は，以下のように定義される。

離散確率変数の期待値

$$\mathrm{E}(X) = \mu_X = \sum_{j=1}^{J} x_j p_j$$

前節で述べたように標本平均を平均ということもあり，同じ言葉が使われるが，両者は異なるものである。標本平均と区別するために，期待値を母集団平

28　第 I 部　基礎編

均ともいう。後で詳しく述べるが，母集団平均はわれわれが知りたい未知の値であり，標本平均を用いてデータから母集団平均を推測する，という位置づけである。確率変数 X がある値 $x_{0.5}$ より小さい値を取る確率とそれ以上の値を取る確率がともに 0.5 だとする。つまり，

$$\Pr(X < x_{0.5}) = \Pr(X \geq x_{0.5}) = \frac{1}{2}$$

である。このとき，$x_{0.5}$ もその意味で分布の中心と理解できて，これを中央値と呼ぶ。なお，分布が対称（確率関数を描いたグラフが左右対称）なら中央値は期待値と一致する。離散確率変数の場合には，これをちょうど満たす $x_{0.5}$ がなかったり，複数ある場合もある。そのときには少しまわりくどいが，$F_X(x) \geq 1/2$ を満たす最小の x の値を中央値という。最頻値は，最も頻繁に観測される値という意味であり，離散変数の場合は $P_X(x)$ が最も大きい値を取る x のことである。

散らばりを表すのに最もよく用いられる代表値は分散である。英語では分散を "variance" というので，X の分散は $\mathrm{Var}(X)$，あるいは σ_X^2 と書き，以下のように定義される。

離散確率変数の分散

$$\mathrm{Var}(X) = \sigma_X^2 = \sum_{j=1}^{J} (x_j - \mu_X)^2 p_j$$

また，分散の正の平方根 $\sigma_X = \sqrt{\sigma_X^2}$ も分散と同じ意味で散らばりを表し，これを標準偏差という。期待値と分散はいくつか重要な性質を持つが，連続確率変数の場合にも同じ結果が成立するため，後でまとめて紹介する。

次に，$F_X(x_q) = q$ を満たすような x_q を 100q % 分位点という。たとえば，$q = 0.1$ とすると，X が $x_{0.1}$ 以下の値を取る確率が q，それより大きい値を取る確率が 0.9 ということである。ただし，離散確率変数では中央値と同様にそのような x_q がないか，または複数あるかもしれない。そこで，$F_X(x_q) \geq q$ を満たす最小の x_q を 100q% 分位点と定義する。$q = 0.5$ なら上に説明した中央値に一致する。分位点をさまざまな q について計算すれば，確率変数の散

らばり具合を見て取ることができる．とくに，75% 分位点 $x_{0.75}$ と 25% 分位点 $x_{0.25}$ の差を**四分位範囲**といい，これが大きければ散らばりは大きく，小さければ散らばりが小さい．

X そのものの期待値は先に示したように定義されるが，一般に $g(x)$ を任意の関数として，$g(X)$ の期待値を以下のように定義する．

離散確率変数の関数の期待値

$$\mathrm{E}[g(X)] = \sum_{j=1}^{J} g(x_j) p_j$$

たとえば $g(x) = x^k$ とすれば X の k 乗の期待値

$$\mathrm{E}(X^k) = \sum_{j=1}^{J} g(x_j) p_j = \sum_{j=1}^{J} x_j^k p_j$$

となる．これを X の **k 次モーメント**という．$k = 1$ なら，これはもちろん X の期待値である．また，$g(x) = (x - \mu_X)^k$ とすれば

$$\mathrm{E}[(X - \mu_X)^k] = \sum_{j=1}^{J} (x_j - \mu_X)^k p_j$$

となる．これを**平均周りの k 次モーメント**という．$k = 2$ ならこれは分散に一致する．また，$k = 3, 4$ の平均周りのモーメントはそれぞれ，分布の非対称度を表す**歪度**や，平均から大きく離れた値の出やすさを表す**尖度**の定義に用いられる．歪度は $\mathrm{E}[(X - \mu_X)^3]/\sigma_X^3$ で，この値が正ならば分布の右裾が長く，分布は右に歪んでいるという．また尖度は $\mathrm{E}[(X - \mu_X)^4]/\sigma_X^4$ で，これが大きいと X は絶対値で大きな値を取りやすい．

例題 2.3

1, 2, 4, 9 と番号の書かれた正四面体のサイコロを振って，出た目の数を X とする．このとき，以下の問いに答えなさい．

(1) X の確率関数をグラフに描きなさい．

図 2-7 ● 確率関数と分布関数

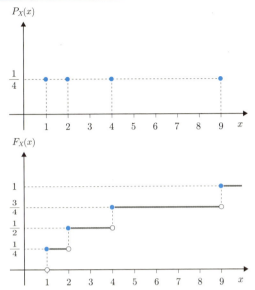

(注) 白丸はその値は含まれないこと，青丸は含まれることを示す。

(2) X の分布関数をグラフに描きなさい。
(3) $E(X)$ を求めなさい。
(4) $Var(X)$ を求めなさい。
(5) 4次のモーメントを求めなさい。
(6) X の中央値を求めなさい。

（解答例）

(1), (2) 図 2-7 参照。

(3) $E(X) = 1 \times 1/4 + 2 \times 1/4 + 4 \times 1/4 + 9 \times 1/4 = 4$

(4) $Var(X) = (1-4)^2 \times 1/4 + (2-4)^2 \times 1/4 + (4-4)^2 \times 1/4 + (9-4)^2 \times 1/4 = 19/2$

(5) $E(X^4) = 1^4 \times 1/4 + 2^4 \times 1/4 + 4^4 \times 1/4 + 9^4 \times 1/4 = 3417/2$

(6) 中央値のもともとの意味を考えれば，$F_X(x) = 1/2$ となるような x を見つければよいことになる。しかし，$F_X(x)$ のグラフを見ればわかるように，$2 \leq x < 4$ の範囲では常に $F_X(x) = 1/2$ となっている。

「$F_X(x) \geq \frac{1}{2}$ を満たす最小の x の値」という定義に照らせば，$x = 2$ が中央値である。♠

　以下に，離散確率変数の代表的な分布として，ベルヌーイ分布，二項分布，ポアソン分布を紹介する。

ベルヌーイ分布　　結果が 2 種類しかない確率的な試行を**ベルヌーイ試行**という。たとえば，よく切ったトランプから 1 枚引いてそのカードが赤か黒かを調べる，候補者が 2 人の選挙でどちらの候補を支持するか，高校を卒業した人が大学に進学するかしないか，というような場合である。

　もちろん，実際には個々の有権者は確率的に支持候補を選ぶわけではないし，高校卒業生が大学進学を確率的に決めるわけではない。そのため，トランプ以外の例は，試行という言葉を使うには違和感があるかもしれない。この文脈では，トランプの試行で 52 枚のカードから 1 枚を引くことを考えているように，有権者や高校卒業生がたくさんおり，その中からある 1 人を取り出して調べるところが確率的であると理解すればよい。

　2 つの結果の一方が成り立つとき $X = 1$ とし，他方なら $X = 0$ とする。$X = 1$ の確率を p とする。そのとき，確率関数は

$$P_X(0) = 1 - p, \quad P_X(1) = p \tag{2.6}$$

で，累積分布関数は

$$F_X(x) = \begin{cases} 0 & (x < 0) \\ 1 - p & (0 \leq x < 1) \\ 1 & (1 \leq x) \end{cases}$$

である。確率関数を少し数学的に表記すると，

$$P_X(x) = p^x (1 - p)^{1-x}, \quad x = 0, 1 \tag{2.7}$$

と書ける。(2.7) 式に $x = 0, 1$ を代入してみると，(2.6) 式と同じであることがすぐにわかるだろう。この表現は，第 9 章で解説する離散選択モデルの推定で用いられる。

期待値と分散は

$$\mathrm{E}(X) = 0 \times (1-p) + 1 \times p = p$$

$$\mathrm{Var}(X) = (0-p)^2 \times (1-p) + (1-p)^2 \times p = p(1-p)$$

である。

上のような確率変数 X の分布を**ベルヌーイ分布**という。そのとき，確率論や統計学では「X はベルヌーイ分布に従う」という。この表現は，ベルヌーイ分布だけでなく他の場合にも用いられ，たとえば「確率変数 Y は正規分布に従う」などといわれる。初めての人には少しわかりにくい感じがするかもしれないが，本書や他のテキスト，論文等でも頻繁に用いられるので，覚えておくとよい。

二項分布

1 を取る確率が p のベルヌーイ試行を n 回繰り返したとき，1 が出た回数 X は**二項分布**に従い，$X \sim \mathrm{Bin}(n,p)$ と表す。ただし，繰り返す際にどの試行の結果も他の試行結果の確率に影響を与えないものとする。

例として，次のようなものが挙げられる。まず，1 組のトランプから適当に 30 枚を取り出す。同じ 30 枚を使って，よく切ってから 1 枚抜いて色を調べて (赤か黒か) 戻すことを n 回繰り返す。i 回目で赤が出たら $X_i = 1$，黒が出たら $X_i = 0$ とすると，n 回のうち赤が出る回数は

$$X = \sum_{i=1}^{n} X_i$$

であり，これは $\mathrm{Bin}(n,\ 30\ \text{枚のうち赤の比率})$ に従う。

二項分布 $\mathrm{Bin}(n,p)$ の確率関数は

$$P_X(x) = {}_nC_x p^x (1-p)^{n-x}, \quad x = 0, 1, \ldots, n$$

であり，その期待値と分散は

$$\mathrm{E}(X) = np$$

$$\mathrm{Var(X)} = np(1-p)$$

(2.8)

である。

第 2 章　データの整理と確率変数の基礎　33

ポアソン分布

短い時間では起こる確率が小さい事象が，ある程度の長さの期間に何度生じるかを表すのが**ポアソン分布**である。たとえば，ある企業の1年間での特許の取得件数などが挙げられるだろう。その確率関数は

$$P_X(x) = \frac{\lambda^x}{x!}e^{-\lambda}, \quad x = 0, 1, 2, \ldots$$

である。λ（ギリシャ文字で小文字のラムダ）は，ある時間単位当たりの事象の発生件数を表す定数である。x を整数として $x!$ は x 以下の正の整数をすべて掛け合わせたもので，x の**階乗**という。つまり，$x! = x \times (x-1) \times \cdots \times 2 \times 1$ である。ただし，$0! = 1$ とする。

例えば，ある企業の1年間の平均特許取得件数が3件のとき，5年でちょうど20件取得する確率を求めると，$\lambda = 3 \times 5 = 15$，$x = 20$ として

$$\frac{15^{20}}{20!}e^{-15} \approx 0.0418$$

つまり約 4.2% である。

この確率変数の期待値と分散は

$$\begin{align} \mathrm{E}(X) &= \lambda \\ \mathrm{Var}(\mathrm{X}) &= \lambda \end{align} \tag{2.9}$$

である。つまり，期待値と分散が等しいというおもしろい性質を持っている。

3-2　1次元連続確率変数

分布関数と密度関数

本章2節で述べた通り，連続確率変数は，連続な値を取りうる確率変数である。離散確率変数の場合，X がどの値を取りやすいか，あるいは取りにくいかは，確率関数 $\Pr(X = x_j)$ によって表される。ところが，連続確率変数の場合は同じようにはいかない。簡単な例によって説明しよう。

いま，歪みのないコマの端に印をつけて回転させ，止まったときに地面に接している点との角度を時計回りに測って X としよう。X は 0 から 360 の間の値を同じ確からしさで取る確率変数と考えてよい。つまり，ある角度，たとえ

ば90度で止まる確率と，120度で止まる確率は同じである。それを p としよう。確率は，0から360まですべての値に対して等しく p であり，また0と360の間には無限にたくさんの点があることを考慮すると，もし $p > 0$ なら確率の総和は無限大になってしまう。確率は0以上1以下なので，もし $p > 0$ でないなら，$p = 0$ でなければならない。すると，0から360までのどの x に対しても，$\Pr(X = x) = 0$ となる。これでは値の取りやすさを表す関数としては有益でない。そこで，分布関数を先に考えてみよう。分布関数は，離散確率変数の場合と同じく，以下のように定義される。

分布関数（累積分布関数）

$$F_X(x) = \Pr(X \leq x) \tag{2.10}$$

コマの例だと，これはどうなるだろうか。どの角度も同じ確からしさで出るので，たとえば X が90以下の確率は $1/4$，X が180以下の確率は $1/2$ などとなる。つまり，

$$F_X(x) = \Pr(X \leq x)$$
$$= \begin{cases} 0 & (x < 0) \\ x/360 & (0 \leq x < 360) \\ 1 & (360 \leq x) \end{cases} \tag{2.11}$$

となるはずである。これをグラフに描いたものが図2-8(a)である。

　さて，では値の取りやすさや取りにくさはどのような関数で表されるだろうか。理由は後で述べるとして先に答えをいうと，分布関数を微分して得られる以下の関数によって表される。

密度関数

$$f_X(x) = \frac{dF_X(x)}{dx} \tag{2.12}$$

この関数を確率変数 X の密度関数という。コマの例では (2.11) 式を微分すると

第2章　データの整理と確率変数の基礎　35

$$f_X(x) = \begin{cases} 0 & (x < 0) \\ 1/360 & (0 \leq x \leq 360) \\ 0 & (360 < x) \end{cases}$$

ということになる。これを図示すると，図 2-8(b) のようになり，X が 0 と 360 の間の値を同じ確からしさで取って，それ以外の値は取らないという状況をうまく表している。この意味で，密度関数は，離散変数の確率関数と同様に，値の取りやすさを表す関数であるといえる。なお厳密にいうと，$F_X(x)$ は $x = 0, 360$ では微分できないため，定義に従えばこの 2 つの点では密度関数を定めることができないが，上のように $0 \leq x \leq 360$ で $f_X(x) = 1/360$ としても問題は生じない。

　コマの例で，密度関数が値の取りやすさの様子をうまく表していることが直観的に理解できるであろう。では，なぜそうなるのだろうか。実は (2.12) 式のように $f_X(x)$ を定めると，2 点 a, b について，「$f_X(a) < f_X(b)$ ならば X は a の近くの値よりも b の近くの値を取りやすい」ことを示すことができる。本当は離散確率変数の場合のように $\Pr(X = a)$ と $\Pr(X = b)$ を比較してどちらが大きいかを調べたいのであるが，上に例示した通り，X が 1 点 a や b の値を取る確率は 0 である。したがって，その比較から値の取りやすさに関して有益な情報を得ることはできない。しかし，以下に見るように「a の近く」や「b の近く」と考えると，意味のある比較ができる。

　微分の定義から

$$f_X(x) = \frac{dF_X(x)}{dx} = \lim_{h \to 0} \frac{F_X(x+h) - F_X(x)}{h}$$

である。h が 0 に近ければ右辺の極限は $[F_X(x+h) - F_X(x)]/h$ と近い値になっているはずなので，

$$f_X(x) \approx \frac{F_X(x+h) - F_X(x)}{h} \tag{2.13}$$

である。$h > 0$ として (2.10) 式から右辺の分子を計算すると，

$$F_X(x+h) - F_X(x) = \Pr(X \leq x+h) - \Pr(X \leq x) = \Pr(x \leq X \leq x+h)$$

が得られる。これを (2.13) 式に代入して両辺に h を掛けると，

図 2-8 分布関数と密度関数

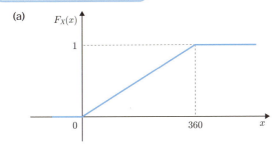

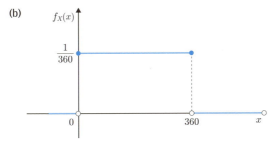

$$\Pr(x \leq X \leq x+h) \approx f_X(x)h \tag{2.14}$$

となる。(2.14) 式で $x = a$ とすると，X が点 a の近く（厳密には a と $a+h$ の間）の値を取る確率は

$$\Pr(a \leq X \leq a+h) \approx f_X(a)h$$

であり，同様に点 b の近くの値を取る確率は

$$\Pr(b \leq X \leq b+h) \approx f_X(b)h$$

である。いま，$f_X(a) < f_X(b)$ なので，もちろん $f_X(a)h < f_X(b)h$ となり，結局

$$\Pr(a \leq X \leq a+h) < P(b \leq X \leq b+h)$$

が成り立つ。したがって，$f_X(a) < f_X(b)$ のとき，b の近くの値を取る確率は a の近くの値を取る確率よりも大きいことがわかる。この意味で，密度関数は

第 2 章　データの整理と確率変数の基礎　37

X がどのような値を取りやすいか，あるいは取りにくいかを表す関数である。

コマの例のように，X がある範囲のどの値も同じ確からしさで取るとき，「X は一様分布に従う」といい，$X \sim \text{Uni}(a, b)$ と表す。ここで，a, b はそれぞれ取りうる範囲の上限と下限で，コマの例なら 0 と 360 である。

> **分布関数と密度関数の性質**　　分布関数は，以下の性質を持つ。

> **分布関数の性質**
> (1)　$0 \leq F_X(x) \leq 1$
> (2)　$F_X(x)$ は広義の増加関数である。
> (3)　$\displaystyle \lim_{x \to -\infty} F_X(x) = 0, \lim_{x \to \infty} F_X(x) = 1$

この 3 つの性質は，分布関数の定義 (2.10) 式から簡単に示される。(2.10) 式を見ればわかるように，分布関数はそれ自身が確率なので，性質 (1) は定義より明らかである。性質 (2) は，$x_1 < x_2$ を満たす任意の x_1, x_2 について，

$$F_X(x_2) = \Pr(X \leq x_2) = \Pr(X \leq x_1 \text{ または } x_1 < X \leq x_2)$$
$$= \Pr(X \leq x_1) + \Pr(x_1 < X \leq x_2)$$
$$\geq \Pr(X \leq x_1) = F_X(x_1)$$

となるからである。なお，「広義の」というのは上の式の 3 行目の不等号に等号が含まれていることに対応している。つまり，$F_X(x)$ をグラフに描くと基本的に右上がりだけれども，平らな部分があってもよいということである。性質 (3) も，(2.10) 式から明らかだろう。

微分と積分の関係から，定数 a, b $(a < b)$ について

$$F_X(b) - F_X(a) = \int_a^b f_X(x) dx \tag{2.15}$$

が成り立つ（Column 2-1 参照）。$F_X(b) - F_X(a) = \Pr(X \leq b) - \Pr(X < a) = \Pr(a < X \leq b)$ であるから，これらを組み合わせて

38　第 I 部　基礎編

密度関数と確率の関係

$$\Pr(a < X \le b) = \int_a^b f_X(x)dx \tag{2.16}$$

となる。分布関数の性質から，密度関数は以下の性質を持つ。

密度関数の性質

(1) $f_X(x) \ge 0$

(2) $\displaystyle\int_{-\infty}^{\infty} f_X(x)dx = 1$

分布の代表値 連続確率変数の期待値は

連続確率変数の期待値

$$\mathrm{E}(X) = \mu_X = \int_{-\infty}^{\infty} x f_X(x)dx$$

と定義される（この直観的な理解は Column 2-1 を参照のこと）。中央値は，$F_X(x_{0.5}) = \Pr(X \le x_{0.5}) = 1/2$ となるような点 $x_{0.5}$ の値である。そのような値が複数ある場合もあり，そのときには $F_X(x) = 1/2$ を満たす最小の x を中央値とする。また，最頻値は $f_X(x)$ が最大値を取る x の値である。

分散は

連続確率変数の分散

$$\mathrm{Var}(X) = \int_{-\infty}^{\infty} (x - \mu_X)^2 f_X(x)dx$$

と定義される。連続確率変数についても，離散確率変数と同様に関数 $g(\cdot)$ に対して $\mathrm{E}[g(X)] = \int_{-\infty}^{\infty} g(x)f_X(x)dx$ と定義される。これを使うと

第 2 章　データの整理と確率変数の基礎　39

$$\mathrm{Var}(X) = \mathrm{E}(X - \mu_X)^2$$

となる。

さらに，離散確率変数の場合と同様に，連続確率変数の k 次のモーメント，k 次の平均周りのモーメントを考えることができる。それらは，期待値や分散と同様に和を積分で置き換えて

$$\mathrm{E}(X^k) = \int_{-\infty}^{\infty} x^k f_X(x) dx$$

$$\mathrm{E}[(X - \mu_X)^k] = \int_{-\infty}^{\infty} (x - \mu_X)^k f_X(x) dx$$

である。

四分位範囲は，中央値と同様の考え方で，X の分布の下から 25% 点と 75% 点をそれぞれ $x_{0.25}$ と $x_{0.75}$ として，$x_{0.75} - x_{0.25}$ により定義される。この値が大きければ，それだけ散らばりが大きい。なお，$x_{0.25}$ と $x_{0.75}$ をそれぞれ第 1 四分位点，第 3 四分位点という。すでに述べたように，q を 0 と 1 の間の値として，$F_X(x_q) = q$ を満たすような x_q を $100q$% 分位点という。この用語を使えば，第 1 四分位点は 25% 分位点，中央値は 50% 分位点である。

| 期待値，分散の性質と標準化 |

確率変数が離散でも連続でも，期待値と分散は以下の性質を満たす。a, b を定数として，

期待値と分散の性質

$$\mathrm{E}(aX + b) = a\mathrm{E}(X) + b$$

$$\mathrm{Var}(aX + b) = a^2\mathrm{Var}(X)$$

である。とくに，$a = 1/\sqrt{\mathrm{Var}(X)}, b = -\mathrm{E}(X)/\sqrt{\mathrm{Var}(X)}$ として，$Z = [X - \mathrm{E}(X)]/\sqrt{\mathrm{Var}(X)}$ と置くと，上の性質から $\mathrm{E}(Z) = 0$, $\mathrm{Var}(Z) = 1$ となる。このように，確率変数からその期待値を引いて標準偏差で割る操作を確率変数の標準化という。離散，連続にかかわらず，標準化された確率変数の期待値は 0，分散は 1 である。

40　第 I 部　基礎編

例題 2.4

a を定数として，確率変数 X の密度関数が

$$f_X(x) = \begin{cases} ax & (0 \leq x \leq 2) \\ 0 & (それ以外) \end{cases}$$

であるとする。このとき，以下の問いに答えなさい。

(1) a の値を求めなさい。
(2) $E(X)$ を求めなさい。
(3) $Var(X)$ を求めなさい。
(4) 分布関数を求め，グラフを描きなさい。
(5) 3次のモーメントを求めなさい。

（解答例）

(1) 密度関数を積分すると 1 でなければならないので，

$$\int_{-\infty}^{\infty} f_X(x)dx = \int_0^2 ax\,dx = a\left[\frac{1}{2}x^2\right]_0^2 = 2a = 1$$

より，$a = 1/2$

(2) $E(X) = \int_{-\infty}^{\infty} x\,1/2x\,dx = \int_0^2 1/2x^2\,dx = [1/6x^3]_0^2 = 4/3$

(3) $Var(X) = \int_0^2 (x - 4/3)^2 \times 1/2x\,dx = [1/8x^4 - 4/9x^3 + 8/9x]_0^2 = 2/9$

(4) $f_X(x)$ を積分すれば，

$$F_X(x) = \begin{cases} 0 & (x < 0) \\ 1/4x^2 & (0 \leq x < 2) \\ 1 & (2 \leq x) \end{cases}$$

である。グラフは図 2-9. を参照のこと。

(5) 3次のモーメントは $E(X^3) = \int_0^2 x^3\,1/2\,dx = \int_0^2 1/2x^4\,dx = [1/10x^5]_0^2 = 16/5$ ♠

FIGURE　図 2-9 ● 分布関数

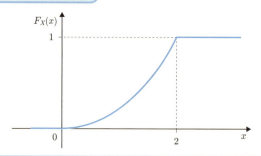

COLUMN　2-1 連続確率変数の分布関数，密度関数と期待値，分散

ここでは，以下の 2 点，

(1) 分布関数と密度関数の関係 (2.15) 式が成り立つこと，
(2) 連続確率変数の期待値や分散がなぜ積分で表されるのか，

について直観的に説明しよう。

多くの読者にとって，離散確率変数の期待値は理解しやすいだろう。しかし，連続な場合は積分で定義されており，数学が得意な人でも「なぜ？」と疑問に思うかもしれない。両者は随分違ったものに見えるが，連続確率変数の期待値も，実は離散の場合と似たようなものであることを示すことができる。

準備：積分とは

それらの準備のために，まず積分とは何だったか簡単に復習しよう。**積分**は，曲線や曲面で囲まれた図形の面積や体積を求める方法である。一番簡単なものは，図 2-10(a) に描いた関数 $g(x)$ について，曲線，x 軸，$x=a$，$x=b$ で囲まれた部分の面積を求めることである。その図形を S としよう。$g(x)$ が直線なら台形の面積の計算なので簡単だが，曲線なので少し工夫が必要である。S に図のように青色の長方形を敷き詰めてみよう。それぞれの長方形の底辺の長さは異なっていてもかまわない。黒く塗った三角形状の部分だけずれるが，それらの長方形の面積を合計すれば近似的に S の面積が求められる。

さて，図 2-10(b) のように，それぞれの長方形の底辺を短くしてより多くの長方形を敷き詰めて同じ計算をすると，ずれを小さくすることができるだろう。そして，底辺の長さを一斉にどんどん縮めて 0 に近づければ，長方形の面積の和は S の面積に限りなく近づくだろう。積分はこのようにして S の面積を求めるやり方で，その面積を $\int_a^b g(x)dx$ と表記する。少々複雑な書き方

図 2-10 ● 積分のイメージ

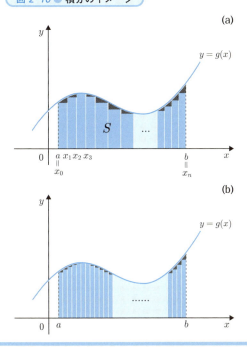

に感じるが,「関数 $g(x)$ と x 軸ではさまれた部分の a と b の間の図形」ということを明示するための表現である。

上の考え方を式で表すと,次のようになる。左から i 番目の長方形の底辺は $x_i - x_{i-1}$, 高さは $g(x_{i-1})$ なので,その面積は $g(x_{i-1})(x_i - x_{i-1})$ である。敷き詰めた長方形の個数を n として,長方形の面積の総和は

$$\sum_{i=1}^{n} g(x_{i-1})(x_i - x_{i-1})$$

である。ただし,$a = x_0 < x_1 < \cdots < x_n = b$ である。この和について $n \to \infty$ とした極限(ただし長方形の底辺の長さは一斉に小さくなるように)を計算すれば,三角形の部分のずれは限りなく小さくなって最後にはなくなるので,S の面積は

$$\int_a^b g(x)dx = \lim_{n \to \infty} \sum_{i=1}^{n} g(x_{i-1})(x_i - x_{i-1})$$

によって求めることができる。このようにして S の面積を求める方法が,積分法である。さらに,$n = \infty$ でなくても,n が十分大きければ,三角形状の

ずれ部分は小さいので

$$\int_a^b g(x)dx \approx \sum_{i=1}^n g(x_{i-1})(x_i - x_{i-1}) \tag{2.17}$$

と近似できる。

　もう 1 点，密度関数と確率の関係を示した (2.14) 式を思い出そう。この式で $x = x_{i-1}$，$x + h = x_i$ と置くと，$h = x_i - x_{i-1}$ なので

$$\Pr(x_{i-1} \leq X \leq x_i) \approx f_X(x_{i-1})(x_i - x_{i-1}) \tag{2.18}$$

となる。もとの (2.14) 式は h が小さいときに成り立つ近似だったので，これは $x_i - x_{i-1}(= h)$ が小さければ成り立つ。以上の関係がわかれば，冒頭の (1) と (2) を直観的に理解することができる。

(1)　分布関数と密度関数の関係 (2.15) 式の成立

(2.17) 式の $g(x)$ を $f_X(x)$ としてみよう。すると，

$$\int_a^b f_X(x)dx \approx \sum_{i=1}^n f_X(x_{i-1})(x_i - x_{i-1})$$

である。これに，(2.18) 式を代入すると，

$$\begin{aligned}
\int_a^b f_X(x)dx &\approx \sum_{i=1}^n \Pr(x_{i-1} \leq X \leq x_i) \\
&= \Pr(x_0 \leq X \leq x_1) + \Pr(x_1 \leq X \leq x_2) \\
&\quad + \cdots + \Pr(x_{n-1} \leq X \leq x_n) \\
&= \Pr(x_0 \leq X \leq x_n) = \Pr(a \leq X \leq b) \\
&= F_X(b) - F_X(a)
\end{aligned}$$

となる。

(2)　連続確率変数の期待値や分散がなぜ積分で表されるのか

　密度関数 $f_X(x)$ を持つ連続確率変数の期待値を $\int_{-\infty}^{\infty} x f_X(x)dx$ によって定めたが，まず (2.17) 式で $g(x) = x f_X(x)$ とし，次に (2.18) 式を代入すれば，この積分は

$$\begin{aligned}
\int_{-\infty}^{\infty} x f_X(x)dx &\approx \sum_{i=1}^n x_i f_X(x_{i-1})(x_i - x_{i-1}) \\
&\approx \sum_{i=1}^n x_i \Pr(x_{i-1} \leq X \leq x_i)
\end{aligned}$$

と近似できることがわかる。このように書き換えれば，確率変数が取る値とその確率を掛けて足し合わせる形になっており，離散確率変数の期待値とよく似ていることがわかる。もしも $\sum_{i=1}^{n} x_i \Pr(X = x_i)$ という形になっていれば離散の場合とまったく同じだが，コマの例に示したように，連続確率変数がある特定の値を取る確率はすべて 0 なので，この和も 0 になってしまって意味をなさない。

3-3　正 規 分 布

正規分布の性質
　計量経済学で最もよく用いられる代表的な分布が，正規分布である。正規分布は連続確率変数であり，その密度関数は

正規分布の密度関数

$$f_X(x) = \frac{1}{\sqrt{2\pi\sigma^2}} \exp\left[-\frac{(x-\mu)^2}{2\sigma^2}\right] \tag{2.19}$$

である。この関数のグラフは図 2-11(a) のような，ベル型である。ここで，$\pi \approx 3.14$ は円周率，$e \approx 2.718$ を自然対数の底として $\exp(a) = e^a$ である。自然対数の底は，$d(\log_a x)/dx = 1/x$ となるような底 a のことで，ほかに $e = \lim_{n\to\infty}(1 + 1/n)^n$ など，さまざまな定義がある。このように書くと難しそうに見えるが，実態は単に 3 より少し小さい定数と理解しておけばよい。e^a を $\exp(a)$ と書く理由は，(2.19) 式の右辺で e の肩に $-\frac{(x-\mu)^2}{2\sigma^2}$ を乗せて $e^{-\frac{(x-\mu)^2}{2\sigma^2}}$ と書くのは見にくいからである。なお，"exp" は「指数（exponential）」に由来する。指数と対数に関しては，付録 A（651 ページ）に簡単にまとめたので必要に応じて参照してほしい。

　分布関数は

$$F_X(x) = \int_{-\infty}^{x} \frac{1}{\sqrt{2\pi\sigma^2}} \exp\left[-\frac{(z-\mu)^2}{2\sigma^2}\right] dz$$

であるが，右辺の積分をうまく計算して積分記号のない形に書きかえることはできない。この関数をグラフに描くと図 2-11(b) のようになる。μ と σ^2 は分布のパラメータで，これを決めると分布の位置と広がりが定まる。少々ややこ

第 2 章　データの整理と確率変数の基礎　　45

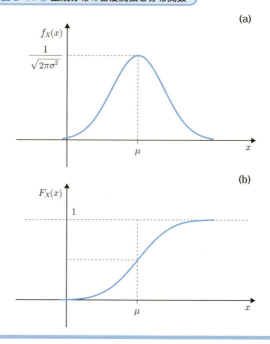

図 2-11 ● 正規分布の密度関数と分布関数

しい計算になるが,指数関数の性質と部分積分,置換積分を用いると,この分布の期待値と分散はそれぞれ

正規分布の期待値と分散

$$\mathrm{E}(X) = \int_{-\infty}^{\infty} x \frac{1}{\sqrt{2\pi}\sigma} \exp\left[-\frac{(x-\mu)^2}{2\sigma^2}\right] dx = \mu$$

$$\mathrm{Var}(X) = \int_{-\infty}^{\infty} (x-\mu)^2 \frac{1}{\sqrt{2\pi}\sigma} \exp\left[-\frac{(x-\mu)^2}{2\sigma^2}\right] dx = \sigma^2$$

となることが示される。期待値が μ,分散が σ^2 の正規分布を $N(\mu, \sigma^2)$ と表記し,確率変数 X がこの分布に従うことを $X \sim N(\mu, \sigma^2)$ と書く。また,正規分布に従う確率変数を正規確率変数という。

正規分布は,以下の性質を持つ。$X \sim N(\mu, \sigma^2)$ とすると,a, b を定数とし

て

正規分布の性質

$$aX + b \sim N(a\mu + b, a^2\sigma^2) \tag{2.20}$$

となる。

標準正規分布　　$\mu = 0,\ \sigma^2 = 1$ の正規分布 $N(0,1)$ を**標準正規分布**という。標準正規分布の密度関数はもちろん (2.19) 式に $\mu = 0,\ \sigma^2 = 1$ を代入して

標準正規分布の密度関数

$$f_X(x) = \frac{1}{\sqrt{2\pi}} \exp\left(-\frac{x^2}{2}\right)$$

である。また，$X \sim N(\mu, \sigma^2)$ とし，(2.20) 式において $a = 1/\sigma,\ b = -\mu/\sigma$ とすると，X が標準化されて，

$$\frac{X - \mu}{\sigma} \sim N(0,1) \tag{2.21}$$

となる。確率論や統計学において，密度関数に $f(x)$，分布関数に $F(x)$ を使うのが慣例であるが，標準正規分布についてはそれぞれとくに，$\phi(x)$，$\Phi(x)$ と書くことが多い。これらは，ギリシャ文字ファイの小文字と大文字である。また，とくに標準正規分布に従う確率変数を Z と書く。その分位点は，一般的な統計学の教科書に掲載されている標準正規分布表（巻末の付表参照）に示されており，区間推定や検定では $\Pr(Z \le -1.65) = 0.05$，$\Pr(Z \le -1.96) = 0.025$，$\Pr(Z \le -2.56) = 0.005$ がよく用いられる。

正規分布と関連するその他の分布　　正規分布と関連する分布で，計量経済分析の検定の問題において重要となるものを紹介しておこう。それらの密度関数は複雑な形をしているのでここでは触れず，付録 A（645 ページ）において紹介する。

第 **2** 章　データの整理と確率変数の基礎　　47

χ^2 分布

本書で最も重要なのは，χ^2（カイ 2 乗）分布である（χ はギリシャ文字カイの小文字である）。この分布は，重回帰モデルや時系列モデル等で複数のパラメータに関する検定を行う際に用いられる。χ^2 分布とは，次のようなものである。$Z_1, \ldots, Z_k$ を互いにまったく関係ない（厳密には「独立」といい，次節で定義を述べる）k 個の標準正規確率変数とする。そのとき，その 2 乗和

$$Y = Z_1^2 + Z_2^2 + \cdots + Z_k^2$$

も確率変数であり，その分布が自由度 k の χ^2 分布である。正規分布からの無作為標本の標本分散を少し変形したものも，χ^2 分布に従うことが知られている。

ここで，自由度という用語は少しわかりにくいかもしれないので説明しておこう。$Z_1, \ldots, Z_k$ は，お互いに他の値に左右されることなく，「自由に」取る値が決まる。もしそうでなく，たとえば $Z_k = Z_1 + Z_2 + \cdots + Z_{k-1}$ であれば，k 個のうちの $k-1$ 個を決めれば最後の 1 つは自動的に決まってしまう。だから，$Z_1, \ldots, Z_k$ のうち自由に動くことができるのは $k-1$ 個である。上の Y は自由に動くことのできる k 個の標準正規確率変数からつくられているので，「自由度 k の χ^2 分布」という。なお，Z_i が標準正規確率変数なので $\mathrm{E}(Z_i^2) = 1$，$i = 1, \ldots, k$ であり，期待値は $\mathrm{E}(Y) = k$ である。また，常に $Y \geq 0$ が成り立つ。

t 分布

t 分布は，正規確率変数の期待値に関する検定を行う際に用いられる分布である。X を標準正規確率変数，Y を自由度 k の χ^2 確率変数とし，それらは独立であるとする。そのとき，$X/\sqrt{Y/k}$ は自由度 k の t 分布に従う。t 分布の密度関数をグラフに描くと原点を中心とした左右対称のベル型で，標準正規分布と見分けるのは難しい。ただし，分布の裾は標準正規分布よりも少し厚く，原点から離れた値を取りやすい。$k \to \infty$ とすると，t 分布は標準正規分布に近づくことが知られており，直観的には次のように説明できる。$\mathrm{E}(Z_i^2) = 1$（$i = 1, \ldots, k$）なので，第 3 章 1-3「期待値の推定」（84 ページ）で述べる大数の法則より，$k \to \infty$ のときに

$$\frac{Y}{k} = \frac{Z_1^2 + Z_2^2 + \cdots + Z_k^2}{k} \tag{2.22}$$

48　第 I 部　基礎編

は 1 に近づく。そのため $X/\sqrt{Y/k}$ は，標準正規確率変数 X に収束する。

F 分 布　Y_1，Y_2 をそれぞれ自由度が k_1，k_2 の独立な χ^2 確率変数としたとき，$(Y_1/k_1)/(Y_2/k_2)$ は自由度 (k_1, k_2) の **F 分布**に従い，$F(k_1, k_2)$ と表される。$k_2 \to \infty$ のとき，(2.22) 式と同様に Y_2/k_2 は 1 に近づく。そのため，自由度 (k_1, k_2) の F 分布に従う確率変数に k_1 を掛けて $k_2 \to \infty$ とすると，Y_1 のみが残って自由度 k_1 の χ^2 分布に帰着する。また，$k_2 \to \infty$ とした F 分布を $F(k_1, \infty)$ と表すことがある。もちろん，これは自由度 k_1 の χ^2 分布を k_1 で割ったものの分布と同じである。また，$k_1 = 1$ とすると，χ_1^2 確率変数と $\chi_{k_2}^2/k_2$ の比率になる。上の t 分布の説明を思い出すと，自由度 k_2 の t 分布に従う確率変数を 2 乗したものになっていることがわかる。

4　2 次元確率変数と分布

2 次元の場合にも，離散確率変数と連続確率変数がある。それぞれについて，分布の様子を表す関数やそれを特徴づける量を見ていこう。

4-1　2 次元離散確率変数

X，Y がそれぞれ $x_1, \ldots, x_J$ と $y_1, \ldots, y_K$ の値を取る離散確率変数とする。X が x_j かつ Y が y_k の値を取る確率を p_{jk} とする。

同時確率関数と同時分布関数　分布を表す関数には，1 次元の場合と同様に確率関数と分布関数があり，それぞれ

---
2 次元確率関数と分布関数

$P_{X,Y}(x_j, y_k) = \Pr(X = x_j,\ Y = y_k) = p_{jk}, \quad j = 1, \ldots, J,\ k = 1, \ldots, K$

$F_{X,Y}(x, y) = \Pr(X \leq x,\ Y \leq y)$

である。ここで，$\Pr(A, B)$ は「A かつ B である確率」という意味である。つ

まり，p_{jk} は $X = x_j$ かつ $Y = y_k$ となる確率である。とくに，複数の確率変数を同時に扱っていることを強調して**同時確率関数，同時分布関数**とも呼ばれる。

周辺分布　同時分布から X のみ，あるいは Y のみに関する分布を求めることができる。これを**周辺分布**という。離散の場合の**周辺確率関数**は

周辺確率関数

$$P_X(x_j) = \Pr(X = x_j) = \sum_{k=1}^{K} p_{jk}, \quad j = 1, \ldots, J$$

$$P_Y(y_k) = \Pr(Y = y_k) = \sum_{j=1}^{J} p_{jk}, \quad k = 1, \ldots, K$$

である。その理由は「$X = x_j$ である」のは，「$X = x_j,\ Y = y_1$」または「$X = x_j,\ Y = y_2$」または $\cdots$ または「$X = x_j,\ Y = y_K$」の場合なので，その確率は

$$P_X(x_j) = \Pr(X = x_j,\ Y = y_1) + \Pr(X = x_j,\ Y = y_2) + \cdots$$
$$+ \Pr(X = x_j,\ Y = y_K)$$
$$= p_{j1} + p_{j2} + \cdots + p_{jK}$$

となるからである。

また，**周辺分布関数**は

周辺分布関数

$$F_X(x) = \Pr(X \leq x,\ Y \leq \infty) = \Pr(X \leq x)$$
$$F_Y(y) = \Pr(X \leq \infty,\ Y \leq y) = \Pr(Y \leq y) \tag{2.23}$$

である。

上の定義より，同時分布から周辺分布を求めることができる。しかし，以下の例題 2.5 にも示すように，同じ周辺分布を共有する同時分布をいくらでももつ

50　第 I 部　基礎編

くることができてしまう．つまり，X の周辺分布と Y の周辺分布からそれらの同時分布は決めることはできないということである．

例題 2.5

2 変数 (X, Y) の確率関数を以下の表の通りとする．

	$Y=1$	$Y=2$	$Y=3$
$X=1$	1/3	2/9	1/9
$X=2$	1/9	1/9	1/9

このとき，以下の問いに答えなさい．

(1) 確率関数と分布関数を図示しなさい．
(2) X の周辺確率関数を求めなさい．
(3) Y の周辺確率関数を求めなさい．
(4) Y の周辺分布関数を求めなさい．
(5) 上で求めたのと同じ周辺分布を持つけれども，同時分布は異なる例を 1 つつくりなさい．

(解答例)

(1) 図 2-12 参照．

(2)

$$\Pr(X=1) = \Pr(X=1, Y=1) + \Pr(X=1, Y=2) + \Pr(X=1, Y=3)$$
$$= 1/3 + 2/9 + 1/9 = 2/3$$
$$\Pr(X=2) = \Pr(X=2, Y=1) + \Pr(X=2, Y=2) + \Pr(X=2, Y=3)$$
$$= 1/9 + 1/9 + 1/9 = 1/3$$

なので，まとめて書くと

$$P_X(x) = \begin{cases} 2/3 & (x=1) \\ 1/3 & (x=2) \end{cases}$$

第 2 章 データの整理と確率変数の基礎

FIGURE 図 2-12 ● 確率関数と分布関数

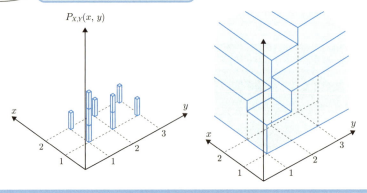

(3)
$$\Pr(Y=1) = \Pr(X=1, Y=1) + \Pr(X=2, Y=1)$$
$$= 1/3 + 1/9 = 4/9$$
$$\Pr(Y=2) = \Pr(X=1, Y=2) + \Pr(X=2, Y=2)$$
$$= 2/9 + 1/9 = 1/3$$
$$\Pr(Y=3) = \Pr(X=1, Y=3) + \Pr(X=2, Y=3)$$
$$= 1/9 + 1/9 = 2/9$$

なので,

$$P_Y(y) = \begin{cases} 4/9 & (y=1) \\ 1/3 & (y=2) \\ 2/9 & (y=3) \end{cases}$$

(4) (3) の結果を使って,

$$F_Y(y) = \begin{cases} 0 & (y<1) \\ 4/9 & (1 \leq y < 2) \\ 7/9 & (2 \leq y < 3) \\ 1 & (3 \leq y) \end{cases}$$

(5) たとえば，以下のような同時分布なら，もとの同時分布とは異なるが
(2), (3) で求めたのと同じ周辺分布を持つ。

	$Y = 1$	$Y = 2$	$Y = 3$
$X = 1$	1/3	1/4	1/12
$X = 2$	1/9	1/12	5/36

一般には，以下のような同時分布であれば，すべて同じ周辺分布を持つ
ことがわかる。

	$Y = 1$	$Y = 2$	$Y = 3$
$X = 1$	a	b	$2/3 - a - b$
$X = 2$	$4/9 - a$	$1/3 - b$	$a + b - 4/9$

ただし，a, b はすべてのセルの数値が 0 と 1 の間に入るような定数と
する。なお，上の数値例は $a = 1/3, b = 1/4$ の場合である。♠

条件付き分布

X がある特定の値を取ったときの Y の分布を
X を条件とする Y の**条件付き分布**という。離
散変数の場合，

$$P_{Y|X}(y_k|x_j) = \Pr(Y = y_k|X = x_j) = \frac{\Pr(X = x_j, \ Y = y_k)}{\Pr(X = x_j)} \tag{2.24}$$

を X を条件とする Y の**条件付き確率関数**という。これは，$X = x_j$ であった
場合に，$Y = y_k$ の確率がいくらであるかを計算したものである。このとき
X の値はもう x_j に決まっているので，確率的に動くのは Y だけである。つ
まり，起こりうるのは $(X, Y) = (x_j, y_1), (x_j, y_2), \ldots, (x_j, y_K)$ の K 通りであ
り，その確率の総和は 1 になる必要がある。確かめてみると，実際に

$$\sum_{k=1}^{K} P_{Y|X}(y_k|x_j) = \frac{\sum_{k=1}^{K} \Pr(X = x_j, Y = y_k)}{\Pr(X = x_j)}$$

$$= \frac{\Pr(X = x_j)}{\Pr(X = x_j)} = 1$$

が成り立つ。逆に Y のほうを条件とする場合は

$$P_{X|Y}(x_j|y_k) = \Pr(X = x_j|Y = y_k) = \frac{\Pr(X = x_j, Y = y_k)}{\Pr(Y = y_k)}$$

第**2**章　データの整理と確率変数の基礎　　53

によって条件付き確率関数が定義される。

条件付き分布と独立　　　　2 つの確率変数 X と Y が互いに関係があるか否かを言い表すために,「従属」「独立」という言葉が用いられる。厳密には次のように定義される。

独立（離散確率変数の場合）

$$P_{Y|X}(y_k|x_j) = P_Y(y_k) \tag{2.25}$$

の関係がすべての j, k について成り立つとき, X と Y は互いに独立であるという。成り立たなければ従属であるという。上の定義が意味するのは, 独立とは, X がどの値を取ったとしても Y の分布は変わらないということである。逆に, たとえば, X の値が大きいとき Y が大きい値を取りやすいといった状況だと両者には関係があり, 従属というわけである。条件付き確率の定義 (2.24) 式から明らかなように, (2.25) 式は, 次の 2 つと同値である。

$$P_{X,Y}(x_j, y_k) = P_X(x_j)P_Y(y_k)$$
$$P_{X|Y}(x_j|y_k) = P_X(x_j)$$

例題 2.6 ●　　　　　　　　　　　　　　　　　　　　EXAMPLE

　例題 2.5 と同じ分布を考える。このとき, 以下の問いに答えなさい。

(1) X を条件付けた Y の条件付き確率関数 $P_{Y|X}(y|x)$ を求めなさい。

(2) X を条件付けた Y の条件付き分布関数 $F_{Y|X}(y|x)$ を求めなさい。

(3) X と Y は独立かどうか, 調べなさい。

(4) 例題 2.5 の (2), (3) で求めたのと周辺分布が同じであるが, X と Y が独立になるような同時分布を求めなさい。

（解答例）

$$(1) \quad P_{Y|X}(y|1) = \frac{\Pr(Y = y, X = 1)}{\Pr(X = 1)} = \begin{cases} 1/2 & (y = 1) \\ 1/3 & (y = 2) \\ 1/6 & (y = 3) \end{cases}$$

54　第 I 部　基礎編

$$P_{Y|X}(y|2) = \frac{\Pr(Y=y, X=2)}{\Pr(X=2)} = \begin{cases} 1/3 & (y=1) \\ 1/3 & (y=2) \\ 1/3 & (y=3) \end{cases}$$

(2)　$$F_{Y|X}(y|1) = \frac{\Pr(Y \le y, X=1)}{\Pr(X=1)} = \begin{cases} 0 & (y<1) \\ 1/2 & (1 \le y < 2) \\ 5/6 & (2 \le y < 3) \\ 1 & (3 \le y) \end{cases}$$

$$F_{Y|X}(y|2) = \frac{\Pr(Y \le y, X=2)}{\Pr(X=2)} = \begin{cases} 0 & (y<1) \\ 1/3 & (1 \le y < 2) \\ 2/3 & (2 \le y < 3) \\ 1 & (3 \le y) \end{cases}$$

(3)　例題 2.5 の (3) の結果と (1) の結果を比べると，明らかに $P_{Y|X}(y|x)$ $\ne P_Y(y)$ であるから，X と Y は独立ではない。

(4)　以下の同時分布では周辺分布は変わらず，X と Y は独立になる。

	$Y=1$	$Y=2$	$Y=3$
$X=1$	8/27	2/9	4/27
$X=2$	4/27	1/9	2/27

　　例題 2.5 の (5) の解答で示した a, b を用いると，$P(Y=1|X=1) =$ $a \div (2/3)$, $P(Y=2|X=1) = b \div (2/3)$ である。(2.25) 式を使って，$a \div (2/3) = 4/9$, $b \div (2/3) = 1/3$ から求める。♠

4-2　2 次元連続確率変数

同時分布関数と
同時密度関数

連続確率変数の場合には 1 次元のときと同様に，同時分布関数

第 2 章　データの整理と確率変数の基礎　　55

2 次元同時分布関数

$$F_{X,Y}(x,y) = \Pr(X \le x, Y \le y) \tag{2.26}$$

を先に定め，それを用いて同時密度関数

2 次元同時密度関数

$$f_{X,Y}(x,y) = \frac{\partial^2 F_{X,Y}(x,y)}{\partial x \partial y} \tag{2.27}$$

を定義する。「同時」を省略しても混乱がなければ，単に分布関数，密度関数という。

1 変数の場合と同様に，密度関数は値の取りやすさを表す。1 変数における (2.14) 式と同様の関係が成り立つことを見てみよう。偏微分の定義に戻ると，(2.27) 式の右辺は，F の下付きの X, Y を省略して

$$\frac{\partial^2 F(x,y)}{\partial x \partial y} \approx \frac{F(x+h_1, y+h_2) - F(x+h_1, y) - F(x, y+h_2) + F(x,y)}{h_1 h_2}$$

と近似できる。(2.26) 式を使って少し整理すると，右辺の分子は

$$\Pr(x \le X \le x+h_1,\ y \le Y \le y+h_2)$$

となるので，これらをまとめて (2.27) 式に代入して，両辺に $h_1 h_2$ を掛けると

$$\Pr(x \le X \le x+h_1,\ y \le Y \le y+h_2) = f_{X,Y}(x,y) h_1 h_2$$

を得る。つまり，$f_{X,Y}(x_1, y_1) > f_{X,Y}(x_2, y_2)$ なら，(x_1, y_1) の周辺の点は (x_2, y_2) の周辺の点よりも実現しやすいということである。ここで「周辺の点」という曖昧な表現を用いるのは，1 変数の場合と同様に $(X, Y) = (x_1, y_1)$ というようにある特定の点を取る確率は 0 だからである。

周 辺 分 布　　離散の場合と同様に，X のみあるいは Y のみに関する分布を周辺分布という。連続確率変数については，次のように周辺密度関数を定義する。

周辺密度関数

$$f_X(x) = \int_{-\infty}^{\infty} f_{X,Y}(x,y)dy$$

$$f_Y(y) = \int_{-\infty}^{\infty} f_{X,Y}(x,y)dx$$

(2.28)

また，周辺分布関数は，次のように定義される。

周辺分布関数

$$F_X(x) = \Pr(X \leq x, Y \leq \infty) = \Pr(X \leq x)$$

$$F_Y(y) = \Pr(X \leq \infty, Y \leq y) = \Pr(Y \leq y)$$

(2.29)

| 条件付き分布と独立 |

連続変数の場合，X を条件とする Y の条件付き密度関数 $f_{Y|X}(y|x)$ は，同時密度関数と周辺密度関数を用いて次のように定義される。

条件付き密度関数

$$f_{Y|X}(y|x) = \frac{f_{X,Y}(x,y)}{f_X(x)}$$

(2.30)

逆に，Y を条件にする場合は

$$f_{X|Y}(x|y) = \frac{f_{X,Y}(x,y)}{f_Y(y)}$$

である。

連続変数に関しては，確率関数を密度関数に置き換えて

独立（連続確率変数の場合）

$$f_{Y|X}(y|x) = f_Y(y)$$

(2.31)

第 2 章　データの整理と確率変数の基礎　57

のとき，またそれと同値の

$$f_{X,Y}(x,y) = f_X(x)f_Y(y)$$

あるいは

$$f_{X|Y}(x|y) = f_X(x)$$

が成り立つときに，X と Y は独立であるという。

4-3 分布の代表値

2次元連続確率変数の分布の代表値も，1次元の場合と同様に定義される。

離散確率変数　離散確率変数の期待値は次のように定義される。

期待値

$$\mathrm{E}(X) = \sum_{j=1}^{J} \sum_{k=1}^{K} x_j P_{X,Y}(x_j, y_k)$$

$$\mathrm{E}(Y) = \sum_{j=1}^{J} \sum_{k=1}^{K} y_k P_{X,Y}(x_j, y_k)$$

たとえば，$\mathrm{E}(X)$ の計算で，先に k について和を取れば，

$$\mathrm{E}(X) = \sum_{j=1}^{J} \sum_{k=1}^{K} x_j P_{X,Y}(x_j, y_k) = \sum_{j=1}^{J} x_j \sum_{k=1}^{K} P_{X,Y}(x_j, y_k)$$

$$= \sum_{j=1}^{J} x_j P_X(x_j)$$

とできるので，X の周辺確率関数を用いた計算になり，1次元確率関数の期待値の計算と同じになる。$\mathrm{E}(Y)$ についても，もちろん同様である。

　第4章以降で解説する回帰分析において，条件付き期待値が重要な役割を果たす。$X = x_j$ を条件とする Y の条件付き期待値 $\mathrm{E}(Y|X = x_j)$ とは

58　第 I 部　基礎編

条件付き期待値

$$\mathrm{E}(Y|X = x_j) = \sum_{k=1}^{K} y_k P_{Y|X}(y_k|x_j)$$

である。これは X の値が x_j だったときに，Y の期待値がどうなるかを計算したものである。これは $j = 1, \ldots, J$ について成り立つので，一般に

$$\mathrm{E}(Y|X = x) = \sum_{k=1}^{K} y_k P_{Y|X}(y_k|x), \quad x = x_1, \ldots, x_J \tag{2.32}$$

と書ける。これを x の関数と見て $h(x)$ と書き，

$$\mathrm{E}(Y|X) = h(X)$$

としよう。このとき，

$$
\begin{aligned}
\mathrm{E}[\mathrm{E}(Y|X)] &= \mathrm{E}[h(X))] \\
&= \sum_{j=1}^{J} \left[\sum_{k=1}^{K} y_k P_{Y|X}(y_k|x_j) \right] P_X(x_j) \\
&= \sum_{j=1}^{J} \sum_{k=1}^{K} y_k P_{X,Y}(x_j, y_k) \\
&= \mathrm{E}(Y)
\end{aligned}
$$

が成り立つ。これは，まず X を条件とする Y の条件付き期待値を計算し，さらにその期待値を取れば，Y の期待値に一致することを表す。これを繰り返し期待値の法則という。この性質は連続確率変数の場合も成り立ち，回帰分析の統計的性質を調べる際に重要な役割を持つ。

　分散は

第 2 章　データの整理と確率変数の基礎　　59

分散

$$\mathrm{Var}(X) = \sum_{j=1}^{J} \sum_{k=1}^{K} [x_j - \mathrm{E}(X)]^2 P_{X,Y}(x_j, y_k)$$

$$\mathrm{Var}(Y) = \sum_{j=1}^{J} \sum_{k=1}^{K} [y_k - \mathrm{E}(Y)]^2 P_{X,Y}(x_j, y_k)$$

によって定義される。期待値の場合と同様に，周辺分布を用いれば

$$\mathrm{Var}(X) = \sum_{j=1}^{J} [x_j - \mathrm{E}(X)]^2 P_X(x_j)$$

となる。

条件付き期待値と同様に，回帰分析において $X = x$ を条件とする Y の条件付き分散 $\mathrm{Var}(Y|X = x)$ も重要である。これは

条件付き分散

$$\mathrm{Var}(Y|X = x_j) = \mathrm{E}\{[Y - \mathrm{E}(Y|X = x_j)]^2 | X = x_j\}$$

$$= \sum_{k=1}^{K} [y_j - h(x_j)]^2 P_{Y|X}(y_k|x_j) \tag{2.33}$$

によって定義され，$X = x_j$ のときに Y がどれくらい散らばるかを調べるものである。

X と Y が従属のときに，それらがどれくらい強い直線的な関係を持つのかを表す指標が共分散 $\mathrm{Cov}(X, Y)$ で，

共分散

$$\mathrm{Cov}(X, Y) = \sum_{j=1}^{J} \sum_{k=1}^{K} [x_j - \mathrm{E}(X)][y_k - \mathrm{E}(Y)] P_{X,Y}(x_j, y_k)$$

によって定義される。この値が正であれば，X と Y には正の相関関係があ

る。つまり，X の実現値が大きいときには Y の実現値も大きくなりやすいということである。負であればその逆で，共分散が 0 のときは直線的な関係がないことを意味している。もし X と Y が独立なら，(2.32) 式と (2.33) 式に (2.25) 式を代入して計算すると

$$\mathrm{E}(Y|X) = \mathrm{E}(Y)$$

$$\mathrm{Var}(Y|X) = \mathrm{Var}(Y)$$

が成り立つことがわかる。さらに，

$$\mathrm{Cov}(X,Y) = \sum_{j=1}^{J} \sum_{k=1}^{K} [x_j - \mathrm{E}(X)][y_k - \mathrm{E}(Y)]P_{X,Y}(x_j, y_k)$$

$$= \sum_{j=1}^{J} [x_j - \mathrm{E}(X)]P_X(x_j) \sum_{k=1}^{K} [y_k - \mathrm{E}(Y)]P_Y(y_k)$$

$$= 0$$

なので，共分散は 0 である。

連続確率変数　　期待値 $\mathrm{E}(X)$ は次のように定義される。

期待値

$$\mathrm{E}(X) = \int_{-\infty}^{\infty} \int_{-\infty}^{\infty} x f_{X,Y}(x,y) dx dy$$

$$\mathrm{E}(Y) = \int_{-\infty}^{\infty} \int_{-\infty}^{\infty} y f_{X,Y}(x,y) dx dy$$

---

y に関して先に積分することにして周辺密度関数 (2.28) 式を使えば，$\mathrm{E}(X)$ の右辺を簡単にすることができて，

$$\mathrm{E}(X) = \int_{-\infty}^{\infty} x f_X(x) dx$$

によって計算することもできることがわかる。つまり，本来は 2 次元確率変数であるが，同時密度関数を Y に関して積分して消去し，X のみの 1 次元確率変数の密度関数を導出し，それを用いて期待値を計算することと同じであることを意味する。連続の場合には，$X = x$ を条件とする Y の条件付き期待値

第 2 章　データの整理と確率変数の基礎　　61

$E(Y|X = x)$ は

条件付き期待値

$$E(Y|X = x) = \int_{-\infty}^{\infty} y f_{Y|X}(y|x) dy \tag{2.34}$$

である。意味は離散の場合と同じで，X が x という値を取ったときに，Y の期待値がどうなるかを x の関数と見たものである。連続，離散を問わず，この関数を回帰関数という。これは，計量経済分析で経済変数間の関係を調べる際に中心的な役割を果たすものであり，第4章以降で詳しく説明する。

回帰関数を $h(x)$ と書き，

$$E(Y|X) = h(X)$$

とすると，やはり繰り返し期待値の法則が成り立ち，

$$\begin{aligned} E[E(Y|X)] &= E[h(X)] \\ &= \int_{-\infty}^{\infty} y f_{Y|X}(y|x) f_X(x) dy dx \\ &= E(Y) \end{aligned}$$

である。なお，$h(x)$ が x に関する線形関数であると仮定するとき，これを線形回帰モデルという。

分散についても，同じく

分散

$$Var(X) = \int_{-\infty}^{\infty} \int_{-\infty}^{\infty} [x - E(X)]^2 f_{X,Y}(x,y) dx dy$$

$$Var(Y) = \int_{-\infty}^{\infty} \int_{-\infty}^{\infty} [y - E(Y)]^2 f_{X,Y}(x,y) dx dy$$

で定義されるが，同じ議論から

$$Var(X) = \int_{-\infty}^{\infty} [x - E(X)]^2 f_X(x) dx$$

となる。$X = x$ を条件とする Y の条件付き分散 $\mathrm{Var}(Y|X = x)$ は

条件付き分散

$$\mathrm{Var}(Y|X = x) = \mathrm{E}\{[Y - \mathrm{E}(Y|X = x)]^2 | X = x\}$$
$$= \int_{-\infty}^{\infty} [y - h(x)]^2 f_{Y|X}(y|x) dy \tag{2.35}$$

である。分散と条件付き分散と条件付き期待値には，以下の関係が成り立つ。

$$\mathrm{Var}(Y) = \mathrm{E}[\mathrm{Var}(Y|X)] + \mathrm{Var}[\mathrm{E}(Y|X)] \tag{2.36}$$

もし X と Y が独立なら，(2.34) 式と (2.35) 式に (2.31) 式を代入して計算すると

$$\mathrm{E}(Y|X) = \mathrm{E}(Y) \tag{2.37}$$

$$\mathrm{Var}(Y|X) = \mathrm{Var}(Y) \tag{2.38}$$

が成り立つことがわかる。

離散の場合と同じく，連続な X と Y の直線的な関係の強さを表す指標が，共分散 $\mathrm{Cov}(X, Y)$ であり，

共分散

$$\mathrm{Cov}(X, Y) = \int_{-\infty}^{\infty} \int_{-\infty}^{\infty} [x - \mathrm{E}(X)][y - \mathrm{E}(Y)] f_{X,Y}(x, y) dx dy$$

によって定義される。この値の意味は，離散のときと同様である。もし X と Y が独立なら，

$$\mathrm{Cov}(X, Y) = \int_{-\infty}^{\infty} \int_{-\infty}^{\infty} [x - \mathrm{E}(X)][y - \mathrm{E}(Y)] f_{X,Y}(x, y) dx dy$$
$$= \int_{-\infty}^{\infty} [x - \mathrm{E}(X)] f_X(x) dx \int_{-\infty}^{\infty} [y - \mathrm{E}(Y)] f_Y(y) dy$$
$$= 0$$

なので，共分散は 0 になる。

第 2 章 データの整理と確率変数の基礎 　63

一般に，$g(\cdot, \cdot)$ を 2 次元の関数として，$g(x, y)$ の期待値は

$$\mathrm{E}[g(X, Y)] = \int_{-\infty}^{\infty} \int_{-\infty}^{\infty} g(x, y) f_{X,Y}(x, y) dx dy$$

と定義される。この表現を用いると，$\mathrm{Cov}(X, Y) = \mathrm{E}\{[X - \mathrm{E}(X)][Y - \mathrm{E}(Y)]\}$ と書ける。この表現は，離散でも連続でも同じである。本章 1 節でも述べたように，共分散は単位が変わると値が変わるため，相関関係の強さの比較をするときには少し使いにくい。そのため，同様の目的で単位に依存しない相関係数と呼ばれる指標がよく用いられる。それは，離散，連続にかかわらず

相関係数

$$\rho_{X,Y} = \frac{\mathrm{Cov}(X, Y)}{\sqrt{\mathrm{Var}(X)}\sqrt{\mathrm{Var}(Y)}}$$

で定義される。分母が正なので $\mathrm{Cov}(X, Y)$ の符号と $\rho_{X,Y}$ の符号は一致する。また，相関係数は -1 から 1 の値しか取らないことを示すことができ，完全に負の線形関係があるときには -1，完全に正の線形関係があるときには 1 となる。

期待値，分散，共分散の定義と積分の性質から，a, b, c, d を定数として

期待値，分散，共分散の性質

$$\mathrm{E}(aX + bY) = a\mathrm{E}(X) + b\mathrm{E}(Y) \tag{2.39}$$

$$\mathrm{Var}(aX + bY) = a^2\mathrm{Var}(X) + 2ab\mathrm{Cov}(X, Y) + b^2\mathrm{Var}(Y) \tag{2.40}$$

$$\mathrm{Cov}(aX + bY, \ cX + dY)$$

$$= ac\mathrm{Var}(X) + (ad + bc)\mathrm{Cov}(X, Y) + bd\mathrm{Var}(Y) \tag{2.41}$$

が成り立つ。これらは，離散，連続にかかわらず成り立つ重要な性質である。

4-4　2 次元正規分布

2 次元，あるいはそれ以上の次元の正規分布は，後の章で重要になるため，

64　第 I 部　基礎編

ここで紹介しておこう。連続確率変数 X, Y が以下の密度関数を持つとき，「X, Y は2次元正規分布に従う」という。

2次元正規分布の密度関数

$$f_{X,Y}(x,y) = \frac{1}{2\pi\sqrt{\sigma_X^2\sigma_Y^2(1-\rho^2)}}$$

$$\times \exp\left[-\frac{(x-\mu_X)^2}{2\sigma_X^2(1-\rho^2)} - \frac{(y-\mu_Y)^2}{2\sigma_Y^2(1-\rho^2)} + \frac{\rho(x-\mu_X)(y-\mu_Y)}{\sigma_X\sigma_Y(1-\rho^2)}\right]$$

(2.42)

式の形はかなり複雑に見えるが，グラフに描くと図 2-13 のような富士山のような形である。また，その等高線を描くと図 2-14 のようになる。もし $\rho = 0$ なら (a) のように同心円，$\rho \neq 0$ なら (b)，(c) のように楕円である。また，ρ の絶対値が大きいほど，より細長い楕円になる。

少し計算が複雑になるが，この正規分布の期待値，分散，共分散は，定義に従って計算すると，以下のようになることを示すことができる。

2次元正規分布の期待値，分散，共分散

$$\mathrm{E}(X) = \mu_X, \ \mathrm{E}(Y) = \mu_Y$$

$$\mathrm{Var}(X) = \sigma_X^2, \ \mathrm{Var}(Y) = \sigma_Y^2$$

$$\mathrm{Cov}(X,Y) = \rho\sigma_X\sigma_Y$$

最後の結果から ρ が相関係数であることがわかる。また，このとき3つの任意の定数 a，b，c に対して，

正規確率変数の線形結合の分布

$$aX + bY + c \sim N(a\mu_X + b\mu_Y + c, \ a^2\sigma_X^2 + 2ab\rho\sigma_X\sigma_Y + b^2\sigma_Y^2)$$

となることが知られており，これを正規分布の再生性という。付録 A (644 ページ) に述べるが，この性質は2次元のみでなく，多次元の正規確率変数についても成立する。なお，他の確率変数については，一般にこのような性質は成り

第2章 データの整理と確率変数の基礎　65

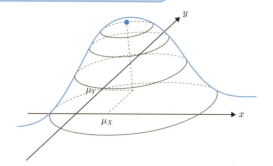

図 2-13 2次元正規分布密度関数

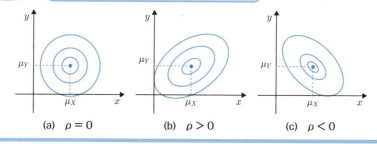

図 2-14 2次元正規分布密度関数の等高線

(a) $\rho = 0$　　　(b) $\rho > 0$　　　(c) $\rho < 0$

立たない。$\rho = 0$, すなわち共分散が0のとき，(2.42) 式は

$$f_{X,Y}(x,y) = \frac{1}{2\pi\sqrt{\sigma_X^2 \sigma_Y^2}} \exp\left[-\frac{(x-\mu_X)^2}{2\sigma_X^2} - \frac{(y-\mu_Y)^2}{2\sigma_Y^2}\right]$$

$$= \frac{1}{\sqrt{2\pi\sigma_X^2}} \exp\left[-\frac{(x-\mu_X)^2}{2\sigma_X^2}\right] \times \frac{1}{\sqrt{2\pi\sigma_Y^2}} \exp\left[-\frac{(y-\mu_Y)^2}{2\sigma_Y^2}\right]$$

となるから，X と Y が独立であることがわかる。つまり，2つの正規確率変数の共分散が0なら，それらは独立なのである。前節で述べたように，一般に独立なら共分散は0だから，正規分布の場合は共分散が0であることと独立であることは同値になる。

例題2.6で見たように，2つの確率変数の周辺分布がわかっても，そこから同時分布は決まらない。正規分布の場合もそうであり，とくに X と Y がそれぞれ正規分布に従っていたとしても，X, Y が2次元正規分布に従うとは限らない。しかし，2次元正規分布から求めた周辺分布は，それぞれ1次元正規

分布になる。このことを以下の例題 2.7 で示そう。

例題 2.7

以下の問いに答えなさい。
(1) 2 次元正規分布の密度関数 (2.42) 式を y について積分し、X の周辺分布が $N(\mu_X, \sigma_X^2)$ であることを示しなさい。
(2) ϕ を標準正規分布の密度関数として、次の同時密度関数を考える。

$$f_{X,Y}(x,y) = \begin{cases} 2\phi(x)\phi(y) & (x \leq 0, y \leq 0) \\ 2\phi(x)\phi(y) & (x \geq 0, y \geq 0) \\ 0 & (\text{それ以外}) \end{cases}$$

このとき、この同時密度関数を描き、正規分布ではないことを確認しなさい。また、その周辺密度関数は $X \sim N(0,1)$, $Y \sim N(0,1)$ となることを示して、周辺密度がそれぞれ正規分布であっても、2 次元正規分布になるとは限らないことを確認しなさい。

（解答例）

(1) $v = (y - \mu_Y)/(\sigma_Y \sqrt{1-\rho^2})$ と変数変換すると、$dy = \sigma_Y \sqrt{1-\rho^2} dv$ なので、

$$\int_{-\infty}^{\infty} f_{X,Y}(x,y) dy$$
$$= \int_{-\infty}^{\infty} \frac{1}{2\pi \sqrt{\sigma_X^2 \sigma_Y^2 (1-\rho^2)}} \exp\left[-\frac{(x-\mu_X)^2}{2\sigma_X^2(1-\rho^2)} - \frac{(y-\mu_Y)^2}{2\sigma_Y^2(1-\rho^2)} + \frac{\rho(x-\mu_X)(y-\mu_Y)}{\sigma_X \sigma_Y (1-\rho^2)}\right] dy$$
$$= \int_{-\infty}^{\infty} \frac{\sigma_Y \sqrt{1-\rho^2}}{2\pi \sqrt{\sigma_X^2 \sigma_Y^2 (1-\rho^2)}} \exp\left[-\frac{(x-\mu_X)^2}{2\sigma_X^2(1-\rho^2)} - \frac{v^2}{2} + \frac{\rho(x-\mu_X)v}{\sigma_X \sqrt{1-\rho^2}}\right] dv$$
$$= \frac{1}{\sqrt{2\pi \sigma_X^2}} \exp\left[-\frac{(x-\mu_X)^2}{2\sigma_X^2(1-\rho^2)}\right] \int_{-\infty}^{\infty} \frac{1}{\sqrt{2\pi}} \exp\left[-\frac{v^2}{2} + \frac{\rho(x-\mu_X)v}{\sigma_X \sqrt{1-\rho^2}}\right] dv$$

(2.43)

FIGURE 図 2-15 ● 周辺分布は正規だが 2 次元正規分布でない例

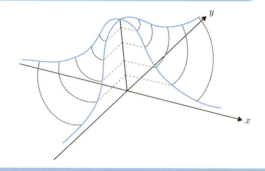

である。最後の大カッコの中を v について平方完成すると

$$-\frac{v^2}{2} + \frac{\rho(x-\mu_X)v}{\sigma_X\sqrt{1-\rho^2}} = -\frac{1}{2}\left\{\left[v - \frac{\rho(x-\mu_X)}{\sigma_X\sqrt{1-\rho^2}}\right]^2 - \frac{\rho^2(x-\mu_X)^2}{(1-\rho^2)\sigma_X^2}\right\}$$

となる。これを (2.43) 式に代入し積分変数 v と関係しない最後の項を積分の外に出すと

$$\int_{-\infty}^{\infty} f_{X,Y}(x,y)dy = \frac{1}{\sqrt{2\pi\sigma_X^2}}\exp\left[-\frac{(x-\mu_X)^2}{2\sigma_X^2}\right]$$
$$\times \int_{-\infty}^{\infty}\frac{1}{\sqrt{2\pi}}\exp\left\{-\frac{1}{2}\left[v - \frac{\rho(x-\mu_X)}{\sigma_X\sqrt{1-\rho^2}}\right]^2\right\}dv \quad (2.44)$$

となる。しかし, (2.44) 式の右辺の被積分関数は,ちょうど $N(\rho(x-\mu_X)/\sigma_X\sqrt{1-\rho^2}, 1)$ の密度関数になっているために,この積分は 1 である。したがって,

$$\int_{-\infty}^{\infty} f_{X,Y}(x,y)dy = \frac{1}{\sqrt{2\pi\sigma_X^2}}\exp\left[-\frac{(x-\mu_X)^2}{2\sigma_X^2}\right]$$

となり,この右辺は $N(\mu_X, \sigma_X^2)$ の密度関数であることがわかる。

(2) 図 2-15 から,明らかに 2 変量正規分布ではない。周辺分布を計算しよう。X の周辺密度は以下のようになる。まず, $x \geq 0$ の範囲では,

$$f(x,y) = \begin{cases} 2\phi(x)\phi(y) & (y \geq 0) \\ 0 & (y < 0) \end{cases}$$

なので,

$$f_X(x) = \int_{-\infty}^{\infty} f_{X,Y}(x,y)dy$$

$$= \int_{-\infty}^{0} 0dy + \int_{0}^{\infty} 2\phi(x)\phi(y)dy$$

$$= 2\phi(x) \times \frac{1}{2} = \phi(x)$$

となる。同様に, $x \le 0$ の範囲では,

$$f(x,y) = \begin{cases} 2\phi(x)\phi(y) & (y \le 0) \\ 0 & (y > 0) \end{cases}$$

となるので, 同じ計算から

$$f_X(x) = \phi(x)$$

である。それらを合わせると, すべての x で $f_X(x) = \phi(x)$ となるため, 周辺密度は標準正規分布である。Y についても同様である。

したがって, これは, 周辺分布がそれぞれ正規分布であるけれども, 同時分布は正規分布でない例である。

次の例題 2.8 で, 2次元正規分布の場合に回帰関数が線形関数になることを示し, 条件付き分散を導出しよう。

例題 2.8 ●　　　　　　　　　　　　　　　　　　　　　　EXAMPLE

(2.42) 式から, 定義に従って条件付き密度関数 $f_{Y|X}(y|x)$ と条件付き期待値 $E(Y|X = x)$ と条件付き分散 $\mathrm{Var}(Y|X = x)$ を求めなさい。

(解答例)

同時密度関数 (2.42) 式と例題 2.7 で求めた周辺密度の表現を簡単にするために $w = (x - \mu_X)/\sigma_X$, $v = (y - \mu_Y)/\sigma_Y$ と置き換えて, それらを条件付き密度関数の定義 (2.30) 式に代入すると,

第 2 章　データの整理と確率変数の基礎　69

$$f_{Y|X}(y|x) = \frac{\frac{1}{2\pi\sqrt{\sigma_X^2\sigma_Y^2(1-\rho^2)}}\exp\left[-\frac{w^2}{2(1-\rho^2)} - \frac{v^2}{2(1-\rho^2)} + \frac{\rho w v}{(1-\rho^2)}\right]}{\frac{1}{\sqrt{2\pi\sigma_X^2}}\exp(-\frac{w^2}{2})}$$

$$= \frac{1}{\sqrt{2\pi\sigma_Y^2(1-\rho^2)}}\exp\left[-\frac{w^2}{2(1-\rho^2)} - \frac{v^2}{2(1-\rho^2)} + \frac{\rho w v}{(1-\rho^2)} + \frac{w^2}{2}\right]$$

$$= \frac{1}{\sqrt{2\pi\sigma_Y^2(1-\rho^2)}}\exp\left[-\frac{(v-\rho w)^2}{2(1-\rho^2)}\right]$$

である。$w = (x - \mu_X)/\sigma_X,\ v = (y - \mu_Y)/\sigma_Y$ を戻すと

$$f_{Y|X}(y|x) = \frac{1}{\sqrt{2\pi\sigma_Y^2(1-\rho^2)}}\exp\left\{-\frac{[y - \mu_Y - \rho\frac{\sigma_Y}{\sigma_X}(x - \mu_X)]^2}{2\sigma_Y^2(1-\rho^2)}\right\}$$

である。これは，X を条件にした Y の密度関数であるが，ちょうど

$$N\left[\mu_Y + \rho\frac{\sigma_Y}{\sigma_X}(x - \mu_X), \sigma_Y^2(1-\rho^2)\right]$$

に一致していることがわかる。

　また，このことから $\mathrm{E}(Y|X=x)$ を計算すると，次のようになる。

$$\mathrm{E}(Y|X=x) = \int_{-\infty}^{\infty} y\frac{1}{\sqrt{2\pi\sigma_Y^2(1-\rho^2)}}\exp\left\{-\frac{[y - \mu_Y - \rho\frac{\sigma_Y}{\sigma_X}(x - \mu_X)]^2}{2\sigma_Y^2(1-\rho^2)}\right\}dy$$

$$= \mu_Y + \rho\frac{\sigma_Y}{\sigma_X}(x - \mu_X)$$

$$= \frac{\sigma_{XY}}{\sigma_X^2}(x - \mu_X) + \mu_Y$$

ただし，$\sigma_{XY} = \mathrm{Cov}(X,Y)$ とする。つまり，条件付き期待値は x の線形関数である。なお，ここで $u = Y - \mathrm{E}(Y|X)$ と置くと，

$$Y = \beta_0 + \beta_1 X + u$$

となる。ただし，$\beta_1 = \sigma_{XY}/\sigma_X^2,\ \beta_0 = \mu_Y - \beta_1\mu_X$ である。第 8 章でこの性質を用いる。

　また，条件付き分散は

$$\mathrm{Var}(Y|X=x) = \sigma_Y^2(1-\rho^2)$$

で，x に依存しない定数になる。♠

70　第 I 部　基礎編

4-5　k 次元確率変数

ここまで 2 次元確率変数に関して説明してきたが，自然な形で拡張して k 次元確率変数を考えることができる。もちろん 2 変数の場合と同様に離散と連続の場合があるが，ここでは連続の場合のみ詳しく説明する。離散の場合も同様である。

分布関数と密度関数　（同時）分布関数，（同時）密度関数はそれぞれ

k 次元確率変数の分布関数と密度関数

$$F_{X_1, X_2, \ldots, X_k}(x_1, x_2, \ldots, x_k) = \Pr(X_1 \leq x_1, \ X_2 \leq x_2, \ldots, X_k \leq x_k)$$

$$f_{X_1, X_2, \ldots, X_k}(x_1, x_2, \ldots, x_k) = \frac{\partial^k F_{X_1, X_2, \ldots, X_k}(x_1, x_2, \ldots, x_k)}{\partial x_1 \partial x_2 \ldots \partial x_k}$$

によって定義される。密度関数は，k 個の数値を 1 組として，その取りやすさを表す関数である。全体のうちの一部の確率変数の密度関数を周辺密度関数という。たとえば，X_j の周辺密度関数は

$$f_{X_j}(x_j)$$
$$= \int_{-\infty}^{\infty} \ldots \int_{-\infty}^{\infty} f_{X_1, X_2, \ldots, X_k}(x_1, x_2, \ldots, x_k) dx_1 \ldots dx_{j-1} dx_{j+1} \ldots dx_k$$

である。右辺で x_j についてのみ積分を取っていないことに注意してほしい。同様に，複数個の確率変数に関する周辺密度を考えて，たとえば 2 つの確率変数の組 (X_j, X_l), $j < l$ に関する周辺密度は

$$f_{X_j, X_l}(x_j, x_l) = \int_{-\infty}^{\infty} \ldots \int_{-\infty}^{\infty} f_{X_1, X_2, \ldots, X_k}(x_1, x_2, \ldots, x_k)$$
$$\times dx_1 \ldots dx_{j-1} dx_{j+1} \ldots dx_{l-1} dx_{l+1} \ldots dx_k$$

である。同じく x_j, x_l については積分しない。同時密度を周辺密度で割ることによって条件付き密度関数が得られる。たとえば，X_1, X_2 を条件とする $X_3, \ldots, X_k$ の条件付き密度は

第 2 章　データの整理と確率変数の基礎　71

条件付き密度関数

$$f_{X_3,\dots,X_k|X_1,X_2}(x_3,\dots,x_k|x_1,x_2) = \frac{f_{X_1,X_2,\dots,X_k}(x_1,x_2,\dots,x_k)}{f_{X_1,X_2}(x_1,x_2)}$$

によって定義される。

期待値と分散　期待値と分散は，2変数の場合と同様に

期待値と分散

$$\mathrm{E}(X_j) = \int_{-\infty}^{\infty} \dots \int_{-\infty}^{\infty} x_j f_{X_1,X_2,\dots,X_k}(x_1,x_2,\dots,x_k) dx_1 dx_2 \dots dx_k,$$
$$j = 1,2,\dots,k$$
$$\mathrm{Var}(X_j) = \int_{-\infty}^{\infty} \dots \int_{-\infty}^{\infty} [x_j - \mathrm{E}(X_j)]^2 f_{X_1,X_2,\dots,X_k}(x_1,x_2,\dots,x_k)$$
$$\times\ dx_1 dx_2 \dots dx_k,\ j = 1,2,\dots,k$$

である。(2.39) 式と同様に

$$\mathrm{E}(a_1 X_1 + a_2 X_2 + \dots + a_k X_k) = a_1 \mathrm{E}(X_1) + a_2 \mathrm{E}(X_2) + \dots + a_k \mathrm{E}(X_k)$$

が成り立つ。

また，たとえば $X_2,\dots,X_k$ を条件とする X_1 の条件付き期待値は

条件付期待値

$$\mathrm{E}(X_1|X_2 = x_2,\dots,X_k = x_k)$$
$$= \int_{-\infty}^{\infty} \dots \int_{-\infty}^{\infty} x_1 f_{X_1|X_2,\dots,X_k}(x_1|x_2,\dots,x_k) dx_1$$

であり，共分散は

72　第 I 部　基礎編

共分散

$$
\begin{aligned}
&\mathrm{Cov}(X_j, X_l) \\
&= \int_{-\infty}^{\infty} \cdots \int_{-\infty}^{\infty} \{x_j - \mathrm{E}(X_j)\}\{x_l - \mathrm{E}(X_l)\} f_{X_1, X_2, \ldots, X_k}(x_1, x_2, \ldots, x_k) \\
&\quad \times dx_1 dx_2 \ldots dx_k, \ j, l = 1, 2, \ldots, k
\end{aligned}
$$

である。(2.40) 式と同様に，

$$
\begin{aligned}
&\mathrm{Var}(a_1 X_1 + a_2 X_2 + \cdots + a_k X_k) \\
&= a_1^2 \mathrm{Var}(X_1) + a_2^2 \mathrm{Var}(X_2) + \cdots + a_k^2 \mathrm{Var}(X_k) \\
&\quad + 2a_1 a_2 \mathrm{Cov}(X_1, X_2) + 2a_1 a_3 \mathrm{Cov}(X_1, X_3) + \cdots + 2a_1 a_k \mathrm{Cov}(X_1, X_k) \\
&\quad + 2a_2 a_3 \mathrm{Cov}(X_2, X_3) \cdots + 2a_2 a_k \mathrm{Cov}(X_2, X_k) + \cdots \\
&\quad + 2a_{k-1} a_k \mathrm{Cov}(X_{k-1}, X_k)
\end{aligned}
\tag{2.45}
$$

が成り立つ。

独　　立　　$X_1, X_2, \ldots, X_k$ を 2 つのグループに分けたとき，どのように分けても全体の密度関数がグループごとの密度関数の積に等しいとき，$X_1, X_2, \ldots, X_k$ は互いに独立であるという。そのとき，

k 次元確率変数の独立

$$
f_{X_1, X_2, \ldots, X_k}(x_1, x_2, \ldots, x_k) = f_{X_1}(x_1) f_{X_2}(x_2) \cdots f_{X_k}(x_k)
$$

が成り立つ。とくに，$X_1, X_2, \ldots, X_k$ が互いに独立で，かつそれらの周辺密度がすべて同一で $f(\cdot)$ のとき，つまり

$$
f_{X_1, X_2, \ldots, X_k}(x_1, x_2, \ldots, x_k) = f(x_1) f(x_2) \cdots f(x_k)
$$

のときに，$X_1, X_2, \ldots, X_k$ は独立同一分布に従う (independently and identically distributed) といい，i.i.d. と略される。これは，第 4 章以降で頻繁に用いる。データの収集法と関連づけていえば，密度 $f(x)$ の分布から取った標本

数 N の無作為標本 $X_1, X_2, \ldots, X_N$ は i.i.d. である。なお，$X_1, X_2, \ldots, X_k$ から 2 つの確率変数を取り出し，すべての組合せでそれらが独立であったとしても，互いに独立とは限らない（その一例は，竹内 (1963) の 45 ページ参照）。

もし $X_1, X_2, \ldots, X_k$ が互いに独立ならば，すべての組合せの共分散が 0 なので，(2.45) 式より

$$\mathrm{Var}(a_1 X_1 + a_2 X_2 + \cdots + a_k X_k)$$
$$= a_1^2 \mathrm{Var}(X_1) + a_2^2 \mathrm{Var}(X_2) + \cdots + a_k^2 \mathrm{Var}(X_k) \tag{2.46}$$

となる。

> **多項分布と k 次元正規分布**

離散変数の例として多項分布，連続変数の例として k 次元正規分布を紹介する。

二項分布は，コインの表，裏のように結果が 2 種類の試行を N 回繰り返したときに表が何度出るかを表す確率分布であった。起こりうる結果が k 種類ある場合に拡張したものを**多項分布**という。もちろん $k = 2$ なら二項分布に帰着する。いま，k 種類の結果がそれぞれ確率 $p_1, \ldots, p_k$ で起こる試行を考える。$\sum_{j=1}^{k} p_j = 1$ である。これを N 回繰り返したときにそれぞれの結果が起こった回数を $X_1, \ldots, X_k$ 回とする。もちろん $\sum_{j=1}^{k} X_j = N$ である。たとえば 100 枚のカードに 1 から k までの数を適当に書いて，よく切って 1 枚引くというような試行である。カードに書く数は 1 が 5 枚，2 が 1 枚，3 が 8 枚，$\cdots$，といったように，重複していてもかまわず，また同数ずつである必要もない。そのとき，$(X_1, \ldots, X_k)$ は $p_1, \ldots, p_k$ をパラメータに持つ多項分布に従う。その確率分布は

$$P(X_1 = x_1, \ldots X_k = x_k)$$
$$= \begin{cases} \frac{N!}{x_1! \ldots x_k!} p_1^{x_1} \cdots p_k^{x_k}, & (\sum_{j=1}^{k} x_j = N, \ x_1 \geq 0, \ldots, x_k \geq 0) \\ 0 & (\text{それ以外}) \end{cases}$$

である。$X_j \, (j = 1, \ldots, k)$ の期待値と分散は

$$\mathrm{E}(X_j) = N p_j$$
$$\mathrm{Var}(X_j) = N p_j (1 - p_j)$$

で，X_j と X_l の共分散は

$$\mathrm{Cov}(X_j, X_l) = -N p_j p_l$$

である。

互いに独立な k 次元正規分布は以下の密度関数を持つ。

$$f_{X_1, X_2, \ldots, X_k}(x_1, x_2, \ldots, x_k)$$
$$= \frac{1}{(\sqrt{2\pi})^k \sigma_1 \sigma_2 \ldots \sigma_k} \exp\left\{ -\frac{(x_1 - \mu_1)^2}{2\sigma_1^2} - \cdots - \frac{(x_k - \mu_k)^2}{2\sigma_k^2} \right\}$$

独立でない場合は行列表現が必要となるため，付録 A（643 ページ）で説明する。指数関数の性質 $\exp(a + b) = \exp(a)\exp(b)$ を用いれば，右辺は

$$\frac{1}{\sqrt{2\pi}\sigma_1} \exp\left[-\frac{(x_1 - \mu_1)^2}{2\sigma_1^2} \right] \times \cdots \times \frac{1}{\sqrt{2\pi}\sigma_k} \exp\left[-\frac{(x_k - \mu_k)^2}{2\sigma_k^2} \right]$$

と書けるので，確かに独立になっていることがわかるだろう。期待値と分散は

$$\mathrm{E}(X_j) = \mu_j,$$
$$\mathrm{Var}(X_j) = \sigma_j^2$$

であり $(j = 1, \cdots, k)$，互いに独立であることから，もちろん $\mathrm{Cov}(X_j, X_l) = 0 \ (j \neq l)$ である。

EXERCISE ● 練習問題

2-1 [確認] 次のデータの標本平均，分散，中央値，最頻値を求めなさい。

$$\{12, 15, 9, 17, 5, 8, 10, 12, 6, 3, 10, 11, 20, 6, 8, 10, 13, 10, 11, 4\}$$

2-2 [確認] $N - 1$ の代わりに N で割った標本分散と標本共分散について

$$\frac{1}{N} \sum_{i=1}^{N} (x_i - \bar{x})^2 = \frac{1}{N} \sum_{i=1}^{N} (x_i - \bar{x})x_i = \frac{1}{N} \sum_{i=1}^{N} x_i^2 - \bar{x}^2$$

$$\frac{1}{N} \sum_{i=1}^{N} (x_i - \bar{x})(y_i - \bar{y}) = \frac{1}{N} \sum_{i=1}^{N} (x_i - \bar{x})y_i = \frac{1}{N} \sum_{i=1}^{N} x_i(y_i - \bar{y})$$

$$= \frac{1}{N} \sum_{i=1}^{N} x_i y_i - \bar{x}\bar{y}$$

が成り立つことを示しなさい。

2-3 [確認] 以下のデータが得られたとする。散布図を描き，共分散，相関

第 2 章 データの整理と確率変数の基礎　75

係数を計算しなさい。

$$\{(0,2),(2,5),(3,4),(2,3),(5,4),(1,3),(5,4),(2,3),(4,5),(6,7)\}$$

2-4 [確認] 相関係数が $-1 \leq r_{xy} \leq 1$ を満たすことを示しなさい（ヒント：コーシー＝シュワルツの不等式を用いる。つまり，任意の t に対して $\mathrm{Var}(tX+Y) \geq 0$ であるため，左辺の分散を X, Y の分散と共分散で表して t に関する 2 次関数と見ると，判別式は負または 0 でなければならない）。

2-5 [確認] 次の離散確率変数の期待値と分散を計算しなさい。また，分布関数を描きなさい。

x	1	5	6	7
$P(X=x)$	1/5	1/4	3/10	1/4

2-6 [確認] X, Y は以下の確率関数を持つ 2 次元の離散確率変数とする。

$$P_{X,Y}(x_j, y_k) = p_{jk}, \quad j=1,\ldots,J,\ k=1,\ldots,K$$

(1) 以下が成り立つことを示しなさい［ヒント：期待値の定義と和の性質 (2.1) 式を使う］。

$$\mathrm{E}(aX + bY + c) = a\mathrm{E}(X) + b\mathrm{E}(Y) + c$$

(2) 以下が成り立つことを示しなさい。

$$\mathrm{Var}(aX + bY + c) = a^2\mathrm{Var}(X) + 2ab\mathrm{Cov}(X,Y) + b^2\mathrm{Var}(Y)$$

2-7 [発展] 二項分布の期待値と分散が (2.8) 式となることを示しなさい。

2-8 [発展] ポアソン分布の期待値と分散が (2.9) 式となることを示しなさい。

2-9 [発展] 次の密度関数を持つ連続確率変数の期待値，分散，中央値を計算しなさい。(2) では，a の値も求めなさい（ヒント：密度関数が満たすべき性質を使う）。

(1) $f_X(x) = \begin{cases} 1/2 & (2 \leq x \leq 4) \\ 0 & (\text{それ以外}) \end{cases}$

(2) $f_X(x) = \begin{cases} ax & (1 \leq x \leq 2) \\ 0 & (\text{それ以外}) \end{cases}$

2-10 [発展] 正規分布の期待値の計算：$X \sim N(0,1)$ のとき，期待値の定義に基づいて $\mathrm{E}(X) = 0$ であることを示しなさい（ヒント：$N(0,1)$ の密

度関数を $\phi(x)$ とする。$d\exp(x)/dx = \exp(x)$ であることと合成関数の微分を用いて，$\phi'(x) = -x\phi(x)$ であることを示す。これを期待値計算の定義に代入して積分する。ただし，合成関数の微分とは，関数 $z = f(y)$，$y = g(x)$ に対し，$dz/dx = dz/dy \cdot dy/dx = f'(y)g'(x) = f'(g(x))g'(x)$ が成立することである。）。

2-11 [確認] 次の (1)，(2) の離散変数 X と Y は独立か，答えなさい。

(1)

	$X=1$	$X=2$
$Y=1$	1/3	1/6
$Y=2$	1/4	1/4

(2)

	$X=1$	$X=2$
$Y=1$	1/3	1/6
$Y=2$	1/6	1/3

2-12 [発展] 2 変量連続確率変数 X，Y が次の密度関数を持つとする。a は定数である。

$$f_{X,Y}(x,y) = ax + y^2, \quad 0 \le x \le 1,\ 0 \le y \le 1$$

このとき，以下の問いに答えなさい。

(1) a の値を求めなさい。

(2) X と Y の期待値と分散を求めなさい。

(3) X と Y の同時分布関数を求めなさい。

(4) X と Y の周辺密度関数をそれぞれ求めなさい。

(5) X と Y は独立か，答えなさい。

(6) X と Y の共分散を求めなさい。

2-13 [確認] X，Y が 2 変量同時密度関数 $f_{X,Y}(x,y)$ を持つとき，$f_{X,Y}(x,y) = f_X(x)f_Y(y)$，$f_{X|Y}(x|y) = f_X(x)$，$f_{Y|X}(y|x) = f_Y(y)$ が同値であることを示しなさい。

2-14 [確認] 次の同時離散分布について，条件付き期待値 $\mathrm{E}(Y|X = x)$ $(x = 1, 2, 3)$ と $\mathrm{E}(X|Y = y)$ $(y = 1, 2)$ を計算しなさい。

	$X=1$	$X=2$	$X=3$
$Y=1$	1/10	1/5	1/10
$Y=2$	2/15	4/15	1/5

第 **2** 章　データの整理と確率変数の基礎　　77

第 3 章 統計理論の基礎

選挙の開票風景。ニュース番組などの開票速報では、開票率1%くらいの時点で当確が発表されたりすることがある。本章を読めば、なぜこういったことが可能か理解できるようになる。
（写真：ネコフラッシュ/PIXTA（ピクスタ））

CHAPTER 3

KEYWORD
FIGURE
TABLE
COLUMN
EXAMPLE
EMPIRICAL
EXERCISE

INTRODUCTION

本章では、計量経済学で用いる統計学の知識を概観する。前章で、データの整理の方法、確率変数とその分布、および期待値等の分布の特徴を示す量について学んだ。統計学の役割は、データが確率変数の実現値であると考えて、その分布を特徴づける期待値や分散等の量を推定したり、それらに関する検定を行う方法を考案することである。そのとき、それらの方法がどのような意味で望ましいものであるかを明らかにすることも、統計学の重要な役割である。たとえば、「母集団平均を知りたい際に、なぜ標本平均を用いるのがよいのか？」といったことである。本書では、基本的に漸近理論あるいは大標本理論と呼ばれるアプローチを用いる。大雑把にいうと、データの個数が無限に大きければ、ある手法から正しい結果が得られることを示して、そのやり方の正当化の根拠とする考え方である。

点 推 定

1-1 母集団と標本

　前章において，データの扱い方や，さまざまな確率変数や分布の解説をしてきた。本章では，計量経済学で用いられる統計学の基本的な考え方を説明しよう。

　統計データは，通常ある集団全体に対して，その一部を調査して得た情報である。たとえば，選挙の出口調査では，投票所の出口で投票者を無作為に選び，どの候補者に投票したかを尋ねる。そして，そこで得られた一部のデータから，各候補者の最終的な得票率を調べようとする。

　ここで，調べる対象全体を**母集団**，取り出した一部を**標本**という。統計学の目的は，標本から母集団に関する特性を推測することである。たとえば日本人全体を母集団とする場合に，若年男性ばかり調べるといったように偏ったものでなく，全体から無作為に標本を取ることによって，標本が母集団と同じ特徴を持った縮図となることが期待できる。もちろん，全体の一部しか調べないことに由来する誤差があり，母集団を完全に正確に知ることはできない。しかし，統計学の知識を用いれば，誤差の大きさを考慮して分析の結果の信頼性を評価できるのである。

　他方，国が行う国勢調査のように全体を調査対象としたデータもあり，これを**全数調査**（または，**悉皆調査**，**センサス**）という。しかし，このような調査には大きな費用がかかるため，多くのデータは標本調査に基づいて作成されている。

　標本を使って母集団の分布に関する未知の値を言い当てることを，**推定**という。未知の値には依存せず，標本があれば数値が計算できるようなデータの関数を，一般に**統計量**という。推定に用いる統計量を**推定量**，実際にデータから計算して得た値を**推定値**という。また，この未知の値を（未知）**パラメータ**という。

　出口調査で得た情報を使って，ある候補者Aの得票率を開票終了前に知りたいとき，

$$\frac{\text{出口調査に答えた人の中で，候補者 A に投票した人数}}{\text{出口調査に答えた人数}}$$

が推定量であり，実際にそこに数値を当てはめて計算した結果が推定値である。また，この場合の未知パラメータは候補者 A の得票率である。とくに，未知パラメータの値を 1 点で言い当てることを**点推定**という。しかし，母集団全体ではなく一部の標本しか用いないことによって推定の結果に誤差が生じてしまう。この誤差を，**統計誤差**という。統計誤差を考慮して区間で言い当てることを**区間推定**という。本節では**点推定**について，次節では**区間推定**について説明する。

1-2 望ましい点推定

1-3 では，標本平均や標本分散，共分散の統計的性質について説明するが，その前に点推定法の方法の良し悪しについて，直観的に概要を述べておこう。

一般に，もとのデータの分布が未知である場合には，推定量の分布はわからない。たとえば，標本 $\{X_1, \ldots, X_N\}$ の分布がわからなければ，標本平均 $\bar{X}$ の正確な分布を知るすべはない。また，仮に既知であったとしても，標本平均よりも複雑な形の推定量の場合には，分布を導出することが難しいかもしれない。そのような場合に何ができるだろうか。

これに対する 1 つの方法が，**漸近理論**（**大標本理論**）と呼ばれるアプローチである。これは，サンプルサイズが大きくなっていったときに推定量や検定統計量がどのような性質を持つかを調べ，それを根拠として統計分析を行うものである。この方法は，大規模なデータが得られている状況ではとくに有効である。なお，サンプルサイズが有限（小規模）であっても成り立つ性質を調べる理論を**小標本理論**という。

不 偏 性

一般に，未知パラメータ θ（「シータ」と読み，統計学では未知パラメータを表す記号としてよく用いられる）の推定において，その推定量 $\hat{\theta}$ はどのような性質を持つことが望ましいだろうか。"^" は「ハット」と読み，統計学では推定量を表すときに用いる。もちろん，パラメータの真の値に近い値を取るような推定量が望ましく，その観点から通常考えられるのが，「不偏性」「一致性」「効率性」である。**不偏性**とは，推定量の期待値が推定対象の未知パラメータの真の値に等しい，す

> **COLUMN** *3-1 母集団と標本の考え方*

統計学や計量経済学では，データをある分布から得られた標本であると考えることが多い。たとえば，$(X_1, X_2, \ldots, X_N)$ を正規分布 $N(\mu, \sigma^2)$ からの無作為標本とする，といった具合である。しかし，実際の調査では，たとえば選挙のときに全投票者を母集団と考え，出口調査で調べた一部を標本とする。あるいは，世帯収入について統計調査を行う際には，現在の日本の全世帯を母集団と考え，その一部を無作為に抽出して標本とする。これらの場合，母集団に具体性があってわかりやすい。

しかし，ここでいう母集団も時代や場所が違えばまったく異なる。そこで，世帯収入という量は，そもそもある正規分布に従う確率変数であると考えてみよう。そして，A さん世帯は 500 万円，B さん世帯は 700 万円というように各世帯が正規分布からの実現値を得て，全世帯の収入が決まる。われわれは統計分析を行うにあたって，それらの値から無作為に抽出したもの（あるいは全数調査したもの）を標本として使うのである（図 3-1 参照）。このとき，その標本自体を，直接もとの正規分布から繰り返し抽出したものだと考えてもよさそうである。そのようなわけで，標本に含まれた世帯収入データはもとの正規分布を母集団とする無作為抽出の結果だと考えるわけである。

統計学では多くの場合，このように少し抽象化した母集団を考えており，このことから，$(X_1, X_2, \ldots, X_N)$ を正規分布 $N(\mu, \sigma^2)$ からの無作為標本とする，という考え方になるのである。このような考え方に立てば，全数調査であっても母集団の一部であり，推定や検定などの統計分析の対象となる。

> **FIGURE** **図 3-1 ● 母集団と標本**

母集団（正規分布など）　　現実　　標本

例：世帯収入の分布　　例：すべての世帯の世帯収入　　例：個人データ

なわち

> **不偏性**
>
> $$\mathrm{E}(\hat{\theta}) = \theta$$

という性質である。これは小標本理論上の性質であり，どんな大きさのサンプルサイズであっても平均的には $\hat{\theta}$ は真の値に等しいことを表す。1-3 の (3.1) 式に示すが，標本平均は不偏性を持つ。不偏性を持つ推定量のことを，**不偏推定量**という。不偏性を持たない推定量について，$\mathrm{bias}(\hat{\theta}) = \mathrm{E}(\hat{\theta}) - \theta$ を**バイアス**という。バイアスは，英語で「偏り」という意味である。

一　致　性　　**一致性**とは，サンプルサイズが大きくなると推定量が未知パラメータの真の値に近い確率が 1 に近づく，という大標本理論上の性質であり，

$$\hat{\theta} \xrightarrow{p} \theta \quad \text{または} \quad \plim_{N \to \infty} \hat{\theta} = \theta$$

などと表される。矢印の上の p を無視すれば，$\hat{\theta}$ が θ に収束することを表そうとしていることがわかるだろう。これらの記号の意味と定義は，1-3 と付録 A（647 ページ）で述べる。1-3 で解説する大数の法則 (3.3) 式によって，標本平均がこの性質を満たすことが保証される。一般に，一致性がある推定量を**一致推定量**という。一致性がないとき，$\plim_{N \to \infty} \hat{\theta} - \theta$ を**漸近バイアス**という。

効　率　性　　それでは，不偏性や一致性を満たす推定量がいくつかあるときに，その中のどれが良いと考えるべきだろうか。これについて考える際に最もよく用いられる基準が，**効率性**である。2 つの推定量が不偏性を持つとして，一方の分散が他方よりも大きいとしよう。分散が小さい確率変数は，期待値から離れた値を取りにくいわけだから，分散の小さい不偏推定量はよりパラメータの真の値に近い値を取りやすいだろう。そこで，候補の中で最も小さい分散を持つ推定量が望ましく，それを**効率的な推定量**という。

　少しくらいバイアスがあっても，**平均 2 乗誤差**（mean squared error; **MSE**）$\mathrm{E}[(\hat{\theta} - \theta)^2]$ さえ小さければ良いとする考え方もある。MSE は，簡単な計算で

第 3 章　統計理論の基礎　　83

$$\mathrm{E}[(\hat{\theta} - \theta)^2] = \mathrm{E}\{[\hat{\theta} - \mathrm{E}(\hat{\theta})]^2\} + \mathrm{E}\{[\mathrm{E}(\hat{\theta}) - \theta]^2\} + \mathrm{E}\{2[\hat{\theta} - \mathrm{E}(\hat{\theta})][\mathrm{E}(\hat{\theta}) - \theta]\}$$
$$= \mathrm{E}(\{[\hat{\theta} - \mathrm{E}(\hat{\theta})] + [\mathrm{E}(\hat{\theta}) - \theta]\}^2)$$
$$= \mathrm{Var}(\hat{\theta}) + \mathrm{bias}(\hat{\theta})^2$$

と分解できる。不偏推定量の場合は，MSE が小さいことと分散が小さいことは同じであるので，効率性の議論の考え方と同じであることがわかる。一方，推定量にバイアスがあっても，それを補うほど分散が小さければ，全体として MSE が小さい推定ができるかもしれない。場合によっては，不偏で最も効率的な推定量よりも MSE の意味では小さい推定量もありうる。

また，異常値があっても影響を受けにくいかどうかで望ましさを判断する基準を考えることもあり，それを異常値に対する頑健性 (robustness) という。

1-3　期待値の推定

以下，**1-3** を通じて，各要素の期待値が μ_X で，分散が σ_X^2 の無作為標本 $\{X_1, \ldots, X_N\}$ の標本平均 $\bar{X} = \frac{1}{N}\sum_{i=1}^{N} X_i$ に関する漸近理論を解説する。

標本平均の期待値と分散　漸近理論を用いて標本平均の統計的性質を調べる前に，その期待値と分散を求めておこう。期待値の性質 (2.39) 式を使うと

$$\mathrm{E}(\bar{X}) = \frac{1}{N}[\mathrm{E}(X_1) + \mathrm{E}(X_2) + \cdots + \mathrm{E}(X_N)]$$
$$= \frac{1}{N}(\mu_X + \mu_X + \cdots + \mu_X) = \mu_X \tag{3.1}$$

である。したがって，標本平均は期待値の不偏推定量である。また，(2.40) 式を用いると

$$\mathrm{Var}(\bar{X}) = \frac{1}{N^2}[\mathrm{Var}(X_1) + \mathrm{Var}(X_2) + \cdots + \mathrm{Var}(X_N)] = \frac{\sigma_X^2}{N} \tag{3.2}$$

であることがわかる。これらは，サンプルサイズが有限であっても成立する性質（小標本理論）である。

大数の法則と確率収束　X の期待値の推定量として標本平均 $\bar{X} = (1/N)\sum_{i=1}^{N} X_i$ が用いられる。自然なことのように思われるが，なぜそれが良いといえるのか，漸近理論を用いて説明しよ

84　第 I 部　基礎編

う。漸近理論に基づく統計学に，「大数の法則」と「中心極限定理」という2つの重要な基本定理がある。

　大数の法則は，サンプルサイズが増えるとともに標本平均の値が期待値に近い値を取る確率が大きくなって1に近づくという性質であり，

大数の法則

$$\bar{X} \xrightarrow{p} \mu_X \tag{3.3}$$

と書かれる。言葉遣いが少し回りくどくてわかりにくければ，当面は大雑把にNが大きくなると$\bar{X}$がμ_Xに近づくと理解してもよい。この意味で，標本平均は期待値を推定するのにふさわしい統計量であるといえる。1-2の一致性の説明でも用いたが，一般に，"$\xrightarrow{p}$"は統計学の用語で**確率収束**（convergence in probability）と呼ばれる収束を表す記号であり，大雑把にいうとNが大きくなるとともに左辺の確率変数と右辺の差が小さくなることを表す（厳密な定義は，付録A〔646ページ〕の「漸近理論〔大標本理論〕」の項を参照のこと）。矢印の上のpは "probability" の頭文字で，すぐ下で紹介する他の種類の収束と区別するために用いる。(3.3) 式と同じことを

$$\operatorname*{plim}_{N \to \infty} \bar{X} = \mu_X$$

とも表す。左辺を$\bar{X}$の**確率極限**という。つまり，$\bar{X}$の確率的な意味での極限がμ_Xに等しいということで，普通の数列の収束$a_n \longrightarrow a$を$\lim_{n \to \infty} a_n = a$と表すのと同様の表現である。

中心極限定理と分布収束

(3.1) 式と (3.2) 式を用いて標本平均を標準化すると，

$$\frac{\bar{X} - \mathrm{E}(\bar{X})}{\sqrt{\mathrm{Var}(\bar{X})}} = \frac{\bar{X} - \mu_X}{\sqrt{\sigma_X^2/N}} = \frac{\sqrt{N}(\bar{X} - \mu_X)}{\sigma_X}$$

となる。Nが大きくなるとこの確率変数の分布は，標準正規分布に近づくことを証明することができる。これを**中心極限定理**（central limit theorem; **CLT**）といい，次のように表す。

第3章　統計理論の基礎　　85

中心極限定理

$$\frac{\sqrt{N}(\bar{X} - \mu_X)}{\sigma_X} \xrightarrow{d} N(0, 1) \tag{3.4}$$

"$\xrightarrow{d}$" の記号は，N が大きくなるとともにその左側の確率変数の分布関数が右側の分布関数に近づくことを表しており，この収束を**分布収束**（convergence in distribution）という（厳密な定義は，付録 A.6.3〔646 ページ〕の「漸近理論〔大標本理論〕」の項を参照のこと）。$\xrightarrow{d}$ の右辺の分布を**極限分布**という。いうまでもなく，矢印の上の d は "distribution" の頭文字である。極限分布の分散を，**漸近分散**という。(3.4) 式によれば，$\sqrt{N}(\bar{X} - \mu_X)/\sigma_X$ の漸近分散は 1 である。上のように，標本平均を標準化した確率変数は $N(0, 1)$ に収束するが，別の分布に収束する確率変数もある。次章以降では，χ^2 分布その他の分布に分布収束する検定統計量を紹介する。

(3.4) 式と同じ結果や，収束を近似と読み替えた結果を，以下のように表すこともある。付録 A の「中心極限定理」の項（646 ページ）に示すように，(3.4) 式は

$$\sqrt{N}(\bar{X} - \mu_X) \xrightarrow{d} N(0, \sigma_X^2) \tag{3.5}$$

と同値である。また，正規分布は (2.20) 式の性質を持つから，N が大きければ，$\bar{X}$ の分布を期待値が μ_X，分散が σ_X^2/N の正規分布 $N(\mu_X, \sigma_X^2/N)$ で近似することができそうである。これを

$$\bar{X} \overset{a}{\sim} N(\mu_X, \sigma_X^2/N) \tag{3.6}$$

と表すこともある。一般に，記号 $\overset{a}{\sim}$ は，N が大きければ左側の確率変数の分布が右側の分布で近似できることを表す（a は "approximate" の a である）。このとき，「$\bar{X}$ は漸近的に正規分布 $N(\mu_X, \sigma_X^2/N)$ に従う」といい，(3.6) 式の右辺の分布を $\bar{X}$ の**漸近分布**という。(3.6) 式の表現は正しいが，$\bar{X} \xrightarrow{d} N(\mu_X, \sigma_X^2/N)$ とは書かない。なぜなら，$\xrightarrow{d}$ は N が無限に大きくなる場合の収束を考えており，その極限であるはずの右辺にサンプルサイズ N が残っているのはおかしいからである。正規分布の性質 (2.20) 式を用いると，(3.6) 式を

86　第 I 部　基礎編

$$\sqrt{\frac{N}{\sigma_X^2}}(\bar{X} - \mu_X) \overset{a}{\sim} N(0, 1)$$

と書くこともできる。$\overset{d}{\longrightarrow}$ を使った表現は数学的に厳密に定義されたものであるが，$\overset{a}{\sim}$ のほうは厳密性は不要で，近似として役に立てば使ってよい。ただ，実際にはほとんどの統計分析において，極限分布を用いて漸近分布を構成している。

なお，もし $\{X_1, \ldots, X_N\}$ が互いに独立で同一の N 次元正規分布に従っていれば，正規分布の再生性（付録 A〔644 ページ〕参照）から，N の値に関係なく

$$\bar{X} \sim N(\mu_X, \ \sigma_X^2/N)$$

が成り立つ。

1-4　分散と共分散の推定

期待値 $\mathrm{E}(X) = \mu_X$ の推定には標本平均 $\bar{X} = \sum_{i=1}^{N} X_i/N$ を用いるとよいことを示した。同じように，分散 σ_X^2 の推定には，標本分散

標本分散（不偏分散）

$$s_X^2 = \frac{1}{N-1} \sum_{i=1}^{N} (X_i - \bar{X})^2$$

が用いられる。実証分析では $N-1$ の代わりに N で割ったものも用いられるが，サンプルサイズ N が大きければ実用上の差はほとんどない。$N-1$ で割ったものは不偏性を持つ推定量になり，そのため**不偏分散**とも呼ばれる。すなわち

$$\mathrm{E}\left[\frac{1}{N-1} \sum_{i=1}^{N} (X_i - \bar{X})^2\right] = \sigma_X^2 \tag{3.7}$$

である（練習問題 3-3）。両辺に $(N-1)/N$ を掛けると

$$E\left[\frac{1}{N}\sum_{i=1}^{N}(X_i - \bar{X})^2\right] = \sigma_X^2 - \frac{\sigma_X^2}{N}$$

であるから，N で割った分散は不偏性を持たない。先にも述べた通り，一般に推定量の期待値と推定対象のパラメータの値の差を**バイアス**といい，上の場合には $-\sigma_X^2/N$ がバイアスにあたる。確率極限の意味でのバイアスの有無も重要で，すでに述べたように推定量の確率極限とパラメータの値の差を**漸近バイアス**という。漸近バイアスが 0 でないということは一致性が成立しないことを意味するので，そのような推定量は望ましいとはいえない。標本分散については，漸近バイアスは 0 である。また，$(X_1, Y_1), \ldots, (X_N, Y_N)$ が得られたときに，共分散は標本共分散

標本共分散

$$s_{XY} = \frac{1}{N-1}\sum_{i=1}^{N}(X_i - \bar{X})(Y_i - \bar{Y})$$

によって推定できる。標本分散，標本共分散ともに，それぞれ分散と共分散の一致推定量であり，

$$s_X^2 \xrightarrow{p} \sigma_X^2 \tag{3.8}$$

$$s_{XY} \xrightarrow{p} \sigma_{XY}$$

が成り立つ。また，漸近正規性を持つことが知られている。

付録 A（650 ページ）に示す通り，(3.4) 式の σ_X を s_X で置き換えても

中心極限定理

$$\frac{\sqrt{N}(\bar{X} - \mu_X)}{s_X} \xrightarrow{d} N(0, 1) \tag{3.9}$$

が成り立ち，これは次節と第 3 節で説明する区間推定と検定に有効である。一般に，推定量 $\hat{\theta}$ の標準偏差の推定量を**標準誤差**（standard error）といい，頭文字を取って $SE(\hat{\theta})$ と表す。(3.6) 式より，$\bar{X}$ の標準偏差は $\sqrt{\mathrm{Var}(\bar{X})}\ =$

$\sigma_X/\sqrt{N}$ で，s_X^2 は σ_X^2 の一致推定量だから，標本平均 $\bar{X}$ の標準誤差は

$$SE(\bar{X}) = \sqrt{s_X^2/N} \tag{3.10}$$

である．さらに，(3.10) 式と (3.6) 式を用いて

$$\bar{X} \stackrel{a}{\sim} N(\mu_X,\ s_X^2/N) = N(\mu_X,\ SE(\bar{X})^2)$$

と書かれることもある．なお，(3.9) 式の左辺のように，期待値を引いて標準誤差で割る操作を，**スチューデント化**という．

区間推定

　点推定は，データに照らして最も適切と思われるパラメータ推定値を 1 点で与える．しかし，標本が違えば当然計算結果は異なる．たとえば，選挙の出口調査で A 新聞社と B 新聞社が同じ投票所で別々に調査したとする．それぞれの標本に基づいて候補者の最終得票率を推定すれば，似たような結果になるだろうが，値そのものは異なるだろう．また，100 人分の出口調査に基づいた値と 1000 人分の調査による値では，点推定の信頼度は異なるであろう．標本のばらつきや推定の信頼度を明示的に考慮して，ある程度の幅を持たせた範囲でパラメータの値を言い当てることを，**区間推定**という．

　期待値を区間推定するときには，次のように行う．(3.9) 式から，$\sqrt{N}(\bar{X} - \mu_X)/s_X$ は近似的に $N(0,1)$ に従う．巻末の標準正規分布表より，標準正規分布の左右の裾 2.5% 点はそれぞれ $-1.96,\ 1.96$ なので

$$\Pr\left(-1.96 \leq \frac{\sqrt{N}(\bar{X} - \mu_X)}{s_X} \leq 1.96\right) \approx 0.95$$

が成り立つ．左辺の不等式を変形すると，

$$\Pr\left(\bar{X} - \frac{1.96 s_X}{\sqrt{N}} \leq \mu_X \leq \bar{X} + \frac{1.96 s_X}{\sqrt{N}}\right) \approx 0.95 \tag{3.11}$$

となる．したがって，μ_X が $\bar{X} - 1.96 s_X/\sqrt{N}$ と $\bar{X} + 1.96 s_X/\sqrt{N}$ の間に含まれている確率は 95% ということになる．(3.10) 式を (3.11) 式に代入すると，

第 3 章　統計理論の基礎

区間推定

$$\Pr(\bar{X} - 1.96\,SE(\bar{X}) \leq \mu_X \leq \bar{X} + 1.96\,SE(\bar{X})) \approx 0.95$$

を得る。このとき，μ_X に関する信頼係数 95% の信頼区間は $(\bar{X} - 1.96\,SE(\bar{X}),\ \bar{X} + 1.96\,SE(\bar{X}))$ であるといい，この推定を区間推定という。信頼係数は，信頼区間がパラメータの真の値を含む確率で，通常は要求される推定の精度に応じて分析者が 90％，95％，99％ などの値に定める。これを大きくすれば，それだけ信頼度の高い区間推定となるが，区間の幅は大きくなってしまう。

ここでは 95％ 信頼区間を例として説明したが，たとえば信頼係数を 90％ にするためには，−1.96 の代わりに巻末の標準正規分布表の左裾 5％ 点の −1.65 を用いればよい。(3.11) 式は，中心極限定理 (3.9) 式から導出したものである。もし (3.4) 式の中心極限定理を用いて区間推定を行うと，未知の量 σ_X が含まれるために計算ができない。そのため，区間推定と次に述べる仮説検定では，スチューデント化を施した量に関する中心極限定理のほうが役に立つ。

仮説検定

3-1 仮説検定の考え方

仮説検定は，推定と並んで，統計学において最も重要なトピックである。仮説検定を単に**検定**ともいう。検定の目的は，ある仮説が正しいかどうかをデータに照らして調べることである。とくに多いのは，未知パラメータがある特定の値であるかどうかを調べる検定である。推定においては推定量と呼ばれる統計量を用いたが，検定においては**検定統計量**という統計量を用いる。得られたデータから計算した検定統計量の値が，ある範囲に入っていれば仮説は間違っていると判断し，そうでなければ間違っていないと結論づける。

はじめに直観的な話をしよう。たとえば，少し歪んだコインがあって，表の出る確率 p が $1/2$ かどうか調べたいとする。実際に 100 回投げてみて表が 55

回であれば，これは $p = 1/2$ でも十分ありうることなので，$1/2$ が正しいと考えてもよさそうである．しかし，100 回中 90 回が表だったら，どうだろうか．多くの人が $p = 1/2$ が正しいとは思わないのではないだろうか．それは，$p = 1/2$ である場合は，表が 90 回も出る確率は非常に小さいからである．というわけで，その場合は $p \neq 1/2$ という判断を下すことになる．しかし，本当は $p = 1/2$ であっても，偶然 90 回も表が出てしまうことがありえないわけではない．逆に，表が 55 回だったので $p = 1/2$ が正しいと判断したとしても，本当は $1/2$ ではないのに偶然半分程度が表になったということも考えられる．この例に，仮説検定の考え方のエッセンスがほぼ詰まっている．

この例では 55 回，90 回という少し極端な場合を比較したが，判断を分ける境目を何回とするのが適当だろうか．つまり，何回以上（あるいは以下）が表なら $p \neq 1/2$ という判断を下し，何回程度であれば $p = 1/2$ が正しいと判断するのが合理的だろうか．

仮説検定の理論によって，その境目を定めることができる．そのために，まず $p = 1/2$ が正しいにもかかわらず $p \neq 1/2$ という間違った判断を下してしまう確率を自分で定める．もちろん，間違う確率は小さいほうがいいので，普通は 1% や 5% といった小さい値にする．その程度はこの間違いが生ずることを許すということである．いま，その確率を 5% と定めよう．二項分布を用いて確率を計算すると，$p = 1/2$ が正しい場合には 100 回中 40 回以下または 60 回以上表が出る確率はおよそ 5% しかないことがわかる．ここで，実際のデータで 40 回以下または 60 回以上表が出たとしよう．そのとき，$p = 1/2$ が正しいけれども確率 5% 程度の稀なことが偶然起こったと考えるよりも，実は $p \neq 1/2$ なのだろうと判断してよいだろう．もちろん，この判断は 5% 程度間違ってしまうが，上に述べたようにその程度の間違いは許すのである．逆に 40〜60 回に収まる程度なら，$p = 1/2$ であると判断してよさそうである．

例題 3.1

この例題では，「開票速報」について考える．30 万人の有権者がいる都市で市長選挙を行ったとしよう．立候補者は 2 人，A 候補と B 候補とする．有権者全員が投票したものとして，3000 人分の開票が終わったところで A，B それぞれ 1420，1580 票を得たとする．

まだ開票率は 1% であり，残りの 29 万 7000 人分の開票は終わっていないので，最終結果はまだまだわからないと思うかもしれないが，どうだろうか。ただし，たとえば B 候補優勢の地方から先に開票が始まるといった，開票順の偏りはないとして，選挙結果について検討しなさい。

（解答例）

　　A 候補の得票確率を p とする。仮に $p=1/2$ だとして，3000 人のうち A 候補には高々 1420 人しか投票しない確率を計算すると，

$$\sum_{i=0}^{1420} \frac{3000!}{(3000-i)!i!} \left(\frac{1}{2}\right)^{3000} \approx 0.0018$$

となることがわかる。ここで，"!" は第 2 章 3 節（34 ページ）の「ポアソン分布」の項で説明した階乗である。つまり，本当は支持率が対等なのに，ランダムに取り出した 3000 人のうち支持者が 1420 人以下になってしまう確率は 0.18% しかないのである。したがって，本当は支持率が対等で，まだ A 候補に可能性があるとは考えにくく，この選挙は A 候補にとってはほぼ絶望的ということがわかる。♠

3-2　検定の一般的な手続き

検定統計量と帰無仮説，対立仮説

　　ここまで説明してきた考え方を一般化して，およそ次のようにまとめることができる。ある仮説が正しいかどうかを調べたいとき，まずその仮説が正しいにもかかわらず誤りとする間違った判断を下す確率を定める。この確率を**有意水準**，または**検定のサイズ**といい，通常は 1%，5% 等の小さい値に決める。

　　ある検定統計量（**3-1** の例ではコインの表が出る回数）に着目し，仮説が正しい場合に検定統計量が取る確率が有意水準程度しかないような範囲を求める（上の例では 0〜40，60〜100）。これを，**棄却域**という。また，その境界の値を**臨界値**という（**3-1** の例では 40 と 60）。有意水準を大きく取ると棄却域は広くなる。

　　得られたデータから実際に検定統計量を計算し，棄却域に入れば仮説は間違

92　第 I 部　基礎編

っていると判断する。この仮説を**帰無仮説**といい，この判断を帰無仮説を棄却するという。逆に，棄却域に入らないときはその仮説は間違っているとはいえず，棄却しない。文字通り「無に帰する」，つまり間違っていると主張したい仮説を帰無仮説に設定するのが通常である。

帰無仮説を棄却したときに採択する仮説を**対立仮説**という。3-1 の例では，帰無仮説が $p = 1/2$ で，対立仮説が $p \neq 1/2$ である。

なお，仮説は "hypothesis" の訳語なので，その頭文字を使って帰無仮説を H_0，対立仮説を H_1 と書くことが多い。

有意水準と検出力

本当は H_0 が正しいのにそれを棄却する間違いを**第 1 種過誤**という（表 3-1 参照）。有意水準は第 1 種過誤の確率である。逆に，H_1 が正しいのに H_0 を棄却しない間違いを**第 2 種過誤**という。1 から第 2 種過誤の確率を引いたもの，つまり H_1 が正しいときに H_0 を棄却する確率を**検出力**という。

もちろん，有意水準が小さく，検出力が大きい検定が望ましい。しかし，有意水準を小さくすると，棄却域がせまくなり，その結果 H_1 が正しくても H_0 を棄却しにくくなって検出力も下がってしまうため，両立させるのは難しい。統計的検定理論では，検定法が複数あってどれが良いかを比べたいときに検出力に着目する。有意水準を同じに揃えて，検出力が最も高い検定を良い検定とする。たとえば，同じ仮説について検定法 A と検定法 B があるとき，ともに有意水準を 5% にして，A の検出力が 70%，B は 80% なら，後者のほうが優れた検定である。

棄却域と p 値

検定統計量が棄却域に含まれるかどうかを調べることと同じことを，別の手続きで調べることができる。上で説明したように，有意水準を大きく取ると棄却域は広くなる。したがって，検定統計量の値によっては，有意水準 5% では H_0 が棄却されるが，1% では棄却されない場合がある。そのとき，有意水準を 5% から小さくしながら繰り返し検定していくと，1% に達するまでのどこかの値で H_0 が棄

TABLE 表 *3-1* ● 第 1 種過誤と第 2 種過誤

	H_0 が正しいと判断	H_1 が正しいと判断
H_0 が真	○	第 1 種過誤
H_1 が真	第 2 種過誤	○

第 3 章　統計理論の基礎　93

却されなくなるはずである。一般に，検定統計量の値が得られた後に有意水準を変えながら有意水準ごとに検定を行うと，これ以上小さくすると H_0 が棄却されなくなるという限界の有意水準を見つけることができ，それを**p 値**という。すると，p 値を自分が最初に設定した有意水準（たとえば 5%）と比較して，前者が小さければ H_0 を棄却し，大きければ棄却しないことにすれば，検定統計量が棄却域に入るかどうかを調べることと同じになる。

3-3 t 検 定

期待値の値に関する検定を行いたいときに，**t 検定**という仮説検定法が用いられる。期待値が μ_X で分散が σ_X^2 の確率変数 X に関する無作為標本 $\{X_1, \ldots, X_n\}$ が得られたとする。μ_X がある特定の値 μ^0（たとえば 0）であるかどうかを検定するために，次のように定義される t 統計量を用いる。

---

t 統計量

$$t = \frac{\sqrt{N}(\bar{X} - \mu^0)}{s_X} = \frac{\bar{X} - \mu^0}{SE(\bar{X})}$$

ここで，帰無仮説は $\mu_X = \mu^0$ で，対立仮説は $\mu_X \neq \mu^0$ である。t 統計量を

$$t = \frac{\sqrt{N}(\bar{X} - \mu_X)}{s_X} + \frac{\sqrt{N}(\mu_X - \mu^0)}{s_X} \tag{3.12}$$
$$= t_1 + t_2$$

と分解すると，右辺の第 1 項は (3.9) 式より

$$t_1 \xrightarrow{d} N(0, 1)$$

である。もし帰無仮説が正しければ $t_2 = 0$ だから $t = t_1$ となる。そのときの標準正規確率変数が 1.96 を超える確率と -1.96 を下回る確率は巻末の標準正規分布表よりそれぞれ 0.025 なので，

$$P(|t| > 1.96) = P(|t_1| > 1.96) \approx 0.05$$

が成り立ち，t 統計量はおよそ 95% の確率で -1.96 と 1.96 の間の値を取るこ

94　第 I 部　基礎編

とになる。逆に、対立仮説が正しければ、t_2 の分子には $\sqrt{N}$ が掛かっているので、N が大きければ $|t_2|$ は大きな値となり、t 統計量は $(-1.96, 1.96)$ の区間からはみ出してしまうだろう。したがって、有意水準を 5% とすると、

$$t \in (-1.96, 1.96) \Rightarrow 帰無仮説を棄却しない$$
$$t \notin (-1.96, 1.96) \Rightarrow 帰無仮説を棄却する$$

という判断を下すことになる（$\in$ は t がその範囲に含まれることを、$\notin$ は含まれないことを示す）。t 統計量が $(-\infty, -1.96]$, $[1.96, \infty)$ に入ると帰無仮説を棄却するので、これが棄却域である（"(" は区間の端にその値を含まないことを、"[" は含むことを示す）。またこの検定を、t 検定という。

例題 3.2 EXAMPLE

文部科学省の 2012 年の公表データによると、17 歳男子の全国平均身長は 170.7cm であった。これには誤差はないものとしよう。都道府県別では、青森県の約 5000 人の平均が 172.0、標準偏差が 5.78 であった。青森県は全国平均と異なっているといえるか、サンプルサイズを 5000 として有意水準 1% で検定しなさい。

また、隣の岩手県の約 5000 人の平均が 170.5、標準偏差が 5.85 であった。同じく全国平均と異なっているといえるかどうかについて、検定しなさい。

（解答例）

青森県の 17 歳男子の身長を表す確率変数を X としよう。題意より、$N = 5000$ のデータが得られて

$$\bar{X} = \frac{1}{5000}\sum_{i=1}^{5000} X_i = 172.0, \quad s_X^2 = \frac{1}{4999}\sum_{i=1}^{5000}(X_i - 172.0)^2 = 5.78^2$$

である。帰無仮説は $E(X) = 170.7$ なので、t 統計量は

$$t = \frac{\sqrt{5000}(172.0 - 170.7)}{5.78} \approx 15.90$$

である。Z を標準正規確率変数とすると、

$$P(|Z| > 2.54) = 0.01$$

より臨界値は 2.58 なので，有意水準 1% に対応する棄却域は $(-\infty, -2.58]$, $[2.58, \infty)$ である．$t = 15.90$ はこの領域に含まれているため，帰無仮説は棄却され，全国平均と異なっていると結論づけられる．p 値は 0.001 よりも小さい．

岩手県についての t 統計量は

$$t = \frac{\sqrt{5000}(170.5 - 170.7)}{5.85} \approx -2.42$$

なので，棄却域 $(-\infty, -2.58]$, $[2.58, \infty)$ に入らない．そのため，帰無仮説は棄却されず，全国平均と異なっているとはいえない．なお，$p(|Z| > 2.42) \approx 0.0156$ なので p 値は 0.0156 である．ただし，$Z \sim N(0, 1)$ である．♠

ここまで説明してきた検定では，帰無仮説 $\mu_X = \mu^0$ が棄却されたときには，$\mu_X > \mu^0$ または $\mu_X < \mu^0$ であると結論する．つまり，対立仮説は μ^0 の両側である．このような検定を両側検定という．しかし，検定したい問題によっては，一方はありえないか考える必要がない場合がある．たとえば，新しく開発した薬が現在使われている薬よりも効果が高いか，それとも効果が同じか調べるといった問題である．現在使われている薬の治癒率を μ^0，新しい薬の治癒率を μ_X とすると，帰無仮説は $\mu_X = \mu^0$，対立仮説を $\mu_X > \mu^0$ とするのが自然である．(3.12) 式を見れば，対立仮説が正しいときには t 統計量は大きな値を取りやすいはずなので，棄却域を $(-\infty, -1.96]$, $[1.96, \infty)$ ではなく，左側のみに取ればよいことがわかるだろう．有意水準を 5% とするなら，巻末の標準正規分布表より，棄却域は $(-\infty, -1.65]$ となる．このような検定を片側検定という．

★ 尤度を使った方法

確率変数がどのような種類の分布に従うかわかっている場合には，それを用いてパラメータの推定や仮説検定を行うことができる．以下に詳しく述べるが，連続確率変数 X の密度関数 $f_X(x; \theta)$ に実現値を代入し，それを未知パ

ラメータを変数とする関数と見たものを**尤度関数**という。離散確率変数の場合には，密度関数の代わりに確率関数から尤度関数をつくる。それを用いて，推定の場合には「最尤推定」，検定においては「尤度比検定」と呼ばれる方法が，広く用いられている。最尤推定量は，一致性，漸近正規性を有しており，さらに効率性（一致推定量のうちで最も漸近分散が小さい）という良い性質を持っている。この意味で，分布の種類がわかっている場合には最良の方法である。しかし，分布がわからない場合には使うことができない。また，わかっていると思っていたが実は間違っていたといった場合には，一致性すら保証されなくなってしまうので注意が必要である。本書では，主に第 8，9 章で尤度を使った方法を用いている。

最 尤 推 定

最尤推定の考え方を簡単な例で示そう。まず，A 君が 52 枚のトランプから適当に 30 枚を取り出して赤札の枚数を数える。B さんはそれをよく切り，そこからカードを 1 枚引いて色を確かめ（赤か黒か），また戻してカードを引くというという試行を 100 回繰り返す。その結果から，B さんが 30 枚の中に赤札が何枚入っていたか当てるゲームをしよう。A 君はヒントを出して，赤札は 15 枚か 20 枚のどちらかだという。さて，100 回中 70 回赤が出たとき，どちらを選ぶだろうか。おそらく B さんは 20 枚と答えるだろう。直観的にはこれでよさそうだが，この答えに合理性を与えることができるだろうか。

いま，30 枚中 n 枚が赤札のときに 100 回中 70 回赤が出る確率を $\Pr$（70 回が赤：n 枚のとき）と書くことにすると，二項分布を使った計算から

$$\Pr(70 \text{ 回が赤：} 15 \text{ 枚のとき}) = \begin{pmatrix} 100 \\ 70 \end{pmatrix} \left(\frac{15}{30}\right)^{70} \left(1 - \frac{15}{30}\right)^{100-70}$$

$$= 0.0000231$$

$$\Pr(70 \text{ 回が赤：} 20 \text{ 枚のとき}) = \begin{pmatrix} 100 \\ 70 \end{pmatrix} \left(\frac{20}{30}\right)^{70} \left(1 - \frac{20}{30}\right)^{100-70}$$

$$= 0.0673$$

となることがわかる。赤札が 15 枚のときと 20 枚のときを比べると，100 回中 70 回赤が出る確率は 20 枚のときのほうが高いのである。その意味で，20 枚と考えることが合理的だといえる。

第 3 章　統計理論の基礎　　97

さて，もし 15 枚または 20 枚というヒントがなかったとしたらどうだろうか。試行の結果からカードのうちの 7 割が赤札だろうと考えて，30 枚中 21 枚が赤のカードと答える人が多いだろう。上と重複するが，19 枚から 23 枚の場合について同様の計算をしてみると以下のようになり，実際に 21 枚のときにこの確率が最も高いことが示される。

$$\Pr(70 \text{回が赤：} 19 \text{枚のとき}) = 0.0324$$

$$\Pr(70 \text{回が赤：} 20 \text{枚のとき}) = 0.0673$$

$$\Pr(70 \text{回が赤：} 21 \text{枚のとき}) = 0.0868$$

$$\Pr(70 \text{回が赤：} 22 \text{枚のとき}) = 0.0658$$

$$\Pr(70 \text{回が赤：} 23 \text{枚のとき}) = 0.0269$$

一般に，あるデータが得られたときに，そのようなデータが得られる確率が最も高くなるようにパラメータの値を決める方法を，**最尤推定法**という。言い換えると，「データに照らして，パラメータの値がいくつであると考えるのが最も尤もらしいか？」というアプローチである。上の例はこの原理に従っており，30 枚中に含まれる赤札の枚数がパラメータであり，「100 回中 70 回赤札」という結果が得られる確率が最も高くなるような値である 21 をパラメータの推定値としているわけである。離散確率変数の場合は確率が最大になるようにパラメータの値を定めるが，連続確率変数の場合は密度が最大になるようにパラメータの値を決める。一般に，パラメータ θ を持つ密度関数 $f_X(x; \theta)$ から無作為標本 $\{x_1, x_2, \ldots, x_N\}$ が得られたときに，その同時密度関数を θ の関数と見なした

尤度関数

$$L(\theta) = f_X(x_1; \theta) f_X(x_2; \theta) \times \cdots \times f_X(x_N; \theta)$$

を**尤度関数**と呼ぶ。これを最大にするように θ の値を決める方法が最尤推定法であり，その推定量を**最尤推定量**（maximum likelihood estimator; **MLE**）という。また，$L(\theta)$ の自然対数を取った

対数尤度関数

$$LL(\theta) = \sum_{i=1}^{N} \ln f_X(x_i; \theta)$$

を**対数尤度関数** (log-likelihood) という。対数関数は単調増加なので，$L(\theta)$ を最大にする θ と $LL(\theta)$ を最大にする θ は等しい。$L(\theta)$ は積の形だが，自然対数を取ったことで $LL(\theta)$ は和の形で表されている。そのため，後者のほうが最大化問題を解くための微分が簡単で，理論的性質を求める際にも便利である。θ_{ML} を最尤推定量とすると，$LL(\theta)$ の最大化の 1 階の条件は**尤度方程式**と呼ばれ，

尤度方程式

$$\frac{\partial LL(\theta_{ML})}{\partial \theta} = \sum_{i=1}^{N} \frac{\partial \ln f_X(x_i; \theta_{ML})}{\partial \theta} = 0$$

である。一定の条件のもとで，最尤推定量は一致性，効率性という望ましい性質を持っており，また漸近正規性を持つ。詳しくは，付録 B（687 ページ）を参照のこと。

最後に，正規分布と二項分布に基づく最尤推定量を紹介する。1 変量正規分布 $N(\mu, \sigma^2)$ から大きさ N の無作為標本 $\{x_1, x_2, \ldots, x_N\}$ を得た場合の最尤推定量は次のようになる。ここで，未知パラメータは $\theta = (\mu, \sigma^2)$ で，尤度関数は

$$L(\mu, \sigma^2) = \frac{1}{\sqrt{2\pi\sigma^2}} \exp\left[-\frac{(x_1 - \mu)^2}{2\sigma^2}\right] \times \cdots \times \frac{1}{\sqrt{2\pi\sigma^2}} \exp\left[-\frac{(x_N - \mu)^2}{2\sigma^2}\right]$$

であり，対数尤度関数は

$$LL(\mu, \sigma^2) = -\frac{N \ln(2\pi\sigma^2)}{2} - \left[\frac{(x_1 - \mu)^2}{2\sigma^2} + \cdots + \frac{(x_N - \mu)^2}{2\sigma^2}\right]$$

となる。これを最大にするようなパラメータの値を求めればよい。これを μ，σ^2 で微分して 0 と置くと

第 3 章 統計理論の基礎 99

$$\frac{\partial LL(\mu, \sigma^2)}{\partial \mu} = 2 \sum_{i=1}^{N} \frac{(x_i - \mu)}{2\sigma^2} = 0$$

$$\frac{\partial LL(\mu, \sigma^2)}{\partial \sigma^2} = -\frac{N}{2\sigma^2} + \frac{1}{2\sigma^4} \sum_{i=1}^{N} (x_i - \mu)^2 = 0$$

なので，μ, σ^2 の最尤推定量は

$$\mu_{ML} = \frac{1}{N} \sum_{i=1}^{N} x_i, \quad \sigma_{ML}^2 = \frac{1}{N} \sum_{i=1}^{N} (x_i - \mu_{ML})^2$$

となることがわかる。添字の ML は最尤推定を表す maximum likelihood の頭文字である。本当は，これが対数尤度の最大値を与えることを確かめるために，2階の条件を調べる必要がある。実際，その条件は成立しているが，ここでは計算を省略する。

次に二項分布 $\mathrm{Bin}(n, p)$ に従う確率変数の実現値 x が与えられたとき，p の最尤推定量を導出しよう。離散変数の場合の尤度関数は，$f_X(\cdot)$ を確率関数 $p_X(\cdot)$ で置き換えればよく，

$$L(p) = {}_nC_x p^x (1 - p)^{n-x}$$

である。対数尤度は

$$LL(p) = \ln {}_nC_x + x \ln(p) + (n - x) \ln(1 - p)$$

である。これを $d\ln(x)/dx = 1/x$ を用いて p に関して微分して 0 と置くと

$$\frac{dLL(p)}{dp} = \frac{x}{p} - \frac{n-x}{1-p} = 0$$

となり，これを解いて

$$p_{ML} = \frac{x}{n}$$

を得る。上に述べたトランプの例で言えば，30 枚中の赤札の比率を最尤推定すると，$n = 100$，$x = 70$ を代入して $70/100 = 0.7$ となる。

尤度比検定 尤度を用いて仮説検定を行うことができる。これを尤度比検定 (likelihood ratio; **LR**) という。ここではその考え方だけ示しておこう。

まず，実用的ではないが最も単純なケースとして，帰無仮説を$\theta = \theta_0$，対立仮説を$\theta = \theta_1$としよう。θ_0とθ_1は経済理論から導びかれる既知の値である。得られたデータの確からしさをθの関数と見たものが$L(\theta)$だから，$L(\theta_1)$が$L(\theta_0)$よりも十分大きければθ_0は間違っているという判断を下せばよい。実用的には，対立仮説を特定の値θ_1に定めずに，最尤推定を行い，$L(\theta_0)$と$L(\theta_{ML})$を比べる。θ_{ML}は$L(\theta)$を最大にする値なので，必ず$L(\theta_0) \leq L(\theta_{ML})$が成り立つ。両辺の値がそれほど大きく違わなければ帰無仮説は妥当とみなし，大きく乖離していれば間違っていると考えればよい。そこで，尤度比

$$LR = \frac{L(\theta_0)}{L(\theta_{ML})}$$

が1より十分小さいとき，帰無仮説を棄却する。実際に使うときにはLRの対数を取って-2倍した統計量

$$LLR = -2 \log LR = -2[LL(\theta_0) - LL(\theta_{ML})]$$

を用いる。この変換によって，帰無仮説が正しいときにLLRがχ^2（カイ2乗）分布に従うことが示され，棄却域を定めることができる。なお，$LR \leq 1$なので常に$LLR \geq 0$が成り立つ。

EXERCISE ● 練習問題

3-1 [確認] 標本分散の不偏性を示した (3.7) 式を証明しなさい［ヒント：

$$\sum_{i=1}^{N}(X_i - \bar{X})^2 = \sum_{i=1}^{N}(X_i - \mu_X)^2 - N(\bar{X} - \mu_X)^2$$

であることを示し，両辺の期待値を取る。$E(\bar{X}) = \mu_X$だから，右辺の第2項の期待値は標本平均の分散のN倍になっていることに注意］。

3-2 [確認] 前章の練習問題 2-1 と同様の以下のデータ

$$\{12, 15, 9, 17, 5, 8, 10, 12, 6, 3, 10, 11, 20, 6, 8, 10, 13, 10, 11, 4\}$$

と，その標本平均，分散，中央値，最頻値を用いて，真の期待値が8であるという帰無仮説を有意水準 10% で両側検定しなさい。また，同じデータを用いて，信頼係数 99% で期待値を区間推定しなさい。

3-3 [確認] 二項分布 $\mathrm{Bin}(n, p)$ に従う確率変数の実現値がxであったとす

る。パラメータ p の最尤推定のための最大化の 1 階の条件から，$p_{ML} = x/n$ が得られる。以下の問いに答えなさい。

(1) 最大化の 2 階の条件

$$\frac{d^2 LL(p_{ML})}{dp^2} < 0$$

も成り立っていることを示しなさい。

(2) p_{ML} が p の不偏推定量であることを示しなさい。

(3) p_{ML} の分散を求めなさい。

3-4 [発展] 上と同じく二項分布のパラメータの最尤推定を考える。最尤推定量の性質から p_{ML} が漸近的に正規分布に従うことと前問の結果を使って，次の問いに答えなさい。

(1) p_{ML} をスチューデント化した量を考え，p に関する信頼係数 90% の区間推定量を求めなさい。

(2) 歪んだコインを 100 回投げたところ，60 回が表であったとする。そのとき，p を信頼係数 90% で区間推定しなさい。

(3) 同じく 1000 回投げて 600 回が表であったとき，p を信頼係数 90% で区間推定しなさい。

第 4 章 線形単回帰モデルの推定と検定

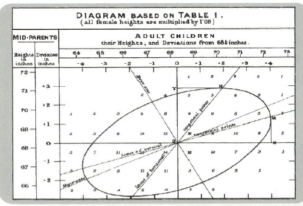

世界で最初の回帰分析のグラフ。なぜこれを「回帰」と呼ぶのかについては,本章の Column4-1 を読んでみよう。

(Galton, 1886)

CHAPTER 4

KEYWORD
FIGURE
TABLE
COLUMN
EXAMPLE
EMPIRICAL
EXERCISE

INTRODUCTION

ある経済変数 Y が他の変数 X に依存して決まっており,多少のずれはあるものの,それらの間に直線的な関係 $Y = \beta_0 + \beta_1 X$ があるとしよう。細かい点は本文で述べるとして,このような関係を表すモデルを線形単回帰モデルという。「線形」は Y と X が直線的な関係にあることを表し,「単」は Y の決定要因として X という1つの変数のみを考えていることを意味する。本章では,このような状況における統計分析の方法を解説する。一般に,経済事象はさまざまな要素が複雑に絡み合った結果として観察されるため,実際の経済の実証的問題を考える際には線形単回帰モデルで十分な分析ができることは稀である。そのような分析は次章で取り扱う。しかし単回帰モデルには,決定要因が複数ある回帰モデルの本質がすべて含まれており,次章以降を理解するための基礎として非常に重要である。

単回帰モデル

線形単回帰モデル

回帰モデルの基本的な考え方は，Y がある値であったときにその原因を X の値に求めようとするものである。おおよその理解はこれでよいが，統計分析における回帰という言葉をもう少し詳しく説明しておこう。第 2 章 4 節の「連続確率変数」の項（62 ページ）で説明したように，確率変数 X の値が x であったとき，平均的に Y がどの程度になるかを示す関数を**回帰関数**という。式で書くと，条件付き期待値 $\mathrm{E}(Y|X=x)$ である。回帰関数を計算したりデータから推定したりすることを，Y を X に**回帰する**という。**線形単回帰モデル**は

$$\mathrm{E}(Y|X=x) = \beta_0 + \beta_1 x$$

という関係を表すものである。

単回帰モデルが適当と思われる例を 2 つ挙げておこう。

■例 1：労働生産性と実質賃金

ある財の生産において，用いる投入要素の量と結果的に得られる生産量の関係を表す関数を生産関数という。最も単純な例として，Y を生産量，L を労働投入量とし，ある財の生産関数 $Y = AL^{\beta_1}$ を仮定しよう。生産量自体は正で，労働投入量を増やせば生産量も増えるため $A > 0$，$\beta_1 > 0$ が成り立ち，それらは未知の定数である。w を労働者に支払う賃金，p を生産物の価格とすると，この財を生産する企業の利潤 π は

$$\pi = pY - wL = pAL^{\beta_1} - wL$$

である。営利企業はこの利潤を最大にするように最適な L の量を決め，そこから生産量が決まる。そのための 1 階の条件は，

$$\frac{w}{p} = A\beta_1 L^{\beta_1 - 1} = \beta_1 \left(\frac{Y}{L}\right)$$

である。左辺は実質賃金と呼ばれ，右辺の Y/L は労働者 1 人当たりの生産物という意味で労働生産性である。同じ財を作る企業がいくつもあるとき，すべ

ての企業についてこの関係が成り立つとは限らないが，平均的には正しいと考えられるので，

$$\mathrm{E}(実質賃金 \mid 労働生産性) = \beta_0 + \beta_1 労働生産性, \ \beta_0 = 0, \ \beta_1 > 0$$

という関係が当てはまりそうである。生産関数と利潤最大化を用いた導出に不慣れな読者は，単に労働生産性が高ければ賃金が高くなるという関係を表している，と理解してもよい。

■例2：肥料の量と作物の収穫量

畑 $1\,\mathrm{m}^2$ 当たりに与える肥料の量と作物の収穫量の関係を考えてみよう。通常，肥料を与えれば収穫量は増えるので，

$$\mathrm{E}(収穫量 \mid 肥料の量) = \beta_0 + \beta_1 肥料の量, \quad \beta_0 > 0, \ \beta_1 > 0$$

という関係が考えられる。β_0 は肥料がゼロのときの収穫量であり，β_1 は肥料を1単位増やしたときの収穫量の増分を表すことになる。

実際のデータでは，Y と X が完全な直線関係にあることは稀であろう。なぜなら，Y がデータの収集や記録の際に生じる誤差など，X 以外の要因にも依存していることが多いからである。そこで，そういった多少の乖離はあるものの2つの変数の関係がおよそ直線で表されるとき，次のように書くことができる。

$$Y = \beta_0 + \beta_1 X + u \tag{4.1}$$

右辺の u は直線からの乖離の大きさを表し，これを誤差項と呼ぶ。後の節で詳しく述べるが，回帰モデルでは誤差項について $\mathrm{E}(u|X) = 0$ が成り立つことを前提とする。それを用いて (4.1) 式の両辺の条件付き期待値を計算すると，回帰関数は

$$\begin{aligned}
\mathrm{E}(Y|X) &= \mathrm{E}(\beta_0 + \beta_1 X + u|X) \\
&= \beta_0 + \beta_1 X + \mathrm{E}(u|X) \\
&= \beta_0 + \beta_1 X
\end{aligned} \tag{4.2}$$

となることがわかる。回帰関数 $\mathrm{E}(Y|X)$ が X の線形関数で，X が1つしかな

第4章　線形単回帰モデルの推定と検定　105

いため，これを**線形単回帰モデル**という。また，$Y = \beta_0 + \beta_1 X$ を**回帰式**という。β_0 は定数項で $X = 0$ のときの平均的な Y の値である。X が Δx 増加すると Y は平均的に $\beta_1 \Delta x$ 増加する。その意味で，β_1 を**限界効果**という。これらは分析者にとっては未知の数で，線形単回帰モデルの主たる分析対象である。

X と Y をそれぞれ，**説明変数**，**被説明変数**という。また，まず X の値が決まり，それに依存して Y が決まると考えて，それぞれ**独立変数**，**従属変数**ともいう。ほかに，X を**回帰変数**，分野によっては**共変量**と呼ぶこともある。

さまざまな回帰モデル

以下に，いくつかの特別なケースを紹介しておこう。1つめは，X や Y が0または1の値を取るダミー変数の場合である。**ダミー変数**は，たとえば性別を表す変数（男性なら0，女性なら1）や，大学卒業後に就職するか，大学院に進学するか（就職するなら0，進学するなら1）の選択を表すとき等に用いられる。そのとき，このモデルがどのように解釈できるか考えてみよう。まず，X がダミー変数である場合，

$$Y = \begin{cases} \beta_0 + u & (X = 0) \\ \beta_0 + \beta_1 + u & (X = 1) \end{cases}$$

となる。$\mathrm{E}(u|X = 0) = \mathrm{E}(u|X = 1) = 0$ なので，β_0 は $X = 0$ のときの Y の期待値と解釈できる。同様に，$\beta_0 + \beta_1$ は $X = 1$ のときの Y の期待値である。したがって，X がダミー変数のときには，β_1 は $X = 0$ の場合と $X = 1$ の場合の Y の期待値の差，つまり，

$$\beta_1 = \mathrm{E}(Y|X = 1) - \mathrm{E}(Y|X = 0)$$

となる。たとえば，Y が賃金，X が上の例のような性別ダミー変数なら，β_0 は男性の平均賃金である。また，β_1 は男女の賃金格差と解釈できる。逆に，Y が0か1の値を取るダミー変数である場合，

$$\mathrm{E}(Y|X) = 1 \times \mathrm{Pr}(Y = 1|X) + 0 \times \mathrm{Pr}(Y = 0|X)$$
$$= \mathrm{Pr}(Y = 1|X)$$

なので，これを (4.2) 式の左辺に代入すると，

$$\Pr(Y = 1|X) = \beta_0 + \beta_1 X$$

という関係が成り立つ。つまり、回帰モデルは $Y = 1$ の確率を説明する式ということになる。これはとくに、線形確率モデルと呼ばれ、第 8 章で詳しく取り扱う。一例は、既婚女性が就労するかどうかを Y とし、夫の所得や子供の数等を説明変数として就労の意思決定を表すモデルである。

2 つめに、変数を適当に変換したうえで回帰モデルを考えることも多い。とくによく用いられるのが対数変換で、

$$\ln Y = \beta_0 + \beta_1 \ln X + u \tag{4.3}$$

$$\ln Y = \beta_0 + \beta_1 X + u \tag{4.4}$$

$$Y = \beta_0 + \beta_1 \ln X + u \tag{4.5}$$

である。このとき、(4.3) 式を両対数モデルという。このモデルで β_1 が何を表すか考えてみよう。まず、X が小さい量 Δx だけ変化したときの $\ln X$ の変化量を $\Delta \ln X$ とすると、対数関数の性質を用いて

$$\Delta \ln X = \ln(X + \Delta x) - \ln X = \ln\left(1 + \frac{\Delta x}{X}\right) \approx \frac{\Delta x}{X} \tag{4.6}$$

となる。$\Delta x/X$ は X の上昇率なので、この式から、X が 1% 上昇することと $\ln X$ が 0.01 上昇することはほぼ同じであることがわかる。さて、$\ln X$ が $\Delta \ln X$ だけ変化したときの $\ln Y$ の変化量を $\Delta \ln Y$ としよう。すると、対数を取らないモデルと同様に考えて、

$$\Delta \ln Y = \beta_1 \Delta \ln X \tag{4.7}$$

が成り立つ。上の 2 つの関係から「X が 1% 上昇する」＝「$\ln X$ が 0.01 上昇する」⇒「$\ln Y$ が $0.01\beta_1$ 上昇する」となる。(4.6) 式の X を Y に置き換えると、「$\ln Y$ が $0.01\beta_1$ 上昇する」＝「Y が β_1% 上昇する」である。結果をまとめると、X が 1% 変化すると Y は β_1% 変化する。ミクロ経済学で習う通り、ある変数の 1% 変化に対する他の変数の変化率を、弾力性という。したがって、β_1 は X の Y に対する弾力性である。同じように考えると、(4.4) 式では $\Delta y/Y \approx \beta_1 \Delta x$ だから、傾き β_1 は X が 1 単位変化したときの Y の変化率を表す。また、(4.5) 式では、X が 1% 変化したときの Y の変化分が傾きである。

第 4 章　線形単回帰モデルの推定と検定　107

3つめは，時系列分析においてよく用いられる**自己回帰モデル**である．自己回帰は，ある変数の現在の値を同じ変数の過去の値に回帰するという意味である．つまり，Y_t と Y_{t-1} をそれぞれ t 期と $t-1$ 期の Y の値として

$$Y_t = \beta_0 + \beta_1 Y_{t-1} + u_t$$

とするモデルであり，第 10 章で詳しく学ぶ．実際のマクロ実証分析では，対数を取った変数について自己回帰モデルを考える場合も多い．

本書では体系的には取り上げないが，係数に関して非線形な回帰モデルを考えることも可能である．たとえば，第 8 章で紹介する**プロビット・モデル**では Y_i は二項変数で，Φ を標準正規分布の分布関数として

$$E(Y_i|X_i) = \Phi(\beta_0 + \beta_1 X_i)$$

となり，X について非線形である．そこで詳しく述べるように，このモデルは通常最尤法を用いて分析が行われる．一般に，関数形はわかっているが β の値のみわからない非線形関数 $g(x;\beta)$ について

$$E(Y_i|X_i) = g(X_i;\beta)$$

という回帰関数を考え，β に関する統計分析を行うことを**非線形回帰分析**という．

直線の当てはめと最小 2 乗法

(4.1) 式に従う X と Y の 2 変量データ $(X_1, Y_1), \ldots, (X_N, Y_N)$ が得られるとしよう．つまり，

> **単回帰モデル**
> $$Y_i = \beta_0 + \beta_1 X_i + u_i, \quad i = 1, \ldots, N \tag{4.8}$$

である．このとき，線形単回帰モデルの未知パラメータ (β_0, β_1) をどのようにして推定すればよいだろうか．

■■■■■ 2-1 最小 2 乗法

　冒頭で挙げた例 1 の実質賃金と労働生産性の関係について，我が国の 1994 年から 2014 年のデータの例を見てみよう。実質賃金を縦軸に，労働生産性を横軸に散布図を描くと図 4-1 のようになり，2 つの変数にはほぼ直線的な関係が見て取れる。なお，おおまかにいって，右上ほど新しい年の点である。もちろん，すべての点を通る直線を引くことはできないけれども，見たところ当てはまりの良い直線が引かれている。これは**最小 2 乗法**（ordinary least squares; **OLS**）と呼ばれる方法で引かれた直線であり，各点とのずれが平均的にできるだけ小さくなるように定めたものである。具体的には，次のように計算する。当てはめる直線を $y = b_0 + b_1 x$ とすると，点 (X_i, Y_i) からその直線までの縦軸方向のずれは $(Y_i - b_0 - b_1 X_i)$ である（図 4-2(a) 参照）。平均的にすべての点に近くなるように直線を引こうと思えば，ずれの 2 乗和

最小 2 乗法の目的関数

$$Q(b_0, b_1) = \sum_{i=1}^{N} (Y_i - b_0 - b_1 X_i)^2 \tag{4.9}$$

ができるだけ小さくなるように (b_0, b_1) の値を定めることが考えられる。それを $(\hat{\beta}_0, \hat{\beta}_1)$ としよう。このようにして切片と傾きの値を決める方法が最小 2 乗法であり，$(\hat{\beta}_0, \hat{\beta}_1)$ を**最小 2 乗推定量**（OLS 推定量）という。"＾" は第 3 章でも登場したが「ハット」と読み，計量経済学では推定量を表すときに用いられる。たとえば，$\hat{\beta}_1$ は β_1 の推定量である。"＾" の代わりに "～"（「ティルダ」と読む）を用いることもある。もし 2 乗和ではなく，2 乗を取らないずれの総和 $\sum_{i=1}^{N}(Y_i - b_0 - b_1 X_i)$ を 0 に近づけるように (b_0, b_1) を決めても，点と直線の平均的なずれを小さくすることはできないことに注意してほしい。なぜなら，図 4-2(b) のように，明らかに逆の傾きの直線を引いたとしても，直線より下にある点のずれ（実線）はマイナスで，上にある点のずれ（点線）はプラスなので，うまく打ち消しあって和が 0 になるように直線を引くことができるからである。なお，図には明らかに当てはまりの悪い直線の一例を示したが，2 乗を取らない総和を 0 にするような直線は他にも無数にある。数学的

第 4 章　線形単回帰モデルの推定と検定　109

FIGURE 図 4-1 ● 時間当たり実質賃金と労働生産性

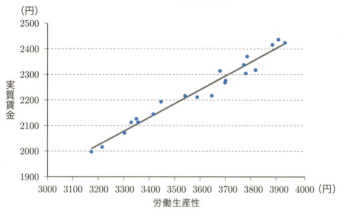

(出所) 厚生労働省「賃金構造基本統計調査」，内閣府「国民経済計算」，総務省「消費者物価指数」，総務省「労働力調査」。

FIGURE 図 4-2 ● データ点に対する直線の当てはめ

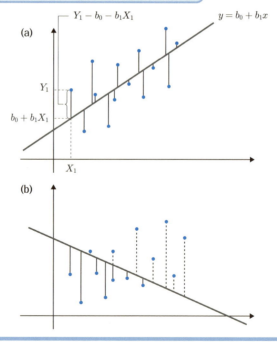

にいえば，$\sum_{i=1}^{N}(Y_i - b_0 - b_1 X_i) = 0$，つまり $\bar{Y} = b_0 + b_1 \bar{X}$ を満たすような (b_0, b_1) の組はいくらでもあって，1 組に決まらない。

X と Y の標本平均を $\bar{X} = (1/N)\sum_{i=1}^{N} X_i$，$\bar{Y} = (1/N)\sum_{i=1}^{N} Y_i$ として，OLS 推定量は次のようになることが示される（付録 B〔655 ページ〕参照）。

最小 2 乗推定量

$$\hat{\beta}_1 = \frac{\sum_{i=1}^{N}(X_i - \bar{X})(Y_i - \bar{Y})}{\sum_{i=1}^{N}(X_i - \bar{X})^2} \tag{4.10}$$

$$\hat{\beta}_0 = \bar{Y} - \hat{\beta}_1 \bar{X}$$

ここで，$\hat{\beta}_1$ の分母と分子を $N-1$ で割ると，分母は X の標本分散，分子は X と Y の標本共分散であることがわかる。

2-2　予測と残差

OLS 推定量を用いて，第 i データの Y の値の予測をすることができる。それは予測値と呼ばれ，

予測値

$$\hat{Y}_i = \hat{\beta}_0 + \hat{\beta}_1 X_i \tag{4.11}$$

である。第 i データの Y の値は Y_i とわかっているのに，なぜいまさら予測をするのかと思うかもしれない。ここでいう予測とは，$X = X_i$ の個体は平均的には $\hat{Y}_i$ の値を持つことが予想される，という意味である。言い換えれば，もう 1 つ観測値が得られて，X の値が再び X_i だった場合の Y の値を予想したもの，ということである。また，$\hat{u}_i$ を残差という。

第 4 章　線形単回帰モデルの推定と検定　III

図 4-3 ● 予測値と残差

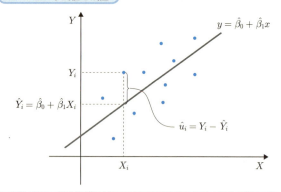

残 差

$$\hat{u}_i = Y_i - \hat{Y}_i = Y_i - \hat{\beta}_0 - \hat{\beta}_1 X_i \tag{4.12}$$

上の式は

$$Y_i = \hat{Y}_i + \hat{u}_i \tag{4.13}$$

と変形できるため，$\hat{Y}_i$ と $\hat{u}_i$ はそれぞれ Y_i の水準のうち X_i で説明できる部分とできない部分に分解したものと理解することができる (図 4-3 参照)。予測値と残差にも "^" を用いるのが通例であるが，これは $\hat{\beta}_0$，$\hat{\beta}_1$ を代入して計算したもの，という意味合いである。

実際に図 4-1 の散布図のデータを用いて OLS 推定を行うと，次のような結果が得られる。

$$\widehat{実質賃金} = 276.13 + 0.547\,労働生産性 \tag{4.14}$$

この結果から，労働生産性が 1000 円上昇すると賃金が 547 円上がることがわかる。

2–3 回帰の特殊例

本節の最後に，単回帰モデルの特殊ケースに触れておこう。

説明変数がない回帰　まず，モデルに説明変数 X がなく，右辺には単に定数項と誤差項のみが含まれる場合，

$$Y_i = \beta_0 + u_i$$

である。これに対応して，(4.9) 式から X_i を除いて

$$Q(b_0) = \sum_{i=1}^{N} (Y_i - b_0)^2$$

を最小にするように b_0 を決める。簡単な計算から，その結果は

$$\hat{\beta}_0 = \frac{1}{N} \sum_{i=1}^{N} Y_i \tag{4.15}$$

であることがわかる。つまり説明変数がないときには，β_0 の最小 2 乗推定量は標本平均に一致するのである。これ自体にはあまり実用的な意味はないが，第 6 章のパネルデータ分析，第 10 章の時系列分析でこの結果を用いる。

定数項がない回帰　次に，定数項を含まない回帰モデル

$$Y_i = \beta_1 X_i + u_i$$

に触れておこう。第 6 章のパネルデータ分析や第 10 章の時系列分析で，もとのモデルに変換を施したときに定数項が消える場合がある。そういった場合には，定数項を含まない回帰モデルを用いる。そのような場合，目的関数は

$$Q(b_1) = \sum_{i=1}^{N} (Y_i - b_1 X_i)^2$$

なので，これを最小にするのは

$$\hat{\beta}_1 = \frac{\sum_{i=1}^{N} X_i Y_i}{\sum_{i=1}^{N} X_i^2}$$

第 4 章　線形単回帰モデルの推定と検定　　113

である。

　なお，真の回帰直線が原点を通る，つまり定数項が 0 の場合はこの推定でよいが，そうでない場合は傾きの推定にバイアスが生じてしまう（練習問題 4-5）。たとえば，(4.14) 式と同じデータを定数項なしで推定すると

$$\widehat{実質賃金} = 0.624\,労働生産性$$

となり，定数項を含めた場合の値よりも傾きが大きく推定されてしまう。逆に，もし本当は定数項が不要であるにもかかわらず，それを含めて推定した場合には，定数項の推定値はほぼ 0 になり，大きな問題は生じない。ただし，係数 β_1 の推定量の精度が悪くなってしまう（練習問題 4-6）。

説明変数がダミー変数の回帰

　X が 0 と 1 の値のみを取るダミー変数である場合の β_0 と β_1 の意味は，すでに本章 1 節で述べた通りである。それに対応して，$X = 0$ のデータのみを取り出した Y の標本平均を $\bar{Y}_0$，$X = 1$ のデータのみを取り出した Y の標本平均を $\bar{Y}_1$ とすると，

$$\hat{\beta}_0 = \bar{Y}_0 \tag{4.16}$$

$$\hat{\beta}_1 = \bar{Y}_1 - \bar{Y}_0 \tag{4.17}$$

であることを示すことができる（練習問題 4-7）。

SECTION 3　決定係数

　最小 2 乗法を用いてデータに直線を当てはめたとき，得られた回帰式 $y = \hat{\beta}_0 + \hat{\beta}_1 x$ がそのデータの特徴をうまく捉えているかを調べるための尺度を考えてみよう。そのために，以下の量を準備する。

$$TSS = \sum_{i=1}^{N}(Y_i - \bar{Y})^2 \quad (全平方和)$$

$$ESS = \sum_{i=1}^{N}(\hat{Y}_i - \bar{Y})^2 \quad (回帰平方和)$$

COLUMN 4-1 「回帰」という言葉の由来

これまで回帰分析を紹介してきたが，このようなデータ分析のやり方をなぜ「回帰（regression）」と呼ぶのか，不思議に思われたかもしれない。『スーパー大辞林3.0』（三省堂，2013年）によると，「回帰」とは「一周してもとへもどること」とある。この意味からすると，条件付き期待値のモデル化や最小2乗法による推定といった分析を言い表すのに，「回帰」という言葉はそぐわないように思われる。実は，回帰分析という言葉が使用されるようになったことには歴史的な経緯があり，最初の回帰分析の応用が，「平均への回帰」という現象に関するものであったためなのである。

回帰分析の創始者は，フランシス・ゴールトン（F. Galton, 1822-1911）であるといわれている。ゴールトンは『種の起源』を執筆したチャールズ・ダーウィンとは従兄関係のイギリス人で，優生学と近代統計学の創始者の一人である。彼は1886年の論文において，父親の身長を横軸，息子の身長を縦軸に散布図を描くとほぼ直線になるが，その傾きは1よりは小さくなることを示した。このことは，父親の身長が高ければ息子の身長も高くなる傾向があるが，同時に，父親の身長の高低にかかわらず，息子の身長は父親よりも平均身長に近づく傾向があることを意味する。彼は，それ以前にもスイートピーの種子の大きさについても同様の特徴があることを発見しており，このような現象を「平均への回帰（regression towards mediocrity）」と呼んだ。

ゴールトンの論文の意味での「平均への回帰」においては，傾きが1より小さいことが本質的に重要である。しかし，現在では計量経済学や統計学の教科書において，ある変数を他の変数で説明する分析をすべて「回帰分析」と呼んでおり，ゴールトンが発見した「平均への回帰」現象とはかなり違ったものとなっている。強いていえば，第10章で解説する定常の自己回帰モデル AR(1) による時系列分析がゴールトンの本来的な意味での「平均への回帰」に最も近いのかもしれない。

フランシス・ゴールトン
写真：Wikimedia Commons

$$RSS = \sum_{i=1}^{N} \hat{u}_i^2 \qquad （残差平方和）$$

全平方和（**TSS**）は Total Sum of Squares, **回帰平方和**（**ESS**）は Explained Sum of Squares, **残差平方和**（**RSS**）は Residual Sum of Squares の略である（Sum of Squared Residuals; **SSR** と書かれることもある）。それぞれを**総変動**，回

第4章 線形単回帰モデルの推定と検定

帰変動，残差変動ということもある。また，総変動を全変動ともいう。付録 B（661 ページ）に示すように，これらの間には

$$TSS = ESS + RSS \tag{4.18}$$

という関係が成り立つ。これは，次のように解釈できる。左辺の TSS は Y の変動の総量を表す量であり，これが ESS と RSS に分解される。後者の RSS は残差の 2 乗和であるから，変動の総量のうち X で説明できない部分の変動を表し，逆に ESS は X で説明される部分を表すということになる。これらを用いて，決定係数 R^2 を以下のように定義する。

決定係数

$$R^2 = \frac{ESS}{TSS} = \frac{\sum_{i=1}^{N}(\hat{Y}_i - \bar{Y})^2}{\sum_{i=1}^{N}(Y_i - \bar{Y})^2} \tag{4.19}$$

これは，Y の変動のうち説明変数 X で説明される部分の比率であるため，当てはまりの良さを測る指標になるわけである。(4.18) 式を用いて (4.19) 式の右辺を変形すると

$$R^2 = 1 - \frac{RSS}{TSS} = 1 - \frac{\sum_{i=1}^{N}\hat{u}_i^2}{\sum_{i=1}^{N}(Y_i - \bar{Y})^2} \tag{4.20}$$

とも書けることがわかる。残差の 2 乗 $\hat{u}_i^2$ が全体的に大きいとき，つまり直線の当てはまりが良くないときに，R^2 が小さくなることがわかるであろう。

決定係数は以下の性質を持つ。

決定係数の性質

(1)　$0 \leq R^2 \leq 1$.

(2)　当てはまりが良いほど R^2 の値は大きくなり，すべてのデータが一直線上にあるとき，$R^2 = 1$ となる。

(3)　$R^2 = r_{Y\hat{Y}}^2$（練習問題 4-4）.

単回帰の簡単な場合についてシミュレーション・データの例を見ておこう。

116　第 I 部　基礎編

FIGURE 図 4-4 ● R^2 と当てはまりの良さ

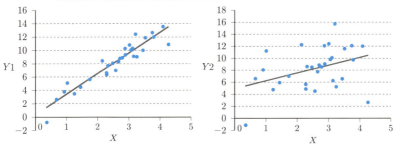

（出所）データはシミュレーションにより発生させた。

図 4-4 は 2 組のデータに対して回帰直線を描いたものである。$Y2$ と比べて $Y1$ のほうが明らかに当てはまりがよい。これらのデータに対する回帰分析の結果は，以下の通りである。

$$\widehat{Y1} = 0.332 + 3.102X, \quad R^2 = 0.895, \quad N = 30$$
$$\widehat{Y2} = 4.996 + 1.306X, \quad R^2 = 0.143, \quad N = 30$$

$Y1$ のほうの R^2 は 0.895 と比較的 1 に近く，$Y2$ のほうはかなり小さくて 0.143 であり，R^2 が当てはまりの良し悪しをうまく表していることがわかるだろう。

単回帰の場合は R^2 を用いなくとも，図 4-4 に示したように散布図を描けば当てはまりの良さは一目瞭然である。しかし，次の第 5 章で扱う重回帰においては，説明変数が複数あるために散布図が簡単に描けない。そのため，視覚的に当てはまりの良さを見ることができず，R^2 が有用である。

OLS 推定量の統計的性質

前節で，2 変量統計データの関係を調べたいときに，データと当てはまりの良い直線を導く方法を解説した。しかし，そこで解説した方法は，われわれが最も知りたいことを調べるうえで良いやり方なのであろうか。良いとすれば，どのような意味で良いのだろうか。OLS 推定量 $\hat{\beta}_0, \hat{\beta}_1$ は，確率変数 (Y_i, X_i)，$i = 1, \ldots, N$ に依存しているため，それ自身も確率変数である。実

は，一定の条件のもとで OLS 推定量は「不偏性」「一致性」「漸近正規性」といわれる統計的に望ましい性質を持つことを証明することができる。不偏性はサンプルサイズにかかわらず成立するが，一致性と漸近正規性は第 3 章 **1-3** （84 ページ）で解説した漸近理論（大標本理論），つまり標本のサイズが十分に大きい場合に成り立つ性質である。

条　件　OLS 推定量が望ましい性質を持つことを示すために，以下の条件を仮定する。

仮定 4.1　単回帰モデルの OLS 推定のための仮定

(A1)　データ (Y_i, X_i), $i = 1, \ldots, N$ は独立で同一な分布に従い (i.i.d.),

$$Y_i = \beta_0 + \beta_1 X_i + u_i \tag{4.21}$$

という関係を満たす。

(A2)　説明変数を条件とすると，誤差項の期待値は 0 である。

$$\mathrm{E}(u_i|X_i) = 0$$

(A3)　X_i と u_i の 4 次のモーメントが有限である。

$$0 < \mathrm{E}(X_i^4) < \infty, \quad 0 < \mathrm{E}(u_i^4) < \infty$$

　仮定 (A1)〜(A3) のもとで，不偏性，一致性，漸近正規性が成り立つ。仮定 (A1) は多くのクロスセクションデータが満たす仮定で，$(X_1, Y_1), \ldots,$ (X_N, Y_N) が無作為標本であれば成り立つ。β_0, β_1 は Y と X の線形関係を表す式の切片と傾きの真の値で，分析者にとっては未知である。$u_i = Y_i - \beta_0 - \beta_1 X_i$ であるから，この仮定のもとで u_i, $i = 1, \ldots, N$ も i.i.d. であることがわかる。一方，時系列データでは，たとえば去年と今年のデータには相関があるかもしれず，仮定 (A1) は成り立たないと考えるのが自然であろう。

　仮定 (A3) は漸近正規性を示すために用いられる技術的な仮定であるが，これが成立している場合には，x_i や u_i が平均値からひどく離れた値を取りにくいことが保証される。一般に，ひどく大きな値や小さな値を頻繁に取るような確率変数の標本平均の分布は，正規分布では近似できないことが知られている。なお，4 次のモーメントは必ず正または 0 なので，もし $\mathrm{E}(X_i^4) > 0$ が成

り立たないときには $\mathrm{E}(X_i^4) = 0$ でなければならない。しかし，そのときには常に $X_i = 0$ でなければならないため，回帰に意味がなくなってしまう。

仮定 (A2) は**外生性**と呼ばれ，X_i 以外の Y_i の決定要因（つまり誤差項 u_i）は平均的には X_i とは関係がないということを意味する。外生性については，第5章1節（147ページ）で詳しく述べる。以下に説明するが，(A2) は OLS 推定量の不偏性，一致性を証明する際に重要な役割を果たす。一般に，不偏性も一致性も成り立たないような推定量は未知パラメータの値を言い当てる役割を果たさないわけだから，(A2) は重要性の高い仮定である。

本書では基本的に (A2) を仮定して説明を進めるが，これと似た意味を持つ条件として，次の2つのどちらかが仮定される場合もある。$\mathrm{E}(u_i) = 0$ は成立するものとして，1つは

$$\mathrm{Cov}(X_i, u_i) = \mathrm{E}\{[X_i - \mathrm{E}(X_i)]u_i\} = \mathrm{E}(X_i u_i) = 0 \tag{4.22}$$

で，もう1つは

$$X_i \text{ と } u_i \text{ が独立} \tag{4.23}$$

という条件である。実は，(4.23) 式が正しければ (A2) が成り立ち，(A2) が正しければ (4.22) 式が成り立つ。まず，前者については，独立な場合の条件付き期待値の結果である (2.37) 式の Y と X を u_i と X_i に置き換えれば，$\mathrm{E}(u_i|X_i) = \mathrm{E}(u_i) = 0$ となることから明らかである。また，(A2) が正しければ，繰り返し期待値の法則（第2章4節〔60, 62ページ〕参照）によって

$$\mathrm{E}(X_i u_i) = \mathrm{E}[\mathrm{E}(X_i u_i|X_i)] = \mathrm{E}[X_i \mathrm{E}(u_i|X_i)] = \mathrm{E}(X_i \times 0) = 0 \tag{4.24}$$

なので，(4.22) 式が成立することがわかる。しかし，それぞれ逆は必ずしも成立しないので，条件としては，(4.23) 式 →(A2)→(4.22) 式，の順に強い。OLS 推定量の漸近的性質を調べる際には (4.22) 式を仮定すれば十分であるが，不偏性を示す際には仮定 (A2) が必要となる。仮定 (A2) や (4.22) 式が成り立つことを，X_i と u_i が**直交する**という。

回帰分析における因果関係　仮定 (A2) は，回帰分析における因果性と関連している。これが唯一の原理とはいえないが，X_i の変化に起因する Y_i の平均的な変化が (4.21) 式から正しく捉えられるかどうかによって，因果関係を表しているかどうかを判断するという考え方であ

る。自然科学においては，X から Y への影響を実験によって調べることが多い。そこでは，研究者は u_i とは無関係に X_i をさまざまな値に変え，それに対する Y_i の変動を計測する。たとえば，ある肥料が農作物の収穫量にどのくらい影響を与えるか調べたいとしよう。面積当たりの肥料の量を X_i，収穫量を Y_i とする。u_i は日照時間や気温，もともとの土地の肥沃度など，収穫量を決める肥料以外の要因である。肥料の効果を正確に調べたい研究者は，各栽培地ごとの肥料の量を u_i とまったく無関係に変えて収穫量のデータを集めるだろう。そうすると，X_i と u_i は独立になり，その結果仮定 (A2) が成り立つから，X_i が変わっても u_i は平均的には変化しない。したがって，X_i が 1 増えれば Y_i は平均的に β_1 だけ増える。このような状況なら，(4.21) 式から X_i の変化に起因する Y_i の平均的な変化を定量的に読み取ることができる。

次に，肥料の研究者の実験データではなく，ある農家が実際に与えた肥料の量と収穫量の観察データを得て，そこから両者の関係を調べることを考えてみよう。農家はどのように肥料を与えるだろうか。u_i を日当たりと観測誤差を合わせたものとしよう。日当たりがよい土地にはあまり肥料を使わなくても済むが，日当たりの悪い土地には多めに肥料を入れるだろう。日光の影響が大きい作物については，極端な場合には（日当たりが悪いために）肥料をたくさん使う土地からの収穫量のほうが少ないという逆転現象さえ起こるかもしれない。このような事情を考慮せずにデータを眺めると，「この肥料は収穫量に悪影響を及ぼす」という誤った結果を導くことになってしまいかねない。逆転まではしなくても，肥料の純粋な効果を正しく測ることができないことは明らかだろう。このデータについては，X_i と u_i に関係があるために仮定 (A2) は成り立たない。

この状況をもう少し明示的に式で表すと，次のようになる。日当たりを w_i，観測誤差を v_i，$u_i = w_i + v_i$ としよう。農家は w_i に応じて X_i を決めており，その関係を $X_i = h(w_i)$ としよう。この関係を逆に表すと $w_i = k(X_i)$ と書ける。つまり，k は h の逆関数である。$u_i = k(X_i) + v_i$ なので

$$Y_i = \beta_0 + \beta_1 X_i + k(X_i) + v_i \tag{4.25}$$

となる。v_i は観測誤差だから，X_i が変化しても平均的には v_i は変化しない。したがって，(4.25) 式から，X_i の変化がもたらす平均的な Y_i の変化は $\beta_1 X_i$ と $k(X_i)$ の変化の合計になることがわかる。つまり，(4.21) 式を見ても X_i の

変化を原因とする Y_i の変化を正しく測れないのである。

　以上のことから，仮定 (A2) が成り立たない場合には回帰モデルが因果関係を表さないことがわかるだろう。そのような意味で，計量経済分析では仮定 (A2) が成り立つときには，(4.21) 式は因果関係を表すモデルであると解釈する。なお，仮定 (A2) よりも弱い (4.22) 式の条件では，因果関係を捉えるには十分ではない（練習問題 4-8）。

　農家から集める肥料と収穫量のデータは，仮定 (A2) が成立しない一例であるが，経済学的な例で同様に仮定 (A2) が成り立たない状況を1つ紹介しよう。職業訓練に参加したかどうか (X_i) が，その後に就いた職で得られる賃金 (Y_i) に与える影響を調べたいとする。u_i には能力や仕事への熱意，学歴その他の要因が含まれる。職業訓練は強制ではないので，能力や熱意のある人ばかりが参加する可能性が高い。すると，u_i と X_i に関係が生じて，結果的に参加者の賃金変化を調べても，訓練の効果に参加者自身の能力や熱意の影響が混ざったものが計測され，純粋な訓練の効果を求めることができない。

　回帰分析においては，仮定 (A2) または (4.22) 式が成立することは重要な条件であるが，実際の計量経済分析ではこれらが成立しないことも多い。その典型的な状況は，上の例のように各個人が u_i に依存する形で X_i を決めている場合，必要な説明変数が含まれていない場合（「欠落変数」といい，第5章で詳しく解説する），X_i のデータに測定誤差がある場合，需要曲線と供給曲線から価格と数量が決まるように，連立方程式の解として変数の値が決まっている場合等である。いずれの場合も，最小2乗法を用いても係数の一致推定はできない。第5章や第II部の各章では，このようなデータを扱う手法を取り上げる。

> ### 不偏性と一致性

一般に**不偏性**とは，推定量の期待値が推定対象の真の値に等しいという性質で，回帰分析においては，

> ### 最小2乗推定量の不偏性
>
> $$\mathrm{E}(\hat{\beta}_0) = \beta_0, \qquad \mathrm{E}(\hat{\beta}_1) = \beta_1$$

が成り立つことである。また，**一致性**はデータ数 N が大きくなるとともに推定量 $\hat{\beta}_1$ と $\hat{\beta}_0$ が真の値 β_1, β_0 に近い値を取る確率が1に近づくということで，

第4章　線形単回帰モデルの推定と検定　121

第 3 章 1-3（85 ページ）で説明した確率収束の表現を用いると

最小 2 乗推定量の一致性

$$\hat{\beta}_0 \xrightarrow{p} \beta_0, \qquad \hat{\beta}_1 \xrightarrow{p} \beta_1$$

である。言い換えると，β_0，β_1 は $\hat{\beta}_0$，$\hat{\beta}_1$ の確率極限である。不偏性や一致性は，それぞれの意味で推定量が真の値に近いことを保証しており，これらは推定量として望ましい性質である。このような性質を有するから，回帰モデルの OLS 推定量は β_0，β_1 の推定量として良いものであるといえる。

$\hat{\beta}_1$ について，上の結果が成り立つ理由を示しておこう。(4.10) 式に $Y_i = \beta_0 + \beta_1 X_i + u_i$，$\bar{Y} = \beta_0 + \beta_1 \bar{X} + \bar{u}$ を代入すると

$$\hat{\beta}_1 = \frac{\sum_{i=1}^{N}(X_i - \bar{X})[(X_i - \bar{X})\beta_1 + u_i - \bar{u}]}{\sum_{i=1}^{N}(X_i - \bar{X})^2}$$

$$= \beta_1 + \frac{\frac{1}{N}\sum_{i=1}^{N}(X_i - \bar{X})u_i}{\frac{1}{N}\sum_{i=1}^{N}(X_i - \bar{X})^2} \tag{4.26}$$

となる。2 行目の等号で，X と u の共分散の計算に (2.5) 式（23 ページ）を用いた。仮定 (A1) と (A2) が成り立てば，繰り返し期待値の法則より

$$\mathrm{E}\left[\frac{\frac{1}{N}\sum_{i=1}^{N}(X_i - \bar{X})u_i}{\frac{1}{N}\sum_{i=1}^{N}(X_i - \bar{X})^2}\right] = \mathrm{E}\left\{\mathrm{E}\left[\frac{\frac{1}{N}\sum_{i=1}^{N}(X_i - \bar{X})u_i}{\frac{1}{N}\sum_{i=1}^{N}(X_i - \bar{X})^2} \,\middle|\, X_1, \ldots, X_N\right]\right\}$$

$$= \mathrm{E}\left[\frac{\frac{1}{N}\sum_{i=1}^{N}(X_i - \bar{X})\mathrm{E}(u_i|X_i)}{\frac{1}{N}\sum_{i=1}^{N}(X_i - \bar{X})^2}\right]$$

$$= 0$$

が成り立つため，(4.26) 式の右辺第 2 項の期待値は 0 である。したがって，

$$\mathrm{E}(\hat{\beta}_1) = \beta_1$$

となる。仮定 (A1)，(4.22) 式が成り立てば，大数の法則から $N \longrightarrow \infty$ のときに

$$\frac{1}{N} \sum_{i=1}^{N} (X_i - \bar{X}) u_i \xrightarrow{p} 0$$

$$\frac{1}{N} \sum_{i=1}^{N} (X_i - \bar{X})^2 \xrightarrow{p} \sigma_X^2$$

が成り立つことから，一致性が示される。ただし，σ_X^2 は X_i の分散である。詳細は付録 B（655 ページ）を参照のこと。

漸近正規性 一般にサンプルサイズ N が大きい場合，そのサンプルから構成されるある確率変数が近似的に正規分布に従うとき，その確率変数は漸近正規性を持つという。付録 B（658 ページ）に示すように，(4.26) 式を変形して第 3 章 **1-3** において述べた標本平均に関する大数の法則，中心極限定理，スルツキーの定理（付録 A 650 ページ参照）を用いると，$N \longrightarrow \infty$ のとき

最小 2 乗推定量の漸近分布

$$\sqrt{\frac{N}{V_0}} (\hat{\beta}_0 - \beta_0) \xrightarrow{d} N(0,1)$$

$$\sqrt{\frac{N}{V_1}} (\hat{\beta}_1 - \beta_1) \xrightarrow{d} N(0,1)$$

という分布収束が成り立つ。ただし，V_0，V_1 は後に述べる定数である。第 3 章 **1-3** で導入した $\overset{a}{\sim}$ の記号を用いると，$\hat{\beta}_0 \overset{a}{\sim} N(\beta_0, V_0/N)$，$\hat{\beta}_1 \overset{a}{\sim} N(\beta_1, V_1/N)$ である。$N \longrightarrow \infty$ にすると $\hat{\beta}_0$，$\hat{\beta}_1$ は期待値がそれぞれ β_0，β_1，分散がともに 0 の正規分布に近づくので，言い換えれば常に β_0，β_1 の値を取る確率変数ということになり，これは一致性の結果と整合的である。

V_0，V_1 の表現は，若干複雑になるが，$\mu_X = \mathrm{E}(X_i)$ として，

$$H = 1 - \frac{\mu_X}{\mathrm{E}(X^2)} X \tag{4.27}$$

と置くと，

第 4 章　線形単回帰モデルの推定と検定　123

$$V_0 = \frac{\text{Var}(Hu)}{[\text{E}(H^2)]^2} \quad (4.28)$$

$$V_1 = \frac{\text{Var}[(X - \mu_X)u]}{\text{Var}(X)^2} \quad (4.29)$$

である．付録 B (662 ページ) でこれらの量の導出を示すが，当面は「X, u に関する期待値や分散から決まる何らかの定数である」と理解しておけばよい．(3.4) 式と (3.5) 式 (86 ページ) が同値であることを思い出せば，

$$\sqrt{N}(\hat{\beta}_0 - \beta_0) \xrightarrow{d} N(0, V_0)$$

$$\sqrt{N}(\hat{\beta}_1 - \beta_1) \xrightarrow{d} N(0, V_1)$$

が成り立ち，(4.28) 式と (4.29) 式はそれぞれ $\sqrt{N}(\hat{\beta}_0 - \beta_0)$, $\sqrt{N}(\hat{\beta}_1 - \beta_1)$ の漸近分散である．漸近正規性自体は，直接的に推定量の良し悪しに関わる性質ではないが，係数に関する仮説検定や区間推定を行う基礎となる重要な性質である．

多くの統計学や計量経済学の教科書には，本章 7 節に示す (4.38), (4.39) 式の形の漸近分散が記されている．それらは，(4.28), (4.29) 式よりもかなり簡単であるが，実は「均一分散」という特別な場合にしか成立しない．一方，本章 7 節で詳しく説明するように，(4.28), (4.29) 式は均一分散でもそうでなくても成り立つ一般的な形の漸近分散である．

最小 2 乗推定量の漸近分散の推定

V_0, V_1 がわかれば，上記の結果を用いて区間推定や検定ができるが，実際にはそれらは未知の量である．そこで検定の際には，それらを推定値で置き換えて用いる．V_0 よりも V_1 のほうが若干簡単なので，そちらを用いて説明しよう．V_1 の分母の $\text{Var}(X)$ は標本分散 $(1/N)\sum_{i=1}^{N}(X_i - \bar{X})^2$ によって推定できることは明らかであろう．仮定 (A2) と繰り返し期待値の法則より $\text{E}[(X-\mu_X)u] = \text{E}[(X-\mu_X)\text{E}(u|X)] = 0$ だから，分子は $\text{Var}[(X-\mu_X)u] = \text{E}[(X-\mu_X)^2 u^2]$ である．もしも u_i が観測できれば $(1/N)\sum_{i=1}^{N}(X_i - \bar{X})^2 u_i^2$ によってこれをうまく推定できるが，実際には u_i は観測できない．そこで，u_i の代わりに残差 $\hat{u}_i$ を用いることにして，$(1/N)\sum_{i=1}^{N}(X_i - \bar{X})^2 \hat{u}_i^2$ によっ

て推定する。これらを (4.29) 式に代入して,

$$\hat{V}_1 = \frac{\frac{1}{N} \sum_{i=1}^{N} (X_i - \bar{X})^2 \hat{u}_i^2}{\left[\frac{1}{N} \sum_{i=1}^{N} (X_i - \bar{X})^2 \right]^2} \tag{4.30}$$

を $\hat{\beta}_1$ の漸近分散の推定量とする。同様に,$\hat{\beta}_0$ の漸近分散は,$\hat{H}_i = 1 - \{\bar{X}/[(1/N) \sum_{j=1}^{N} X_j^2]\} X_i$ として,

$$\hat{V}_0 = \frac{\frac{1}{N} \sum_{i=1}^{N} \hat{H}_i^2 \hat{u}_i^2}{\left(\frac{1}{N} \sum_{i=1}^{N} \hat{H}_i^2 \right)^2} \tag{4.31}$$

によって推定できる。ただしサンプルサイズが小さいときには過小推定になりやすいため,修正を加える方法がいくつか提案されている。その一番簡単なものは,(4.30), (4.31) 式の分子の N の代わりに $N - K$ を用いる方法で (K は係数パラメータの数で,単回帰の場合は 2 である),自由度修正といわれ,以下の実証例ではこちらを用いる。

これらの推定量はそれぞれ V_1, V_0 の一致推定量であることが知られている。β_0, β_1 に関する検定や区間推定を行う際には,第 3 章 1 節に述べた標準誤差,すなわち,推定量の標準偏差の推定値が必要である。これらを用いると,$\hat{\beta}_0$, $\hat{\beta}_1$ の標準誤差 (SE) を次のように計算することができる。

最小 2 乗推定量の標準誤差

$$SE(\hat{\beta}_0) = \sqrt{\frac{\hat{V}_0}{N}} \tag{4.32}$$

$$SE(\hat{\beta}_1) = \sqrt{\frac{\hat{V}_1}{N}} \tag{4.33}$$

なお,N が大きくなるとき $\hat{V}_0$, $\hat{V}_1$ は有限な定数 V_0, V_1 に確率収束するため,$SE(\hat{\beta}_0)$ と $SE(\hat{\beta}_1)$ はともに 0 に確率収束する。

第 4 章 線形単回帰モデルの推定と検定 125

6

回帰係数の検定と区間推定

係数の仮説検定　　経済理論から，係数がある特定の値であるという仮説が得られるときに，それを仮説検定によってデータから検証することができる。本章 1 節の**例 1** で示した実質賃金と労働生産性の関係を表す式を用いて説明しよう。生産要素の投入量を k (> 0) 倍したときに生産量も k 倍になるなら，その生産技術は収穫一定，k 倍より少なく（多く）なるなら収穫逓減（逓増）という。収穫一定であるという仮説は $\beta_1 = 1$ に対応する（正確には $\beta_0 = 0$ も必要であるが，ここでは考えないことにする）。この仮説の妥当性を調べるにはどうすればよいだろうか。漸近正規性と $\hat{V}_1$ の一致性から，

最小 2 乗推定量の漸近正規性

$$\frac{\hat{\beta}_1 - \beta_1}{SE(\hat{\beta}_1)} = \frac{\sqrt{N}(\hat{\beta}_1 - \beta_1)}{\sqrt{\hat{V}_1}} \xrightarrow{d} N(0, 1) \tag{4.34}$$

が成り立つ。すると，もし収穫一定（つまり $\beta_1 = 1$）の仮説が正しいなら，

$$\frac{\hat{\beta}_1 - 1}{SE(\hat{\beta}_1)} \xrightarrow{d} N(0, 1)$$

となる。仮説 $\beta_1 = 1$ が正しければ，$(\hat{\beta}_1 - 1)/SE(\hat{\beta}_1)$ は近似的に標準正規分布に従うので，その絶対値が 1.96 よりも大きくなってしまう確率は約 5% 程度しかない。仮にデータから計算した $(\hat{\beta}_1 - 1)/SE(\hat{\beta}_1)$ の絶対値が 1.96 より大きかったとしよう。そのとき，仮説 $\beta_1 = 1$ が正しいにもかかわらず稀な事象が起こってしまったと考えるよりも，実は仮説が間違っていたと考えるほうが自然だろう。というわけで，その場合は有意水準 5% で $\beta_1 = 1$ という仮説が間違っていると結論づけられる。以下に示す実証例 4.1 では，実際のデータを使ってこの検定を行う。

　一般に，β_1^0 を経済理論から導かれるある特定の値として（上の例では 1），帰

126　第 I 部　基礎編

無仮説 $H_0 : \beta_1 = \beta_1^0$ を有意水準 $100\alpha\%$ で両側検定する問題を考えよう。対立仮説は，$H_1 : \beta_1 \neq \beta_1^0$ である。z_α を標準正規分布の上側 $100\alpha\%$ 点とする。たとえば $z_{0.025} = 1.96$ である。上の例と同じように，

t 統計量

$$t = \frac{\hat{\beta}_1 - \beta_1^0}{SE(\hat{\beta}_1)} \tag{4.35}$$

という量を考える。これを t **統計量**という。H_0 が正しければ $t \overset{a}{\sim} N(0,1)$ なので，近似的に $P(|t| > z_{\alpha/2}) = \alpha$ である。したがって，データから t 統計量の値を計算して，$|t| > z_{\alpha/2}$ なら H_0 を棄却する。

ここで，H_0 が間違っている，すなわち $\beta_1 \neq \beta_1^0$ なら，N が大きいとき t 統計量が絶対値で大きな値を取りやすいことを示しておこう。まず

$$t = \frac{\hat{\beta}_1 - \beta_1^0}{SE(\hat{\beta}_1)} = \frac{\hat{\beta}_1 - \beta_1}{SE(\hat{\beta}_1)} + \frac{\beta_1 - \beta_1^0}{SE(\hat{\beta}_1)}$$

と変形する。すると右辺の第 1 項は漸近正規性からおよそ 95% の確率で -1.96 と 1.96 の間の値になる。一方 (4.33) 式から，N が大きくなると $SE(\hat{\beta}_1)$ はどんどん小さくなるので，第 2 項は N が大きければ絶対値で大きな値になる。そのため，t 統計量の絶対値は大きくなって H_0 が棄却されやすくなる。

とくに，H_0 を $\beta_1 = 0$ とする検定は，X が Y の説明変数として意味があるかどうか調べるものに対応する。そのため，これを**有意性検定**といい，そのときの t 統計量 $\hat{\beta}_1/\mathrm{SE}(\hat{\beta}_1)$ の値を t **値**という。片側検定も同様に可能である。たとえば，$H_0 : \beta_1 = \beta_1^0$ を $H_1 : \beta_1 > \beta_1^0$ に対して検定する場合，これは右片側検定になる。有意水準を同じく $100\alpha\%$ とすると，$t > z_\alpha$ なら H_0 を棄却すればよい。左片側検定なら $t < -z_\alpha$ のとき H_0 を棄却する。

上記では β_1 を例にとって説明したが，β_0 について検定したい場合も $\hat{\beta}_0 \overset{a}{\sim} N(\beta_0, SE(\hat{\beta}_0))$ を用いて同様の手続きをすればよい。

区 間 推 定　同じく漸近正規性を用いて，信頼水準 $100(1-\alpha)\%$ でパラメータの区間推定が可能である。以下では β_1 について述べるが，β_0 に関しても同様である。(4.34) 式より，近

第 **4** 章　線形単回帰モデルの推定と検定　　127

似的に

$$\Pr\left(\left|\frac{\hat{\beta}_1 - \beta_1}{SE(\hat{\beta}_1)}\right| < z_{\alpha/2}\right) = 1 - \alpha$$

である。$\Pr(\cdot)$ の中の不等式を変形すると

最小 2 乗推定量の区間推定

$$\Pr(\hat{\beta}_1 - SE(\hat{\beta}_1)z_{\alpha/2} < \beta_1 < \hat{\beta}_1 + SE(\hat{\beta}_1)z_{\alpha/2}) = 1 - \alpha$$

となる。したがって，$100(1-\alpha)\%$ 信頼区間は $(\hat{\beta}_1 - SE(\hat{\beta}_1)z_{\alpha/2},\quad \hat{\beta}_1 + SE(\hat{\beta}_1)z_{\alpha/2})$ である。

実証例 4.1　労働生産性と実質賃金の関係

EMPIRICAL

　ここで改めて，労働生産性と実質賃金の関係を調べた**例1**に戻って，推定値，R^2，有意水準5%の有意性検定，信頼係数95%の区間推定の結果を示すと，以下のようになる。

$$\widehat{実質賃金} = 276.13 + 0.547\,労働生産性, \tag{4.36}$$
$$\phantom{\widehat{実質賃金} = }(71.256)\ (0.0205)$$

$$R^2 = 0.963, \quad N = 22$$

推定値の下のカッコ内の数値は，(4.32)，(4.33) 式を使った標準誤差である。ただし，(4.32)，(4.33) 式のそれぞれ $\hat{V}_0$，$\hat{V}_1$ の計算には N の代わりに $N-2$ で割って自由度を修正したものを用いている。まず，これらの係数に関する有意性検定を行ってみよう。帰無仮説はそれぞれ $\beta_0 = 0$，$\beta_1 = 0$ である。上の結果から，β_0 と β_1 に対する t 値はそれぞれ

$$t_0 = \frac{276.13}{71.256} \approx 3.88, \quad t_1 = \frac{0.547}{0.0205} \approx 26.68$$

となり，ともに有意水準 5% の t 検定の棄却域 $(-\infty, -1.96]$，$[1.96, \infty)$ に入っているので，$\beta_0 = 0$，$\beta_1 = 0$ という仮説はともに棄却される。

128　第 I 部　基礎編

同じく，上に述べた収穫一定の仮説を検定してみよう．対応する帰無仮説は $H_0: \beta_1 = 1$ である（正確には $\beta_0 = 0$ も同時に調べる必要があるが，ここでは考えないことにする）．対応する t 統計量の値は

$$t = \frac{0.547 - 1}{0.0205} \approx -22.10$$

で，棄却域 $(-\infty, -1.96]$, $[1.96, \infty)$ に入る．やはり収穫一定の仮説も棄却され，推定値の水準から収穫逓減であると考えられる．

また，β_1 に関する信頼係数 95％ 区間推定を行うと，

$$(\hat{\beta}_1 - SE(\hat{\beta}_1)z_{0.025}, \hat{\beta}_1 + SE(\hat{\beta}_1)z_{0.025}) = (0.507, 0.587)$$

となる．

均一分散

　所得が多い世帯は，少ない世帯に比べて総じて消費支出が多いだろう．そのため，もし世帯ごとの所得と消費のデータを得て，所得を横軸，消費を縦軸にとって散布図を描くと，全体としてはおよそ右上がりになるだろう．散らばりについては，所得の小さいグループと大きいグループを比べると，後者のほうが消費の散らばりが大きいことが予想される．これは u_i の分散が X_i の大きさに依存する状況で，**不均一分散**と呼ばれる．一方，データによってはそうでないこともあり，その場合は**均一分散**と呼ばれる．ここで，シミュレーションデータによる例を見てみよう．

　図 4-5 のグラフでは，X が大きくなると，Y1 と Y2 の水準はともに大きくなることが見て取れる．散らばり具合はどうだろう．たとえば $X = 2$ と $X = 4$ では，Y1 の散らばり方はあまり違わないが，Y2 のほうは $X = 2$ と $X = 4$ では後者のほうが散らばりが大きいことがわかる．Y1 のように，X の値によって散らばり具合が変わらないのが均一分散，Y2 のように変わるのが不均一分散である．

　これを式で書き表すと次のようになる．誤差項の分散が説明変数の値と関係

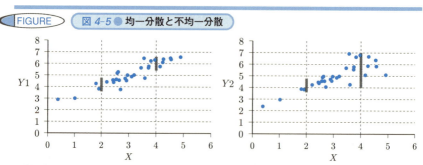

FIGURE 図 4-5 ● 均一分散と不均一分散

(出所) データはシミュレーションによって発生させた。

なく一定の値 σ^2 であるとき，つまり条件付き分散が

均一分散

$$\mathrm{Var}(u|X) = \mathrm{E}(u^2|X) = \sigma^2 \tag{4.37}$$

のとき，「均一分散である」という。逆に $\mathrm{Var}(u|X)$ が X に依存するときは，「不均一分散である」という。一般に $\mathrm{E}(Y|X)$ が X に依存するように，一般には $\mathrm{E}(u^2|X)$ も X に依存する。しかし，特殊ケースとして X が Y に対して説明力をもたない状況（回帰係数 $\beta_1 = 0$）がありうるように，$\mathrm{E}(u^2|X)$ が X に依存しない場合があり，これが均一分散である。

均一分散の場合の漸近分散 多くの統計学や計量経済学の教科書には，$\hat{\beta}_0$，$\hat{\beta}_1$ の漸近分散として先に示した (4.28)，(4.29) 式よりも簡単な

$$V_0 = \frac{\sigma^2 \mathrm{E}(X^2)}{\mathrm{Var}(X)} \tag{4.38}$$

$$V_1 = \frac{\sigma^2}{\mathrm{Var}(X)} \tag{4.39}$$

という表現が紹介されており，(4.28)，(4.29) 式とは異なるように見える。実は，これらは均一分散であるときに成立する式である。実際，均一分散 (4.37) 式と (4.27) 式を使って (4.28)，(4.29) 式を変形すると，それぞれ (4.38)，(4.39) 式となることが示される（証明は，付録 B〔657 ページ〕を参照）。この表

130　第 I 部　基礎編

現に基づくと，$\hat{\sigma}^2 = (1/N) \sum_{i=1}^{N} (Y_i - \hat{\beta}_0 - \hat{\beta}_1 X_i)^2$ として，

$$\hat{V}_0 = \frac{\hat{\sigma}^2 \frac{1}{N} \sum_{i=1}^{N} X_i^2}{\frac{1}{N} \sum_{i=1}^{N} (X_i - \bar{X})^2} \tag{4.40}$$

$$\hat{V}_1 = \frac{\hat{\sigma}^2}{\frac{1}{N} \sum_{i=1}^{N} (X_i - \bar{X})^2} \tag{4.41}$$

のように，(4.30) 式や (4.31) 式よりも簡単な漸近分散推定量が得られる。一般にはそれらの大小関係は決まらず，データごとに異なる。労働生産性と実質賃金の例では，(4.40)，(4.41) 式に基づく標準誤差はそれぞれ

$$SE(\hat{\beta}_0) = 87.611, \quad SE(\hat{\beta}_1) = 0.0244$$

となって，(4.30) 式と (4.31) 式を用いた (4.36) 式よりもそれぞれ若干大きな値になっている。その結果，t 値は少し小さくなるものの，有意性検定の結果が変わってしまうほどではない。しかし，データによってはどちらを用いるかによって検定結果が変わることもありうる。

　では，実際に計量分析を行う際に (4.30)，(4.31) 式と，(4.40)，(4.41) 式のどちらを使うのがよいのだろうか。実は，(4.30)，(4.31) 式は均一分散であっても不均一分散であっても正しい漸近分散に収束するのに対して，(4.40)，(4.41) 式は，均一分散の場合にのみ正しい推定値を与える。その意味で，(4.32)，(4.33) 式のように不均一分散の問題に対応したものを一般に不均一分散に対して頑健な標準誤差という。また，とくに (4.32)，(4.33) 式はホワイト (White, 1980) によって提案された手法なので，ホワイトの標準誤差とも呼ばれ，さらにその標準誤差の自由度を修正したものを自由度修正ホワイト標準誤差という。計量経済学で扱うデータは，自然科学と違ってうまく管理された実験データではない。そのため，不均一分散である場合が多く，一般には (4.30)，(4.31) 式を用いるのが望ましいであろう。

　統計分析や計量経済分析のためのソフトウェアでは，デフォルトで (4.40)，(4.41) 式を用いた t 値や区間推定結果が表示されることが多い。そのため，とくに不均一分散の可能性が高いデータを扱う場合には，使用するソフトウェアがデフォルトでどの標準誤差を用いているかを確かめることが必要であろう。また不均一分散に頑健な標準誤差の計算方法には本書で説明したもの以外の方法がいくつか提案されており，ソフトウェアによっては本書での説明と少し異なる計算方法が用いられることもあるので，この点も注意してほしい。

第 4 章　線形単回帰モデルの推定と検定　131

ガウス＝マルコフの定理　均一分散であれば，OLS 推定量は Y_i について線形な不偏推定量の中で最も小さい分散を持つことが証明される（付録 B〔667 ページ〕）。この結果を，**ガウス＝マルコフの定理**という。分散が小さい確率変数はその期待値の近くの値を取りやすいので，この場合は $\hat{\beta}_1$ が真の値 β_1 に近い値を取りやすいということになり，推定量としては望ましい性質である。不均一分散のときは，残念ながら OLS 推定量はこの性質を持たない。

t 統計量の分布　もし均一分散で，かつ u_i が X_i を条件として正規分布に従っているとき，(4.41) 式を使って (4.35) 式を計算した t 統計量は，自由度 $(N-2)$ の t 分布に従うことが知られている。そのため，正規近似に依拠して z_α を用いるよりも，t 分布の右側 α％点を用いて検定の棄却域をつくるほうが正確である。自然科学の実験データを扱う分析なら，誤差項が正規分布に従うという仮定は適当かもしれない。しかし，複雑な社会経済における観察データを扱う計量経済分析においては，u_i の正規性を仮定することは妥当でないことが多い。なお，第 2 章（48 ページ）で述べたように，t 分布の自由度を大きくしていくと，標準正規分布に近づく。そのため N が十分に大きければ，t 分布を用いた検定結果と正規分布を用いた検定結果は，ほぼ同じになる。実際には，サンプルサイズが 100 以上あれば正規分布に基づく臨界値を用いてもよいだろう。

8　補足といくつかのトピック

　最後に，ここまで述べた結果について，いくつかの関連するトピックに触れておこう。

非線形回帰　最初にも述べたように，回帰関数とは $\mathrm{E}(Y|X=x)$ を x の関数と見たものであるが，これをいつも線形と考えてよいわけではない。Y と X が直線的な関係にないときには，**非線形回帰モデル**を考えるべきであり，本章で触れた (4.3)〜(4.5) 式はその例である。第 5 章，第 8 章でもそのような場合を扱う。第 5 章では，たとえば $\mathrm{E}(Y|X) = \beta_0 + \beta_1 X + \beta_2 X^2$ のように変数 X に関して非線形だけれども，係数パラメータ β_0, β_1, β_2 に関しては線形なモデルを説明する。一方，

第8章では，変数に関してもパラメータに関しても非線形な状況，たとえば $\Phi(\cdot)$ を標準正規分布の分布関数として，$E(Y|X) = \Phi(\beta_0 + \beta_1 X)$ のような場合を扱う。

本書では，変数とパラメータのどちらかについて非線形なら非線形モデルという言葉を用いるが，分野によっては異なる言葉遣いがなされることがある。主に数理統計学の文献では，パラメータに関して線形かどうかに着目して線形や非線形という言葉が用いられることが多い。その理由は，変数に非線形変換が施されていても，パラメータに関して線形なら普通に最小2乗法が適用できて，推定にも検定にも不都合が生じないからである。その言葉遣いにならえば，たとえば (4.3)～(4.5) 式は非線形ではなく，線形モデルということになる。

非確率的な説明変数

本章で述べた線形単回帰モデルにおいて，説明変数 X は確率変数であると仮定してきた。実際の計量経済分析ではその仮定が妥当である場合が多いが，そうでないこともある。典型的な例は，時系列データの線形トレンドモデルである。これは，たとえば t を年度，Y_t を t 年の日本の GDP のデータとして

$$Y_t = \beta_0 + \beta_1 t + u_t, \quad t = 1, 2, \ldots, T$$

とするモデルである。t は毎年1ずつ上がっていく値で確率変数でなく，被説明変数と説明変数の組 (Y_t, t) は i.i.d. ではない。時系列データの分析では，サンプルサイズを T で表すことが多いため，ここでも T を用いる。

一般に (4.8) 式において，X_i が確率変数でなければ X_i を条件とする u_i の期待値を考える意味はなく，仮定 (A2) は不要で，

$$E(Y_i) = \beta_0 + \beta_1 X_i$$

となる。X_i が確率変数でないときも，(4.26) 式の期待値を計算すれば，OLS 推定量の不偏性は明らかだろう。ここでは詳細は述べないが，X_i と X_i^2 の平均値がある仮定を満たせば，OLS 推定量は一致性や漸近正規性を持つことが知られている。付録 B（658 ページ）で，上のトレンドモデルの OLS 推定量の漸近的性質を紹介する。

相関と因果

計量経済学における回帰分析では，暗黙のうちに右辺の X が左辺の Y の決定要因である，

第4章　線形単回帰モデルの推定と検定　133

言い換えれば，X から Y への因果関係がある，と考えることが多い。たとえば，肥料の量と収穫量の関係なら前者が原因，後者が結果と理解することに異議を唱える人はいないだろう。労働経済学の賃金水準の決定モデルにおいて，学歴（教育を受けた期間）を説明変数にして賃金を被説明変数とする回帰

$$賃金_i = \beta_0 + \beta_1 学歴_i + u_i, \quad i = 1, 2, \ldots, N$$

を考えることが多いが，これらの関係を逆にはしない。データの散布図を描けば，縦軸と横軸にどちらをとっても右上がりになるが，直観的に学歴が原因の変数，賃金が結果の変数だと考えているからである。これらの例では，時点の前後関係からも，その因果関係は正しいだろう。しかし，これが必ずしもはっきりしない場合もある。たとえば，身長と体重は相関が高く，散布図は右上がりになるが，一方を原因，他方を結果とは捉えにくいだろう。本章1節で実質賃金と労働生産性の例を示したが，実はこの例では因果関係の方向は必ずしも明らかでない。労働生産性が高ければ賃金が高くなるという考え方はもちろん直観的にわかりやすい。他方で，ミクロ経済学の理論によると，企業は生産物価格 p と賃金 w が与えられたもとで労働投入量 L と生産量 Y を最適に決めると考えるのが標準的である。その意味では，賃金（と価格）が労働生産性を定めるという逆の構造になっている。このように，そもそも統計モデルでなくても，実は因果の方向を定めるのは簡単ではない。

　回帰分析において，仮定 (A2) が因果関係と関わる重要な仮定であるということを本章4節で述べた。因果関係そのものが簡単に定められるものでない以上，この仮定を回帰分析における因果関係を捉える唯一絶対の原理ということはできないが，1つの説得力のある考え方である。しかし，この考え方に立つとしても，ある回帰分析の結果のみから，どちらが原因でどちらが結果かを決めることはできない。なぜなら，係数の推定値，R^2 や係数の t 値といった指標を用いても，仮定 (A2) が成り立っているかどうかは判断できないからである。結局，突き詰めていえば，回帰分析によって調べることができるのは相関関係であって，因果関係ではない。ただし，もし何らかの理由で仮定 (A2) が成り立っているなら，さらに踏み込んで因果関係と解釈してもよいだろうと考えているのである。仮定 (A2) が成り立つかどうかを調べる統計手法も開発されているが，本書のレベルを超えるため扱わない。

　また，より根本的な解決を目指して，そもそも仮定 (A2) が成り立つように

データを集める工夫ができる場合もある。自然科学でよく行われる**ランダム化比較実験**（randomized controlled trial; **RCT**）がその代表的なものである。しかし経済学では，自然科学と異なり，社会的コストが掛かりすぎたり，倫理的な問題が生じうるため，実際に RCT を行うのは簡単ではない。たとえば，もし日本銀行が為替介入の効果を調べるためにランダムなタイミングでランダムな金額の為替介入を行う実験をすれば，実体経済に大混乱をもたらすだろう。しかし第 9 章で詳しく解説するように，実験に近い状況になっていると考えられるデータを探して分析したり，実際に小規模な実験を行うなど，そのようなアプローチの研究も近年精力的に進められている。なお，第 12 章でも因果性（グレンジャー因果性）を議論するが，それは説明変数が予測力を高めるか否かに着目する概念であり，ここで説明した（および第 II 部の各章で議論する）因果性とは少し意味合いが異なるので注意してほしい。

逆 回 帰

説明変数と被説明変数を入れ替えた回帰モデル

$$X_i = \alpha_0 + \alpha_1 Y_i + v_i \tag{4.42}$$

を**逆回帰モデル**という。上で述べた身長と体重の例などでは，このように変数を入れ替えても別にかまわないのではないかと思われるかもしれない。もとの回帰モデル (4.8) 式と比較すると，係数の間には

$$\alpha_0 = -\frac{\beta_0}{\beta_1}, \quad \alpha_1 = \frac{1}{\beta_1}, \quad v_i = -\frac{u_i}{\beta_1} \tag{4.43}$$

という関係が成立するはずである。したがって，逆回帰モデルに最小 2 乗法を適用したときに，$(\hat{\alpha}_0, \hat{\alpha}_1)$ によって $(-\beta_0/\beta_1, 1/\beta_1)$ がうまく推定できるなら，X, Y のどちらを説明変数，被説明変数にしても大差はないことになる。いま，(X, Y) の真の関係は (4.8) 式，$\mathrm{E}(u_i|X_i) = 0$ であるとしよう。そのとき，もちろん $(\hat{\beta}_0, \hat{\beta}_1)$ は (β_0, β_1) の一致推定量である。一方，変数を入れ替えて (4.42) 式の最小 2 乗推定量を $(\hat{\alpha}_0, \hat{\alpha}_1)$ とすると，

$$\hat{\alpha}_1 \xrightarrow{p} \frac{\beta_1 \mathrm{Var}(X)}{\beta_1^2 \mathrm{Var}(X) + \mathrm{Var}(u)} = \frac{1}{\beta_1 + \frac{\mathrm{Var}(u)}{\beta_1 \mathrm{Var}(X)}}$$

となる。普通は $\mathrm{Var}(u) \neq 0$ なので，逆回帰モデルで推定した $\hat{\alpha}_1$ は $1/\beta_1$ の推定量にはなっていない。

第 4 章　線形単回帰モデルの推定と検定　135

なぜこうなるかを簡単に説明しておこう。OLS 推定が一致性を持つためには，(4.24) 式，つまり説明変数と誤差項の共分散が 0 でなければならない。(4.42) 式についていうと，$\mathrm{E}(Y_i v_i) = 0$ でなければならない。しかし，(4.43) 式と真の関係 $\mathrm{E}(u_i|X_i) = 0$ より，$\mathrm{E}(X_i u_i) = 0$ であることを用いると，

$$\mathrm{E}(Y_i v_i) = -\frac{1}{\beta_1}\mathrm{E}(Y_i u_i) = -\frac{1}{\beta_1}\mathrm{E}[(\beta_0 + \beta_1 X_i + u_i)u_i] = -\frac{\mathrm{Var}(u_i)}{\beta_1}$$

となるので，OLS 推定に必要な仮定 (A2) が満たされないのである。

ただし，第 7 章で扱う操作変数推定と第 12 章で扱う共和分回帰については，逆回帰モデルによる分析を行っても同じ結果が導出される。

異常値と LAD

もし仮定 (A3) が成り立っておらず，u が絶対値で非常に大きな値を取りうる場合には，最小 2 乗法の代わりに **最小絶対偏差法** (least absolute deviation; **LAD**) という手法を用いることで望ましい推定結果が得られることが知られている。それは，OLS の目的関数の代わりに

$$\sum_{i=1}^{N} |Y_i - b_0 - b_1 X_i|$$

を最小にする推定法である。ただし，この方法は OLS のように推定量を明示的な式で書き表すことができず，コンピュータを用いた数値計算によって推定値を得る必要がある。

SECTION 9 まとめ

ある経済変数 Y の値が，平均的に他の変数 X の値に依存して決まっている状況を表すモデルを回帰モデルといい，それを用いて Y と X の関係を調べる分析を回帰分析という。X が 1 つだけの場合は単回帰モデル，複数個の変数からなる場合は重回帰モデルと呼ばれる。本章では，単回帰モデルの解説を行った。実際の経済分析においては，これで十分な結果を得られることは稀だが，回帰分析の本質は単回帰分析について学ぶことで十分理解することができるため，重回帰分析に進むための重要なステップとなる。

多くの回帰分析では，(4.1) 式のように線形の関係を想定することが多い。

このようなモデルを，線形単回帰モデルという。このモデルは定数項と係数の2つの未知パラメータを含む。回帰分析の主たる目的は，それらをデータから推定することと，それらに関する仮説の検定を行うことである。仮定 (A1)〜(A3) の条件が成り立てば，最小2乗法によってこれらのパラメータを不偏推定，一致推定することができる。また，その推定量が漸近正規性を有することを用いて，t 検定により仮説の妥当性を調べることができる。回帰モデルに含まれる u_i を誤差項というが，本文中で繰り返し述べたように，計量経済分析では測定や入力のミスという意味での誤差だけではなく，X 以外に Y を決定づける要因をすべて含んだものと理解するのが妥当である。誤差項に関わる仮定 (A2) が成り立つなら因果性があると理解することができ，これは分析結果を解釈するうえで重要な仮定である。

EXERCISE ● 練習問題

4-1 [確認] $\sum_{i=1}^{N}(Y_i - b_0 - b_1 X_i)$ を小さく，あるいは0にするように (b_0, b_1) を決めても，点と直線の距離が小さくならないのはなぜか，説明しなさい。

4-2 [実証] $\ln(\text{GDP}) = \beta_0 + \beta_1 \ln(\text{人口}) + u$ という回帰モデルを考えよう。本書のウェブサポートページから，2013年度の都道府県別の人口とGDPのデータを取得し，以下の問いに答えなさい。

(1) 最小2乗法により，β_0, β_1 を推定しなさい。

(2) $\beta_1 = 1$ という仮説を検定しなさい。

(3) 信頼係数90%で β_0 を区間推定しなさい。

(4) この推定結果から，人口が1%変化するとGDPはどのように変化するといえるか，説明しなさい。

(5) 残差を用いて，$\text{Var}(u)$ を推定しなさい。$\ln(\text{人口})$ の分散を求めなさい（なお，これらを練習問題4-9で用いる）。

4-3 [確認] X, Y の単位が変わったときの推定量の変化：X の単位が変わって値が100倍になったとき，$\hat{\beta}_0, \hat{\beta}_1$ はどのような影響を受けるか説明しなさい。また，Y の単位が変わって値が100倍になったときはどうか説明しなさい。

4-4 [確認] 決定係数の性質 (3)：$R^2 = r_{Y\hat{Y}}^2$ を示しなさい。

4-5 [確認] 正しい関係が $Y_i = \beta_0 + \beta_1 X_i + \varepsilon_i (\beta_0 \neq 0)$ であるにもかかわらず，定数項のないモデル $Y_i = \beta_1 X_i + u_i$ を用いて β_1 を推定してしまったとする。そのとき，β_1 の OLS 推定量 $\hat{\beta}_1$ の期待値を計算し，$\hat{\beta}_1$ が不偏性を持たないことを示しなさい。

第4章　線形単回帰モデルの推定と検定　137

4-6 [確認] 正しい関係が $Y_i = \beta_1 X_i + \varepsilon_i$ であるとしよう。つまり，定数項は 0 である。定数項を含めたモデル $Y_i = \beta_0 + \beta_1 X_i + u_i$ を用いて β_1 を推定したときの β_1 の OLS 推定量を $\hat{\beta}_1$，定数項を含まないモデルの OLS 推定量を $\tilde{\beta}_1$ とする。それぞれの期待値と漸近分散を計算し，どちらが良いか比較しなさい。

4-7 [確認] X_i が 0 か 1 のみを取るダミー変数であるとする。$Y_i = \beta_0 + \beta_1 X_i + u_i$ の OLS 推定量を $\hat{\beta}_0$，$\hat{\beta}_1$ としたとき，(4.16)，(4.17) 式が成り立つことを示しなさい［ヒント：データを並べ替えて，$i = 1, \ldots, n$ の個人が $X_i = 0$，$i = n+1, \ldots, N$ の個人が $X_i = 1$ とするとわかりやすい］。

4-8 [発展] 本文中に述べたように，仮定 (A2) が成り立つなら X と u は無相関である。以下の例について考える。ただし，$E(v|X) = 0$ とする。

$$Y = \beta_0 + \beta_1 X + u, \quad X \sim N(0,1), \quad u = X^2 - 1 + v$$

このとき，以下の問いに答えなさい。

(1) $\text{Cov}(X, u)$ と $E(u|X)$ を求めて u，X は無相関であるが仮定 (A2) は成り立たないことを示しなさい。

(2) X の微小変化に対する Y の変化を求め，それが β_1 にならないことを確認し，無相関であるが仮定 (A2) は成り立たないとき，一般に回帰モデルが因果関係を表さないこと示しなさい。

4-9 [発展] 問題 4-2 で，説明変数と被説明変数を入れ替えた回帰モデル（逆回帰）

$$\ln(\text{人口}) = \alpha_0 + \alpha_1 \ln(\text{GDP}) + v$$

を考えよう。誤差項を除いて考えれば，

$$\alpha_1 = \frac{1}{\beta_1}, \quad \alpha_0 = -\frac{\beta_0}{\beta_1}$$

となりそうである。同じデータを用いて逆回帰を行い，上の結果が成り立たないことを示しなさい。また，問題 4-2 で計算した $\text{Var}(u)$ と $\text{Var}(\text{人口})$ を使って，本章 8 節に述べた $\hat{\alpha}_1$ の確率極限の結果がほぼ成り立つことを示しなさい。

4-10 [実証] 本書のウェブサポートページからシミュレーションによって発生させたデータをダウンロードしなさい。このデータは，

$$Y_i = 1 + X_i + u_i, \quad i = 1, \ldots, 100$$

という関係からシミュレーションによって発生させたものである。ただし，X_i の密度関数は

$$f_X(x) = \begin{cases} \frac{1}{4}x^3 & (0 \le x \le 1) \\ 0 & (それ以外) \end{cases}$$

であり，$v_i \sim N(0,1)$ で v_i と X_i は独立である。それらを用いて，$u_i = X_i v_i$ とした。このデータを用いて，以下の問いに答えなさい。

(1) Y を被説明変数，X を説明変数として，

$$Y_i = \beta_0 + \beta_1 X_i + u_i$$

というモデルについて OLS 推定を行ったとき，β_1 を一致推定できることを示しなさい [ヒント：$\mathrm{Cov}(u_i, X_i) = 0$ が成り立っていることを確認する]。

(2) $\mathrm{E}(u_i^2 | X_i)$ を計算し，散布図を描いて，不均一分散であることを確認しなさい。

(3) 不均一分散に頑健な標準誤差を用いて，有意水準 5% で $\beta_1 = 0.8$ を検定しなさい。

(4) 均一分散の場合の標準誤差を用いて，同じく有意水準 5% で $\beta_1 = 0.8$ を検定しなさい。

(5) 以上のことから，何がわかるか説明しなさい。

第 5 章 重回帰モデルの推定と検定

1970年に開催された大阪万博は、高度経済成長期の日本を象徴する出来事である。本章では、経済成長の要因の分析を通して、重回帰分析について学んでいく。

(写真：てるさん/PIXTA (ピクスタ))

CHAPTER 5

- KEYWORD
- FIGURE
- TABLE
- COLUMN
- EXAMPLE
- EMPIRICAL
- EXERCISE

INTRODUCTION

重回帰モデルとは、説明変数が複数ある回帰モデルである。たとえ興味のある説明変数が1つだけであったとしても、他の変数を説明変数としてモデルに含めなければ興味のある説明変数の効果を正しく推定できないことが、経済データの分析では頻繁にある。この問題は「欠落変数の問題」として定式化することができる。この定式化によって、どのような変数をモデルに加えるべきかについての指針を得ることができる。重回帰モデルの推定は、単回帰の場合と同様に最小2乗法によって行う。さらに、複数の係数に関する仮説の検定や、説明変数の効果が一定でない状況を非線形モデルを用いて分析する手法も学習する。

1 重回帰モデルと欠落変数のバイアス

重回帰モデル

この節では，**重回帰モデル** (multiple regression model) を紹介し，どのような場合に重回帰モデルが必要とされるのかを見ていく。

重回帰モデルは，説明変数が複数ある回帰モデルである。まずは，例として，説明変数が2つある重回帰モデルを見ていこう。データとして (Y_i, X_i, W_i)，$i = 1, \ldots, N$ があるとする。Y_i を被説明変数とし，X_i と W_i の2つを説明変数とする重回帰モデルは

$$Y_i = \beta_0 + \beta_1 X_i + \beta_2 W_i + u_i$$

である。u_i は誤差項で，Y_i を説明する X_i と W_i 以外の要素をまとめたものである。$(\beta_0, \beta_1, \beta_2)$ が未知の回帰係数であり，説明変数が Y_i に与える影響の方向や大きさを表現している。単回帰モデルと比べると，等号の右辺に X_i と W_i という複数の説明変数があるのが異なる点である。

次に，一般的な重回帰モデルを定義しよう。データを，$(Y_i, X_{1i}, X_{2i}, \ldots, X_{ki})$，$i = 1, \ldots, N$ とする。Y_i が被説明変数であり，$(X_{1i}, X_{2i}, \ldots, X_{ki})$ が説明変数である。説明変数の添え字は最初の1から k までのものが変数の番号であり，2つめの1から N までのものが観測個体（人などの観測対象）の番号である。たとえば $X_{2,5}$ は5番目の観測個体の2つめの説明変数の値を表す。このデータでは，k 個の説明変数がある。一般的には，重回帰モデルは，

重回帰モデル

$$Y_i = \beta_0 + \beta_1 X_{1i} + \beta_2 X_{2i} + \cdots + \beta_k X_{ki} + u_i,$$
$$\text{ただし，} \ i = 1, \ldots, N$$

と書ける。$(\beta_0, \beta_1, \ldots, \beta_k)$ は未知の回帰係数であり，u_i は，説明変数 $(X_{1i}, X_{2i}, \ldots, X_{ki})$ 以外の Y_i に影響を与える要素をまとめた誤差項である。

| 欠落変数のバイアス |

重回帰分析を行う主要な目的は，**欠落変数のバイアス** (omitted variable bias) を避けるためである。たとえ興味のある説明変数が 1 つだけであっても，単回帰分析ではなく，重回帰分析が必要となる場合も多い。その理由を**欠落変数の問題** (omitted variable problem) として定式化しよう。

まず，単回帰分析では分析の目的を達成できない状況を見ていく。仮に X_i が興味のある説明変数であり，X_i が Y_i に与える効果にのみ興味があるとしよう。この場合，Y_i と X_i の単回帰モデルは

$$Y_i = \beta_0 + \beta_1 X_i + u_i$$

と書ける。β_1 が X_i の Y_i への効果を表す。したがって β_1 の値を推定し統計的推測を行うことが，回帰分析の目的となる。この単回帰モデルに最小 2 乗法（OLS）を適用し β_1 の一致推定量を得るためには，第 4 章で見たように $\mathrm{E}(u_i|X_i) = 0$ と仮定する。これは，X_i と u_i の間には相関がないことを意味する。しかし，実際の実証分析ではこの仮定が満たされず $\mathrm{E}(u_i|X_i) \neq 0$ となることも多い。もし X_i と u_i の間に相関がある場合には，OLS 推定量は一致性を持たない。第 4 章 4 節の OLS 推定量の漸近理論のための展開を応用すると

$$\hat{\beta}_1 = \frac{\sum_{i=1}^{N}(X_i - \bar{X})(Y_i - \bar{Y}_i)}{\sum_{i=1}^{N}(X_i - \bar{X})^2} = \beta_1 + \frac{\sum_{i=1}^{N}(X_i - \bar{X})(u_i - \bar{u}_i)}{\sum_{i=1}^{N}(X_i - \bar{X})^2}$$
$$\xrightarrow{p} \beta_1 + \frac{\mathrm{Cov}(X_i, u_i)}{\mathrm{Var}(X_i)}$$

となる。したがって，$\mathrm{Cov}(X_i, u_i) \neq 0$ であるならば，$\hat{\beta}_1$ は一致性を持たない。

それでは，どのような場合に説明変数と誤差項の間に相関が生じるのであろうか。次の実証分析の例をもとに考えてみよう。

地域における人々の規範意識や人々の間の信頼関係が経済成長に与える影響を，都道府県のデータを用いて検証したいとする[1]。まず，1980 年から 1999 年の年平均経済成長率（% 表示を用いる）を，GDP1999$_i$ と GDP1980$_i$ を都道府県 i の 1999 年と 1980 年での 1 人当たり都道府県別 GDP として，

---

1) この実証例は要藤 (2005) に依っている。要藤正任氏にはデータの提供をしていただくなど，この例の作成に多くの援助をいただいた。記して感謝したい。

第 5 章　重回帰モデルの推定と検定　143

$100(\ln(\mathrm{GDP}1999_i) - \ln(\mathrm{GDP}1980_i))/19$ と計算する（対数の差から変化率を得られることについては，第 4 章 1 節〔107 ページ〕を参照）。信頼の指標は，1978年の NHK 放送文化研究所の「全国県民意識調査」における回答から作成した。規範の指標は，「全国県民意識調査」と総務省が実施している「社会生活基本調査」の 1981 年の調査結果，ならびに「都道府県の基礎統計 2001」より 1980 年における各都道府県の人口 1 人当たり共同募金額から作成した。これらの指標は標準化したものを使用する。たとえば，指標の値が 0 であれば，それは全都道府県のその指標の平均の値と同じということであり，1 であれば，1 標準偏差だけ平均よりも大きな値であるということである。データの詳しい解説は，本章 9 節（191 ページ）と章末の補論 A（203 ページ）を参照のこと。

1980 年から 1999 年の年平均経済成長率を，各都道府県の人々の間の信頼関係の強さの指標に回帰すると，次の推定結果，

$$\widehat{経済成長率}_i = \underset{(0.060)}{3.139} + \underset{(0.066)}{0.225} \ 信頼_i \qquad (5.1)$$

$$R^2 = 0.179, \quad N = 47$$

が得られた。なお，係数推定値の下のカッコの中にある数字は不均一分散に頑健な標準誤差である。また同じ経済成長率を規範の指標に回帰すると，推定結果は，

$$\widehat{経済成長率}_i = \underset{(0.048)}{3.091} + \underset{(0.071)}{0.560} \ 規範_i \qquad (5.2)$$

$$R^2 = 0.456, \quad N = 47$$

であった。信頼の係数は 0.225 であり，信頼の指標が 1 上がると経済成長率が0.22％ 上がることをこの推定結果は示唆している。規範の効果は 0.560 とさらに大きく，規範の指標が 1 上がると経済成長率が 0.56％ 上がることを示唆している。またこれらの 2 つの係数はどちらも統計的に有意である。

しかし，これらの単回帰分析の結果だけでは，人々の間の信頼関係や人々の規範意識が経済成長を高めるという結論を導くことはできない。たとえば，1つの反論として，教育は経済成長にも信頼関係や規範といった人々の性質にも良い影響をもたらすので，単回帰分析で得られたこれらの指標と経済成長の関

係は，単に教育水準の高い地域は社会的にも経済的にも良好であることを示している だけではないか，という考え方もできる。また一方で，経済的に豊かになれば人と人とのつながりが失われていくうえに，標準的な経済成長の理論によると初期時点で豊かな地域は経済成長が遅いという傾向が示唆されているので，単回帰分析の結果は，本来ある信頼や規範の低い影響を過大評価している，という反論もありうるだろう。たとえば，信頼の低い地域は初期時点ですでに豊かであり，その分だけ成長率が低い傾向にあるため，信頼の経済成長に与える影響が初期時点での豊かさによって見かけ上大きくなってしまう可能性がある。

この問題は，経済成長と信頼や規範の関係を分析する際に，教育水準や初期時点での豊かさといった他の変数を考慮に入れていないために生じる。単回帰モデルの OLS 推定量の理論を用いて，この問題を解釈してみよう。教育水準や初期時点での豊かさは，説明変数以外の被説明変数に影響を与える要素であるので，誤差項に含まれていると考えることができる。したがって，ここでの議論は，誤差項に含まれている教育水準や初期時点の豊かさが，説明変数と相関しているために生じる問題であると解釈可能である。より数学的には，第4章の仮定 (A2) は説明変数と誤差項が無相関であることが必要であったが，それが満たされていない問題といえる。

一般的に述べると，説明変数と相関を持ち，なおかつ被説明変数に影響を与えるような要素を誤差項が含んでいる場合には，説明変数と誤差項が相関を持つことになり，OLS 推定量は一致性を持たない。これが「欠落変数の問題」である。欠落変数の問題を起こすような変数を交絡因子（confounding factor）と呼ぶ。たとえば次のように，W_i という要素が X_i と相関を持ち，Y_i に影響を与えるとしよう。このことを，

$$Y_i = \beta_0 + \beta_1 X_i + u_i, \quad \text{ただし,} \quad u_i = \beta_2 W_i + v_i$$

と表現する。また，v_i は X_i と W_i とは相関を持たないとする。この場合，$\text{Cov}(X_i, u_i) = \beta_2 \text{Cov}(X_i, W_i)$ である。また OLS 推定量の確率極限は，

$$\hat{\beta}_1 \xrightarrow{p} \beta_1 + \beta_2 \frac{\text{Cov}(X_i, W_i)}{\text{Var}(X_i)}$$

である。したがって，W_i が X_i と相関を持ち（つまり $\text{Cov}(X_i, W_i) \neq 0$）かつ，$W_i$ が Y_i に影響を与える場合（つまり $\beta_2 \neq 0$ の場合）には，$\hat{\beta}_1$ は一致性を持

第 5 章　重回帰モデルの推定と検定　145

たない。このような性質を持つ W_i が交絡因子であり，真の値と OLS 推定量の確率極限の差に当たる $\beta_2 \text{Cov}(X_i, W_i)/\text{Var}(X_i)$ が欠落変数のバイアスである。なお通常は，バイアスとは推定量の期待値と真の値との差のことであるが，ここでは，推定量の確率極限と真の値との差を意味している。単にバイアスと言ったとき，こうした確率極限に基づくバイアスを指すことも一般的であり，文脈によって正確な意味を捉える必要があるので注意してほしい。

欠落変数のバイアスの式から，OLS 推定量にどのような方向のバイアスがかかっているかの見通しを立てることができる。(5.1) 式の推定結果において，初期時点の豊かさがもたらす欠落変数のバイアスが，OLS 推定値を実際の値よりも過小にしているのか過大にしているのかを調べよう。初期時点対数 GDP として，1980 年の都道府県別 GDP の値を使う。すると，信頼の指標と初期時点対数 GDP の相関係数は，-0.585 であり，$\text{Cov}(X_i, W_i)/\text{Var}(X_i) < 0$ とわかる。標準的な経済成長理論では，初期時点で豊かならそのあとの伸びしろが少ないため，成長率が低くなることが示されるので $\beta_2 < 0$ であると予測され，バイアスは，$\beta_2 \text{Cov}(X_i, W_i)/\text{Var}(X_i) > 0$ である可能性が高い。つまり，(5.1) 式における OLS 推定値は信頼の影響を過大評価しているのではないかという懸念がある。

欠落変数問題の解決法としての重回帰分析

重回帰分析を用いることで，欠落変数の問題を解決できる可能性がある。具体的には，欠落変数問題を起こしそうな変数をモデルに含めて重回帰分析をすることで，欠落変数の問題を回避するのである。

先ほどの $Y_i = \beta_0 + \beta_1 X_i + u_i$ かつ $u_i = \beta_2 W_i + v_i$ という状況を考えよう。この場合は，W_i もモデルに含めて，

$$Y_i = \beta_0 + \beta_1 X_i + \beta_2 W_i + v_i$$

とする。すると，このモデルの誤差項 v_i は X_i とは無相関になる。後に見るようにこのモデルを OLS 推定することで，欠落変数の問題が回避できる。たとえば，経済成長率と信頼の関係を見たい場合に，初期時点の豊かさの影響を考慮したいのであれば，

$$経済成長率_i = \beta_0 + \beta_1 \, 信頼_i + \beta_2 \, 初期時点対数 \, \text{GDP}_i + v_i$$

というモデルを推定することで，初期時点の豊かさによって引き起こされてい

た欠落変数の問題は回避できるのである。なお，以下では，重回帰モデルの誤差項として単回帰モデルと同じく u_i を使用することにする。

一般的には，興味のある説明変数は X_{1i} だが，他に X_{1i} と相関を持ち，Y_i に影響を与える変数が $X_{2i}, \ldots, X_{ki}$ とある場合には，$X_{1i}, X_{2i}, \ldots, X_{ki}$ すべてを含め，

$$Y_i = \beta_0 + \beta_1 X_{1i} + \beta_2 X_{2i} + \cdots + \beta_k X_{ki} + u_i$$

というモデルを考える。この u_i は，モデルに含まれている説明変数とは相関を持たない。逆に言えば，誤差項が説明変数とは相関を持たなくなるまで，説明変数を加えていくことによって，欠落変数のバイアスを回避するのである。

このようにモデルに欠落変数の問題を起こしそうな変数を追加することを，コントロール（control）するという。またその目的で追加される変数をコントロール変数（control variable）という。どのような変数を加えるとよいのかは，本章 8 節（185 ページ）で議論する。たとえば，経済成長率と信頼の関係を見たい場合に，教育水準と初期時点での豊かさをコントロールするために，

$$経済成長率_i = \beta_0 + \beta_1 \, 信頼_i + \beta_2 \, 教育水準_i$$
$$+ \beta_3 \, 初期時点対数 \, \text{GDP}_i + u_i \tag{5.3}$$

というモデルを推定する。以下の実証分析の例では，教育水準として，人口における高等教育の修了者（ここでは最終学歴が短大・高専，大学・大学院卒業としている）の割合を使用する。このモデルでは，信頼$_i$ は興味のある説明変数であるが，教育水準$_i$ と 初期時点対数 GDP_i はコントロール変数である。

また重回帰モデルでの係数については，「他の要素を一定としたうえで，係数にかかっている変数が変化した場合に被説明変数に与える影響の大きさである」と解釈する。たとえば，(5.3) 式のモデルでは，β_1 の解釈は，教育水準と初期時点対数 GDP を一定としたうえで，信頼指標が 1 上昇した場合には経済成長率が β_1 分だけ変化する，となる。

内生と外生

本節の最後に，内生（endogenous）と外生（exogenous）という言葉について解説する。ある変数が内生であるとは，その変数が考えているモデルの誤差項と相関を持つことである。一方，外生な変数とは，誤差項と相関を持たない変数である。この 2 つの言葉は頻繁に使用されるので覚えておくとよい。欠落変数の問題と

第 5 章 重回帰モデルの推定と検定 147

> **COLUMN** 5-1 内生と外生の用語の変遷

なぜ誤差項と相関のある変数を「内生」と呼び，相関のない変数を「外生」と呼ぶのであろうか。これらの用語の字面からは，このような意味は不自然に感じられるかもしれない。実際，この意味での内生と外生という用語の使用法は，現代の計量経済学において特徴的なものであり，他の分野でのこれらの用語の使われ方とは異なる。この計量経済学に特徴的な内生と外生の言葉の使い方は，歴史的な経緯による。

計量経済学が経済学の主要な一分野になったのは，1950年代に始まり70年代にかけて発展した「同時方程式体系」の研究によるところが大きい。マクロ経済変数間の関係を理論的にモデル化し，連立方程式の形で記述したものが同時方程式体系である。当時はそのようなモデルでマクロ経済の動きを記述できるという発想が注目を集め，同時方程式体系を推定することで，マクロ経済予測が可能になり，また政府によるマクロ経済運営を適切に行うことができるという希望があった。同時方程式体系の研究者としてとくに著名なのは，1980年にアルフレッド・ノーベル記念経済学スウェーデン国立銀行賞（The Sveriges Riksbank Prize in Economic Sciences in Memory of Alfred Nobel, いわゆるノーベル経済学賞）を授与されたローレンス・クライン（Lawrence Klein, 1920-2013）である。同時方程式体系においては，モデルの内部で決められる変数を「内生変数」と呼び，あらかじめ与えられた変数をモデルの外側で決まるという意味で「外生変数」と呼んだ。

しかし，同時方程式体系の研究が進むにつれて，計量経済学において内生変数と外生変数を区別する際に重要なことは，むしろモデルの誤差項と相関しているかどうかであるということが，解明されてきた。同時方程式体系の研究は1980年代にはほぼ完成を迎えたものの，そこで培われた計量経済学の研究成果は，他の計量分析にも有用であることがわかってきた。こうした経緯により，現在では，単に誤差項と相関しているかどうかだけで，内生変数と外生変数の区別をするようになったのである。

ローレンス・クライン
写真：AP／アフロ

は，説明変数が内生であることから生じる問題であるといえる。また，欠落変数問題の解決法としての重回帰は，コントロール変数を加えることで，誤差項を変化させ，結果的に説明変数が外生になるようにする作業であると解釈できる。同じ変数でも分析対象となる事例や使用するモデルにより，内生であったり外生であったりするので注意が必要である。したがって，それ自体が本質

> **COLUMN** *5-2* 因果関係と因果推論

　因果関係とは，ある要因 X を変化させると他の要因 Y も変化する，ということである。とくに要因 X 以外の要因については，固定としたうえで，要因 X を変化させる状況を考える。また因果推論とは，因果関係の有無や大小を推論することである。とくに，データを用いた統計分析によって因果関係を調べることを，「統計的因果推論」と呼ぶ。本章で考えている例では，人々の間の信頼感や規範意識が高まると経済成長率が上昇する，という因果関係があるかどうかを，重回帰分析という因果推論の手法を用いて調べている，といえよう。

　経済学における因果推論の最大の問題は，要因 X だけを変化させることが難しいことである。経済学では観察データを用いた分析が主流である。本章の例では，都道府県間の信頼のばらつきを，信頼の変化と考えて，経済成長率との関連を調べている。本章では重回帰分析を行うことで，他の要因を一定としたうえでの信頼の影響を求めようとしている。しかし，観察データによる因果推論には限界があるため，近年は経済学でも，ランダム化比較実験（RCT）を用いた研究が盛んになってきている。

　内生と外生という問題は，因果推論の枠組みで考えることができる。要因 X が外生であるとは，要因 X を表す変数 X の観察値間のばらつきを，因果関係の定義における要因 X の変化と考えることができるということである。逆に，内生であるとは，変数 X のばらつきは，他の要因のばらつきと関係しているため，要因 X だけを変化させたという解釈ができないということである。そのため，要因 X を表す変数 X が内生である場合には，変数 X と要因 Y の関係を調べるだけでは，因果関係を解明することはできない。

的に内生である変数はない。考えているモデルによっては，誤差項と相関があり，内生変数になるということである。また，内生変数かどうかは，モデルに含まれる他の変数にも依存するのである。

　補足になるが，説明変数が内生であった場合にどのように対処するかは，計量経済学の主な研究課題の 1 つである。この章では欠落変数の問題を中心に扱っているが，他にも内生性をもたらす例は多い。そのため計量経済学では，この章で学習する重回帰分析の他にも，第 II 部で学習するパネルデータ分析における固定効果推定や操作変数法など多くの手法が，説明変数が内生である場合の対処法として開発されてきた。

第 5 章　重回帰モデルの推定と検定　149

| 例題 5.1 | |

> 子供の稽古事としてピアノは人気が高い。ピアノを習うことは，その後の学歴にどのような影響をもたらすかを調べるために，進学した高校の偏差値を，小学校3年生の時点でピアノを習っていたかどうかを示すダミー変数に回帰するとしよう。この場合，ピアノを習っていたか否かを示すダミー変数は外生変数であろうか，あるいは内生変数であろうか。

(解答例)

　ピアノを習っていたか否かを示すダミー変数は内生変数である恐れがある。ピアノを子供に習わせる親は，まずピアノ教室に通わせることができるだけの経済力を持つと考えることができる。しかし，親の経済力は，塾に通わせたり，よい教材を買い与えたりできるなど，高校進学にあたって学力を上げる手段をまかなうことができるという側面にもつながる。こうした手段は，進学した高校の偏差値を決める一因となるであろうから，この問題で考えている回帰モデルの誤差項に含まれていると思われる。したがって，ピアノを習っていたかどうかを示すダミー変数は，この回帰モデルの誤差項と相関していると考えることができる。他にも，ピアノを習わせることは，親の教育熱心さや，親の文化的な興味と相関していると考えられ，これらの要因も子供の学力に影響を与えると思われる。♠

 最小2乗法

　重回帰モデルの推定は，最小2乗法（OLS）によって行う。推定法自体は単回帰モデルの場合と基本的に同じである。また重回帰モデルのOLS推定量は単回帰のOLSを繰り返し行うことで得ることもできる。

| OLS 推定量 | 重回帰モデルの OLS 推定量は， |

OLS 推定量

$$\sum_{i=1}^{N}(Y_i - b_0 - b_1 X_{1i} - b_2 X_{2i} - \cdots - b_k X_{ki})^2 \qquad (5.4)$$

を最小化する $(b_0, b_1, b_2, \ldots, b_k)$

である。OLS 推定量の明示的な式は行列表記を使用しないと非常に複雑になってしまうため，ここでは省略する（巻末付録 B〔657 ページ〕を参照）。ただし，重回帰分析における OLS 推定量の式は単回帰分析の場合のものを拡張させたものであり，本質的に大きく異なる点があるわけではない。OLS 推定量を $(\hat{\beta}_0, \ldots, \hat{\beta}_k)$ とすると，Y_i の予測値は，$\hat{Y}_i = \hat{\beta}_0 + \hat{\beta}_1 X_{1i} + \cdots + \hat{\beta}_k X_{ki}$ であり，残差は $\hat{u}_i = Y_i - \hat{Y}_i$ である。

実証例 5.1　信頼と規範が経済成長に与える影響の重回帰分析

EMPIRICAL

　(5.3) 式のモデルの推定結果を紹介しよう。これは，信頼が経済成長に与える影響を，教育水準と初期時点での豊かさをコントロールしたうえで推定した結果である。推定結果は，

$$\widehat{経済成長率}_i = 6.049 + 0.021 \, 信頼_i$$
$$+ 2.612 \, 教育水準_i - 2.383 \, 初期時点対数 \, GDP_i \qquad (5.5)$$
$$N = 47$$

である。なお，まだ重回帰分析の標準誤差と決定係数は議論していないため，掲載していない。コントロール変数を用いると，信頼の係数推定値は (5.1) 式から大きく変化し，非常に小さくなった。信頼の指標と教育水準あるいは初期時点対数 GDP には相関があり，単回帰の結果では，教育水準や初期時点対数 GDP が経済成長率に与える影響も信頼の効果に含まれて計測されていたため，欠落変数のバイアスが発生して係数の値が本来のものよりも大きく推定されてしまった可能性がある。また，規範についても同じように，教育水準と初期時点での豊かさをコントロールしたうえで重回帰分析を行うことができる。推定結果は，

第 5 章　重回帰モデルの推定と検定　151

$$\widehat{\text{経済成長率}}_i = 5.291 + 0.338 \text{ 規範}_i$$
$$+ 4.387 \text{ 教育水準}_i - 1.991 \text{ 初期時点対数 GDP}_i$$
$$N = 47$$

であり，規範の係数推定値も (5.2) 式と比べて小さくなったことはわかるが，信頼の係数の変化ほどではない。

| FWL 定理 |

重回帰モデルの OLS 推定量は単回帰分析のOLS 推定を繰り返し行うことで求めることもできる。これを**フリッシュ゠ウォー゠ローヴェル定理**（Frisch-Waugh-Lovell 定理；**FWL 定理**）という。この結果は重回帰分析によって欠落変数のバイアスを回避する仕組みを理解するうえで重要である（なお，計算機が発達する以前は行列計算を行うことなしに重回帰分析の結果を計算するうえでも重要であったが，現在では，その意味での重要性は薄れている）。

FWL 定理を述べるために，まずは説明変数が 2 つ（X_i と W_i）の場合を考えよう。つまりモデルは

$$Y_i = \beta_0 + \beta_1 X_i + \beta_2 W_i + u_i$$

である。FWL 定理によると，この重回帰モデルの β_1 の OLS 推定値は，まず X_i を W_i に回帰し，次に Y_i も W_i に回帰し，2 つめの回帰で得た Y_i の残差を 1 つめの回帰で得た X_i の残差に回帰することで得られる推定値と同値になる。つまり，まず $X_i = \gamma_0 + \gamma_1 W_i + v_i$ という単回帰モデル（ただし v_i はこのモデルの誤差項）を OLS で推定し，$\tilde{X}_i = X_i - \hat{\gamma}_0 - \hat{\gamma}_1 W_i$ として残差を OLS 推定値 $(\hat{\gamma}_0, \hat{\gamma}_1)$ を使って計算する。次に $Y_i = \delta_0 + \delta_1 W_i + w_i$ という単回帰モデル（ただし w_i はこのモデルの誤差項）を OLS で推定し，$\tilde{Y}_i = Y_i - \hat{\delta}_0 - \hat{\delta}_1 W_i$ として残差を OLS 推定量 $(\hat{\delta}_0, \hat{\delta}_1)$ を使って計算する。そして，$\tilde{Y}_i = \alpha \tilde{X}_i + e_i$ という（定数項なしの）単回帰モデル（e_i はこのモデルの誤差項）を OLS で推定する。すると $\hat{\alpha}$ はもとの重回帰モデルの OLS 推定値の $\hat{\beta}_1$ と同じになるのである（章末の練習問題 5-12 では，この証明を扱う）。

一般的な FWL 定理は次のように述べることができる。

152　第 I 部　基礎編

$$Y_i = \beta_0 + \beta_1 X_{1i} + \beta_2 X_{2i} + \cdots + \beta_k X_{ki} + u_i$$

という重回帰モデルの β_1 の OLS 推定値は，次のように計算できる。まず，

$$X_{1i} = \gamma_0 + \gamma_2 X_{2i} + \cdots + \gamma_k X_{ki} + v_i$$

というモデルの係数の OLS 推定値を $(\hat{\gamma}_0, \hat{\gamma}_2, \ldots, \hat{\gamma}_k)$ として

$$\tilde{X}_{1i} = X_{1i} - \hat{\gamma}_0 - \hat{\gamma}_2 X_{2i} - \cdots - \hat{\gamma}_k X_{ki}$$

と置いて，X_{1i} の残差を計算する。次に，

$$Y_i = \delta_0 + \delta_2 X_{2i} + \cdots + \delta_k X_{ki} + w_i$$

という回帰モデルを OLS で推定し，残差を取る。このモデルには X_{1i} が含まれていないことに注意されたい。OLS 推定値を $(\hat{\delta}_0, \hat{\delta}_2, \ldots, \hat{\delta}_k)$ とする。残差は，

$$\tilde{Y}_i = Y_i - \hat{\delta}_0 - \hat{\delta}_2 X_{2i} - \cdots - \hat{\delta}_k X_{ki}$$

と計算できる。そして，$\tilde{Y}_i$ を $\tilde{X}_i$ に定数項を含めずに回帰すると，$\hat{\beta}_1$ を得る。

FWL 定理に基づく重回帰モデルの OLS 推定量の表現

$$\hat{\beta}_1 = \frac{\sum_{i=1}^{N} \tilde{X}_{1i} \tilde{Y}_i}{\sum_{i=1}^{N} \tilde{X}_{1i}^2} \tag{5.6}$$

ただし，$\tilde{X}_{1i}$ は X_{1i} を他の説明変数に回帰した残差であり，$\tilde{Y}_i$ は Y_i を X_{1i} 以外の説明変数に回帰した残差である。

なお，一般的な場合の FWL 定理の証明は，行列を使用しないと難しいため，巻末付録 B（664 ページ）で議論することにする。さらに，$\tilde{Y}_i$ を $\tilde{X}_{1i}$ に定数項を含めずに回帰した残差は，もとの重回帰モデルの OLS 推定から得られる残差と同じになることも証明できる。

第 5 章 重回帰モデルの推定と検定 153

実証例 5.2　FWL 定理の確認

FWL 定理の結果を確かめるために実際のデータの例を見てみよう。先ほどの (5.5) 式にある

$$\widehat{経済成長率}_i = 6.049 + 0.021\, 信頼_i$$
$$+ 2.612\, 教育水準_i - 2.383\, 初期時点対数 GDP_i$$

という推定結果を使用する。FWL 定理の応用によって，信頼の係数推定値である 0.021 を得てみよう。まず，信頼を教育水準と初期時点対数 GDP に回帰する。推定結果は，

$$\widehat{信頼}_i = 2.674 - 11.289\, 教育水準_i - 1.025\, 初期時点対数 GDP_i$$

である。そして，$\widetilde{信頼}_i = 信頼_i - 2.674 + 11.289\, 教育水準_i + 1.025\, 初期時点対数 GDP_i$，として残差を求める。次に経済成長率を教育水準と初期時点対数 GDP に回帰すると，

$$\widehat{経済成長率}_i = 6.104 + 2.380\, 教育水準_i - 2.404\, 初期時点対数 GDP_i$$

となる。$\widetilde{経済成長率}_i = 経済成長率_i - 6.104 - 2.380\, 教育水準_i + 2.404\, 初期時点対数 GDP_i$，として残差を計算する。$\widetilde{経済成長率}_i$ を $\widetilde{信頼}_i$ に定数項を含めずに回帰すると，

$$\widehat{\widetilde{経済成長率}}_i = 0.021\, \widetilde{信頼}_i$$

という結果が得られ，同じ係数の値 0.021 を得ることができる。

FWL 定理には，被説明変数もコントロール変数に回帰した残差を使用する形のものもある。つまり，Y_i を $\tilde{X}_{1i}$ に回帰することでも $\hat{\beta}_1$ を得ることができる。

> **COLUMN** *5-3* フリッシュ：計量経済学の創始者

ラグナル・フリッシュ
写真：Wikimedia Commons

　フリッシュ＝ウォー＝ローヴェル定理のフリッシュとは，ノルウェーの経済学者のラグナル・フリッシュ（Ragnar Frisch, 1895-1973）のことである。フリッシュは，計量経済学の創始者といっても過言ではない。計量経済学（Econometrics）という言葉もフリッシュによって考案された。ちなみにマクロ経済学（Macroeconomics）やミクロ経済学（Microeconomics）という言葉も彼によるものである。経済学における最も代表的な世界規模の学会であるエコノメトリック・ソサエティ（Econometric Society）の創始者の一人であり，現在でも経済学で最も権威ある学術雑誌の1つとしての地位を維持している『エコノメトリカ』（*Econometrica*）の初代編集長を務めた。彼は，ノーベル経済学賞の最初の受賞者でもある。彼の研究以降，計量経済学は大きく進展したため，現代ではフリッシュ＝ウォー＝ローヴェル定理以外では労働供給のフリッシュ弾性値ぐらいでしか名前を聞く機会はないかもしれない。しかし，計量経済学という学問分野が存在するということ自体が，彼の業績の偉大さを示しているといえるであろう。

（参考文献）　依田高典 (2013)『現代経済学（改訂新版）』放送大学教育振興会。

FWL 定理に基づく重回帰モデルの OLS 推定量の別表現

$$\hat{\beta}_1 = \frac{\sum_{i=1}^{N} \tilde{X}_{1i} Y_i}{\sum_{i=1}^{N} \tilde{X}_{1i}^2} \tag{5.7}$$

ただし，$\tilde{X}_{1i}$ は X_{1i} を他の説明変数に回帰した残差である。

ただし，被説明変数にもとの変数を使う場合には，残差の値は重回帰分析のものとは異なる。

実証例 5.3　FWL 定理の別表現の確認　

　(5.7) 式の結果を (5.5) 式の例で確かめてみよう。経済成長率を 信頼 に定数項なしで回帰すると，

$$\widehat{経済成長率}_i = 0.021 \widetilde{信頼}_i$$

となり，やはり係数推定値として 0.021 を得ることができる。

　FWL 定理は，重回帰分析によって欠落変数を回避する仕組みを理解するうえで重要である。この点は (5.7) 式の表現に基づいたほうが理解しやすいであろう。X_{1i} を $X_{2i}, \ldots, X_{ki}$ に回帰して，その残差を取るということは，X_{1i} から $X_{2i}, \ldots, X_{ki}$ と関連している部分を取り除く作業と見なすことができる。つまり，$\tilde{X}_{1i}$ は X_{1i} のうちで欠落変数バイアスをもたらす要素とは無関係な部分である。別の言い方をすると，X_{1i} のうち $\tilde{X}_{1i}$ が外生的な部分であり，$X_{1i} - \tilde{X}_{1i}$ が内生的な部分である。そのため，Y_i を $\tilde{X}_{1i}$ に回帰することで，欠落変数の問題を回避して X_{1i} の影響を求めることができるのである。

自由度修正済み決定係数

　重回帰モデルのデータへの当てはまりの良さを評価する指標としては，単回帰のときと同じように決定係数 R^2 を使用する。しかし，決定係数には，モデルに含める変数を増やせば増やすほど 1 に近づいていくという欠点があるため，通常は，モデルに入っている変数の数を調整した **自由度修正済み決定係数** (adjusted R^2) を使用することが多い。

通常の決定係数　　まず，決定係数 R^2 は単回帰分析の場合と同じように

決定係数

$$R^2 = \frac{\sum_{i=1}^{N}(\hat{Y}_i - \bar{Y})^2}{\sum_{i=1}^{N}(Y_i - \bar{Y})^2}$$

と定義する。以下の議論のために，残差平方和を用いた

$$R^2 = 1 - \frac{\sum_{i=1}^{N} \hat{u}_i^2}{\sum_{i=1}^{N} (Y_i - \bar{Y})^2}$$

という表現も再掲しておこう。

　先にも述べたように決定係数には，モデルに含める変数を増やせば増やすほど 1 に近づくという欠点がある。このことを見るために，

$$Y_i = \beta_0 + \beta_1 X_{1i} + \cdots + \beta_k X_{ki} + u_i$$

というモデルに，$X_{k+1,i}$ という変数を加えた

$$Y_i = \beta_0 + \beta_1 X_{1i} + \cdots + \beta_k X_{ki} + \beta_{k+1} X_{k+1,i} + u_i$$

というモデルを設定し，両者を比較しよう。この 2 つのモデルの R^2 の違いは残差平方和だけにあることを注意しよう。最初のモデルの残差平方和は

$$\min_{\beta_0, \beta_1, \ldots, \beta_k} \sum_{i=1}^{N} (Y_i - \beta_0 - \beta_1 X_{1i} - \cdots - \beta_k X_{ki})^2 \tag{5.8}$$

である。2 つめの $X_{k+1,i}$ を加えたモデルの場合は，

$$\min_{\beta_0, \beta_1, \ldots, \beta_k, \beta_{k+1}} \sum_{i=1}^{N} (Y_i - \beta_0 - \beta_1 X_{1i} - \cdots - \beta_k X_{ki} - \beta_{k+1} X_{k+1,i})^2 \tag{5.9}$$

である。しかし，よく見ると，(5.9) 式の最小化問題に $\beta_{k+1} = 0$ という制約をつけると，(5.8) 式の最小化問題になる。つまり，(5.8) 式は (5.9) 式の特殊例であり，(5.9) 式に $\beta_{k+1} = 0$ という制約を付けた制約付き最小化問題となっている。最小値は常に制約の少ないほうが小さいので，残差平方和は $X_{k+1,i}$ の入った（つまり，$\beta_{k+1} = 0$ という制約のない）モデルのほうが小さくなる。このことの問題は $X_{k+1,i}$ がどんな変数であっても，加えることで R^2 は大きくなるということである。たとえば，$X_{k+1,i}$ がデータとは無関係にコンピュータで乱数発生させてつくったような変数でも，R^2 の値は 1 に近づいてしまう。そのため，重回帰分析においては，R^2 の値は，モデルの当てはまりの良さの尺度としては，適切でない場合がある。

自由度修正済み決定係数　　　　自由度修正済み決定係数 $\bar{R}^2$ は，上記の R^2 の問題を解決するために，変数の数を調整した尺

第 5 章　重回帰モデルの推定と検定　157

度であり，以下のように定義される。

自由度修正済み決定係数

$$\bar{R}^2 = 1 - \frac{N-1}{N-k-1}\frac{\sum_{i=1}^{N}\hat{u}_i^2}{\sum_{i=1}^{N}(Y_i - \bar{Y})^2}$$

ただし，k はモデルに含まれる（定数項以外の）変数の数である。変数の数を増やすと $\sum_{i=1}^{N}\hat{u}_i^2$ が小さくなるが $(N-1)/(N-k-1)$ の項が大きくなるため，変数の数を増やしても必ずしも $\bar{R}^2$ が大きくなるとは限らない。追加した変数が十分に残差平方和 $\sum_{i=1}^{N}\hat{u}_i^2$ を減らす場合に限って，$\bar{R}^2$ は大きくなるのである。そのため，重回帰分析の場合にはモデルの当てはまりの尺度としては，R^2 よりも $\bar{R}^2$ のほうが適切であるといえるだろう。ただし，$\bar{R}^2$ は 0 よりも下回ることがあるので注意が必要である。また，他の解釈として，自由度修正済み決定係数は，1 から Y_i と u_i の分散の不偏推定量の比を引いたものであると考えることもできる。つまり，$\sum_{i=1}^{N}\hat{u}_i^2/(N-k-1)$ は $\mathrm{E}(u_i^2)$ の不偏推定量であり，また $\sum_{i=1}^{N}(Y_i - \bar{Y})^2/(N-1)$ は $\mathrm{Var}(Y_i)$ の不偏推定量である。その比を取って，1 から引いたものが $\bar{R}^2$ である。

以降，本書では OLS 推定の結果を記載する場合には，自由度修正済み決定係数 $\bar{R}^2$ を使用することとする。単回帰分析においては通常の決定係数を使用してもよいだろうが，単回帰分析の結果と重回帰分析の結果を比較することもあるため，$\bar{R}^2$ を使用することに統一したほうがよいだろう。単回帰分析でも R^2 と $\bar{R}^2$ は，わずかであるが値が異なる。

注 意 点　決定係数の値が重要であるかどうかは，分析の目的に依存し，分析の目的によっては高い決定係数（あるいは自由度修正済み決定係数）を出すモデルが良いモデルとは限らない。この章では主に，ある説明変数の影響を正しく推定するために重回帰を行う，という流れで説明をしてきた。この目的の場合は，重回帰モデルに含める変数は欠落変数のバイアスを避けるために選ばれるべきであり，結果として選ばれたモデルの決定係数が低くとも，欠落変数のバイアスが回避できているのであれば問題はない。また，ある変数をモデルに含めるかどうかも欠落変数の観点から判断するべきであって，決定係数を上げる変数でも欠落変数の観点か

らは適切でない場合もある。

　一方で，分析の目的が被説明変数の値の予測である場合は，決定係数は重要な指標になる。モデルの当てはまりが良いということは予測誤差が小さいことを意味するため，決定係数を改善する変数は予測の観点からは重要な変数となる。ただ，本書では重回帰分析の予測問題への適用は議論しない。予測問題に興味のある読者は，Diebold (2015) などを参照されたい。

OLS 推定量の理論

　重回帰モデルの OLS 推定量は，以下に述べる仮定のもとで，不偏性，一致性さらに漸近正規性を持つ（これらの理論的性質の証明は，巻末付録 B〔658 ページ〕を参照）。また漸近正規であることから，係数の値に関する仮説検定や係数の信頼区間の導出などは，単回帰の場合と同様に行うことができる。

重回帰分析の仮定

重回帰分析のための仮定は以下の通りである。

仮定 5.1（重回帰モデルの OLS 推定のための仮定）
(1) [i.i.d.] $(Y_i, X_{1i}, \ldots, X_{ki})$, $i = 1, \ldots, N$ は独立同一分布に従う。
(2) [外生性] $\mathrm{E}(u_i | X_{1i}, \ldots, X_{ki}) = 0$ が成り立つ。
(3) [異常値がない] $(X_{1i}, \ldots, X_{ki}, u_i)$ は 4 次までのモーメントを持つ。
(4) [多重共線性がない] 任意の $\sum_{j=0}^{k} a_j^2 = 1$ となる $a_0, \ldots, a_k$ について，$\mathrm{E}[(a_0 + a_1 X_{1i} + \cdots + a_k X_{ki})^2] > 0$ が成り立つ。

　これらの仮定のうち (1) から (3) は単回帰の場合と似ているため，ここで簡単に解説するにとどめる。一方で仮定 (4) は，重回帰分析に特徴的な仮定であるため，節を改めて本章 5 節で詳しく解説する。仮定 (1) は i.i.d. の仮定であり，無作為標本の場合には満たされる。仮定 (2) は誤差項と説明変数の間には相関がないということを意味する。なお，実はより緩い仮定のもとでも興味のある係数を推定できることがわかっている。この点については，本章 7 節で解説する。仮定 (3) は異常値がないという仮定である。

| OLS 推定量の性質 | 仮定 5.1 のもとで，OLS 推定量は，不偏性，一致性，漸近正規性を持つ。 |

OLS 推定量の不偏性

仮定 5.1 のもとで，$(\hat{\beta}_0, \ldots, \hat{\beta}_k)$ は不偏推定量である。つまり，

$$\mathrm{E}(\hat{\beta}_j) = \beta_j, \quad j = 0, 1, \ldots, k$$

OLS 推定量の一致性

仮定 5.1 のもとで，$N \to \infty$ のとき，$(\hat{\beta}_0, \ldots, \hat{\beta}_k)$ は一致推定量である。つまり，

$$\hat{\beta}_j \xrightarrow{p} \beta_j, \quad j = 0, 1, \ldots, k$$

OLS 推定量の漸近正規性

仮定 5.1 のもとで，$N \to \infty$ のとき，$(\hat{\beta}_0, \ldots, \hat{\beta}_k)$ は漸近正規性を持つ。つまり，

$$\sqrt{N}(\hat{\beta}_j - \beta_j) \xrightarrow{d} N(0, V_j), \quad j = 0, 1, \ldots, k$$

ただし，V_j は X_{ji} を他のすべての説明変数に回帰した残差を $\tilde{X}_{ji}$ として（本章 2 節の FWL 定理を参照）

$$\frac{\sum_{i=1}^{N} \tilde{X}_{ji}^2 u_i^2 / N}{\left(\sum_{i=1}^{N} \tilde{X}_{ji}^2 / N \right)^2}$$

の確率極限である。

漸近分散の式は単回帰分析の場合の (4.29) 式（124 ページ）における X を $\tilde{X}_{ji}$ で置き換えたものと考えることができる。$\tilde{X}_{ji}$ は残差なので平均 0 であり，$\sum_{i=1}^{N} \tilde{X}_{ji}^2 / N$ は $\tilde{X}_{ji}$ の標本分散であり，また，$\sum_{i=1}^{N} \tilde{X}_{ji}^2 u_i^2 / N$ が $\tilde{X}_{ji} u_i$ の分散に相当することもすぐに見て取れよう。なお，上記の結果は，$(\hat{\beta}_0, \ldots, \hat{\beta}_k)$ が個別に漸近的に正規分布に従うことを示しているが，第 3 章で見たように，

160　第 I 部　基礎編

これだけでは $(\hat{\beta}_0, \ldots, \hat{\beta}_k)$ が同時に漸近正規分布に従うことを示しているわけではない。しかし，$(\hat{\beta}_0, \ldots, \hat{\beta}_k)$ は同時に漸近正規になることを証明することができる（巻末付録 B 参照）。そのため，これらの係数の推定量を線形に組み合わせたものも正規分布になる。たとえば，$\hat{\beta}_1 + \hat{\beta}_2$ や $\hat{\beta}_1 - \hat{\beta}_2$ は漸近的に正規分布に従う。

係数の値に関する仮説の検定や係数の信頼区間の構築は，漸近正規であることから単回帰の場合と同様に行うことができる。係数推定値の標準誤差は，一般的には行列表記から出すこともできるが，FWL 定理から明示的に書くこともできる。たとえば，$\hat{\beta}_1$ の標準誤差は，

OLS 推定量の標準誤差

$$SE(\hat{\beta}_1) = \sqrt{\frac{1}{N} \frac{\sum_{i=1}^{N} \tilde{X}_{1i}^2 \hat{u}_i^2 / N}{(\sum_{i=1}^{N} \tilde{X}_{1i}^2 / N)^2}} \qquad (5.10)$$

となる。この標準誤差は不均一分散に頑健なものである。ただし，第 4 章でも述べたように，サンプルサイズが小さい場合は過小推定になりやすいため，自由度を調整した（分子の N を $N - K - 1$ に代える）方法があり，（自由度修正ホワイト標準誤差）本書の実証例ではこちらを用いている。第 4 章 5 節の (4.30) 式と (4.33) 式（125-126 ページ）にある単回帰分析の場合の標準誤差の式と比べると，それらの式の X_i を $\tilde{X}_{1i}$ で置き換えて，$\tilde{X}_{1i}$ の標本平均が 0 であることに注意すると，重回帰分析における標準誤差を得ることができることがわかる。仮説検定も (4.35) 式（127 ページ）と同じような t 統計量を使用することでできる。たとえば，

$$H_0 : \beta_1 = \beta_1^0$$

という仮説は

第 5 章 重回帰モデルの推定と検定 161

t 統計量

$$t = \frac{\hat{\beta}_1 - \beta_1^0}{SE(\hat{\beta}_1)}$$

という t 統計量を用いて検定できる。有意水準が 5% の両側検定を行うなら，$|t| > 1.96$ のときに帰無仮説を棄却するとよい。また両側検定の p 値は，$\Phi(\cdot)$ を標準正規分布関数として $2(1 - \Phi(|t|))$ である。信頼区間は，信頼水準が 95% であるなら，

OLS 推定量に基づく 95% 信頼区間

$$(\hat{\beta}_1 - 1.96 \times SE(\hat{\beta}_1), \quad \hat{\beta}_1 + 1.96 \times SE(\hat{\beta}_1))$$

として求めることができる。この信頼区間の式は第 4 章 6 節にある式（128 ページ）と同じものであり，ただ使用する標準誤差が異なるだけである。

重回帰モデルの OLS 推定量は本章 2 節（152 ページ）で述べたように FWL 定理によって，単回帰分析の OLS 推定を繰り返し行うことで求めることができる。しかし，そのようにして推定値を得る場合には，標準誤差の計算には注意が必要である。(5.6) 式にあるように，$\tilde{Y}_i$ を $\tilde{X}_{1i}$ に回帰する場合には，第 4 章 5 節で学習した単回帰分析のための標準誤差の式をそのまま使用すると，(5.10) 式と同じ標準誤差を得ることができる。なぜなら，$\tilde{Y}_i$ を $\tilde{X}_{1i}$ に回帰したときの残差は $\hat{u}_i$ と同じになるからである。一方で，(5.7) 式にあるように，Y_i を $\tilde{X}_{1i}$ に回帰した場合は，単回帰分析のための標準誤差の式を使用しても，適切な標準誤差を得ることができない。なぜなら，Y_i を $\tilde{X}_{1i}$ に回帰したときの残差には，$\hat{u}_i$ に加えて，X_{1i} 以外の説明変数の影響も含まれているからである。

実証例 5.4　信頼と規範が経済成長に与える影響の重回帰分析の標準誤差

先ほどから議論している経済成長率と信頼についての重回帰分析の結果を，標準誤差も加えて掲載しよう。推定結果は，

$$\widehat{経済成長率}_i = \underset{(0.426)}{6.049} + \underset{(0.076)}{0.021}\,信頼_i + \underset{(2.709)}{2.612}\,教育水準_i$$

$$- \underset{(0.491)}{2.383}\,初期時点対数 \text{GDP}_i$$

$$\bar{R}^2 = 0.531, \quad N = 47$$

である。信頼の係数推定値の標準誤差は 0.076 であり，t 統計量は $0.021/0.076 = 0.276$ のため，信頼の係数は統計的に有意でない。また推定値も小さく，経済学的にも信頼が経済成長に与える影響がどれほど重要であるかについては疑問が残る結果となった。一方で単回帰分析の場合では，推定された信頼の効果は経済学的に見ても大きく，また統計的にも有意であった。以上の例は，重回帰分析を用いて欠落変数バイアスを避けることの重要性を示唆している。

一方で，規範についても同じように，教育水準と初期時点での豊かさをコントロールしたうえで重回帰分析を行った推定結果は，

$$\widehat{経済成長率}_i = \underset{(0.668)}{5.291} + \underset{(0.137)}{0.338}\,規範_i + \underset{(1.961)}{4.387}\,教育水準_i$$

$$- \underset{(0.575)}{1.991}\,初期時点対数 \text{GDP}_i \tag{5.11}$$

$$\bar{R}^2 = 0.614, \quad N = 47$$

である。規範の係数の t 値は $0.338/0.137 = 2.467$ であり，係数は 5% の有意水準で統計的に有意である。規範の係数の 95% 信頼区間は，

$$(0.338 \pm 1.96 \times 0.137) = (0.06948,\ 0.60652)$$

と計算できる。したがって，規範が経済成長率に与える影響は統計的に有意であることが確認された。また係数推定値の値は小さくなく，経済学的にも十分に大きいので，規範は経済成長率に重要な影響を及ぼしていると思われる。

例題 5.2

(5.11) 式の推定結果に基づいて、教育水準の t 値を計算し、教育水準の係数が 5% の有意水準で有意かどうかを検定しなさい。また、教育水準の係数の 95% 信頼区間を求めなさい。

（解答例）

t 値は、$4.387/1.961 \approx 2.237$ であり、5% の有意水準で係数が 0 であるという帰無仮説は棄却され、係数は有意といえる。95% 信頼区間は、$(4.387 \pm 1.96 \times 1.961) = (0.54344, 8.23056)$ である。♠

SECTION 5 多重共線性

この節では、重回帰分析の OLS 推定量の仮定である **多重共線性** (multicollinearity) についての解説を行う。前節で見たように OLS 推定量が望ましい性質を持つには、多重共線性がないという仮定 5.1(4) が必要であった。この仮定の意味するところは、基本的には「同じ変数を複数、モデルに含めてはいけない」ということである。しかし、ここでの「同じ変数」という言葉は、通常イメージされるよりも広い意味で用いられているので注意が必要となる。

多重共線性の例

多重共線性が発生する最も単純なケースは、まったく同じ変数がモデルに複数登場することである。たとえば次の

$$Y_i = \beta_0 + \beta_1 X_{1i} + \beta_2 X_{2i} + u_i$$

というモデルを考えよう。$X_{1i} = X_{2i}$ が常に成り立つとする。仮定 5.1(4) では $\sum_{j=0}^{k} a_j^2 = 1$ となる $a_0, \ldots, a_k$ を考えたが、この例の場合 $a_0 = 0$, $a_1 = 1/\sqrt{2}$ かつ $a_2 = -1/\sqrt{2}$ とすると、$a_0^2 + a_1^2 + a_2^2 = 1$ であり、$a_0 + a_1 X_{1i} + a_2 X_{2i} = 0$ であるので、仮定 5.1(4) は満たされない。また OLS 推定を考えても、

$$\sum_{i=1}^{N}(Y_i - b_0 - b_1 X_{1i} - b_2 X_{2i})^2$$

が $(\hat{b}_0, \hat{b}_1, \hat{b}_2)$ で最小値を取るとしても，$(\hat{b}_0, \hat{b}_1 + \hat{b}_2, 0)$ でも同じ最小値を取ることができるため，最小値が一意に決まらない．実際，この場合に最小値を取る (b_0, b_1, b_2) の組み合わせは無限にある．またモデルに同じ変数を入れてはいけないという制約は，回帰モデルを解釈するうえでも自然であろう．このモデルでは，β_1 は X_{1i} の影響を表すが X_{1i} と X_{2i} が完全に同じであれば，X_{1i} からの影響と X_{2i} からの影響を区別することはできず，したがって β_1 と β_2 を区別することも不可能である．このように，データから複数のパラメータを区別することができないことを，識別 (identification) ができない，という．

例題 5.3

上記の例について，$(\hat{b}_0, \hat{b}_1, \hat{b}_2)$ で最小値を取るとすると，$(\hat{b}_0, \hat{b}_1 + \hat{b}_2, 0)$ でも同じ最小値を取ることを証明しなさい．

（解答例）

$X_{1i} = X_{2i}$ であるので，

$$\hat{b}_1 X_{1i} + \hat{b}_2 X_{2i} = \hat{b}_1 X_{1i} + \hat{b}_2 X_{1i} = (\hat{b}_1 + \hat{b}_2)X_{i1}$$

となる．したがって，

$$\sum_{i=1}^{N}(Y_i - \hat{b}_0 - \hat{b}_1 X_{1i} - \hat{b}_2 X_{2i})^2 = \sum_{i=1}^{N}[Y_i - \hat{b}_0 - (\hat{b}_1 + \hat{b}_2)X_{1i}]^2$$

となり，$(\hat{b}_0, \hat{b}_1, \hat{b}_2)$ のもとでの値と，$(\hat{b}_0, \hat{b}_1 + \hat{b}_2, 0)$ のもとでの値は同じになる．よって $(\hat{b}_0, \hat{b}_1, \hat{b}_2)$ のもとで最小値が得られるのであれば，$(\hat{b}_0, \hat{b}_1 + \hat{b}_2, 0)$ のもとでも最小値が得られる．♠

多重共線性の定義　一般的には，多重共線性がないという仮定は「説明変数の間に線形関係がないという仮定である」と読み替えることができる．これは，どのような $(a_0, a_1, \ldots, a_k)$ を持ってきても，$a_j, j = 0, 1, \ldots, k$ がすべて 0 でない限り，すべての i について

$$a_0 + a_1 X_{1i} + \cdots + a_k X_{ki} = 0$$

とはできない，という意味である．たとえば，X_{1i} と X_{2i} が数値上は異なる変数でも $1 + X_{1i} + X_{2i} = 0$ が常に成り立つようでは，多重共線性が発生してしまうのである．

ダミー変数の罠

多重共線性はデータを注意深く見ておけば通常は回避可能であるが，比較的よく問題になるのは，次に述べる**ダミー変数の罠**（dummy variable trap）である．

まず簡単な例を挙げよう．F_i を女性を表すダミー変数とし，M_i を男性を表すダミー変数とする．$F_i = 1$ なら女性で $F_i = 0$ なら男性とする．一方で $M_i = 1$ なら男性で $M_i = 0$ なら女性である（すべての個人は女性か男性かに分類できるとする）．この場合，F_i，M_i と定数項をすべてモデルに含め，

$$Y_i = \beta_0 + \beta_1 F_i + \beta_2 M_i + u_i$$

というモデルを推定しようとすると，多重共線性の問題が発生する．これは，$F_i + M_i = 1$ が常に成り立つため，$-1/\sqrt{3} + 1/\sqrt{3}F_i + 1/\sqrt{3}M_i = 0$ が成り立つためである．

一般には，ダミー変数の罠とは，

ダミー変数の罠

ダミー変数の組が，(1) どれか 1 つのダミー変数が 1 なら他は 0 となる（排他性, exclusiveness），(2) どれか 1 つのダミー変数は常に 1 である（網羅性, exhaustiveness），の 2 つの条件を満たす場合，このダミー変数の組と定数項をともにモデルに含めると，多重共線性の問題が発生すること

と定義される．

この問題は，どれか 1 つのダミー変数，あるいは定数項をモデルから落とすことで，解消される．ただし，どの変数を落とすかで係数の解釈が変わるので注意が必要である．引き続き，性別のダミー変数を使用する場合を考えよう．定数項と F_i と M_i を入れたモデル

$$Y_i = \beta_0 + \beta_1 F_i + \beta_2 M_i + u_i$$

はダミー変数の罠に陥るため推定できない。一方で，M_i を落としたモデルである

$$Y_i = \beta_0 + \beta_1 F_i + u_i$$

は推定可能である。これは第4章1節「さまざまな回帰モデル」(106ページ) で見たように，β_0 は，$F_i = 0$ の場合，つまり男性の平均的な Y_i の値を表し，β_1 は女性と男性の Y_i の平均的な差となる。また，F_i を落としたモデルである

$$Y_i = \beta_0 + \beta_1 M_i + u_i$$

も推定可能であるが，係数の解釈が異なる。この場合，β_0 は女性の平均的な Y_i の値を表し，β_1 は男性と女性の Y_i の平均的な差となるが，先ほどの M_i を落としたときとは符号が逆になる。また定数項を落として，

$$Y_i = \beta_1 F_i + \beta_2 M_i + u_i$$

というモデルを推定することもできる。この場合は，β_1 は女性の平均的な Y_i の値となり，β_2 は男性の平均的な Y_i の値となる。

例題 5.4

世界の国々のデータを考え，D_i を先進国，E_i を発展途上国，O_i を産油国のダミー変数とする。すべての国は，これらのいずれかに分類されるとする。この場合，D_i，E_i，O_i と定数項をモデルに含めると，ダミー変数の罠に陥ることを確認しなさい。

次に個人のデータを考え，M_i を男性，F_i を女性のダミー変数とする。さらに U_i を大学卒業のダミー変数，H_i を大学を卒業していないダミー変数とする。この場合，M_i，F_i，U_i，H_i と定数項をモデルに含めると多重共線性の問題が発生することを確認しなさい。さらに，定数項を落とし，M_i，F_i，U_i，H_i の4つのダミー変数をモデルに含める場合でも，多重共線性の問題が発生することを確認しなさい。なお，このような場合でも「ダミー変数の罠」と呼ぶ。

（解答例）

すべての国は，D_i，E_i，O_i のいずれかが 1 で，その 1 つだけが 1 であるので，$D_i + E_i + O_i = 1$ となり，ダミー変数の罠が陥る。

$M_i + F_i = 1$ かつ $U_i + H_i = 1$ が成り立っているので，$M_i + F_i = U_i + H_i$ となり，M_i，F_i，U_i，H_i の 4 つのダミー変数をモデルに含めると多重共線性の問題が発生する。さらに定数項を加えた場合も，当然，多重共線性の問題が発生する。♠

非線形モデル

重回帰の手法は，非線形モデルを考えるうえでも有用である。非線形モデルは，説明変数の効果が一定でなく，その効果が何らかの変数に依存する状況を表現したい場合に有用である。とくに変数の効果がその変数自体の値に依存する場合は，**多項式モデル**（polynominal model）を用い，他の変数の値に依存する場合は，**交互作用モデル**（interaction model）を用いる。これらの非線形モデルは，重回帰分析の手法を用いることで推定や統計的推測をすることができる。なお，ここでは，変数について非線形だが，係数については線形のモデルを考える。ちなみに第 8 章で扱うモデルには，係数についても非線形なものがある。

多項式モデルと交互作用モデル**

計量分析でよく使用される非線形モデルは，多項式モデルと交互作用モデルである。多項式モデルとは，変数の 2 乗項や 3 乗項の入ったモデルである。k 次の多項式モデルは，

多項式モデル

$$Y_i = \beta_0 + \beta_1 X_i + \beta_2 X_i^2 + \cdots + \beta_k X_i^k + u_i$$

である。一方，交互作用モデルとは，複数の変数の**交差項**（interaction term）が入ったモデルである。たとえば，

交互作用モデル

$$Y_i = \beta_0 + \beta_1 X_{1i} + \beta_2 X_{2i} + \beta_3 X_{1i} X_{2i} + u_i \tag{5.12}$$

は交互作用モデルであり，$X_{1i} X_{2i}$ が X_{1i} と X_{2i} の交差項である。

これらの非線形モデルは，説明変数の影響が一定ではない状況を捉えるために使用される。たとえば，次の2次多項式モデル

$$Y_i = \beta_0 + \beta_1 X_i + \beta_2 X_i^2 + u_i$$

を考えよう。このモデルにおいて，X_i の値を，1つ増やしたときの Y_i の値の変化を見ると，

$$\beta_0 + \beta_1 (X_i + 1) + \beta_2 (X_i + 1)^2 + u_i - (\beta_0 + \beta_1 X_i + \beta_2 X_i^2 + u_i)$$
$$= \beta_1 + 2\beta_2 X_i + \beta_2$$

となる。この変化の値は，X_i の値に依存する。通常は，X_i の微少な変化の影響を見るため，多項式モデルを X_i について微分して

$$\frac{\partial(\beta_0 + \beta_1 X_i + \beta_2 X_i^2)}{\partial X_i} = \beta_1 + 2\beta_2 X_i \tag{5.13}$$

という形で限界効果（marignal effect）を調べることが多い。さらに，効果が X_i に依存するので，(5.13) 式に $\bar{X}$ を代入して，次の平均限界効果（average marginal effect），

$$\beta_1 + 2\beta_2 \bar{X} \tag{5.14}$$

もよく用いられている。

交互作用モデルでは，ある変数の変化の効果は他の変数に依存する。たとえば，(5.12) 式において，X_{1i} の値を1つ増やすと，

$$\beta_1 + \beta_3 X_{2i}$$

だけ Y_i の値は変化する。限界効果も同じ式になる。つまり，X_{1i} の変化の影響は X_{2i} の値に依存する。交互作用モデルの平均限界効果は，

第5章 重回帰モデルの推定と検定 169

$$\beta_1 + \beta_3 \bar{X}_2$$

であり，これを報告することも多い。

これらの非線形モデルは，重回帰分析の手法を用いて分析することができる。つまり，推定は OLS で行うことができ，また検定や信頼区間の構築も通常の重回帰分析の場合とまったく同じように行うことができる。多項式モデルの場合は，Y_i を $(X_i, X_i^2, \ldots, X_i^k)$ という変数の組に回帰するとよい。なお，X_i と X_i^2 は X_i が連続変数であれば，線形関係になく，多重共線性の問題は発生しない（章末の練習問題 5-5 を参照）。

ただし，係数の解釈には，注意が必要となる。非線形モデルにおいては，各係数の値を解釈することは容易ではない。たとえば，多項式モデルにおいて β_1 は X_i の変化の効果とは解釈できない。あくまでも，限界効果，あるいは平均限界効果を解釈の対象とするべきである。また，$\beta_1 = 0$ という帰無仮説の検定をしたところで，X_i が Y_i に与える効果があるかないかの検証はできないことも覚えておく必要がある。X_i がはたして Y_i に影響を与えているかどうかを見るためには，$\beta_1 = 0,\ \beta_2 = 0, \ldots, \beta_k = 0$ という複数の係数に関する検定をする必要がある。こうした複数の係数に関わる検定は本章 7 節で議論する。

実証例 5.5　信頼と規範が経済成長に与える影響の多項式モデル

EMPIRICAL

多項式モデルの例として，経済成長率と初期時点 GDP（注：ここでは対数は取っていない）の関係を 2 次多項式モデルに当てはめてみよう。推定結果は，

$$\widehat{経済成長率}_i = \underset{(1.385)}{6.519} - \underset{(0.708)}{1.226}\ 初期時点\ GDP_i$$

$$+ \underset{(0.089)}{0.089}\ 初期時点\ GDP_i^2 \tag{5.15}$$

$$\bar{R}^2 = 0.530, \quad N = 47$$

となる。図 5-1 に散布図と推定された回帰関数を表示している。初期時点 GDP が 3 であれば，限界効果は (5.13) 式に当てはめて

170　第 I 部　基礎編

FIGURE 図 5-1 ● 散布図と推定された回帰曲線

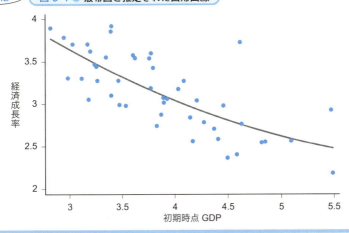

$$-1.226 + 2 \times 0.089 \times 3 = -0.692$$

となる。また平均限界効果は，初期時点 GDP の平均値が 3.876 であるので，(5.14) 式から

$$-1.226 + 2 \times 0.089 \times 3.876 \approx -0.536$$

と求まる。また，2 乗項の係数は有意でない（t 値が $0.089/0.089 = 1$）ため，真の関係が線形であるという帰無仮説は棄却できない。言い方を変えると，初期時点 GDP が経済成長率に与える影響は一定であるという帰無仮説は棄却できない。また，上記の推定結果では，初期時点 GDP もその 2 乗項も 5% の有意水準では有意ではないが，それだけでは，初期時点 GDP が経済成長率に影響を与えるかは判断できず，それらの 2 つの係数が両方とも 0 であるという結合仮説の検定をする必要がある（この点については本章 7 節を参照）。

> **例題 5.5**
>
> 次の交互作用モデルの推定結果を考える。
>
> $$\widehat{経済成長率}_i = \underset{(1.122)}{6.087} - \underset{(0.848)}{2.394}\,初期時点対数\,\text{GDP}_i$$
>
> $$+ \underset{(11.04)}{2.574}\,教育水準_i - \underset{(7.131)}{0.121}\,教育水準_i \times 初期時点対数\,\text{GDP}_i$$
>
> $\bar{R}^2 = 0.530,\ N = 47$
>
> 初期時点対数 GDP が 1 であった場合の,教育水準の限界効果を求めなさい。また,初期時点対数 GDP の平均値は 1.341 であるが,これを用いて教育水準の平均限界効果を求めなさい。教育水準の効果が初期時点対数 GDP に依存するかどうかを,5% の有意水準で検定しなさい。

(解答例)

限界効果は,

$$2.574 - 0.121 \times 1 = 2.453$$

である。また平均限界効果は,

$$2.574 - 0.121 \times 1.341 \approx 2.412$$

である。教育水準の効果が初期時点対数 GDP に依存するかどうかは,交差項の係数を見るとよい。t 値が $0.121/7.131 \approx 0.02$ であるので,5% の有意水準で,教育水準の効果が初期時点対数 GDP に依存しないという帰無仮説は棄却できない。♠

ダミー変数の交差項

ダミー変数の交差項を含む交互作用モデルは,そのダミー変数によって示される属性によって標本を分けて分析する場合と同じ結果を導く。次の交互作用モデルを考えよう。

$$Y_i = \beta_0 + \beta_1 D_i + \beta_2 X_i + \beta_3 D_i X_i + u_i$$

ただし,D_i はダミー変数である。$(\hat{\beta}_0, \hat{\beta}_1, \hat{\beta}_2, \hat{\beta}_3)$ を OLS 推定量とする。この

モデルの OLS 推定値は，D_i の値によって標本を 2 つに分けて Y_i を X_i に回帰した OLS 推定量と一対一の関係がある。D_i の値によって 2 つのモデルを考える。

$$Y_i = \gamma_{00} + \gamma_{01} X_i + u_i, \quad D_i = 0 \text{ の場合}$$

$$Y_i = \gamma_{10} + \gamma_{11} X_i + u_i, \quad D_i = 1 \text{ の場合}$$

$(\hat{\gamma}_{00}, \hat{\gamma}_{01})$ を $D_i = 0$ である観測値だけを使用して計算した OLS 推定値とする。同様に $(\hat{\gamma}_{10}, \hat{\gamma}_{11})$ を $D_i = 1$ である観測値だけを使用して計算した OLS 推定値とする。すると，これらの OLS 推定値の間には，

$$\hat{\beta}_0 = \hat{\gamma}_{00}, \quad \hat{\beta}_1 = \hat{\gamma}_{10} - \hat{\gamma}_{00}, \quad \hat{\beta}_2 = \hat{\gamma}_{01}, \quad \hat{\beta}_3 = \hat{\gamma}_{11} - \hat{\gamma}_{01}$$

という関係がある。したがって，標本を D_i の値によって 2 つに分けてそれぞれ推定するのと，D_i を含む交互作用モデルの推定とは，同じことをしているのである。図 5-2 では，これらの係数の関係を図示している。どちらが便利であるのかは，分析の目的に依存する。標本を 2 つに分けて分析したほうが，結果の解釈は簡単なことが多いであろう。一方で，X_i の Y_i に対する影響が D_i に依存するかどうかを検討したい場合には，交互作用モデルでは (5.12) 式において $\beta_3 = 0$ の帰無仮説の検定を行うだけでよいので簡単である。たとえば，学歴が賃金に与える影響が男性と女性とで異なるかどうかを調べたい場合には，交互作用モデルを用いて全標本を使った分析を行うほうが，簡単にできるであろう。

実証例 5.6　都市化の度合いと初期時点 GDP の交互作用

EMPIRICAL

　初期時点の GDP の経済成長率に与える影響が，都市化の進んだ都道府県とそうでない都道府県との間で異なるかどうかを考えよう。都市化の指標として，人口集中地区に居住する割合を取り，その割合が，0.4 より大きいときには $D_i = 1$ とし，小さいときには $D_i = 0$ となるダミー変数を考えよう。交互作用モデルを推定すると，

$$\widehat{\text{経済成長率}}_i = 5.749 - 0.176 D_i - 1.911 \text{ 初期時点対数 GDP}_i$$
$$+ 0.064 D_i \times \text{初期時点対数 GDP}_i \tag{5.16}$$

第 5 章　重回帰モデルの推定と検定　173

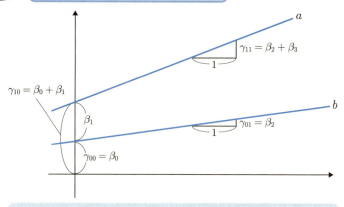

図 5-2 ● 交互作用モデルの係数間の関係

$a: D=1, \quad Y = \gamma_{10} + \gamma_{11}X = (\beta_0 + \beta_1) + (\beta_2 + \beta_3)X$
$b: D=0, \quad Y = \gamma_{00} + \gamma_{01}X = \beta_0 + \beta_2 X$

となる。一方で，D_i の値により標本を分けて推定すると，

$$D_i = 0 \text{ の場合：} \widehat{経済成長率}_i = 5.749 - 1.911 初期時点対数 \text{GDP}_i \tag{5.17}$$

$$D_i = 1 \text{ の場合：} \widehat{経済成長率}_i = 5.573 - 1.847 初期時点対数 \text{GDP}_i \tag{5.18}$$

となる。確かに，(5.17) 式の結果と，(5.16) 式の定数項と初期時点対数 GDP の係数の推定値は対応しており，また (5.18) 式の結果は，(5.16) 式の係数との間に，$-0.176 = 5.573 - 5.749$ と $0.064 = -1.847 - (-1.911)$ という関係が成立している。

さらに，ダミー変数同士の交差項を含む交互作用モデルは，この 2 つのダミー変数によって標本を 4 つに分け，それぞれの標本平均を計算する場合と同じ結果になる。$D1_i$ と $D2_i$ をダミー変数として

$$Y_i = \beta_0 + \beta_1 D1_i + \beta_2 D2_i + \beta_3 D1_i D2_i + u_i$$

という交互作用モデルを考える。$(\hat{\beta}_0, \hat{\beta}_1, \hat{\beta}_2, \hat{\beta}_3)$ を OLS 推定量とする。この

モデルの OLS 推定は，$D1_i$ と $D2_i$ の値によって標本を 4 つに分け，それぞれの標本平均を計算することと実質的に同じである。$\bar{Y}_{00}$ を $D1_i = 0$ かつ $D2_i = 0$ である観測値のみを使用して計算した Y_i の標本平均とする。$\bar{Y}_{01}$, $\bar{Y}_{10}$, $\bar{Y}_{11}$ も同様にそれぞれ定義する。すると，

$$\hat{\beta}_0 = \bar{Y}_{00}, \quad \hat{\beta}_1 = \bar{Y}_{10} - \bar{Y}_{00},$$
$$\hat{\beta}_2 = \bar{Y}_{01} - \bar{Y}_{00}, \quad \hat{\beta}_3 = \bar{Y}_{11} - \bar{Y}_{10} - \bar{Y}_{01} + \bar{Y}_{00} \tag{5.19}$$

という関係が成り立つ。この結果は，第 9 章で学習する**差の差の推定量**（difference-in-differences estimator）との関係で重要になる。

> **実証例 5.7　都市化の度合いと初期時点 GDP のダミー変数同士の交互作用**　EMPIRICAL
>
> 都道府県を都市化の度合いと，初期時点での豊かさを表す 2 つのダミー変数を用い，経済成長率を被説明変数とする交互作用モデルの結果と，これらのダミー変数により都道府県を 4 つに分けて経済成長率の平均を計算したものを比較しよう。$D1_i$ として，先ほど計算した D_i を使用する。また $D2_i$ は，初期時点対数 GDP が 1.4 よりも大きいなら 1 を取り，小さいなら 0 を取るダミー変数とする。交互作用モデルの推定結果は，
>
> $$\widehat{経済成長率}_i = 3.455 - 0.233 D1_i - 0.580 D2_i + 0.047 D1_i D2_i$$
>
> となる。$D1_i$ と $D2_i$ によって都道府県を 4 つに分けて経済成長率の平均を計算すると，表 5-1 になる。なお，表 5-1 （次ページ）では，交互作用モデルの推定結果との対応も示しておいた。

複数の制約からなる仮説の検定

重回帰モデルの分析では**結合仮説**（joint hypothesis）の検定を行うことが多い。結合仮説とは，複数の制約式からなる仮説である（なお，結合仮説の代わり

TABLE	表 5-1 ● 初期時点 GDP と人口集中度ごとの経済成長率	
	初期時点 GDP が低い $D2_i = 0$	初期時点 GDP が高い $D2_i = 1$
人口が集中していない $D1_i = 0$	$\bar{Y}_{00} = 3.455$ $(= \hat{\beta}_0)$	$\bar{Y}_{01} = 2.875$ $(= \hat{\beta}_0 + \hat{\beta}_2$ $= 3.455 - 0.580)$
人口が集中している $D1_i = 1$	$\bar{Y}_{10} = 3.222$ $(= \hat{\beta}_0 + \hat{\beta}_1$ $= 3.455 - 0.233)$	$\bar{Y}_{11} = 2.689$ $(= \hat{\beta}_0 + \hat{\beta}_1 + \hat{\beta}_2 + \hat{\beta}_3$ $= 3.455 - 0.233$ $-0.580 + 0.047)$

に複合仮説という用語も用いられることがあるが，複合仮説は仮説が複数ある場合〔英語では multiple hypothesis〕の訳として使用されることもある。結合仮説は制約は複数あるが仮説としては 1 つである）。たとえば本章 6 節（170 ページ）で触れたように，多項式モデルで X_i が Y_i に影響を与えるかどうかを検定するためには，X_i のすべての項の係数が 0 であるという仮説を検定する必要がある。この節では，結合仮説を検定するために使用する**F 検定**（F test）を紹介する。

結 合 仮 説

結合仮説の例を挙げよう。たとえば，次の

$$Y_i = \beta_0 + \beta_1 X_{1i} + \beta_2 X_{2i} + u_i \tag{5.20}$$

というモデルで

$$H_0 : \beta_1 = \beta_2 = 0 \tag{5.21}$$

という帰無仮説は結合仮説である。結合仮説では，制約の数に注意する必要がある。結合仮説の制約の数は，その仮説を成り立たせる最低限の制約の数である。たとえば，上の例では制約の数は 2 である。見かけ上は，$\beta_1 = 0$，$\beta_2 = 0$，$\beta_1 = \beta_2$ という 3 つの関係があるように見えるかもしれないが，3 番目の式は，1 番目と 2 番目が成り立てば常に成り立つ式であるので，制約の数は 3 ではなく 2 である。

F 検 定

結合仮説の検定には，F 検定を用いる。F 検定は，それぞれの制約に使用する t 統計量をある種の方法で組み合わせる方法である。(5.20) 式のモデルにおいて (5.21) 式

176 第 I 部 基礎編

を検定する場合を考える。まず，$\beta_1 = 0$ と $\beta_2 = 0$ という 2 つの制約に対応する t 統計量

$$t_1 = \frac{\hat{\beta}_1}{SE(\hat{\beta}_1)}, \quad t_2 = \frac{\hat{\beta}_2}{SE(\hat{\beta}_2)}$$

を考える。この 2 つの検定統計量を組み合わせることで結合仮説の検定を行うわけであるが，注意すべきは t_1 と t_2 は相関していることである。t_1 と t_2 の相関係数の推定値を $\hat{\rho}$ とする。F 検定統計量は，

F 統計量（制約が 2 つの場合）

$$F = \frac{1}{2}\left(\frac{t_1^2 + t_2^2 - 2\hat{\rho}t_1 t_2}{1 - \hat{\rho}^2}\right)$$

と定義される。2 つの t 統計量に相関がない場合の F 統計量は，これら 2 つの t 統計量の 2 乗の平均とほぼ同じになる。一方で，相関がある場合には，t_1 と t_2 とは関連して動くため，分布を定めるのが難しい。そこで，相関を取り除くため $2\hat{\rho}t_1 t_2$ という項を引く。ただし，そうすると統計量の分散が小さくなってしまうため $1 - \hat{\rho}^2$ で割ることにより（$1 - \hat{\rho}^2 < 1$ なので，割ることで統計量は大きくなる），分散が相関の程度にかかわらず等しくなるように調整し，分布を定めることができるようにしている。この F 検定統計量は，帰無仮説のもとで，漸近的に $F(2, \infty)$ 分布に従う。第 2 章 **3-3**（45 ページ）で述べた通り，この分布は自由度 2 の χ^2 分布を 2 で割ったものと同じである。F 検定を行う場合は F 統計値が臨界値よりも大きい場合に帰無仮説を棄却する。F 統計量が小さく，0 に近い場合には帰無仮説を棄却することはしない。もし，$\hat{\beta}_1$ や $\hat{\beta}_2$ の値が 0 が近い場合は，t_1 や t_2 の値が 0 に近くなり，F 統計値も 0 に近くなるので，その場合に帰無仮説を棄却しないことは自然であろう。$F(2, \infty)$ 分布に基づく 10%，5%，1% の臨界値はそれぞれ，おおよそ 2.3, 3, 4.6 である。また，制約の形が (5.21) 式とは異なる場合の F 統計量も同じように 2 つの t 検定統計量を組み合わせることで計算できる。

　一般的に制約の数が 2 より大きい場合の F 検定も同様に定義できるが，検定統計量の式は行列を使用しないと複雑になりすぎるため，巻末付録 B で紹介することにする。制約の数を q とすると，F 検定統計量は，帰無仮説のも

とで漸近的に $F(q, \infty)$ 分布に従う。F 分布表は巻末の付表にあるので，臨界値はそちらを参照されたい。

実証例 5.8　非線形モデルにおける結合仮説の検定

結合仮説の検定は，非線形モデルの分析でも重要である。例として，(5.15) 式の推定結果を考えよう。推定結果を再掲する。

$$\widehat{経済成長率}_i = \underset{(1.385)}{6.519} - \underset{(0.708)}{1.226} \; 初期時点 GDP_i$$
$$+ \underset{(0.089)}{0.089} \; 初期時点 GDP_i^2$$

$$\bar{R}^2 = 0.530, \quad N = 47$$

この推定結果では，初期時点 GDP もその 2 乗項も有意ではない。しかし，初期時点 GDP の影響があるかどうか検定するためには，この 2 つの係数が両方とも 0 であるという仮説の検定をする必要がある。F 統計値は，27.39 であった。制約の数は 2 であるので，$F(2, \infty)$ の分布表を見ると，臨界値は 1% の有意水準でも 4.61 と統計値よりもかなり小さく，初期時点 GDP の影響がないという帰無仮説は棄却される。

また**ワルド**（Wald）**検定**も頻繁に使用されているが，これは F 検定と完全に同じ結果をもたらすものである。ワルド統計量は，F 統計量に制約の数を掛けたものである。つまり，制約の数を q とすると，

ワルド統計量

$$W = q \times F$$

である。帰無仮説のもとでワルド統計量は自由度 q の χ^2 分布に従う。自由度 q の χ^2 分布の分位点は，$F(q, \infty)$ 分布の対応する分位点に q を掛けたものである。したがって，ワルド統計量は，F 統計量の q 倍であり，ワルド検定に使用する臨界値も F 検定のそれの q 倍であるため，ワルド検定で棄却するこ

TABLE	表 5-2 ● χ^2 分布と $F(q, \infty)$ 分布の 95% 点							

自由度 (q)	1	2	3	4	5	6	7	8
χ^2 分布の 95% 点	3.84	5.99	7.81	9.49	11.07	12.59	14.07	15.51
$F(q, \infty)$ 分布の 95% 点	3.84	3.00	2.60	2.37	2.21	2.10	2.01	1.94

ことと F 検定で棄却することとは同値である。たとえば，$F(q, \infty)$ 分布をもとにした臨界値が a であるとしよう。つまり，F 検定では $F > a$ の場合に帰無仮説を棄却する。一方ワルド検定の臨界値は，qa になる。そのため，$W > qa$ のときに帰無仮説を棄却する。しかし，$W = qF$ であるので，$W > qa$ は $F > a$ と同値である。

このように，F 検定とワルド検定では結果はまったく同じであるが，$F(q, \infty)$ 分布は自由度 q によって臨界値が大きく変わらないため，若干わかりやすい。たとえば，さまざまな q について自由度 q の χ^2 分布と $F(q, \infty)$ 分布の 95% 点を記すと表 5-2 のようになる。

F 検定では，臨界値はおよそ 2 から 4 程度である。したがって，検定統計量の値が 4 を超えていれば，自由度にかかわらず帰無仮説を棄却すればよいことになる。しかし，ワルド検定を使った場合には自由度によって臨界値が，3.84 から 15.51 まで比較的大きく変わるので，これらの値を覚えていない限り，分布表を確認しなければならない。そのため，本質的にはまったく同じだが，F 検定のほうが若干便利である。

結合仮説の検定は F 検定で行うことが通常であるが，なぜ単純に t 検定を複数回行うことをしないのか不思議に思われるかもしれない。その答えは，t 検定を複数回行った場合は，有意水準を決めることが難しいためである。さらに，仮に有意水準を定めることができたとしても，F 検定のほうが検出力が高いという理由もあるが，検出力の問題は本書の水準を越えるので，割愛する。ここでは 1 つめの有意水準の問題を議論する。例として $|t_1| > 1.96$ あるいは $|t_2| > 1.96$ ならば，H_0 を棄却する検定を行うとしよう。この検定のサイズは，t_1 と t_2 の相関係数に依存する。たとえば，t_1 と t_2 の相関係数が 1 であるなら（実質的に $t_1 = t_2$ が常に成り立つことを意味する），有意水準は

$$\Pr(|t_1| > 1.96 \text{ あるいは } |t_2| > 1.96) = \Pr(|t_1| > 1.96) = 0.05$$

と 5% になる。一方で，t_1 と t_2 が独立であるなら，

第 5 章　重回帰モデルの推定と検定　179

$$\Pr(|t_1| > 1.96 \text{ あるいは } |t_2| > 1.96)$$
$$= 1 - \Pr(|t_1| \le 1.96 \text{ かつ } |t_2| \le 1.96)$$
$$= 1 - \Pr(|t_1| \le 1.96)\Pr(|t_2| \le 1.96)$$
$$= 1 - 0.95^2 = 0.0975$$

と 9.75% となり，異なる有意水準が出てくる。このように有意水準が正確に定まらないため，t 検定を複数するという方針は，通常とられることはない。さらに有意水準を正確に定めることができないということは，p 値の計算も難しいことを意味する。

> **F 値**

多くの統計解析ソフトでは，重回帰モデルの OLS 推定を行うと，自動的に F 値（F-statistic）という数字が計算される。これは，定数項以外の係数がすべて 0 であるという帰無仮説に対する F 統計量の値である。つまり，

$$Y_i = \beta_0 + \beta_1 X_{1i} + \cdots + \beta_k X_{ki} + u_i$$

という重回帰モデルにおいて，$\beta_1 = 0, \ldots, \beta_k = 0$ という k 個の制約からなる帰無仮説に対する F 検定統計量の値である。理論的には通常の F 検定の特殊例であるので，$F(k, \infty)$ 分布から臨界値を得ることで，検定ができる。F 値を見ることにより，少なくとも 1 つの説明変数が説明力を持っているかどうかを統計的に確認することができる。

> **★ 係数の線形変換の標準誤差**

重回帰分析における検定の応用として，係数の線形変換の標準誤差の求め方を説明しよう。これは結合仮説の検定とは異なるが，F 検定が使われることが多いため，ここで議論することにする。

例として，重回帰モデルを用いた被説明変数の予測を考えよう。次の重回帰モデル

$$Y_i = \beta_0 + \beta_1 X_{1i} + \cdots + \beta_k X_{ki} + u_i$$

を OLS で推定し，その推定値をもとに Y の値を予測することにしよう。$X_1 = x_1, X_2 = x_2, \ldots, X_k = x_k$ の値での Y の値の予測値は，

$$\hat{Y} = \hat{\beta}_0 + \hat{\beta}_1 x_1 + \cdots + \hat{\beta}_k x_k$$

である。なお，$x_1, x_2, \ldots, x_k$ はわれわれが自由に決める非確率的な値である。しかし，われわれが本来知りたいのは，真の係数のもとでの予測値の

$$\beta_0 + \beta_1 x_1 + \cdots + \beta_k x_k$$

である。一方で，実際に計算できる予測値 $\hat{Y}$ は OLS 推定量に依存するため，推定誤差を持つ。しかし，予測値は OLS 推定量を線形に組み合わせたものであるので，$\hat{Y}$ は漸近正規性を持ち，漸近分散も解析的に計算できる。また，標準誤差も統計解析ソフトを使えば，簡単に計算することができる。

　しかし，ここでは検定問題を応用して，標準誤差を求めることを考えてみよう。F_Y を，

$$H_0 : \beta_0 + \beta_1 x_1 + \cdots + \beta_k x_k = 0$$

という帰無仮説の F 統計量としよう。実は，制約が 1 つの場合には，F 統計量は，t 統計量の平方になる（巻末付録 B〔673 ページ〕を参照）。そのため，

$$F_Y = \left[\frac{\hat{\beta}_0 + \hat{\beta}_1 x_1 + \cdots + \hat{\beta}_k x_k}{SE(\hat{\beta}_0 + \hat{\beta}_1 x_1 + \cdots + \hat{\beta}_k x_k)} \right]^2 = \left[\frac{\hat{Y}}{SE(\hat{Y})} \right]^2$$

と書ける。したがって

$$SE(\hat{Y}) = \frac{\hat{Y}}{\sqrt{F_Y}}$$

である。この標準誤差を用いて予測値の 95% 信頼区間は

$$(\hat{Y} - 1.96 \times SE(\hat{Y}),\ \hat{Y} + 1.96 \times SE(\hat{Y}))$$

と計算できる。なお補足であるが，ここでは予測値の信頼区間を求めており，これは区間予測と呼ばれるものとは異なるものである。区間予測とは，ある説明変数の値のもとで被説明変数の値があらかじめ指定した確率で入る区間を計算することである。そのためには誤差項の分散を推定する必要があり，一般には予測値の信頼区間よりも広い区間が計算される。

　重回帰モデルを少し変形することで，予測値の標準誤差を直接計算することもできる。先ほど考えた重回帰モデルは

第 5 章　重回帰モデルの推定と検定　181

$$Y_i = \beta_0 + \beta_1 X_{1i} + \cdots + \beta_k X_{ki} + u_i$$
$$= (\beta_0 + \beta_1 x_1 + \cdots + \beta_k x_k) + \beta_1 (X_{1i} - x_1) + \cdots + \beta_k (X_{ki} - x_k) + u_i$$

と変形できる。そのため，$\tilde{X}_{1i} = X_{1i} - x_1, \ldots, \tilde{X}_{ki} = X_{ki} - x_k$ と変換した説明変数を用いて，

$$Y_i = \gamma_0 + \gamma_1 \tilde{X}_{1i} + \cdots + \gamma_k \tilde{X}_{ki} + u_i \tag{5.22}$$

というモデルの係数は $\gamma_0 = \beta_0 + \beta_1 x_1 + \cdots + \beta_k x_k$，$\gamma_1 = \beta_1, \ldots, \gamma_k = \beta_k$ となっている。そこで，(5.22) 式を OLS で推定すれば，

$$\hat{\gamma}_0 = \hat{\beta}_0 + \hat{\beta}_1 x_1 + \cdots + \hat{\beta}_k x_k = \hat{Y}$$

と定数項が予測値となり，標準誤差も $SE(\hat{\gamma}_0) = SE(\hat{Y})$ となる。

　同様の考え方は，非線形モデルの限界効果を調べる際にも有用である。たとえば，2 次多項式モデル

$$Y_i = \beta_0 + \beta_1 X_i + \beta_2 X_i^2 + u_i$$

を考えよう。$X_i = x$ での限界効果は，$ME_x = \beta_1 + 2\beta_2 x$ であった（ME は marginal effect の頭文字から取った）。限界効果の推定量は $\widehat{ME}_x = \hat{\beta}_1 + 2\hat{\beta}_2 x$ であり，OLS 推定量を線形に組み合わせたものになっている。そのため，この推定量は漸近正規性を持ち，標準誤差は（行列計算が必要ではあるが統計解析ソフトを用いれば）直接計算できる。また F 検定統計量を用いた方法では，$\beta_1 + 2\beta_2 x = 0$ という帰無仮説の F 統計量を F_x とすると，$SE(\widehat{ME}_x) = \widehat{ME}_x / \sqrt{F_x}$ と標準誤差が計算できる。あるいは，モデルを変形して，

$$Y_i = \beta_0 + \beta_1 X_i + \beta_2 X_i^2 + u_i$$
$$= \beta_0 + (\beta_1 + 2\beta_2 x) X_i + \beta_2 (X_i^2 - 2x X_i) + u_i$$

と書けるので，$W_i = X_i^2 - 2x X_i$ と定義し，

$$Y_i = \gamma_0 + \gamma_1 X_i + \gamma_2 W_i + u_i$$

というモデルを OLS 推定して，$SE(\hat{\gamma}_1)$ を計算すると $SE(\hat{\gamma}_1) = SE(\widehat{ME}_x)$ であるので，限界効果の標準誤差を得ることができる。

182　第 I 部　基礎編

例題 5.6

次の交互作用モデル

$$Y_i = \beta_0 + \beta_1 X_i + \beta_2 W_i + \beta_3 X_i W_i + u_i$$

の $W = w$ での X の限界効果の式を書きなさい．そして，限界効果のOLS推定量の，F 統計量をもとにした方法と，変形したモデルの係数の標準誤差から計算する方法の，2つの標準誤差の求め方を説明しなさい．

（解答例）

限界効果は $ME_w = \beta_1 + \beta_3 w$ である．OLS推定量は $\widehat{ME}_w = \hat{\beta}_1 + \hat{\beta}_3 w$ となる．$\beta_1 + \beta_3 w = 0$ という帰無仮説の F 統計量を F_w とすると，$SE(\widehat{ME}_w) = \widehat{ME}_w / \sqrt{F_w}$ である．また，

$$Y_i = \beta_0 + (\beta_1 + \beta_3 w) X_i + \beta_2 W_i + \beta_3 (X_i W_i - w X_i) + u_i$$

であるので，Y_i を X_i，W_i，$(X_i W_i - w X_i)$ に回帰し，X_i の係数の推定量を $\hat{\gamma}_1$ とすると，$SE(\hat{\gamma}_1) = SE(\widehat{ME}_w)$ となる．♠

★ **ボンフェローニの方法**

「F 検定」の項の終わり（179-180ページ）で，通常は t 検定を複数回行うという方針はとらないと説明したが，実はその方針は t 統計量間の相関係数の推定が難しい場合などでは有用である．ただし，その場合は，臨界値の計算は**ボンフェローニ**(Bonferroni)**の方法**を使用する．臨界値を c とすると

$$\Pr(|t_1| > c \text{ あるいは } |t_2| > c) \leq \Pr(|t_1| > c) + \Pr(|t_2| > c)$$
$$\approx 2[1 - \Phi(c)] + 2[1 - \Phi(c)] = 4[1 - \Phi(c)]$$

となる．なお $\Phi(\cdot)$ は標準正規分布関数である．$\Pr(|t_1| > c) \approx 2[1 - \Phi(c)]$ となるのは，$\Pr(|t_1| > c) = \Pr(t_1 > c) + \Pr(t_1 < -c) \approx 1 - \Phi(c) + \Phi(-c) = 2[1 - \Phi(c)]$ となるためである．$4[1 - \Phi(c)]$ が 5% になるようにするには $\Phi(c) = 1 - 0.0125$ となる c を使うとよい．したがって，標準正規分布の上側 1.25% 点を取り $c = 2.24$ と選ぶと，検定の有意水準が大きくとも 5% である検定を得る

ことができる．もちろん実際の有意水準は，5％よりも低くなることが通常である．このように，実際の有意水準が意図したものよりも低くなる検定は**保守的**（conservative）であると呼ばれる．一般に，保守的な検定は検出力が低い．

> **実証例 5.9　ボンフェローニ検定**
>
> F 検定とボンフェローニ検定との違いを見るために，(5.11) 式の推定結果，
>
> $$\widehat{経済成長率}_i = \underset{(0.668)}{5.291} + \underset{(0.137)}{0.338}\,規範_i + \underset{(1.961)}{4.387}\,教育水準_i$$
> $$\qquad - \underset{(0.575)}{1.991}\,初期時点対数\mathrm{GDP}_i$$
>
> $\bar{R}^2 = 0.614, \quad N = 47$
>
> を使い，規範と教育水準の係数が両方とも 0 であるという帰無仮説を検定することとしよう．
>
> F 検定統計値は 5.44 であり p 値は 0.0078 である．したがって帰無仮説は 1％ の有意水準で棄却できる．しかし，F 検定統計量は上記の情報だけでは計算できない．一方で，ボンフェローニの方法は，上記の情報だけでも検定を行うことができる．有意水準として 1％ を取ると，制約の数が 2 つのため，$4[1 - \Phi(c)]$ が 0.01 となるように c を取る．つまり，$\Phi^{-1}(1 - 0.01/4) \approx 2.81$ を臨界値とすればよい．規範の t 値は，2.467（< 2.81）で，教育水準の t 値は 2.237（< 2.81）であるので，両方ともが臨界値の 2.81 よりも小さいため，帰無仮説は 1％ の有意水準では棄却できない．
>
> このように，ボンフェローニの方法は，上記のような通常の回帰分析の結果だけで実行できる一方で保守的であり，F 検定では棄却できる仮説が棄却できないことがある．

例題 5.7

(5.11) 式の推定結果を用いて，規範と教育水準と初期時点対数 GDP のすべての係数が 0 かどうかを，ボンフェローニ検定によって 5% の有意水準で検定しなさい。

（解答例）

先ほど計算したように，規範の t 値は 2.467 で，教育水準の t 値は 2.237 である。また，初期時点対数 GDP の t 値は，3.463 である。臨界値は，制約の数が 3 であるので，$3 \times 2[1 - \Phi(c)] = 0.05$ となるように c をとるとよい。つまり，$c = \Phi^{-1}(1 - 0.05/6) \approx 2.394$ とする。初期時点対数 GDP の t 値は，3.463 であり 2.394 よりも大きいので，帰無仮説は棄却される。♠

SECTION 8　変 数 選 択

この節では，重回帰分析で使用する変数をどのように選べばよいのかについて議論しよう。ここでの分析の目的は，ある 1 つの説明変数が被説明変数に与える影響を調べることであり，他の変数にはさしあたり興味はないとする。すなわち，他の興味のないコントロール変数の中でどれをモデルに含めるべきかという問題について考える。

表 5-3 に変数選択の基本的な指針をまとめてある。変数選択の問題を考えるうえで重要な視点は 3 つあり，1 つめは「その変数を使うと欠落変数バイアスを避けられるかどうか」，2 つめは「その変数を使うと興味のある説明変数の影響の解釈が変わりうるかどうか」，そして 3 つめは「その変数を使うことで推定量の分散を下げることができるかどうか」，である。

欠落変数の問題を回避するためにモデルに含める

モデルに含める変数の選択において最も重要な観点は，欠落変数の問題である。この問題は本章の始めにも議論した通り，重回帰分析が必要となる最も重要な理由でもある。さらに，欠落変数問題の回避のために含めるコントロール変数の部分については，モデルが正しくなくてもよいことをここで説明する。

TABLE	表 5-3 ● 重回帰モデルに含める変数の指針		
	X_i に影響を与える，または X と同時決定	X_i から影響を受ける	X_i とは無相関
Y_i に影響を直接与える	◎：必ず含める必要がある。もし含めない場合は欠落変数バイアスが起きる。	×：含めてはいけない。中間経路（188ページ参照）の問題を起こす。	○：含めることで推定誤差が減る。しかし，モデルに含めなくともバイアスが増えることはない。
Y_i に影響を与えない	△：含めないほうがよい。しかし，含めたとしても推定誤差が増えるのみでバイアスは増えない。	△：左と同様。	△：左と同様。

　興味のある説明変数が被説明変数に与える影響を正しく推定するためには，その説明変数と相関し，なおかつ被説明変数に影響を与える変数を回帰モデルに含めて重回帰分析をする必要がある。これまで議論した通り，欠落変数のバイアスを回避するためには，こうした変数をモデルに含めることが必要である。

　その際に重要な点は次の2つである。1つは，たとえコントロール変数が分析の対象として興味がなくても，興味のある説明変数の影響を分析するためにモデルに含める必要があることである。たとえば，信頼や規範といった指標が経済成長率に与える影響を調べることが目的であり，教育水準には興味がなかったとしても，欠落変数の問題を避けるためには，教育水準をコントロール変数として回帰モデルに含める必要がある。

　もう1つは，たとえ被説明変数に影響があることがわかっていても，興味のある説明変数と無関係な変数はモデルに含める必要はないことである。たとえば，信頼や規範といった指標が経済成長率に与える影響を調べる際に，道路整備への投資は経済成長率に影響を与える可能性があるが，信頼や規範との関係性があるとも考えにくく，ここでのモデルに含める必要があるかについては疑問がある。ただし後述するように，被説明変数に影響を与える変数をモデルに含めることで推定誤差を減らすことができるので，もしデータでそのような変数が利用可能であれば，モデルに含める価値はある。したがって，この2つめの点は，どちらかというと，興味のある説明変数と無関係だが被説明変数に影響を与える変数は，データが利用可能でなくとも，それほど気にする必要

はない，という意味で捉えたほうがよいかもしれない。

さらにコントロール変数については，その係数が興味の対象でないので，コントロール変数の影響に関する欠落変数のバイアスを考慮する必要はない。重回帰モデル

$$Y_i = \beta_0 + \beta_1 X_{1i} + \beta_2 X_{2i} + \cdots + \beta_k X_{ki} + u_i$$

を考えよう。β_1 が興味のある係数であり，$X_{2i}, \ldots, X_{ki}$ は欠落変数のバイアスを避けるためにモデルに含まれたコントロール変数であるとする。仮定 5.1(2) では $\mathrm{E}(u_i \mid X_{1i}, X_{2i}, \ldots, X_{ki}) = 0$ という仮定を置いた。この仮定のもとでは，$\beta_0, \beta_1, \beta_2, \ldots, \beta_k$ のすべての係数が OLS により一致推定できる。実は β_1 の OLS 推定量の一致性のためには，

条件付き平均独立性

$$\mathrm{E}(Y_i - \beta_0 - \beta_1 X_{1i} \mid X_{1i}, X_{2i}, \ldots, X_{ki}) = \gamma_2 X_{2i} + \cdots + \gamma_k X_{ki} \quad (5.23)$$

が，ある $\gamma_2, \ldots, \gamma_k$ について成り立つ

という条件だけでよく，$\gamma_2 = \beta_2, \ldots, \beta_k = \gamma_k$ という条件は必要ないことがわかっている。(5.23) 式を**条件付き平均独立性** (conditional mean independence) という。この条件で重要な点は，(5.23) 式の右辺には X_{1i} は入っておらず，X_{1i} も含めて条件付き期待値を取ったにもかかわらず，その条件付き期待値は X_{1i} とは無関係になっているところである。この条件は，$X_{2i}, \ldots, X_{ki}$ でコントロールすれば，X_{1i} と誤差項の相関はなくなるいうことを意味している。なお (5.23) 式の仮定のもとでは β_1 は一致推定できるが，他の係数，たとえば β_2 は一致推定はできない。したがって，コントロール変数の係数推定値の解釈は困難である一方で，コントロール変数の推定値としては直感に反する値が出たとしてもそれほど気にする必要はないという解釈も成り立つであろう。ただし，条件付き平均独立性の仮定は，$Y_i - \beta_0 - \beta_1 X_{1i}$ という未知の係数を含む変数の期待値に関するものであるため，データから検証することは非常に難しい。

> **含める変数によってモデル
> の解釈が変化しうる**

変数選択において次に考慮するのは，含める変数によってモデルの係数の解釈が変わりうる点である。欠落変数の問題を避けるためには，興味のある説明変数と相関していて被説明変数に影響を与える変数をモデルに含める必要があるが，そのような変数をすべてモデルに含めればよいというわけではない。興味のある説明変数の係数が，どのように解釈されるかを注意深く考える必要がある。

重回帰モデルにおける係数の解釈は，他の説明変数を一定としたうえでの効果である。たとえば，経済成長率を信頼，教育水準，初期時点対数 GDP に回帰する場合には，信頼の係数は，教育水準と初期時点対数 GDP が一定である場合に，信頼が上がると経済成長率がどれほど変化するかを表している。教育水準と初期時点対数 GDP を一定にすることによって，信頼の影響を欠落変数のバイアスを避けて推定することが可能となるのである。

このことからわかるように，含める変数によっては，興味のある説明変数の解釈が変化するのである。とくに気をつける必要があるのは，中間経路の変数を入れると，係数が本来の研究対象とは異なる解釈を持つ可能性があるという点である。これを**過剰制御**（overcontrol）の問題という。

例として，個人のデータを用いて，教育が賃金に与える影響を推定する場合を考えよう。この回帰モデルに，就いている職業を表すダミー変数を入れることを考える。職業は，教育と相関し，賃金に影響を与えるため，回帰モデルに入れる必要があると思われるかもしれない。しかし，実は職業ダミーをモデルに入れることは，教育の効果を測定するうえで問題を起こしてしまう。これは職業が教育から賃金への影響の中間経路の変数であるからである。どのような職業に就くかは教育が賃金に影響を与える重要な経路である。そのため，職種ダミーを入れてしまうと，このモデルにおける教育の係数の解釈は，職業を一定としたうえでの教育が賃金に与える効果ということになる。この解釈では，教育を受けることでより高い賃金の職業に就けるという教育の効果を無視することになる。その意味での教育の効果に興味があるのであれば，それで問題はないが，教育の効果を測定したい場合，通常は高い水準の教育を受けて職業選択の幅が広がることも考慮したいとも思われる。したがって，職種ダミーを入れることは，分析の目的とは異なる解釈を教育の係数にもたらすため，望ましくない。なお逆に職業が賃金に与える影響を見る場合には，教育は中間経路の

188　第 I 部　基礎編

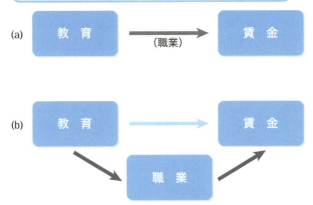

FIGURE　図 5-3 ● 教育が賃金に与える影響の中間経路としての職業

（注）　教育が賃金に与える影響を推定したいとしよう。職種ダミーをモデルに加えない場合は，(a) のように，教育が賃金に与える影響は，教育が職業選択に与える影響を含めたうえで推定される。一方で，職種ダミーをモデルに含める場合は，(b) の上側の矢印にある，職業選択がもたらす効果を除いた，教育が賃金に与える影響を推定することになる。

変数でないので，モデルに含めることで，同じ学歴を持つ人が職業選択によって，どの程度賃金が変化するかを調べることができる。

　図 5-3 は以上の議論の概念図である。現在住んでいる地域のダミーを入れるのも，同様の問題を引き起こすだろう。教育を受けることでより賃金の高い地域に移動できる影響を考慮するのであれば，現在住んでいる地域をコントロールするべきではない。一方で，生まれた地域のダミー変数をモデルに含める場合には，そのような問題は生じない。

例題 5.8 ●　　　　　　　　　　　　　　　　　　　　　　　　　EXAMPLE

　　大学時代にクラブ活動やサークル活動を行うことが，就職活動に与える影響を調べたいとしよう。そのため，被説明変数として就職した会社の初任給を取り，説明変数としてクラブ活動かサークル活動をしていたことを示すダミー変数を使うとする。その際に，追加の説明変数として，大学時代の成績を使用する場合としない場合とで，どのようにクラブ活動・サークル活動の変数の係数の解釈が変わるかを説明せよ。

（解答例）

　クラブ活動やサークル活動をするかどうかは，大学の成績にも影響を与える可能性がある。正の影響としては，こうした活動を通して人間関係が広がり，学習するうえで有用な情報を得る可能性がある。一方で，こうした活動に熱中することは学習時間を短くする可能性がある。そのため，成績をモデルに含めない場合は，クラブ活動やサークル活動が大学での学習に与える影響も考慮したうえでの就職活動への影響を推定することになるが，成績をモデルに含める場合には，成績が一定であるとしたうえでクラブ活動やサークル活動が就職活動に与える影響を計測することになる。♠

> **どの変数をモデルに含めるかによって推定の精度が変わる**

　　　　　　　　　　　　重回帰分析における説明変数の選択の最後の論点は，変数を加えることで興味のある係数の推定誤差にどのような影響があるかという点である。ここでの主な論点は，変数間の相関が増えることと，誤差項の分散を下げることのトレードオフにある。一般論を述べると，興味のある説明変数と相関している変数を入れると，興味のある説明変数の係数の推定の精度が下がる一方で，被説明変数に影響を与える変数を入れると推定誤差は減るという問題である。通常は，モデルに含める候補に挙がる変数は興味のある説明変数と相関しており，被説明変数にも影響を与えるであろうから，この2つのバランスを考えてモデルに含めるかどうかの決定を行うことになる。その一方で，欠落変数の問題がなければ，そのような変数はモデルに含めなくても興味のある係数の一致推定には影響しない（バイアスは増えない）ので，そうした変数をモデルに加えるべきかどうかは二次的な問題と考えることもできる。変数選択においては，先に議論した欠落変数バイアスや興味のある係数の解釈の問題のほうにより労力を割いたほうがよいだろう。章末の補論 C（206 ページ）では，トレードオフの両極端にある例を議論する。

　なお，この節では基本的に，興味のある説明変数の係数を推定するという観点からのみ重回帰モデルにおける説明変数の選択の問題を議論してきた。そのため，欠落変数の問題を回避することや，係数の解釈の問題を重点に置き，推定の精度に関する議論は二次的なものとして扱った。一方で，この章では扱っていないが，本章 3 節の最後でも触れたように，重回帰分析の目的としては予測問題もあり，その場合には推定や予測の精度を上げることが重要になるた

め，変数選択の基準も変わり，欠落変数の問題は二次的なものとなり，推定の精度に関する議論が主になることもあることを補足しておく。

実証例：信頼と規範とが経済成長率に与える影響

この節では，これまでも議論してきた信頼や規範意識といった要素が経済成長に影響を与えるかどうかについての重回帰分析を，まとめて議論しよう。まず，この実証問題の背景と，使用するデータについて簡単に説明しよう。そして，重回帰分析の結果を表を使って提示する方法を学習する。最後に実証分析の結果を解説する。なお，結果を手短に述べると，信頼については経済成長に与える影響は統計的には確かめられなかったが，規範意識については，統計的に有意で実際上も無視できない大きさの，経済成長への影響があることが確認された。

問題意識　そもそも，信頼や規範意識といった要素が経済成長に与える影響を分析する理由は何だろうか。それは，「なぜ世界には貧しい国や地域と豊かな場所があるのだろうか」「貧しい国や地域は，なぜ貧しいのか，また，どのようにすれば豊かになるのだろうか」という問題への手がかりを得るためである。こうした経済成長に関する問いは，経済学で重要な研究課題となってきた。これまでも教育や法制度などといった多くの要素が経済成長を決める重要な要素として研究されてきたが，その中で，パットナム (2001) による「ソーシャル・キャピタル（社会関係資本）」という概念も重要ではないかという議論がある。ソーシャル・キャピタルとは「人々の協調行動を促すことにより社会の効率性を高める働きをする信頼，規範，ネットワークといった社会組織の特徴」である。なお，パットナムは政治学者であるが，経済学においてもソーシャル・キャピタルに含まれる概念の重要性は古くから議論の対象となってきた。経済学では，たとえば Knack and Keefer (1997) が国別のデータを用いてソーシャル・キャピタルが経済に与える影響を調べている。一般向けの読み物としては，ジンガレス (2013, 第 10 章) に議論がある。本章で議論する実証分析は，要藤 (2005) を参考に，こうした問題意識のもとで日本の都道府県データを用いて分析したものである。

第 5 章　重回帰モデルの推定と検定　　191

> **COLUMN** 5-4 成長回帰
>
> 　経済成長を決める要因は何であるのか，という問題は経済学における最も重要な問題の１つであり，実証分析の蓄積も非常に多い。そうした要因を回帰分析を用いて調べて行く研究は「成長回帰」と総称される。Barro (1991) が先駆的な研究であることから，「バロー回帰」と呼ばれることもある。また，経済成長の理論を，現代的な計量経済学の手法を用いて分析した論文としては，Mankiw, Romer and Weil (1992) を嚆矢として挙げることができよう。彼らは，古典的なソローによる成長理論は教育の効果を考慮することで，現実の経済成長をうまく説明できるのではないかと主張した。初期の成長回帰研究の１つの頂点は Sala-i-Martin (1997) であり，彼は非常に多くの候補となる変数を試し，経済成長の要因の有力な候補となる変数のリストをまとめ上げた。その後は，経済成長を支える制度に関する問題や，より高度な計量手法を使用して信頼性の高い結果を得ることに主眼が置かれてきた。本書執筆時点での経済成長の要因に関する研究成果をまとめた一般向けの著書としては，アセモグル゠ロビンソン (2013) がある。

　　　　データ　　実証分析の結果を解説する際には，まず使用したデータの説明を行う必要がある。とくに，データの出所と変数の定義は，明確に示すべきである。変数の定義については，表5-4 にまとめてある。都道府県別 GDP は「県民経済計算」から計算した。1980 年から 1999 年にかけての都道府県別 GDP の変化を分析の対象とする。信頼の指標は，1978 年の NHK 放送文化研究所の「全国県民意識調査」における回答から作成した。規範の指標は，「全国県民意識調査」と総務省が実施している「社会生活基本調査」の 1981 年の調査結果，ならびに「都道府県の基礎統計 2001」の 1980 年における都道府県別 1 人当たり共同募金額から作成した。教育水準は，「国勢調査」の情報から計算している。また，変数の定義を示す際には，変数の単位を明確にしておくことも重要である。たとえば，1 人当たり都道府県別 GDP の単位は，単なる円ではなく，百万円になっていることなどは明示しなければならない。また貨幣の単位を持つ経済変数は名目値か実質値かも，説明したほうがよいだろう。この例では，1 人当たり都道府県別 GDP は名目値を使用している。より詳しいデータの出所については，章末の補論 A（203 ページ），あるいは要藤 (2005) を参照のこと。

　表5-5 に，使用する変数の記述統計量を掲載している。平均と標準偏差は

TABLE	表 5-4 ● 変数の定義

変数名	定義
経済成長率	$100[\ln(\text{GDP}1999_i) - \ln(\text{GDP}1980_i)]/19$。ただし，GDP1999 と GDP1980 はそれぞれ，1999 年と 1980 年における 1 人当たり都道府県別 GDP（単位：100 万円）
信頼	標準化された信頼の係数。本章末の補論 A を参照
規範	標準化された規範の係数。本章末の補論 A を参照
教育水準	15 歳以上人口における，最終学歴が，短大・高専，大学・大学院である者の割合（1980 年時点）
初期時点対数 GDP	1980 年における 1 人当たり都道府県別 GDP（単位：百万円）の対数を取ったもの

TABLE	表 5-5 ● 記述統計量

変数	サンプルサイズ	平均	標準偏差	最小値	最大値
経済成長率	47	3.147	0.449	2.185	3.92
信頼	47	0.033	0.845	−1.668	1.918
規範	47	0.101	0.542	−1.248	1.297
教育水準	47	0.112	0.036	0.069	0.238
初期時点対数 GDP	47	1.341	0.167	1.037	1.703

(注) 変数の定義は表 5-4 を参照。

代表的な記述統計量であろう。他にどのような記述統計量を載せるかは場合によるが，ここでは最小値と最大値を掲載した。最小値と最大値を見ると，このデータでは異常値はそれほど気にしなくともよいことがわかる。経済成長率の平均は 3.147% である。本書執筆時点の 2016 年から見れば大きな値であるが，1980 年から 1999 年という期間はバブル経済の前夜から，いわゆる「失われた 10 年」までを含んでいる期間と考えると自然な数字であろう。一方で標準偏差も小さくなく，都道府県ごとに経済成長率に大きな差があることもわかる。信頼と規範の指標は標準化した数値をもとに計算されているので，平均や標準偏差の値自体に，解釈を求めることは難しい。教育水準は，1980 年時点では 15 歳以上人口のうち 7% から 24% 程度の割合でしか高等教育を受けていなかったことがわかる。この値も 2016 年の感覚から見ると低いかもしれないが，1980 年ということを考えると自然な数字であろう。最後に初期時点対数 GDP を見ると，これも都道府県間でばらつきがあることがわかる。た

だ，対数表示しているため，数値の解釈は比率として解釈する必要がある（第2章1節〔15ページ〕を参照）。

結　果　表5-6は，信頼と規範の経済成長率への影響に関する重回帰分析をまとめたものである。まずは，推定結果の表の見方を説明しよう。重回帰分析では複数のモデルの推定結果を報告する必要があるため，表の形式で推定結果をまとめることが頻繁に行われる。以下の説明では横の並びを「行」といい，縦の並びを「列」ということにする（これは線形代数における行列の用語と同じである）。一番左の列には説明変数や，統計値の名称が並び，2列目以降はそれぞれのモデルの推定結果が記載されている。この最初の列のことを「表側」と呼び，場合によってはこれを列の順番では数えず，表側のすぐ右の列を第1列とすることも多い。一番上の行には，推定したモデルの名称が記入されている。そこで，たとえば，表側も含めて2番目にある第2列は列 (1) と呼ぶことにする。この一番上の行を「表頭」と呼び，表頭は行の順番に数えないことも多い。表頭の下の各行には，それぞれの説明変数の係数の推定値と標準誤差，あるいはそれぞれの統計量の値を記載している。なお，被説明変数はここでは，表題に記載している。表頭に記載する場合もある。

　それでは，列 (1) の推定結果を見ていこう。1行目にある 0.225 という値は，対応する行の説明変数である「信頼」の係数の推定値が 0.225 であることを示している。また 0.225 のすぐ下に (0.066) とあるのは，信頼の係数の推定値の標準誤差が 0.066 であるということである。係数推定値の肩に「***」とあるのは，この係数が 5% の有意水準で有意であることを示している。このように係数推定値の肩に「*」をつけることによって係数の有意性を示すのは，頻繁に行われる。2番目から4番目までのセルが空白であるのは，対応する行の変数がモデル (1) には含まれていないことを示している。また係数推定値のセルの下には統計量の値を示したセルが並び，自由度修正済み決定係数の値は 0.161 でサンプルサイズは 47 であることがわかる。

　推定結果はこれまでに議論したものが多いので，ここでは簡単にまとめることにしよう。列 (1) と列 (2) は単回帰分析の結果である。これらの結果からは，信頼や規範が経済成長率に正の，しかも決して小さくない影響を与えることが示唆される。両方の指標をモデルに含めて重回帰分析をしたものが列 (3) である。規範の影響は残るものの，信頼の影響は統計的に有意ではなく，ま

194　第 I 部　基礎編

TABLE	表 5-6 ● 推定結果：被説明変数は経済成長率					
	(1)	(2)	(3)	(4)	(5)	(6)
信頼	0.225***		0.036	0.021		−0.012
	(0.066)		(0.082)	(0.076)		(0.081)
規範		0.560***	0.529***		0.338**	0.342**
		(0.071)	(0.102)		(0.137)	(0.148)
初期時点対数 GDP				−2.383***	−1.991***	−1.999***
				(0.491)	(0.575)	(0.556)
教育水準				2.612	4.387**	4.270*
				(2.709)	(1.961)	(2.237)
定数項	3.139***	3.091***	3.092***	6.049***	5.291***	5.315***
	(0.060)	(0.048)	(0.048)	(0.426)	(0.668)	(0.603)
F 検定統計量の値						
$H_0: \beta_{信頼} = 0,$			29.874***			3.460**
$\beta_{規範} = 0$			(0.000)			(0.041)
$\bar{R}^2$	0.161	0.444	0.435	0.531	0.614	0.605
サンプルサイズ	47	47	47	47	47	47

(注) OLS による推定結果。変数の定義は表 5-4 を参照。不均一分散に頑健な標準誤差を推定値の下のカッコ内に記入した。F 統計量の値の下のカッコ内には p 値を記入している。***, **, *はそれぞれ 1%, 5%, 10% の有意水準で有意であることを示す。

た値も小さい。両者の影響がともに 0 という帰無仮説は F 検定によって棄却される。しかし，信頼や規範と相関を持ち，経済成長率に影響を与える変数によって欠落変数バイアスの問題が出ているかもしれない。そこで，列 (4) と列 (5) では，教育水準と初期時点対数 GDP をモデルに含めることで欠落変数のバイアスの回避を図っている。

これらの結果からは，列 (1) で得られた信頼の影響は欠落変数のバイアスによって過大評価されていた可能性があり，列 (4) の結果ではその影響は統計的に有意でなく値も小さい。一方で，規範の影響については，列 (5) の結果は列 (2) の結果と比較して小さいものの，統計的に有意であり，また値も経済成長の議論をするうえで無視できない大きさである。列 (6) は信頼と規範の両方ともを入れて，さらにコントロール変数を含めた重回帰分析の結果である。これまでの結果と同様に，信頼の影響については統計的な証拠はなく値も小さいが，規範の影響は統計的にも実際の経済成長の議論をするうえでも大きな値となっている。なお，この章での実証分析はあくまでも重回帰モデルの例として取り上げたものであり，本格的な実証分析としてソーシャル・キャピタルの影響を調べるには，より深い分析や注意点などがある。より進んだ議論や他の結

> **COLUMN** 5-5 有意の星

統計的に有意な係数の推定値の肩に星（*）をつけて有意であることを示すのは表を読みやすくする一方で，近年は「*」をつける慣例をやめようという動きもある。たとえば，経済学で最も権威のある学術雑誌の1つである『アメリカン・エコノミック・レビュー』(American Economic Review) の投稿規定は，「*」をつけて有意性を示してはならないとしている。なぜ『アメリカン・エコノミック・レビュー』がそのような投稿規定を設けているかについての公式見解は，筆者は寡聞にして知らない。

一方で，Brodeur, Lé, Sangnier and Zylberberg (2016) は経済学の近年の実証論文を 600 本以上検証した結果，発表された検定統計量の値の分布がいびつになっていることを発見した。とくに，p 値の分布の形状が 25% から 10% の間で不自然に低くなっている一方で，その分だけ 5% よりも小さいところが高くなっていることを発見している。その理由を彼らは，帰無仮説が棄却されている検定結果，あるいは有意な係数推定値の結果のほうが，権威ある学術雑誌に掲載される可能性が高まるので，研究者は有意な結果がでるまでいろいろなモデルや推定法を試すのではないだろうか，と推測している。この論文では，有意性を示す「*」を使用しない論文のほうが，検定統計量の値の分布のいびつさは少ないことを実証している。

果については要藤 (2005) を参照されたい。しかし，この章で得られた結論は要藤 (2005) のものと同じである。

SECTION 10 まとめ

本章では重回帰分析について学んだ。重回帰モデルとは，複数の説明変数をもつ回帰モデルである。単回帰分析の場合と同様に，重回帰モデルは OLS によって推定することができ，OLS 推定量は，不偏性，一致性，漸近正規性を持つ。重回帰分析は，興味のある説明変数が1つしかない状況でも重要な分析手法である。説明変数と相関を持ち，被説明変数に影響を与える変数がある場合には，その変数をコントロール変数としてモデルに含めて推定しないと，OLS 推定量は一致性を持たない。この問題を欠落変数バイアスの問題と呼び，経済データの分析では常に注意を払う必要のある問題である。欠落変数バイア

スを回避する手段の中では，重回帰分析は，最も説得力があり，分析が容易な
ものといえるであろう。

　重回帰分析は，このように非常に強力な手法ではあるが，使用するために
は，欠落変数バイアスをもたらすような変数がすべて利用可能でなければなら
ない。しかし，経済学での実証分析では，そのような変数の中にはデータに含
まれていないものがあることも，稀ではない。たとえば，教育が賃金に与える
影響を調べたいとしよう。この場合，生まれついての能力は，教育にも賃金に
も直接影響を与えることが予想される。したがって，生まれついての能力とい
う変数を含めないで回帰分析を行うと，欠落変数バイアスが生じるであろう。
しかし，生まれついての能力という変数を観測することは容易ではない。

　そこで，次の第6章と第7章では，欠落変数バイアスを引き起こす変数が
観測できない場合でも，バイアスを回避する方法を紹介する。第6章では，
パネルデータを用いて欠落変数バイアスを回避する手法を紹介する。そして
第7章では操作変数と呼ばれる変数を用いて，欠落変数バイアスを回避する
手法を紹介する。欠落変数バイアスをいかにして避けるかというのは，経済学
をはじめ多くの分野での実証分析の課題であり，これまでにも多くの計量経
済学の研究が行われてきた。その中でも，本書で紹介する重回帰分析，パネル
データ分析，操作変数法の3つはとくに重要な手法である。

　もし重回帰が利用可能な状況であれば，重回帰は非常に説得力の高い手法
である。重回帰の制約はまさしく，欠落変数バイアスをもたらす変数がすべ
てデータに入っているかにあり，このことからも，データを収集するという作
業が，実証分析において最も重要な部分であることがわかる。なお，この章で
取り上げた重回帰の理論の結果の導出は，巻末付録B（657ページ）に掲載し
た。重回帰の理論やその導出は計量経済学のすべての基礎となるものであり，
本書の内容を超えてさらに発展的な学習に進む場合には，まず重回帰の理論を
しっかりと理解することを薦める。

EXERCISE　●練習問題

5-1 [確認]　欠落変数の問題とは何かを例を挙げて解説しなさい。

5-2 [確認]　次の単回帰モデルを考える。

第5章　重回帰モデルの推定と検定　197

$$Y_i = \beta_0 + \beta_1 X_i + u_i$$

β_1 の OLS 推定量は，第 4 章（111 ページ）によると，

$$\hat{\beta}_1 = \frac{\sum_{i=1}^{N}(X_i - \bar{X})(Y_i - \bar{Y})}{\sum_{i=1}^{N}(X_i - \bar{X})^2}$$

であった。同じ推定量が，次の計算法でも得られることを確認しなさい。

まず，X_i を定数項に回帰する（つまり $X_i = \gamma_0 + v_i$ というモデルを推定する）。そして残差を取り $\tilde{X}_i$ と定義する。最後に Y_i を $\tilde{X}_i$ に定数項を含めずに回帰する。

5-3 [確認]　ダミー変数の罠とは何かを例を挙げて解説しなさい。

5-4 [確認]　Y_i を賃金とし，U_i を大学を卒業している場合に 1 を取るダミー変数，H_i を大学を卒業していない場合に 1 を取るダミー変数とする。定義により，$U_i + H_i = 1$ が常に成り立つ。いま，

$$Y_i = \beta_0 + \beta_1 U_i + u_i$$

という回帰モデルを考えると，β_0 は大学を卒業していない場合の平均賃金であり，β_1 は大学を卒業している場合と，していない場合の平均賃金の差と解釈できる。

(a)　U_i と H_i と定数項を含めたモデルである

$$Y_i = \alpha_0 + \alpha_1 U_i + \alpha_2 H_i + u_i$$

というモデルが推定できない理由を説明しなさい。

(b)　次の

$$Y_i = \gamma_0 + \gamma_1 H_i + u_i$$

という回帰モデルを考える。係数の解釈を説明しなさい。

(c)　最後に

$$Y_i = \delta_0 U_i + \delta_1 H_i + u_i$$

という回帰モデルを考える。係数の解釈を説明しなさい。

5-5 [確認]　D_i をダミー変数とする。次の 2 次多項式モデル

$$Y_i = \beta_0 + \beta_1 D_i + \beta_2 D_i^2 + u_i$$

は推定可能かどうかを説明しなさい。

次に E_i は $0, 1, 2$ の 3 つの値をとる変数とする。次の 2 次多項式モデル

$$Y_i = \beta_0 + \beta_1 E_i + \beta_2 E_i^2 + u_i$$

は推定可能かどうかを説明しなさい。

5-6 [確認] 次の 2 次多項式モデルを考える。

$$Y_i = 1 + 2X_i + X_i^2 + u_i$$

$X_i = 3$ の場合の X_i の Y_i に対する限界効果を求めなさい。$\bar{X} = 5$ とする。X_i の Y_i に対する平均限界効果を求めなさい。

5-7 [確認] 次の交互作用モデルを考える。

$$Y_i = 3 + 2X_i + Z_i + X_iZ_i + u_i$$

$X_i = 2$ かつ $Z_i = 1$ の場合の X_i の Y_i に対する限界効果を求めなさい。$\bar{X} = 4$ かつ $\bar{Z} = 3$ とする。X_i の Y_i に対する平均限界効果を求めなさい。

5-8 [確認] 重回帰分析において，モデルに含める変数を選ぶ際に注意すべき点を 3 つ挙げ，それぞれについて議論しなさい。

5-9 [確認] 授業に出席することが期末試験の成績に与える影響を調べるために，あるデータを用いて回帰分析を行った結果を表 5-7 に記載している[2]。表 5-7 にもとづいて，以下の問に答えなさい。

(a) 期末試験の点数を被説明変数とし，説明変数には，出席割合，前学期までの GPA，出席割合と前学期までの GPA の交差項，ACT，1 年生を表すダミー変数，2 年生を表すダミー変数を含んだモデルの推定結果は，どの列に記載されているかを答えなさい。

(b) 問 (a) で答えたモデルの推定結果を，(5.11) 式の形式で書きなさい。

(c) 表 5-7 に係数が有意かどうかを示す*を加えなさい。***，**，*をそれぞれ 1%，5%，10% の有意水準で有意であることを示すものとする。

(d) 列 (1) の結果によると，出席割合が 10% 増えると期末試験の点数はどのように変化するか答えなさい。その変化の値の 95% 信頼区間を求めなさい。

(e) 列 (3) では，出席割合の係数推定値は負である。一方で他の列にある結果では正である。この結果は不自然であるかどうかを議論しなさい。

(f) 出席割合が期末試験の結果に与える影響は，出席割合の値に依存するかどうかを議論しなさい。

(g) 出席割合が期末試験の結果に与える影響は，前学期までの GPA の値に依存するかどうかを議論しなさい。

---

2) このデータは Wooldridge (2002) "Econometrics for Cross-section and Panel Data," のためにまとめられた ATTEND というデータである。ただし，変数名は日本語に訳した。

第 5 章 重回帰モデルの推定と検定 199

(h) 列 (5) の推定結果を用いて，この大学が，学生は強制的に全ての授業に出席させるようにしたときの予想される期末試験の成績を，現段階で，出席割合が 50% で，前学期までの GPA が 3，ACT が 25 で 1 年生の学生について，答えなさい。

表 5-7：推定結果

	(1)	(2)	(3)	(4)	(5)
出席割合	0.0081 (0.0021)	0.0052 (0.0024)	-0.022 (0.0088)	0.062 (0.0023)	0.065 (0.032)
前学期までの GPA		0.43 (0.086)	-0.56 (0.32)	-1.53 (0.49)	3.63 (2.20)
前学期までの GPA^2				0.37 (0.090)	-0.82 (0.45)
出席割合 × 前学期までの GPA			0.012 (0.0037)		-0.057 (0.026)
出席割合 × 前学期までの GPA^2					0.013 (0.0052)
ACT		0.084 (0.011)	0.082 (0.011)	-0.11 (0.10)	-0.11 (0.10)
ACT^2				0.004 (0.0023)	0.0042 (0.0022)
1 年生	-0.29 (0.11)	-0.049 (0.11)	-0.062 (0.10)	-0.11 (0.10)	-0.10 (0.10)
2 年生	-0.12 (0.10)	-0.16 (0.089)	-0.17 (0.088)	-0.18 (0.087)	-0.19 (0.086)
定数項	-0.50 (0.18)	-3.30 (0.30)	-1.02 (0.76)	1.38 (1.24)	-3.93 (2.95)
F 検定統計量の値					
H_0: 出席日数が関わるすべての係数が 0			7.81 (<0.001)		6.25 (<0.001)
H_0: 前学期までの GPA^2 と ACT^2 が関わるすべての係数が 0				11.77 (<0.001)	7.57 (<0.001)
H_0: すべての交差項の係数が 0					5.19 (0.006)
$\bar{R}^2$	0.029	0.20	0.21	0.22	0.23
サンプルサイズ	680	680	680	680	680

(注) 変数の定義について：期末試験の点数は標準化されたものを用いている。出席割合は，出席した割合をパーセント表示したもの。前学期までの GPA は直前の学期までの累積 GPA で，0 から 4 の値をとる。ACT は大学入学以前の，到達度認定試験の成績。1 年生は，当該学生が 1 年生かどうかを示すダミー変数。2 年生は，当該学生が 2 年生かどうかを示すダミー変数。自由度修正ホワイト標準誤差を推定値の下のカッコ内に記載した。検定統計量の下のカッコ内には，p 値を記入している。

5-10 [発展] D_i はダミー変数とする。次の交互作用モデル

$$Y_i = \beta_0 + \beta_1 D_i + \beta_2 X_i + \beta_3 D_i X_i + u_i$$

を OLS で推定する。$(\hat{\beta}_0, \hat{\beta}_1, \hat{\beta}_2, \hat{\beta}_3)$ を OLS 推定量とする。次に D_i の値によって 2 つのモデルを考える。

$$Y_i = \gamma_{00} + \gamma_{01}X_i + u_i, \quad D_i = 0 \text{ の場合}$$

$$Y_i = \gamma_{10} + \gamma_{11}X_i + u_i, \quad D_i = 1 \text{ の場合}$$

$(\hat{\gamma}_{00}, \hat{\gamma}_{01})$ を $D_i = 0$ である観測値だけを使用して計算した OLS 推定値とする。同様に $(\hat{\gamma}_{10}, \hat{\gamma}_{11})$ を $D_i = 1$ である観測値だけを使用して計算した OLS 推定値とする。すると，これらの OLS 推定値の間には，

$$\hat{\beta}_0 = \hat{\gamma}_{00}, \quad \hat{\beta}_1 = \hat{\gamma}_{10} - \hat{\gamma}_{00}, \quad \hat{\beta}_2 = \hat{\gamma}_{01}, \quad \hat{\beta}_3 = \hat{\gamma}_{11} - \hat{\gamma}_{01}$$

という関係があることを証明しなさい［ヒント：OLS 推定の目的関数を D_i の値によって 2 つに分けて考えること］。

5-11 ［発展］　$D1_i$ と $D2_i$ をダミー変数として

$$Y_i = \beta_0 + \beta_1 D1_i + \beta_2 D2_i + \beta_3 D1_i D2_i + u_i$$

という交互作用モデルを考える。$(\hat{\beta}_0, \hat{\beta}_1, \hat{\beta}_2, \hat{\beta}_3)$ を OLS 推定量とする。すると，

$$\hat{\beta}_0 = \bar{Y}_{00}, \quad \hat{\beta}_1 = \bar{Y}_{10} - \bar{Y}_{00},$$

$$\hat{\beta}_2 = \bar{Y}_{01} - \bar{Y}_{00}, \quad \hat{\beta}_3 = \bar{Y}_{11} - \bar{Y}_{10} - \bar{Y}_{01} + \bar{Y}_{00}$$

という関係が成り立つことを証明しなさい［ヒント：OLS 推定量の目的関数を $D1_i$ と $D2_i$ の値によって，4 つに分けて考えること］。

5-12 ［発展］　説明変数の数が 2 の場合に，FWL 定理を証明しなさい。すなわち，

$$Y_i = \beta_0 + \beta_1 X_{1i} + \beta_2 X_{2i} + u_i$$

という重回帰モデルを考える。このモデルの β_1 の OLS 推定量は，Y_i を定数項と X_{2i} に回帰した残差を，X_{1i} を定数項と X_{2i} に回帰した残差に，定数項なしで回帰した場合の係数推定量と一致することを証明しなさい。

5-13 ［★ 発展］　次の重回帰モデルを考え，

$$Y_i = \beta_0 + \beta_1 X_i + \beta_2 Z_i + u_i$$

$\beta_1 + \beta_2 = 0$ という帰無仮説を検定したいとする。モデルを変形して OLS 推定を行い，その推定結果における係数の t 値を使用して，検定を行う方法を説明しなさい。

5-14 ［実証］　この章の実証分析で用いたデータは，本書のウェブサポートページにある。このデータをダウンロードし，何らかの統計解析ソフトを利用して，次の問いに答えなさい。

(a)　表 5-6 を再現しなさい。なお，表の数字（とくに t 統計量や信頼区間など）には丸めの誤差が含まれているため，厳密に同じ数字を得るこ

第 5 章　重回帰モデルの推定と検定　201

とはできない可能性がある。

(b) 表 5-6 の列 (5) と列 (6) を比較すると，列 (6) は列 (5) よりも，信頼の変数を入れているにもかかわらず，$\bar{R}^2$ の値は，列 (6) のほうが低い。なぜそうなるのかを $\bar{R}^2$ の定義から説明しなさい。また $\bar{R}^2$ でなく R^2 では同じことが起こるかどうか議論しなさい。

(c) 表 5-6 の列 (3) における信頼の係数推定値と標準誤差を FWL 定理に基づく次の方法で求めなさい。

まず，信頼を定数項と規範に回帰し，残差を取る。次に経済成長率を先の回帰で求めた残差に（定数項なしで）回帰し，係数推定値が表 5-6 の列 (3) にある信頼の係数推定値と同じになることを確認しなさい。また，標準誤差は，異なる値が得られることも確認しなさい。

次に，経済成長率を定数項と規範に回帰した残差を，信頼を定数項と規範に回帰した残差に（定数項なしで）回帰し，係数推定値が表 5-6 の列 (3) にある信頼の係数推定値と同じになることを確認しなさい。また，標準誤差も同じ値が得られることも確認しなさい。

5-15 [実証] 1 月から 3 月に生まれたいわゆる早生まれの人は，4 月から 6 月に生まれた人に比較して，同学年において他の人に比べて年齢が半年から 1 年少ないために，不利だといわれている。このことを発達心理学では，相対年齢効果という。この問題では，TIMSS (Trends in Mathematics and Science Study,「国際数学・理科 教育動向調査」) のデータを用いて，中学 2 年次における，生まれ月が数学の成績に与える影響について分析しよう。この問題は Kawaguchi (2011) の分析にヒントを得ているが，すこし使用する標本の作り方や，推定するモデルに違いがある。データはウェブサポートページにある。以下の分析では，すべて自由度修正ホワイト標準誤差を用いて検定すること。

(a) 数学の成績を，生まれた四半期のダミー変数 (agese_q2, agese_q3, agese_q4) に（定数項を含んで）回帰して，早生まれの人の成績が，4 月から 6 月に生まれた人に比べて低いかどうかを検定しなさい。

(b) 問 (a) の回帰では，生まれた四半期のダミー変数として 3 つしか使用しなかった。なぜ，4 月から 6 月に生まれた人を表すダミー変数を使用しなかったのかを説明しなさい。また，もし 4 月から 6 月に生まれた人を表すダミー変数を使用するなら，モデルをどのように変更するべきかを説明しなさい。さらにその場合には，どのような帰無仮説を立てることで，早生まれの人の成績が，4 月から 6 月に生まれた人に比べて低いかどうかを検定できるかを説明しなさい。

(c) 生まれた四半期が数学の成績に与える影響が，男女で異なるかどうかを，性別を表すダミー変数と，生まれた四半期を表すダミー変数の交差項を用いたモデルを推定し，検定しなさい。

(d) 問 (a) の回帰式に，地域の大きさを表すダミー変数，コンピュータ

が家庭にあるかどうかを示すダミー変数,家庭の人数を表す変数,母親の教育を表すダミー変数,父親の学歴を表すダミー変数を,説明変数に加えたモデルを推定しなさい。その結果をもとに,早生まれの人の成績が,4月から6月に生まれた人に比べて低いかどうかを検定しなさい。

(e) 数学の成績の代わりに,理科の成績を用いて,問 (a), (c), (d) の分析を行いなさい。数学と理科では,結果が異なるかどうかを議論しなさい。

補論：信頼と規範が経済成長率に与える影響の実証例で使用したデータについて

　本章の実証例で用いたデータの出所と変数の定義は以下の通りである。より詳しい解説は要藤 (2005) を参照されたい。

　1人当たり都道府県別 GDP は,「県民経済計算」における名目の県内総生産額（単位：百万円）を,該当年の「国勢調査」における県内就業者数で割ったものである。

　教育水準は,1980年の「国勢調査」における,最終学歴が短大・高専,大学・大学院である者を高等教育修了者とし,それを15歳以上人口で割ったものである。

　信頼の指標化にあたっては,NHK放送文化研究所が実施した1978年の「全国県民意識調査」を用いている。その中で,「隣近所の人には信頼できる人が多いですか」との質問に「はい」と答えた人の割合,「親戚に信頼できる人が多いですか」との質問に「はい」と答えた人の割合,「職場や仕事で付き合っている人には信頼できる人が多いですか」との質問に「はい」と答えた人の割合,を使用した。これら3つの指標をそれぞれ標準化したものを単純平均して,信頼の指標を得る。

　規範の指標化にあたっては,次の5つの指標をもとにした。まず,信頼の指標にも用いた「全国県民意識調査」から,「あなたは地元の行事や祭りには積極的に参加したいと思いますか」との質問に「はい」と答えた人の割合,「今の世の中では,自分のことばかり考えて,他の人のことには無関心の人

が多い」との質問に「そうは思わない」と回答した人の割合,「公共の利益のためには,個人の権利が多少制限されてもやむをえない」との質問に「そう思う」と答えた人の割合,を使用する。次に,1981年の「社会生活基本調査」(総務省)からボランティア活動行動者率を取った。さらに,1人当たり共同募金額を使用する。これは,「都道府県の基礎統計 2001」(総務省統計局監修)の1980年における都道府県別の共同募金額を「消費者物価指数」(総務省)における接続指数(1999年基準)の県庁所在市別総合指数を用いて実質化した後,1980年の「国勢調査」における県内人口で割ったものである。これらの5つの指標をそれぞれ標準化したのち,単純平均することで,規範の指標を得る。

最後に,本章6節で使用した人口集中比率は1980年の「国勢調査」から計算した。

★ 補論:均一分散の場合の F 検定について

重回帰モデルにおける結合仮説に対する F 検定としては,残差平方和や決定係数の差による手法が,伝統的にはよく使われてきた。また多くの教科書でもその手法が F 検定として紹介されている。残差平方和の差に基づく F 検定は,残念ながら均一分散の仮定が満たされている場合でしか理論的な正当性を持つことがない。そのため,不均一分散に頑健な F 検定が統計解析ソフトで簡単に計算できる現代では,実際に使用することは少ない手法であろう。しかし,残差平方和の差に基づく F 検定は,実際に何をやっているのかを理解することが比較的容易である。ここでは,均一分散の場合の F 検定の方法を紹介しよう。

次の重回帰モデルを考える。

$$Y_i = \beta_0 + \beta_1 X_{1i} + \cdots + \beta_k X_{ki} + u_i$$

このモデルの係数 $(\beta_0, \beta_1, \ldots, \beta_k)$ へのある制約を検定したいとしよう。

そのために,制約なしの場合と制約がある場合の残差を比較することにしよう。まず,上記のモデルの OLS 推定における残差を $\hat{u}_i$ とする。次に $\hat{u}_i^R$ を,制約を置いたうえで OLS 推定を行った場合の残差とする。たとえば,$\beta_k = 0$ という制約を検定したいとしよう。この場合は,

$$\sum_{i=1}^{N}(Y_i - b_0 - b_1 X_{1i} - \cdots - b_{k-1}X_{k-1,i} - b_k X_{ki})^2$$

を $b_k = 0$ という制約を置いて最小化するので，結局

$$\sum_{i=1}^{N}(Y_i - b_0 - b_1 X_{1i} - \cdots - b_{k-1}X_{k-1,i})^2$$

を最小化して，係数の OLS 推定量を求め，その推定量のもとでの残差を $\hat{u}_i^R$ とするのである。そして，次の統計量を考える。

$$\frac{N-k-1}{q}\frac{\sum_{i=1}^{N}(\hat{u}_i^R)^2 - \sum_{i=1}^{N}\hat{u}_i^2}{\sum_{i=1}^{N}\hat{u}_i^2}$$

ただし，q は制約の数である。制約なしの場合の残差平方和を RSS とすると，$RSS = \sum_{i=1}^{N}\hat{u}_i^2$ であり，制約のある場合の残差平方和を RSS^R とすると $RSS^R = \sum_{i=1}^{N}(\hat{u}_i^R)^2$ であるので，この統計量は，

$$\frac{N-k-1}{q}\frac{RSS^R - RSS}{RSS}$$

と書ける。また決定係数を用いると，

$$\frac{N-k-1}{q}\frac{R^2 - (R^R)^2}{1 - R^2}$$

とも書ける。ただし，R^2 は制約なしの場合の決定係数であり，$(R^R)^2$ は制約ありの場合の決定係数である。これが，均一分散の場合の F 検定統計量である。

　この F 検定統計量は，$u_i \sim$ i.i.d. $N(0, \sigma^2)$ であれば，帰無仮説のもとで $F(r, N-k-1)$ 分布に従う。また，正規分布の仮定がなくとも $\mathrm{E}(u_i^2|X_{1i}, \ldots, X_{ki}) = \sigma^2$ という均一分散の仮定を仮定 5.1（159 ページ）に加えると，帰無仮説のもとで，漸近的に $F(r, \infty)$ 分布に従う。

　ここで紹介した F 統計量は，均一分散の仮定を必要とするため，実用の際には注意が必要である。しかしこれを見ると，残差平方和あるいは決定係数の比較をするという形をとっていることがわかるため，解釈は比較的容易であろう。つまり，F 検定の基本的なメカニズムは，制約を置くことによって，どれほど推定の当てはまりが悪くなるかを計測しているものなのである。

第 5 章　重回帰モデルの推定と検定　　205

★ 補論：モデルに含める変数と推定誤差の関係

まず，被説明変数に影響を及ぼし，かつ興味のある変数とは無関係な変数をモデルに加えることで，推定誤差を減らすことができる点について，例に基づいて見てみよう。次の回帰モデル

$$Y_i = \beta_0 + \beta_1 X_i + u_i$$

を考える。ここで u_i と X_i は独立であり $\mathrm{E}(u_i) = 0$ と仮定する。なお u_i と X_i とが独立という仮定は，均一分散をもたらす。すると β_1 の OLS 推定量は一致性を持ち，

$$\sqrt{N}(\hat{\beta}_1 - \beta_1) \xrightarrow{d} N\left(0, \frac{\mathrm{E}\{[X_i - \mathrm{E}(X_i)]^2 u_i^2\}}{(\mathrm{E}\{[X_i - \mathrm{E}(X_i)]^2\})^2}\right)$$
$$= N\left(0, \frac{\mathrm{E}(u_i^2)}{\mathrm{E}\{[X_i - \mathrm{E}(X_i)]^2\}}\right)$$

が成り立つ。なお等式が成り立つのは，u_i と X_i が独立であることから，均一分散が成り立ち，$\mathrm{E}\{[X_i - \mathrm{E}(X_i)]^2 u_i^2\} = \mathrm{E}\{[X_i - \mathrm{E}(X_i)]^2\}\mathrm{E}(u_i^2)$ となるためである。ここで X_i とは独立で Y_i に影響を与える変数 W_i があるとする。W_i は Y_i に影響を及ぼすので u_i に含まれ，$u_i = \gamma W_i + v_i$ という関係が成り立つとする。W_i と v_i は独立であると仮定する。そして，W_i を説明変数に加えた回帰モデル

$$Y_i = \beta_0 + \beta_1 X_i + \beta_2 W_i + v_i$$

を OLS で推定する。この場合，β_1 の OLS 推定量は，FWL 定理より，

$$\sqrt{N}(\hat{\beta}_1^* - \beta_1) \xrightarrow{d} N\left(0, \frac{\mathrm{E}\{[X_i - \mathrm{E}(X_i)]^2 v_i^2\}}{(\mathrm{E}\{[X_i - \mathrm{E}(X_i)]^2\})^2}\right)$$
$$= N\left(0, \frac{\mathrm{E}(v_i^2)}{\mathrm{E}\{[X_i - \mathrm{E}(X_i)]^2\}}\right)$$

となる。この式が成り立つのは，X_i と W_i が独立であるため，漸近的には $X_i - \mathrm{E}(X_i)$ と X_i を W_i に回帰した残差である $\tilde{X}_i$ と同じになるからである。$u_i = \gamma W_i + v_i$ であるので，$\mathrm{E}(u_i^2) = \gamma^2 \mathrm{E}(W_i^2) + \mathrm{E}(v_i^2)$ となり，$\mathrm{E}(u_i^2) > \mathrm{E}(v_i^2)$

が成り立つ。そのため，W_i を説明変数に加えたほうが，β_1 の OLS 推定量の分散は小さくなる。

次に，被説明変数とは無関係であるが説明変数と相関している変数をモデルに加えることで，推定誤差が大きくなることを見てみよう。先ほどと同じく，次の回帰モデル

$$Y_i = \beta_0 + \beta_1 X_i + u_i$$

を考え，u_i と X_i は独立（均一分散になる）であり，$\mathrm{E}(u_i) = 0$ と仮定する。β_1 の OLS 推定量の漸近分布は

$$\sqrt{N}(\hat{\beta}_1 - \beta_1) \xrightarrow{d} N\left(0, \frac{\mathrm{E}(u_i^2)}{\mathrm{E}\{[X_i - \mathrm{E}(X_i)]^2\}}\right)$$

で与えられる。いま u_i とは独立だが，X_i とは相関している変数 Z_i があるとする。u_i とは独立であるので，Z_i は Y_i に直接は影響を与えない変数である。X_i と Z_i は $X_i = \gamma_0 + \gamma_1 Z_i + e_i$ という線形関係にあると仮定する。$\tilde{X}_i = X_i - \gamma_0 - \gamma_1 Z_i$ と定義する。FWL 定理により，

$$Y_i = \beta_0 + \beta_1 X_i + \beta_2 Z_i + u_i$$

を OLS で推定した場合の β_1 の OLS 推定量の漸近分布は，

$$\sqrt{N}(\hat{\beta}_1^* - \beta_1) \xrightarrow{d} N\left(0, \frac{\mathrm{E}\{[\tilde{X}_i - \mathrm{E}(\tilde{X}_i)]^2 u_i^2\}}{\left(\mathrm{E}\{[\tilde{X}_i - \mathrm{E}(\tilde{X}_i)]^2\}\right)^2}\right)$$

$$= N\left(0, \frac{\mathrm{E}(u_i^2)}{\mathrm{E}\{[\tilde{X}_i - \mathrm{E}(\tilde{X}_i)]^2\}}\right)$$

となる。しかし，$\tilde{X}_i$ の分散は X_i の分散よりも小さいため，$\mathrm{E}\{[\tilde{X}_i - \mathrm{E}(\tilde{X}_i)]^2\} < \mathrm{E}\{[X_i - \mathrm{E}(X_i)]^2\}$ が成り立つ。したがって，Z_i を説明変数に加えることで，β_1 の OLS 推定量の分散は大きくなるのである。

第 Ⅱ 部

ミクロ編

ミクロデータの分析手法

第 6 章 パネルデータ分析

待機児童問題を訴える人々。パネルデータ分析を行うことで,児童福祉政策と女性の労働参加について,新しい知見を得ることができる。

(写真:朝日新聞/時事通信フォト)

- KEYWORD
- FIGURE
- TABLE
- COLUMN
- EXAMPLE
- EMPIRICAL
- EXERCISE

INTRODUCTION

　　パネルデータとは,多くの観察個体の複数時点にわたるデータである。パネルデータの特性を利用すると,欠落変数のバイアスを,それをもたらす変数を観察することができない場合でも,回避できる可能性がある。とくに欠落変数問題をもたらす観察できない要素が時間を通じて一定である場合に,パネルデータ分析は有用である。この章では,パネルデータ分析の基本的なモデルである固定効果モデルを紹介し,固定効果推定量について解説する。とくに,固定効果推定量がどのように欠落変数問題を回避しているのか,また固定効果推定量が機能する条件は何かを理解することがこの章の目的である。

CHAPTER 6

1 パネルデータ

はじめに，**パネルデータ** (panel data) がどのようなデータであるかを概観しよう。まず，パネルデータでの変数の表記の仕方を説明し，次に，実際のデータファイルではどのような構造になっているかを見ていく。

パネルデータとは，複数の観察個体を複数時点にわたって観察したデータである。たとえば，同一の100人の労働者の3年分の賃金が掲載されているデータはパネルデータである。パネルデータを分析する際に使用するモデルでは，観察値を特定する添え字には観察個体と時点の2つが必要になる。本章では，$(Y_{it}, X_{1it}, \ldots, X_{kit})$，$i = 1, \ldots, N$，$t = 1, \ldots, T$ として，パネルデータを表す。添え字の i が観察個体を示し，t は時点を示している。つまり，$(Y_{it}, X_{1it}, \ldots, X_{kit})$ は $(Y, X_1, \ldots, X_k)$ という変数の個人 i の時点 t における値になる。観察個体の数は N であり，各々の観察個体の T 時点分の観察値がある。説明変数には3つも添え字があるが，最初の添え字が変数番号で2つめが観察個体の番号，最後の添え字が時点を表している。たとえば $X_{3,10,2}$ なら3番目の説明変数の10番目の観察個体の時点2での値である。

実際のパネルデータのスプレッドシートファイルの例を図6-1(a)に載せている。これは，各都道府県の2000年から2010年までの5年ごとの，未就学児の母親の就業率 (emprate) と保育所の定員率 (caprate) に関するパネルデータの一部である。したがって，$N = 47$ で $T = 3$ のパネルデータになる。図6-1(a)では，重回帰で使用するデータのように，各列に変数の値をすべての観察個体と時点について収録している。変数名の行の次の行には三重県の2000年での変数の値が収録されており，次の行では同じく三重県の2005年の値が入っている。3行目までは三重県の値が続き，その次の行になって京都府の2000年の値になる。このように $N \times T = 47 \times 3 = 141$ 行のスプレッドシートにデータが納められている。

パネルデータは他の形式で提供されることもある。図6-1(b)では，1つの行に観察個体のすべての時点における変数の値が入っている。最初の行は変数名と時点の値が入っている。次の行には，三重県の各時点での変数の値が入っている。この場合は $N = 47$ 行で $T = 3$ 列のスプレッドシートになる。他の

図 6-1 ● パネルデータの形式

(a) ロング型

	A	B	C	D
1	pref	year	emprate	caprate
2	三重県	2000	0.3606472	0.3540255
3	三重県	2005	0.4026797	0.3847022
4	三重県	2010	0.4435091	0.4254622
5	京都府	2000	0.3181525	0.3322692
6	京都府	2005	0.3632667	0.3579263
7	京都府	2010	0.4143591	0.3948919
8	佐賀県	2000	0.4691601	0.3375002
9	佐賀県	2005	0.5020021	0.3917502
10	佐賀県	2010	0.5442441	0.43921
11	兵庫県	2000	0.2566506	0.2166326
12	兵庫県	2005	0.3034616	0.2444269
13	兵庫県	2010	0.3465375	0.2783412

(b) ワイド型

	A	B	C	D
1	emprate	2000	2005	2010
2	三重県	0.3606472	0.4026797	0.4435091
3	京都府	0.3181525	0.3632667	0.4143591
4	佐賀県	0.4691601	0.5020021	0.5442441
5	兵庫県	0.2566506	0.3034616	0.3465375

変数は別のファイルに入っていることもあれば，続きの列に他の変数の各時点での値が入ることもある。ただ，一般的には図 6-1(a) の形式のほうが便利であり，また多くの統計解析ソフトでは，図 6-1(a) の形でデータを読み込むほうが標準であることが多い。

2 パネルデータの特徴と分析上の利点

パネルデータを用いた分析の利点は，欠落変数のバイアスを，その原因となる変数を観察することなしに回避する手段を提供してくれることである。とくに，時間を通じて変化しない要素によって欠落変数のバイアスが引き起こされる場合には，本章で詳しく解説する固定効果モデルを用いて固定効果推定量を推定することで，欠落変数のバイアスを回避することができる。なお，パネルデータを用いる利点は他にも考えることができるが，本書では，欠落変数のバイアスの回避の手段としてのパネルデータの利用に焦点を当てることにする。

プールした最小2乗推定量

パネルデータにおける線形回帰モデルを導入しよう。まずパネルデータが利用可能であるとし，次の線形回帰モデル

$$Y_{it} = \beta_0 + \beta_1 X_{1it} + \cdots + \beta_k X_{kit} + e_{it}$$

を推定したいとする（なお，本節では誤差項として e_{it} を用いる。これは誤差項の

通常の表記である u_{it} を，後の節で説明変数とは相関しない e_{it} の要素の表記として使用するためである）。もし，説明変数の $(X_{1it}, \ldots, X_{kit})$ が誤差項の e_{it} と無相関であれば，OLS によってモデルを推定することができる。パネルデータであっても，この結果に変わりはなく，OLS は条件が満たされていれば使用可能である。つまり，すべての観察個体と時点を一括してまとめ，サンプルサイズが $N \times T$ のデータと見なして OLS 推定を行う。ただし，データはパネルデータであるが，推定方法は通常の OLS である場合には，この推定量は**プールした最小2乗**（pooled OLS）**推定量**と呼ばれる。もし欠落変数の問題などから $(X_{1it}, \ldots, X_{kit})$ と e_{it} が相関している場合には，OLS 推定量はバイアスを持つため，一致推定量でない。第5章で学習した重回帰分析では，欠落変数の問題の解決のためには，欠落変数の問題を起こす変数をすべて観察したデータを用いて，それらをモデルに含める必要があった。

　この点を，保育所の利用可能性と母親の就業率の関係に関する分析の例を通して，考えてみよう。なお，この例は，Asai, Kambayashi and Yamaguchi (2015) に依っている[1]。未就学児をかかえる母親が就業するためには，誰か他の人がその子どもの世話をする必要がある。したがって，「保育所が利用しやすくなれば，母親の就業率が上がるのではないか」というのは自然な発想であろう。一方で，「保育所が利用しにくい場合は，子どもの祖父母やベビーシッターに子どもの世話をお願いするので，保育所の利用しやすさは，誰が子どもの世話をするかの選択に影響を与えるだけで，母親が就業するかどうかには影響しないのではないか」という指摘も考慮に値する議論であろう。

　そこで，都道府県のデータを用いて，この問題を分析することにしよう。先ほど述べた通り，データは 2000 年から 2010 年までの5年おき3期間の情報を含んだパネルデータである。被説明変数は，各県各年の未就学児のいる家庭の母親の就業率で，説明変数は保育所の定員率である。保育所の定員率は，認可保育所の定員を未就学児の人口で割ったものとする。単回帰モデルを最小2乗（OLS）推定すると，

---

1)　著者の1人である山口慎太郎氏にはデータの提供をしていただき，また実証分析の相談にも乗っていただいた。記して感謝する。

$$\widehat{母親就業率}_{it} = 0.208 + 0.615\ 保育所定員率_{it} \tag{6.1}$$
$$\phantom{\widehat{母親就業率}_{it} = } (0.018)\quad (0.044)$$

$$\bar{R}^2 = 0.530, \quad N = 47, \quad T = 3$$

という結果が得られた。保育所定員率の影響は統計的に有意であり，また保育所の定員率が 0.1 改善すると母親の就業率がおよそ 0.06 上昇するという，政策を考えるうえでも大きな影響を持っている推定値が得られた。しかし，この結果は欠落変数バイアスの問題を孕んでいる可能性がある。

この例における欠落変数としては，都道府県ごとの文化の違いなどが挙げられる。ある地域では，女性の就業を比較的推奨する文化が育まれていたとしよう。この場合，女性の就業率は文化的背景から自然と高くなり，また保育所の整備も積極的に行われるであろう。すると，都道府県ごとの文化の違いが欠落変数の問題をもたらし，保育所定員率の影響は過大に推定されていることになる。しかし，文化の違いをコントロールした重回帰分析を行うのは難しい。なぜなら，文化そのものを数値化して観察することが困難だからである。

例題 6.1 ●　　　　　　　　　　　　　　　　　　　　　　　　　EXAMPLE

　大学生の学習時間と成績の関係を分析したいとしよう。被説明変数として，ある学期の成績を取り，その学期の学習時間を説明変数とした分析を考えよう。各学生について，複数の学期の情報を集めることによりパネルデータを構築できる。この分析において，どのような要素が時間を通じて一定であり，欠落変数のバイアスをもたらす可能性があり，なおかつ観察することが困難であるかを議論しなさい。

（解答例）

　学生の潜在能力と，勉強の好き嫌いの 2 つが挙げられる。この 2 つは在学中に変化することはないと考えることもできるだろうし，また観察することは困難であろう。能力が高い学生は短い学習時間で良い成績を取ることができると考えられるため，学習時間の効果に対して負のバイアスをかける可能性がある。また勉強が好きな学生は，長時間の勉強もいとわないので学習時間は自然と長くなり，また興味を持って学習すると理解も進むであろうか

ら，成績も良くなると考えられるため，学習時間の効果に対して正のバイアスをかける可能性がある。♠

パネルデータ利用の利点

パネルデータが利用可能であれば，追加的な変数を観測することなしに，欠落変数のバイアスを避けることができる可能性がある。第5章で学習した重回帰の方法は欠落変数のバイアスを避けるための基本的な方法であったが，欠落変数のバイアスをもたらすような変数を実際に観察して分析に使用する必要がある点が，実証分析を行ううえでの難点であった。欠落変数のバイアスをもたらすような変数がすべて観察できる保証はなく，観察することが難しい変数も多い。たとえば保育所と女性の就業率の関係の例では，都道府県ごとの文化の違いが欠落変数をもたらす可能性を指摘した。残念ながら，文化の違いという要素を数値として観察することは不可能か，不可能でなくとも非常に難しいであろう。一方で，文化の違いという要素は，時間とともにそれほど変化しないことが予想される。この場合にはパネルデータを利用することで，欠落変数のバイアスを避けることができる。

パネルデータを利用すると，各観測個体内での時間を通じた変化の情報を使えるため，時間を通じて一定な要素の影響を取り除くことができるのである。もし，各観測個体内で時間を通じて説明変数の値が変化し，その変化と被説明変数の時間を通じた変化が関連しているとする。そして，両者の変化に注目して，各観測個体ごとに分析する場合には，時間を通じて一定な要素の影響を排除したうえでの説明変数の影響を調べていることになる。再び保育所と女性の就業率の関係を考えよう。たとえば，ある県で，2000年から2005年にかけて保育所が整備され，また女性の就業率も上がったとする。この場合は，1つの県を見ているので，その県の文化が5年の間に変化がないのであれば，そうした文化の影響を一定としたうえで，保育所の効果を見ていることになる。つまり，同一都道府県内での変動を見ることによって，同一都道府県では変化しない要因の影響を避けて，分析を行うことができる。もちろん，各都道府県ごとのサンプルサイズは3であり，これでは満足のいく統計分析はできないであろう。しかし，各都道府県ごとの分析を何らかの方法で都道府県をまたいでまとめあげる方法があれば，十分なサンプルサイズを確保できる。本章で議論する固定効果推定とは，まさしくそのような方法である。

第6章 パネルデータ分析 215

3 固定効果モデル

　本節では，パネルデータ分析の基本的なモデルである**固定効果モデル**
(fixed effects regression model) を紹介する。**固定効果** (fixed effects) とは，観
察はできないが時間を通じて一定な変数である。固定効果モデルは第 5 章で
学習した重回帰のモデルに固定効果を加えたモデルである。固定効果によっ
て，時間を通じて一定で，欠落変数のバイアスをもたらすような要素を数学的
に表現することができる。

　固定効果モデルは次のような回帰モデルである。データは，$(Y_{it}, X_{1it}, \ldots, X_{kit})$，$i = 1, \ldots, N$，$t = 1, \ldots, T$ である。Y_{it} が被説明変数で，$(X_{1it}, \ldots, X_{kit})$ が説明変数である。固定効果モデルは，

固定効果モデル

$$Y_{it} = \alpha_i + \beta_1 X_{1it} + \beta_2 X_{2it} + \cdots + \beta_k X_{kit} + u_{it}$$

と表せる。通常の重回帰モデルとの違いは，α_i という項が入っていることで
ある。α_i には添え字は i だけであり，観察個体ごとに異なるが，時間を通じ
ては一定であることを表現している。この α_i が固定効果であり，Y_{it} に影響
を与える時間を通じて一定な要素をまとめたものである。なお，モデルには定
数項がないが，定数項は α に含まれていると考えるとよい。u_{it} が誤差項に当
たる。

　固定効果モデルでは，欠落変数のバイアスを引き起こす変数は，時間を通
じて一定であると仮定し，そのような変数をまとめて α_i と表現している。Y_{it}
を $X_{1it}, \ldots, X_{kit}$ に回帰する重回帰モデルでは，説明変数と誤差項の間に相関
があるかもしれず，欠落変数のバイアスが生じる可能性がある。ここで，欠落
変数のバイアスを起こすような要素は時間を通じて一定と仮定する。つまり，
α_i は，欠落変数問題を起こす変数をすべて含んでいるという仮定である。す
ると，誤差項のうち時間を通じて一定の部分を除いた時間を通じて変動する
u_{it} については，説明変数とは無相関であり，時間を通じて変動する要素には

216　　第 II 部　ミクロ編

欠落変数バイアスを起こすようなものはないと仮定することになる。固定効果は観察できないので，固定効果モデルは，$\alpha_i + u_{it}$ を誤差項とする通常の重回帰モデルと考えることもできる。しかし，一般に固定効果モデルでは α_i が説明変数と相関している状況を考えるので，OLS 推定は機能しない。前節での誤差項の表記との関係を解説すると，前節での誤差項の e_{it} には説明変数と相関する要素が含まれていた。その説明変数と相関する要素を $\alpha_i - \beta_0$ とし，相関していない要素を u_{it} として $e_{it} = \alpha_i - \beta_0 + u_{it}$ と書くと，前節のモデルは固定効果モデルになる。なお，固定効果モデルでは通常は定数項 β_0 は含まれない。固定効果 α_i に定数項も含めてしまうことが通常である。

固定効果推定量

本節では固定効果推定量（fixed effects estimator）の解説を行う。固定効果推定量は，固定効果を変数の変換によって除去した後のモデルに対する OLS 推定量である。また，固定効果推定量は，各観察個体を表すダミー変数を含めた重回帰モデルの OLS 推定量としても得ることができる。

固定効果推定量の計算方法　本項では，固定効果推定量の考え方と計算方法を解説する。固定効果推定は，2 つの段階からなり，第 1 段階では固定効果をモデルから除去する。第 2 段階では固定効果が除去されたモデルを OLS 推定する。

まず第 1 段階で，固定効果をモデルから除去する。固定効果モデルを再掲すると，

$$Y_{it} = \alpha_i + \beta_1 X_{1it} + \beta_2 X_{2it} + \cdots + \beta_k X_{kit} + u_{it} \tag{6.2}$$

である。$\bar{Y}_i = \sum_{t=1}^{T} Y_{it}/T$ として，被説明変数 Y_{it} の観察個体ごとの平均を取る。同様に説明変数と誤差項について，$\bar{X}_{1i} = \sum_{t=1}^{T} X_{1it}/T, \ldots, \bar{X}_{ki} = \sum_{t=1}^{T} X_{kit}/T$，また $\bar{u}_i = \sum_{t=1}^{T} u_{it}/T$ と表記しよう。すると，これらの観察個体ごとの平均の変数は，

第 6 章　パネルデータ分析　217

$$\bar{Y}_i = \frac{1}{T}\sum_{t=1}^{T}(\alpha_i + \beta_1 X_{1it} + \beta_2 X_{2it} + \cdots + \beta_k X_{kit} + u_{it})$$
$$= \alpha_i + \beta_1 \bar{X}_{1i} + \beta_2 \bar{X}_{2i} + \cdots + \beta_k \bar{X}_{ki} + \bar{u}_i \tag{6.3}$$

というモデルを満たす。(6.2) 式から (6.3) 式を引くと,

$$Y_{it} - \bar{Y}_i = \beta_1(X_{1it} - \bar{X}_{1i}) + \beta_2(X_{2it} - \bar{X}_{2i})$$
$$+ \cdots + \beta_k(X_{kit} - \bar{X}_{ki}) + u_{it} - \bar{u}_i$$

となり,固定効果 α_i がモデルから消える。つまり,変数の変動のうち,時間を通じて変動する部分だけに注目すると,時間を通じて一定な固定効果は無関係になるのである。

各観測個体の変数と誤差項のそれぞれの時間を通じた平均を引く変数変換を,**固定効果変換** (fixed effects transformation) という。$\dot{Y}_{it}$ を

固定効果変換

$$\dot{Y}_{it} = Y_{it} - \bar{Y}_i$$

と定義しよう。同様に $\dot{X}_{1it} = X_{1it} - \bar{X}_{1i}, \ldots, \dot{X}_{kit} = X_{kit} - \bar{X}_{ki}$ かつ $\dot{u}_{it} = u_{it} - \bar{u}_i$ と,固定効果変換した変数を表記する。固定効果変換後のモデルは,

固定効果変換後のモデル

$$\dot{Y}_{it} = \beta_1 \dot{X}_{1it} + \beta_2 \dot{X}_{2it} + \cdots + \beta_k \dot{X}_{kit} + \dot{u}_{it}$$

である。

例題 6.2

$T = 5$ のパネルデータにおいて,$(Y_{11}, Y_{12}, Y_{13}, Y_{14}, Y_{15}) = (2, 4, 3, 6, 5)$ であったとしよう。このとき,$\dot{Y}_{1t}, t = 1, \ldots, 5$ を計算しなさい。

（解答例）

$\bar{Y}_1 = 4$ であるので $(\dot{Y}_{11}, \dot{Y}_{12}, \dot{Y}_{13}, \dot{Y}_{14}, \dot{Y}_{15}) = (-2, 0, -1, 2, 1)$ となる。♠

　固定効果推定量は，固定効果変換によって固定効果を除去したモデルを OLS 推定することで得られる。ただし，定数項は固定効果の一部として固定効果変換により除去されているので，定数項を含まないモデルの OLS 推定になる。つまり，固定効果推定量は，

固定効果推定量

$$\sum_{i=1}^{N} \sum_{t=1}^{T} (\dot{Y}_{it} - b_1 \dot{X}_{1it} - b_2 \dot{X}_{2it} - \cdots - b_k \dot{X}_{kit})^2$$

を最小化する $b_1, \ldots, b_k$ の値

である。固定効果推定量を $\hat{\beta}_{1,FE}, \ldots, \hat{\beta}_{k,FE}$ と表記しよう。添え字の FE は固定効果の英語表記である fixed effects の頭文字から取った。例として，$k = 1$ で説明変数が 1 つしかない場合を考えよう。つまり，

$$Y_{it} = \alpha_i + \beta_1 X_{1it} + u_{it}$$

というモデルの場合である。このとき，固定効果変換により

$$\dot{Y}_{it} = \beta_1 \dot{X}_{1it} + \dot{u}_{it}$$

というモデルが得られる。固定効果推定量は

説明変数が 1 つの場合の固定効果推定量

$$\hat{\beta}_{1,FE} = \frac{\sum_{i=1}^{N} \sum_{t=1}^{T} \dot{X}_{1it} \dot{Y}_{it}}{\sum_{i=1}^{N} \sum_{t=1}^{T} \dot{X}_{1it}^2}$$

となる。一般的な場合は，第 4 章で学習した FWL 定理によって，次のように書くことができる。$\dot{X}_{1it}$ を $\dot{X}_{2it}, \ldots, \dot{X}_{kit}$ に回帰した残差を $\tilde{\dot{X}}_{1it}$ と書くと，

第 6 章　パネルデータ分析　　219

FWL 定理による固定効果推定量の表現

$$\hat{\beta}_{1,FE} = \frac{\sum_{i=1}^{N}\sum_{t=1}^{T}\tilde{X}_{1it}\dot{Y}_{it}}{\sum_{i=1}^{N}\sum_{t=1}^{T}\tilde{X}_{1it}^2}$$

となる。

固定効果推定量はパネルデータ分析で最も基本的な推定量であるが,パネルデータという特殊なデータを使用する場合には常に固定効果推定をしなければならないというわけではないことは,注意しておこう。先述したようにパネルデータがあっても,欠落変数の問題がない場合はプールした OLS 推定で十分である。重要なのは,パネルデータがあれば,欠落変数の問題を起こす変数が観察できなくとも,固定効果推定量を使用することによって,その問題を回避できる可能性があるということである。つまり,パネルデータを使用することは分析手段に制約を加えるものではなく,むしろ逆に分析手段の選択肢を増やすことになるのである。

実証例 6.1 保育所が母親の就業に与える影響の固定効果推定

保育所が母親の就業に与える影響を固定効果推定を用いて調べてみよう。推定結果は,

$$\widehat{母親就業率}_{it} = 0.805 \; 保育所定員率_{it} + 都道府県効果$$

$$\bar{R}^2 = 0.975, \quad N = 47, \quad T = 3$$

である。固定効果推定であることを明確に示すために,「都道府県効果」と推定式に書き込んでいる。保育所定員率の係数は 0.805 と推定された。これは OLS 推定で得られた (6.1) 式の数値 0.615 よりも大きく,保育所の定員率が 0.1 増えると,就業率がおよそ 0.08 上昇することを示唆するので,政策を考えるうえで大きな値といえる。標準誤差は今は表示していないが,後ほど固定効果推定量の標準誤差を紹介した後で,あらためて提示しよう。なお,自由度修正済み決定係数の計算方法は,次項で紹介する,固定効果も係数として推定した場合の自由度修正済み決定係数

である。固定効果は説明力が高いため，固定効果推定においては，この例のようにほとんど 1 に近い自由度修正済み決定係数を得ることが頻繁にある。しかし，固定効果推定においては決定係数の定義や計算方法には注意が必要な点が多く，この問題については本章 8 節で議論する。

最小 2 乗ダミー変数 (LSDV)

固定効果推定量には，観察個体を表すダミー変数を用いた別の解釈ならびに計算方法がある。この解釈に基づいた最小 2 乗ダミー変数（least squares dummy variables; **LSDV**）推定という固定効果推定量の別称も存在する。つまりまったく同じ推定量に複数の解釈法があり，解釈の仕方によって名称も違うものを使うのである。

まずは，観察個体ごとのダミー変数を定義しよう。ここで，$D1_{it}$ として，観察個体 1 を表すダミー変数とする。つまり，

$$D1_{it} = \begin{cases} 1 & (i = 1 \text{のとき}) \\ 0 & (i \neq 1 \text{のとき}) \end{cases}$$

と定義する。同様にして，$D2_{it}, \ldots, DN_{it}$ という N 個のダミー変数を定義する。たとえば，$D4_{it}$ は $i = 4$ なら 1 になり，それ以外では 0 になるダミー変数である。

例題 6.3

$N = 5$ で $T = 3$ のパネルデータにおける $D1_{it}, \cdots D5_{it}$ をスプレッドシードに記入してみよう。スプレッドシードの各行は各 i と t の組合せに対応し，全部で 15 行あり，たとえば，最初の 5 行は $(i, t) = (1, 1), (1, 2), (1, 3), (2, 1), (2, 2)$ の観測値に対応するとする。スプレッドシードの各列に観察個体ごとのダミー変数の値を代入してみよう。

それでは，観察個体ごとのダミー変数を用いて固定効果モデルを書き直してみよう。再掲になるが，固定効果モデルは，

第 6 章 パネルデータ分析 221

$$Y_{it} = \alpha_i + \beta_1 X_{1it} + \beta_2 X_{2it} + \cdots + \beta_k X_{kit} + u_{it}$$

であった。このモデルは，

> **ダミー変数を用いた固定効果モデルの表現**
>
> $$Y_{it} = \alpha_1 D1_{it} + \cdots + \alpha_N DN_{it} + \beta_1 X_{1it} + \beta_2 X_{2it} + \cdots + \beta_k X_{kit} + u_{it}$$

と書き直すことができる。たとえば，$i = 5$ の場合は，$D5_{it}$ のみが 1 で他の $D1_{it}, \ldots, D4_{it}, D6_{it}, \ldots, DN_{it}$ は 0 になるため，α_5 のみがモデルに登場し，他の α の値は出てこない。したがって，固定効果モデルは，説明変数が $D1_{it}$, $\ldots, DN_{it}, X_{1it}, \ldots, X_{kit}$ と $N + k$ 個ある線形回帰モデルと見なすことができる。また固定効果はダミー変数の係数と見なすことができる。

実は，固定効果推定量は，このように観察個体ごとのダミー変数を入れたモデルの OLS 推定量と同じになる。つまり，Y_{it} を $D1_{it}, \ldots, DN_{it}, X_{1it}$, $\ldots, X_{kit}$ に回帰した場合の $\beta_1, \ldots, \beta_k$ の OLS 推定量の値は，固定効果推定量とまったく同じになるのである（証明は，章末の補論 B を参照）。

固定効果推定量の漸近理論

本節では固定効果推定量の漸近理論を述べる。まず，固定効果推定量の理論的な正当化に使用する仮定を議論する。そして，固定効果推定量の標準誤差の求め方と，標準誤差の計算における注意点について述べる。

固定効果推定のための仮定　固定効果推定量は，固定効果変換を行ったモデルによる OLS 推定量であるため，OLS 推定量の理論を使用することができる。ただし，パネルデータ特有の注意点がいくつかある。1 つは，観察値の指標がクロスセクションと時系列の 2 つあり，無作為標本の仮定はクロスセクションではともかく，時系列方向では非現実的であることである。もう 1 つは，OLS 推定量のための仮定は，もとのモデルではなく，固定効果変換したモデルで成り立つ必要があるため，とくに外生性の仮定と多重共線性がないという仮定については，クロスセクションの場合よりも

少し解釈に注意が必要となることである。

また，本章で考える漸近理論では，とくに一致性や漸近正規性の議論をする際には $N \to \infty$ だが，T は固定であるとする。この理論設定は，観察個体の数は多いが観察期間は比較的短いパネルデータを利用する場合を想定している。本章で考えている保育所の効果の例で使用するデータは $N = 47$ かつ $T = 3$ であり，N はそれなりの大きさであるが，T は非常に小さく，ここで紹介する漸近理論の設定に当てはまるといえよう。他の例でも，たとえば賃金に関するパネルデータでは，多くの労働者の情報を得ることはできるが，時系列の情報については，数年間しか得られないことが通常である。

固定効果推定量は，以下の仮定のもとで，不偏性，一致性，漸近正規性を持つ。

仮定 6.1　[固定効果推定量の漸近的性質のための仮定]

(1)　[i.i.d.]　$\{Y_{it}, X_{1it}, \ldots, X_{kit}\}_{t=1}^{T}$, $i = 1, \ldots, N$ は独立同一分布に従う。

(2)　[強外生]　$\mathrm{E}[u_{it}|\{X_{1is}, \ldots, X_{kis}\}_{s=1}^{T}, \alpha_i] = 0$ が成り立つ。

(3)　[異常値がない]　$(X_{1it}, \ldots, X_{kit}, u_{it})$ は4次までのモーメントを持つ。

(4)　[多重共線性がない]　任意の $\sum_{j=1}^{k} a_j^2 = 1$ を満たす $a_1, \ldots, a_k$ について，$\mathrm{E}[(a_1 \dot{X}_{1it} + \cdots + a_k \dot{X}_{kit})^2] > 0$ が成り立つ。

それでは，固定効果推定量のための仮定を1つずつ解説していこう。ここではとくに，パネルデータにおいて特徴的な部分を中心に解説する。これらの仮定は第5章で議論した重回帰分析における OLS 推定のための仮定 5.1（159 ページ）とよく似ているが，パネルデータ分析の性質により異なる点がいくつかあり，その異なる点を理解することが重要になる。ただし，仮定 (3) は異常値がないことを意味し，これは第5章での議論と変化はないため割愛する。

仮定 (1) は観察個体については無作為標本を取っており，異なる観察個体からの観察値は独立であるが，同一の観察個体における時系列においては何の仮定も置いていない。たとえば，次のような状況を想定するとよいだろう。母集団として，日本における労働者全体を考える。そこから無作為に N 人の労働者を選んでくる。そしてその N 人を T 年間観察し，賃金のパネルデータをつ

TABLE	表 6-1 ● 色々な外生性の用語について	
	外生変数	内生変数
より強い 仮定 ⇕ より弱い 仮定	強外生 $\mathrm{E}(u_{it}\vert\{X_{1is},\ldots,X_{kis}\}_{s=1}^{T},\alpha_i)=0$	
	先決 $\mathrm{E}(u_{it}\vert\{X_{1is},\ldots,X_{kis}\}_{s=1}^{t},\alpha_i)=0$	$\mathrm{E}(u_{it}\vert X_{1it},\ldots,X_{kit},\alpha_i)\neq 0$
	通常の外生 $\mathrm{E}(u_{it}\vert X_{1it},\ldots,X_{kit},\alpha_i)=0$	

くる。この例では，クロスセクションについては，無作為標本であり，i.i.d.
の仮定を満たすことができよう。一方で，時系列については，今年の賃金は昨
年の賃金に影響を受けるなど，同一個人の異なる時点での観察値には何らかの
相関があると考えるのが自然であろう。パネルデータでは，クロスセクション
では無作為標本になっていると見なすことができるものはあるが，時系列方向
についてはその仮定はまずもって満たされないことが，通常である。

　仮定 (2) は誤差項の説明変数で条件付けた期待値が 0 であるという外生性
の仮定であるが，すべての時点での説明変数の値を条件に入れている点が重
要である。つまり，$\mathrm{E}(u_{it}\vert X_{1it},\ldots,X_{kit},\alpha_i)=0$ という通常の外生性の仮定
ではなく，ここでは $\mathrm{E}(u_{it}\vert\{X_{1is},\ldots,X_{kis}\}_{s=1}^{T},\alpha_i)=0$ とすべての時点での
説明変数の値を条件に入れる**強外生** (strict exogeneity) という仮定を置いてい
るのである。

　次に説明するように，パネルデータ分析では $\mathrm{E}(u_{it}\vert X_{1it},\ldots,X_{kit},\alpha_i)=0$
という通常の外生性の仮定では不十分である。固定効果推定量は，固定効果変
換をしたモデルに対する OLS 推定量であるので，$\dot{u}_{it}$ と $(\dot{X}_{1it},\ldots,\dot{X}_{kit})$ との
無相関が必要になる。しかし，$\dot{u}_{it}=u_{it}-\sum_{s=1}^{T}u_{is}/T$ であるので，$\dot{u}_{it}$ には，
すべての期の誤差項の値が含まれている。同様に $(\dot{X}_{1it},\ldots,\dot{X}_{kit})$ にはすべて
の期の説明変数の値が含まれている。そのため，$\dot{u}_{it}$ と $(\dot{X}_{1it},\ldots,\dot{X}_{kit})$ との
無相関の十分条件として，u_{it} と $(X_{1is},\ldots,X_{kis})$ がすべての t と s の組合せ
について無相関になる強外生の仮定を置くのである。

　強外生の仮定の意味するところを理解するのは重要であるため，どのような
場合に，通常の外生性は成り立つが強外生の仮定は成り立たないかについて，
少し議論しておこう。なお，パネルデータ分析だけでなく，本書第III部で扱う
時系列分析でも強外生の仮定を理解することが重要になる。強外生の仮定が成
り立たない場合の代表的なものは，動学パネルデータモデルである。典型的な

224　第II部　ミクロ編

動学パネルデータモデルでは $Y_{i,t-1}$ という前の期の被説明変数の値が説明変数に入ってくる（なお，$Y_{i,t-1}$ のように前の期の変数の値を取るものをラグ付き変数〔lagged variable〕という。これは時系列分析で頻出する用語である。詳しくは第 10 章を参照）。この場合，u_{it} は $Y_{i1}, \ldots, Y_{i,t-1}$ とは無相関であると仮定できたとしても，モデルの構造上 $Y_{it}, \ldots, Y_{iT}$ とは必ず相関を持つ。したがって，通常の外生性の仮定は正当化できても，強外生の仮定を満たすことはできない。また，説明変数と被説明変数の間に何らかのフィードバックがある場合にも，強外生の仮定はあやしくなる。たとえば，賃金と労働組合への参加の関係を調べたいとしよう。この場合，賃金が被説明変数で，労働組合に参加しているかどうかが説明変数になる。ある時点で労働組合に参加しているかどうかは誤差項とは無相関で外生であるとしても，強外生になっている保証はない。というのも，ある時点で，たまたま賃金が低かったことが，次の期に労働組合に参加するかどうかの意思決定に影響を与えるとすると，将来の説明変数と今期の誤差項の間に相関が出るため，強外生の仮定は成り立たないのである。

　強外生の仮定が成り立たない場合のパネルデータ分析については，主に先にも触れた動学パネルデータモデルと呼ばれる分野で研究がなされており，本書では取り扱わない。動学パネルデータモデルについては，千木良・早川・山本 (2011) などを参照されたい。ただし，いくつかの用語は，本書第III部の時系列分析でも登場することもあり，覚えておいたほうがよいので，それだけはここで紹介しておこう。まず，$\mathrm{E}(u_{it}|\{X_{1is}, \ldots, X_{kis}\}_{s=1}^{t}, \alpha_i) = 0$ が成り立つ場合，説明変数は先決変数 (predetermined variable) であると呼ばれる。条件には，t 期までの説明変数の値が入っているが，t 期より先の値は入っていない。先の例だと，$Y_{i,t-1}$ は典型的な先決変数である。一方，たとえば $\mathrm{E}(u_{it}|\{X_{1is}, \ldots, X_{kis}\}_{s=1}^{t-1}, \alpha_i) = 0$ かつ $\mathrm{E}(u_{it} \mid X_{1it}) \neq 0$ の場合のように，t 期の説明変数と誤差項の間に相関がある場合には，たとえそれ以前の説明変数と誤差項が無相関であっても，説明変数は内生変数と呼ばれる。表 6-1 にこれらの用語についてまとめてある。

第 6 章　パネルデータ分析　　225

例題 6.4

　都道府県別のパネルデータを用いて，各県の警察官の人数の人口に対する比率と犯罪率の関係を分析したいとしよう。犯罪率を被説明変数にし，警察官の人数を説明変数にした固定効果モデルを考える。警察官の人数は，さしあたり外生であると仮定する（犯罪の常に多い地域では警察官の数も常に多いと考えることができるので，本来は警察官の人数は内生であると考えるのが自然であろう。この例題では，その問題は固定効果をモデルに含めることで解決できていると仮定する）。それでは，警察官の人数は強外生といえるであろうか。また，警察官の人数は先決変数とはいえるが強外生とはいえないのは，どのような状況かについて議論しなさい。

（解答例）

　ある時期にたまたま犯罪が多く発生したことで翌年の警察官の人数を増やす政策が採用される状況を考えよう。これはある時点（t 時点とする）の誤差項 u_{it} の値が大きいために，翌年の警察官の数（$X_{i,t+1}$ とする）が大きくなるということである。この場合には，たとえ X_{it} と u_{it} が無相関でも u_{it} と $X_{i,t+1}$ は相関がある。したがって，先決変数といえるかもしれないが，強外生とはいえない。♠

　最後に仮定 (4) について議論しよう。これは，多重共線性がないという仮定であるが，$(X_{1it}, \ldots, X_{kit})$ についてではなく，固定効果変換後の $(\dot{X}_{1it}, \ldots, \dot{X}_{kit})$ についての仮定であることに，注意してほしい。つまり固定効果推定量は，固定効果変換をしたモデルの OLS 推定量であるので，多重共線性がないという仮定も固定効果変換した説明変数である $(\dot{X}_{1it}, \ldots, \dot{X}_{kit})$ について置くことになる（多重共線性そのものについては，第 5 章での議論と同じなので，繰り返さない）。さらに，パネルデータでとくに注意する必要があるのは，この仮定が，時間を通じて一定な説明変数を排除していることである。X_{1it} が時間を通じて一定であるとしよう。つまり $X_{1i1} = X_{1i2} = \cdots = X_{1iT}$ となっているとする。この場合は，常に $\dot{X}_{1it} = 0$ となる。したがって，時間を通じて一定な変数はモデルに含めることができない。この点は，本章 4 節（222 ページ）で説明した観察個体ごとのダミー変数を入れたモデルで解釈することもでき

る。時間を通じて一定な変数 X_{1it} は Di_{it} の定数倍になっているため，多重共線性の問題を起こしてしまう。そのため，モデルに含めることができないのである。さらに説明変数が時間を通じて変化していても，その変化の幅が小さい場合には，係数を正確に推定することが難しくなる。もっともこの場合は，標準誤差が大きくなるため，係数推定の精度が低いことが分析結果から判断できる。

> **例題 6.5** ● EXAMPLE
>
> $T = 5$ のパネルデータで，$(X_{11}, X_{12}, X_{13}, X_{14}, X_{15}) = (5, 5, 5, 5, 5)$ であったとしよう。すべての $t = 1, \ldots, 5$ について $\dot{X}_{1t} = 0$ となることを確認しなさい。

固定効果推定量の性質　　以上の仮定のもとで，固定効果推定量は不偏性を持ち，$N \to \infty$ かつ T が固定の場合，一致性と漸近正規性を持つ。つまり，

> **不偏性**
>
> $$\mathrm{E}(\hat{\beta}_{j,FE}) = \beta_j, \quad j = 1, \ldots, k$$

と不偏推定量になり，また

> **一致性**
>
> $$\hat{\beta}_{j,FE} \xrightarrow{p} \beta_j, \quad j = 1, \ldots, k$$

と一致推定量であることも証明できる。固定効果推定量の漸近分布は，

漸近正規性

$$\sqrt{N}(\hat{\beta}_{j,FE} - \beta_j) \xrightarrow{d} N(0, V_{j,FE}) \quad j = 1, \dots, k$$

ただし，$V_{j,FE}$ は

$$\frac{\sum_{i=1}^{N} \sum_{t=1}^{T} \sum_{s=1}^{T} \mathrm{E}(\tilde{X}_{jit} \tilde{X}_{jis} u_{it} u_{is})/N}{\left(\sum_{i=1}^{N} \sum_{t=1}^{T} \tilde{X}_{jit}^2/N\right)^2} \tag{6.4}$$

の確率極限

となる。なお，$\tilde{X}$ が回帰残差であることから，漸近分散の式を直接書くと煩雑になるため，ここでは漸近分散を (6.4) 式の確率極限として定義した（行列表記を用いれば直接書くことが比較的容易にできる）。また，分子にのみ期待値を取っているのは，後ほど例題 6.6 で異なる時点の誤差項が相関している場合としていない場合とを比較する際に，期待値を取っておいたほうが有用であるからである。漸近分布の結果をもとに t 検定を行うことができる。また，固定効果推定量のベクトルの漸近分布は同時正規分布であり，F 検定も通常の重回帰と同じように行うことができる。

固定効果推定量の漸近分散の式は，第 5 章で学習した式と異なる部分があるため，解説を加えておく。(6.4) 式は，

$$\sqrt{N}(\hat{\beta}_{j,FE} - \beta_j) = \frac{\sum_{i=1}^{N} \sum_{t=1}^{T} \tilde{X}_{jit} u_{it}/\sqrt{N}}{\sum_{i=1}^{N} \sum_{t=1}^{T} \tilde{X}_{jit}^2/N}$$

の説明変数で条件付けた分散である。仮定 6.1 では，異なる観察個体間（つまり i 方向）では観察値は独立であることを仮定したが，時系列方向（t 方向）にはそのような仮定を置いていないことを思い出してほしい。つまり，分子に出てくる $\tilde{X}_{jit} u_{it}$ と $\tilde{X}_{ji't} u_{i't}$ とは $i' \neq i$ であれば，無相関になる。一方で，異なる t 時点での観察値は相関している可能性がある。つまり，$\tilde{X}_{jit} u_{it}$ と $\tilde{X}_{jis} u_{is}$ は $t \neq s$ であっても相関しているかもしれないのである。そのため，分散を計算する際に，同一観察個体の異時点間での相関を考慮する必要がある。なおこの点は，次項で解説する標準誤差において重要となる。

また漸近分散の式から，説明変数の観測個体内における時間を通じた変動

228　第 II 部　ミクロ編

が，推定の精度に重要であることもわかる。漸近分散の分母は，$\sum_{i=1}^{N} \sum_{t=1}^{T} \tilde{X}_{jit}^2 / N$ の確率極限である。もし X_{jit} が時間を通じて一定であるならば，$\dot{X}_{jit} = 0$ となり，$\tilde{X}_{jit} = 0$ となるため，推定量は計算できない。また，時間を通じて変動していても変動の幅が小さいならば，$\sum_{i=1}^{N} \sum_{t=1}^{T} \tilde{X}_{jit}^2 / N$ は小さくなるため，漸近分散は大きくなり，精度の低い推定量しか得られないことになる。

補足になるが，固定効果 α_i は LSDV 推定を行うと推定量を得ることができるが，それは一致性を持たない。そのため，固定効果推定量の一致性は $(\beta_1, \ldots, \beta_k)$ という係数の推定のみに焦点を当てて議論した。なぜ α_i の一致推定ができないかというと，各 α_i の推定に実質的に使える観察値は，観察個体 i からのものだけであり，したがって α_i はサンプルサイズ T の標本から推定していることと同じになるからである。実際，LSDV で出てくる α_i の推定量は

$$\hat{\alpha}_i = \bar{Y}_i - \hat{\beta}_{1,FE} \bar{X}_{1i} - \cdots - \hat{\beta}_{k,FE} \bar{X}_{ki}$$

である（章末補論 B〔265 ページ〕を参照）。しかし T は固定なので，$N \to \infty$ のときには，$\hat{\beta}_{1,FE}, \ldots, \hat{\beta}_{k,FE}$ は真の値に収束するものの，$\bar{Y}_i, \bar{X}_{1i}, \ldots, \bar{X}_{ki}$ は変化しない。そのため，$\hat{\alpha}_i$ の確率極限は

$$\hat{\alpha}_i \xrightarrow{p} \bar{Y}_i - \beta_1 \bar{X}_{1i} - \cdots - \beta_k \bar{X}_{ki} = \alpha_i + \bar{u}_i$$

となり $\bar{u}_i$ が残ってしまうのである。なお，$\hat{\alpha}_i$ は不偏推定量ではある。

標準誤差　固定効果推定量の標準誤差は，観察個体内での異時点間の相関構造に対処するため，**クラスター構造に頑健な標準誤差**（cluster robust standard error）と呼ばれるものを使用する。固定効果推定量は漸近正規性を持つため，標準誤差の計算ができれば，検定や信頼区間の構築は重回帰分析の場合と同じように行うことができる。

パネルデータ分析で注意する必要があるのは，同じ観察個体の異なる時点の変数は相関している可能性が高いことである。とくに，誤差項 u_{it} は，異なる時点の誤差項，たとえば，$u_{it'}$ と（ただし $t \neq t'$）相関している可能性が高い。このように，同じ変数の異なる時点での値が相関を持つことを**系列相関**（serial correlation）がある，または，**自己相関**（autocorrelation）がある，という。こ

第 6 章　パネルデータ分析　229

れらの概念については，第10章でより詳しく議論する。系列相関があると，第5章で学習した i.i.d. の仮定に基づく標準誤差は理論的に正当化できず，別の標準誤差を使用する必要がある。

係数 β_j の固定効果推定量 $\hat{\beta}_{j,FE}$ のクラスター構造に頑健な標準誤差は，

クラスター構造に頑健な標準誤差

$$SE(\hat{\beta}_{j,FE}) = \sqrt{\frac{1}{N}\frac{\sum_{i=1}^{N}\sum_{t=1}^{T}\sum_{s=1}^{T}\tilde{\tilde{X}}_{jit}\tilde{\tilde{X}}_{jis}\hat{u}_{it}\hat{u}_{is}/N}{\left(\sum_{i=1}^{N}\sum_{t=1}^{T}\tilde{\tilde{X}}_{jit}^{2}/N\right)^{2}}} \tag{6.5}$$

である。この式は，固定効果推定量の漸近分散 (6.4) 式の推定値をクロスセクションでの観察個体の数 N で割って平方根を取ることで得られる。また，第5章で学習した，自由度修正ホワイト標準誤差のように，分子の N を $[N(T-1)-K]/T$ で置き換えたものもよく用いられ，以下の実証例ではこちらを使用する。クラスターとは，集団という意味である。パネルデータでは同一の観察個体からの T 個の観察値は1つのクラスターを形成していると考えることができる。クラスター構造に頑健であるとは，クラスター内の相関構造を自由に許容しているという意味である。上述の仮定 6.1(1) に関する議論で見たように，パネルデータでは，同一の観測個体における誤差項が時点が異なっても相関している可能性が高く（つまり u_{it} と $u_{it'}$ は時点は t と t' で異なるが i は同じであるので相関している可能性が高い），そうした相関構造に頑健な標準誤差が (6.5) 式である。なお，この名称からではわかりにくいが，不均一分散に対しても頑健になっている。そのため，**不均一分散と自己相関がある場合でも一致性のある**（heteroskedasticity and autocorrelation consistent：**HAC**）**漸近分散推定量に基づく標準誤差**（HAC standard error）とも呼ばれる。なお，不均一分散と自己相関がある場合でも一致性のある漸近分散推定量に基づく標準誤差については，時系列分析を扱う第10章でも議論するが，そこでは異なる統計量を扱うことになるので注意してほしい。

230　第Ⅱ部　ミクロ編

> **実証例 6.2　保育所が母親の就業に与える影響の固定効果推定の標準誤差**
>
> 先ほど紹介した保育所と女性の就業の関係を調べた固定効果推定の結果を，標準誤差も含めて提示しよう。推定結果は，
>
> $$\widehat{母親就業率}_{it} = \underset{(0.055)}{0.805}\ 保育所定員率_{it} + 都道府県効果$$
>
> $$\bar{R}^2 = 0.975, \quad N = 47, \quad T = 3$$
>
> である。標準誤差は比較的小さく，保育所定員率の効果は 1% の有意水準でも統計的にも有意である。

パネルデータを用いた分析では，常にクラスター構造に頑健な標準誤差を用いるべきである。固定効果推定をもとに検定や信頼区間を構築する場合はもちろんであるし，また F 検定でもクラスター構造に頑健な F 検定が存在する。これらの頑健な標準誤差や検定は，多くの統計解析ソフトで簡単に計算できるが，デフォルトではなくオプションとして指定しなければならない場合が多いので，注意が必要である。なお，固定効果推定量でなくプールされた OLS 推定量を使用する場合にも，クラスター構造に頑健な標準誤差を使用するべきである。プールされた OLS 推定量の場合は，上記の式の $\tilde{X}$ を $\bar{X}$ に変えることでクラスター構造に頑健な標準誤差の式を得ることができる。

> **実証例 6.3　保育所が母親の就業に与える影響のプールされた OLS 推定の標準誤差**
>
> (6.1) 式の結果にクラスター構造に頑健な標準誤差も加えて提示しよう。
>
> $$\widehat{母親就業率}_{it} = \underset{\underset{(0.028)}{[0.018]}}{0.208} + \underset{\underset{(0.067)}{[0.044]}}{0.615}\ 保育所定員率_{it}$$
>
> $$\bar{R}^2 = 0.530, \quad N = 47, \quad T = 3$$
>
> [·] 内には第 5 章で学習した自由度修正ホワイト標準誤差を，(·) 内には，クラスター構造に頑健な標準誤差を記入している。クラスター構造に頑健な標準誤差のほうが 1.5 倍程度，そうでないものよりも大きいこ

第 6 章　パネルデータ分析

とがわかる。このように，クラスター構造に頑健な標準誤差は，そうでないものに比べて比較的大きくなることは，実証分析ではよくあることである。そのため，仮説検定や信頼区間の構築では，どの標準誤差を使用するかで，結果が大きく異なってしまう可能性がある。基本的には，クラスター構造に頑健な標準誤差を使うのが，分析結果の信頼性の観点からも安全である。

例題 6.6 ● EXAMPLE

$\tilde{X}_{jit} u_{it}$ に正の自己相関がある場合には，固定効果推定量の漸近分散は，相関がない場合と比較して大きくなることを，(6.4) 式を見て確認しなさい。

（解答例）

(6.4) 式の分母は，この問題に関係がないので，分子のみに注目する。もし，自己相関がないなら，分子は，$\sum_{i=1}^{N} \sum_{t=1}^{T} \mathrm{E}[(\tilde{X}_{jit} u_{it})^2]/N$ となる。一方で，自己相関がある場合には，

$$\sum_{i=1}^{N}\sum_{t=1}^{T}\sum_{s=1}^{T} \mathrm{E}(\tilde{X}_{jit}\tilde{X}_{jis} u_{it} u_{is})/N$$
$$= \sum_{i=1}^{N}\sum_{t=1}^{T} \mathrm{E}[(\tilde{X}_{jit} u_{it})^2]/N + \sum_{i=1}^{N}\sum_{t \neq s} \mathrm{E}(\tilde{X}_{jit}\tilde{X}_{jis} u_{it} u_{is})/N$$

となる。正の自己相関があるので，$\mathrm{E}(\tilde{X}_{jit}\tilde{X}_{jis} u_{it} u_{is}) > 0$ である。したがって，自己相関があると，漸近分散は大きくなる。♠

クラスター構造に頑健な標準誤差を用いるべき理由としては，主に次の2つがある。1つは，先述したように，パネルデータ分析において，誤差項に自己相関がないというのは，非現実的な仮定であることが多いからである。そのため，誤差項の自己相関を無視した標準誤差を用いた分析は信頼が置けないことが多い。この点は，これまで多くの文献で指摘されてきている（たとえ

232　第Ⅱ部　ミクロ編

ば，Kèzdi (2004) や Petersen (2009) などを参照のこと。また Angrist and Pischke (2009, ch.8) はこの問題についてわかりやすく説明している）。

　もう1つの理由は，たとえ，自己相関がないことが確認できても，その情報を利用して不均一分散に頑健な標準誤差を計算するのが難しいことが多いからである。たとえば，よく使用されている統計解析ソフト（Stata や EViews など）で不均一分散に頑健な標準誤差を計算するオプション（ただし自己相関についてはとくにオプションを指定しない）を使用すると，

$$\sqrt{\frac{1}{N}\frac{\sum_{i=1}^{N}\sum_{t=1}^{T}\tilde{X}_{jit}^{2}\hat{u}_{it}^{2}/N}{\left(\sum_{i=1}^{N}\sum_{t=1}^{T}\tilde{X}_{jit}^{2}/N\right)^{2}}} \qquad \text{(注意：使用してはいけない)}$$

が計算できる[2]。一見この標準誤差でうまくいきそうにみえる。しかし，Stock and Watson (2008) によって，実はこの標準誤差は理論的正当性を持たないことが指摘された。本書ではこれ以上の説明はしないが，彼らは，理論的に正当化できる標準誤差も提唱しているが，本教科書の執筆時点（2019年）ではよく使用されている統計解析ソフト（Stata と EViews については確認した）では，正しい「不均一分散に頑健だが自己相関なしを仮定する標準誤差」は利用可能ではないようである。しかし，クラスター構造に頑健な標準誤差は統計解析ソフトで計算可能であり，また当然のことながら，これは自己相関がなくても機能するため，実際に分析を行う際には，クラスター構造に頑健な標準誤差を利用するのが，賢明な判断であろう。

時間効果，個別トレンドの導入

　本節では，**時間効果**（time effects）や**個別トレンド**（incidental trends）の入ったモデルを扱う。これまで，時間を通じて一定であるが観察個体ごとに異なる固定効果を議論してきた。同様のモデル化によって，観察個体間では一定ではあるが時間とともに変化する時間効果や，時間とともに一定のトレンドを持って大きくなるがそのトレンドの度合いが観察個体ごとに異なる個別トレンドを

---

2) なお Stata 14 では，xtreg コマンドで固定効果推定をする際に，自由度修正ホワイト標準誤差を計算するオプションを指定すると，自動的にクラスター構造に頑健な標準誤差を計算する。

扱うことができる。ここでは，これらの時間効果と個別トレンドのモデル化，およびそうしたモデルの推定法を簡単に紹介しよう。

時間効果

時間効果は，観察個体間では一定であるが時間とともに変化していく要素をまとめたものである。時間効果は，観察個体ごとの固定効果と同じようにモデルで表現されるが，添え字が i ではなく t になる。また，時間効果の入ったモデルの推定も，固定効果の場合と同じように，変数変換によって時間効果をモデルから除去し，OLS を適用することで行うことができる。時間効果と固定効果を両方ともモデルに含めることも一般的に行われている。この場合でも，ある変数変換で両者を消すことができる。

時間効果の入ったモデルは，

時間効果モデル

$$Y_{it} = \lambda_t + \beta_1 X_{1it} + \cdots + \beta_k X_{kit} + u_{it}$$

である。固定効果モデルとよく似ているが，固定効果 α_i の代わりに，λ_t という時間効果が入っている。λ_t は添え字が t しかないことからわかるように，時間を通じて変化するものの，観察個体間で一定であり，すべての観察個体に同じ影響を与える。λ_t は観察できないが，Y_{it} に影響を与える要素のうち，時間を通じて変化するが観察個体間で一定であるものであり，もしそのような要素が説明変数と相関していれば，欠落変数のバイアスをもたらすため，時間効果として明確にモデル化して対処する必要がある。

時間効果をモデルに含める理由は，固定効果の場合と同じく，欠落変数のバイアスを避けるためである。経済学の実証分析では，マクロ経済の影響や国レベルでの制度の変化の影響をコントロールするために，時間効果をモデルに含めることが多い。たとえば，保育所と母親の就業の関係の研究では，時代背景の違いによって，欠落変数のバイアスが起こるかもしれない。2000 年から2010 年にかけては，女性の社会進出や，保育所への政策変化など，さまざまなことが同時進行で起こった。そうした時代背景の変化を考慮しないと誤った分析をしてしまう可能性がある。しかし，時代背景の違いを観察することは困難であろう。一方で，時代背景はすべての都道府県に同じように影響を与える

と考えることもできる。このような場合には，パネルデータを利用して時間効果を含めた分析をすることで，欠落変数のバイアスを避けることができるのである。なお時間効果は，時間固定効果とも呼ばれる。

時間効果の入ったモデルの推定は，固定効果変換によく似た変数変換によって，時間効果をモデルから除去することで行う。$\ddot{Y}_{it} = Y_{it} - \sum_{j=1}^{N} Y_{jt}/N$ として，被説明変数から同時点におけるクロスセクションでの平均を引いた変数を定義しよう。この変換は固定効果変換とよく似ているが，引くのがクロスセクションでの平均であるところが異なる。同様に $\ddot{X}_{1it} = X_{1it} - \sum_{j=1}^{N} X_{1jt}/N, \ldots, \ddot{X}_{kit} = X_{kit} - \sum_{j=1}^{N} X_{kjt}/N$，また $\ddot{u}_{it} = u_{it} - \sum_{j=1}^{N} u_{jt}/N$ と定義しよう。すると，固定効果変換のときと同じような議論から，

$$\ddot{Y}_{it} = \beta_1 \ddot{X}_{1it} + \cdots + \beta_k \ddot{X}_{kit} + \ddot{u}_{it} \tag{6.6}$$

と，時間効果のないモデルを得ることができる。後は，この時間効果を除去したモデルを OLS 推定すればよい。

また固定効果の場合と同様に，時間効果の入ったモデルは，次のように時間ダミー（time dummy）を入れたモデルとして表現することができる。また，時間ダミーを含んだモデルを OLS 推定することで，先ほどの変数変換で時間効果を除去した後に OLS 推定する場合と同値な推定量を得ることができる。時間ダミーとして $T1_{it}, \ldots, TT_{it}$ を定義しよう。T の次の数字が時点を表している。$T1_{it}$ は $t = 1$ なら 1 で $t \neq 1$ のときは 0 になるダミー変数であり，$T2_{it}$ は $t = 2$ なら 1 で $t \neq 2$ なら 0 になるダミー変数である。すると，時間効果の入ったモデルは，

時間ダミーによる時間効果モデルの表現

$$Y_{it} = \lambda_1 T1_{it} + \cdots + \lambda_T TT_{it} + \beta_1 X_{1it} + \cdots + \beta_k X_{kit} + u_{it}$$

と書くことができる。Y_{it} を $T1_{it}, \ldots, TT_{it}, X_{1it}, \ldots, X_{kit}$ に回帰すると，$\beta_1, \ldots, \beta_k$ の推定量を得ることができ，その推定量は変数変換による推定量と同値である。

推定量の漸近理論や必要な仮定については，ここでは深くは議論しないが，本章 5 節で見た固定効果推定量の議論と同様である。ただし，固定効果の場

第 6 章 パネルデータ分析　　235

合と異なり，時間効果の場合は時間効果自体も一致推定することが可能である。たとえば λ_1 は時点 1 での時間効果の値であるが，時点 1 での観察値を使って推定するため，λ_1 の推定に利用可能な観察値の数は N である。したがって，$N \to \infty$ という漸近理論では，λ_1 も一致推定が可能になるのである。そのため，時間効果の入ったモデルの漸近理論を議論する際には，時間ダミー変数を入れたモデルの OLS 推定量という形で議論すると，通常の OLS 推定量の理論が使用することができる。なお，多重共線性がないという仮定を満たすためには，時間効果を含んだモデルでは，観察個体間での変化のない変数をモデルに含めることはできないということを注意しよう。この点は，固定効果モデルでは時間を通じて一定の変数をモデルに含めることができなかったのと本質的に同じ問題である。

実証例 6.4　保育所が母親の就業に与える影響の時間効果を入れた分析

EMPIRICAL

　保育所と母親の就業の関係を，時間効果を入れたモデルで分析してみよう。推定結果は，

$$\widehat{\text{母親就業率}}_{it} = \underset{(0.073)}{0.585} \ 保育所定員率_{it} \ + \ 年効果$$

$$\bar{R}^2 = 0.536, \quad N = 47, \quad T = 3$$

である。カッコ内はクラスター構造に頑健な標準誤差である。ここでは，時間効果を年効果と呼ぶ。2000 年や 2005 年などといった年に関するダミー変数を含めたモデルを推定するからである。なお，推定結果を提示する際には，通常は時間ダミー（ここでは年ダミー）の係数は提示せず，このように単にモデルに年効果が入っていることを明示するにとどめる。時間ダミーの係数は，分析の目的上それほど興味を引かれるものではないからである。自由度修正済み決定係数は，年ダミーも通常の説明変数と考えたものを提示した。年効果を入れた推定を行っても，保育所定員率の効果は統計的に有意で，政策的影響を考えるうえでも大きな値となっていることがわかる。

236　第 II 部　ミクロ編

例題 6.7

公共工事が経済状況に与える影響を都道府県別のパネルデータを使用して分析したいとしよう。人口当たり GDP を被説明変数とし，人口当たり公共工事額を説明変数とするモデルを考える。このモデルを推定する際に，時間効果を入れることで，どのような欠落変数のバイアスを避けることができるかを議論せよ。

（解答例）

仮に，公共工事の多くは国の方針で決まり，全国的に不況の年には公共工事を増やし，好況の年にはそれほど公共工事を行っていないとしよう。このような公共工事の決定要因によって，公共工事の効果は負の方向にバイアスを持つであろう。しかし，時間効果をモデルに含めることにより，全国的な経済状況の影響がもたらす欠落変数のバイアスを避けることができる。♠

観察個体と時点の両方の固定効果

固定効果と時間効果が両方とも入ったモデルも，実証分析で一般的に使用されている。このようなモデルを考えることで，欠落変数バイアスをもたらす要素のうちで，時間を通じて一定なものも，観察個体間で一定なものも，両者とも表現することができる。両方が入ったモデルでも，変数変換により固定効果と時間効果を両方とも除去することができる。

なお，時間効果と固定効果が両者とも入ったモデルでは，固定効果という言葉の意味があいまいになることがあるため，時間効果と個人効果，あるいは，時間固定効果と個人固定効果などという言い方をしたほうがよいだろう。また，観測個体が個人でない場合でも個人効果という言い方は使用できるが，観測個体の性質に合わせた言い方をすることもある。たとえば，企業レベルのデータでは企業効果，国レベルのデータでは国効果，などということもある。

個人効果と時間効果の 2 種類の固定効果の入ったモデルは，

個人効果と時間効果の入ったモデル

$$Y_{it} = \alpha_i + \lambda_t + \beta_1 X_{1it} + \cdots + \beta_k X_{kit} + u_{it}$$

である。α_i が個人効果を λ_t が時間効果を表しており，両方ともモデルに入っている。

個人効果と時間効果の両者とも，次に述べる変数変換によってモデルから除去することができる。$\mathring{Y}_{it} = Y_{it} - \bar{Y}_i - \bar{Y}_t + \bar{Y}$ と定義しよう（Y の上に付いているのは丸〔○〕印である）。なお，$\bar{Y}_t$ は t 時点での Y_{it} の平均，つまり $\bar{Y}_t = \sum_{j=1}^{N} Y_{jt}/N$ であり，$\bar{Y}$ はすべての観測値から計算した Y_{it} の標本平均，つまり $\bar{Y} = \sum_{j=1}^{N} \sum_{s=1}^{T} Y_{js}/(NT)$ である。同様に，$\mathring{X}_{1it} = X_{1it} - \bar{X}_{1i} - \bar{X}_{1t} + \bar{X}_1, \ldots, \mathring{X}_{kit} = X_{kit} - \bar{X}_{ki} - \bar{X}_{kt} + \bar{X}_k$ かつ $\mathring{u}_{it} = u_{it} - \bar{u}_i - \bar{u}_t + \bar{u}$ と定義しよう。なお，$\bar{X}_1 = \sum_{j=1}^{N} \sum_{s=1}^{T} X_{1js}/(NT), \ldots, \bar{X}_k = \sum_{j=1}^{N} \sum_{s=1}^{T} X_{kjs}/(NT)$ かつ $\bar{u} = \sum_{j=1}^{N} \sum_{s=1}^{T} u_{js}/(NT)$ である。すると，これらの変数変換を行った変数は

$$\mathring{Y}_{it} = \beta_1 \mathring{X}_{1it} + \cdots + \beta_k \mathring{X}_{kit} + \mathring{u}_{it} \tag{6.7}$$

というモデルを満たす。このようにして，モデルから個人効果と時間効果の両方を除去できるのである。このモデルを OLS で推定することで，個人効果と時間効果の両方に対処した推定量を得ることができる。

この変数変換の仕組みを少し解説しておこう。以下では $\mathring{Y}_{it}$ について解説するが，他の変数でも同じことである。まず，$\bar{Y}_i$ を引くことにより，個人効果を除去できる。そして $\bar{Y}_t$ を引くことにより，時間効果を除去できる。しかし，$\bar{Y}_i$ と $\bar{Y}_t$ の両方ともを引くと実は引きすぎになっており，余分な項が出てくるのである。実際，$Y_{it} - \bar{Y}_i - \bar{Y}_t$ の平均は 0 にならない。一方で引きすぎた部分は $\bar{Y}$ であることが証明でき（章末の練習問題 6-6），$\bar{Y}$ を足すことで，$\mathring{Y}_{it}$ は平均 0 の変数になるのである。

個人効果と時間効果の両者が含まれるモデルも，観測個体や時点ごとのダミー変数を用いたモデルに書き換えることができる。しかし，片方しかないモデルと比較すると，推定に際しては多重共線性に関する注意が必要になる点が異なる。ダミー変数を用いたモデルは

238　**第 II 部　ミクロ編**

$$Y_{it} = \alpha_1 D1_{it} + \cdots + \alpha_N DN_{it}$$
$$+ \lambda_1 T1_{it} + \cdots + \lambda_T TT_{it}$$
$$+ \beta_1 X_{1it} + \cdots + \beta_k X_{kit} + u_{it}$$

となる。しかし，このモデルは，そのままでは推定できない。なぜなら，$D1_{it}, \ldots, DN_{it}, T1_{it}, \ldots, TT_{it}$ という変数の組には多重共線性の問題が発生しているからである。実際，$\sum_{j=1}^{N} Dj_{it} = 1$ であり，かつ $\sum_{s=1}^{T} Ts_{it} = 1$ であることがすべての t と i について成り立つことはすぐに見て取れるであろう。そのため，常に $\sum_{j=1}^{N} Dj_{it} = \sum_{s=1}^{T} Ts_{it}$ が成り立つ。したがって多重共線性の問題が発生する。この問題を回避するためには，$D1_{it}, \ldots, DN_{it}, T1_{it}, \ldots, TT_{it}$ のうち，1つのダミー変数を抜いて推定を行う。どのダミー変数を抜いてもよいのだが，さしあたり $D1_{it}$ を抜くとしよう。すると，Y_{it} を $D2_{it}, \ldots, DN_{it}, T1_{it}, \ldots, TT_{it}, X_{1it}, \ldots, X_{kit}$ に回帰する OLS 推定を行うと，$X_{1it}, \ldots, X_{kit}$ の係数は，$\ddot{Y}_{it}$ などといった変数変換をもとにした推定量と同じ推定量を得ることができるのである。

> ### 実証例 6.5　保育所が母親の就業に与える影響の都道府県効果と年効果を入れた分析
> EMPIRICAL
>
> 　保育所と母親の就業の関係を，都道府県効果と年効果の両方を入れたモデルで分析してみよう。推定結果は，
>
> $$\widehat{母親就業率}_{it} = \underset{(0.074)}{0.090}\ 保育所定員率_{it} + 都道府県効果 + 年効果$$
>
> $$\bar{R}^2 = 0.992, \quad N = 47, \quad T = 3$$
>
> である。カッコ内はクラスター構造に頑健な標準誤差である。驚くべきことに，保育所定員率の係数は，かなり小さくなり，また統計的にも有意でない（t 値は $0.090/0.074 \approx 1.22$ であり 10% の有意水準でも棄却できない）。したがって，これまで見てきた保育所の充実が女性の就業を促すのではないかという結果は，欠落変数バイアスによるものである可能性があり，都道府県間での文化の違いや時代背景の違いを考慮して分析を行うと，保育所の充実が女性の就業を促すという統計的な証拠はなくなってしまうのである。

第 6 章　パネルデータ分析　　239

★ 個別トレンド

本項では個別トレンドのあるモデルを考える。とくに線形トレンド (linear trend) の場合を考慮する。線形トレンドとは，一定の幅で増加（あるいは減少）していく項である。個別トレンドとは，その増加（あるいは減少）の幅が，観察個体ごとに異なるものである。

トレンドについては，第 11 章でより詳しく解説するので，ここでは簡単にどのような変数であるかだけを述べよう。トレンド変数を T_{it} とすると，$T_{it} = t$ となる変数である。つまり，パネルデータの第 1 期なら 1 という値を第 2 期なら 2 という値を取る変数である。この変数をモデルに含めることで，時間とともに大きくなっていく変数や，小さくなっていく変数を扱う場合に，そうした時間とともに半ば自動的に変化する部分をコントロールすることができる。なお，トレンド変数は単に t として表記することが多く，本書でもその表記を使用する。

個別トレンドのモデルとは，

個別トレンドモデル

$$Y_{it} = \alpha_i + \gamma_i t + \beta_1 X_{1it} + \cdots + \beta_k X_{kit} + u_{it}$$

のように，固定効果モデルに $\gamma_i t$ というトレンド変数に係数が観察個体ごとに異なる個別トレンドの入ったものである。個別トレンドを含める理由は，欠落変数のバイアスをもたらす要素のうちで，時間とともに変化し，かつ観察個体ごとに異なる要素をできるだけ簡便な形でコントロールするためである。女性の就業率の例では，年効果を含めることで時代背景の影響をコントロールした。しかし，そうした時代背景の影響がすべての都道府県で同じであるとは限らない。仮に時代背景の移り変わりにトレンドのような簡単な構造があれば，都道府県ごとに異なる時代背景の移り変わりをコントロールできるのである。たとえば，女性の就業率の上昇傾向はすべての都道府県で同じであるが，上昇の程度は都道府県ごとに異なる場合には，都道府県ごとの個別トレンドをモデルに含めるとよい。

個別トレンドモデルの推定は，ダミー変数を用いた方法が便利であろう。つまり，

240　第 II 部　ミクロ編

$$Y_{it} = \alpha_1 D1_{it} + \cdots + \alpha_N DN_{it} + \gamma_1 D1_{it} \times t + \cdots + \gamma_N DN_{it} \times t$$
$$+ \beta_1 X_{1it} + \beta_2 X_{2it} + \cdots + \beta_k X_{kit} + u_{it}$$

というモデルを OLS によって推定するとよい。また，本章 9 節では個別トレンドを変数変換によって除去する方法の解説を行う。

また，個別トレンドに時間効果を加えた，

個別トレンドと時間効果の入ったモデル

$$Y_{it} = \alpha_i + \gamma_i t + \lambda_t + \beta_1 X_{1it} + \cdots + \beta_k X_{kit} + u_{it} \tag{6.8}$$

というモデルも推定することができる。

実証例 6.6　保育所が母親の就業に与える影響の個別トレンドと年効果を入れた分析 EMPIRICAL

保育所と女性の就業の関係を個別トレンドと時間効果を含んだモデルを使って分析してみよう。推定結果は，

$$\widehat{母親就業率}_{it} = \underset{(0.171)}{0.092} \ 保育所定員率_{it}$$

$$+ \ 都道府県効果 \ + \ 都道府県別トレンド \ + \ 年効果$$

$$\bar{R}^2 = 0.998, \quad N = 47, \quad T = 3$$

であった。自由度修正済み決定係数はすべての都道府県効果，個別トレンド，年効果を説明変数として扱ったうえで計算している。なお，都道府県効果が (6.8) 式における α_i に，都道府県別トレンドが $\gamma_i t$ に，そして年効果が λ_t に対応する。得られた結果は，個人効果と時間効果を含んだモデルと同じようなものである。つまり，保育所定員率の係数は，統計的に有意でなく，また推定値そのものもそれほど大きくない。

第 6 章　パネルデータ分析　241

実証例：保育所定員率が母親の就業に与える影響

　本節では，保育所の整備が女性の就業率に与える影響をパネルデータを用いて分析した結果についてまとめて議論する。まず，実証問題の背景と，使用するデータについて説明しよう。そして，パネルデータ分析の結果を表を使って提示する際の注意点を述べる。最後に実証分析の結果を解説する。これまでも見てきたように，保育所の定員率と母親の就業率には正の相関が観察されたが，この関係は，都道府県効果と年効果を入れることで，統計的に有意ではなくなり，また政策的にも小さな値になる。この結果は，コントロール変数を加えた場合でも変わらない。

データ

　使用するパネルデータは，都道府県単位の 2000 年から 2010 年の 5 年ごとの 3 期間にわたるものである。保育所の定員率は，認可保育所の定員数を未就学児の人口で割ったものである。認可保育所の定員は「社会福祉行政業務報告」から，また未就学児の人口は「国勢調査」から取っている。また被説明変数である未就学児のいる家庭の母親の就業率は，「国勢調査」から取った。コントロール変数としては「国勢調査」で利用可能な，未就学児のいる家庭の，母親平均年齢，父親平均年齢，父親就業率，さらに都道府県ごとの完全失業率を使用する。

　変数の定義は表 6-2 に，また記述統計量は表 6-3 にある。これらの記述統計量は，パネルデータ全体を使用して計算した統計値であることに注意すること。たとえば，母親就業率の平均は 0.431 であるが，これはパネルデータにある 141 の観察値の平均であり，都道府県間で人口に違いがあるため，全国平均の値やあるいはデータにある 10 年間の平均とは異なる値になっている（とはいえ，それほど大きな違いはないであろうが）。また，母親就業率は観察値の間でかなりばらついているように見えるが，このばらつきが，地域間の差からきているのか，時点間の差からきているのかは定かではない。とはいえ，母親の就業率や，保育所の定員率が，かなり大きなばらつきを持っていることは記述統計量からわかる。一方で，両親の平均年齢は，各都道府県での平均値が観察値であるため，それほど大きなばらつきはない（もちろん個人間ではかなりのばらつきがあるはずであるが，都道府県ごとに平均を取っているためばらつきは少ないの

TABLE	表 6-2 ● 変数の定義

変数名	定義
母親就業率	0〜5 歳の子供がいる家庭の母親の就業率
保育所定員率	0〜5 歳児の数に対する認可保育所の定員数の比率
母親平均年齢	0〜5 歳の子供がいる家庭の母親の平均年齢
父親平均年齢	0〜5 歳の子供がいる家庭の父親の平均年齢
父親就業率	0〜5 歳の子供がいる家庭の父親の就業率
失業率	15 歳以上の完全失業率

TABLE	表 6-3 ● 記述統計量

変数名	サンプルサイズ	平均	標準偏差	最小値	最大値
母親就業率	141	0.431	0.097	0.229	0.640
保育所定員率	141	0.363	0.115	0.138	0.655
母親平均年齢	141	32.730	0.670	31.490	34.764
父親平均年齢	141	34.834	0.531	33.877	36.859
父親就業率	141	0.965	0.018	0.878	0.989
失業率	141	0.057	0.015	0.030	0.119

TABLE	表 6-4 ● 年ごとの記述統計量

変数		2000	2005	2010
母親就業率	平均	0.392	0.430	0.471
	標準偏差	0.096	0.091	0.090
保育所定員率	平均	0.320	0.361	0.407
	標準偏差	0.102	0.110	0.119

である）。

　パネルデータ分析では，時点ごとに分けた記述統計量もよく掲載される。表 6-4 は母親就業率と保育所定員率について，平均と標準偏差を年ごとに記載したものである。こうした表を使うことにより，時点を通してどのように変数が変化していったのかがわかり，また変数のばらつきが観察個体の違いによるものなのか，それとも時間を通じた変動によるものなのかの感覚を得ることができる。表 6-4 を見ると，母親就業率は年を追うごとに上がってきており，保育所定員率も上昇していることがわかる。一方で，各年の標準偏差も小さいとはいえず，都道府県間の違いも重要である。標準偏差は 10 年の間でそれほ

第 6 章　パネルデータ分析　　243

ど変わっておらず，2つの変数とも平均値の上昇は起こったものの，地域差については それほど変化はなかったようである。一方で，どの年でも母親就業率は保育所定員率よりも 7% ほど高く，常に一定の割合で認可保育所以外の方法で保育が行われていることが想像できる。

分析結果 表 6-5 に推定結果がまとめてある。表の見方は基本的には第 5 章で解説した通りであるが，パネルデータ分析の場合に特徴的な点があるので，ここではそれらの点について解説する。パネルデータ分析では，固定効果や時間効果を含めた分析をするのが重要であるが，これらの効果を含めているかどうかを，係数推定値を提示した部分の下に，「都道府県効果」「年効果」とある行に示している。「Y」は Yes，「N」は No の略であり，該当する効果を含めた推定であるかどうかを示している。たとえば，列 (1) では，都道府県効果は N であり年効果も N であるので，これは単なる OLS 推定であることを示している。また列 (2) では，都道府県効果は Y であり年効果は N であるので，都道府県効果を含めた固定効果推定であるが，年効果は含めていない。なお，都道府県効果も年効果も係数推定値を得ることはできるが，先にも述べたように，これらは分析上それほど興味のある値とはいえない。そのため，表には推定値を示さず，単に Y や N とだけ記載しているのである。また，パネルデータ分析では，定数項は，これらの固定効果と区別できないため，推定値を記載する意味があまりなく，ここでは省略している。パネルデータには，サンプルサイズに該当するものが 3 つあり，この表では，そのすべてを掲載している。このデータではクロスセクションが都道府県であるので，$N = 47$ であり，また期間の長さは $T = 3$ である。なお，これらを合わせた $N \times T = 141$ のみを掲載するのが通例であるが，それではパネルデータの構造が表からはよくわからないという問題がある。

これらの推定結果から，都道府県効果と年効果をコントロールすると，保育所定員率と母親の就業率には統計的に有意な関係は見当たらないことがわかる。列 (1)，(2)，(3) にあるように，これらの効果をコントロールしない，あるいは片方だけをコントロールする場合には，保育所定員率と母親の就業率には統計的に有意な強い関係があることがわかる。しかし，列 (4) にあるように，都道府県効果と年効果の両方をコントロールすると，統計的に有意な関係は消えてしまうのである。列 (5) と (6) にあるように，この結果は，他のコン

244　第 II 部　ミクロ編

| TABLE | 表 6-5 ● 推定結果 |

被説明変数は母親就業率

	(1)	(2)	(3)	(4)	(5)	(6)
保育所定員率	0.615***	0.805***	0.585***	0.090	0.535***	0.114
	(0.067)	(0.055)	(0.073)	(0.074)	(0.068)	(0.073)
母親平均年齢				−0.004		−0.027
				(0.093)		(0.034)
父親平均年齢				−0.051		0.041
				(0.081)		(0.033)
父親就業率				0.065		0.311
				(0.440)		(0.158)
失業率				−0.205		−0.661*
				(1.055)		(0.303)
都道府県効果	N	Y	N	Y	N	Y
年効果	N	N	Y	Y	Y	Y
$\bar{R}^2$	0.530	0.975	0.536	0.992	0.567	0.994
サンプルサイズ	141	141	141	141	141	141
都道府県数	47	47	47	47	47	47
観測期間	3	3	3	3	3	3

（注）　OLS による推定結果。都道府県クラスター構造に頑健な標準誤差を推定値の下のカッコ内に記入した。***，**，* はそれぞれ 1%，5%，10% の有意水準で有意であることを示す。

トロール変数を含めた場合でも成り立つ。したがって，保育所定員率を改善することで母親の就業率を押し上げる効果が，このパネルデータ分析からは支持されないことになる。

　この問題についてのより詳しい議論については，Asai, Kambayashi and Yamaguchi (2015) または，朝井・神林・山口 (2016) を参照してほしい。彼らによると，この結果をもたらした要因は「保育所の整備が進むことにより，三世代同居で見られる祖父母による保育が，保育所による保育に置き換わったためである」と推測している。一方で，2016 年現在では三世代同居の割合はすでにかなり低下しており，祖父母の保育と保育所保育の代替関係は，1990 年から 2010 年までのデータで観察されたほどは強くなく，保育所の重要性が高まっている可能性はある。また，Asai, Kambayashi and Yamaguchi (2015) の分析でも，核家族に焦点を絞った場合，保育所定員率が高いほど，母親の就業率は上がることが観測されている。なお，彼らの分析における推定結果と，本章で掲載した結果は，少し値が異なる。これは，本章では，2000 年から 2010

第 6 章　パネルデータ分析　　245

年までのデータを使用している一方で，彼らは 1990 年から 2010 年の 5 期間のデータを使用した分析が主であり，また推定方法が少し異なるためである。また山口 (2016) は，本書第 9 章で紹介する差の差の推定量の観点から，同様の実証研究を紹介している。

パネルデータ分析における決定係数

パネルデータの固定効果推定における決定係数 (R^2) は，もとのモデルの R^2 を計算するのか，あるいは固定効果変換をしたうえでの R^2 を考えるのかなど，いくつもの定義があり，注意が必要である。ここでは，とくに重要と思われる 2 つの R^2 の定義を学習するが，他にも R^2 の定義は存在する。統計解析ソフトを使用して固定効果推定をする場合には，デフォルトの設定でどの定義の R^2 が出力されるかはソフトによって異なるので，固定効果推定では R^2 の定義が一意でないことを理解し，分析結果を発表する際には，どのような定義の R^2 が使用されているのかを明確にしておくことが肝要である。

おそらく最もよく使用される固定効果推定の R^2 は，

$$Y_{it} = \alpha_1 D1_{it} + \cdots + \alpha_N DN_{it} + \beta_1 X_{1it} + \beta_2 X_{2it} + \cdots + \beta_k X_{kit} + u_{it}$$

という観測個体ごとのダミー変数を含めたモデルにおける R^2 を計算することである。この際，観測個体ごとのダミー変数も通常の説明変数のように扱って R^2 を計算する。式で書くと，

固定効果推定の全体での決定係数

$$R^2 = \frac{\sum_{i=1}^{N} \sum_{t=1}^{T} (\hat{Y}_{it} - \bar{Y})^2}{\sum_{i=1}^{N} \sum_{t=1}^{T} (Y_{it} - \bar{Y})^2}$$

となる。ただし，$\hat{Y}_{it} = \hat{\alpha}_1 D1_{it} + \cdots + \hat{\alpha}_N DN_{it} + \hat{\beta}_{1,FE} X_{1it} + \cdots + \hat{\beta}_{k,FE} X_{kit}$ である。もし，自由度修正済み決定係数を計算する場合には，説明変数の数が $N + k$ であることに注意して，

固定効果推定の全体での自由度修正済み決定係数

$$\bar{R}^2 = 1 - \frac{NT-1}{NT-N-k} \frac{\sum_{i=1}^{N}\sum_{t=1}^{T}(Y_{it}-\hat{Y}_{it})^2}{\sum_{i=1}^{N}\sum_{t=1}^{T}(Y_{it}-\bar{Y})^2}$$

とする。このように計算した R^2 や $\bar{R}^2$ は非常に 1 に近い値を取ることが多い。なぜなら，通常は観察個体ごとのダミー変数の説明力が高いからである。そのため，こうして計算した R^2 や $\bar{R}^2$ が高くとも，モデルの当てはまりがよいという解釈をしてよいわけでもなく，注意が必要となる。

もう 1 つの代表的な R^2 の定義は，固定効果変換をしたモデルにおける R^2 とするものである。つまり，

$$\dot{Y}_{it} = \beta_1 \dot{X}_{1it} + \beta_2 \dot{X}_{2it} + \cdots + \beta_k \dot{X}_{kit} + \dot{u}_{it}$$

というモデルに関して R^2 を計算する。具体的には，

個体内変動に基づく決定係数

$$R^2 = \frac{\sum_{i=1}^{N}\sum_{t=1}^{T}(\hat{\dot{Y}}_{it})^2}{\sum_{i=1}^{N}\sum_{t=1}^{T}(\dot{Y}_{it})^2}$$

として，R^2 を計算する。なお，R^2 の計算で標本平均を引いていないのは，$\dot{Y}_{it}$ も $\hat{\dot{Y}}_{it}$ も標本平均は 0 になるからである。自由度修正済み R^2 を計算する際には，自由度に注意を払う必要がある。実は固定効果変換をしているため，$\sum_{t=1}^{T}\dot{Y}_{it} = 0$ が常に成り立つ。$\dot{X}_{1it}$ などの説明変数に関しても同様である。つまり，$\dot{Y}_{i1},\ldots,\dot{Y}_{i,T-1}$ の値がわかると，$\dot{Y}_{iT}$ の値は自動的に決まってしまうのである。そのため，サンプルサイズは NT でなく $N(T-1)$ に実際はなっており，また自由度は $NT-k$ ではなく，$N(T-1)-k$ となるのである。自由度修正済み決定係数は

第6章 パネルデータ分析 247

個体内変動に基づく自由度修正済み決定係数

$$\bar{R}^2 = 1 - \frac{N(T-1)}{N(T-1)-k} \frac{\sum_{i=1}^{N}\sum_{t=1}^{T}(\dot{Y}_{it} - \hat{\dot{Y}}_{it})^2}{\sum_{i=1}^{N}\sum_{t=1}^{T}(\dot{Y}_{it})^2}$$

となる。これらの定義による R^2 や $\bar{R}^2$ では，固定効果によっては説明できない部分をどれほど説明変数が説明できるかを計測しているため，説明変数の当てはまりについては，より適切な指標となっている。一方で，われわれが興味があるのは Y_{it} などのもとの変数であって，$\dot{Y}_{it}$ といった変数変換したものは，推定の便宜上出てきた変数であるから，そのような変数に関する指標をどれほど重要視するかは，議論のあるところである。

これまでは，個人固定効果のみの入ったモデルを考えてきたが，時間効果の入ったモデルでも同様に 2 つの定義の R^2 を考えることができる。個人効果と時間効果の両者とも入ったモデルを考えよう。最初の定義の R^2 の場合は，

$$Y_{it} = \alpha_2 D2_{it} + \cdots + \alpha_N DN_{it}$$
$$+ \lambda_1 T1_{it} + \cdots + \lambda_T TT_{it} + \beta_1 X_{1it} + \cdots + \beta_k X_{kit} + u_{it}$$

というモデルの OLS 推定からの R^2 を考えるとよい。2 つめの定義の場合は，

$$\mathring{Y}_{it} = \beta_1 \mathring{X}_{1it} + \cdots + \beta_k \mathring{X}_{kit} + \mathring{u}_{it}$$

というモデルの OLS 推定からの R^2 を考えるとよい。自由度修正済み決定係数の場合には自由度を計算する必要があるが，2 つめの固定効果変換後のモデルによる定義に基づく場合にはやはり注意が必要となる。$\sum_{i=1}^{N}\mathring{Y}_{it} = 0$ かつ $\sum_{t=1}^{T}\mathring{Y}_{it} = 0$ となるため，実質的なサンプルサイズは $(N-1)(T-1)$ であり，自由度は $(N-1)(T-1)-k$ となる。そのため，2 つめの定義の場合の自由度修正済み決定係数は

$$\bar{R}^2 = 1 - \frac{(N-1)(T-1)}{(N-1)(T-1)-k} \frac{\sum_{i=1}^{N}\sum_{t=1}^{T}(\mathring{Y}_{it} - \hat{\mathring{Y}}_{it})^2}{\sum_{i=1}^{N}\sum_{t=1}^{T}\mathring{Y}_{it}^2}$$

となる。

最後に R^2 に関していくつかの補足点を述べよう。第 1 に，個別トレンド・

モデルの場合や，以下で述べる他の種類の固定効果の入ったモデルにおいても同様にさまざまな R^2 を考えることができる。第 2 に，統計解析ソフトでは，固定効果推定をすると，本書で解説したものとは別の種類の R^2 をデフォルトで出してくるものも多い。そのため，統計解析ソフトを使用して固定効果推定を行い，R^2 を使用する場合には，常にソフトのマニュアルを参照して，どのような定義で R^2 が計算されているのかを確認する必要がある。

1 階差分変換

本節では，**1 階差分**（first difference）に基づいた固定効果モデルの推定を紹介する。固定効果モデルにおいて，固定効果を除去する変数変換のやり方は 1 つではない。固定効果変換は最もよく使用されている方法であるが，ここで紹介する 1 階差分変換も頻繁に使用されるため，この方法も理解しておいたほうがよいであろう。固定効果変換と 1 階差分変換には，それぞれ利点と欠点があるので，それらについても議論しよう。

1 階差分推定量　1 階差分を取るとは，ある変数の直前の期との差を取ることである。たとえば，Y_{it} の 1 階差分を ΔY_{it} とすると，

1 階差分

$$\Delta Y_{it} = Y_{it} - Y_{i,t-1}$$

である。同様に 2 階差分は $\Delta^2 Y_{it} = \Delta(\Delta Y_{it}) = Y_{it} - 2Y_{i,t-1} + Y_{i,t-2}$ となる。変数の差分は，時系列解析でとくに重要な概念であり，第 10 章から第 12 章で詳しく議論する。

1 階差分を取ることで，固定効果をモデルから除去することができる。次の固定効果モデルを考えよう。

$$Y_{it} = \alpha_i + \beta_1 X_{1it} + \cdots + \beta_k X_{kit} + u_{it}$$

1 階差分を取ると，

$$\Delta Y_{it} = Y_{it} - Y_{i,t-1}$$
$$= \beta_1(X_{1it} - X_{1i,t-1}) + \cdots + \beta_k(X_{kit} - X_{ki,t-1}) + u_{it} - u_{i,t-1}$$
$$= \beta_1\Delta X_{1it} + \cdots + \beta_k\Delta X_{kit} + \Delta u_{it}$$

となり，固定効果をモデルから除去できる。1階差分を取ったモデルを OLS 推定したものが，**1階差分推定量**（first difference estimator）である。1階差分推定量は，仮定 6.1 のもとで，不偏性，一致性，漸近正規性を持つ。ただし，一致性，漸近正規性に関しては，強外生の仮定は必要ではなく，$\mathrm{E}(\Delta u_{it} \mid \Delta X_{1it}, \ldots, \Delta X_{kit}) = 0$ という少し弱い仮定のもとで，これらの結果は成り立つ。

　それでは，固定効果変換と1階差分変換のどちらを使用して，固定効果モデルを推定するとよいのであろうか。本書では，この問題に深く立ち入ることはできないが，どちらがよいかは，誤差項の系列相関の程度と，強外生の仮定の妥当性に依存する。一般に，推定するモデルの誤差項の系列相関が小さいほうが推定量の分散は小さくなることが知られている。また，固定効果モデルで，誤差項の系列相関がなく，均一分散である場合には，固定効果推定量は有効な推定量になる。そのため，誤差項の系列相関が小さい状況では，固定効果推定量を使用するべきであろう。一方で，誤差項の系列相関が大きい場合には，1階差分を取った誤差項は系列相関が小さくなるので，1階差分推定量のほうが，適切である場合もありえよう。もう1つの論点は強外生の仮定であり，固定効果推定量は，強外生の仮定が満たされない場合にはバイアスがある。1階差分推定量は，少し弱い仮定のもとでも機能するため，頑健であるといえなくもない。しかし，1階差分推定量に必要な，$\mathrm{E}(\Delta u_{it} \mid \Delta X_{1it}, \ldots, \Delta X_{kit}) = 0$ という仮定が，実証分析のうえで，どれほど強外生の仮定よりも一般性を持つかということは，議論の余地があろう。また本質的ではないが，固定効果推定量は LSDV 推定量と同値であるという性質は，推定量を実際に計算するうえで，便利なことがある。

> **★2階差分を用いた個別トレンドモデルの推定**

補足になるが，2階差分を用いることで個別トレンドをモデルから除去することができる。まず，1階の差分を取ると，

$$
\begin{aligned}
Y_{it} - Y_{i,t-1} &= \gamma_i[t - (t-1)] \\
&\quad + \beta_1(X_{1it} - X_{1i,t-1}) + \cdots + \beta_k(X_{kit} - X_{ki,t-1}) \\
&\quad + (u_{it} - u_{i,t-1}) \\
&= \gamma_i + \beta_1(X_{1it} - X_{1i,t-1}) + \cdots + \beta_k(X_{kit} - X_{ki,t-1}) \\
&\quad + (u_{it} - u_{i,t-1})
\end{aligned}
$$

となり，個人効果 α_i をモデルから除去できる。また1階差分のモデルは γ_i を固定効果とする通常の固定効果モデルになる。なおこのモデルは $t = 2, \ldots, T$ について書くことができ，$t = 1$ については，$t = 0$ の観測値がないので，定義しない。そして，もう一度差分を取ることで γ_i をモデルから除去することができる。つまり，もとのモデルの2階差分を考えると，

$$
\begin{aligned}
&Y_{it} - 2Y_{i,t-1} + Y_{i,t-2} \\
&= \beta_1(X_{1it} - 2X_{1i,t-1} + X_{1i,t-2}) + \cdots + \beta_k(X_{kit} - 2X_{ki,t-1} + X_{ki,t-2}) \\
&\quad + (u_{it} - 2u_{i,t-1} + u_{i,t-2})
\end{aligned}
$$

となり，個別トレンドの項をモデルから除去できる。ただし，このモデルは $t = 3, \ldots, T$ について考える。このことから個別トレンドのあるモデルは3期以上あるパネルデータが必要になることもわかる。後は，2階差分を取ったモデルを，OLS で推定すればよい。

★ 変量効果モデル

本節では，**変量効果モデル** (random effects model) を紹介しよう。変量効果モデルは固定効果モデルと同じ数式で記述されるが，固定効果に当たる項が説明変数と無相関という仮定が置かれる。固定効果と変量効果の違いと，基本的には固定効果に基づく分析のほうが信頼性が高いことを学習しよう。なお，以下の内容は，奥井 (2015) によっている。

> **変量効果** パネルデータ分析に関する文献を読むと変量効果モデルというモデルに出くわすこともあろう。これは，固定効果モデルと同じように

$$Y_{it} = \alpha_i + \beta_1 X_{1it} + \beta_2 X_{2it} + \cdots + \beta_k X_{kit} + u_{it}$$

と，回帰モデルに α_i という個人ごとに異なるが時間を通じて一定である要素を含むモデルである。しかし，固定効果モデルとは異なり，α_i は説明変数 $(X_{1it}, \ldots, X_{kit})$ とは無相関という仮定が置かれている。もし，α_i がその性質を満たす場合は，α_i は**変量効果**（random effects）と呼ばれる。

　変量効果モデルは，第5章で学習した通常の重回帰分析の OLS 推定の仮定を満たすことができるので，α_i を誤差項の一部と見なして，$(\beta_1, \ldots, \beta_k)$ を OLS で推定すればよい。つまり，プールされた OLS 推定量は一致性を持つのである。図 6-2 にある2つの図は，説明変数が1つ（X_{it} と表記する）のモデルを考え，α_i が固定効果であった場合と，変量効果であった場合の，それぞれの Y_{it} と X_{it} の散布図である。α_i の値は，切片に相当することに注意すること。固定効果の場合は，X_{it} と α_i とが相関しているため，OLS 推定では，真の関係とは逆に負の関係が推定されている。そのため，固定効果推定（各観察個体ごとの回帰線に相当）をする必要がある。一方，変量効果の場合には，X_{it} と α_i には相関がないため，OLS によって係数を適切に推定できている。なお，変量効果モデルと呼ぶ際には，さらに α_i と u_{it} が説明変数とは独立であるといった強い仮定を置いて，**変量効果推定量**（random effects estimator）という，より効率的な手法が用いられていることが多い。

固定効果と変量効果

変量効果モデルを使用せざるをえない状況としては，時間を通じて一定な説明変数の影響を知りたい場合がある。この場合は，固定効果推定では，時間を通じて一定な説明変数は固定効果を消すときに同時に消えてしまい，その影響を測定することはできない。そのため，変量効果モデルを使わざるをえない。しかし，この場合でも，時間を通じて一定な説明変数は個別効果と無相関だが，他の変数は個別効果との相関を許すという，固定効果と変量効果の中間的なやり方での分析（Hausman and Taylor, 1981 など）は可能であり，できるだけ欠落変数バイアスを回避するための工夫を行った分析を心がけるべきであろう。

　なお，固定効果か変量効果かは，データから統計的に判別できる問題であり，多くの教科書で解説され，よく使用されている統計手法でもある。しかし，固定効果か変量効果かを，統計的検定によってどちらかかを選んで分析するというやり方は，実は問題を孕んでいる。固定効果と変量効果の判別は，

252　第 II 部　ミクロ編

FIGURE 図 6-2 ● 固定効果と変量効果

(a) 固定効果の場合

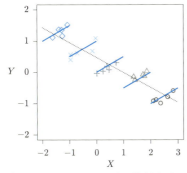

(b) 変量効果の場合

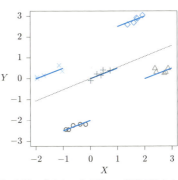

(注) $N=5$, $T=5$ の場合の散布図である。同じ記号で表される点が同一の観察個体からの観察値である。真の関係は $Y_{it} = 0.5X_{it} + \gamma_i + u_{it}$ である。青の実線は $Y = 0.5X + \gamma_i$ であり、黒の点線は最小2乗法で推定した回帰線である。

Hausman (1978) による**ハウスマン検定**（Hausman test）を用いて行うことができる。ハウスマン検定統計量は、固定効果推定量と変量効果推定量の差を標準化したものであり、ハウスマン検定では、帰無仮説を変量効果として、固定効果推定量と変量効果推定量の値が大きく異なれば帰無仮説を棄却し固定効果と判断する。固定効果推定量は固定効果か変量効果かにかかわらず、一致推定量である。一方、変量効果推定量は変量効果の場合にのみ適切な推定量であり、固定効果であればバイアスを伴う推定量になる。そのため、もし変量効果の場合には、これら2つの推定量は同じような値を取るが、固定効果の場合には大きく異なる値を取るはずである。そこで、固定効果推定量と変量効果推定量の値を比較し、それらが近い値であれば変量効果であり、大きく異なる値であれば固定効果と判断することができる。そして、変量効果が支持されれば変量効果推定量を、固定効果が支持されれば固定効果推定量を使って分析を行うことになる。

しかし、こうした統計作業には問題がある。そもそも、ハウスマン検定を行って変量効果か固定効果かを調べたい状況というのは、固定効果では標準誤差が大きく、有意な結果が出ていないが、変量効果であれば標準誤差が小さく有意な結果が出ているので、変量効果の仮定に依拠することを正当化したい場合であろう。固定効果推定量は、どちらの場合でも一致性を持つため、固定効果

TABLE 表 6-6 ● 固定効果と変量効果の用法の変遷

	固定効果	変量効果
近年の用法	乱数	乱数
	説明変数と相関している	説明変数と相関していない
以前の用法	乱数でなく固定された係数	乱数
	説明変数との関係は考慮されていない	説明変数と相関していない

推定量を使用するのであれば，固定効果か変量効果かということを考える必要はないからである。しかし，固定効果では標準誤差が大きい場合には，そもそも固定効果推定量と変量効果推定量の差の標準誤差も大きく，ハウスマン検定で棄却に至ることが難しい。そのため，誤って，本当は固定効果なのに，変量効果であるという帰無仮説を棄却できない可能性が高い。つまり，本当に変量効果であるという理由ではなく，固定効果推定量の分散が大きいという理由により，帰無仮説を棄却できないのである。すると，バイアスを含む変量効果推定量に基づいた分析をすることになってしまい，誤った結果をもたらす危険があるのである。なおこの問題は，Guggenberger (2010a) により，理論的に分析されている。

　ところで，なぜ説明変数と相関している場合に固定効果と呼び，相関していない場合には，変量効果と呼ぶのであろうか。用語とその意味するところが一致していないと思われるかもしれないが，これは歴史的な背景による。パネルデータ分析が始まった頃には，観察できないが時間を通じて一定な要素のうち，それが母数の一部で乱数ではない係数と見なす場合には固定効果と呼び，乱数の場合には変量効果と呼んでいた。固定効果を係数と見なす考え方は，固定効果推定の LSDV としての解釈に見える。また昔は内生性の考え方も発達しておらず，乱数であるものはすべて説明変数と相関していないという発想もあったので，観察できないが時間を通じて一定な要素が乱数の場合には，単に誤差項の一部と見なして推定するという発想が支配的であった。固定効果推定や変量効果推定は，このような発想をもとに生まれたのである。しかし，計量経済学の発展につれて，固定効果推定の重要性は，観察できないが時間を通じて一定な要素が説明変数と相関している場合にも一致推定量をもたらすという点にあることがわかってきた。そのため，固定効果も確率変数であるにもかかわらず，説明変数と相関がある場合には，そのように呼び，また説明変数と相

254　第II部　ミクロ編

関がない場合に限って変量効果と呼ぶのである（表6-6参照）。

★ 補　足

　本節では，パネルデータ分析を行ううえで便利な3つの補足的な事項を説明しておこう。はじめに，観察個体ごとに観測できる期間が異なる不揃いなパネルデータ（unbalanced panel）の場合の固定効果推定を考える。次に，パネルデータではないが，パネルデータと同様に観察値をいくつかのグループに分けることができ，そのデータの性質を利用して欠落変数のバイアスを回避するクラスター分析を紹介する。そして最後に，パネルデータとは似て非なる疑似パネルデータと，繰り返しクロスセクションデータについて解説する。

不揃いなパネルデータ

　パネルデータが不揃い（unbalanced）であるとは，観察個体ごとに観測期間が異なっているということである。実際のパネルデータは不揃いになっていることも頻繁にある。不揃いなパネルデータでは，観測期間が異なるため，固定効果変換を行ったうえで固定効果推定を行うより，観測個体ごとのダミー変数を用いたLSDVによる推定を行うほうが，計算ミスが少なく便利である場合が多い。一方で，固定効果推定量が望ましい性質を持つためには，パネルデータが不揃いになっている原因がモデルの誤差項とは無関係である，という仮定が必要になる。

　まず，不揃いなパネルデータの表記と，固定効果モデルを紹介しよう。簡単化のために，最初の時点ではすべての観測個体の情報があるが，観測個体ごとにどの時点まで観測できているかが異なる場合を考える。このような不揃いなパネルデータは，$(Y_{it}, X_{1it}, \ldots, X_{kit})$，$t = 1, \ldots, T_i$，$i = 1, \ldots, N$ と表記できる。時系列の長さの T_i が i という添え字を持ち，観測個体に依存しているので，不揃いになっていることがわかる。固定効果モデルは，揃っているパネルデータの場合と同じく，

$$Y_{it} = \alpha_i + \beta_1 X_{1it} + \cdots + \beta_k X_{kit} + u_{it}$$

である。

　固定効果推定は，不揃いなパネルデータでも揃っている場合と同様に，固

第6章　パネルデータ分析　　255

定効果を変数変換によってモデルから除去して，OLS 推定することでできる。固定効果変換をした Y_{it} は $\dot{Y}_{it} = Y_{it} - \sum_{t=1}^{T_i} Y_{it}/T_i$ である。揃っているパネルデータの場合と異なり，平均を計算するために使用する観測値の数が T_i であり各 i ごとに異なることに注意すること。固定効果変換をした変数は，

$$\dot{Y}_{it} = \beta_1 \dot{X}_{1it} + \cdots + \beta_k \dot{X}_{kit} + \dot{u}_{it}$$

というモデルを満たす。ただし，$\dot{X}_{1it}, \ldots, \dot{X}_{kit}$，$\dot{u}_{it}$ は $\dot{Y}_{it}$ と同様に定義される。変換後のモデルでは，固定効果の α_i はモデルから除去される。このモデルを OLS で推定することにより，固定効果推定量を得ることができる。

しかし，パネルデータが不揃いの場合では，LSDV による推定であればパネルデータが揃っている場合の推定と同じようにできるので，LSDV の方が変数変換による方法よりも便利であろう。つまり，

$$Y_{it} = \alpha_1 D1_{it} + \cdots + \alpha_N DN_{it} + \beta_1 X_{1it} + \cdots + \beta_k X_{kit} + u_{it}$$

というモデルを $(D1_{it}, \ldots, DN_{it}, X_{1it}, \ldots, X_{kit})$ を説明変数とした OLS 推定によって推定することで，$(\beta_1, \ldots, \beta_k)$ の固定効果推定量を得ることができるのである。この方法では，パネルデータが不揃いか，揃っているかをあまり気にすることなく固定効果推定量を計算することができるため，実用上は便利であり，また統計解析ソフトで分析のためのコードを書く際にも間違いを避けやすいと思われる。

LSDV による推定は，固定効果の他に時間効果も含んだモデルでは，とくに便利であろう。固定効果と時間効果を含んだモデルは，

$$Y_{it} = \alpha_i + \lambda_t + \beta_1 X_{1it} + \cdots + \beta_k X_{kit} + u_{it}$$

であった。この場合でも，変数変換をすることで，α_i と λ_t をモデルから除去することができる。しかし，不揃いなパネルデータでは変数変換の方法が少し複雑になり，注意が必要となる。一方で LSDV による方法では，$T = \max_{1 \le i \le N} T_i$ として

$$Y_{it} = \alpha_1 D1_{it} + \cdots + \alpha_N DN_{it} + \lambda_1 T1_{it} + \cdots + \lambda_T TT_{it}$$
$$+ \beta_1 X_{1it} + \cdots + \beta_k X_{kit} + u_{it}$$

というモデルを OLS で推定すればよい（ただし，揃っているパネルデータの場合

256　第 II 部　ミクロ編

と同じく，多重共線性を避けるためにダミー変数を 1 つ除く必要がある）。つまりこの場合も，LSDV であれば揃っているパネルデータの場合と同じ方法で推定量の計算ができるのである。また，各 i ごとに観測値の始まる時点が異なっている場合や，ある i では途中の観測値がない場合など，他の種類の不揃いなパネルデータでもまったく同じモデルで固定効果推定量を計算することができる。

　不揃いなパネルデータにおいて，固定効果推定量が不偏性や一致性といった望ましい性質を持つためには，データが不揃いになっている原因に仮定が必要である。具体的には，説明変数で条件付けたうえで不揃いになっている原因が誤差項と無関係であることが必要になる。一方で，不揃いになる原因が誤差項と相関している場合には，固定効果推定量はバイアスを持つ。たとえば，労働者のパネルデータを用いて，労働組合に加入していることが賃金に与える影響を調べたいとしよう。その際，パネルデータが不揃いになっている原因が，退職によるものだとしよう。仮に，退職の理由がデータでは観察できない仕事のミスであり，労働組合に入っていれば，ミスにより賃金は下がるが雇用は守られ，労働組合に入っていなければ解雇され退職することになるとする。この場合は労働組合の効果は負と推定されるだろう。しかし，この推定結果はミスにより賃金は下がるが労働組合によって雇用が守られた労働者はパネルデータに含まれているが，労働組合に入っていないために解雇された労働者がパネルデータから脱落してしまったことからくるものであるため，推定値はバイアスを含んでおり，労働組合の効果を正しく推定しているとは考えにくい。

　最後に，不揃いなパネルデータを用いた分析結果を発表する際の注意事項について述べよう。本章 7 節で述べたように，パネルデータ分析の結果を記述する際には，サンプルサイズとして $N \times T$ の数値のみを記載することが多い。しかし，この方法では，クロスセクションと時系列のそれぞれにどれほどの観測値があるのかがわからないため，N と T それぞれも記載したほうがよいことも述べた。不揃いなパネルデータでは，時系列の長さが各観測個体で異なるため，時系列の長さの値を記載することは難しい。そのため，観測個体の数である N と，全体のサンプルサイズである $\sum_{i=1}^{N} T_i$ の値を記載するのが適切であろう。

他のクラスター構造を持つデータの分析

固定効果推定の考え方は，パネルデータだけでなく，他のクラスター構造を持つデータの分析をする際にも有用である。クラスター内で共通

第 6 章　パネルデータ分析　257

であり観測できない要素をクラスター固定効果としてモデルに含め，固定効果推定を行うことで，そうした要素から引き起こされる欠落変数のバイアスを避けることができる。クラスター構造を持つデータは経済学の実証分析では頻繁に使用され，また複合的なクラスター構造を持つデータもある。

　例として，小学校のデータを用いて，学習時間が成績に与える影響を分析したいとしよう。Y_{is} を s 番目のクラスの i 番目の児童の成績とする。X_{is} はその児童の学習時間である。データは (Y_{is}, X_{is}), $i = 1, \ldots, N_s$, $s = 1, \ldots, S$ である。クラスの数が S であり，N_s がクラス s の児童の数とする。このデータでは児童はクラスというグループに分けることができるため，クラスター構造を持つデータであると見なせる。児童の学習時間は，クラスの雰囲気や担任教師の資質や教育方針によって影響を受けるだろう。同時にこれらのクラスに共通な要素は，児童の成績にも影響を与えると予想される。そこで，クラス固定効果を用いて，

$$Y_{is} = \alpha_s + \beta X_{is} + u_{is}$$

というモデルを考える。このモデルでは，α_s によってクラスの雰囲気や担任教師の資質や教育方針といったものをまとめて表現している。クラス固定効果を含めたモデルを固定効果推定することにより，クラス内で共通で観測できない要素から起こる欠落変数のバイアスを避けた推定量を得ることができる。また，誤差項のクラス内での相関を考慮したクラスター構造に頑健な標準誤差も，パネルデータの場合と同様に計算することができる。

　また複合的なクラスター構造を持つデータも経済学での実証分析で使われることが多い。たとえば，国際貿易に関する実証分析では，Y_{ijklm} として，i 国から j 国への産業 k の時点 l での財 m の輸出量を表す変数が使われることがある。輸出国 (i)，輸入国 (j)，産業 (k)，時点 (l) という 4 つのクラスター構造が組み合わさっているデータである。これらの 4 つのクラスター構造すべてあるいは一部について固定効果を定義することで，クラスター内で共通で観測できない要素を考慮した推定を行うことができる。また近年では，複合的なクラスター構造に頑健な標準誤差の計算方法も Cameron, Gelbach and Miller (2011) などにより，開発されている。

繰り返しクロスセクション
データと疑似パネルデータ

パネルデータによく似ているが根本的に異なるデータには，繰り返しクロスセクションデータ（repeated cross section data）と呼ばれるデータや，疑似パネルデータ（pseudo panel data）と呼ばれるデータがある。これらのデータは，複数の時点のそれぞれについて多くの観察値を含んでいる。しかし，パネルデータと異なり，同じ観察個体の複数時点の情報を含むわけではない。そのため，固定効果推定などの手法は使うことができない。

　繰り返しクロスセクションデータとは，複数時点の情報を含み，各時点ごとに複数の観察個体の情報を含んでいるデータである。パネルデータと繰り返しクロスセクションデータとの違いは，パネルデータは，同一個人の複数年にわたった観察が行われているのに対し，繰り返しクロスセクションデータでは，時点が異なると観察する個体も異なる。たとえば，100人の個人の2年分の賃金のパネルデータの場合には，同じ100人を2年にわたって観測しているため，1年目である賃金を得た個人が2年目にどれくらいの賃金を得たのかがわかるようになる。しかし，100人の個人の2年分の賃金の繰り返しクロスセクションデータでは，1年目のデータにある個人と2年目のデータにある個人とは異なり，1年目にある賃金を得た個人が2年目にどれくらいの賃金を得たのかを調べることはできない。また，同一の個人を2年間観測している場合でも，データによっては，1年目と2年目とで個人の対応をつけることができない場合も繰り返しクロスセクションデータと呼ばれ，やはり同じ問題が生じる。この同一個人の複数時点にわたる情報を得ることができるかどうかが，パネルデータと繰り返しクロスセクションデータの違いであり，この違いは分析にも重要な違いをもたらす。たとえば，固定効果推定は繰り返しクロスセクションデータでは使用することはできない。繰り返しクロスセクションデータを用いては，観察できず時間を通じて一定だが個人ごとに異なる要素によって引き起こされる欠落変数のバイアスを回避することはできないのである。

　疑似パネルデータは，同じ観察個体の複数期間の観測値がない場合に，異なる個体であるが同じ属性を持つ個体をまとめることで，パネルデータ分析に利用できるようにしたものである。たとえば，2000年から2010年までの5年おきの繰り返しクロスセクションデータがあるとする。このデータの観測個体を年齢ごとにグループに分ける。たとえば，2000年に30歳であった1970年生まれの観察個体をまとめ，それらの観察個体の所得の平均を取る。そして，

第6章　パネルデータ分析　　259

2005年に35歳であった観察個体と，2010年に40歳であった観察個体，それぞれの平均所得を計算する。このようにして，1970年生まれ世代の平均所得が，2000年，2005年，2010年の3年分計算できる。この3年分の平均所得を通常のパネルデータにおける同一観察個体からの情報のように扱って分析を行うのである。このデータでは，同じ個人が3期間観測できているわけではないので，パネルデータではなく，疑似パネルデータと呼ばれる。疑似パネルデータを使うことにより，パネルデータが利用可能でなくとも，同じ世代に属する個人の情報を組み合わせることで世代に共通な影響を考慮した分析ができる。つまり，パネルデータ分析のように，世代固定効果をモデルに含めて固定効果推定のような分析が可能である。しかし，同一個人の複数期間の観測値があるわけでないので，個人効果を含めたモデルの固定効果推定はできず，同じ世代に属している個人間で異なる欠落変数のバイアスをもたらす観察できない要素の影響を考慮した分析はできない。

12 まとめ

　本章では，パネルデータ分析を扱った。パネルデータを用いた分析の利点は，欠落変数バイアスを，そのバイアスをもたらす変数が観測できなくても回避できる可能性があることである。固定効果変換を行うことにより，時間を通じて一定な要素をモデルから消去することができる。そのため，固定効果推定をすると，時間を通じて一定な変数によってもたらされる欠落変数のバイアスは避けることができるのである。固定効果推定は，観測個体間での比較でなく，観測個体内での比較によって推定を行っているので，こうしたことが可能になる。また，観測個体間では共通だが時間を通じて変化する要素も同様の方法でモデルから消すことができる。本章では，保育所の定員率と未就学児を持つ母親の就学率の関係の例を通して，固定効果推定によって，結果が大きく変わりうることも見た。

　このように，パネルデータ分析は，パネルデータが利用可能であれば，非常に強力な分析手法である。しかし，パネルデータ分析の欠点は主に2つある。

　1つは，そもそもパネルデータ分析をするためにはパネルデータが必要であるという点である。幸い近年はパネルデータの整備が進み，この問題は解決

されてきた。しかし，とくに個人のデータに関しては利用可能性に制限があることもある。一方で，本章の分析例でも活用した都道府県単位や国単位などのデータであれば，パネルデータは利用しやすく，積極的に活用していくべきであろう。

もう1つの問題は，固定効果推定を行うと，時間を通じて一定な変数の効果を調べることができないことである。たとえば，教育が賃金に与える影響を調べたいとしよう。この場合，個人の生まれながらの能力は教育にも賃金にも影響を与えるため，そうした能力をコントロールせずに教育が賃金に与える影響を推定しようとすると，欠落変数バイアスに悩まされることになる。生まれながらの能力は，時間を通じて一定であるため，パネルデータを用いて固定効果推定を行うと，欠落変数バイアスを回避できると思われるかもしれない。しかし，賃金の情報が利用可能なパネルデータがあったとしても，各労働者の教育水準は時間を通じて変化することはあまりない。そのため，教育が賃金に与える影響という問題では，固定効果推定によっては分析できない可能性が高いのである。ちなみに，教育の効果に関する研究では，次の第7章で紹介する操作変数法が用いられることが多い。

以上のような限界はあるものの，パネルデータが利用可能で，興味のある説明変数が時間を通じて変動するのであれば，固定効果推定は非常に説得力のある分析手法である。そのため，近年の経済の実証分析では，パネルデータが積極的に利用されている。

EXERCISE　●練習問題

6-1 [確認]　固定効果変換をした $\dot{Y}_{it}$ は，各 i ごとの平均 $\sum_{t=1}^{T} \dot{Y}_{it}/T$ が 0 となることを確認しなさい。

6-2 [確認]　高速道路の整備が交通事故の発生に与える影響を，都道府県別データを用いて検証したいとする。このとき，パネルデータを用いて固定効果推定を行うことで，どのように欠落変数の問題を回避できるのかを論じなさい。

6-3 [確認]　強外生，通常の外生性，先決変数の仮定の3つの違いを説明しなさい。

6-4 [確認]　パネルデータ分析において，なぜクラスター構造に頑健な標準誤差を使用することが推奨されているのかを説明しなさい。

6-5 [確認]　(6.6) 式の導出を確認しなさい。とくに時間効果がモデルから除

第6章　パネルデータ分析　261

去されることを確認すること。

6-6 [確認] (6.7) 式の導出を確認しなさい。また $Y_{it} - \bar{Y}_i - \bar{Y}_t$ を計算し，$\bar{Y}$ を加えない限り，個人効果と時間効果は消えないことを確認しなさい。

6-7 [確認] 高速道路の整備が交通事故の発生に与える影響を，都道府県別データを用いて検証したいとする。このとき，パネルデータを用いて固定効果と時間効果を入れたモデルを推定することで，どのように欠落変数の問題を回避できるのかを論じなさい。

6-8 [発展] 次の固定効果モデルを考える。

$$Y_{it} = \beta_1 X_{it} + \beta_2 Z_i + \alpha_i + u_{it}$$

なお，α_i は固定効果を表し，u_{it} は誤差項である。

いま，$N = T = 3$ というパネルデータを観測するとする。観測値 (Y_{it}, X_{it}, Z_i)，$i = 1, 2, 3$，$t = 1, 2, 3$ は次の表のようになっている。

	$i = 1$	$i = 2$	$i = 3$
$t = 1$	(1,0,2)	(2,2,4)	(3,0,3)
$t = 2$	(0,2,2)	(4,0,4)	(3,4,3)
$t = 3$	(2,1,2)	(0,4,4)	(0,2,3)

(1) 固定効果変換によって，固定効果を取り除いた観測値の値を上の表のような形でまとめなさい。

(2) β_1 の固定効果推定量を計算しなさい。

(3) β_2 の固定効果推定量は計算できるかどうか議論しなさい。

6-9 [発展] 次の固定効果モデルを考える。

$$Y_{it} = \alpha_i + \beta X_{it} + u_{it}$$

ただし，$i = 1, \ldots, N$，$t = 1, 2$ であり 2 期間のパネルデータしか利用できないとする。このとき，固定効果推定量と 1 階差分推定量が数値的に同値になることを証明しなさい。（なお，$T \geq 3$ であれば，この 2 つの推定量は同値にはならない）

6-10 [実証] 本章の実証分析で用いたデータは，ウェブサポートページにある。このデータをダウンロードし，何らかの統計解析ソフトを利用して，次の問いに答えなさい。

(1) 表 6-5 を再現しなさい。なお，表の数字（とくに t 統計量や信頼区間など）には丸めの誤差が含まれているため，厳密に同じ数字を得ることはできない可能性がある。

(2) 表 6-5 の列 (6) に記載されている標準誤差はクラスター構造に頑健な標準誤差である。列 (6) の推定を LSDV によって行い，第 4 章で学習した不均一分散に頑健な標準誤差を計算しなさい。これら 2 つの標準誤差を比較し，係数の有意性が標準誤差の選択によって変化するかを

262　第 II 部　ミクロ編

確認しなさい。

(3) 表 6-5 の列 (2) における $\bar{R}^2$ を本章 8 節にある 2 つの方法に基づいて計算し，値が大きく異なることを確認しなさい。

(4) 表 6-5 の列 (4) における $\bar{R}^2$ を本章 8 節にある 2 つの方法に基づいて計算し，値が大きく異なることを確認しなさい。

6-11 [実証]　5-15 で使用したデータは，同じ学校に属する人が標本に含まれているため，学校というクラスター構造を持っている。この問題では，同じ学校内での相関，あるいは同じ学校に属する人に共通の影響を与える観測できない要素を考慮して，5-15 の分析をやりなおしてみよう。データは 5-15 と同じものを使用すること。

(1) 数学の成績を，生まれた四半期のダミー変数 (agese_q2, agese_q3, agese_q4) に (定数項を含んで) 回帰して，早生まれの人の成績が，4 月から 6 月に生まれた人に比べて低いかどうかを検定しなさい。ただし，5-15 とは異なり，ここでは同じ学校内での相関を考慮したクラスター構造に頑健な標準誤差を用いて行いなさい。

(2) 6-11(1) の回帰式に，学校固定効果を含めたモデルを推定し，学校内での相関を考慮したクラスター構造に頑健な標準誤差を用いて，早生まれの人の成績が，4 月から 6 月に生まれた人に比べて低いかどうかを検定しなさい。

(3) 6-11(1) の回帰式に，地域の大きさを表すダミー変数，コンピュータが家庭にあるかどうかを示すダミー変数，家庭の人数を表すダミー変数，母親の学歴を表すダミー変数，父親の学歴を表すダミー変数を説明変数に加えたモデルを推定しなさい。その結果をもとに，早生まれの人の成績が，4 月から 6 月に生まれた人に比べて低いかどうかを検定しなさい。ただし，5-15 とは異なり，ここでは同じ学校内での相関を考慮したクラスター構造に頑健な標準誤差を用いて行いなさい。

(4) 6-11(3) の回帰式に，学校固定効果を含めたモデルを推定し，学校内での相関を考慮したクラスター構造に頑健な標準誤差を用いて，早生まれの人の成績が，4 月から 6 月に生まれた人に比べて低いかどうかを検定しなさい。

(5) この問で行った分析結果と 5-15 での分析結果とに違いがあるかどうかを議論しなさい。

第 6 章　パネルデータ分析　　263

補論：保育所定員率が母親の就業に与える影響の分析の実証例で使用したデータについて

　保育所定員率の計算に使用した認可保育所の定員数は，厚生労働省の「社会福祉行政業務報告」から取っている。0〜5歳児の人数，ならびに母親就業率，母親平均年齢，父親平均年齢，父親就業率，失業率は「国勢調査」から取った。なお，データはすべて総務省統計局 e-Stat (https://www.e-stat.go.jp/) から取得可能である。より詳細な説明は，Asai, Kambayashi and Yamaguchi (2015)，あるいは，朝井・神林・山口 (2016) を参照。ただし，これらの論文とは異なり，本章では，2000 年，2005 年，2010 年の 3 期間のみしか使用していない点に注意すること。

★ 補論：固定効果推定量と LSDV 推定量の同値性

観測個体ごとのダミー変数を入れたモデルの OLS 推定量は

$$\sum_{i=1}^{N}\sum_{t=1}^{T}(Y_{it} - \alpha_1 D1_{it} - \cdots - \alpha_N DN_{it} - \beta_1 X_{1it} - \beta_2 X_{2it} - \cdots - \beta_k X_{kit})^2 \tag{6.9}$$

を最小化することによって得られる。まずは，$\beta_1, \ldots, \beta_k$ を固定し，$\alpha_1, \ldots, \alpha_N$ に関する最小化問題を考えよう。α_1 に着目すると，α_1 は $i = 1$ の場合にしか登場せず，また $i = 1$ のときには他のダミー変数は登場しないので，α_1 に関する最小化問題は，

$$\sum_{t=1}^{T}(Y_{1t} - \alpha_1 - \beta_1 X_{11t} - \beta_2 X_{21t} - \cdots - \beta_k X_{k1t})^2$$

と $i = 1$ である観測値のみを考えるとよい。さしあたり $\beta_1, \ldots, \beta_k$ は固定しているので，これを最小化する α_1 の値は標本平均となり

$$\hat{\alpha}_1(\beta_1, \ldots, \beta_k) = \frac{1}{T} \sum_{t=1}^{T} (Y_{1t} - \beta_1 X_{11t} - \beta_2 X_{21t} - \cdots - \beta_k X_{k1t})$$

$$= \bar{Y}_1 - \beta_1 \bar{X}_{11} - \cdots - \beta_k \bar{X}_{k1}$$

で与えられる（第4章2-3項を参照せよ）。同様に，他の α_i についても，$\hat{\alpha}_i(\beta_1, \ldots, \beta_k) = \bar{Y}_i - \beta_1 \bar{X}_{1i} - \cdots - \beta_k \bar{X}_{ki}$ となる。こうして得た α_i の値をもとの最小化問題 (6.9) に代入して，今度は $\beta_1, \ldots, \beta_k$ に関する最小化問題を解こう。すると，目的関数は

$$\sum_{i=1}^{N} \sum_{t=1}^{T} (Y_{it} - \bar{Y}_i + \beta_1 \bar{X}_{1i} + \cdots + \beta_k \bar{X}_{ki} - \beta_1 X_{1it} - \beta_2 X_{2it} - \cdots - \beta_k X_{kit})^2$$

$$= \sum_{i=1}^{N} \sum_{t=1}^{T} (\dot{Y}_{it} - \beta_1 \dot{X}_{1it} - \beta_2 \dot{X}_{2it} - \cdots - \beta_k \dot{X}_{kit})^2$$

となる。この目的関数は固定効果推定量のものと同じであるため，観測個体ごとのダミー変数を使った方法でも固定効果推定量とまったく同じ推定量が得られるのである。

なお，α_i の推定量は $\hat{\alpha}_1(\beta_1, \ldots, \beta_k)$ を β の固定効果推定量の値で評価することで求められ，229ページの $\hat{\alpha}_i$ の式で表わされる。

第6章 パネルデータ分析　265

第 7 章 操作変数法

ヴィッテンベルクの街並み：ドイツ・ヴィッテンベルクはルターが宗教改革を始めた地である。世界を揺るがせた宗教改革の影響を，操作変数法を用いて分析することができる。
（写真：Takashi Images/PIXTA（ピクスタ））

CHAPTER 7

- GUIDE
- FIGURE
- TABLE
- COLUMN
- EXAMPLE
- EMPIRICAL
- EXERCISE

INTRODUCTION

操作変数法とは，説明変数に内生性がある場合に，操作変数と呼ばれるモデルに含まれない変数を用いて，説明変数の係数を推定する手法である。操作変数の要件は，誤差項とは無相関だが，説明変数とは相関していることである。このような性質を満たす変数を使用することにより，説明変数の変動のうち欠落変数とは無関係に変化している部分を抽出し，説明変数の影響を調べることができる。操作変数を用いた推定方法として，モーメント法による操作変数推定量と，2段階最小2乗推定量を紹介する。また，操作変数が適切かどうかを調べる方法を紹介する。最後に，実証研究で比較的頻繁に使用されている操作変数を紹介し，また操作変数の見つけ方のヒントを述べる。

> **GUIDE**
>
> 本章の前提知識は第 2〜5 章である。なお，第 6 章の知識は，本章 8 節の固定効果操作変数推定（FEIV）を議論とする際に必要となるが，その他の部分では必要ではない。

1 欠落変数バイアスと操作変数
経済成長とプロテスタンティズムの関係を例として

　何が経済成長の原動力となるかは，経済学における重要な論点である。天然資源や生産技術など原動力の候補となるものは多くあるが，文化や思想が経済成長に与える影響についても近年の学界では注目が集まっている。マックス・ウェーバーの『プロテスタンティズムの倫理と資本主義の精神』（Weber, 1904-1905；大塚訳，1989）は文化や思想と経済制度の関係について議論の緒をつけた著作であり，経済学や社会学における最も重要な古典の 1 つとされている。

　ウェーバーはこの著作において，キリスト教のプロテスタンティズムの倫理的内容が資本主義に適合しており，その結果，プロテスタンティズムの影響の強いイギリスなどの地域で資本主義が発達したと議論した。現在においても，アメリカなどプロテスタンティズムの影響の強い国が強い経済力を持っている。しかし，プロテスタンティズムが本当に経済に影響を持ちうるのか，また仮に持ったとしても，プロテスタンティズムの教義のどの要素が経済成長に有利に働いているのかについては，いまだに議論が交わされている。

　この問題に対して，Becker and Woessmann (2009) は，プロテスタンティズムが識字率に影響を与えたことを通じて経済成長にも影響を及ぼしたと説明した。プロテスタンティズムでは，信者が自ら聖書を読むことが求められる。自分で聖書を読むためには，当然ながら文字が読める必要がある。そのため，プロテスタンティズムの開祖であるマルティン・ルターを始め，プロテスタンティズムの主要な宗教者は，識字教育を推奨してきた。一方で，文字が読めるということは，聖書を読むだけでなく，経済活動においても重要なスキルである。Becker and Woessmann (2009) は，プロテスタンティズムが普及したことで上昇した識字率が，経済成長も促したのではないかと考えた。この議

論を実証的に分析するためには，まずプロテスタンティズムが識字率に与える
影響をデータを用いて分析することが第一歩となる。Becker and Woessmann
(2009) は 19 世紀プロイセンのデータを用いて，この問題を分析している。

　プロテスタンティズムが識字率に与える影響を調べるためには，最小 2 乗
法（OLS）による回帰分析では不十分である。たとえば，比較的教育が重要だ
と考える人々は，当然識字率も高まるであろうし，またそうすると自ら聖書を
読んで学習することを求めるプロテスタンティズムとも親和性が高い可能性が
ある。この場合には，欠落変数のバイアスが生じる。別の言い方をすれば，プ
ロテスタンティズムはこの回帰式において内生変数である。つまり，われわれ
が興味があるのは「プロテスタンティズムが識字率に与える影響」であるが，
「教育への考え方」という変数がモデルに含まれていないために，OLS による
回帰分析では，プロテスタンティズムの影響だけでなく，教育への考え方の
影響も合わせて，プロテスタンティズムの影響と誤って提示してしまう。この
ような場合に，操作変数法（instrumental variables method）を使用することで，
欠落変数のバイアスを避けた分析をすることができる。操作変数法を使用する
ためには，操作変数（instrumental variables; IV）と呼ばれる，誤差項とは相関
がないが，説明変数とは相関のある変数が必要となる。

　なお，欠落変数バイアスを避ける方法としては，これまで重回帰分析とパネ
ルデータ分析という 2 つの手法を紹介してきたが，本章の分析事例では，こ
れらの 2 つの方法では不十分である。重回帰分析では，欠落変数バイアスを
もたらすような変数を観察し，その変数をモデルに含める必要があった。ここ
では，欠落変数バイアスをもたらす要素は教育への考え方であろうが，そのよ
うな要素を表現している変数をデータから取るのは難しい。そのため，入手可
能なデータを使用する限りにおいては，重回帰分析では欠落変数バイアスを避
けることができなくなる。一方，パネルデータ分析では，欠落変数バイアスを
もたらす変数を観察する必要はない。しかし，ここでは，パネルデータは利用
可能でない。また，パネルデータを用いた固定効果推定により，欠落変数バイ
アスを回避するためには，欠落変数バイアスをもたらす要素は時間を通じて一
定である一方で，説明変数は時間とともに変化する必要がある。この例では，
Becker and Woessmann (2009) は 19 世紀プロイセンの郡（Kreis）単位のデー
タを用いている。プロイセンの各郡におけるプロテスタントの比率が，短期間
のうちにそれほど変化するとは考えにくい。また，仮に数百年単位の超長期の

データがあり，プロテスタントの比率の時間を通じた変化をデータで補足することができたとしても，そのような長い期間では，教育への考え方はもちろんのこと，多くの文化や制度も変化するため，固定効果推定によって欠落変数バイアスを避けられるかどうかは，保証の限りではない。

そこで，操作変数法により，欠落変数バイアスを避けることを検討する。操作変数法では，誤差項とは相関はないが，説明変数とは相関のある操作変数を使用する必要がある。つまり，重回帰分析とは異なり，欠落変数バイアスをもたらすような変数が必要なのではなく，その逆で，欠落変数バイアスをもたらす要素とは無関係な変数が必要となるのである。操作変数と説明変数とは相関しているので，操作変数の変動と説明変数の変動とは連動している。一方で，操作変数は誤差項とは無相関であるから，これらの変数の変動は連動していない。したがって，説明変数の変動のうち，操作変数と連動している部分については，誤差項とは無関係になる。つまり，操作変数を用いることにより，説明変数の変動のうち，誤差項と無関係な部分を取り出すことが可能になり，説明変数の影響を正しく捉えることができるようになるのである。

Becker and Woessmann (2009) は，ドイツ中北部の都市であるヴィッテンベルクからの距離を操作変数として使用することを提唱した。ヴィッテンベルクは1517年にマルティン・ルターによる「95箇条の論題」が提示され宗教改革が始まった都市であり，またその後も宗教改革の中心となった街である。ヴィッテンベルクからの距離は，このような歴史的経緯からプロテスタントの人口における比率と負の相関を持つと考えられる。一方で，ヴィッテンベルクからの距離自体は，識字率に影響を与える他の要素と特段の関係があるようには思えない。そのため，ヴィッテンベルクからの距離を操作変数として使用することで，プロテスタンティズムが識字率に与える影響を推定できると考えることができる。

操作変数法

本節では，単回帰モデルにおける操作変数法を紹介する。操作変数とはどのような変数であるか，またなぜ操作変数を使用することによって，欠落変数バイアスを始めとする内生性の問題を避けることができるのかを解説する。そし

て，操作変数推定量を紹介する。

操作変数とは

本項では操作変数とはどのような変数であるかを見ていこう。さしあたり，単回帰モデルにおける操作変数について議論する。操作変数の条件である**外生性**と**関連性**の2つの条件を解説する。

本節では，次の内生変数を含んだ単回帰モデルの推定を考える。モデルは，

$$Y_i = \beta_0 + \beta_1 X_i + u_i$$

であり，$i = 1, \ldots, N$ である。第4章で議論した通り，このモデルの OLS による推定には，$\mathrm{E}(u_i | X_i) = 0$ という条件が必要となる。しかし，第5章で考察した欠落変数の問題が発生すると，この仮定は満たされない。つまり X_i と u_i に相関がある場合には，OLS 推定量はバイアスを持ち，一致性を保持しない。

ここで，次に述べる条件を満たす操作変数が利用可能であれば，内生変数を含んだ単回帰モデルの推定が可能になる。操作変数を Z_i と表記する。また，本節では操作変数は1つであるとする。

操作変数とは，次の2つの条件を満たす変数である。

操作変数の2つの要件

関連性：　$\mathrm{Cov}(Z_i, X_i) \neq 0$

外生性：　$\mathrm{Cov}(Z_i, u_i) = \mathrm{E}(Z_i u_i) = 0$

操作変数の関連性とは，操作変数 Z_i は説明変数 X_i と相関があるということである。後で見るように，操作変数と説明変数との相関は大きい（相関係数が0から離れている）ほうがよい。なお，相関は正でも負でも，どちらでもよい。相関が大きく0から離れている場合は，操作変数は「強い」という。一方で，相関が0に近い場合は，操作変数は「弱い」という。操作変数が弱い場合は，推定や統計的推測に問題をきたすことが知られており，その分析結果は信頼性が劣る。操作変数の強弱の判別法については，本章6節で紹介する。

操作変数の外生性とは，操作変数 Z_i は誤差項 u_i とは無相関であるということである。誤差項は，被説明変数 Y_i に影響を与える X_i 以外の要素すべてをまとめたものであるから，この条件は，操作変数は，被説明変数 Y_i には直

第7章　操作変数法　　271

接の影響を持たず，影響があるとすれば，説明変数 X_i を通しての間接的なものしかないということである．操作変数の外生性は，一般には，データから判別できる条件ではない．本章6節で，外生性を検定する方法を紹介するが，その方法が効力を持つ状況は限定的である．したがって，実際の分析では，操作変数が外生かどうかは，分析者がそのように仮定するしかなく，分析対象となる事例の背景をもとに説得力のある議論を尽くすことで正当化することになる．

例題 7.1

仮にミクロ経済学の2つの参考書があり，どちらの参考書のほうが優れているかを分析したいとしよう．ミクロ経済学の試験の点数を被説明変数とし，どちらの参考書を使用したかを示すダミー変数を説明変数とする回帰モデルを考えよう．回帰モデルには他の説明変数は含まれていないとする．この場合，どちらの参考書を使用したかを示すダミー変数が内生変数である可能性を議論しなさい．またどのような変数があれば，それを操作変数として使用することができるかどうかを議論しなさい．

（解答例）

　ミクロ経済学が好きな学生は，よりよい参考書を慎重に選択し，そうでない学生は半ば無作為に参考書を決めるとしよう．ミクロ経済学が好きな学生はどちらの参考書を使っても試験の点数も高いと考えられるため，参考書の効果は過大に評価される可能性がある．つまり，どちらの参考書を使用したかを示すダミー変数は内生変数である可能性がある．

　仮に，各学生にまったく無作為にどちらかの参考書の広告を配布するとしよう．この場合，どちらの参考書の広告が届くかは無作為に決まるので，試験の点数に影響を与える他の変数とは独立である．一方で，学生は広告を受け取ったほうの参考書を使う可能性が高いであろうから，参考書の選択には影響を与える．したがって，どちらの参考書の広告を受け取ったかを示すダミー変数は，操作変数として利用できる．♠

> **モーメント法による推定**　操作変数を用いることで，どのように係数の β_0 と β_1 が識別，推定されるのかを見ていこう。

操作変数法の基本となるのは，**モーメント法**（method of moments）である。まず，モーメント法を解説し，その後，**操作変数推定量**（instrumental variable estimator）を紹介する。

　モーメント法とは，統計モデルから計算できる（母集団における）平均や分散などのモーメントと，標本を用いて計算した，対応する標本上のモーメントが同じになるようにパラメータを決め，それを推定量とする方法である。たとえば，X という確率変数の母平均 μ は

$$\mathrm{E}(X - \mu) = 0$$

という**モーメント条件**（moment condition）を満たす。これは，$X - \mu$ という確率変数の母平均というモーメントが 0 になるという条件である。ここで，X_i, $i = 1, \ldots, N$ というデータがあるとする。そして，母平均に対応して標本平均 $\sum_{i=1}^{N}(X_i - \mu)/N$ を取る。この標本平均が 0 となるように，

$$\frac{1}{N}\sum_{i=1}^{N}(X_i - \mu) = 0$$

を満たす μ の値 $\hat{\mu} = \sum_{i=1}^{N} X_i/N$ を，μ の推定量とする。これがモーメント法である。

　操作変数法においては，次の 2 つのモーメントを用いる。まず，誤差項は平均 0 であることから，

$$\mathrm{E}(u_i) = \mathrm{E}(Y_i - \beta_0 - \beta_1 X_i) = 0 \tag{7.1}$$

というモーメント条件がある。そして，操作変数の外生性の条件から，

$$\mathrm{E}(Z_i u_i) = \mathrm{E}[Z_i(Y_i - \beta_0 - \beta_1 X_i)] = 0 \tag{7.2}$$

というモーメント条件も成り立つ。この 2 つのモーメント条件から，係数 β_0 と β_1 を決めることができる。実際，2 つのモーメント条件を方程式として解くと，操作変数の関連性の条件（$\mathrm{Cov}[Z_i, X_i] \neq 0$）が満たされるときには，

$$\beta_1 = \frac{\mathrm{E}\{[Z_i - \mathrm{E}(Z_i)][Y_i - \mathrm{E}(Y_i)]\}}{\mathrm{E}\{[Z_i - \mathrm{E}(Z_i)][X_i - \mathrm{E}(X_i)]\}} = \frac{\mathrm{Cov}(Z_i, Y_i)}{\mathrm{Cov}(Z_i, X_i)} \tag{7.3}$$

第 **7** 章　操作変数法　　273

かつ,

$$\beta_0 = \mathrm{E}(Y_i) - \beta_1 \mathrm{E}(X_i) \tag{7.4}$$

となり, 係数 (β_0, β_1) が一意に定まる.

上で見た2つのモーメント条件に対応する標本上のモーメントを計算することで, 操作変数推定量を求めることができる. つまり,

$$\frac{1}{N}\sum_{i=1}^{N}(Y_i - b_0 - b_1 X_i) = 0 \quad \text{と} \quad \frac{1}{N}\sum_{i=1}^{N}Z_i(Y_i - b_0 - b_1 X_i) = 0$$

という2つの式が成り立つような b_0 と b_1 を, 操作変数推定量とするのである. 操作変数推定量を $\hat{\beta}_{0,IV}$ と $\hat{\beta}_{1,IV}$ と表記すると, それぞれ,

単回帰モデルにおける操作変数推定量

$$\hat{\beta}_{1,IV} = \frac{\sum_{i=1}^{N}(Z_i - \bar{Z})(Y_i - \bar{Y})}{\sum_{i=1}^{N}(Z_i - \bar{Z})(X_i - \bar{X})}$$

かつ

$$\hat{\beta}_{0,IV} = \bar{Y} - \hat{\beta}_{1,IV}\bar{X}$$

となる. なお, 操作変数推定量を計算するためには, Z_i と X_i の標本共分散 $\sum_{i=1}^{N}(Z_i - \bar{Z})(X_i - \bar{X})/N$ が0でないという条件が必要になることに注意すること. これは, 標本における関連性の条件と見なすことができる.

ちなみに, OLS 推定量は, 操作変数推定量の特殊例と考えることができる. もし $X_i = Z_i$ であれば, 上記の操作変数推定量の式は, 第4章で学習した OLS 推定量の (4.10) 式 (111 ページ) と同じになることが, 容易に確かめられるであろう. また $X_i = Z_i$ の場合の操作変数推定に対応するモーメント条件は, $\mathrm{E}(u_i) = \mathrm{E}(Y_i - \beta_0 - \beta_1 X_i) = 0$ かつ $\mathrm{E}(X_i u_i) = \mathrm{E}[X_i(Y_i - \beta_0 - \beta_1 X_i)] = 0$ となり, 後者は X_i と誤差項に相関がないという条件になる.

まとめると, 操作変数とは, 説明変数との相関はあるが誤差項とは相関のない変数であり, そのような変数を用いることで, 内生性のあるモデルの推定が可能になる. 推定にはモーメント法を使用する. 誤差項と相関がないという外

274　**第 II 部　ミクロ編**

生性の条件が，推定に使えるモーメント条件をもたらし，説明変数と相関があるという関連性の条件によって，外生性がもたらしたモーメント条件を解くことで係数の値を定めることができることを保証するのである．

> **実証例 7.1　単回帰モデルの操作変数推定**
>
> 　本章の冒頭で説明した 19 世紀プロイセンのデータを用いて，プロテスタンティズムと識字率の関係を調べよう．プロイセンの 1871 年の国勢調査をもとにしたデータであり，観察個体は，プロイセンの 452 の郡である．以下では，プロテスタント比率を「新教徒率」と表記する．まずは，OLS 推定の結果を紹介しよう．
>
> $$\widehat{識字率}_i = \underset{(1.413)}{82.374} + \underset{(0.016)}{0.080}\,新教徒率_i \tag{7.5}$$
>
> $$\bar{R}^2 = 0.055, \quad N = 452$$
>
> 　プロテスタンティズムの識字率への影響は，正であり統計的に有意であるものの，値は小さい．一方で，ヴィッテンベルクからの距離を操作変数として使用した操作変数推定の結果は，
>
> $$\widehat{識字率}_i = 60.451 + 0.422\,新教徒率_i \tag{7.6}$$
>
> $$N = 452$$
>
> である．操作変数推定によると，新教徒率が 1% 増えると識字率が 0.422% 増えるという結果になったのでプロテスタンティズムが識字率に与える影響はかなり大きいと推定される．上の式では示していないが，統計的推測に必要な標準誤差については，次節で紹介する．また決定係数 R^2 を示していないのは，操作変数法では決定係数はあまり意味のある統計量ではないからである（本章 11 節「決定係数」の項を参照）．

SECTION 3 漸近理論

本節では，前節で紹介した操作変数推定量の統計的性質を漸近理論に基づいて紹介する。また，操作変数推定量の標準誤差の計算の方法を，簡単な例を交えて紹介する。

漸近理論のための仮定

まず，操作変数推定量の漸近的性質を議論するために使われる仮定を紹介しよう。

仮定 7.1 ［単回帰モデルの操作変数推定のための仮定］

(1) ［i.i.d.］ (Y_i, X_i, Z_i), $i = 1, \ldots, N$ は独立同一分布に従う。

(2) ［外生性］ $\mathrm{E}(Z_i u_i) = 0$ が成り立つ。

(3) ［異常値がない］ (X_i, Z_i, u_i) は 4 次までのモーメントを持つ。

(4) ［関連性］ $\mathrm{Cov}(Z_i, X_i) \neq 0$.

これらの仮定は，第 5 章で重回帰モデルの最小 2 乗法の漸近理論を述べた際に出てきた仮定（159 ページ）と対応している。最小 2 乗法の場合の条件付き期待値に関する仮定が，操作変数の外生性の仮定に置き換わり，多重共線性に関する仮定が，操作変数の関連性の仮定に代わっている。多重共線性がないという仮定が操作変数の関連性に対応することを確認するためには，OLS推定量は操作変数として説明変数の X_i それ自体を使用した操作変数推定量になっているという前節の内容を振り返ると理解しやすいであろう。もし，$Z_i = X_i$ であれば関連性の条件は $\mathrm{Cov}(X_i, X_i) = \mathrm{Var}(X_i) \neq 0$ となる。仮に分散が 0 であれば定数であるということであり，その場合は X_i と定数項は多重共線性の問題を引き起こす。つまり関連性の仮定は，$Z_i = X_i$ の場合は説明変数の分散が 0 でないことを意味し，それは多重共線性がないという仮定に対応するのである。他の 2 つの仮定は最小 2 乗法での仮定とほぼ変わりはない。

これらの仮定の意味するところを簡単に議論しよう。どの仮定もこれまでにある程度は議論しているので，ここでの議論は簡単にとどめる。仮定 7.1(1) は i.i.d. の仮定であり，無作為標本の場合は満たされる。仮定 7.1(3) は異常値

276　第 II 部　ミクロ編

がないという意味で捉えるとよい。これらの仮定は，第5章で説明した仮定と同じように解釈するとよい。仮定 7.1(2) は操作変数の外生性の仮定である。最後の仮定 7.1(4) は操作変数の関連性に関する仮定である。この2つの仮定は，Z_i が操作変数であるための条件として，前節で議論した。

操作変数推定量の漸近的性質

仮定 7.1 のもとで，操作変数推定量は一致性と漸近正規性を持つ。$\hat{\beta}_{1,IV}$ の場合のみ数式で書くと，

操作変数推定量の一致性

$$\hat{\beta}_{1,IV} \xrightarrow{p} \beta_1$$

かつ

操作変数推定量の漸近分布

$$\sqrt{N}(\hat{\beta}_{1,IV} - \beta_1) \xrightarrow{d} N\left(0, \ \frac{\mathrm{E}\left(\{[Z_i - \mathrm{E}(Z_i)]u_i\}^2\right)}{(\mathrm{E}\{[Z_i - \mathrm{E}(Z_i)][X_i - \mathrm{E}(X_i)]\})^2}\right) \quad (7.7)$$

となる。$\hat{\beta}_{0,IV}$ についても，同様の式が成り立つ（もちろん漸近分散は異なる）。

操作変数推定量の漸近的性質の数学的な導出は巻末付録 B（679ページ）を参照してもらうとして，ここでは，簡単に導出の手順を見ておくだけにする。まず，

$$
\begin{aligned}
\hat{\beta}_{1,IV} &= \frac{\sum_{i=1}^{N}(Z_i - \bar{Z})(Y_i - \bar{Y})}{\sum_{i=1}^{N}(Z_i - \bar{Z})(X_i - \bar{X})} \\
&= \beta_1 + \frac{\sum_{i=1}^{N}(Z_i - \bar{Z})u_i/N}{\sum_{i=1}^{N}(Z_i - \bar{Z})(X_i - \bar{X})/N}
\end{aligned}
\quad (7.8)
$$

と書ける。大数の法則により，

$$\frac{1}{N}\sum_{i=1}^{N}(Z_i - \bar{Z})u_i \xrightarrow{p} \mathrm{E}\{[Z_i - \mathrm{E}(Z_i)]u_i\} = 0$$

かつ

第7章 操作変数法 277

$$\frac{1}{N}\sum_{i=1}^{N}(Z_i - \bar{Z})(X_i - \bar{X}) \xrightarrow{p} \mathrm{E}\{[Z_i - \mathrm{E}(Z_i)][X_i - \mathrm{E}(X_i)]\}$$

となるので,

$$\hat{\beta}_{1,IV} \xrightarrow{p} \beta_1$$

と,一致性が示される。また,中心極限定理により,

$$\frac{1}{\sqrt{N}}\sum_{i=1}^{N}(Z_i - \bar{Z})u_i \xrightarrow{d} N\left(0, \ \mathrm{E}\left(\{[Z_i - \mathrm{E}(Z_i)]u_i\}^2\right)\right)$$

となるので,分母の確率極限と組み合わせると,(7.7) 式の漸近分布を得ることができる。

　なお本書では,操作変数推定量の統計的性質については,漸近理論に基づくものしか議論しない。たとえば,第 4 章では OLS 推定量の不偏性を証明したが,操作変数推定量の期待値の計算は非常に難しい[1]。その理由は,操作変数推定量は分母に内生変数が入っており,期待値を計算するためには,分子の u_i と分母の X_i の相関を考慮する必要があるからである。ちなみに,操作変数推定量,あるいは後ほど議論する 2 段階最小 2 乗法は,一般に不偏性を持たない。一方で,$N \rightarrow \infty$ とした漸近理論の結果は,OLS 推定量のときと同じような方法で導くことができる。したがって,本書に限らず通常の教科書では,操作変数法の議論は漸近理論の結果のみを紹介している。

操作変数推定量の標準誤差とそれに基づいた統計的推測　操作変数推定量の標準誤差は (7.7) 式の漸近分布の分散の式をもとに計算することができる。$\hat{u}_i$ を操作変数推定の残差 $\hat{u}_i = Y_i - \hat{\beta}_{0,IV} - \hat{\beta}_{1,IV}X_i$ とする。$\hat{\beta}_{1,IV}$ の標準誤差は,

---

1) 操作変数推定量の期待値の計算についてはあまりに複雑なため,厳密に議論している教科書はほとんどないと思われる。日本語の専門書では,森棟 (1985) に少し議論がある。ただし,非常に高度な理論が必要とされる。

操作変数推定量の標準誤差

$$SE(\hat{\beta}_{1,IV}) = \sqrt{\frac{1}{N}\frac{\sum_{i=1}^{N}(Z_i - \bar{Z})^2 \hat{u}_i^2/N}{[\sum_{i=1}^{N}(Z_i - \bar{Z})(X_i - \bar{X})/N]^2}} \qquad (7.9)$$

である。$SE(\hat{\beta}_{0,IV})$ も同様の手順に従い計算することができる。先に述べた仮定 7.1 のもとで，理論的正当性を示すことができる。また，これまでの章でも議論した通り，分子の N を $N-2$ に代える自由度を修正する方法もあり，本書の実証例ではこちらを用いる。

この標準誤差は，以下に述べる意味において，不均一分散に頑健な標準誤差である。操作変数推定をする場合には，不均一分散とは誤差項 u_i の操作変数 Z_i で条件付けた分散 $\mathrm{Var}(u_i \mid Z_i)$ が Z_i に依存していることを意味する。一方で，操作変数推定における均一分散とは $\mathrm{Var}(u_i \mid Z_i)$ が Z_i の値に依らず一定の値になることをいう。第 4 章と第 5 章で見た OLS 推定の場合には u_i の説明変数 X_i で条件付けた分散を議論したが，操作変数推定の場合には操作変数で条件付けた分散について考えるという点に違いがある。(7.9) 式にある標準誤差は，$\mathrm{Var}(u_i \mid Z_i)$ が一定でなくとも正当化できるという意味で，不均一分散に頑健な標準誤差である。実際，仮定 7.1 ではそのような仮定は置いていない。使用する統計解析ソフトのデフォルト・オプションによっては，この不均一分散に頑健な標準誤差を計算する際にはオプションを変更する必要があるかもしれないので，注意されたい（Stata や EViews などではそうである）。

t 検定のやり方は，OLS 推定量の場合と同じである。たとえば，$H_0 : \beta_1 = \beta_1^0$ という帰無仮説を検定するのであれば，

$$t = \frac{\hat{\beta}_{1,IV} - \beta_1^0}{SE(\hat{\beta}_{1,IV})}$$

として t 統計量を計算し，仮に有意水準が 5% であれば，$|t| > 1.96$ の場合に帰無仮説を棄却するとよい。この方法が可能なのは，操作変数推定量が漸近正規性を持つため，帰無仮説のもとでは $t \xrightarrow{d} N(0,1)$ となるからである。

第 **7** 章　操作変数法　　279

> **実証例 7.2　操作変数推定量の標準誤差**
>
> (7.6) 式の推定結果に標準誤差を加えたものを，ここで記載しよう。
>
> $$\widehat{識字率}_i = \underset{(5.102)}{60.451} + \underset{(0.071)}{0.422}\, 新教徒率_i \tag{7.10}$$
>
> $N = 452$
>
> 新教徒率の係数が 0 かどうかの t 統計値は
>
> $$\frac{0.422 - 0}{0.071} \approx 5.94$$
>
> となる。1% の有意水準であってもその場合の臨界値の 2.57 よりも大きく帰無仮説を棄却することができ，新教徒率の係数は統計的に有意である。したがって，操作変数を用いた推定によると，プロテスタンティズムが識字率に与える影響は，非常に大きく統計的にも有意であることがわかる。

2 段階最小 2 乗法

本節では，モデルに外生変数が含まれる場合や，内生変数や操作変数が複数あるモデルについて考え，その推定方法である **2 段階最小 2 乗法** (two stage least squares; **2SLS**) を紹介しよう。まず一般的な操作変数法のモデルを紹介し，そのモデルにおける操作変数の外生性と関連性について議論する。そして，説明変数は内生変数が 1 つと外生変数が 1 つあり，操作変数が 1 つあるいは 2 つあるモデルにおける 2SLS 推定量を紹介する。一般的なモデルでの 2SLS については，章末補論 B (323 ページ) を参照されたい。2SLS にはいくつかの解釈があり，それぞれの解釈を理解しておく必要がある。

一般的な操作変数法のモデル　ここでは，説明変数や操作変数が複数ある一般的な操作変数法のモデルを紹介する。とはいえ，モデルは通常の線形モデルであり，第 5

章の重回帰モデルと見かけ上は変わりはない。

はじめに，一般的な操作変数のモデルを導入する。データは $(Y_i, X_{1i}, \ldots,$ $X_{ki}, W_{1i}, \ldots, W_{pi}, Z_{1i}, \ldots, Z_{mi})$, $i = 1, \ldots, N$ である。

推定するモデルは，

一般的な操作変数のモデル

$$Y_i = \beta_0 + \beta_1 X_{1i} + \cdots + \beta_k X_{ki} + \beta_{k+1} W_{1i} + \cdots + \beta_{k+p} W_{pi} + u_i$$

$(X_{1i}, \ldots, X_{ki})$ は内生変数，$(W_{1i}, \ldots, W_{pi})$ は外生変数

である。Y_i は被説明変数であり，$(X_{1i}, \ldots, X_{ki}, W_{1i}, \ldots, W_{pi})$ が説明変数の線形モデルである。$(X_{1i}, \ldots, X_{ki})$ と $(W_{1i}, \ldots, W_{pi})$ の違いは，$(X_{1i}, \ldots, X_{ki})$ が誤差項 u_i との相関が疑われる内生変数であるのに対し，$(W_{1i}, \ldots, W_{pi})$ は u_i とは無相関な外生変数である。$(Z_{1i}, \ldots, Z_{mi})$ は u_i とは無相関な外生変数であり，操作変数となる。$(W_{1i}, \ldots, W_{pi})$ のようなモデルに入っている外生変数を，**モデルに含まれた外生変数** (included exogenous variable) と呼ぶ。一方で，操作変数 $(Z_{1i}, \ldots, Z_{mi})$ はモデルに含まれていないので，**モデルから除外された外生変数** (excluded exogenous variable) と呼ぶ。操作変数 $(Z_{1i}, \ldots, Z_{mi})$ がモデルから除外されている，つまり，それらは被説明変数に直接の影響を与えないという仮定を，**除外変数の制約** (exclusion restriction) と呼ぶ。このモデルには，k 個の内生変数と p 個の外生変数の計 $k + p$ 個の説明変数があり，m 個の操作変数が利用可能である。

一般的な操作変数法のためのモデルにおける外生性　一般的な操作変数法のためのモデルにおける操作変数の外生性の仮定は，

操作変数の外生性

$$\mathrm{E}(u_i | Z_{1i}, \ldots, Z_{mi}, W_{1i}, \ldots, W_{pi}) = 0$$

である。この仮定は外生変数 $(Z_{1i}, \ldots, Z_{mi}, W_{1i}, \ldots, W_{pi})$ が u_i との関連がな

いという，通常の意味も重要であるが，モデルの構築や操作変数の選択にも含意がある点でも重要である。操作変数の要件としては，通常は，内生変数を通してしか被説明変数に影響を与えないものという言い方がなされる。しかし，一般的なモデルでは $(W_{1i}, \ldots, W_{pi})$ をモデルに含めることにより，たとえ被説明変数に直接の影響を与える変数であっても，外生変数 $(W_{1i}, \ldots, W_{pi})$ を固定することにより被説明変数に対する直接の影響が消えるのであれば，その変数を操作変数として用いることができる，という含意がある。直観的にいえば，$(W_{1i}, \ldots, W_{pi})$ がモデルに入るために，誤差項 u_i に含まれる要素が少なくなり，操作変数の外生性が満たされやすくなるということである。実際の実証分析でも，他の外生変数をモデルに含めないと外生性の仮定を満たさない操作変数が使用されていることが多い。また，この仮定には，モデルに外生変数を含める際には，その外生変数を含めることで操作変数が外生性を満たすようになるのか，という点を基準に，モデルに含める外生変数の選択を行うべきであるという含意もある。

　19世紀プロイセンのデータ分析の例で，他の外生変数を加えることの重要性を見てみよう。この例では，各地域の識字率が被説明変数，プロテスタント比率が説明変数で，ヴィッテンベルクからの距離が操作変数であった。ヴィッテンベルクからの距離が，他の説明変数なしで外生性の仮定を満たすかどうかは，よくよく考えてみると，それほど定かではない。宗教改革が，ヴィッテンベルクで起こったこと自体は，歴史の偶然であると考えることもできよう。このことが，ヴィッテンベルクからの距離を操作変数として使うことの主な理由である。それでも，ヴィッテンベルクからの距離が，プロイセンの識字率に影響を与えるような他の地域差とたまたま相関しており，それによって，ヴィッテンベルクからの距離は，外生性の仮定を満たさない可能性がある。一方で，プロイセン内の地域差を捉えた変数をモデルに含めることにより，ヴィッテンベルクからの距離が外生性の仮定を満たす可能性は高まる。こうした他の変数を含めた分析は後ほど紹介する。

例題 7.2

　Card (1995) は教育が賃金に与える効果を操作変数法を用いて分析した論文である。操作変数は，育った場所の近くに大学があったかどうかを表すダミー変数である。教育年数のみを説明変数としたモデルでは，この操作変数は外生性を満たすであろうか。地域や人種 (Card (1995) はアメリカのデータを用いた実証研究であるため，人種は重要な要素になる) のダミーを外生変数としてモデルに含めた場合，操作変数の外生性は満たされるであろうか。

(解答例)

　育った場所の近くに大学があるかどうかは，教育水準以外の経路で賃金と相関している可能性がある。たとえば，そもそも高賃金の職の多い地域では大学も多くある可能性があり，その場合には，大学が近くにある可能性も高まるであろうし，高賃金の職も得やすいであろう。また家庭環境によって子供の教育にどれほどの重点を置くかは変わるであろうし，教育に重点を置く家庭では，大学の近くに住む選択をする可能性があり，そのような家庭の子供は高賃金の職を得やすいかもしれない。一方で，地域や家庭環境（アメリカでは人種が親の年収や教育水準と相関している）を外生変数としてモデルに含めることにより，これらの問題は解消され，大学が近くにあるかどうかを表す変数の操作変数としての外生性が満たされると期待できる。♠

一般的な操作変数法のためのモデルにおける操作変数の関連性

一般的なモデルでの関連性の仮定については，もう少し準備をした後でないと完全な議論ができないので，それは後回しにすることにして，さしあたり，簡単に確かめることのできる関連性の必要条件とそれに関する用語を説明する。

　関連性の条件が成り立つためには，操作変数の数は内生変数の数と同じかそれよりも多い必要がある。これを**次数条件** (order condition) という。操作変数の数は m であり，内生変数の数は k とすると，条件は

第 **7** 章 操作変数法　283

次数条件

$$m \geq k$$

と書ける。なお，文献によっては，次数条件とはモデルに含まれる変数の数は外生変数の数と同じかそれよりも大きいこととし，$m + p \geq k + p$ という条件を述べているものもある。もちろん，すぐにわかる通り，この2つの条件は同値である。操作変数の数が少なく $m < k$ となる場合は過小識別（under-identification）あるいは識別不能（not identified）という。両者の数が同じで $m = k$ となる場合は丁度識別（just-identification），また操作変数の数のほうが多い場合は，過剰識別（over-identification）という。本章2節で扱った内容は丁度識別の例である。丁度識別と過剰識別の場合は次数条件は満たされる。

過小識別の場合には，推定量を一意に定めることができない。この問題は実は第5章で学習した多重共線性から起こる識別問題と同じ構造を持っている。この構造を見るために，単回帰モデル

$$Y_i = \beta_0 + \beta_1 X_i + u_i$$

を見てみよう。このモデルにおける多重共線性の問題は X_i が定数である場合に発生する。つまり X_i が $X_i = c$ と，常にある定数 c の値を取る場合には，

$$\sum_{i=1}^{N} (Y_i - b_0 - b_1 X_i)^2 = \sum_{i=1}^{N} (Y_i - b_0 - b_1 c)^2$$

を最小化する (b_0, b_1) の値は一意に決めることができず，OLS 推定量は一意に決まらない。これが，多重共線性によって引き起こされる識別問題である。この問題は，OLS 推定の最小化問題の1階の条件からも理解することができる。1階の条件は

$$\sum_{i=1}^{N} (Y_i - b_0 - b_1 X_i) = 0$$

$$\sum_{i=1}^{N} X_i (Y_i - b_0 - b_1 X_i) = 0$$

である。この連立方程式を解く (b_0, b_1) の値として OLS 推定量は書ける。もし，X_i が定数であれば2つの方程式は同じ式になり，未定定数の数が2つで式の数が1つの連立方程式となるので，解が一意ではなくなる。

次に，操作変数推定の場合を考えよう。単回帰モデルで過小識別になるのは，操作変数の数が0である場合である。この場合，操作変数推定のためのモーメント条件は，

$$\sum_{i=1}^{N}(Y_i - b_0 - b_1 X_i) = 0$$

であり，1つしか式がない。そのため，モーメント条件を満たす (b_0, b_1) を一意に決めることができず，推定量は一意に決まらない。OLS 推定の多重共線性における識別の議論と，操作変数推定で過小識別の場合の議論を比べると，同じ構造になっていることがわかるであろう。

丁度識別の場合の推定量

まず丁度識別の場合の推定量を紹介する。一般的な場合では数式が煩雑になるので，内生変数が1つで，外生変数が1つの場合を考える。ただし，このような簡単化をしても 2SLS の本質的な面は一般的な場合と変わりはない。この場合は，本章2節で見たモーメント法を適用することで推定ができる。

まずは，内生変数が1つで，外生変数が1つの場合のモデルを書いておこう。データは $(Y_i, X_i, W_i, Z_i),\ i = 1, \ldots, N$ である。推定するモデルは，

$$Y_i = \beta_0 + \beta_1 X_i + \beta_2 W_i + u_i$$

である。Z_i が操作変数である。外生性の仮定は，

$$\mathrm{E}(u_i) = 0, \quad \mathrm{E}(u_i Z_i) = 0, \quad \mathrm{E}(u_i W_i) = 0$$

であり，内生変数が1つで操作変数も1つあり，両者の数が等しいので丁度識別になっている。

丁度識別のモデルはモーメント法を用いて推定する。外生性の仮定から

$$\mathrm{E}(Y_i - \beta_0 - \beta_1 X_i - \beta_2 W_i) = 0$$
$$\mathrm{E}[Z_i(Y_i - \beta_0 - \beta_1 X_i - \beta_2 W_i)] = 0$$
$$\mathrm{E}[W_i(Y_i - \beta_0 - \beta_1 X_i - \beta_2 W_i)] = 0$$

第 7 章 操作変数法　285

が成り立つ。これらのモーメント条件に対応する標本平均（これをモーメント条件の**標本対応**〔sample analog〕という）が，

$$\frac{1}{N}\sum_{i=1}^{N}(Y_i - b_0 - b_1 X_i - b_2 W_i) = 0 \tag{7.11}$$

$$\frac{1}{N}\sum_{i=1}^{N}Z_i(Y_i - b_0 - b_1 X_i - b_2 W_i) = 0 \tag{7.12}$$

$$\frac{1}{N}\sum_{i=1}^{N}W_i(Y_i - b_0 - b_1 X_i - b_2 W_i) = 0 \tag{7.13}$$

を満たすように，(b_0, b_1, b_2) を計算し，それを推定量とすればよい。推定量の具体的な数式は行列を使用しないと煩雑になるので，巻末付録 B（685 ページ）を参照されたい。

過剰識別の場合の推定法：2SLS 推定量

次に，過剰識別の場合での推定を紹介しよう。この場合は，2SLS 推定量によって行う。前項と同じく，数式が煩雑になるのを避けるために，内生変数が 1 つで，外生変数が 1 つの場合を考える。一方で本項では，操作変数の数は 2 つあり，過剰識別になっているとする。操作変数を Z_{1i}, Z_{2i} と書こう。この場合は，単純なモーメント法では推定ができず，2SLS 推定量を使用することになる。

過剰識別の場合に単純なモーメント法による推定ができない理由は，モーメント条件の数のほうが係数の数よりも大きいので，モーメント法の推定で解く方程式の解が一般には存在しないからである。ここで考えている簡単なモデルの場合，係数は b_0, b_1, b_2 の 3 つある。一方で，モーメント条件は，

$$E(Y_i - \beta_0 - \beta_1 X_i - \beta_2 W_i) = 0$$

$$E[Z_{1i}(Y_i - \beta_0 - \beta_1 X_i - \beta_2 W_i)] = 0$$

$$E[Z_{2i}(Y_i - \beta_0 - \beta_1 X_i - \beta_2 W_i)] = 0$$

$$E[W_i(Y_i - \beta_0 - \beta_1 X_i - \beta_2 W_i)] = 0$$

と 4 つある。これらのモーメント条件に対応する標本平均を 0 と置く方程式は 4 本の式からなる連立方程式であるが，式が 4 本で未知数が 3 つの方程式は一般には解は持たない。

286　第 II 部　ミクロ編

2SLS 推定では，外生変数，つまり W_i, Z_{1i}, Z_{2i} の線形結合を取ってそれを操作変数として使用することで，式の数を 3 つに減らして解の存在を保証する。$\hat{X}_i = \pi_0 + \pi_1 Z_{1i} + \pi_2 Z_{2i} + \pi_3 W_i$ として，外生変数の線形結合をつくる。そして，

$$\frac{1}{N} \sum_{i=1}^{N} (Y_i - b_0 - b_1 X_i - b_2 W_i) = 0 \tag{7.14}$$

$$\frac{1}{N} \sum_{i=1}^{N} \hat{X}_i (Y_i - b_0 - b_1 X_i - b_2 W_i) = 0 \tag{7.15}$$

$$\frac{1}{N} \sum_{i=1}^{N} W_i (Y_i - b_0 - b_1 X_i - b_2 W_i) = 0 \tag{7.16}$$

を満たすように，b_0, b_1, b_2 を計算し，それを推定量とすればよい。

2SLS 推定で外生変数の線形結合をつくる際には，内生変数を外生変数に回帰し，その予測値を使用する。すなわち，

1 段階目の回帰式

$$X_i = \pi_0 + \pi_1 Z_{1i} + \pi_2 Z_{2i} + \pi_3 W_i + v_i$$

という回帰式をつくり，OLS 推定を行う。v_i は誤差項である。内生変数を外生変数に回帰することを **1 段階目の回帰** (first stage regression) と呼ぶ。この回帰式にはとくに経済学的な意味はなく，またこの回帰式について経済学的に解釈することもできない。そのため，1 段階目の回帰式は **誘導形** (reduced form) であると呼ばれる。OLS 推定からの X_i の予測値は

$$\hat{X}_i = \hat{\pi}_0 + \hat{\pi}_1 Z_{1i} + \hat{\pi}_2 Z_{2i} + \hat{\pi}_3 W_i \tag{7.17}$$

である。なお，$\hat{\pi}_0, \hat{\pi}_1, \hat{\pi}_2, \hat{\pi}_3$ は，OLS 推定量である。そして，$\hat{X}_i$ を操作変数としてモーメント法の方程式を解けばよい。つまり，

第 7 章 操作変数法　287

2SLS 推定

$$\frac{1}{N}\sum_{i=1}^{N}(Y_i - b_0 - b_1 X_i - b_2 W_i) = 0$$

$$\frac{1}{N}\sum_{i=1}^{N}\hat{X}_i(Y_i - b_0 - b_1 X_i - b_2 W_i) = 0$$

$$\frac{1}{N}\sum_{i=1}^{N}W_i(Y_i - b_0 - b_1 X_i - b_2 W_i) = 0$$

を満たすように，b_0, b_1, b_2 を計算する．

これが，2SLS 推定量である．丁度識別の場合と同様，具体的な式は行列を使用しないと煩雑になるので，巻末付録 B (685 ページ) を参照されたい．なお，次の例題 7.3 で示すとおり，丁度識別の場合は 2SLS 推定とモーメント法による推定は同じであるため，モーメント法による操作変数推定も 2SLS 推定と呼ばれる．

例題 7.3

$Y_i = \beta_0 + \beta_1 X_i + \beta_2 W_i + u_i$ というモデルを，X_i を内生変数，Z_i を操作変数，W_i を外生変数として，2SLS 推定を行うとしよう．なお，操作変数として用いるモデルに含まれない外生変数と内生変数が同数あるので丁度識別である．2SLS 推定は，モーメント法による操作変数推定と同じになることを証明せよ．

(解答例)

まず 1 段階目の OLS 推定から計算した $\hat{X}_i$ は

$$\hat{X}_i = \hat{\pi}_0 + \hat{\pi}_1 Z_i + \hat{\pi}_2 W_i$$

と書ける．すると，2SLS 推定のために解く連立方程式は，

$$\frac{1}{N}\sum_{i=1}^{N}(Y_i - b_0 - b_1 X_i - b_2 W_i) = 0 \tag{7.18}$$

$$\frac{1}{N}\sum_{i=1}^{N}(\hat{\pi}_0 + \hat{\pi}_1 Z_i + \hat{\pi}_2 W_i)(Y_i - b_0 - b_1 X_i - b_2 W_i) = 0 \tag{7.19}$$

$$\frac{1}{N}\sum_{i=1}^{N} W_i(Y_i - b_0 - b_1 X_i - b_2 W_i) = 0 \tag{7.20}$$

である．(7.19) 式から，(7.18) 式を $\hat{\pi}_0$ 倍したものと，(7.20) 式を $\hat{\pi}_2$ 倍したものを引くと，

$$\frac{1}{N}\sum_{i=1}^{N} Z_i(Y_i - b_0 - b_1 X_i - b_2 W_i) = 0 \tag{7.21}$$

となる．このような式の変換をしても，連立方程式の解は変わらない．さらに，(7.18)，(7.20)，(7.21) 式からなる連立方程式は，モーメント法による操作変数推定のために解く連立方程式と同じである．したがって，丁度識別の場合の 2SLS 推定は，モーメント法による操作変数推定と同じである．♠

2SLS 推定量の他の解釈　2SLS 推定量には上で述べた以外にもいくつかの解釈がある．上で述べたものは，一般化推定方程式 (generalized estimating equation) と呼ばれる統計学の考え方に基づく解釈である．他にも，重要なものとしては，名称の由来となっている OLS 推定を 2 回行うという考え方，一般化モーメント法 (generalized method of moments; GMM, Hansen, 1982) に基づく考え方，またコントロール関数 (control function) に基づく考え方がある．ここでは先ほどと同じく，内生変数が 1 つ $(k = 1)$ で，モデルに含まれる外生変数が 1 つ $(p = 1)$，操作変数が 2 つ $(m = 2)$ の場合に沿って，これらの考え方を紹介しよう．

2SLS 推定量は次のように OLS 推定を 2 段階にわたって組み合わせることで得ることができる．$\hat{X}_i$ を (7.17) 式で示した，内生変数を外生変数に回帰する 1 段階目の OLS 推定によって得られた内生変数の予測値とする．そして，$\hat{X}_i$ を説明変数として含む 2 段階目の OLS 推定を行う．つまり，

第 **7** 章　操作変数法　　**289**

> **COLUMN** *7-1* 構造形と誘導形

　なぜ，2SLS 推定における 1 段階目の回帰式を「誘導形」の式と呼ぶのであろうか。この用語は，第 5 章の Column 5-1 でも解説した同時方程式体系の研究に由来するのものである。

　同時方程式体系のモデルは，経済変数の関係を経済モデルに基づいて数式化した「構造形」の式からなっている。しかし，構造形の回帰式は内生変数と外生変数を含むため，そのままでは OLS によって推定することはできない。そこで，構造形の式からなる連立方程式を変形し，被説明変数が内生変数で，説明変数が外生変数の連立方程式を導出する。こうして得られた式を「誘導形」の式と呼ぶ。誘導形の回帰式は OLS によって推定することが可能である。ただし，誘導形の式が経済変数の関係について意味するところは明確ではない。

　2SLS 推定も同時方程式の研究の中で発展してきた統計手法である。2SLS 推定を行う対象のパラメータを含む式が構造形の式である。同時方程式体系の推定では，体系に含まれる他の式も考慮したうえで構造形の式の内生的な説明変数を被説明変数とした式を求めることにより，1 段階目の回帰式を得る。一方，現代の 2SLS 推定では，1 段階目の回帰式がどこからくるのかは明確に指定することはまれであり，単に推定のための便宜的な式と考えられているが，こうした歴史的な経緯から「誘導形」と呼ばれるのである。

　現代においても，「構造形」の式と「誘導形」の式の区別は重要である。現代では，同時方程式体系でなくとも，「構造形」は経済変数の関係を経済モデルに基づいて数式化したものという解釈でよいであろう。一方で，「誘導形」という用語は現代でも頻繁に使用されるものの，筆者の見るところ，その用語の意味するところが明確に定義されているわけではないようである。現代の「誘導形」の使われ方についての筆者の解釈は，「統計的な関係は成り立つものの，その経済理論上の意味が明確ではない式」といったところであろうか。なお，この解釈に従うと，2SLS 推定において推定したパラメータを含む式も，経済モデルに基づかない場合は「誘導形」となる場合がある。ちなみに「構造形」を推定するのか，「誘導形」を推定するのかは，現代の実証分析における最も重要な論争といってもよい。この論争については，中嶋 (2016) にまとめられている。

2 段階目の回帰式

$$Y_i = \beta_0 + \beta_1 \hat{X}_i + \beta_2 W_i + \eta_i \tag{7.22}$$

という式を OLS 推定するのである。もとのモデルとの違いは，X_i ではなく $\hat{X}_i$ を使用していることである。また，誤差項も u_i から η_i（「イータ」と読む）に表記を変えている（ちなみに $\eta_i = u_i + \beta_1(X_i - \hat{X}_i)$ と定義される）。このように OLS 推定を繰り返し行うことで，2SLS 推定量を得ることができる。この方法で得られた推定値が 2SLS 推定量と一致することは，巻末付録 B の B.3.3 を参照されたい。そもそも 2SLS 推定量の名称の由来は，2 段階の OLS 推定をすることで推定値が得られることに由来しており，先に述べた 2SLS 推定のモーメント法による考え方は，新しいものである。

2SLS を，2 段階の OLS 推定として解釈することは，次のようなモデルを考えることで理解できる。被説明変数を外生変数で条件付けた期待値を取ると，

$$\mathrm{E}(Y_i|Z_{1i}, Z_{2i}, W_i) = \beta_0 + \beta_1 \mathrm{E}(X_i \mid Z_{1i}, Z_{2i}, W_i) + \beta_2 W_i$$

となる。$\tilde{u}_i = Y_i - [\beta_0 + \beta_1 \mathrm{E}(X_i|Z_{1i}, Z_{2i}, W_i) + \beta_2 W_i]$ と定義する。定義により，$\mathrm{E}(\tilde{u}_i \mid Z_{1i}, Z_{2i}, W_i) = 0$ である。この $\tilde{u}_i$ は，回帰式

$$Y_i = \beta_0 + \beta_1 \mathrm{E}(X_i \mid Z_{1i}, Z_{2i}, W_i) + \beta_2 W_i + \tilde{u}_i \tag{7.23}$$

の誤差項となり，$\mathrm{E}(\tilde{u}_i \mid Z_{1i}, Z_{2i}, W_i) = 0$ であるので，この回帰式は通常の OLS 推定の仮定を満たす。そこで，$\mathrm{E}(X_i|Z_{1i}, Z_{2i}, W_i)$ を

$$\mathrm{E}(X_i|Z_{1i}, Z_{2i}, W_i) = \pi_0 + \pi_1 Z_{1i} + \pi_2 Z_{2i} + \pi_3 W_i$$

と仮定する。そして，OLS で $\mathrm{E}(X_i|Z_{1i}, Z_{2i}, W_i)$ を推定し，それを (7.23) 式に代入した式を OLS で推定することで得られた推定量が 2SLS 推定量と解釈するのである。この解釈はわかりやすいかもしれないが，限定的な説明でもある。たとえば，この解釈では $\mathrm{E}[X_i|Z_{1i}, Z_{2i}, W_i]$ は線形であると仮定してはいるが，この条件付き期待値が線形ではなくとも，本章 5 節で見るように外生性の条件が成り立てば，2SLS 推定量は一致性を持つ。つまり，この解釈が成り立たない場合でも 2SLS 推定量が一致性を持つ場合があるので，この点は注意してほしい。

また，この解釈に基づいて 2SLS 推定量を理解する場合には標準誤差の計算にも注意が必要である。(7.22) 式の回帰残差を使用すると，適切な 2SLS 推定量の標準誤差を得ることができない。あくまでも，もとのモデルの説明変数の

組合せを用い，2SLS で係数を置き換えて残差を計算する必要がある。

　次に，2SLS を GMM の一種として定義できることについて紹介しよう。GMM は適用範囲も広く，計量経済学において重要な方法であるが，行列を使用しないと定義することが非常に難しいため，ここでは考え方の概略を述べるにとどめる。$\hat{g}_l(b_0, b_1, b_2)$, $l = 0, 1, 2, 3$ を

$$\hat{g}_0(b_0, b_1, b_2) = \frac{1}{N} \sum_{i=1}^{N} (Y_i - b_0 - b_1 X_i - b_2 W_i)$$

$$\hat{g}_1(b_0, b_1, b_2) = \frac{1}{N} \sum_{i=1}^{N} Z_{1i}(Y_i - b_0 - b_1 X_i - b_2 W_i)$$

$$\hat{g}_2(b_0, b_1, b_2) = \frac{1}{N} \sum_{i=1}^{N} Z_{2i}(Y_i - b_0 - b_1 X_i - b_2 W_i)$$

$$\hat{g}_3(b_0, b_1, b_2) = \frac{1}{N} \sum_{i=1}^{N} W_i(Y_i - b_0 - b_1 X_i - b_2 W_i)$$

と定義する。いまの例では，過剰識別（$1 = k < m = 2$）であるので，すべての $\hat{g}_l(b_0, b_1, b_2)$, $l = 0, 1, 2, 3$ を 0 とすることができない。代わりに，$\hat{g}_l(b_0, b_1, b_2)$, $l = 0, 1, 2, 3$ の 2 次形式をつくり，それを最小化するのである。すなわち，

$$\sum_{i=0}^{3} \sum_{j=0}^{3} \hat{g}_i(b_0, b_1, b_2) \hat{g}_j(b_0, b_1, b_2) a_{ij}$$

のように，ある a_{ij}, $i = 0, \ldots, 3$, $j = 0, \ldots, 3$ を用いて $\hat{g}_0$, $\hat{g}_1$, $\hat{g}_2$, $\hat{g}_3$ の 2 乗のようなものをつくり，それを最小化するように b_0, b_1, b_2 を取り，それを推定量とするのである。ある種の a_{ij} を使用することで，2SLS 推定量と同じ値の推定値を得ることができる。詳しい議論は，巻末付録 B の B.3.3 を参照されたい。

　最後に，コントロール関数法としての 2SLS 推定量の解釈を紹介する。まず，これまでと同じように内生変数を外生変数に回帰する。つまり，

$$X_i = \pi_0 + \pi_1 Z_{1i} + \pi_2 Z_{2i} + \pi_3 W_i + v_i$$

という回帰式を OLS で推定する。ここからが異なる手順になる。1 段階目の回帰の残差 $\hat{v}_i$ を計算する。そして，この 1 段階目の回帰残差を，もとの式の

292　　第 II 部　ミクロ編

説明変数に追加してOLS推定を行うのである。回帰式は,

> **コントロール関数法の回帰式**
>
> $$Y_i = \beta_0 + \beta_1 X_i + \beta_2 W_i + \gamma_1 \hat{v}_i + \xi_i$$

である。ξ_i（「クシー」と読む）は誤差項である。この回帰式のOLS推定量のβ_0, β_1, β_2の部分は，2SLS推定による推定値と同じになる（なお標準誤差についてはこのOLS推定量のものをそのまま使用することはできない。OLS推定量の標準誤差はそのままでは$\hat{v}_i$に含まれている推定誤差を考慮していないためである。$\hat{v}_i$のように，別のモデルの推定量を用いて計算された説明変数を**生成された説明変数**〔generated regressor〕と呼ぶ。適切な標準誤差にはもとのモデルの説明変数の組合せを用いて計算した残差を使う必要がある。）。追加した部分の$\gamma_1 \hat{v}_i$はコントロール関数と呼ばれる。この方法の発想は，重回帰の場合と同じように，欠落変数をもたらす変数をモデルに含めることで欠落変数バイアスを回避するというものである。操作変数法のモデルの場合は，そのような欠落変数をもたらす要素を1段階目の回帰式の誤差項のv_iで表すことができ，しかもそれは1段階目の回帰残差$\hat{v}_i$によって推定できるという点が，おもしろいところである。なお，コントロール関数を用いた解釈は第8章で扱う非線形モデルにおいて内生変数を取り扱う際に，とくに有用である。

2SLS推定量の漸近理論

本節では，一般的な場合の2SLS推定量の漸近理論を紹介する。まず，漸近理論に必要な仮定を述べる。なお，漸近的性質の理論的導出については，巻末付録Bで，より一般的な枠組みのもとで説明する。その後，標準誤差に関する注意事項を述べ，最後に実証例を紹介する。

2SLS推定量のための仮定 2SLS推定量の一致性と漸近正規性を示すのに使われる仮定を紹介しよう。仮定は以下の通りである。

仮定 7.2 ［2SLS 推定のための仮定］

(1) ［i.i.d.］ $(Y_i, X_{1i}, \ldots, X_{ki}, W_{1i}, \ldots, W_{pi}, Z_{1i}, \ldots, Z_{mi})$, $i = 1, \ldots,$ N は独立同一分布に従う。

(2) ［外生性］ $\mathrm{E}(u_i) = 0$, $\mathrm{E}(W_{1i}u_i) = 0, \ldots,$ $\mathrm{E}(W_{pi}u_i) = 0$, $\mathrm{E}(Z_{1i}u_i)$ $= 0, \ldots,$ $\mathrm{E}(Z_{mi}u_i) = 0$ が成り立つ。

(3) ［異常値がない］ $(X_{1i}, \ldots, X_{ki}, W_{1i}, \ldots, W_{pi}, Z_{1i}, \ldots, Z_{mi}, u_i)$ は 4 次までのモーメントを持つ。

(4) ［関連性］ $\hat{X}_{1i}, \ldots, \hat{X}_{ki}, W_{1i}, \ldots, W_{pi}$ の間には多重共線性はない。 すなわち，任意の $\sum_{j=0}^{k+p} a_j^2 = 1$ となる $a_0, \ldots, a_{k+p}$ について，ある $\varepsilon > 0$ があって，$\mathrm{E}[(a_0 + a_1\hat{X}_{1i} + \cdots + a_k\hat{X}_{ki} + a_{k+1}W_{1i} + \cdots + a_{k+p}W_{pi})^2] > \varepsilon$ が成り立つ。

　仮定 7.2(1) と仮定 7.2(3) については，本章 3 節で示した仮定 7.1 と基本的に同じである。仮定 7.2(1) は無作為標本であれば成り立ち，仮定 7.2(3) は異常値がないという条件と解釈できる。仮定 7.2(2) は外生性の仮定であり，本章の冒頭で議論したので，そちらを参照されたい。

　仮定 7.2(4) は操作変数の関連性の仮定である。$\hat{X}_{1i}, \ldots, \hat{X}_{ki}, W_{1i}, \ldots, W_{pi}$ が線形関係にならないことが求められている。ここでは，$\hat{X}_{1i}, \ldots, \hat{X}_{ki}$ という 1 段階目の回帰からの予測値を用いて仮定を述べた。行列を使用する教科書や論文では線形代数の用語による別の書き方が用いられる。この書き方からは明確ではないかもしれないが，この仮定は操作変数と内生変数の間に相関があることを求めている。実際，$W_{1i}, \ldots, W_{pi}$ がなく，また内生変数も操作変数も 1 つの場合には，この仮定は本章 3 節の仮定 7.1(4) と同じように解釈できる（練習問題 7-11 を参照）。

標準誤差に関する補足　　漸近分散や標準誤差の式は行列を使用しないと明示的に示すことが非常に難しいため，ここでは割愛する。もっとも，ほとんどの統計解析ソフトで 2SLS を実行することができ，それらを使用することで，標準誤差も簡単に計算できる。また，これまで紹介した他の手法と同様に，不均一分散に頑健な標準誤差を使用することを推奨する。なお，Stata や EViews などの一般的な統計解析ソフトではデフォルトのオプションではないが，オプションを変更することで簡単に計算するこ

294　第 II 部　ミクロ編

とができる。なお，自分でコードを書いて標準誤差を計算する場合には，残差を計算するときに注意が必要になる場合がある。繰り返しになるが，2段階目の推定が OLS であるやり方で 2SLS 推定量を計算する際には，説明変数が 1 段階目の予測値の回帰式の残差や，コントロール関数を含めたモデルの残差を使用すると，生成された説明変数の問題が発生して，適切な標準誤差が得られないので注意が必要になる。あくまでも，もとのモデルの説明変数の組合せを用い，2SLS で係数を置き換えて残差を計算する必要がある。

実証例 7.3　19 世紀プロイセンのデータの外生変数を含めた 2SLS 推定による分析　EMPIRICAL

　プロテスタンティズムが識字率に与える影響を，外生変数を含んだモデルを用いて分析してみよう。外生変数として，人口における 10 歳未満の比率，ユダヤ人比率，女性比率，その地域で生まれた人の比率，プロイセン国籍者の比率，平均家計人数，対数人口，1867 年から 1871 年の人口成長率，視覚障害者の比率，聴覚障害者の比率，知的あるいは精神障害者の比率，識字率に関する情報の欠落した人の比率を含めよう。これらの，各郡の人口構成に関する変数をモデルに含めることにより，ヴィッテンベルクからの距離がもたらすプロテスタンティズムの外生的な変動を，より正確に捉えることができると期待できる。モデルに含まれない操作変数は，ヴィッテンベルクからの距離を取る。内生変数とモデルに含まれない操作変数の数が同じであり，丁度識別になっている。推定結果は，

$$\widehat{識字率}_i = \underset{(0.026)}{0.189}\ 新教徒率_i + コントロール変数$$

$$N = 452$$

である。ここでは，コントロール変数の係数には興味はないため，単にコントロール変数がモデルに含まれていることを示すだけにして，係数の値は省略している。これらの係数の値については，本章 7 節を参照されたい。新教徒率の係数は，コントロール変数を加えることにより，0.189 とかなり減少した。このことから，コントロール変数を加えないモデルでは，プロテスタンティズムの影響はかなり過大に推定されてい

第 7 章　操作変数法　　295

た可能性があることがわかる。とはいえ、この係数推定値は新教徒率が1%増えると識字率が0.189%増えることを意味するので、十分に大きく、また統計的にも有意である。したがって、プロテスタンティズムが識字率に与えた影響はかなり大きいと考えることができる。

次に、操作変数としてヴィッテンベルクからの距離と人口に関する2つの変数（対数人口と人口成長率）の交差項をそれぞれ追加した分析を示そう。モデルに含まれない操作変数が3つあるので、過剰識別になる。推定結果は、

$$\widehat{識字率}_i = \underset{(0.025)}{0.185}\ 新教徒率_i + コントロール変数$$

$$N = 452$$

である。操作変数を追加しても、プロテスタント比率の係数は、それほど変化しない。また、先のモデルと同じく統計的にも有意である。

操作変数が適切かどうかの判定

本節では、操作変数が適切なものであるかを判別する方法を紹介する。操作変数の条件としては、関連性と外生性の2つであった。まず、関連性の条件が満たされているかどうかを判断する方法として、**スタイガー゠ストックのF検定**の方法を紹介する。次に、外生性の条件の判定に使われる**J検定**を紹介する。

弱い操作変数の問題

操作変数が弱い場合の問題と、その検証法を紹介しよう。操作変数の条件の1つは関連性であり、それは操作変数と説明変数には相関があるということである。しかし、本章2節でも見たように、近年の研究によると、関連性があるだけでは不十分で、相関の度合いが十分に強い（つまり相関係数が十分に0から離れている）ことが必要である。つまり、操作変数が「弱い」場合には、たとえ相関係数（あるいは共分散）が0でない場合でも、推定や検定に問題を起こすのである。

操作変数が弱い場合にどのような問題が起こるかを，説明変数が内生の場合の単回帰モデルで操作変数が1つの場合で考えてみよう。操作変数推定量は，(7.3) 式で見た通り，

$$\hat{\beta}_{1,IV} = \frac{\sum_{i=1}^{N}(Z_i - \bar{Z})(Y_i - \bar{Y})}{\sum_{i=1}^{N}(Z_i - \bar{Z})(X_i - \bar{X})} = \beta_1 + \frac{\sum_{i=1}^{N}(Z_i - \bar{Z})u_i/N}{\sum_{i=1}^{N}(Z_i - \bar{Z})(X_i - \bar{X})/N}$$

である。分母は X_i と Z_i の標本共分散である。もし，操作変数が弱く X_i と Z_i の共分散が0ではないものの，0に近い場合には，標本共分散も小さくなり，0に近い値を正の確率で取ってしまう（ちなみに，OLS 推定の場合は分母が2乗和であったので，説明変数 X_i がすべての観測個体で同じでない限りは0にならず，X_i の値に充分なばらつきがあれば，0に近い値を取る確率も無視できる）。そのため，たとえ相関があっても操作変数が弱い場合には，推定量は良い性質をもたなくなるのである。関連性の仮定自体は標本共分散が0かどうかの検定をすれば，データから検証することが可能である。しかし，通常の仮説検定では0かどうかの検定をしているので，0に近いときに0と同じように扱いたい場合には，同様の検定をするにしても臨界値を大きめに取る必要がある。これが，次に述べるスタイガー゠ストック（Staiger and Stock, 1997）の F 検定の基本的なアイデアである。

それでは，操作変数が弱いかどうかを検定するスタイガー゠ストックの F 検定を紹介しよう。これは内生変数が1つの場合に使用可能な方法である。内生変数は1つなので X_i と表記する。スタイガー゠ストックの F 検定では，以下の通り，いわゆる1段階目の回帰式を用いる。

$$X_i = \pi_0 + \pi_1 Z_{1i} + \cdots + \pi_m Z_{mi} + \pi_{m+1} W_{1i} + \cdots + \pi_{m+p} W_{pi} + v_i$$

スタイガー゠ストックの F 検定は，$H_0 : \pi_1 = \cdots = \pi_m = 0$ という帰無仮説の F 統計量を使用する。しかし，通常の F 検定の臨界値ではなく，F 検定統計量が10を超えれば操作変数は弱くなく，関連性は満たされているとするのである。注意する点は，操作変数の係数がすべて0であるという F 検定統計量を計算するのであり，すべての係数が0という仮説の検定ではないことである。この点は間違えやすいので注意したほうがよい。

操作変数の強さを判定するために使用される臨界値の10は，あくまでも目安ではあるが広く使用されている。操作変数推定量のバイアスと分散を OLS

推定量のそれらと比較することで得られた，より精緻な臨界値は Stock and Yogo (2005) によって求められており，Stata などの統計解析ソフトでは利用可能である．いずれの臨界値を使用するにしても，重要な点は，通常の F 検定の臨界値と比べて大きい値を使用する必要があることである．通常の F 検定の場合，制約の数が 1 であれば，5% の信頼水準の臨界値は 3.84 であり，制約の数が 2 の場合はさらに小さく 3 である．このことから，10 という臨界値を使用することは，通常の F 分布を使用する F 検定の場合よりもかなり厳しい条件を課していることがわかる．

なお，スタイガー゠ストックの臨界値の 10 という数字は均一分散を仮定した F 統計量に対して求められた数字であるので，不均一分散の場合には別の臨界値を使用したほうがよいかもしれない．たとえば，Montiel Olea and Pflueger (2013) は不均一分散の場合には，10 ではなく，23 を使用することを推奨している．とはいえ，現状では，不均一分散に頑健な F 検定統計量を使用する場合でも 10 を使うというのが通例であると思われる．

内生変数が複数ある場合には，ここで紹介したスタイガー゠ストックの F 検定による方法では，操作変数の関連性を検定できない．この場合には，**クラッグ゠ドナルドの検定法**（Cragg and Donald, 1993）や**クレイベルヘン゠パープの検定法**（Kleibergen and Paap, 2006）が提案されており，実証分析でも使用されることがある．しかし，これらの検定法については，本書のレベルを超えるので割愛する．

実証例 7.4　操作変数の強さの判定

プロテスタンティズムが識字率に与える影響の分析例における，ヴィッテンベルクからの距離の操作変数としての強さを判定しよう．ここでは，モデルに他の外生変数を含む場合を考える．1 段階目の推定結果は，

$$\widehat{新教徒率}_i = \underset{(0.011)}{-0.095}\,距離_i + コントロール変数$$

$$\bar{R}^2 = 0.402, \quad N = 452$$

である．ヴィッテンベルクからの距離は，「距離」と記載した．距離の係数の t 値は，おおよそ $-0.095/0.011 \approx -8.64$ であり，係数は統計的に

有意である。しかし，これだけでは，操作変数の強さの判定にはなっていない。

1つの係数に関する F 統計量は t 統計量の2乗であるので，おおよそ 74.58 である。F 統計量の値は 10 より大幅に大きく，操作変数は十分に強いといえよう。次に，ヴィッテンベルクからの距離と人口に関する変数の交差項も操作変数として使用した場合に，操作変数が十分に強いかどうかを調べよう。この場合の1段階目の推定結果は，

$$\widehat{\text{新教徒率}}_i = \underset{(0.300)}{-0.581}\ \text{距離}_i + \underset{(0.0278)}{0.0458}\ \text{距離}_i \times \text{対数人口}$$

$$- \underset{(0.0021)}{0.0077}\ \text{距離}_i \times \text{人口成長率}_i + \text{コントロール変数}$$

$$\bar{R}^2 = 0.411, \quad N = 452$$

である。操作変数の係数に関する F 統計量の値は 29.79 であり，やはりこの場合も十分に操作変数は強いといえる。

最後に，仮に操作変数が弱いことが判明した場合の対処法を議論しよう。操作変数が弱い場合には，2SLS 推定量以外の推定量を用いたとしても信頼の置ける結果を得ることは難しい。たとえば，**制限情報最尤推定量**（limited information maximum likelihood estimator; **LIML estimator**）と呼ばれる手法は，操作変数の弱さに対して比較的頑健であるが，操作変数があまりに弱いとやはり機能するわけではない。一方で，操作変数が弱くとも，正しい有意水準のもとで検定を行うことができ，正しい信頼度を持つ信頼区間を構築することができる。そのためには，**アンダーソン = ルービンの検定法**（Anderson and Rubin, 1949）や，**クレイベルヘンの検定法**（Kleibergen, 2002）などといった方法を使用する必要がある。しかし，これらの手法については，本書のレベルを超えるため，割愛する。

過剰識別検定　次に，操作変数の外生性を検定する方法を紹介する。操作変数の外生性とは，操作変数と誤差項に相関がないことであるので，その相関を調べることで，検定を行う。誤差項は観測できないため，代わりに残差を使う。しかし，残差を計算するためには操作変数の外生性を仮定した推定を行う必要がある。そのため，過剰識別

> **COLUMN 7-2 生まれた四半期を用いた研究**
>
> Angrist and Krueger (1991) は，どの四半期（1 年を 4 つに分けた 3 カ月間のこと）に生まれたかを操作変数として用いて，教育が賃金に与える影響を調べた研究である。アメリカのデータを使用した研究であり，アメリカでは義務教育が教育年数ではなく，ある年齢に達する誕生日までは教育を受ける義務がある，という形で制度化されている。そのため，どの四半期に生まれたかによって，入学できる時期はほぼ決まっていることから義務教育の期間が異なっている。どの四半期に生まれるかは外生的に決まると考えられるので，Angrist and Krueger (1991) は，生まれた四半期を教育期間の操作変数として，教育が賃金に与える影響を分析した。この研究は，操作変数の外生性に説得力があり，また国勢調査のデータを用いたため非常にサンプルサイズが大きいことから，発表された時点では教育が賃金に与える影響の分析の決定版としてみなされた。
>
> しかし，Bound, Jaeger and Baker (1995) は，生まれた四半期は操作変数として弱いのではないのか，という批判を加えた。この批判により，弱い操作変数という問題に注目が集まり，膨大な計量経済学研究が行われることとなった（なお，Bound, Jaeger and Baker (1995) の分析を詳細に見てみると，生まれた四半期は弱い操作変数とはいえず，どちらかというと，操作変数として生まれた四半期と地域ダミーなどの交差項を使用したために，操作変数が多すぎる問題が，実際には起こっているようである。操作変数が多すぎる問題は後ほど，本章 11 節で議論する）。実証研究が計量経済学の理論に影響を与えた代表的な例といえよう。

の場合にしか検定はできない。このことから，外生性の検定は，**過剰識別検定**（over-identifying restrictions test）と呼ばれる。なお，どの操作変数が外生性を満たしていないのかは判定できない。

以下では，均一分散の場合に利用可能な操作変数の外生性の検定を紹介する（不均一分散の場合の操作変数の外生性の検定は，効率的な一般化モーメント法のもとで定義されており，本書のレベルを超えるのでここでは省略する。とはいえ，基本的な考え方は，均一分散の場合も不均一分散の場合も同じである）。まず，2SLS 推定によって，残差 $\hat{u}_i$ を計算する。そして，

$$\hat{u}_i = \gamma_0 + \gamma_1 Z_{1i} + \cdots + \gamma_m Z_{mi} + \gamma_{m+1} W_{1i} + \cdots + \gamma_{m+p} W_{pi} + \omega_i$$

というモデルを推定する。つまり，残差を，すべての外生変数に回帰する。次

300　第 II 部　ミクロ編

に $(\gamma_1, \ldots, \gamma_m)$ がすべて 0 かどうかのワルド検定統計量 (あるいは F 統計量の m 倍) を計算する。なお,均一分散のもとでの検定であるので,これらの検定統計量は均一分散用のものを使用する。そして,この検定統計量と自由度 $m - k$ の χ^2 分布から計算した臨界値を比較して検定を行う (自由度が,係数の数の m ではなく,$m - k$ となっていることに注意すること)。検定統計量が臨界値よりも大きければ,操作変数が外生であるという帰無仮説を棄却する。この検定は,サーガン検定 (Sargan, 1958) とも呼ばれる。

なぜ,臨界値を自由度 $m - k$ の χ^2 分布から計算するのかというと,そもそも残差を計算するために,少なくとも k 個の操作変数は外生であると見なして推定しているためである。丁度識別の場合をまず考えよう。丁度識別であれば,2SLS 推定量は,誤差項と操作変数の標本共分散が 0 であるとおいて計算しているので,$\sum_{i=1}^{N} Z_{li} \hat{u}_i / N = 0$ がすべての $l = 1, \ldots, m$ について成り立つ。したがって,外生性の検定に使用する検定統計量は,常に 0 になる。過剰識別の場合は,必ずしも,$\sum_{i=1}^{N} Z_{li} \hat{u}_i / N = 0$ とはならない。しかし,操作変数と外生変数の線形結合である $\hat{X}_{li}$,$l = 1, \ldots, k$ について $\sum_{i=1}^{N} \hat{X}_{li} \hat{u}_i / N = 0$ が成り立つ。そのため,$m - k$ 個の操作変数の組合せのみにしか,残差と相関しているかどうかを調べることはできないのである。これが,検定統計量の帰無仮説のもとでの漸近分布が自由度 $m - k$ の χ^2 分布であり,臨界値をそれに従って計算する理由である。

過剰識別検定の問題は,棄却したときにどの操作変数が外生性を満たしていないかどうかを判断できないことである。たとえば,$k = 1$ で $m = 2$ の場合を考えよう。仮に過剰識別検定を行い外生性が棄却されたとしよう。この場合,少なくとも 1 つの操作変数は外生ではないということがいえる。しかし,2 つある操作変数のどちらが外生性を満たしていないかは,検定の結果からはわからない。もちろん,片方の操作変数の外生性について強い確信があれば,もう片方が内生であるとはいえよう。しかし,そのためには片方の操作変数が外生であるという仮定が必要になる (ただし,近年では,丁度識別の場合に操作変数の外生性の検定を行う方法の研究が進んでいる。たとえば,Kitagawa (2015) などがある)。

もう 1 つの過剰識別検定の問題は,この検定で棄却する状況は,外生性を満たしていない場合だけでなく,係数が観測個体ごとに異なる場合もあることである。係数の観察個体ごとの異質性については近年研究が進んでおり,本書

第 7 章 操作変数法 301

でも第9章で詳しく議論する。Heckman, Schmierer and Urzua (2010) では，過剰識別検定を，係数が観測個体ごとに異なり，操作変数が内生変数に与える影響と内生変数が被説明変数に与える影響との相関を調べるための検定として使用することが提唱されている。

実証例 7.5　操作変数の外生性の検定

EMPIRICAL

　プロテスタンティズムが識字率に与える影響の分析を考えよう。ここでは，コントロール変数を含めた分析を考える。まず，ヴィッテンベルクからの距離のみを操作変数として使用した場合を考える。すでに見た通り，この場合は丁度識別であるので，外生性の検定はできない。試しに残差を外生変数に回帰してみると，

$$\widehat{残差}_i = \underset{(0.0027)}{-0}\ 距離_i\ +\ コントロール変数$$

$$\bar{R}^2 = 0, \quad N = 452$$

となり，係数は0である（統計解析ソフトの結果は正確には0にはならないと思われるが，非常に小さい値になり，0でないのは数値計算上の誤差である）。ここでは省略しているが，コントロール変数の係数もすべて0になる。なお，カッコ内の値は，均一分散用の標準誤差である。

　それでは，ヴィッテンベルクからの距離と2つの人口に関する変数の交差項を操作変数として使用した過剰識別の場合はどうなるであろうか。残差を回帰すると，

$$\widehat{残差}_i = \underset{(0.071)}{0.035}\ 距離_i\ -\ \underset{(0.0066)}{0.0033}\ 距離_i\ \times\ 対数人口$$

$$+\ \underset{(0.00065)}{0.00017}\ 距離_i\ \times\ 人口成長率_i\ +\ コントロール変数$$

$$\bar{R}^2 = -0.038, \quad N = 452$$

という推定結果が得られた。操作変数の係数がすべて0であるという帰無仮説のワルド検定統計量は0.27である。自由度2のχ^2分布から計算した臨界値は，10%の有意水準でも4.61であり，帰無仮説は棄却できない。したがって，操作変数の外生性に反する結果は得られなかった。

302　第Ⅱ部　ミクロ編

本節では，均一分散の場合の過剰識別検定を解説したが，統計解析ソフトを使えば不均一分散の場合の検定も簡単にできるので，その結果も掲載しておく。その場合は，**ハンセンの J 検定**（Hansen, 1982）と呼ばれる検定を用いる。臨界値はやはり自由度 $m-k$ の χ^2 分布から取る。検定統計量の値は 0.382 であり，帰無仮説は棄却されない。

SECTION 7　19 世紀プロイセンのデータを用いた実証例のまとめ

本節では，プロテスタンティズムが識字率に与える影響の操作変数法による分析の結果をまとめて議論しよう。操作変数はヴィッテンベルクからの距離である。まず，使用するデータについての詳しい解説をする。そして，操作変数推定の結果を表を使って提示する方法を述べる。最後に実証分析の結果を改めて解説する。ただし，ここで紹介する結果は，これまでの議論をまとめた内容である。

データ

データは，ドイツの CESifo Group によって収集された iPEHD というデータベース（Becker, Cinnirella, Hornung and Woessmann, 2014）から取られたものである。ほとんどの変数は，プロイセンの 1871 年の国勢調査をもとにしている。観測単位は，プロイセンの行政単位である郡（Kreis）であり，サンプルサイズは 452 である。変数の定義は表 7-1 にある。データの出所や変数の定義のより詳しい議論は，章末補論 A（322 ページ）を参照のこと。

記述統計量は表 7-2 に記載している。記述統計量を見ると，1871 年の段階では，プロイセンの各地域の識字率の平均は 87.5％ と，当時としてはかなり高いことがわかる。その一方で，識字率にはかなりの地域差が認められる。どの郡でも識字の情報が得られない人の人口に対する割合は，非常に低く，数％ 程度である。そのため，識字率はかなり精度の高い変数であると考えられる。興味のある説明変数は，プロテスタントの比率であるが，これもかなりの地域差が認められる。ほぼプロテスタントで占められている地域もあれば，ほとんどプロテスタントのいない地域（ちなみにその場合は，ほぼカトリックの地域

TABLE 表 7-1 ● 変数の定義

変数名	定義
識字率	10 歳以上の識字者の割合（%）
新教徒率	人口におけるプロテスタント教徒の割合（%）
距離	ヴィッテンベルクからの距離（km）
子供率	人口における 10 歳未満の者の割合（%）
ユダヤ率	人口におけるユダヤ人の割合（%）
女性率	人口における女性の割合（%）
出身者率	人口における，その地域で生まれた者の割合（%）
普人率	人口におけるプロイセン国籍者の割合（%）
平均家計人数	家計人数の平均
対数人口	対数人口
人口成長率	1867 年から 1871 年の人口成長率（%）
視覚障害率	人口における視覚障害者の割合（%）
聴覚障害率	人口における聴覚障害者の割合（%）
知的・精神障害率	人口における知的あるいは精神障害者の割合（%）
欠落率	10 歳以上の識字の程度が不明な者の割合（%）

TABLE 表 7-2 ● 記述統計量

変数名	サンプルサイズ	平均	標準偏差	最小値	最大値
識字率	452	87.507	12.673	37.397	99.332
新教徒率	452	64.181	37.831	0.258	99.889
距離	452	326.185	148.769	0	731.460
子供率	452	24.707	2.478	15.334	29.868
ユダヤ率	452	1.139	1.327	0	12.869
女性率	452	51.003	1.507	43.969	54.627
出身者率	452	58.970	12.386	32.009	87.230
普人率	452	99.072	1.966	74.215	99.995
平均家計人数	452	4.791	0.344	3.826	5.861
対数人口	452	10.804	0.415	9.360	13.625
人口成長率	452	1.595	4.932	−7.762	33.833
視覚障害率	452	0.095	0.031	0.034	0.238
聴覚障害率	452	0.101	0.054	0.022	0.421
知的・精神障害率	452	0.229	0.174	0.022	1.558
欠落率	452	1.689	1.105	0	6.720

（注） 変数の定義は表 7-1 を参照。

である）まで，地域間の違いがある。他の変数については，ここでは議論しないが，自然な範囲に入っていることがわかるであろう。

分析結果　推定結果は，表 7-3 にまとめてある。この表では，1 段階目の推定結果も含めているため，被

304　第Ⅱ部　ミクロ編

説明変数を記載した行を加えている。また，列ごとに推定法が異なるため，どの推定法を使用したかを記載する行も含めてある。2SLS 推定を行う場合には，使用した操作変数を特定化する必要がある。ここでは，表の下の注記で使用した操作変数を記載している。2SLS 推定などの操作変数推定を行う場合には，操作変数の強さを表す指標と，過剰識別の場合は過剰識別検定統計量も掲載するべきである。ここでは，スタイガー＝ストックの検定統計量と，ハンセンの J 検定統計量を記載している。なお，スタイガー＝ストックの検定統計量は，2SLS 推定の結果の列に記載しているが，1 段階目の推定結果を掲載し，その列に記入することもある。操作変数推定の結果の列には決定係数の値は掲載していない。後ほど本章 11 節の「決定係数」の項（317 ページ）で解説するが，操作変数法では決定係数の値に意味がないからである。

　推定結果については，これまで議論したものばかりであるので，ここでは簡単にまとめるのみとする。列 (1) には，識字率をプロテスタント比率に単回帰した結果が掲載されている。この結果からは，プロテスタント比率が 1% 上がれば，識字率は 0.08% 上がるという結果になっている。これは，経済学的にも大きな値で統計的にも有意である。一方で，プロテスタント比率が外生変数であるという仮定は疑わしい。そこで，ヴィッテンベルクからの距離を操作変数として用いて推定した結果が列 (2) にある。係数推定値は非常に大きく，また統計的に有意である。しかし列 (4) に示されている通り，他のコントロール変数を加えた分析を行うと，プロテスタンティズムの影響は列 (2) にあるほどは大きくはないことがわかる。列 (3) は OLS 推定の結果で，参考までに掲載した。列 (4) は，コントロール変数も加えた 2SLS 推定の結果である。コントロール変数を加えてもスタイガー＝ストックの検定統計量が大きいことから，操作変数は十分に強いことがわかる。また列 (5) には，列 (4) の推定における 1 段階目の推定の結果を記載した。距離の係数の t 値の 2 乗が列 (4) のスタイガー＝ストックの検定統計量と同じになる。最後に列 (6) に，操作変数として，距離と 2 つの人口に関する変数の交差項を加えた場合の推定結果を掲載した。結果は列 (4) にあるものとそれほど変化はない。またスタイガー＝ストックの検定統計量から操作変数は十分に強いことがわかる。ハンセンの J 検定も棄却しておらず，操作変数の外生性に反する証拠はない。

第 7 章　操作変数法　　305

TABLE 表 7-3 ● 推定結果

被説明変数 推定法	(1) 識字率 OLS	(2) 識字率 2SLS	(3) 識字率 OLS	(4) 識字率 2SLS	(5) 新教徒率 OLS	(6) 識字率 2SLS
新教徒率	0.080*** (0.016)	0.422*** (0.071)	0.099*** (0.010)	0.189*** (0.027)		0.185*** (0.025)
子供率			−1.936*** (0.158)	−1.952*** (0.165)	0.205 (0.765)	−1.952*** (0.164)
ユダヤ率			−0.965** (0.329)	−0.437 (0.344)	−7.264*** (1.231)	−0.455 (0.340)
女性率			−1.280*** (0.301)	−1.073*** (0.326)	−0.557 (1.302)	−1.080*** (0.325)
出身者率			0.484*** (0.033)	0.607*** (0.051)	−1.390*** (0.133)	0.602*** (0.049)
普人率			−0.324* (0.135)	−0.181 (0.140)	−1.935* (0.790)	−0.186 (0.139)
平均家計人数			−1.812 (1.218)	0.885 (1.618)	−14.610* (5.931)	0.790 (1.583)
対数人口			−1.183 (0.872)	−1.318 (0.942)	−0.977 (3.966)	−1.313 (0.937)
人口成長率			0.186* (0.089)	0.410*** (0.107)	−1.962*** (0.326)	0.402*** (0.105)
視覚障害率			−45.200*** (13.113)	−27.865 (14.751)	−82.266 (57.017)	−28.477* (14.461)
聴覚障害率			−47.188*** (9.759)	−52.383*** (10.249)	104.616*** (31.533)	−52.200*** (10.211)
知的・精神障害率			7.475*** (1.411)	7.529*** (1.680)	−2.314 (8.732)	7.527*** (1.660)
欠落率			−0.307 (0.383)	−0.505 (0.372)	1.729 (1.484)	−0.498 (0.371)
距離					−0.095*** (0.011)	
定数項	82.374*** (1.413)	60.451*** (5.102)	227.884*** (24.391)	177.367*** (29.036)	478.896*** (119.492)	179.151*** (28.678)
スタイガー＝スト ック検定統計量		46.81		74.48		29.79
J 検定統計量						0.382 (0.826)
$\bar{R}^2$	0.055		0.729		0.402	
サンプルサイズ	452	452	452	452	452	452

(注) 変数の定義は表 7-1 を参照。列 (2) と列 (4) では，距離を操作変数に用いた。列 (6) では，距離，距離と対数人口の交差項ならびに距離と人口成長率の交差項を操作変数に用いた。自由度修正ホワイト標準誤差を推定値の下のカッコ内に記した。J 検定統計量の下のカッコ内には p 値を記した。***，**，* はそれぞれ 1%，5%，10% の有意水準で有意であることを示す。

8 固定効果操作変数推定

パネルデータを用いた固定効果推定に操作変数法を組み合わせることも可能であり,実証分析では頻繁に用いられている。なお,以下の内容は第6章の知識を前提としている。

固定効果モデルの操作変数推定

内生変数を含む固定効果モデルを紹介し,それをどのようにして操作変数を用いて推定するのかを見ていこう。

$(Y_{it}, X_{1it}, \ldots, X_{kit}, W_{1it}, \ldots, W_{pit}, Z_{1it}, \ldots, Z_{mit})$ というパネルデータがあり,

$$Y_{it} = \alpha_i + \beta_1 X_{1it} + \cdots + \beta_k X_{kit} + \beta_{k+1} W_{1it} + \cdots + \beta_{k+p} W_{pit} + u_{it}$$

という,固定効果 α_i を含んだモデルを考える。固定効果を含むモデルであるので,すべての説明変数は α_i を通して誤差項と相関を持つ可能性があるが,この場合は u_{it} との相関の有無により,$(X_{1it}, \ldots, X_{kit})$ を内生変数,$(W_{1it}, \ldots, W_{pit})$ を外生変数とする。また,$(Z_{1it}, \ldots, Z_{mit})$ は操作変数であり,u_{it} とは相関しないという意味において外生性を満たすとする。

このモデルの推定は,固定効果変換により,α_i をモデルから取り除き,変換後のモデルを 2SLS 推定することで行う。つまり,固定効果変換により,

$$\dot{Y}_{it} = \beta_1 \dot{X}_{1it} + \cdots + \beta_k \dot{X}_{kit} + \beta_{k+1} \dot{W}_{1it} + \cdots + \beta_{k+p} \dot{W}_{pit} + \dot{u}_{it}$$

として固定効果を取り除き,このモデルを $(Z_{1it}, \ldots, Z_{mit})$ を操作変数として用いて 2SLS 推定するのである。この方法を**固定効果操作変数推定** (fixed effects instrumental variable estimation; **FEIV**) と呼ぶ。

ちなみに,操作変数 $(Z_{1it}, \ldots, Z_{mit})$ は固定効果変換をしてもしなくても同じ推定値が得られる。このことを見るために,操作変数と変換後の誤差項に相関がないというモーメント条件を見よう。たとえば,Z_{1it} に関するモーメント条件のために計算する標本平均は,

$$\frac{1}{N}\sum_{i=1}^{N}\sum_{t=1}^{T}Z_{1it}(\dot{Y}_{it}-\beta_1\dot{X}_{1it}-\cdots-\beta_k\dot{X}_{kit}-\beta_{k+1}\dot{W}_{1it}-\cdots-\beta_{k+p}\dot{W}_{pit})$$

である。固定効果変換をした操作変数を使うとすると，

$$\frac{1}{N}\sum_{i=1}^{N}\sum_{t=1}^{T}\dot{Z}_{1it}(\dot{Y}_{it}-\beta_1\dot{X}_{1it}-\cdots-\beta_k\dot{X}_{kit}-\beta_{k+1}\dot{W}_{1it}-\cdots-\beta_{k+p}\dot{W}_{pit})$$

となる。しかし，

$$\frac{1}{N}\sum_{i=1}^{N}\sum_{t=1}^{T}\dot{Z}_{1it}(\dot{Y}_{it}-\beta_1\dot{X}_{1it}-\cdots-\beta_k\dot{X}_{kit}-\beta_{k+1}\dot{W}_{1it}-\cdots-\beta_{k+p}\dot{W}_{pit})$$

$$=\frac{1}{N}\sum_{i=1}^{N}\sum_{t=1}^{T}Z_{1it}(\dot{Y}_{it}-\beta_1\dot{X}_{1it}-\cdots-\beta_k\dot{X}_{kit}-\beta_{k+1}\dot{W}_{1it}-\cdots-\beta_{k+p}\dot{W}_{pit})$$

$$-\frac{1}{N}\sum_{i=1}^{N}\bar{Z}_{1i}\sum_{t=1}^{T}(\dot{Y}_{it}-\beta_1\dot{X}_{1it}-\cdots-\beta_k\dot{X}_{kit}-\beta_{k+1}\dot{W}_{1it}-\cdots-\beta_{k+p}\dot{W}_{pit})$$

であり，右辺の2項目は，$\sum_{t=1}^{T}\dot{Y}_{it}=0$ などのように固定効果変換をした変数を時系列方向に足すと 0 になることから，0 になる。したがって，固定効果変換をした操作変数を使っても，もとの操作変数と同じモーメント条件に基づいたのと同じ推定量が得られるのである。

私立中高一貫女子校の「サンデーショック」の分析

操作変数を用いたパネルデータ分析の例として，近藤 (2014) の分析を取り上げよう。近藤 (2014) は，私立中高一貫女子校における入学時の学力と，卒業時の大学進学実績の関係を調べた。いわゆる名門進学校は優れた進学実績を持っているが，入学するのも難しく，入学時点で高い学力を要求される。そのため進学実績のうち，どの程度がもともと学力の高い生徒を集めていることに由来するのか，あるいは学校の大学受験に向けた教育が優れているのかを判断することは難しい。近藤 (2014) は，1998 年に「サンデーショック」と呼ばれる，プロテスタント系の学校が受験日をずらしたために起こった偏差値の変動を利用して，入学時の学力が，大学進学実績に与える影響を分析した。

分析の対象となるのは，東京と神奈川にある 71 校の中高一貫女子校である。これらの女子校の入学年次ごとの世代がパネルデータの時点になり，1997

年入学から 2003 年入学の世代がデータに収録されている。つまり，1997 年入学の世代の場合は，中学入試偏差値とは 1997 年の入試の偏差値を表し，大学進学実績は彼女たちの卒業した 2003 年のものである。大学進学実績の指標としては，大学入試偏差値をその大学への合格者延べ人数で重み付けした加重平均を取った。加重平均を取るのは，同じような大学に進学している学校でも，より偏差値の高い大学により多くの割合の卒業生が進学している学校のほうが進学実績が高いと判断できるからである。またコントロール変数として，卒業者数総数と中学入試が 4 科目あるかどうかのダミー変数を利用する。データの詳細は，章末補論 B（323 ページ），ならびに近藤 (2014) を参照のこと。

まずは中学入試偏差値と大学入試平均偏差値の関係を，OLS 推定と固定効果推定によって調べてみよう。OLS 推定の結果は

$$\widehat{\text{大学入試平均偏差値}}_{it} = \underset{(0.020)}{0.330} \text{ 中学入試偏差値}_{it} + \text{ コントロール変数}$$
$$+ \text{ 入学年効果}$$

$$\bar{R}^2 = 0.843, \quad N = 71, \quad T = 7$$

である。推定結果から，入学時学力と大学進学実績には強い関係があることがわかり，またその関係は統計的にも有意である。固定効果推定を行うと，

$$\widehat{\text{大学入試平均偏差値}}_{it} = \underset{(0.033)}{0.161} \text{ 中学入試偏差値}_{it} + \text{ コントロール変数}$$
$$+ \text{ 入学年効果 } + \text{ 学校効果}$$

$$\bar{R}^2 = 0.901, \quad N = 71, \quad T = 7$$

という結果が得られた。OLS 推定の場合と比較すれば，中学入試偏差値の係数は小さくなったものの，やはり入学時学力と大学進学実績には強い関係があることが，統計的に有意な結果として得られている。しかし，固定効果推定では，中学入試偏差値の同じ学校における年ごとの変動の影響を調べているわけであるが，その場合でも，たまたま進学に意欲的な生徒が，ある年に集まったために中学入試の偏差値もたまたま上昇し，同様に大学進学実績も上がった可能性があり，入学時学力の大学入試への影響を正しく測定できていない可能性がある。

第 7 章　操作変数法　　309

そこで，近藤 (2014) はいわゆる「サンデーショック」による中学入試偏差値の変動を用いて，入学時学力の影響を分析した。東京と神奈川の多くの私立中高一貫女子校では，2月1日から3日の間に入試が行われる。どの日に入試を行うかは，ある程度は学校ごとに決まっており，ほぼ毎年2月1日に入試を行う学校や毎年2月2日に入試を行う学校などがある。しかし，1998年は2月1日が日曜日であったため，通常は2月1日に入試を行っていたキリスト教プロテスタント系の学校の一部が翌2月2日に試験日を変更した。異なる試験日の複数の学校に出願して中学受験を行う受験生が多いため，こうした通常と外れる試験日の設定は，受験生の出願校に例年とは異なる傾向をもたらし，結果として入試の偏差値も変動する。この入試の偏差値の変動は，暦上の偶然であり，外生的なものと考えられる。そこで

(1) 1996 年の試験日が 2 月 1 日のみ，かつミッション・スクールでない
(2) 1996 年の試験日が 2 月 1 日のみ，かつミッション・スクールである
(3) 1996 年の試験日が 2 月 2 日のみである

という 3 つのダミー変数をつくり，これらのダミー変数と 1998 年ダミーとの交差項を操作変数として使用する。

固定効果操作変数推定の結果は

$$\widehat{大学入試平均偏差値}_{it} = \underset{(0.164)}{-0.106} \text{中学入試偏差値}_{it} + \text{コントロール変数}$$
$$+ \text{入学年効果} + \text{学校効果}$$

$$N = 71, \quad T = 7$$

である。OLS 推定や固定効果推定の結果とは異なり，中学入試偏差値の係数は，負と推定された。また統計的に有意ではない。このことから，入学時学力の変動が大学進学実績に因果関係を持つかどうかは，疑問が残る結果となった。ただし，第 9 章でも議論するが，操作変数法の推定結果は，操作変数によって引き起こさせる変動の結果と解釈するべきであり，この場合は「サンデーショック」によって引き起こされた中学入試偏差値の変動は，その後の大学進学には明確な影響がなかったと解釈するべきであろう。また，スタイガー＝ストックの検定統計量（なお，この場合は 1 段階目の回帰式は固定効果モデルになる）は 3.14 であり，操作変数の強さに懸念が残る。より詳細な分析は，

近藤 (2014) を参照されたい。

欠落変数問題以外での操作変数の使い道

　本章ではここまで，欠落変数バイアスを回避する手段として，操作変数法を紹介してきた。しかし，欠落変数バイアス以外にも内生性が生じる問題はあり，そのような場合でも操作変数法は有用な分析手法となっている。とくに，経済学では特徴的な変数間の同時決定性 (simultaneity) の問題や，経済学などの社会科学で使用するデータではとくに問題となる測定誤差 (measurement error) の問題に対処する際にも，操作変数法は非常に有用な手段となる。

需要曲線と供給曲線の推定

　同時決定性の問題が生じる重要な計量分析といえば，需要曲線あるいは供給曲線の推定であろう。ある財の需要曲線とは，価格を所与としたときに，消費者が需要するその財の数量を表したものである。一方で，供給曲線は，価格を所与としたときに，生産者が供給するその財の数量を与える。これらの曲線の推定には操作変数が必要とされる。

　需要曲線と供給曲線を推定する際の問題は，価格の内生性によるものである。需要曲線と供給曲線は，両者とも，数量を被説明変数とし，価格を説明変数とする式で表現される。そのため，数量を価格に回帰をしても，それは需要曲線を推定しているのか，供給曲線を推定しているのか，あるいは，何か他のものを推定しているのか，判断できない。この問題は，価格が内生変数であることからくる問題と考えることができる。ミクロ経済学では，ある財の価格と数量は，需要曲線と供給曲線の交点で決まるとする。したがって，価格と数量は同時決定され，価格は内生変数となるのである。

　価格の内生性に対処するため，需要曲線や供給曲線の推定には操作変数法が必要となる。具体的には，需要曲線の推定には，供給には影響を与えるが，需要には直接影響を与えない変数を使用する。たとえば，原材料費や，生産地の気象などが使用される。一方で供給曲線の推定には，需要には影響を与えるが，供給には直接の影響を与えない変数を使用する。なお，需要曲線と供給曲線の操作変数法による識別法については，ミクロ経済学の教科書で議論されていることも多い。神取 (2014, 161-163 ページ) などのミクロ経済学の教科書の

該当部分を参照されることを勧める。また，労働需要と労働供給については川口 (2017) に詳細な議論がある。

需要曲線と供給曲線の推定で注意すべきは，どのようにして価格の内生性に対処するのかという点であり，必ずしもデータの出所と対応しているわけではないことである。たとえば，需要側の消費者データを使えば需要曲線の推定ができるわけではなく，供給側の企業データを使えば供給曲線がわかるわけでもない。かえって，企業データを使えば供給のみに影響を与える変数が利用可能であるため，需要曲線の推定が可能になるということもありうるのである。

測定誤差

説明変数に測定誤差がある場合にも観測できる説明変数と誤差項の間に相関が生じるため，操作変数法が有効な対処法となる。

説明変数に測定誤差がある問題を考えるために，X_i^* を説明変数とする単回帰モデルを考えよう。モデルは，

$$Y_i = \beta_0 + \beta_1 X_i^* + u_i$$

である。このモデルは，最小 2 乗法が機能するための仮定を満たしているとする。しかし，X_i^* は観測できず，代わりに測定誤差を含んだ $X_i = X_i^* + e_i$ を観測することができるので，X_i を分析に用いるとする。この場合は，Y_i を X_i に回帰する最小 2 乗法では，一致性のある推定量を得ることはできない。なぜなら，Y_i と X_i の関係式は，$X_i^* = X_i - e_i$ なので，

$$Y_i = \beta_0 + \beta_1(X_i - e_i) + u_i = \beta_0 + \beta_1 X_i + u_i - \beta_1 e_i$$

となり，説明変数 X_i と誤差項 $u_i - \beta_1 e_i$ は，ともに e_i を含むために相関があるからである。このモデルでは，X_i と相関があるが，もとの誤差項 u_i と測定誤差 e_i ともに無相関になる操作変数があれば，操作変数法を適用することができる。

説明変数に測定誤差がある場合に使用される操作変数として標準的なものは，同じ説明変数を独立に計測したものである。つまり，X_i の他に X_i とは独立に X_i^* を計測したものがあると操作変数として使用可能である。$X_i^\dagger = X_i^* + e_i^\dagger$ をそのような変数とし，$e_i^\dagger$ は e_i とは独立であるとする。X_i も $X_i^\dagger$ も X_i^* を測定誤差を含む形で測定した変数であるが，これら 2 つの測定誤差は独立であるということである。この場合，$X_i^\dagger$ は $u_i - \beta_1 e_i$ とは相関を持たず，ま

312　第 II 部　ミクロ編

た X_i と $X_i^\dagger$ の相関は大きいと考えられ，$X_i^\dagger$ は適切な操作変数となる。

例として，英語力が賃金に与える影響を調べたいとしよう。英語力は直接測定することは難しいので，TOEFL[2]の点数を代理変数として使用することを考えよう。しかし，TOEFL は質の高い試験ではあるが完璧ではなく，英語力の測定誤差を含んだ指標であると考えるのが自然である。しかし，他のテスト，たとえば，IELTS[3]の点数のデータもあれば，TOEFL と IELTS の点数の測定誤差が無相関であるという仮定のもとで，TOEFL の点数を説明変数とし，IELTS の点数を操作変数とする操作変数法によって，英語力が賃金に与える影響を調べることができる。

操作変数の見つけ方

操作変数法は非常に強力な実証分析の手段であるが，その成否は適切な操作変数が利用可能かどうかにかかっている。適切な操作変数を見つけるのは意外と難しく，新しい適切な操作変数を見つけるだけでも十分な学問的貢献と見なされる場合もある。また，操作変数を使用した実証研究では，どのような操作変数を使用するかでその研究の価値が決まってしまう場合もある。本節では，いくつか代表的な操作変数の見つけ方を紹介する。残念ながら，すぐに実行可能な操作変数発見法というのはないのだが，操作変数を探す際のヒントになるやり方は紹介できる。

ランダム化奨励デザイン　最も説得力のある操作変数は，**ランダム化奨励デザイン**（randomized encouragement design）の実験から得ることができる。これは，社会実験の一種であり，処置の割り当てを完全に実験計画者が決めることができない場合でも使用可能な，処置の効果を判別する実験デザインである。処置を受けることができる権利を無作為に割り当てるが，処置そのものを受けるかどうか（つまり権利を行使するかどうか）は参加者が決めることができる場合に，処置の権利が割り当てられたかどうか

---

2) TOEFL はアメリカの ETS という団体が主催する英語の試験であり，英語圏への留学に際しての英語力の判定によく使用される。

3) IELTS はイギリスの複数の団体が共同で主催する英語の試験であり，ここでは英語圏への留学に際しての英語力の判定が主な目的である Academic module と呼ばれる試験を念頭に置いている。

> ### `COLUMN` 7-3 操作変数としての「雨」
>
> 『平家物語』によると，白河法皇は「賀茂川の水，双六の賽，山法師，これ
> ぞわが心にかなはぬもの」と述べたそうである（巻第一「願立」）。平安時代末
> 期に絶大な権力を誇った白河法皇ですら意にかなわぬものであれば，外生性を
> 満たす可能性が高く，操作変数として使用できそうである。本節で紹介したラ
> ンダム化奨励デザインや徴兵のくじ（自然実験の項を参照）は，まさしく「双
> 六の賽」のように無作為に確率的に決まるものである。また，本章を通した例
> で使用している 19 世紀プロイセンデータの分析では，「山法師」のように宗
> 教的情熱を背景とする議論によって操作変数を正当化している。さらに，経済
> 学での実証分析では，「賀茂川の水」のように天候に関する変数が，頻繁に使
> 用されている。
>
> ここでは，天候を操作変数として使用した例を 3 つ紹介しよう。
>
> 農作物や海産物などの需要関数を推定することは，これらの財への適正な
> 税率や補助金を決定するうえで重要な問題である。しかし，価格と数量は同時
> 決定されるため，操作変数を用いた推定が必要になる。そこで，こうした財の
> 産地と消費地が離れている場合に，産地の天候を操作変数として使用して需
> 要関数を推定するのである。産地の天候が不順であれば，価格は上がるが，需
> 要に直接の影響はないであろう。そのため，需要関数の推定には産地の天候
> を使用することができるのである。たとえば，Angrist, Imbens and Graddy
> (2000) はニューヨークの魚市場の需要分析を，漁獲地の天候を操作変数とし
> て使用して分析している。

を示すダミー変数を操作変数として，処置の効果を測定するのである。なお，
ランダム化比較実験は，割り当てられた処置を必ず受けてもらう必要があるの
で，政治的・倫理的に難しい場合もあるが，ランダム化奨励デザインは，そう
した問題が比較的少なく，実行しやすい。

例として，Wang and Ida (2016) による時間別電力料金の適用が電力消費量
に与えた影響を調べた研究を紹介しよう。電力は保存しにくいため，電力生産
に必要な設備は電力需要のピークで決まってしまう。そのため，時間別電力料
金によってピークの時間の料金を上げて，ピークの需要を減らすという方法が
近年注目を集めている。この研究では，時間別電力料金の効果を調べることが
目的だが，現行とは異なる電力料金の適用を強制的に行うことはできない。そ
のため，時間別電力料金へ切り替える権利，あるいは自動的に時間別電力料金

314　第Ⅱ部　ミクロ編

経済状況が民主主義にどのような影響を持つかについての分析を，天候を操作変数として行った研究もある。Brückner and Ciccone (2011) では，アフリカの国別データを用いて，好景気になれば民主主義が進むかという問題を，降雨量を操作変数として使って分析している。発展途上国は農業主体の国が多く，景気は降雨量に大きく左右される。一方で，降雨量が民主主義の発展に直接の関係があるとは想定しにくい。そこで，降雨量を経済状態の操作変数として使うことで，経済状態が民主主義の発展に与える影響を分析できるのである。

　Madestam, Shoag, Veuger and Yanagizawa-Drott (2013) は政治的な抗議行動の影響を，天候を操作変数として分析した。彼らの分析の対象は，アメリカのティーパーティー運動による 2009 年 4 月 15 日の全米各地で行われたデモが，2010 年の選挙などに与えた影響である。そもそもデモに人が集まるのは，デモの主張に人々が共感しているためであり，デモの動員数は選挙に対して内生的と考えることができる。そこで，彼らは，デモが行われた日の天候を操作変数として使用した。天候がよければ参加者は増えるであろうし，天候が悪ければ参加者は減るであろう。一方で，4 月 15 日という 1 日の天候の地域差が次の年の選挙に直接的に与える影響はほぼないと見てよい。この操作変数法による分析によって，彼らは，デモ動員の成功が，ティーパーティー運動に親和的な共和党への投票を増やしたことを発見した。

に切り替わるものの，もとの時間別でない電力料金に戻す権利を与え，実際にどの料金体系を選ぶかは実験参加者の自由意思に任せるのである。この場合では，料金体系を切り替える権利（あるいはもとに戻す権利）があるかどうかが操作変数となり，電力料金の形態が説明変数となって，操作変数法による分析を行うことで，時間別電力料金の効果を調べることができる。ちなみに彼らの研究では，料金体系を切り替える権利を与えられたグループの時間別電力料金制度への参加割合は，料金体系は変更されるがもとに戻す権利を与えられたグループよりも少ないが，切り替える権利を与えられたグループのほうが時間別電力料金制度になることで電力消費を減らす効果は大きいことを発見している。

| 自 然 実 験 |

また，近年の研究のデザインで注目を集めているのは自然実験（natural experiment）による方法である。なお，自然実験については第9章でもう少し詳しく議論するので，ここでは操作変数法と関連した内容のみを取り上げる。自然実験とは，実際の実験のように人工的にコントロールされているわけではないが，あたかも実験的であると見なせる状況である。ただし，通常の実験だと説明変数の値が外生的に決まるが，自然実験の場合は説明変数が外生的に決まると見なせるほどに通常の実験に近いことは稀である。しかし，適切な操作変数が利用可能になる自然実験はこれまで多く研究されてきた。

自然実験の中でもよく例に挙がるのは，Angrist (1990) のベトナム戦争に従軍したことが賃金に与える効果を調べた研究である（なお，第9章のColumn9-1でもこの研究について改めて取り上げる）。アメリカではベトナム戦争への派遣を伴う徴兵にはくじが利用されていた。徴兵の対象者にはくじが割り当てられ，そのくじの番号に応じて徴兵される確率が決まっていたのである。くじの番号は外生的に決まると考えられるので，くじの番号を操作変数として使用し，ベトナム戦争への従軍が賃金に与える影響を調べることができるのである。

他の例としては，Rosenzweig and Wolpin (1980) が，子供の人数が母親の就業に与える影響を分析するために，双子ができたかどうかを操作変数として使用している。そもそも何人の子供を持つかは，子供の養育のための金銭的な保証があるかや，どれほど母親が仕事をしたいかにも依存していると考えられるため，子供の人数は内生変数である。そこで，双子ができたかどうかを操作変数として使用することを考える。双子ができれば子供の人数は増える。一方で，双子が生まれることは，外生的な事象と考えられる。そのため，双子ができたかどうかは，子供の人数の操作変数として使用できると思われる。

また，Angrist and Evans (1998) は，初めの2人の子供の性別を操作変数として使用した分析を行った。彼らはアメリカのデータを使用しているが，アメリカでは異なる性別の子供を持つことが好まれているとされている。したがって，初めの2人の子供の性別が同じであれば，もう1人の子供を持つ可能性が高まる。つまり，初めの2人の性別と子供の人数は相関しているのである。一方で，子供の性別は外生的に決まる事項と考えることができよう。そのため，2人の子供の性別を操作変数として使用できると思われる。しかし，こうした自然実験に基づく方法であっても，モデルや結果の解釈や，操作変数の正

当化には経済理論に基づく考察が要求されることを，Rosenzeig and Wolpin (2000) は指摘している。

補　足

本節では，操作変数法についていくつか補足的な点を述べる。まず，操作変数推定においては，R^2 はとくに意味がないことを解説する。また，操作変数の数が多い場合，さらには多すぎる場合の対処について解説する。最後に，説明変数が内生かどうかを検定する方法を解説し，そうした検定を使用する際の注意点について述べる。

決定係数

操作変数法では，R^2 や $\bar{R}^2$ の値はあまり意味を持たない。OLS は残差 2 乗和を最小化するので，R^2 を見る限りにおいては，操作変数法での R^2 は OLS からの R^2 よりも必ず小さくなる。$\bar{R}^2$ でも同じである。そのため，OLS 推定には欠落変数のバイアスを含むおそれがあるにもかかわらず，R^2 を基準にすると OLS 推定のほうがよいことになる。しかし R^2 は，変数の内生性の問題などを考慮している指標ではないため，内生性を含むモデルでは何の判断にも利用できないと思ってもよい。ただ，多くの統計解析ソフトでは操作変数推定を行うと，デフォルトで R^2 の数値を計算して表示することもあるので，注意が必要である。なお，1 段階目の推定については R^2 の値は操作変数の関連性と関連しているので，無意味とはいいがたいが，先に紹介したスタイガー＝ストックの F 検定など，直接的に操作変数の関連性を調べる方法があるので，そちらを利用するべきであろう。

操作変数の数について

操作変数が複数利用可能である場合も多い。また，連続な操作変数が利用可能であるならば，操作変数それ自体以外にも，その 2 乗項や 3 乗項などを加えることで，操作変数の数を増やすことができる。それでは，操作変数をいくつ使用すればよいのだろうか。

操作変数が多いほど 2SLS 推定量の分散は小さくなることがわかっている一方で，バイアスが大きくなることが判明している。この現象の理論的な説明は本書の水準を超えるので割愛するが，ここでは，厳密さは犠牲にしつつも，直

観的な解説を行おう。

2SLS 推定は，説明変数の予測値を使用する。その予測値の分散が大きいほど，2SLS 推定量の分散は小さくなる。操作変数が多ければ，1 段階目の回帰式で，説明変数の変動をよりよく説明できるので，予測値の分散も大きくなる。したがって，操作変数が多いと 2SLS 推定量の分散が小さくなるのである。その一方で，操作変数が多いと予測値と説明変数そのものが必要以上に似通ってしまう可能性がある。つまり，操作変数が多い場合には，説明変数のうちで誤差項と相関している部分までも，予測値に含まれてしまうのである。予測値と誤差項に相関が見られると，当然推定量にはバイアスが発生する。これが，操作変数が多いと推定量がバイアスを持つ理由である。なお，操作変数が多い問題は，日本の研究者が大きな貢献をした研究テーマであり，Kunitomo (1980) や Morimune (1983) はこの分野の代表的な論文といえる。

操作変数が多く利用可能な場合に，どのような操作変数を選ぶべきかについては，いくつかの指針がある。Donald and Newey (2001) や Kuersteiner and Okui (2010) は推定量の分散とバイアスのバランスを取るように操作変数を選ぶことを提唱した。また，より簡便に操作変数を選ぶ方法として，1 段階目の回帰式で説明力を持たない弱い操作変数を除く方法もある。そのような操作変数は分散を減らすことに貢献せずバイアスを増やすだけであるので，使用しない方法がよい。Hall and Peixe (2003) や Belloni, Chen, Chernozhukov and Hansen (2012) により，そうした方法が提唱されている。他にも，操作変数が多くてもバイアスを小さく抑えることのできる推定法もある。たとえば，本章 6 節で少し触れた制限情報最尤推定量は，そのような推定量の 1 つである。

ハウスマン検定　説明変数が内生かどうかは検定可能である。ただし，操作変数が利用可能であることが条件である。2SLS 推定と OLS 推定を比較し，その差が十分に大きいときには，説明変数が外生であるという帰無仮説を棄却するのである。この検定法は，ハウスマン検定 (Hausman, 1978) と呼ばれる。なお，第 6 章でもハウスマン検定を紹介したが，ここで議論するものも第 6 章のハウスマン検定も，2 つの推定量を比較するという同じアイデアに基づいたものである。Hausman (1978) では，そのアイデアのもとで，第 6 章で紹介したパネルデータ分析におけるハウスマン検定と，これから紹介する操作変数法に基づく検定の両方が提唱されている。

検定の基本的なアイデアは，帰無仮説と対立仮説のもとで，異なる性質を持つ 2 つの推定量を比較することである。2SLS 推定量は，説明変数が内生でも外生でも一致性を持つ。一方で，OLS 推定量は，説明変数が外生なら一致性を持つが，内生の場合は一致性を持たない。そのため，説明変数が外生であるという帰無仮説のもとでは，これら 2 つの推定量は同じ確率極限（つまり係数の真値）を持ち，似通ったものになるはずである。一方で，対立仮説（説明変数が内生である）の場合には，2 つの推定量は異なる確率極限を持つため，異なる値を取るであろう。したがって，2SLS 推定量と OLS 推定量を比較し，その差が大きいときに帰無仮説を棄却することで，説明変数が内生か外生かの検定ができるのである。これを，ハウスマン検定という。なお，2SLS 推定量と OLS 推定量とを比較するハウスマン検定は，Nakamura and Nakamura (1981) によって，Durbin (1954) や Wu (1973) の検定と同値であることが証明された。そのため，「ダーヴィン = ウー = ハウスマン検定」とも呼ばれる。なお，第 6 章で紹介したパネルデータ分析におけるハウスマン検定は，単に「ハウスマン検定」と呼ばれる。

　ただし以下では，コントロール関数を用いたハウスマン検定統計量の計算法を紹介する。これは，2SLS 推定量と OLS 推定量を比較するのと同値であるが，計算が簡単である。推定量を比較する方法では推定量の差の漸近分散の推定や漸近分布の導出が必要となり，特殊な場合を除いて複雑になるからである。説明変数は内生変数が 1 つ（X_i）で外生変数が 1 つ（W_i）の場合を考えよう。コントロール関数法の回帰式は

$$Y_i = \beta_0 + \beta_1 X_i + \beta_2 W_i + \gamma_1 \hat{v}_i + \xi_i$$

であった。ただし，$\hat{v}_i$ は 1 段階目の回帰の残差である。この式を OLS 推定し，γ_1 が 0 かどうかの検定を行うと，X_i が外生か内生かのハウスマン検定と同値になる。X_i が外生であるという帰無仮説のもとでは $\gamma_1 = 0$ となる。直観的にいうと，X_i が外生ならコントロール関数なしでも一致推定量を得ることができるため，$\hat{v}_i$ は必要なく，$\gamma_1 = 0$ が成り立つのである。

　ハウスマン検定は操作変数法を用いた分析では頻繁に使用されているが，結果の解釈には注意が必要である。

　まず第 1 の問題点は，ハウスマン検定をするためには，操作変数が必要となることである。しかし，操作変数が利用可能であれば 2SLS 推定によって一

致推定量を得ることができるため，そもそも内生か外生かを検討する必要はないように思われる。

それでは，どのような場合にハウスマン検定をする意義があるのであろうか。一般に，2SLS 推定量は OLS 推定量よりも分散が大きい。そのため，2SLS 推定をしても標準誤差が大きくて明快な分析結果が出ないことが多くある一方で，OLS 推定の場合は標準誤差が小さく明確な分析結果が得られることが多い。その場合は，ハウスマン検定を行い，説明変数の外生性が棄却できないなら，OLS 推定の結果を使って分析を進めようと考えるかもしれない。

しかし，ここに第 2 の問題点がある。この点は第 6 章で議論したパネルデータにおけるハウスマン検定の問題と同じである。もし，2SLS 推定量の分散が大きいなら，OLS 推定量と異なるかどうかも判断するのは難しく，ハウスマン検定は棄却しにくくなる。そのため，実際は説明変数が内生であってもハウスマン検定では外生であるという帰無仮説を棄却できず，その場合に OLS 推定の結果に依拠すると誤った分析をすることになるのである。この問題は Guggenberger (2010b) によって定式化された（なお，この論文は第 6 章で紹介した Guggenberger (2010a) の論文とは異なる論文である）。以上のことから，説明変数が内生の疑いがあり，操作変数が利用可能であれば，ハウスマン検定の結果によらず，操作変数法による分析を行うのが適切であろうと思われる。

まとめ

本章では，操作変数法についての解説を行った。操作変数と呼ばれる，説明変数とは相関があるが，誤差項とは無相関な変数を用いることで，モデルの推定を行う方法である。操作変数法は，欠落変数バイアスをもたらすような変数が観測できなくても，欠落変数のバイアスを避けることができる強力な分析手段である。推定法として，2SLS 推定量の解説を行った。

操作変数法の難しいところは，いかにして適切な操作変数を入手するかにある。一方で，多くの人を納得させることのできる操作変数を見つけることができれば，それだけでも十分な学問的貢献であると見なされる。操作変数の要件は，関連性と外生性であり，関連性のほうは統計的に確かめることが可能であるが，外生性についてはデータからは部分的にしか判別できない。そのため，

操作変数を用いた実証分析では，使用する操作変数の外生性をいかに説得的に示せるかが肝要となる。

操作変数法については，第9章でもう一度議論する。本章の議論に基づくと，どのような操作変数を持ってきても，それが適切である限り，推定値は似通ったものになる。しかし，実際のデータ分析では，適切であろう操作変数が複数ある場合，それぞれの操作変数を使用した推定の結果は大きく異なることがある。その一方で，経済理論上も使用する操作変数によって推定値が異なる場合がある。たとえば，需要曲線と供給曲線の推定では使用する操作変数によって，需要曲線の推定ができたり，供給曲線の推定になったりする。異なる操作変数を用いることで，どのような場合に異なる推定値が得られるのかは，第9章で局所平均処置効果（local average treatment effect; **LATE**）の概念を学ぶことにより明らかになる。

EXERCISE ● 練習問題

7-1[確認] 操作変数の2つの要件とは何かを解説しなさい。

7-2[確認] (7.1) 式と (7.2) 式からなる方程式を解き，(7.3) 式と (7.4) 式が解として得られることを確認しなさい。

7-3[確認] (7.1) 式と (7.2) 式からなる方程式を解く際に，関連性の条件が満たされていない（$\mathrm{Cov}(Z_i, X_i) = 0$ である）場合には，解が一意に定まらないこと確認しなさい。

7-4[確認] (7.8) 式を導出しなさい。

7-5[確認] Madestam, Shoag, Veuger and Yanagizawa-Drott (2013) は，政治デモの投票行動への影響を分析するために，地域別データを使い，デモの予定された日に雨が降ったかどうかを操作変数として利用している。雨が降ったかどうかが，それ自体として外生性を満たす操作変数になりうるかどうかを議論しなさい。また仮に適切な操作変数にならないとすると，どのような外生変数をモデルに含めることで，外生性を満たす操作変数になりうるかを議論しなさい。

7-6[確認] 過小識別，丁度識別，過剰識別とは何かを説明しなさい。

7-7[確認] $Y_i = \beta_0 + \beta_1 X_{1i} + \beta_2 X_{2i} + \beta_3 W_{1i} + \beta_4 W_{2i} + u_i$ というモデルがあるとする。X_{1i} と X_{2i} は内生変数で，W_{1i} と W_{2i} は外生変数であるとする。モデルに含まれない操作変数として Z_{1i}，Z_{2i}，Z_{3i} があるとする。このとき，次数条件が満たされるかどうかを確認しなさい。

7-8[確認] 操作変数が弱いとはどういう意味であるかを説明しなさい。

7-9[確認] 操作変数の弱さの判定には F 検定統計量を使用するが，その際

第**7**章　操作変数法　　**321**

どのような臨界値を使用するのかを解説しなさい。

7-10 [確認] 操作変数の外生性が過剰識別の場合でしか検定できないのはなぜか説明しなさい。また，たとえ検定できる場合でも部分的にしか検定できないとされているのはなぜか，説明しなさい。

7-11 [発展] 本章 2 節のモデルを考える。このモデルの 2SLS 推定の 1 段階目の回帰式は，

$$X_i = \pi_0 + \pi_1 Z_i + v_i$$

である。π_0 と π_1 を OLS 推定量の確率極限とする。この問題では，2SLS 推定とは厳密には異なるが，$\hat{X}_i$ として，OLS 推定量の確率極限を用いて，$\hat{X}_i = \pi_0 + \pi_1 Z_i$ とする。この $\hat{X}_i$ を用いた場合，本章 5 節の仮定 7.2(4) は 3 節の仮定 7.1(4) と同じになることを証明しなさい。

7-12 [発展] 本章 2 節のモデルで，Z_i がダミー変数の場合を考える。$\bar{Y}_1$ と $\bar{X}_1$ を $Z_i = 1$ である観測値での Y_i と X_i の平均，$\bar{Y}_0$ と $\bar{X}_0$ は $Z_i = 0$ である観測値での Y_i と X_i の平均とする。この場合，β_1 の操作変数推定量は，

$$\hat{\beta}_1 = \frac{\bar{Y}_1 - \bar{Y}_0}{\bar{X}_1 - \bar{X}_0}$$

と書けることを証明しなさい。ちなみに，この形状の推定量をワルド推定量と呼ぶ。

7-13 [実証] 本章の実証分析で用いた 19 世紀プロイセンのデータは，本書のウェブサポートページにある。このデータをダウンロードし，何らかの統計解析ソフトを利用して，表 7-3 を再現しなさい。なお，表の数字（とくに t 統計量や信頼区間など）には丸めの誤差が含まれているため，厳密に同じ数字を得ることはできない可能性がある。

補論：19 世紀プロイセンのデータについて

データは，ドイツのミュンヘンにある CESifo Group によって収集された iPEHD (ifo Prussian Economic History Database, http://www.cesifo.de/ifoHome/facts/iPEHD-Ifo-Prussian-Economic-History-Database.html) というデータベースから取られたものである。iPEHD は 19 世紀プロイセンの国勢調査を電子化し整理したデータベースである。詳しくは，Becker, Cinnirella, Hornung, and Woessmann (2014) を参照されたい。

分析に使用した変数のうち，距離以外のすべての変数は1871年の国勢調査をもとにしている。観測単位は，プロイセンの行政単位である郡（Kreis）であり，1871年当時の郡境界を使用している。当時のプロイセンは，現代のドイツ北部に相当するが，現代のポーランドやベルギー，デンマークにあたる地域も含んでいる。なお，元データには453の郡があるが，Communionharz郡は非常に小さいため，近隣のZellerfled郡に含めて，452の郡として分析している。識字者の定義は読み書きのできる者である。なお，この国勢調査の質問紙は，当時のプロイセンで話されていた複数の異なる言語で用意されていた。他の変数の定義は表7-1に示している。より詳細な情報は，Becker and Woessmann (2009) を参照されたい。

★ 補論：一般的なモデルでの2段階最小2乗法

　本補論では，一般的なモデルでの2SLS推定について説明する。モデルは，

$$Y_i = \beta_0 + \beta_1 X_{1i} + \cdots + \beta_k X_{ki} + \beta_{k+1} W_{1i} + \cdots + \beta_{k+p} W_{pi} + u_i$$

である。$(X_{1i}, \ldots, X_{ki})$ は内生変数であり，$(W_{1i}, \ldots, W_{pi})$ は外生変数である。モデルに含まれない操作変数として $(Z_{1i}, \ldots, Z_{mi})$ がある。ここでは，$m \geq k$ の場合，つまり丁度識別あるいは過剰識別の場合を考える。

　2SLS推定量は，まず内生変数を外生変数に回帰し，内生変数の予測値を計算し，その予測値を使用したモーメント条件を解くことで得られる。1段階目の回帰式は，

$$X_{li} = \pi_{l0} + \pi_{l1} Z_{1i} + \cdots + \pi_{lm} Z_{mi} + \pi_{l,m+1} W_{1i} + \cdots + \pi_{l,m+p} W_{pi} + v_{li}$$

である。ただし，$l = 1, \ldots, k$ である。なお，v_{li} は l 番目の内生変数を被説明変数とする回帰式における誤差項である。各内生変数ごとに回帰式を立て，それぞれをOLSで計算する。OLS推定からの X_{li} の予測値は

$$\hat{X}_{li} = \hat{\pi}_{l0} + \hat{\pi}_{l1} Z_{1i} + \cdots + \hat{\pi}_{lm} Z_{mi} + \hat{\pi}_{l,m+1} W_{1i} + \cdots + \hat{\pi}_{l,m+p} W_{pi} \quad (7.24)$$

である。なお，$\hat{\pi}_{l0}$ などは，最小2乗推定量である。そして，$\hat{X}_{1i}, \ldots, \hat{X}_{ki}$ を操作変数としてモーメント法の方程式を解くとよい。つまり，

$$\frac{1}{N}\sum_{i=1}^{N}(Y_i - b_0 - b_1 X_{1i} - \cdots - b_k X_{ki} - b_{k+1}W_{1i} - \cdots - b_{k+p}W_{pi}) = 0$$

$$\frac{1}{N}\sum_{i=1}^{N}\hat{X}_{1i}(Y_i - b_0 - b_1 X_{1i} - \cdots - b_k X_{ki} - b_{k+1}W_{1i} - \cdots - b_{k+p}W_{pi}) = 0$$

$$\vdots$$

$$\frac{1}{N}\sum_{i=1}^{N}\hat{X}_{ki}(Y_i - b_0 - b_1 X_{1i} - \cdots - b_k X_{ki} - b_{k+1}W_{1i} - \cdots - b_{k+p}W_{pi}) = 0$$

$$\frac{1}{N}\sum_{i=1}^{N}W_{1i}(Y_i - b_0 - b_1 X_{1i} - \cdots - b_k X_{ki} - b_{k+1}W_{1i} - \cdots - b_{k+p}W_{pi}) = 0$$

$$\vdots$$

$$\frac{1}{N}\sum_{i=1}^{N}W_{pi}(Y_i - b_0 - b_1 X_{1i} - \cdots - b_k X_{ki} - b_{k+1}W_{1i} - \cdots - b_{k+p}W_{pi}) = 0$$

を満たすように，$b_0, \ldots, b_{k+p}$ を計算する．これが 2SLS 推定量である．具体的な式は行列を使用しないと煩雑になるので，巻末付録 B を参照されたい．

　一般的なモデルでも，本章 4 節の「2SLS 推定量の他の解釈」の項（289 ページ）で説明したのと同様に 2SLS 推定量には複数の解釈が成り立つ．上で議論したものは，一般化推定方程式の考え方に基づく解釈である．OLS 推定を 2 回行うという考え方と，一般的モーメント法に基づく考え方，そしてコントロール関数に基づく考え方が，一般的なモデルの場合にはどのようになるかを解説しよう．

　2SLS 推定量は次のように OLS 推定を 2 回行うことで得ることができる．$\hat{X}_{1i}, \ldots, \hat{X}_{ki}$ を (7.24) 式によって計算した，内生変数の予測値とする．そして，$\hat{X}_{1i}, \ldots, \hat{X}_{ki}$ を説明変数として含む 2 段階目の OLS 推定を行う．つまり，

$$Y_i = \beta_0 + \beta_1 \hat{X}_{1i} + \cdots + \beta_k \hat{X}_{ki} + \beta_{k+1}W_{1i} + \cdots + \beta_{k+p}W_{pi} + \eta_i$$

という式を OLS 推定する．

　一般化モーメント法の一種としての 2SLS 推定の解釈は次の通りである．まず，$\hat{g}_l(b_0, b_1, \ldots, b_{k+p}),\ l = 0, 1, \ldots, k+p$ を

324　第 II 部　ミクロ編

$$\hat{g}_0(b_0, b_1, \ldots, b_{k+p})$$

$$= \frac{1}{N} \sum_{i=1}^{N} (Y_i - b_0 - b_1 X_{1i} - \cdots - b_k X_{ki} - b_{k+1} W_{1i} - \cdots - b_{k+p} W_{pi})$$

$$\hat{g}_1(b_0, b_1, \ldots, b_{k+p})$$

$$= \frac{1}{N} \sum_{i=1}^{N} Z_{1i}(Y_i - b_0 - b_1 X_{1i} - \cdots - b_k X_{ki} - b_{k+1} W_{1i} - \cdots - b_{k+p} W_{pi})$$

$$\vdots$$

$$\hat{g}_m(b_0, b_1, \ldots, b_{k+p})$$

$$= \frac{1}{N} \sum_{i=1}^{N} Z_{mi}(Y_i - b_0 - b_1 X_{1i} - \cdots - b_k X_{ki} - b_{k+1} W_{1i} - \cdots - b_{k+p} W_{pi})$$

$$\hat{g}_{m+1}(b_0, b_1, \ldots, b_{k+p})$$

$$= \frac{1}{N} \sum_{i=1}^{N} W_{1i}(Y_i - b_0 - b_1 X_{1i} - \cdots - b_k X_{ki} - b_{k+1} W_{1i} - \cdots - b_{k+p} W_{pi})$$

$$\vdots$$

$$\hat{g}_{k+p}(b_0, b_1, \ldots, b_{k+p})$$

$$= \frac{1}{N} \sum_{i=1}^{N} W_{pi}(Y_i - b_0 - b_1 X_{1i} - \cdots - b_k X_{ki} - b_{k+1} W_{1i} - \cdots - b_{k+p} W_{pi})$$

と定義する．そして，$\hat{g}_l(b_0, b_1, \ldots, b_{k+p})$, $l = 0, 1, \ldots, k+p$ の 2 次形式を作り，それを最小化するのである．つまり，

$$\sum_{i=0}^{k+p} \sum_{j=0}^{k+p} \hat{g}_i(b_0, b_1, \ldots, b_{k+p}) \hat{g}_j(b_0, b_1, \ldots, b_{k+p}) a_{ij}$$

のように，ある a_{ij}, $i = 0, \ldots, k+p$, $j = 0, \ldots, k+p$ を用いて $\hat{g}_l(b_0, b_1, \ldots, b_{k+p})$, $l = 1, 0, 1, \ldots, k+p$ の 2 乗のようなものをつくり，それを最小化するように $b_0, \ldots, b_{k+p}$ を取り，それを推定量とするのである．ある種の a_{ij} を使用することで，2SLS 推定量と同じ値の推定値を得ることができる．詳しい議論は巻末付録 B を参照されたい．

　最後に，コントロール関数法としての 2SLS の解釈を紹介する．この方法では，内生変数の予測値ではなく，1 段階目の回帰の残差を使用する．1 段階目

第 **7** 章　操作変数法　　325

の回帰式の予測値 (7.24) 式を使って，残差 $\hat{v}_{li} = X_{li} - \hat{X}_{li}$ を計算する。そして，これらの残差を加えた回帰式は，

$$Y_i = \beta_0 + \beta_1 X_{1i} + \cdots + \beta_k X_{ki} + \beta_{k+1} W_{1i} + \cdots + \beta_{k+p} W_{pi}$$
$$+ \gamma_1 \hat{v}_{1i} + \cdots + \gamma_k \hat{v}_{ki} + \xi_i$$

である。この回帰式の OLS 推定量の $\beta_0, \ldots, \beta_{k+p}$ の部分は，2SLS 推定による推定値と同じになる。追加した部分の $\gamma_1 \hat{v}_{1i} + \cdots + \gamma_k \hat{v}_{ki}$ は，コントロール関数と呼ばれる。

第 8 章 制限従属変数モデル

働く女性がますます増えている。女性が仕事に就くかどうか、といったような質的な変数を従属変数にして分析したい場合、本書で学ぶプロビットモデルなどが役に立つだろう。
（写真：Fast&Slow/PIXTA（ピクスタ））

- KEYWORD
- GUIDE
- FIGURE
- TABLE
- COLUMN
- EXAMPLE
- EMPIRICAL
- EXERCISE

CHAPTER 8

INTRODUCTION

　被説明変数が一定の範囲の値しか取らない回帰モデルのことを制限従属変数モデルという。たとえば、女性が就業するか否かを説明しようとするモデルは、被説明変数が就業するか否かという2つの値しか取らないため、2値選択モデルと呼ばれる制限従属変数のモデルとなる。また、最も不満な場合に1を取り、最も満足している場合に5を取るといったように5段階の値を取る職業満足度の決定を説明しようとするモデルも、従属変数が離散的な値しか取らない制限従属変数のモデルである。この章では、これらのような制限従属変数モデルをどのように推定するのかについて、説明していこう。

> **GUIDE**
>
> 本章の前提知識は第 2～5 章である。ただし本章 5 節では，第 7 章の知識を前提に説明変数の内生性の問題への対処を，第 6 章の知識を前提に観測単位の異質性の取り扱い方についての説明を行うので，必要に応じてそれらの章も確認してほしい。

1 従属変数が限定された値を取る場合の分析

　本章では，従属変数（被説明変数）が連続変数ではなく，限定された値のみを取るときの計量分析の手法を紹介する。たとえば，結婚している女性が就業するかどうかが女性の学歴や夫の年収にどのように依存しているかを知りたいとき，女性が就業している場合に 1 を取り，就業していないときに 0 を取る変数を定義し，それを被説明変数として女性の教育年数や夫の年収といった変数に回帰をすることが考えられる。このときに被説明変数は 0 と 1 という限定された値だけを取ることになる。

　他の例として，職場満足度の決定要因を探るという実証分析を考えることもできる。本章の実証例で用いる「PIAAC」(Programme for the International Assessment of Adult Competencies；国際成人力調査，「ピアック」と読む) などのサーベイデータには，回答者がどの程度職場に満足しているかを示す変数が入っている。回答は，「1：とても満足している，2：満足している，3：満足でも不満でもない，4：やや不満である，5：不満である」という 5 段階で記録されている。この満足度が教育年数，年齢，収入などの変数にどのように依存しているかを明らかにしようとする場合にも回帰分析を用いることができるが，被説明変数は 1，2，3，4，5 という限定された値のみを取ることになる。これらの例において，就業しているかどうか，満足度がどの程度かといった指標は，数量的な情報を示しているというよりも質的情報を数値に変換したものと考えられるので，質的変数と呼ばれる。

　以上の例で紹介したように，経済学（あるいは広く社会科学）の実証分析では，被説明変数が限定された値を取る分析を行うことが多い。このような場合でも第 4，5 章で学んできた線形回帰モデルの考え方を基本的には適用するこ

とができるのだが，被説明変数が限定した値しか取らないことに真正面から向き合った**非線形回帰モデル**と呼ばれるモデルもある。このような場合の推定手法は，伝統的に非線形回帰モデルが中心であったが，ミクロデータの普及に伴って，現在では線形回帰モデルしか学習していない学部学生が，このような分析をする必要性に迫られるケースも増えている。そのため，線形回帰モデルでできることを知っておくことも有意義であるので，本章では被説明変数が限定された値しか取らないときの線形回帰モデルの取り扱いと，被説明変数の特質を正面から捉えた非線形回帰モデルの両方を紹介する。

被説明変数が限定的な値しか取らないケースにおいても，説明変数の内生性に対する配慮の重要性はこれまでの議論とまったく変わらない。説明変数が誤差項と相関する内生性が発生しているケースにおいては，推定量が偏った分布を持ってしまうという漸近バイアスが発生する。そのため，内生変数がある場合の操作変数法に類似したアプローチを用いた対処方法についても，第7章の議論をもとに紹介する。

また，パネルデータが利用可能な場合に，個人や企業といった観察単位の異質性をどのように取り扱うかについても，第6章の知識を前提にして議論する。操作変数推定や固定効果推定は非線形回帰モデルだとやや複雑な側面があるため，操作変数推定や固定効果推定を簡単に行える線形モデルを使った推定は引き続き有用である。なお，非線形モデルの推定に用いる最尤法についての詳しい解説は本書の巻末付録B（687ページ）とより進んだレベルの教科書に譲り，本章ではその概念を簡単に説明するだけにとどめる。

最後に，母集団を代表するような標本が得られないときに，その標本を用いて推定を行うとどのような問題が発生するかを紹介する。そのうえで，問題を解決するための推定手法についても説明する。

被説明変数が2値変数の場合

2-1　モチベーション：女性の就業選択

日本は現在，急速に高齢化が進んでいる一方で，15歳から60歳の人口は人口減少局面に入っている。15歳から60歳の人々が働き，61歳以上の人々の

引退後の生活を支えるという旧来のモデルを維持していくのは難しいと考えられるため，女性や高齢者の就業確率を高めて持続可能な社会をつくろうという動きが盛り上がりつつある。しかし，たとえば結婚している女性の就業ひとつを取ってみても，就業していない人々には育児負担や介護負担をはじめとするさまざまな障害があって，就業したくてもできないという状況があることも事実である。これら既婚女性の就業を阻害する要因を特定することは，望ましい政策的な対応を考えるうえで欠かせない作業である。

労働経済学のモデルは，それぞれの既婚女性が最低限この金額をもらえば働き始めるという留保賃金と呼ばれる賃金水準を持ち，労働市場で得られる賃金が留保賃金を上回ると既婚女性は働くことを予測する。たとえば，夫の所得が上がると，本人の学歴などの要因を一定とすると，自分はそれほど働く必要性がないという意味で女性の留保賃金は上がることが予想される。また，小さな子供がいると，その世話で忙しいため，よほど高い賃金が得られないと働き始めないため留保賃金が上がることが予想される。すなわち他の条件を一定とすれば，働いたときに得られる賃金が高い人，夫の所得が低い人，小さな子供がいない人の就業確率が高いことが予測される。このうち，働いたときに得られる賃金（提示賃金と呼ばれる）は，実際には働いていない人に関してはデータで観察することができない。そのため，ここでの分析では提示賃金の代わりに本人の教育年数を用いることを考える。教育年数とは何年間教育を受けたかを年数で表したものであり，中学校卒であれば9年，高校卒であれば12年，短大・高専卒であれば14年，大卒であれば16年となる。

労働経済学モデルが導く予測が正しいかどうかを，データを使って検証することを考えよう。個人の就業の有無，教育年数，夫の所得，6歳以下の子供の数が記録されたデータが手に入ったとしよう。就業状態については個人 i が就業しているときに1を取り，就業していないときに0を取る変数 Y_i が記録されている。教育年数 X_{1i}，夫の月当たりの所得 X_{2i}，6歳以下の子供の数 X_{3i} も記録されているとしよう。これらの説明変数が就業行動をどのように決定するかを，モデルの中に含まれるパラメータの推定を通じて明らかにしていこう。

2-2 線形確率モデル

ここで，既婚女性の就業決定 Y_i は X_{1i}，X_{2i}，X_{3i} の線形関数で表せると仮定する。

線形確率モデル

$$Y_i = \beta_0 + \beta_1 X_{1i} + \beta_2 X_{2i} + \beta_3 X_{3i} + u_i \tag{8.1}$$

労働経済学を学んだことがあればわかると思うが，そこで登場する経済理論で学んだ複雑な式に比べると，この式は拍子抜けするほど単純な式である。このような線形の関数がどのように出てくるか不思議に思うかもしれないが，実は強い根拠があるわけではない。説明変数である X_{1i}，X_{2i}，X_{3i} が被説明変数である Y_i に影響を与えているかどうかを知りたいので，この関係を最も簡単に表すと考えられる線形式を推定するということである。これはそれほど悪いアイデアではなくて，複雑な非線形式でもテイラー展開などの数学のテクニックを使えば，線形近似をすることができるので，この線形式を現実を記述した複雑な式の線形近似と考えることもできる。ここで，誤差項 u_i が追加されているのは，X_{1i}，X_{2i}，X_{3i} がわかったとしてもある個人が働くか（$Y_i = 1$），働かないか（$Y_i = 0$）は完全に予測することはできず，研究者には観察できない（unobservable）就業決定要因があるためである。

ここで，データとして数多くの個人の Y_i，X_{1i}，X_{2i}，X_{3i} を手にしている状況で，このデータを使ってパラメータ β_0，β_1，β_2，β_3 を推定したいとしよう。労働供給の理論は教育年数が長くなれば提示賃金が高くなり，働く確率が高くなると予測できるので $\beta_1 > 0$，夫の所得を含む非労働所得が高ければ働く確率は低くなると予測できるので $\beta_2 < 0$，6歳以下の子供の数が増えると留保賃金が上がって働く確率が落ちると予測できるため $\beta_3 < 0$ が予測される。これらの符号条件が満たされているかどうかを調べるのが，労働経済学の理論の検証である。

このように，被説明変数がダミー変数である線形回帰モデルは**線形確率モデル**（linear probability model）と呼ばれ，パラメータを最小2乗法（OLS）で推定することができる。第4，5章で触れたように，推定量 $\hat{\beta}_0$，$\hat{\beta}_1$，$\hat{\beta}_2$，$\hat{\beta}_3$ は

推定に用いるサンプル $\{Y_i, X_{1i}, X_{2i}, X_{3i}\}_{i=1}^{N}$ が異なると違う値を取るため，確率変数である。最小2乗推定量 $\hat{\beta}_0$, $\hat{\beta}_1$, $\hat{\beta}_2$, $\hat{\beta}_3$ は確率変数で定数であるパラメータ β_0, β_1, β_2, β_3 と一致することはないが，その期待値は真の値と一致する不偏性は満たされてほしい。つまり，

$$\mathrm{E}(\hat{\beta}_j) = \beta_j, \quad j = 0, 1, 2, 3$$

が成立し最小2乗推定量が不偏推定量となってほしいのだが，そのための条件は

$$\mathrm{E}(u_i | X_{1i}, X_{2i}, X_{3i}) = 0$$

が成立していることである。これは教育年数，夫の所得，6歳以下の子供の数が与えられたときに，平均的に誤差項が0になるということである。

　これまでの章でも述べてきたが，誤差項の条件付き期待値について，$\mathrm{E}(u_i | X_{1i}, X_{2i}, X_{3i}) = 0$ が成立することを外生性が満たされているという。外生性が満たされているかどうかは，誤差項を直接観察できない以上，統計学的には検証することができない。この仮定が満たされているかどうかは経済学的に検証するしかないのである。仮定の経済学的な意味を捉えるためには，u_i にモデルに含まれている説明変数以外の就業するか否かに影響する変数がすべて含まれていることを認識する必要がある。たとえば，ある個人が強い就業意欲を持っているとすると，教育年数や夫の所得，6歳以下の子供の数が同じである一般的な人に比べて働く確率が高くなる。すなわち就業意欲の強さは u_i に含まれる。

　誤差項 u_i が就業意欲の強さを含むものと考えて，もう一度 $\mathrm{E}(u_i | X_{1i}, X_{2i}, X_{3i}) = 0$ が成立しているかを考えてみよう。とくに6歳以下の子供の数である X_{3i} を考えてみよう。女性が持つ子供の数というのはランダムに決まるものとは言い難い。バリバリ働くつもりの女性は子供の数を抑えようとする傾向があり，6歳以下の子供の数が少ない女性は就業意欲が強い人だという可能性が高い。すると6歳以下の子供の数 X_{3i} が少ないと平均的に u_i が高いことになるので，6歳以下の子供の数と誤差項は負の相関関係を持つことになり，$\mathrm{E}(u_i | X_{1i}, X_{2i}, X_{3i}) = 0$ は成立しない。このように誤差項と説明変数の間に相関関係があることを内生性があるという。この場合，6歳以下の子供の数が内生変数ということになる。

説明変数である 6 歳以下の子供の数 X_{3i} と誤差項 u_i に負の相関があるとき
に

$$Y_i = \beta_0 + \beta_1 X_{1i} + \beta_2 X_{2i} + \beta_3 X_{3i} + u_i$$

を推定するとどのような問題があるだろうか。

このモデルは 6 歳以下の子供の数が多いと，子育てと就業との両立の困難
性により就業率が下がることから $\beta_3 < 0$ を予想しているのだが，6 歳以下の
子供の数が多い女性は就業意欲が弱い（u_i が小さい）ため，就業率が低い可能
性もある。結果として推定される $\hat{\beta}_3$ は平均的にいって真の値よりも小さな値
となり，$\mathrm{E}(\hat{\beta}_3) < \beta_3$ となってしまうことが予想される。このようにあるパラ
メータの推定量の期待値が真のパラメータからずれることをバイアスがあると
いう。すなわち，ここでは 6 歳以下の子供の数が多い女性の働く確率が低い
ことには，6 歳以下の子供がいると就業が難しくなるという因果効果と，6 歳
以下の子供の数が多い人はそもそも就業意欲が弱いという非因果効果の 2 つ
があるのだが，誤差項に含まれる就業意欲が観察できないことから非因果効果
は推定できず，6 歳以下の子供が多い人の就業率が低いことはすべて 6 歳以下
の子供がいることが就業を抑制するという因果効果だと考えられてしまうとい
うことである。このように説明変数と誤差項に負の相関関係があると，その変
数の係数の推定量には一般的に下方にバイアスがかかる。一方で，説明変数と
誤差項に正の相関関係があると，上方にバイアスがかかる。

これまでの線形モデルを論じた章でも述べてきたように，説明変数の内生性
は推定量にバイアスをもたらすため，因果推論を志す社会科学の研究者にとっ
ては致命的な問題となりうる。この議論は被説明変数が連続変数である線形回
帰モデルに限定されるものではなくて，被説明変数が離散変数であるときも含
めて回帰分析をする際に常に気をつけるべき点である。

説明変数に内生性があるかどうかを考えるにあたって有用な方法がある。回
帰分析をするにあたっては，説明変数の取る値が個人間で異なることが必要で
ある。この例では，6 歳以下の子供の数が女性によって異なっていることが必
要である。それを受けて，なぜ女性によって 6 歳以下の子供の数が異なって
いるのかを考えることが必要である。一般的な常識を使って考えてもいいし，
経済理論の力を借りて考えてもいい。たとえば一般的な出生率の決定のモデ
ルを考えると，子供が上級財（所得が増えると需要が増える財）であるとすれば，

第 8 章 制限従属変数モデル　333

世帯所得が高いと子供の数が増える傾向にある一方で，主として子育てをする女性の機会費用が高いと子供の数は減る傾向にある。つまり経済理論は子供の数の決定要因として，世帯所得や女性の機会費用といった要因を示唆するわけであるが，これらの要因が女性の就業決定式の誤差項の中に含まれてしまっていないかを慎重に検討する必要がある。この例では，女性の機会費用の代理変数として教育年数 X_{1i} が，世帯所得の代理変数として夫の月当たりの所得 X_{2i} がそれぞれ含まれているため，これらの代理変数がうまく機会費用や世帯所得を捉えてくれていれば，u_i の中に子供の数の決定要因は含まれていないといえそうである。したがって，子供の数 X_{3i} と誤差項 u_i には相関関係はなく，内生性は心配しなくてもいいといえるかもしれない。

これまでの章で議論してきたように推定量がバイアスを持たない，すなわち不偏推定量であることは望ましい性質の1つであるが，もう1つ推定量が望ましい性質を持っているかを議論する際に参照すべき性質がある。それが推定量の一致性である。これは第4，5章などでも学んだように，推定に用いるデータのサンプルサイズが無限大に近づくとき，推定量が真のパラメータの値に確率収束することである。サンプルサイズが大きくなるにしたがって推定量の分散は徐々に小さくなってくるが，サンプルサイズが無限大になれば推定量の分散は0に収束する。つまり推定量はある値に向けて収束していくことになる。この収束先が真のパラメータであるというのが一致性の定義である。最小2乗推定量が一致性を持つためにはすべての説明変数が誤差項と相関を持たないこと，すなわち $E(X_{ji}u_i) = 0$ がすべての j に関して成立することが必要である。この条件は外生性の仮定 $E(u_i|X_{1i}, X_{2i}, X_{3i}) = 0$ が満たされていれば自動的に満たされる。なぜならば，第2章4-3項で学んだ繰り返し期待値の法則を用いれば，$j = 1, 2, 3$ に関して

$$E(X_{ji}u_i) = E[E(X_{ji}u_i|X_{1i}, X_{2i}, X_{3i})] = E[X_{ji}E(u_i|X_{1i}, X_{2i}, X_{3i})]$$
$$= E(X_{ji} \times 0) = 0$$

がいえるためである。なおここで，繰り返し期待値の法則を使って $E(u_i|X_{ji})$ $= E[E(u_i|X_{1i}, X_{2i}, X_{3i})|X_{ji}] = 0$ が $j = 1, 2, 3$ に関して成立していることも用いている。つまり，推定量が一致性を持つためにも外生性の仮定が成立しているかどうかを慎重に検討する必要があるということである。

これまでに紹介してきた線形確率モデルを使えば，被説明変数が0と1を

334　　第II部　ミクロ編

取るダミー変数のときでも因果関係を推定できることを確認した。ただし，線形確率モデルには致命的とはいえないものの，留意すべき点がある。最初の点は，誤差項が不均一分散になることである。誤差項は

$$u_i = Y_i - (\beta_0 + \beta_1 X_{1i} + \beta_2 X_{2i} + \beta_3 X_{3i}) \tag{8.2}$$

と書くことができる。ここで注目すべきことは Y_i が 0 または 1 しか取らないことである。そのため，X_1，X_2，X_3 の値がそれぞれ与えられると u_i が取る値は 2 つしかないことになる。たとえば，$(\beta_0 + \beta_1 X_{1i} + \beta_2 X_{2i} + \beta_3 X_{3i}) = 0.5$ であれば，u_i は 0.5 か -0.5 しか取りえない。そのため，u_i の分散の大きさは X_1，X_2，X_3 の値に依存することが疑われるのである。この点をより具体的に見ていこう。

まずここで押さえておきたいのが

$$\begin{aligned}
\mathrm{E}(Y_i | X_{1i}, X_{2i}, X_{3i}) &= \Pr(Y_i = 1 | X_{1i}, X_{2i}, X_{3i}) \times 1 \\
&\quad + \Pr(Y_i = 0 | X_{1i}, X_{2i}, X_{3i}) \times 0 \\
&= \Pr(Y_i = 1 | X_{1i}, X_{2i}, X_{3i})
\end{aligned} \tag{8.3}$$

が成立することである。

この結果を利用して，被説明変数の条件付き期待値を $\Pr_i = \mathrm{E}(Y_i | X_{1i}, X_{2i}, X_{3i}) = \Pr(Y_i = 1 | X_{1i}, X_{2i}, X_{3i}) = \beta_0 + \beta_1 X_{1i} + \beta_2 X_{2i} + \beta_3 X_{3i}$ と書くと，誤差項の説明変数で条件付けたうえでの条件付き分散は

$$\begin{aligned}
\mathrm{Var}(u_i | X_{1i}, X_{2i}, X_{3i}) &= \mathrm{E}[(Y_i - \Pr_i)^2 | X_{1i}, X_{2i}, X_{3i}] \\
&= \underbrace{\Pr_i(1 - \Pr_i)^2}_{Y_i=1 \text{ のケース}} + \underbrace{(1 - \Pr_i)\Pr_i^2}_{Y_i=0 \text{ のケース}} \\
&= \Pr_i(1 - \Pr_i)
\end{aligned} \tag{8.4}$$

となる。ここで $\Pr_i$ が X_{1i}，X_{2i}，X_{3i} に依存していることを思い起こせば，誤差項の分散の大きさが説明変数に依存し，不均一分散が起こっていることが明らかである。そのため，線形確率モデルを最小 2 乗法で推定する際には不均一分散に対して頑健な標準誤差を計算する必要がある。もっとも，不均一分散に対して頑健な標準誤差を計算することが一般的になっている現在の状況を考えると，誤差項が不均一分散を持つことは線形確率モデルを使う際に留意す

べき点とはいえるものの，欠点とまではいえない。

　線形確率モデルの持つより深刻な問題点は論理的な整合性である。説明変数の外生性が満たされているとすると $\mathrm{E}(u_i|X_{1i}, X_{2i}, X_{3i}) = 0$ が成立するため，被説明変数の期待値は

$$\mathrm{E}(Y_i|X_{1i}, X_{2i}, X_{3i}) = \Pr(Y_i = 1|X_{1i}, X_{2i}, X_{3i})$$
$$= \beta_0 + \beta_1 X_{1i} + \beta_2 X_{2i} + \beta_3 X_{3i} \tag{8.5}$$

である。これは X_{1i}, X_{2i}, X_{3i} が与えられたときに Y_i が 1 を取る確率を表しているといえる。確率であるため，0 から 1 の間に収まっていないといけないのだが，このモデルはそうなっていない。たとえば，β_1 が正の値を取るときに，他の説明変数を固定しながら，X_{1i} の値を増やしていくと $\Pr(Y_i = 1|X_{1i}, X_{2i}, X_{3i})$ はいつか 1 を超えてしまう。これは確率の定義に反する現象である。このように，線形確率モデルは論理的な整合性を満たさないため，その使用を嫌う研究者もいる。その一方で，実用上の問題は少なく，現実の近似としてはそれほど問題はないと考える研究者もいる。労働経済学者であり計量経済学のベストセラー教科書（Angrist and Pischke, 2008; 2014）も書いているヨシュア・アングリスト（J. D. Angrist）がその代表格である。

　線形確率モデルには上記のようないくつかの欠点があるにもかかわらず，このモデルが使われ続けるにはいくつか理由がある。その最大の理由は，固定効果推定や操作変数推定といった説明変数の内生性に対処するための推定手法が線形モデルには多数存在し，それらの手法が線形確率モデルであればそのまま利用できるということにある。この後に紹介する非線形モデルでも，内生性に対処する方法は同じように存在するが，線形モデルほど手軽に使えるというわけではない。

▰▰▰ 2-3　プロビット・モデルとロジット・モデル

プロビット・モデルの構造　被説明変数が 2 値変数のときに線形確率モデルを使うことの欠点は，被説明変数 Y_i が 1 を取る確率 $\Pr(Y_i = 1|X_i)$ が 0 と 1 の間に収まらないことであったが，この点を改善するのが「プロビット」（probit）と呼ばれるモデルである。繰り返しになるが，k 個の説明変数を $X_1, \ldots, X_k$ として，定数項も含めて $k+1$ 個の係

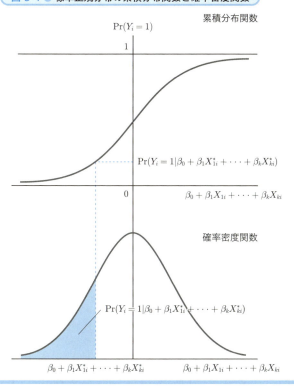

図 8-1 ● 標準正規分布の累積分布関数と確率密度関数

数を $\beta_0, \beta_1, \ldots, \beta_k$ とすると線形確率モデルは

$$E(Y_i|X_{1i}, \ldots, X_{ki}) = \Pr(Y_i = 1|X_{1i}, \ldots, X_{ki})$$
$$= \beta_0 + \beta_1 X_{1i} + \cdots + \beta_k X_{ki} \tag{8.6}$$

と書ける。問題はこの確率がその定義に反して 0 と 1 の間に収まらないことであったが、この確率を 0 から 1 の間に抑えるためには、何らかの累積分布関数を使うとよい。

累積分布関数の例として、標準正規分布の累積分布関数を考えよう。標準正規分布の確率密度関数は図 8-1 の下のような図である。この累積分布関数は確率密度関数を積分していったものとなるため、図 8-1 の上のような図となる。

たとえば、標準正規分布の累積分布関数 Φ を使い被説明変数 Y_i が 1 を取る

確率 $\Pr(Y_i = 1 | X_{1i}, \ldots, X_{ki})$ を書くと，

$$\Pr(Y_i = 1 | X_{1i}, \ldots, X_{ki}) = \Phi(\beta_0 + \beta_1 X_{1i} + \cdots + \beta_k X_{ki}) \tag{8.7}$$

と書ける。標準正規分布の累積分布関数は $\Phi(-\infty) = 0$ で $\Phi(\infty) = 1$ であるため，$X_{1i}, \ldots, X_{ki}$ がどんな値を取ろうとも 0 と 1 の間に収まることになり，確率の定義を満たすことになる。このように，説明変数によってつくられる線形の関数の取る値を，被説明変数の確率に変換する際に標準正規分布を使ったモデルのことを，**プロビット・モデル**という。ちなみに $\Pr(Y_i = 0 | X_{1i}, \ldots, X_{ki}) = 1 - \Pr(Y_i = 1 | X_{1i}, \ldots, X_{ki})$ であるため，

$$\Pr(Y_i = 0 | X_{1i}, \ldots, X_{ki})$$
$$= 1 - \Phi(\beta_0 + \beta_1 X_{1i} + \cdots + \beta_k X_{ki}) \tag{8.8}$$

もいえる。

任意の数の 0 乗は 1 であることを利用すると，これら $Y_i = 0$ のケースと $Y_i = 1$ のケースを合わせて確率密度関数を考えることができ，

プロビット・モデル

$$\Pr(Y_i | X_{1i}, \ldots, X_{ki})$$
$$= \left[\Phi \left(\beta_0 + \sum_{j=1}^{k} \beta_j X_{ji} \right) \right]^{Y_i} \times \left[1 - \Phi \left(\beta_0 + \sum_{j=1}^{k} \beta_j X_{ji} \right) \right]^{1-Y_i} \tag{8.9}$$

と表記できる。ここでは任意の数 c に対して $c^0 = 1$，$c^1 = c$ という性質を使って簡潔な表現をしていることに注意してほしい。

潜在変数を用いたプロビット・モデルの導出　プロビット・モデルは，研究者が実際には目にすることができないものの，被説明変数の取る値を決める連続変数が存在すると考えるモデルからも導出できる。この目に見えない連続変数を**潜在変数** (latent variable) という。潜在変数は

$$Y_i^* = \beta_0 + \beta_1 X_{1i} + \cdots + \beta_k X_{ki} + u_i = \beta_0 + \sum_{j=1}^{k} \beta_j X_{ji} + u_i$$

338　第 II 部　ミクロ編

と定義される。また，誤差項は標準正規分布に従い，その分布は説明変数とは独立であると仮定する。すなわち $u_i|X_{1i}, \ldots, X_{ki} \sim N(0,1)$ を満たすとする。ここで重要なのは条件付きの分布が考えられていて，説明変数が誤差項の期待値や分散に影響を与えていないことが仮定されている点である。つまり外生性や均一分散性が仮定されているということである。以下で示すように，プロビット・モデルはこの潜在変数 Y_i^* が 0 を超えるときに $Y_i = 1$ となり，そうでないときに $Y_i = 0$ となることを仮定したモデルだといえる。

　モデルの仮定をまとめると

潜在変数モデル

$$Y_i^* = \beta_0 + \sum_{j=1}^{k} \beta_j X_{ji} + u_i$$

$$u_i|X_{1i}, \ldots, X_{ki} \sim N(0,1) \tag{8.10}$$

であり，潜在変数 Y_i^* と被説明変数 Y_i は，

$$Y_i = \begin{cases} 0 & (Y^* \leq 0) \\ 1 & (Y^* > 0) \end{cases} \tag{8.11}$$

という関係を持っている。

　このとき

$$\begin{aligned}
\Pr(Y_i = 0|X_{1i}, \ldots, X_{ki}) &= \Pr(Y^* \leq 0|X_{1i}, \ldots, X_{ki}) \\
&= \Pr\left(\beta_0 + \sum_{j=1}^{k} \beta_j X_{ji} + u_i \leq 0|X_{1i}, \ldots, X_{ki}\right) \\
&= \Pr\left(u_i \leq -\beta_0 - \sum_{j=1}^{k} \beta_j X_{ji}|X_{1i}, \ldots, X_{ki}\right) \\
&= \Phi\left(-\beta_0 - \sum_{j=1}^{k} \beta_j X_{ji}\right) \\
&= 1 - \Phi\left(\beta_0 + \sum_{j=1}^{k} \beta_j X_{ji}\right)
\end{aligned} \tag{8.12}$$

と表現を簡単化できる。ここで最後の行は，標準正規分布が 0 を中心として

左右対称の確率密度関数を持ち，u_i が $-\beta_0 - \sum_{j=1}^{k} \beta_j X_{ji}$ 以下の値を取る確率と u_i が $\beta_0 + \sum_{j=1}^{k} \beta_j X_{ji}$ 以上の値を取る確率が同じ値であることを利用している。さらに Y_i が 1 を取る確率 $\Pr(Y_i = 1 | X_{1i}, \ldots, X_{ki})$ は 1 から Y_i が 0 を取る確率を引いたもの $1 - \Pr(Y_i = 0 | X_{1i}, \ldots, X_{ki})$ と同じであるため，

$$\Pr(Y_i = 1 | X_{1i}, \ldots, X_{ki}) = \Phi\left(\beta_0 + \sum_{j=1}^{k} \beta_j X_{ji}\right) \tag{8.13}$$

と書くことができる。これは通常のプロビット・モデルに一致することから，潜在変数モデルから導出できることを示すことができた。

実をいうと，線形確率モデルも潜在変数モデルから導出することができる。潜在変数モデルの誤差項 $u_i | X_{1i}, \ldots, X_{ki}$ が，標準正規分布ではなく一様分布に従っていると仮定すると，$\Pr(u_i \leq -\beta_0 - \sum_{j=1}^{k} \beta_j X_{ji}) = -\beta_0 - \sum_{j=1}^{k} \beta_j X_{ji}$ となるため，線形確率モデルを得ることができるのである。

プロビット・モデルの推定

プロビット・モデルを推定するということは，モデルのパラメータ $\beta_0, \beta_1, \ldots, \beta_k$ の推定量 $\hat{\beta}_0, \hat{\beta}_1, \ldots, \hat{\beta}_k$ を求めるということである。データの中には，説明変数 $X_{1i}, \ldots, X_{ki}$ が与えられたときに被説明変数 Y_i が 0 を取ったのか 1 を取ったのかが記録されている。そのため，被説明変数が 1 を取っているときには $X_{1i}, \ldots, X_{ki}$ が与えられたときに Y_i が 1 を取る確率である $\Phi(\beta_0 + \beta_1 X_{1i} + \cdots + \beta_k X_{ki})$ がなるべく大きくなるように，また被説明変数が 0 を取っているときには $X_{1i}, \ldots, X_{ki}$ が与えられたときに Y_i が 0 を取る確率である $1 - \Phi(\beta_0 + \beta_1 X_{1i} + \cdots + \beta_k X_{ki})$ がなるべく大きくなるように，$\beta_0, \beta_1, \ldots, \beta_k$ を選ぶことが考えられる。このように $\beta_0, \beta_1, \ldots, \beta_k$ を推定する方法を最尤推定法という（付録 B〔691 ページ〕）。プロビット・モデルにおける対数尤度関数は (8.9) 式の自然対数を取ることによって，

$$LL_i = Y_i\{\ln[\Phi(\beta_0 + \beta_1 X_{1i} + \cdots + \beta_k X_{ki})]\}$$
$$+ (1 - Y_i)\{\ln[1 - \Phi(\beta_0 + \beta_1 X_{1i} + \cdots + \beta_k X_{ki})]\} \tag{8.14}$$

と求められる。これはある個人 i に関して $\beta_0, \beta_1, \ldots, \beta_k$ が与えられたときに，説明変数 $X_{1i}, \ldots, X_{ki}$ が Y_i を取る確率の対数値だといえる。ここで考えているのはすべての個人の行動を上手に説明することができる係数パラメータを推定することなので，この対数尤度関数の和である $\sum_{i=1}^{N} LL_i$ を最大化する

$\beta_0, \beta_1, \ldots, \beta_k$ の値を計算する。この値を最尤推定量と呼び，$\hat{\beta}_0, \hat{\beta}_1, \ldots, \hat{\beta}_k$ と表記する。

一般的な統計解析ソフトでは，プロビット・モデルの最尤推定は数値計算を用いて行われるものの，分析者はその詳細に煩わされることなく簡単に実行できる。統計解析ソフトでは推定の結果として，推定された係数とそれぞれの標準誤差が結果として表示されるが，この点は最小2乗推定量を実行した際と変わらない。推定された係数を標準誤差で割って，t値（漸近的な分布であることを強調するためz値と呼ばれることもある）を計算し，母集団における係数パラメータが0であるという帰無仮説を検定するという流れも，最小2乗法のときと変わらない。

> **プロビット・モデルにおける推定結果の解釈：限界効果**

ここではプロビット・モデルを推定した後の結果の解釈の仕方を紹介したい。線形確率モデルとは異なり，プロビット・モデルの場合は，推定された係数パラメータを直接的に解釈することはできず，解釈可能な値を得るためには推定結果に少し加工を施すことが必要である。パラメータの推定量 $\hat{\beta}$ を得ると，説明変数が $X_{1i}, \ldots, X_{ki}$ を取るときの被説明変数 Y_i が 1 を取る確率は

$$\widehat{\Pr}(Y_i = 1 | X_{1i}, \ldots, X_{ki}) = \Phi(\hat{\beta}_0 + \hat{\beta}_1 X_{1i} + \cdots + \hat{\beta}_k X_{ki}) \tag{8.15}$$

と予測できる。ここで，説明変数ベクトルのうちの j 番目の変数である X_{ji} が変化したときに Y_i が 1 を取る確率がどのように変化するかに関心があるとしよう。これは数学的には偏微分の概念と対応するが，限界効果と呼ばれるものである。限界効果は偏微分を用いて，

> **プロビット・モデルの限界効果**
>
> $$\frac{\partial \widehat{\Pr}(Y_i = 1 | X_{1i}, X_{2i}, \ldots, X_{ki})}{\partial X_{ji}} = \phi(\hat{\beta}_0 + \hat{\beta}_1 X_{1i} + \cdots + \hat{\beta}_k X_{ki})\hat{\beta}_j \tag{8.16}$$

と表現できる。ただし ϕ は標準正規分布の確率密度関数であり，$\hat{\beta}_j$ は変数 X_{ji} にかかる係数である。確率密度関数である $\phi(\hat{\beta}_0 + \hat{\beta}_1 X_{1i} + \cdots + \hat{\beta}_k X_{ki})$

は正の値を取るため，限界効果の符号は β_j の符号と同じであることがわかる。また，確率密度関数は 0 で最も大きな値を取るため，$\hat{\beta}_0 + \hat{\beta}_1 X_{1i} + \cdots + \hat{\beta}_k X_{ki} = 0$ を満たすような $X_{1i}, \ldots, X_{ki}$ のもとで最も大きくなる。

　線形確率モデルのときに考えた既婚女性の就業の例に立ち返って考えてみると，$\hat{\beta}_0 + \hat{\beta}_1 X_{1i} + \hat{\beta}_2 X_{2i} + \hat{\beta}_3 X_{3i} = 0$ を満たすような，教育年数 X_{1i}，夫の月当たりの所得 X_{2i}，6 歳以下の子供の数 X_{3i} の組合せを持った既婚女性にとって，限界効果が最も大きくなることがわかる。ちなみに，$\hat{\beta}_0 + \hat{\beta}_1 X_{1i} + \hat{\beta}_2 X_{2i} + \hat{\beta}_3 X_{3i} = 0$ のとき，就業確率の予測値は $\widehat{\Pr}(Y_i = 1 | X_{1i}, X_{2i}, X_{3i}) = \Phi(\hat{\beta}_0 + \hat{\beta}_1 X_{1i} + \hat{\beta}_2 X_{2i} + \hat{\beta}_3 X_{3i}) = \Phi(0) = 0.5$ であるため，働く確率が 0.5 の既婚女性にとって限界効果が最も大きくなることがわかる。一方で，$\hat{\beta}_0 + \hat{\beta}_1 X_{1i} + \hat{\beta}_2 X_{2i} + \hat{\beta}_3 X_{3i}$ が小さく働く確率が 0 に近い既婚女性や $\hat{\beta}_0 + \hat{\beta}_1 X_{1i} + \hat{\beta}_2 X_{2i} + \hat{\beta}_3 X_{3i}$ が大きく働く確率が 1 に近い既婚女性に関しては，$\phi(-\infty) = \phi(\infty) = 0$ であるため，限界効果は 0 に近いこともわかる。働くかどうかの確率が半々の既婚女性については本人の教育年数，夫の所得，6 歳以下の子供の数の変化が働く確率の変化に大きな影響を与える一方で，ほぼ確実に働く女性やほぼ確実に働かない女性に関してこれらの変数の効果が小さいというモデルは，かなり現実的なモデルに見える。これは，説明変数の値にかかわらず限界効果が一定であると仮定されている線形確率モデルとは，対照的な性質である。

　このように，プロビット・モデルから得られる，ある変数の変化が被説明変数が 1 を取ることに対して与える限界効果は，それぞれの観察値が持つ X_{1i}，$\ldots, X_{ki}$ の値によって変化することがわかる。個人個人の限界効果をそれぞれ報告するわけにはいかないため，結果を報告するにあたっては，平均的な限界効果を報告することが多い。連続的な説明変数が変化するときの，平均的な限界効果の計算方法は主に 2 通りあって，まず各個人の限界効果を計算してからその平均値を取る

$$\frac{1}{N} \sum_{i=1}^{N} [\phi(\hat{\beta}_0 + \hat{\beta}_1 X_{1i} + \cdots + \hat{\beta}_k X_{ki}) \hat{\beta}_j] \tag{8.17}$$

という計算方法がある。これは政策評価の研究分野で平均処置効果（第 9 章参照）と呼ばれるものに対応していて，望ましい平均的限界効果の推定方法だといえる。

　もう 1 つの方法は，それぞれの説明変数の平均値を示すベクトル $\bar{X}_j =$

$(1/N)\sum_{i=1}^{N} X_{ji}$ を持つ「平均的個人」において評価する

$$\phi(\hat{\beta}_0 + \hat{\beta}_1 \bar{X}_1 + \cdots + \hat{\beta}_k \bar{X}_k)\hat{\beta}_j \tag{8.18}$$

という計算方法である。こちらも標準的な統計解析ソフトで計算される値であり広く使われている。

　変化させる説明変数が離散変数の場合，微分を取ることができないため上記の手法は使えない。たとえば，子供を持った女性の就業のケースでは説明変数が3つあり，X_{1i} は教育年数，X_{2i} は夫の所得，X_{3i} は6歳以下の子供数である。このうち X_{3i} は1，2，3といった離散的な値を取る変数である。そのためたとえば，子供の数が0から1に増えることによる就業確率への限界的な効果は

$$\Phi(\hat{\beta}_0 + X_{1i}\hat{\beta}_1 + X_{2i}\hat{\beta}_2 + \hat{\beta}_3) - \Phi(\hat{\beta}_0 + X_{1i}\hat{\beta}_1 + X_{2i}\hat{\beta}_2) \tag{8.19}$$

と表現できる。この値に関しても X_{1i} と X_{2i} に依存して変わっていくため，平均値を報告することが一般的である。連続変数と同じように，各個人に関する限界効果を計算したうえで平均を取る方法と，X_{1i} と X_{2i} のそれぞれの平均値で効果を評価して報告する方法がある。

　限界効果の計算方法は上記の通りであるが，限界効果がどの程度正確に推定されているかを知るためには標準誤差も計算する必要がある。限界効果の標準誤差の計算のためにはデルタ法と呼ばれる手段を用いる方法と，ブートストラップ法と呼ばれる手段を用いる方法の2つがある。これら2つの方法については Column 8–1 を参照してほしい。

　プロビット・モデルを最尤推定法で推定した際には，最小2乗法における R^2 のような明確な当てはまりの良さを示す単純な指標はない。指標としては，最尤推定量を求める際の目的関数である $\sum_{i=1}^{N} LL_i$ に実際のデータである $X_{1i},\ldots,X_{ki}\ (i=1,\ldots,N)$ と最尤推定量 $\hat{\beta}_0,\ldots,\hat{\beta}_k$ を代入して求まる対数尤度の和がある。もっとも対数尤度の和は，それ自体は簡単に解釈できるものではない。そこでマクファーデン（D. McFadden）は，モデルに定数項だけが含まれるときに比べて，すべての説明変数を含むモデルの当てはまりがどれだけ改善するかを対数尤度の和を使って表す方法を提案している。定数項だけを含んだプロビット・モデルを推定したときの対数尤度の和を L_0 として，すべての説明変数を含んだプロビット・モデルを推定したときの対数尤度の和を L_{UR} としよう。このとき疑似決定係数（pseudo R^2）は，$1-(L_{UR}/L_0)$ と定義

第8章　制限従属変数モデル　　343

> **COLUMN** **8-1 デルタ法とブートストラップ法**
>
> プロビット・モデルの最尤推定値を求めた後で限界効果の大きさを計算する
> と
>
> $$\frac{\partial \widehat{\Pr}(Y_i = 1 | X_{1i}, \ldots, X_{ki})}{\partial X_{ji}} = \phi \left(\hat{\beta}_0 + \sum_{j=1}^{k} \hat{\beta}_j X_{ji} \right) \hat{\beta}_j$$
> $$= m_{ij}(\hat{\beta}_0, \hat{\beta}_1, \ldots, \hat{\beta}_k) \tag{8.20}$$
>
> である。この表現のうち，$\hat{\beta}_j$ $(j = 1, \ldots, k)$ はそれぞれ分散を持つため，限
> 界効果も分散を持つことになる。この限界効果の分散をテイラー展開で近似し
> たうえで解析的に計算するのが，いわゆる**デルタ法**である。
>
> 標準誤差の解析的な計算はやや複雑なので，ブートストラップ法という方法
> で計算されることがある。**ブートストラップ法**とは，N 個の観察値を含むサン
> プルから，重複を認めながら N 個の観察値をランダムに抜き出し，同じサイ
> ズのサンプルを多数複製し，サンプルごとに推定を行うことで多数の推定値を
> 得て，その推定値の分布から標準誤差などを知るための方法である。
>
> 女性就業の例では，たとえば 1000 人の女性が就業しているかどうかを記録
> したデータが手元にあるとしよう。同じ女性が重複することを許せば，ここか
> らランダムに 1000 人の女性を抜き出し，1000 人の女性が含まれたサンプル
> を複製することができる。そして，この複製されたサンプルに対してプロビッ
> ト推定を行い，限界効果を計算する。この複製のプロセスを 500 回繰り返せ
> ば，500 の限界効果の推定値を得ることができる。仮に限界効果が正確に推定
> されていれば，500 の限界効果はそれほどばらつかない一方で，限界効果が不
> 正確にしか推定されないとすると 500 の限界効果はばらつくことになる。こ
> の 500 の標準偏差を見れば限界効果の標準誤差がわかるというのが，ブート
> ストラップ法の考え方である。

される。すべての説明変数を含んだモデルのほうが，定数項しか含まないモデ
ルよりは当てはまりが悪くなることはないから，$L_0 \leq L_{UR}$ となる。ただし，
プロビット・モデルの対数尤度は常に負の値を取るため，絶対値で考えると，
$|L_0| \geq |L_{UR}|$ となる。そのため，L_{UR}/L_0 は 0 と 1 の間の値を取り，疑似決定
係数も 0 と 1 の間の値を取る。仮に，説明変数を加えてもモデルの当てはま
りがまったく良くならないときには，$L_{UR} = L_0$ だから疑似決定係数は 0 にな
る。よって，疑似決定係数がより高いほどモデルの当てはまりが良いことがわ
かる。標準的な統計解析ソフトのプロビットのコマンドで報告される疑似決定
係数は，この指標である。通常の R^2 とは比較不能であるが，当てはまりの目

344　**第 II 部　ミクロ編**

安となるため，プロビット回帰の結果を報告する際には限界効果，その標準誤差，サンプルサイズと並んで，対数尤度の和の代わりに疑似決定係数を報告することがある。

ロジット・モデル ここまでは，

$$\Pr(Y_i = 1|X_i) = \Phi(\beta_0 + \beta_1 X_{1i} + \cdots + \beta_k X_{ki}) \tag{8.21}$$

を仮定したプロビット・モデルを被説明変数が 2 値変数であるモデルの一例として説明してきた。もっとも，$\beta_1 X_{1i} + \cdots + \beta_k X_{ki}$ を，被説明変数が 1 を取る確率に変換する累積分布関数は，標準正規分布でなくてもかまわない。このほかにも，潜在変数モデルにおける誤差項にロジスティック分布を仮定して得られる（ロジスティック分布の分布関数は図 8-2 を参照），

ロジット・モデル

$$\Pr(Y_i = 1|X_{1i}, \ldots, X_{ki}) = \Lambda\left(\beta_0 + \sum_{j=1}^{k} \beta_j X_{ji}\right)$$

$$= \frac{\exp(\beta_0 + \sum_{j=1}^{k} \beta_j X_{ji})}{1 + \exp(\beta_0 + \sum_{j=1}^{k} \beta_j X_{ji})} \tag{8.22}$$

というロジット・モデルが推定されることがある。このモデルで被説明変数が 1 を取る確率は $\sum_{j=1}^{k} \beta_j X_{ji}$ が ∞ に近づくとき 1 に近づき，$\sum_{j=1}^{k} \beta_j X_{ji}$ が $-\infty$ に近づくとき 0 に近づくため，0 と 1 の間に限定されており，プロビット・モデルと同じくロジット・モデルも確率の定義と整合的なモデルである。なお，モデルを推定した後に推定された係数の解釈をするためには限界効果を計算する必要があるのはプロビット・モデルと同様である。

指数関数 $\exp(x)$ はその x に関する微分が $\exp(x)$ ということもあり，このモデルは 1 階や 2 階の微分が取りやすく統計解析ソフトの中で数値計算をするときに計算が速く正確にできるという利点があったので，広く使われてきた。現在ではコンピュータの高性能化によりそのメリットは薄れているが，歴史的な理由などからロジット・モデルの推定は引き続き多数行われている。社会科学の中でも社会学や教育学といった分野では，経済学で使われている以上

第 8 章 制限従属変数モデル 345

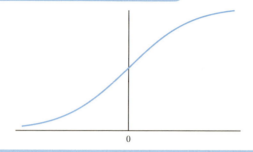

図 8-2 ● ロジスティック分布の分布関数

にロジット・モデルが使われているようである。

例題 8.1

ロジット・モデルにおいて連続な説明変数 X_{ji} に関する限界効果を求めなさい。

（解答例）

商の微分と合成関数の微分の公式を用いると

$$\frac{\partial \Pr(Y_i = 1 | X_{1i}, \ldots, X_{ki})}{\partial X_{ji}} = \frac{\exp(\hat{\beta}_0 + \sum_{j=1}^{k} \hat{\beta}_j X_{ji})}{[1 + \exp(\hat{\beta}_0 + \sum_{j=1}^{k} \hat{\beta}_j X_{ji})]^2} \hat{\beta}_j$$

であることが確認できる。♠

　被説明変数が0と1のみを取るモデルとして線形確率モデル，プロビット・モデル，ロジット・モデルを紹介してきた。線形確率モデルに関しては推定された係数そのものが限界効果を示しているが，プロビット・モデルやロジット・モデルの場合は係数を推定した後で限界効果を推定する必要がある。そして，これらの限界効果はモデル間でも比較可能なものであるが，実際のデータを用いてモデルを推定すると，それぞれの限界効果はおおよそ似た値を取ることが多い。そのため，線形確率モデルか，プロビット・モデルか，ロジット・モデルかというモデル選択については，それほど重要ではないという判断もできるだろう。

実証例 8.1　PIAAC を用いた女性の就業選択の実証例

　ここで，実際のデータを使った例を紹介しよう。例として，女性が就業するか否かが教育年数，年齢，婚姻状態，子供の数といった要因にどのように依存しているかを探ろう。用いるデータは本章冒頭でも触れたPIAACにおける日本のミクロデータである。PIAAC は OECD 加盟国等 24 カ国・地域（日，米，英，仏，独，韓，豪，加，フィンランド等）が参加する 16～65 歳までの男女個人を対象とした「読解力」「数的思考力」「ITを活用した問題解決能力」および調査対象者の背景（年齢，性別，学歴，職歴など）についての調査である。日本では 2011 年 8 月から 2012 年 2 月にかけて実施され，約 5000 人の情報が集められている。このミクロデータは OECD のウェブサイトよりダウンロードできるので，それをもとに分析を行う。なお，分析に用いたデータセットならびに統計解析ソフト Stata の実行ファイルは，本書のウェブサポートページからダウンロードできる。

　このデータから女性に限定したサンプルを作成し分析を行う。データには回答者が就業していれば 1 を取り，そうでなければ 0 を取るダミー変数が入っている。この就業ダミーを教育年数，年齢，有配偶者ダミー，子供数に回帰し，これらの説明変数が女性就業にどのような影響を与えているかを推定する。推定の結果は表 8-1 にまとめられている。

　列 (1) には線形確率モデルを OLS 推定した結果が報告されている。この結果によれば，教育年数が 1 年伸びることは就業確率を 1.9% ポイント引き上げる。そのため，教育年数が 12 年の高卒者と 16 年の大卒者を比べれば，就業確率は 7.6% ポイント違うことになる。

　ここで，% と % ポイントの違いについて注意を喚起したい。% 表示された数字の差が % ポイントであり，この % ポイントをもとの % や平均値の % で除したものが % 変化である。この例における 7.6% ポイントの就業確率の増加は，平均就業率が 66.6% であることより 11% の違いとなる。

　教育年数の係数 0.019 に対する標準誤差は 0.006 であるため，t 値は 3 を超えることより，推定された 0.019 は統計的に有意に 0 とは異なる。

第 8 章　制限従属変数モデル　　347

そのほか年齢が高いと就業率が高まることや配偶者がいると就業率が低くなることがわかる。かつては配偶者がいると，女性は家事に専念するために就業しないという傾向があったが，2011〜2012 年になると，男女の共働きの傾向が強まったといえるかもしれない。子供の数は統計的に有意に就業確率に影響を与えない。

列 (2) はプロビット・モデルを推定した結果である。この係数は解釈できないため，各個人に関して限界効果を計算し，その平均値を計算した結果が列 (3) に報告されており，カッコ内にはデルタ法で計算された標準誤差が報告されている。この結果を見ると，推定結果は線形確率モデルを OLS 推定した結果とほぼ変わらない。さらに列 (4) にはロジット・モデルの推定結果が報告されており，列 (5) にはこの結果から計算された限界効果の平均値とデルタ法で計算された標準誤差が報告されているが，この結果もほとんど変わらない。このように線形確率モデル，プロビット・モデル，ロジット・モデルの推定結果は，限界効果で比較するとあまり変わらないことが多い。もっとも，このサンプルにおける平均就業率は 66.6% であったが，被説明変数の平均値が 0% や 100% に近いときにはプロビット・モデルやロジット・モデルの持つ非線形性がその特徴を発揮し，異なる結果を導くこともある。いくつかのモデルを推定してみて，結果の安定性を確認したり，結果が異なるときにはなぜ異なるかを考察することは有益だろう。

3 被説明変数が離散変数の場合

ここまでの議論では，被説明変数が就業・非就業のようなダミー変数で表されるモデルの推定を論じてきた。ダミー変数の他にも被説明変数が離散的な値を取るケースがある。たとえば，労働者に対する調査で仕事満足度を聞き，「4：満足している，3：まあ満足している，2：やや不満である，1：不満である」という 4 段階で答えてもらうようなケースである。また，同様の調査で現在の職をどのような方法で探したかを聞いて，「1：インターネットの求人

TABLE	表 8-1 ● 女性の就業決定				
推定方法	(1) OLS	(2) プロビット	(3) 限界効果	(4) ロジット	(5) 限界効果
教育年数	0.019*** (0.006)	0.054*** (0.016)	0.020*** (0.006)	0.087*** (0.026)	0.020*** (0.006)
年齢	0.002* (0.001)	0.005* (0.003)	0.002* (0.001)	0.009* (0.005)	0.002* (0.001)
配偶者あり	−0.118*** (0.031)	−0.339*** (0.097)	−0.124*** (0.035)	−0.559*** (0.163)	−0.126*** (0.036)
子供数	0.014 (0.013)	0.04 (0.032)	0.015 (0.012)	0.072 (0.058)	0.016 (0.013)
定数項	0.376*** (0.105)	−0.344 (0.287)		−0.578 (0.471)	
$\bar{R}^2$ / 疑似 R^2	0.01	0.01		0.01	
N	1,747	1,747		1,747	

（注）　列 (1) のカッコ内は自由度修正ホワイト標準誤差，列 (2), (4) はプロビット・モデルとロジット・モデルの係数，カッコ内には標準誤差，列 (3), (5) は限界効果の平均値であり，カッコ内にデルタ法で計算されたその標準誤差を記入している。***, **, *は，それぞれ 1%，5%，10% の有意水準で有意であることを示す。

広告を見て，2：新聞・雑誌の求人広告を見て，3：知り合いの紹介を通じて」などの選択肢で答えてもらうケースもある。前者の例と後者の例の違いは，前者の職業満足度のほうは回答は高いほうから低いほうに順序付けることができる一方で，後者の入職経路の回答は順序付けることができない点にある。以下では，それぞれの場合の対処方法について紹介する。

3-1　離散変数が順序付けられる場合

先に示した仕事満足度の他にも，普段の健康状態を聞いて，「4：健康である，3：まあ健康である，2：やや不健康である，1：不健康である」の4段階で回答してもらうという主観的な健康状態を聞く質問のケースなど，この種の質問が調査でなされるケースは多い。ここでは，職業満足度がどのような要因で決定されるかを探ることを例に取りながら，モデルの推定について説明する。

職業満足度の決定要因の1つとして重要だと考えられているのが，仕事の仕方を自分自身でどの程度決定できるかという自律性である。とくに，自分自身で事業を営む自営業者は雇われて働く雇用労働者に比べて，賃金などの他の要因を一定にすると職業満足度が高いといわれている。この仮説を検証する

第 8 章　制限従属変数モデル　349

ために，ある男性労働者に関するデータから職業満足度 Y_i，自営業者である場合に 1 を取るダミー変数 X_1，賃金（収入）を示す X_2，教育年数を示す X_3，職業経験年数を示す X_4 を得たとする。なお，職業満足度は「4：満足している，3：まあ満足している，2：やや不満である，1：不満である」という 4 段階で記録されている。賃金，教育年数，職業経験年数を一定にしながら，自営業者であるかどうかが職業満足度に与える影響を推定しようと思えば

$$Y_i = \beta_0 + \beta_1 X_{1i} + \beta_2 X_{2i} + \beta_3 X_{3i} + \beta_4 X_{4i} + u_i \tag{8.23}$$

という線形モデルを推定することが考えられる。なお，ここでも内生性の議論は重要であり，外生性の仮定 $\mathrm{E}(u_i | X_{1i}, X_{2i}, X_{3i}, X_{4i}) = 0$ が成立していることが前提となる。たとえば，自営業者は楽観的な人が多く，高い職業満足度を報告しがちであるといったことがあると外生性の仮定は成立しないため，このような問題はないことを前提にする。

　この線形モデルは，線形確率モデルと同様に誤差項が不均一分散となっていることに注意して標準誤差を不均一分散に対して頑健な形とすれば，最小 2 乗法を使ってパラメータを推定し統計的検定を行うことができる。しかしながら，被説明変数の職業満足度が 4 から 1 にかけて等間隔に並んでいるとしている点が強い仮定である。たとえば，推定の結果 $\hat{\beta}_1$ が 0.5 と推定されたとしよう。これは自営業者の職業満足度が他の条件を一定としたときに，職業満足度の点数が平均で 0.5 高いことを意味している。この結果の欠点は，職業満足度の回答に便宜的に，「4：満足している，3：まあ満足している，2：やや不満である，1：不満である」と数字を振って職業満足スコアを得ているので，職業満足度が 0.5 上がるといわれたときに，その数字自体に意味がないことである。本当に知りたいのは，自営業者が雇用労働者に比べて，それぞれの選択肢を選ぶ確率がどれだけ異なるかである。

　被説明変数が 3 つ以上の離散変数を取る場合の簡単な対処方法は，たとえば「満足している」と「まあ満足している」という選択肢をひとまとめにして $Y_i = 1$ と置き，「やや不満である」と「不満である」をひとまとめにして $Y_i = 0$ とおいて，今の仕事に満足している確率を線形確率モデルやプロビット・モデルで推定することである。ただこの方法は，せっかく細かく情報を得ているのに情報を集約することでその一部を捨ててしまっている点が残念である。そのため以下では，得られている職業満足度の情報をフルに使う推定方法を検

討しよう。

線形確率モデル

職業満足度の決定を推定するにあたっては、「満足している」「まあ満足している」「やや不満である」「不満である」という選択肢のそれぞれが選択される確率を推定することが目的である。そのため、個人 i が「満足している」と答えた場合には1を取り、それ以外の場合には0を取るダミー変数 Y_{4i} を、「まあ満足している」と答えた場合には1を取り、それ以外の場合には0を取るダミー変数 Y_{3i} を、「やや不満である」と答えた場合には1を取り、それ以外の場合には0を取るダミー変数 Y_{2i} を、「不満である」と答えた場合には1を取り、それ以外の場合には0を取るダミー変数 Y_{1i} をそれぞれ定義して、線形確率モデルで4本の式をそれぞれ推定するという方法が考えられる。この方法の欠点は、たとえば自営業者が「まあ満足している」と答える確率が雇用労働者に比べて低いことがわかった際に、自営業者がより満足しているために確率が低くなっているのか、より不満であるために確率が低くなっているのかが、他の選択肢の推定結果と比較しないとわからない点である。

この問題を回避するためには「4：満足している、3：まあ満足している、2：やや不満である、1：不満である」というスケールは用いつつ、Y_i が4以上である場合に1を取るダミー変数 $D4_i$、Y_i が3以上である場合に1を取るダミー変数 $D3_i$、Y_i が2以上である場合に1を取るダミー変数 $D2_i$ を定義し、それらを被説明変数とした線形回帰モデルを3本推定する方法もある。これらのダミー変数を被説明変数とする線形確率モデルは、以下の式を推定していると理解できる。

順序付き離散データの線形確率モデル

$$\Pr(Y = 4 | X_{1i}, X_{2i}, X_{3i}, X_{4i})$$
$$= \beta_{40} + \beta_{41} X_{1i} + \beta_{42} X_{2i} + \beta_{43} X_{3i} + \beta_{44} X_{4i}$$
$$\Pr(Y \geq 3 | X_{1i}, X_{2i}, X_{3i}, X_{4i})$$
$$= \beta_{30} + \beta_{31} X_{1i} + \beta_{32} X_{2i} + \beta_{33} X_{3i} + \beta_{34} X_{4i}$$
$$\Pr(Y \geq 2 | X_{1i}, X_{2i}, X_{3i}, X_{4i})$$
$$= \beta_{20} + \beta_{21} X_{1i} + \beta_{22} X_{2i} + \beta_{23} X_{3i} + \beta_{24} X_{4i} \tag{8.24}$$

ここで，β_{41} は X_{1i} が 1 単位変化した際に Y_i が 4 である確率がどれだけ変化するかを示している。同様に β_{31} は Y_i が 3 以上である確率が，β_{21} は Y_i が 2 以上である確率がどれだけ変化するかを示している。このように 1 つの変数に関して 3 つの限界効果が推定されるわけである。先の自営業者であることが職業満足度に与える影響を考えた場合，自営業者であることが満足度を上げるのであれば，$\beta_{41}, \beta_{31}, \beta_{21}$ はすべて正の値を取る。中でも「やや不満である」から「まあ満足している」に引き上げる効果が大きいならば，β_{31} が大きな値を取る。ちなみに Y_i が 1 を取る確率への限界効果を計算したければ，たとえば，X_{1i} に関わる限界効果の場合，$\Pr(Y = 1|X_{1i}, X_{2i}, X_{3i}, X_{4i}) = 1 - \Pr(Y \geq 2|X_{1i}, X_{2i}, X_{3i}, X_{4i})$ であることと $\partial \Pr(Y = 1|X_{1i}, X_{2i}, X_{3i}, X_{4i})/\partial X_{1i} = \partial[1 - \Pr(Y \geq 2|X_{1i}, X_{2i}, X_{3i}, X_{4i})]/\partial X_{1i} = -\beta_{21}$ であることに着目すれば，推定された $\hat{\beta}_{21}$ の符号を反転させればよいことがわかる。本質的には 1 つの説明変数の変化に対して 4 つの限界効果が計算でき，そのうち 1 つの限界効果は他の 3 つの限界効果がわかれば一意に決まるのである。

　なお，この方程式の体系 (8.24) 式は，それぞれの式を 1 本ずつ OLS で推定してかまわない。ただし，あくまでもダミー変数を被説明変数とする線形確率モデルであるため，不均一分散に対して頑健な標準誤差を計算する必要がある。

> **順序付き
> プロビット・モデル**

職業満足度のように順位が付けられる離散的な変数を説明しようとする場合でも，被説明変数をダミー変数に適切に変換すれば線形確率モデルが使えることを見てきた。しかしながら，線形確率モデルが確率の定義とは必ずしも整合的ではないという欠点は，引き続き残されている。そこで，4 段階で表現される職業満足度を被説明変数としたときのプロビット・モデルを考えてみよう。ここで，通常のプロビット・モデルを潜在変数モデルを用いて被説明変数が多段階を取る状況に拡張することが有用である。このように拡張したモデルは，順序付きプロビット・モデルと呼ばれる。

　潜在変数モデルを使って被説明変数が多段階の離散変数であるモデルを考えてみよう。プロビット・モデルのケースでは被説明変数は 0 と 1 しか取らなかったため，潜在変数が 0 を超えたときに被説明変数が 1 を取ると仮定してモデルを考えればよかった。しかし，ここで例として考えている職業満足度の場合，被説明変数は 1，2，3，4 の 4 段階の値を取る。ここではより一般

に，J 段階の選択肢があるとしよう。まず潜在変数は，次のような線形関数で決まると仮定する。

$$Y_i^* = \sum_{j=1}^{k} \beta_j X_{ji} + u_i$$

$$u_i | X_{1i}, \ldots, X_{ki} \sim N(0, 1) \tag{8.25}$$

ここで Y_i^* は潜在変数であり，後述の通り，実際に観察される Y_i との関係は閾値 $\mu_1, \ldots, \mu_4$ との関係で決まるため，このモデルに定数項を入れたとしてもそれは識別されない。そのため，ここではあえて定数項を省いた定式化を行っている。

次に，潜在変数と被説明変数の間には以下のような関係があると仮定する。

$$Y_i = \begin{cases} 1 & (Y_i^* \leq \mu_1) \\ 2 & (\mu_1 < Y_i^* \leq \mu_2) \\ 3 & (\mu_2 < Y_i^* \leq \mu_3) \\ \vdots & \vdots \\ J & (\mu_{J-1} < Y_i^*) \end{cases}$$

この仮定のもとで，Y_i がそれぞれの値を取る条件付き確率は

順序付きプロビット・モデル

$$\Pr(Y_i = 1 | X_{1i}, \ldots, X_{ki}) = \Pr\left(\sum_{j=1}^{k} \beta_j X_{ji} + u_i \leq \mu_1 \right)$$

$$= \Phi\left(\mu_1 - \sum_{j=1}^{k} \beta_j X_{ji} \right) \tag{8.26}$$

$$\Pr(Y_i = 2 | X_{1i}, \ldots, X_{ki}) = \Pr(\mu_1 < Y^* \leq \mu_2)$$

$$= \Pr\left(\sum_{j=1}^{k} \beta_j X_{ji} + u_i \leq \mu_2 \right) - \Pr\left(\sum_{j=1}^{k} \beta_j X_{ji} + u_i \leq \mu_1 \right)$$

$$= \Phi\left(\mu_2 - \sum_{j=1}^{k} \beta_j X_{ji} \right) - \Phi\left(\mu_1 - \sum_{j=1}^{k} \beta_j X_{ji} \right) \tag{8.27}$$

第 **8** 章 制限従属変数モデル 353

$$\Pr(Y_i = 3 | X_{1i}, \ldots, X_{ki}) = \Pr(\mu_2 < Y^* \le \mu_3)$$

$$= \Pr\left(\sum_{j=1}^{k} \beta_j X_{ji} + u_i \le \mu_3\right) - \Pr\left(\sum_{j=1}^{k} \beta_j X_{ji} + u_i \le \mu_2\right)$$

$$= \Phi\left(\mu_3 - \sum_{j=1}^{k} \beta_j X_{ji}\right) - \Phi\left(\mu_2 - \sum_{j=1}^{k} \beta_j X_{ji}\right) \tag{8.28}$$

$$\Pr(Y_i = 4 | X_{1i}, \ldots, X_{ki}) = \Pr(\mu_3 < Y^*)$$

$$= 1 - \Pr\left(\sum_{j=1}^{k} \beta_j X_{ji} + u_i \le \mu_3\right)$$

$$= 1 - \Phi\left(\mu_3 - \sum_{j=1}^{k} \beta_j X_{ji}\right) \tag{8.29}$$

と与えられる。ただし，ここでΦは標準正規分布の分布関数（累積分布関数）である。これら4つの選択肢を取る確率のそれぞれを合計すると，1が得られる。これは，Y_iは1から4のうちのいずれかの選択肢が選ばれていることを示唆している。

この条件付き確率のもとで対数尤度関数は

$$LL_i = 1[Y_i = 1] \ln \Phi\left(\mu_1 - \sum_{j=1}^{k} \beta_j X_{ji}\right)$$

$$+ 1[Y_i = 2] \ln\left[\Phi\left(\mu_2 - \sum_{j=1}^{k} \beta_j X_{ji}\right) - \Phi\left(\mu_1 - \sum_{j=1}^{k} \beta_j X_{ji}\right)\right]$$

$$+ 1[Y_i = 3] \ln\left[\Phi\left(\mu_3 - \sum_{j=1}^{k} \beta_j X_{ji}\right) - \Phi\left(\mu_2 - \sum_{j=1}^{k} \beta_j X_{ji}\right)\right]$$

$$+ 1[Y_i = 4] \ln\left[1 - \Phi\left(\mu_3 - \sum_{j=1}^{k} \beta_j X_{ji}\right)\right]$$

$$\tag{8.30}$$

と書くことができる。ただし，ここで$1[\cdot]$は$[\cdot]$内が真のときに1を取り，そうでないときに0を取る指示関数と呼ばれる関数である。対数尤度の和（$\sum_{i=1}^{N} l_i$）を最大化するのが最尤推定量$\hat{\beta}_1, \ldots, \hat{\beta}_k$である。

354　第II部　ミクロ編

順序付きプロビット・モデルの推定結果を解釈するためには，任意の説明変数 X_m が変化するときに Y_i が 1, 2, 3, 4 を取る確率がそれぞれどのように変化するかを示す限界効果を計算する必要がある。限界効果は (8.26) 式〜(8.29) 式の X_{mi} に関する偏微分で求められ，次のように計算することができる。

順序付きプロビット・モデルの限界効果

$$\frac{\partial \widehat{\Pr}(Y_i = 1 | X_{1i}, \ldots, X_{ki})}{\partial X_{mi}} = -\phi \left(\hat{\mu}_1 - \sum_{j=1}^{k} \hat{\beta}_j X_{ji} \right) \hat{\beta}_m$$

$$\frac{\partial \widehat{\Pr}(Y_i = 2 | X_{1i}, \ldots, X_{ki})}{\partial X_{mi}}$$

$$= -\phi \left(\hat{\mu}_2 - \sum_{j=1}^{k} \hat{\beta}_j X_{ji} \right) \hat{\beta}_m + \phi \left(\hat{\mu}_1 - \sum_{j=1}^{k} \hat{\beta}_j X_{ji} \right) \hat{\beta}_m \qquad (8.31)$$

$$\frac{\partial \widehat{\Pr}(Y_i = 3 | X_{1i}, \ldots, X_{ki})}{\partial X_{mi}}$$

$$= -\phi \left(\hat{\mu}_3 - \sum_{j=1}^{k} \hat{\beta}_j X_{ji} \right) \hat{\beta}_m + \phi \left(\hat{\mu}_2 - \sum_{j=1}^{k} \hat{\beta}_j X_{ji} \right) \hat{\beta}_m$$

$$\frac{\partial \widehat{\Pr}(Y_i = 4 | X_{1i}, \ldots, X_{ki})}{\partial X_{mi}} = \phi \left(\hat{\mu}_3 - \sum_{j=1}^{k} \hat{\beta}_j X_{ji} \right) \hat{\beta}_m$$

ただしここで，ϕ は標準正規分布の確率密度関数である。ここで，これら 4 つの限界効果を合計すると 0 になることに注意してほしい。このことは，任意の説明変数 X_{mi} が増えたとき，ある選択肢を取る確率が上がる一方で他の選択肢を取る確率が下がるため，各選択肢を取る確率の合計値が 1 であることと整合的である。

この限界効果の解釈がやや難しいのは，たとえば $Y_i = 2$ の確率が下がったというときに Y_i がより高い値を取る確率が上がったからなのか，Y_i がより低い値を取る確率が上がったからなのかがわからないことである。そのため，他の選択肢を取る確率が限界的にどのように変化しているかを同時に判断することによって X_{mi} が増えることが Y_i を増やす方向に作用するのか，減らす方向に作用するのかを判断する必要がある。

このように計算される限界効果は，説明変数の値である $X_{1i}, \ldots, X_{ki}$ が異なれば異なった値を取る。そのため，限界効果の取る値は個人によって異なる

第 8 章　制限従属変数モデル　　355

ため，各個人の限界効果を計算したうえで，その平均値を計算した平均的限界効果が限界効果として報告されることが多い。もちろん説明変数の平均値を代入して，「平均的個人」の限界効果を報告する方法も考えられるだろう。

実証例 8.2　PIAAC を用いた仕事満足度の決定要因の分析

EMPIRICAL

　ここで女性の就業選択の推定に用いた PIAAC を再び用いて，男性労働者の仕事満足度の決定要因を順序付きプロビット・モデルによって推定しよう。被説明変数は仕事に対して「とても不満」なときに 1 を取り，「とても満足」なときに 5 を取る 5 段階の離散変数である。1225 人の男性労働者サンプルの 0.8% が「とても不満」，9.4% が「不満」，30.8% が「どちらでもない」，50.6% が「満足」，8.4% が「とても満足」と答えている。説明変数には教育年数，年齢，配偶者ありダミー変数，子供数を用いた。推定の結果は表にまとめられている。

　表の最初の列は，順序付きプロビット・モデルの係数の推定値と標準誤差をまとめたものである。推定値を標準誤差で割った t 値が 1.96 を超えていれば係数は 5% 水準で統計的に有意だといえるのは，通常の OLS 推定などと同じである。そのためこの結果は，教育年数が長いことと年齢が高いことが仕事満足度を統計的に有意に引き上げていることを示している。一方で，配偶者がいることや子供の数が多いことは仕事満足度に統計的に有意な影響を与えていないことを示している。表の中にはモデルの中の閾値の推定値である $\hat{\mu}_1, \ldots, \hat{\mu}_4$ も報告されている。

　順序付きプロビット・モデルの推定係数は，各説明変数が被説明変数に正か負かどちらの向きに影響を与えるかを明らかにするが，係数の大きさを解釈することはできない。係数の大きさを解釈するためには限界効果を計算する必要がある。ここで被説明変数には 5 段階があるため，1 つの説明変数に対して 5 つの限界効果を計算し，個人間の平均値を平均限界効果として求めた。その結果が表 8-2 の 2 列目から 6 列目にかけて報告されている。この結果は，教育年数が伸びると不満である確率が低くなり満足である確率が高くなることを示している。たとえば，教育年数が 1 年伸びると「とても満足」と答える確率は人によって異なるがその限界効果の平均値が，0.469% ポイントであることを示している。1 年

356　第 II 部　ミクロ編

男性労働者の職業満足度の決定

	モデル係数	限界効果（％ ポイント変化）				
		とても不満	不満	どちらでもない	満足	とても満足
教育年数	0.031**	−0.067**	−0.473**	−0.640**	0.711**	0.469**
	(0.012)	(0.033)	(0.189)	(0.252)	(0.281)	(0.188)
年齢	0.007**	−0.015*	−0.106**	−0.143**	0.159**	0.105**
	(0.003)	(0.008)	(0.048)	(0.064)	(0.071)	(0.048)
配偶者あり	−0.084	0.186	1.304	1.764	−1.961	−1.293
	(0.151)	(0.339)	(2.349)	(3.174)	(3.530)	(2.328)
子供数	−0.011	0.024	0.171	0.232	−0.257	−0.170
	(0.040)	(0.090)	(0.626)	(0.847)	(0.641)	(0.621)
μ_1	−1.772***					
	(0.292)					
μ_2	−0.633**					
	(0.274)					
μ_3	0.414					
	(0.273)					
μ_4	2.028***					
	(0.278)					
疑似 R^2	0.004					
N	1,225					

(注) 最初の列のカッコ内は自由度修正ホワイト標準誤差，2 列目以降は限界効果の平均値
であり，カッコ内にデルタ法で計算されたその標準誤差を記している。***, **, *は，
それぞれ 1%，5%，10% の有意水準で有意であることを示す。

教育年数が伸びると，とても満足と答える確率が約 0.5% ポイント増え
ることから，おおまかに考えると，大卒者と高卒者は教育年数が 4 年異
なることより，大卒者は高卒者よりも約 2% ポイント「とても満足」と
答える確率が高いということであり，この選択肢を選ぶ平均確率が 8.4%
であったことを考えるとかなり大きな効果だといえよう。他の結果につ
いても同様に解釈していくことができる。

　ここで大切なのは，推定された係数は 1 組であったにもかかわらず，
限界効果は被説明変数の選択肢の数だけ推定されるということである。
また，ある説明変数が変化したときに，被説明変数のそれぞれの選択肢
が選ばれる確率は変化するが，ある選択肢が選ばれる確率が上がれば，
いずれかの選択肢の選ばれる確率が下がる必要がある。そのため，5 つ
の選択肢に対する限界効果を合計すると（限界効果を横方向に合計すると）
0 になっている。

第 8 章　制限従属変数モデル　　357

3-2　連続変数が離散変数に変換されている場合

「就業構造基本調査」など多くの政府統計では，収入は実際の値を聞くのではなくて，50万円未満，50～99万円，…，1000～1499万円，1500万円以上といった形で，区間で尋ねることが多い。年収を1万円単位で聞いたりすると，細かい数字がわからないがゆえに回答しないといったことが起こってしまい，このことが回答率の低下につながりうるためである。このように区間で記録されている年収を被説明変数として回帰分析を行いたい際には，どのような対応をすればいいのだろうか。ここでは，区間データの取り扱いについて紹介をする。

線形モデル

被説明変数が区間で報告されている際の対処方法として最も簡単な対応の方法は，区間の中央値を使って被説明変数を連続変数に変換することである。たとえば，区間が100万円から149万円となっている場合には，125万円を当てはめるという方法である。難しいのは，最大値の区間の上限がない年収1500万円以上といったケースの取り扱いである。便宜的に区間の下限，例の場合1500万円，を当てることがある。より望ましいのは他の統計データを使って1500万円以上の年収を得ている人々の平均年収を計算しその平均値を当てたり，年収分布を仮定して分布のパラメータを推定し，1500万円以上の年収の平均年収を推定しその推定値を当てたりすることである。このように，区間で報告されている被説明変数の値を連続変数に変換した後は，通常の最小2乗推定法を用いて分析することができる。

区間回帰モデル

年収などの被説明変数が区間で報告されているということは，被説明変数が順序付けられた離散的な変数であることをも意味している。つまり年収1500万円以上というカテゴリーが一番上のカテゴリーで，年収1000～1499万円が次のカテゴリー，という形で順序付けられたカテゴリーが離散的に並んでいるということである。これらの年収カテゴリーが，低い年収カテゴリーから順番に番号を付けた離散変数 $Y_i = 1, \ldots, J$ として定義されているとしよう。このように考えると，被説明変数が区間で報告されているデータは，順序付きプロビット・モデルの一種だと考えることができる。ここまで紹介した順序付きプロビット・モデルとの違いは，連続変数を区間カテゴリーに変換するときに閾値がすでにわかっ

358　第Ⅱ部　ミクロ編

ている点である。

　この違いに注意を払いながら，仮に年収が連続的に記録されていたとしたら，その年収がどのような関数によって決定されているかを推定しようとするのが，区間回帰モデルである。

　区間回帰モデルを推定するにあたっては，連続的な本来の被説明変数 Y_i^* が次のように決まっていると仮定する。ここでも表記のスペースを節約するため定数項を入れていないが，$X_{1i} = 1$ であるとして β_1 は定数項であると考えてほしい。

$$Y_i^* = \sum_{j=1}^{k} \beta_j X_{ji} + u_i$$

$$u_i | X_{1i}, \ldots, X_{ki} \sim N(0, \sigma^2) \tag{8.32}$$

通常の順序付きプロビット・モデルと異なっているのは，誤差項の分散を 1 に標準化することはせずに，σ^2 と置いて推定すべきパラメータとして取り扱うことである。

　次に，連続的な被説明変数 Y^* と区間で報告される被説明変数 Y_i との間には，以下のような関係があると仮定する。

$$Y_i = \begin{cases} 1 & (Y_i^* \le \mu_1) \\ 2 & (\mu_1 < Y_i^* \le \mu_2) \\ 3 & (\mu_2 < Y_i^* \le \mu_3) \\ \vdots & \vdots \\ J & (\mu_{J-1} < Y_i^*) \end{cases}$$

ここで，$\mu_1, \ldots, \mu_J$ は区間の閾値で既知のものである。「就業構造基本調査」の場合，最初の区間は 50 万円未満であるため，$\mu_1 = 50$ となり，最後の区間は 1500 万円以上であるため $\mu_J = 1500$ である。被説明変数に自然対数などを取った場合には，閾値も自然対数を取ることになる。先にも述べたように，通常の順序付きプロビット・モデルにおいては，閾値は推定すべきパラメータであったが，区間回帰モデルでは既知の値となっている点が異なる。

　連続的な被説明変数 Y_i^* の決定式と，Y_i^* と区間カテゴリーの対応式を合わせて考えると，区間回帰モデルは順序付きプロビット・モデルとまったく同じ

モデル構造となる。したがって，推定手法は最尤推定法であり，推定すべきパラメータは $\beta_0, \beta_1, \ldots, \beta_k, \sigma^2$ となる。このように推定される係数パラメータは説明変数が本来の被説明変数 Y_i^* に与える限界効果を示しており，Y_i^* には意味があるために，そのままの形で限界効果として解釈することができる。たとえば，Y_i^* が年収の自然対数，X_1 が教育年数とすると，β_1 は教育年数が1年伸びたときに年収の自然対数値がどれだけ増えるかを示す教育の収益率ということになる。

3-3 　離散変数が順序付けられない場合

ここまでは，被説明変数が離散変数であるものの，それらの変数に明確な順序付けがある場合を考えたモデルであった。しかし，被説明変数が離散変数であるときに，それらの選択肢に明確な序列が付けられないケースがある。たとえば，大学進学をした高校生を対象にして，高校時代の成績や家庭環境などが，どの学部に進学するかにどのような影響を与えるかを考えるとすると，被説明変数として法学部，経済学部，文学部，理学部，工学部，農学部，医学部などさまざまな学部が思い浮かぶが，これらの学部は何らかの基準に基づいて序列付けできるものではない。別の例としては，学歴や所得が購読する新聞の決定にどのような影響を与えているかという例がある。新聞の例としては朝日新聞，毎日新聞，読売新聞，日本経済新聞，産経新聞といった全国紙と並んで，各地域の地方紙もある。これらの新聞も必ずしもある基準で序列付けできるものではないだろう。これらのケースでは，それぞれの選択肢を順序付けずに被説明変数として取り扱うモデルの推定が求められる。以下では，こういった場合にどのようなモデルを用いるかを紹介していこう。

線形確率モデル

被説明変数が離散変数であり，それぞれが順序付けられない場合の対応として単純なのは線形回帰モデルである。個人 i の被説明変数 Y_i が $j = 1$ から $j = J$ までの選択肢を取ることを考える。このとき，被説明変数の選択肢は相互に排他的ですべての可能性を網羅するように設定する。ここで，Y_i が j 番目の選択肢を取っているかどうかを示すダミー変数をそれぞれ設定していこう。具体的には Y_i が1を取るときには1を取り，それ以外のときには0を取る $D1_i$ を，Y_i が2を取るときには1を取り，それ以外のときには0を取る $D2_i$ を定義し，

360　第 II 部　ミクロ編

これを最後の J 番目の選択肢に関するダミー変数 DJ_i までつくる。すなわち $j = 1, \ldots, J$ について

$$Dj_i = \begin{cases} 1 & (Y_i = j \text{ のとき}) \\ 0 & (\text{その他のとき}) \end{cases}$$

ということである。このとき被説明変数の選択肢を相互に排他的かつ網羅的に設定しているため，各個人 i に関しては 1 つのダミー変数だけが 1 を取り，その他のダミー変数は 0 となるはずである。そのため，$D1_i + D2_i + \cdots + Dj_i + \cdots + DJ_i = 1$ が成立する。

線形確率モデルは $D1_i$ から DJ_i までのダミー変数をそれぞれ被説明変数として，説明変数 $X_{1i}, X_{2i}, \ldots, X_{ki}$ に回帰するモデルとして設定できる。つまり，

順序なし離散変数の線形確率モデル

$$D1_i = \beta_{10} + \beta_{11}X_{1i} + \cdots + \beta_{1k}X_{ki} + u_{1i}$$
$$D2_i = \beta_{20} + \beta_{21}X_{1i} + \cdots + \beta_{2k}X_{ki} + u_{2i}$$
$$\vdots$$
$$DJ_i = \beta_{J0} + \beta_{J1}X_{1i} + \cdots + \beta_{Jk}X_{ki} + u_{Ji} \qquad (8.33)$$

と $(k+1) \times J$ のパラメータを含む形でモデル化できる。ここでは右辺の変数が同じであることから，仮に誤差項の間に相関関係があったとしても，それぞれの式を最小 2 乗法で推定すれば，最も小さな分散を持つ推定量を得られることが知られている。ここで，推定されたパラメータの意味であるが，これは，たとえば β_{11} は X_{1i} が 1 単位増加したときに，Y_i が 1 を取る確率がどれだけ上がるかを示す限界効果を示している。また，$D1_i + D2_i + \cdots + Dj_i + \cdots + DJ_i = 1$ であることより，ある説明変数の増加が被説明変数がある値を取る確率を増加させた場合には，他の値を取る確率を減少させる必要がある。そのため，$\beta_{11} + \beta_{21} + \cdots + \beta_{j1} + \cdots + \beta_{J1} = 0$ が成立することになる。そのため，被説明変数が J 種類の選択肢を取りうる場合には $J-1$ 本の式を推定すれば十分である。このとき省略される被説明変数の選択肢のことを**基準カテゴ**

第 **8** 章　制限従属変数モデル　　361

リー（reference category）と呼ぶ。

多項ロジット・モデル　　被説明変数が離散変数で順序付けられない場合にも，線形確率モデルを用いることができることを紹介してきた。しかし，この線形確率モデルにも，被説明変数が2値変数の場合と同様の問題がある。つまり，Y_i が任意の選択肢 j を取る確率が0と1の間に収まるような形のモデルになっていないのである。この問題を解決するために，Y_i が選択肢 j を取る確率を

$$\Pr(Y_i = j | X_{1i}, \ldots, X_{ki}) = \frac{\exp(\beta_{j0} + \beta_{j1} X_{1i} + \cdots + \beta_{jk} X_{ki})}{\sum_{j=1}^{J}[\exp(\beta_{j0} + \beta_{j1} X_{1i} + \cdots + \beta_{jk} X_{ki})]} \quad (8.34)$$

と定式化する。この定式化を見ると，説明変数 $X_{1i}, \ldots, X_{ki}$ が与えられたときに被説明変数である Y_i が特定の選択肢 j を取る確率は0から1の間に抑えられていることを確認することができる。

それぞれの選択肢を取る確率を合計した際には1となることが求められ，識別のため，係数の基準化を行う必要がある。ここで，$Y_i = 1$ に対応するパラメータ $\beta_{10}, \beta_{11}, \ldots, \beta_{1k}$ をすべて0と置くと，$\exp(0) = 1$ であるため，(8.34) 式は

多項ロジット・モデル

$$\Pr(Y_i = j | X_{1i}, \ldots, X_{ki}) = \begin{cases} \dfrac{1}{1 + \sum_{j=2}^{J}[\exp(\beta_{j0} + \beta_{j1} X_{1i} + \cdots + \beta_{jk} X_{ki})]} \\ \qquad\qquad\qquad\qquad\qquad\qquad\qquad\qquad (Y_i = 1) \\[2mm] \dfrac{\exp(\beta_{j0} + \beta_{j1} X_{1i} + \cdots + \beta_{jk} X_{ki})}{1 + \sum_{j=2}^{J}[\exp(\beta_{j0} + \beta_{j1} X_{1i} + \cdots + \beta_{jk} X_{ki})]} \\ \qquad\qquad\qquad\qquad\qquad\qquad\qquad\quad (Y_i = 2, \ldots, J) \end{cases}$$

となる。これは多項ロジット・モデルと呼ばれるものである。ここで，$\Pr(Y_i = 1 | X_{1i}, \ldots, X_{ki}) + \cdots + \Pr(Y_i = J | X_{1i}, \ldots, X_{ki}) = 1$ となることが確認できる。すべての係数が0と置かれる選択肢のことを基準カテゴリーという。

このモデルの限界効果は，X_m が連続の場合には

362　　第Ⅱ部　ミクロ編

多項ロジット・モデルの限界効果

$$\frac{\partial \Pr(Y_i = j | X_{1i}, \ldots, X_{ki})}{\partial X_m}$$

$$= \Pr(Y_i = j | X_{1i}, \ldots, X_{ki}) \left\{ \beta_{jm} - \left[\sum_{h=2}^{J} \beta_{hm} \Pr(Y_i = h | X_{1i}, \ldots, X_{ki}) \right] \right\}$$

$$(8.35)$$

として求まる。この限界効果が，推定されたパラメータの意味を解釈するうえでは有用である。また，限界効果の符号は必ずしも係数 β_{jm} の符号とは一致しない点には注意が必要である。

この点を以下で見てみよう。このモデルにおいては，$Y_i = j$ の確率と $Y_i = 1$ の確率の比率は

$$\frac{\Pr(Y_i = j | X_{1i}, \ldots, X_{ki})}{\Pr(Y_i = 1 | X_{1i}, \ldots, X_{ki})} = \exp(\beta_{j0} + \beta_{j1} X_{1i} + \cdots + \beta_{jk} X_{ki}) \qquad (8.36)$$

と書くことができる。このことより，

$$\ln \left[\frac{\Pr(Y_i = j | X_{1i}, \ldots, X_{ki})}{\Pr(Y_i = 1 | X_{1i}, \ldots, X_{ki})} \right] = \beta_{j0} + \beta_{j1} X_{1i} + \cdots + \beta_{jk} X_{ki} \qquad (8.37)$$

であることより，**多項ロジット・モデル**の係数 β_{jm} とは説明変数 X_m が微小に変化したときに $Y_i = j$ と $Y_i = 1$ の相対確率の自然対数値がどのように変化するかを示したものであることが明らかになる。つまり推定される係数は，あくまでも基準カテゴリーとして選ばれた $Y_i = 1$ の確率に対する相対確率の変化を示すものなのである。

限界効果は説明変数 X_m が変化したときに $Y = j$ の確率がどのように変化するかを示す一方で，係数 β_{jm} は $Y = j$ の確率が $Y_i = 1$ の確率に対してどのように変化するかを示すものである。たとえば，説明変数 X_m が増加したときに $Y = j$ の $Y_i = 1$ に対する相対確率が上がったとしても，仮に $Y_i = 2$ の確率が大きく上がれば，$Y = j$ の確率が下がるということがありうるのである。このことが係数 β_{jm} の符号と限界効果の符号の不一致をもたらすのである。

また，より一般的に $Y_i = j$ の確率と $Y_i = h$ の確率の比率は

第**8**章 制限従属変数モデル 363

$$\frac{\Pr(Y_i = j | X_{1i}, \ldots, X_{ki})}{\Pr(Y_i = h | X_{1i}, \ldots, X_{ki})} = \exp\left[\beta_{j0} - \beta_{h0} + \sum_{m=1}^{k} X_{mi}(\beta_{jm} - \beta_{hm})\right] \quad (8.38)$$

と書くことができる。この表現は選択肢 j と h が選択される相対的な確率は，他の選択肢の選択確率からは影響を受けないことを示している。これは多項ロジット・モデルが暗黙の裡に仮定する構造であるが，選択肢の種類によっては適切ではない可能性がある。たとえば，ある属性を持つ高校生が理学部に進学する確率と文学部に進学する確率の相対確率を考えるときに，この高校生が工学部に進学する確率を考慮する必要がないとは考えにくい。高校生が実は工学部に進みたいと考えているものの，住んでいる地域の大学に工学部がなく自宅からの通学を希望しているとするならば，その高校生は工学部の代わりに理学部に進学する可能性は高いだろう。そのように考えると，工学部への進学確率は，理学部進学の確率と文学部進学の確率の相対確率に影響を与えるといえよう。任意の2つの選択肢の相対的な選択確率が，他の選択肢の選択確率からは独立であるとする仮定は，**無関係な選択肢からの独立**（independence from irrelevant alternatives; **IIA**）といわれる仮定であり，選択肢の種類によっては適切ではない。この例では，理学部と工学部をひとまとめにして理科系という選択肢を作ることによって IIA がもっともらしい状況を作り出すことなどが考えられる。

このモデルに対応する対数尤度関数は個人 i に関しては

$$LL_i = \sum_{j=1}^{J} 1[Y_i = j] \ln[\Pr(Y_i = j | X_{1i}, \ldots, X_{ki})] \quad (8.39)$$

で与えられる。先述のように $1[\cdot]$ は指示関数である。この対数尤度関数を最大化することで，パラメータである $\beta_{j0}, \beta_{j1}, \ldots, \beta_{jk}$ がそれぞれの j に関して求まる。つまり $(k+1) \times (J-1)$ 個のパラメータ推定値が求まるのである。

実証例 8.3　PIAAC を用いた就業形態決定要因の分析

EMPIRICAL

　ここでは女性の就業選択の推定に用いた PIAAC を再び用いて，女性の就業形態の決定要因を多項ロジット・モデルによって推定しよう。被説明変数はフルタイムで働くときに1を取り，パートタイムで働くとき

に2を取り，働かないときに3を取る3つの値を取る離散変数である。フルタイムで働く，パートタイムで働く，働かないという3つの選択肢は順序付けられると思う人が多いかもしれないが，フルタイムで働くことを規定する要因とパートタイムで働くことを規定する要因というのはまったく別のものかもしれない。そのため，ここでは順序付きプロビットや順序付きロジットではなく，多項ロジット・モデルを用いた推定を行う。1747人の女性サンプルの28.51%がフルタイム，33.43%がパートタイム，38.07%が働いていないと答えている。説明変数には教育年数，年齢，配偶者ありダミー変数，子供数を用いた。

　この例においてIIAの仮定とは，たとえばパートタイム就業という選択肢がないときに，フルタイム選択確率と不就業選択確率の比率が0.75（≈ 0.2851/0.3807）を保つように，フルタイム就業が約43%，不就業が約57%となっていたと仮定することである。

　基準カテゴリーを不就業とした推定の結果は，表にまとめられている。表の最初の2列は多項ロジット・モデルの係数の推定値と標準誤差をまとめたものである。ここでも推定値を標準誤差で割ったt値が1.96を超えていれば，係数は5%水準で統計的に有意だといえる。説明変数のうち教育年数に注目すると，教育年数が長いことはフルタイム就業する確率を統計的に有意に引き上げる一方で，パートタイム就業することには影響を与えていないことがわかる。また配偶者ありの係数に着目すると，配偶者がいることがフルタイム就業する確率とパートタイム就業する確率の双方を統計的に有意に引き下げることもわかる。

　推定された多項ロジット・モデルの係数の大きさはそのままでは意味をなさないため，係数の大きさを解釈するためには限界効果を計算する必要がある。表の3列目から5列目には各個人の限界効果を計算し，その平均値を取ったものが記されている。また，カッコ内にはデルタ法によって計算された標準誤差も報告されている。限界効果は各個人によって異なるが，以下では各個人の限界効果を計算したうえでの平均値を論じる。教育年数に関する限界効果を見ると，教育年数が1年伸びることはフルタイム就業確率を0.036引き上げる一方で，パートタイム就業確率を0.017，不就業確率を0.020引き下げることもわかる。またそれぞれ

第8章　制限従属変数モデル　365

女性の就業形態の選択決定

	フル	パート	限界効果 フル	限界効果 パート	限界効果 不就業
教育年数	0.186*** (0.032)	0.003 (0.030)	0.036*** (0.006)	−0.017*** (0.006)	−0.020*** (0.006)
年齢	0.008 (0.006)	0.007 (0.005)	0.001 (0.001)	0.001 (0.001)	−0.002 (0.001)
配偶者あり	−0.898*** (0.186)	−0.541*** (0.183)	−0.127*** (0.030)	−0.036 (0.033)	0.163*** (0.037)
子供数	0.085 (0.067)	0.084 (0.063)	0.009 (0.011)	0.011 (0.011)	−0.020 (0.013)
定数項	−2.489 (0.574)	−0.208 (0.529)			
疑似 R^2	0.017				
N			1,747		

(注) 最初の2列のカッコ内は自由度修正ホワイト標準誤差，3列目以降は限界効果の平均値であり，カッコ内にデルタ法で計算されたその標準誤差を記した。***, **, *は，それぞれ 1％, 5％, 10％ の有意水準で有意であることを示す。

の限界効果は統計的に有意である。教育年数がパートタイム就業に与える影響は，多項ロジット・モデルの係数で見ると，統計的に有意でないように見えたが，限界効果で見ると統計的に有意に負の効果が見出された。これは限界効果の計算にあたっては，(8.35) 式が示すように，教育年数が伸びることがフルタイム就業確率を大きく引き上げ，結果としてパートタイム就業確率を引き下げる効果が明示的に取り入れられるためである。多項ロジット・モデルにおいて係数の符号と限界効果の符号が逆転している例でもあり，このことからも限界効果を計算し報告することが重要であることがわかる。

被説明変数が限定された値を取る場合

トービット・モデル

ここまでの議論では被説明変数が離散的な値を取るケースを考えてきた。この他に被説明変数が限定された値を取るケースとして重要なのが，被説明変

数が基本的に連続変数であるものの，ある一定の範囲しか取りえないといった
ケースである。たとえば，週当たりの労働時間は0以上の値しか取りえない。
効用を最大化するように労働時間を選んでいる個人を考えたときに，働かない
という意思決定をしている個人は0時間を最適値として選んでいると考える
ことができる一方で，正の労働時間を選んでいる労働者も最適値を選んでいる
と考えることができる。働かないという意思決定をしている労働者は，効用最
大化問題の中で，この労働者が選べる労働時間は0時間以上という制約にぶ
つかっている点（端点解）を選んでいるともいえる。

このように実際の経済変数においては，非負制約がかかっていて0以上の
値しか取らないというケースは多い。このような変数を被説明変数に取る分
析をしようとするときに，仮に端点解である0を取る観察値が少ないのであ
れば無視してしまってもかまわないだろうが，多くの被説明変数が0を取る
ケースではこの点に十分に注意を払った分析を行う必要があろう。本節では，
連続変数である被説明変数が限定された値しか取らないときの分析手法とし
て，**トービット・モデル**（Tobit model）を解説する。

被説明変数が連続変数で0以上の値しか取らないモデルを考えるために，
まずは潜在変数 Y_i^* を定義する。潜在変数 Y_i^* は説明変数 $X_{1i}, \ldots, X_{ki}$ に関し
て線形で

$$Y_i^* = \beta_0 + \beta_1 X_{1i} + \cdots + \beta_k X_{ki} + u_i \tag{8.40}$$

と書けるとする。ここで誤差項に関しては，説明変数で条件付けたときに正規
分布に従うと仮定する。すなわち

$$u_i | X_{1i}, X_{2i}, \ldots, X_{ki} \sim N(0, \sigma^2) \tag{8.41}$$

である。この仮定は誤差項の期待値が説明変数には依存しないことを示してお
り，説明変数の外生性を仮定している点には注意してほしい。ここまでの仮定
だけであれば，潜在変数 Y_i^* が負の値を取ることを排除できない。そこで，実
際に観察される被説明変数 Y_i は潜在変数 Y_i^* を用いて次のように書けるとす
る。

$$Y_i = \max(0, Y_i^*) \tag{8.42}$$

これはつまり，潜在変数が負のときには Y_i は0を取り，潜在変数が正のとき

第**8**章　制限従属変数モデル　367

には Y_i は潜在変数の値そのものを取ることを示している。すなわち，被説明変数 Y_i は 0 以上の値しか取らないということである。

このモデルにおける被説明変数 Y_i の，説明変数 $X_{1i}, X_{2i}, \ldots, X_{ki}$ で条件付けたときの条件付き期待値を求めてみよう。条件付き期待値は

$$
\begin{aligned}
\mathrm{E}(Y_i|X_{1i}, \ldots, X_{ki}) = {} & \Pr(Y_i = 0|X_{1i}, \ldots, X_{ki}) \times 0 \\
& + \Pr(Y_i > 0|X_{1i}, \ldots, X_{ki})\mathrm{E}(Y_i|X_{1i}, \ldots, X_{ki}, Y_i > 0) \\
= {} & \Pr(Y_i > 0|X_{1i}, \ldots, X_{ki})\mathrm{E}(Y_i|X_{1i}, \ldots, X_{ki}, Y_i > 0)
\end{aligned}
$$
$$(8.43)$$

と書ける。

まずは，$\Pr(Y_i > 0|X_{1i}, \ldots, X_{ki})$ がモデルのもとでどのようになるかを調べてみよう。

$$
\begin{aligned}
& \Pr(Y_i > 0|X_{1i}, \ldots, X_{ki}) \\
& = \Pr(Y_i^* > 0|X_{1i}, \ldots, X_{ki}) \\
& = \Pr[u_i > -(\beta_0 + \beta_1 X_{1i} + \cdots + \beta_k X_{ki})|X_{1i}, \ldots, X_{ki}] \\
& = \Pr\left[\frac{u_i}{\sigma} > -\frac{\beta_0 + \beta_1 X_{1i} + \cdots + \beta_k X_{ki}}{\sigma}\Bigg|X_{1i}, \ldots, X_{ki}\right] \\
& = \Phi\left[\frac{\beta_0 + \beta_1 X_{1i} + \cdots + \beta_k X_{ki}}{\sigma}\right]
\end{aligned}
$$
$$(8.44)$$

と求めることができる。ただしここで Φ は標準正規分布の分布関数である。

次に，$\mathrm{E}(Y_i|X_{1i}, \ldots, X_{ki}, Y_i > 0)$ を計算してみよう。この計算をするにあたって有用なのは，$Z_i \sim N(0, 1)$ のときに，$\mathrm{E}(Z_i|Z_i > c) = \phi(c)/[1 - \Phi(c)]$ という関係が成立することである（導出に関しては章末の補論 A を参照のこと）。ただし，ここで ϕ は標準正規分布の密度関数である。この結果を用いると，

$$
\begin{aligned}
\mathrm{E}(u|u > c) & = \sigma \mathrm{E}\left(\frac{u}{\sigma}\Bigg|\frac{u}{\sigma} > \frac{c}{\sigma}\right) \\
& = \sigma\left[\frac{\phi(c/\sigma)}{1 - \Phi(c/\sigma)}\right]
\end{aligned}
$$
$$(8.45)$$

を導くことができる。したがって，

$$
\begin{aligned}
\mathrm{E}(Y_i|X_{1i},\ldots,X_{ki},Y_i>0) &= \beta_0 + \beta_1 X_{1i} + \cdots + \beta_k X_{ki} \\
&\quad + \mathrm{E}[u_i|u_i > -(\beta_0 + \beta_1 X_{1i} + \cdots + \beta_k X_{ki})] \\
&= \beta_0 + \beta_1 X_{1i} + \cdots + \beta_k X_{ki} \\
&\quad + \sigma\left\{ \frac{\phi[-(\beta_0 + \beta_1 X_{1i} + \cdots + \beta_k X_{ki})/\sigma]}{1 - \Phi[-(\beta_0 + \beta_1 X_{1i} + \cdots + \beta_k X_{ki}/\sigma)]} \right\} \\
&= \beta_0 + \beta_1 X_{1i} + \cdots + \beta_k X_{ki} \\
&\quad + \sigma\left[\frac{\phi(\beta_0 + \beta_1 X_{1i} + \cdots + \beta_k X_{ki}/\sigma)}{\Phi(\beta_0 + \beta_1 X_{1i} + \cdots + \beta_k X_{ki}/\sigma)} \right] \quad (8.46)
\end{aligned}
$$

となる。なお，最後の行を導くにあたっては $1 - \Phi(-c) = \Phi(c)$ を用いている。また，$\lambda(c) = \phi(c)/\Phi(c)$ を 逆ミルズ比 (inverse Mill's ratio) という（詳しくは章末の補論 A を参照）。

いよいよ条件付き期待値を求めるための準備が整った。(8.43) 式に (8.44) 式と (8.46) 式を代入すると

トービット・モデル

$$
\begin{aligned}
\mathrm{E}(Y_i|X_{1i},\ldots,X_{ki}) &= \mathrm{Pr}(Y_i>0|X_{1i},\ldots,X_{ki})\mathrm{E}(Y_i|X_{1i},\ldots,X_{ki},Y_i>0) \\
&= \Phi\left(\frac{\beta_0 + \beta_1 X_{1i} + \cdots + \beta_k X_{ki}}{\sigma} \right) \\
&\quad \times \left\{ \beta_0 + \beta_1 X_{1i} + \cdots + \beta_k X_{ki} + \sigma\left[\lambda\left(\frac{\beta_0 + \beta_1 X_{1i} + \cdots + \beta_k X_{ki}}{\sigma} \right) \right] \right\}
\end{aligned}
$$

$$(8.47)$$

が得られる。

ここから限界効果を計算すると

トービット・モデルの限界効果

$$
\frac{\partial \mathrm{E}(Y|X_{1i},\ldots,X_{ki})}{\partial X_{ji}} = \Phi\left(\frac{\beta_0 + \beta_1 X_{1i} + \cdots + \beta_k X_{ki}}{\sigma} \right)\beta_j \quad (8.48)
$$

が得られる。この値は，説明変数 $X_{1i},\ldots,X_{ki}$ に依存する。説明変数が $Y_i > 0$ である確率が高いことを予想する際には，$\Phi[(\beta_0 + \beta_1 X_{1i} + \cdots + \beta_k X_{ki})/\sigma]$

が 1 に近づき，限界効果は β_j そのものに近づく．その一方で，$Y_i = 0$ である確率が高い際には $\Phi[(\beta_0 + \beta_1 X_{1i} + \cdots + \beta_k X_{ki})/\sigma]$ が 0 に近づくため，限界効果は β_j よりも小さいものとなる．

なお，説明変数 $X_{1i}, X_{2i}, \ldots, X_{ki}$ が Y_i の条件付き期待値に与える影響に関心がある場合には上記の限界効果の計算が有用である一方で，説明変数 $X_{1i}, \ldots, X_{ki}$ が Y_i^* の条件付き期待値に与える影響に関心がある場合もある．たとえば，Y_i^* が所得であるときに，統計当局がデータを公開する際に高額所得者が個人識別されるのを避けるため，一定額以上の所得はその額の所得として報告している場合がある．これを，**トップコーディング**というが，たとえばトップコーディングの閾値が年収 1 億円だとすると，年収 1 億 2000 万円の人は年収 1 億円と記録される．このような場合，トップコーディングされる前の真の所得が Y_i^* でトップコーディングされた後の所得が Y_i だといえる．このようなときに関心があるのは，説明変数 $X_{1i}, X_{2i}, \ldots, X_{ki}$ が Y_i^* の条件付き期待値に与える影響である．このような場合には，限界効果よりもむしろトービット・モデルの係数そのものに関心があるといえる．

トービット・モデルのパラメータである $\beta_0, \beta_1, \ldots, \beta_k, \sigma^2$ を推定するためには最尤法を用いる．$Y_i > 0$ のときの Y_i の密度は Y_i^* の密度に等しく，さらに $u_i | X_{1i}, X_{2i}, \ldots, X_{ki} \sim N(0, \sigma^2)$ の仮定より，

$$f^*(Y_i | X_{1i}, \ldots, X_{ki}) = \frac{1}{\sigma} \phi \left[\frac{Y_i - (\beta_0 + \beta_1 X_{1i} + \cdots + \beta_k X_{ki})}{\sigma} \right] \tag{8.49}$$

と表すことができる．よってトービット・モデルの確率密度関数は

$$\begin{aligned}
f(Y_i | X_{1i}, \ldots, X_{ki}) = {} & \left[1 - \Phi \left(\frac{\beta_0 + \beta_1 X_{1i} + \cdots + \beta_k X_{ki}}{\sigma} \right) \right]^{1[Y_i = 0]} \\
& \times \left\{ \frac{1}{\sigma} \phi \left[\frac{Y_i - (\beta_0 + \beta_1 X_{1i} + \cdots + \beta_k X_{ki})}{\sigma} \right] \right\}^{1[Y_i > 0]}
\end{aligned}$$

$$\tag{8.50}$$

である．ただし，$1[\cdot]$ は指示関数である．この確率密度関数に基づいて対数尤度関数をつくり，最尤法でパラメータ $\beta_0, \beta_1, \ldots, \beta_k$ を推定する．

実証例 8.4　PIAAC を用いた女性の労働時間決定の分析

　ここでは被説明変数が 0 以上の値しか取らない例として，労働時間を考えよう。被説明変数が 0 以上しか取らないという制約がより重要になるのは，働いていない人が多い女性である。そのため，ここでは女性に限定して分析を進める。用いるデータは，本章ですでに数度登場している PIAAC である。女性サンプルに含まれる 1736 名のうち 608 名が働いておらず，労働時間としては 0 時間が記録されている。そのため，被説明変数が 0 以上しか取らないという制約を考慮に入れた推定を行うことは重要である。

女性の労働時間の決定（0 時間を含む）

推定方法	(1) OLS	(2) トービット
教育年数	0.853*** (0.232)	1.291*** (0.352)
年齢	0.046 (0.043)	0.094 (0.067)
配偶者あり	−6.808*** (1.343)	−9.432*** (1.995)
子供数	0.673 (0.443)	0.996 (0.669)
定数項	11.987*** (4.153)	−0.269 (6.317)
R^2/疑似 R^2	0.02	0.003
N	1,736	1,736
うち 0 時間	608	608

（注）　カッコ内には自由度修正ホワイト標準誤差が報告されている。***, **, * はそれぞれ 1%, 5%, 10% の有意水準で有意であることを示す。

　推定の結果は表にまとめられている。列 (1) には労働時間を被説明変数として教育年数，年齢，配偶者ありダミー，子供数に OLS を用いて回帰した推定係数と標準誤差が報告されている。これを見ると，教育年数が長いことと配偶者がいないことが統計的に有意に労働時間を長くしていることが示されている。一方で，年齢や子供数は労働時間と統計的に有意な関係を持っているとはいえない。列 (2) にはトービット推定を行った際の係数の推定値と標準誤差が報告されている。これは限界効果で

第 8 章　制限従属変数モデル　　371

はなく推定された係数そのものであるため，説明変数の潜在変数 Y_i^* に対する影響が推定されている。

ここで労働時間の潜在変数 Y_i^* とは，仮に労働時間の下限が 0 でなかったとしたならば選ばれたであろう労働時間のことであるが，実際に働いていないものについては負の労働時間が出てくることになる。負の労働時間を考察することに実際的な意味はないので，ここでは働いているものの労働時間決定を，働くかどうかの意思決定をも含めて推定した結果と解釈するのが適切である。

このように，働いている人に焦点を当てて係数を推定すると，教育年数が長いことが労働時間を長くする効果は，OLS 推定の結果よりもより大きなものとなることが示されている。

★ 連続な内生変数があるときの非線形モデルの推定

ここまでの議論では，被説明変数が離散変数のケースや限定された値しか取らないときにどのような推定手法があるかを紹介してきた。またここまでは，説明変数が誤差項と相関しないケース，つまり説明変数が外生のケースに限定されてきた。しかしながら，実際の実証研究においては説明変数に深刻な内生性があるケースが多い。たとえば，夫の所得が女性の就業に与える影響といった例である。この例では，観察不能な理由によって労働市場における労働よりも家事に比較優位を持ち労働市場における就業意欲が弱い女性が，高所得の男性と結婚するという内生性を心配する必要がある。本節では，被説明変数が離散変数や限定された値しか取らないときに，説明変数に連続的な内生変数があるときにどのような対応が可能なのかを紹介する。

線形モデルのケースと同じように，内生性に対する対処は操作変数を用いるか，パネルデータを用いるかの 2 つが大きな柱となる。以下では内生変数が連続変数であるときに，操作変数があるときとパネルデータがあるときのそれぞれのケースで，どのように内生性に対応するのかを説明する。

5-1 操作変数がある場合

> **被説明変数が2値変数である場合**

以下では，被説明変数 Y_i が2値変数で，説明変数に X_i と $W_{1i}, \ldots, W_{ki}$ を含むモデルを考えよう。このうち X_i は内生であり，$W_{1i}, \ldots,$ W_{ki} は外生であるとする。そして内生変数に対する操作変数として $Z_{1i}, \ldots,$ Z_{mi} が存在すると考えよう。先に挙げた既婚女性の就業の例では，Y_i が既婚女性が就業しているか否かを示す2値変数，X_i が夫の所得，$W_{1i}, \ldots, W_{ki}$ に女性の教育年数，年齢などが含まれる。妻が就業すると夫が家事の一部を担当するようになり，夫の労働時間が短くなる結果として夫の所得が下がるといった逆因果がある可能性もあり，夫の所得は内生かもしれない。そのため，夫の所得には影響を与えるものの，妻の就業決定式の誤差項とは相関しないと考えられる夫の学歴，夫の年齢，夫の職業などを操作変数として考えよう。ここで注意が必要なのは，夫の学歴や年齢は妻の学歴や年齢と相関し，それらの変数を通して妻の就業決定に影響を与えることである。そのため，$W_{1i}, \ldots, W_{ki}$ に女性の教育年数，年齢などを含めて，妻の就業決定式の誤差項からこれらの変数を取り除くことが重要になる。

上記の関係は，以下の式で表されるとしよう。

$$Y_i^* = \beta_0 + \beta_1 X_i + \cdots + \beta_{k+1} W_{ki} + u_i \tag{8.51}$$

$$X_i = \delta_0 + \delta_1 W_{1i} + \cdots + \delta_k W_{ki} + \delta_{k+1} Z_{1i} + \cdots + \delta_{k+m} Z_{mi} + v_i \tag{8.52}$$

$$Y_i = 1[Y_i^* > 0] \tag{8.53}$$

ここで最後の $1[\cdot]$ はすでに見たように，$[\ ]$ 内が真であるときに1を取り，偽であるときに0を取る指示関数である。

1つめの式はわれわれが関心を持つ潜在変数に関する構造式であり，2つめの式は内生変数が外生変数とどのように関係しているかを示す1段階目の式である。このとき，2つの式の誤差項 (u_i, v_i) は外生変数 $W_{1i}, \ldots, W_{ki}$ と操作変数 $Z_{1i}, \ldots, Z_{mi}$ からは独立した2変数正規分布に従っていて，それぞれの期待値は0と仮定する。また，$\mathrm{Var}(u_i) = 1$，$\mathrm{Var}(v_i) = \tau^2$，$\mathrm{Cov}(u_i, v_i) = \eta$ と仮定する。このとき，2変数正規分布の性質より

$$u_i = \theta v_i + e_i \tag{8.54}$$

第8章 制限従属変数モデル　373

が成立する。ただし $\theta = \mathrm{Cov}(u_i, v_i)/\mathrm{Var}(v_i) = \eta/\tau^2$ である。ここで u_i も v_i も期待値 0 の正規分布に従っているため，e_i も期待値 0 の正規分布に従い，分散は $\mathrm{Var}(e_i) = \mathrm{Var}(u_i) - (\eta/\tau^2)^2 \mathrm{Var}(v_i) = 1 - (\eta/\tau)^2 = 1 - \rho^2$ である。ただし，$\rho = \mathrm{Corr}(u_i, v_i)$，すなわち u_i と v_i の相関係数である。

この誤差項間の関係式を，潜在変数に関する構造式に代入すると

$$Y_i^* = \beta_0 + \beta_1 X_i + \beta_2 W_{1i} + \cdots + \beta_{k+1} W_{ki} + \theta v_i + e_i \tag{8.55}$$

が得られる。ここで，誤差項の条件付き分布が

$$e_i | X_i, W_{1i}, \ldots, W_{ki}, Z_{1i}, \ldots, Z_{mi}, v_i \sim N(0, 1 - \rho^2)$$

であることに着目すると，$Y_i = 1$ の条件付き確率は

$$\begin{aligned} &\Pr(Y_i = 1 | X_i, W_{1i}, \ldots, W_{ki}, Z_{1i}, \ldots, Z_{mi}, v_i) \\ &= \Phi\left(\frac{\beta_0 + \beta_1 X_i + \beta_2 W_{1i} + \cdots + \beta_{k+1} W_{ki} + \theta v_i}{(1 - \rho^2)^{1/2}} \right) \end{aligned} \tag{8.56}$$

とプロビット・モデルの形で表される。この式が推定できるとすると，一致推定できるのは $\beta_0/(1-\rho^2)^{1/2}$，$\beta_1/(1-\rho^2)^{1/2}$，$\ldots$，$\theta/(1-\rho^2)^{1/2}$ である。誤差項間の相関係数 ρ が 0 と 1 の間の値を取ることを考えると $(1-\rho^2)^{1/2}$ は 1 よりも小さいため，これらの推定される係数は $\beta_0, \beta_1, \ldots, \theta$ に比べるとスケールアップされた係数になる。

スケールアップされた係数が一致推定できるのは，X_i の変動のうちの u_i と相関する内生変動の部分を v_i を説明変数として加えることで制御しているためである。そのため，v_i を制御したうえでの X_i の変動は $W_{1i}, \ldots, W_{ki}$，$Z_{1i}, \ldots, Z_{mi}$ という外生変数の変動によってのみもたらされるのである。そのため，この外生変数の変動に対する反応を示す $\beta_1/(1-\rho^2)^{1/2}$ には漸近バイアスがかからないのである。

この式は，観察できない v_i が説明変数に入っているため推定できないので，

$$X_i = \delta_0 + \delta_1 W_{1i} + \cdots + \delta_k W_{ki} + \delta_{k+1} Z_{1i} + \cdots + \delta_{k+m} Z_{mi} + v_i \tag{8.57}$$

を OLS 推定して，残差 $\hat{v}_i$ を v_i の代わりに代入して

$$\Pr(Y_i = 1 | X_i, W_{1i}, \ldots, W_{ki}, Z_{1i}, \ldots, Z_{mi}, \hat{v}_i)$$

$$= \Phi\left(\frac{\beta_0 + \beta_1 X_i + \beta_2 W_{1i} + \cdots + \beta_{k+1} W_{ki} + \theta \hat{v}_i}{(1 - \rho^2)^{1/2}}\right) \tag{8.58}$$

を推定する。

　冒頭の既婚女性の就業決定式の推定を例に取ると，まず夫の所得を妻の就業決定の外生要因と夫の所得決定の外生要因に OLS 推定をして残差を取る。そのうえで，就業しているかどうかを夫の所得，妻の就業決定の外生要因，残差に対してプロビット・モデルで推定するという 2 つのステップを経て，推定が行われることになる。

　1 段階目の式の残差を右辺に含むプロビット・モデルの推定にあたっては，標準誤差の計算に留意する必要がある。残差 $\hat{v}_i$ は他の推定によって生成された説明変数（generated regressor）であるため，$\hat{v}_i$ をつくるにあたって使われた OLS 推定量の推定誤差を考慮して，(8.58) 式の標準誤差を修正しなければならない。しかしながら，X_i が外生であるという帰無仮説 $H_0 : \theta = 0$ のもとでは，(8.58) 式の推定量の漸近分布は $\hat{v}_i$ の推定誤差に依存しないことが知られている。そのため，$H_0 : \theta = 0$ は通常の標準誤差を使って検定することができる。したがって，もしも $H_0 : \theta = 0$ が通常の t 検定によって棄却されないのであれば内生性を心配する必要はなく，プロビット・モデルによって被説明変数 Y_i を説明変数 $X_i, W_{1i}, \ldots, W_{ki}$ を用いて推定すればよいことになる。一方で，$H_0 : \theta = 0$ が棄却された際には標準誤差の修正が必要である。標準誤差の修正は解析的に行うこともできるが，ブートストラップ法を用いて標準誤差を計算する方法もある。

　プロビット・モデルを推定した後にわれわれが関心を持つのは，各説明変数が Y_i が 1 を取る確率にどのような影響を与えるかという限界効果である。たとえば，X_i が $\Pr(Y_i = 1 | X_i, W_{1i}, \ldots, W_{ki}, \hat{v}_i)$ に与える限界効果は

$$m_i = \phi\left(\frac{\beta_0 + \beta_1 X_i + \beta_2 W_{1i} + \cdots + \beta_{k+1} W_{ki} + \theta \hat{v}_i}{(1 - \rho^2)^{1/2}}\right)\frac{\beta_1}{(1 - \rho^2)^{1/2}} \tag{8.59}$$

で表される。そのため，この標本平均を取った $(1/N)\sum_{i=1}^{N} m_i$ が平均限界効果の推定値となる。通常の統計解析ソフトのプロビット推定コマンドを使うと，$\beta_0/(1 - \rho^2)^{1/2}, \beta_1/(1 - \rho^2)^{1/2}, \ldots, \theta/(1 - \rho^2)^{1/2}$ がそれぞれの変数に対しての係数として計算されることになる。そのため，$1/(1 - \rho^2)^{1/2}$ というス

ケールアップ倍率にはとくに煩わされることなく，通常の限界効果の計算を行えば，知りたい限界効果を求めることができる。

被説明変数が制限された値だけを取る場合　ここまで，プロビット・モデルの推定において右辺に連続の内生変数が含まれている場合の対処方法について解説してきた。実をいうと，同様の手法を被説明変数が制限された範囲の値しか取らないトービット・モデルにも適用できる。次のような Y_i が負の値を取らないケースを考えよう。

$$Y_i = \max(0,\ \beta_0 + \beta_1 X_i + \cdots + \beta_{k+1} W_{ki} + u_i) \tag{8.60}$$

ただしここで，Y_i は負の値を取らない被説明変数であり，X_i は内生変数，$W_{1i}, \ldots, W_{ki}$ は外生変数である。内生変数は外生変数と操作変数 $Z_{1i}, \ldots, Z_{mi}$ の線形関数で次のように書けるものとする。

$$X_i = \delta_0 + \delta_1 W_{1i} + \cdots + \delta_k W_{ki} + \delta_{k+1} Z_{1i} + \cdots + \delta_{k+m} Z_{mi} + v_i \tag{8.61}$$

ここで，誤差項 (u_i, v_i) が $W_{1i}, \ldots, W_{ki}, Z_{1i}, \ldots, Z_{mi}$ で条件付けたうえでは期待値 0 の 2 変数正規分布に従い，$\mathrm{Var}(v_i) = \tau^2$，$\mathrm{Cov}(u_i, v_i) = \eta$ であるとする。すると，2 変数正規分布の特性から

$$u_i = \theta v_i + e_i \tag{8.62}$$

ただし，$\theta = \eta/\tau^2$ と書ける。このとき u_i も v_i も平均 0 の正規分布であるため，e_i も平均 0 の正規分布に従う。分散は $\mathrm{Var}(e_i) = \sigma_e^2$ だとする。また，条件付き分布の仮定より，(u_i, v_i) が $W_{1i}, \ldots, W_{ki}, Z_{1i}, \ldots, Z_{mi}$ から独立しているため，e_i も $W_{1i}, \ldots, W_{ki}, Z_{1i}, \ldots, Z_{mi}$ から独立している。

このとき，構造式は

$$Y_i = \max(0, \beta_0 + \beta_1 X_i + \beta_2 W_{1i} + \cdots + \beta_{k+1} W_{ki} + \theta v_i + e_i) \tag{8.63}$$

と書き換えることができる。ここで，誤差項の条件付き分布が

$$e_i | X_i, W_{1i}, \ldots, W_{ki}, Z_{1i}, \ldots, Z_{mi}, v_i \sim N(0, \sigma_e^2)$$

であることに着目すると，仮に v_i を説明変数に加えることができるのであれば，この式は通常のトービットの式であることがわかる。誤差項 v_i は直接観察できないため，(8.61) 式を OLS 推定し，残差 $\hat{v}_i$ で置き換えた式をトービ

376　第 II 部　ミクロ編

ット推定すると，すべての係数は一致推定される。ここでも $\hat{v}_i$ が生成された変数であることによって標準誤差が正しく計算されない問題が発生するが，$H_0 : \theta = 0$ という帰無仮説のもとではトービット推定の結果得られる標準誤差は (8.60) 式の推定誤差に影響を受けないことが知られている。そのため，X_i が内生かどうかという $H_0 : \theta = 0$ は，標準誤差の補正なくして検定することができる。この帰無仮説が棄却される際には残差 $\hat{v}_i$ を加えたトービット回帰が必要であり，その場合は標準誤差をブートストラップ法などを使って計算する必要がある。

以上，(8.57) 式の推定残差を (8.58) 式の非線形モデルの構造式推定の右辺に投入する方法を，プロビット・モデルとトービット・モデルを例にとって説明してきた。これらのモデル以外でも構造式と 1 段階目の式の誤差項について 2 変数正規分布の仮定が置けるのであれば，同様の議論を展開することができる。

5-2　パネルデータが使える場合

ここまで，内生変数に対する操作変数が使えるときの対処の方法を紹介してきた。ここでは，パネルデータが入手できるときの内生性への対処の方法について紹介をしよう。第 6 章で紹介したように，パネルデータを用いることの利点は，観察されない個人や企業の異質性をうまく推定式から消すことによって，これらの異質性が説明変数と相関してしまっても一致推定ができる点にあった。しかしながら，制限従属変数モデルの非線形モデルにおいては，一部の例外を除いて，推定式を操作することによって異質性を消すということができないため，固定効果推定を行うためには工夫が必要になってくる。

たとえば，パネルデータに記録されたある女性 i が時期 t に就業するか否かをどのように意思決定しているかを調べる次のようなプロビット・モデルを考えたとする。

$$\Pr(Y_{it} = 1 | X_{1it}, \ldots, X_{kit}, c_i) = \Phi(\beta_0 + \beta_1 X_{1it} + \cdots + \beta_k X_{kit} + c_i) \quad (8.64)$$

ここで，Y_{it} は就業していれば 1，就業していなければ 0 を取る 2 値変数である。さらに，関心を持っている説明変数 X_{1it} は，時間当たり賃金の自然対数値であるとしよう。すなわち，時間当たり賃金が 1% 上昇したときに，就業

第 **8** 章　制限従属変数モデル　　377

確率がどれだけ上昇するかという就業確率の賃金弾力性を計算しようとするのが，ここでの目的である。ただし，個人が就業するかどうかの決定要因として，個人の観察不能な異質性 c_i も入っている。観察不能な異質性 c_i には，たとえば，データでは観察することができない就労に対する選好が含まれている。

　女性の就業の決定要因として重要だとされているのが，女性が働くことをどのように捉えるのかといった社会的な規範である。男性が労働市場で働き，女性は家庭を守るのが望ましいという伝統的な社会規範に従えば，女性が労働市場で働くことは望ましくないため，女性の就業を抑制する要因となる。そして，女性が働くことに対する価値観は個人を取り巻くそれまでの環境などによってまちまちであることが考えられる。一方で，この価値観は，女性の技能形成のあり方にも影響を与えて，時間当たり賃金にも影響を与えうる。

　たとえば，長い期間にわたって労働市場で働くことを希望する女性は，大学の学部を選ぶ際に，ビジネスに直結するような科目を多く学べる学部を選ぶかもしれない。一方で，労働市場で働くことを希望しない女性は，ビジネスとは関係なく自分の関心のある科目を多く学べる学部を選ぶかもしれない。そのため，伝統的な価値観を持ち，c_i の値が低い女性は X_{1it} も低い値を取るかもしれない。ここで，c_i は観察不能であり誤差項の中に含まれることになるため，X_{1it} は c_i と正の相関を持ち内生となってしまう。

　この女性 i の $t-1$ 期の決定式は同様に

$$\Pr(Y_{it-1} = 1 | X_{1it-1}, \ldots, X_{kit-1}, c_i)$$
$$= \Phi(\beta_0 + \beta_1 X_{1it-1} + \cdots + \beta_k X_{kit-1} + c_i) \tag{8.65}$$

と書ける。線形モデルの場合は t 期の式から $t-1$ 期の式を引くことによって c_i を消去することができたのだが，ここでは正規分布関数 Φ が非線形関数であるため，そのような操作はできない。このような事情があるため，パネルデータが入手できたとしても，非線形モデルに説明変数と相関する観察不能な異質性を取り入れるためには工夫が必要になる。

　ここでは潜在変数モデル

$$Y_{it}^* = \beta_0 + \beta_1 X_{1it} + \cdots + \beta_k X_{kit} + c_i + e_{it} \tag{8.66}$$
$$Y_{it} = 1[Y_{it}^* > 1] \tag{8.67}$$

$$e_{it}|X_{1i1}, \ldots, X_{ki1}, \ldots, X_{1iT}, \ldots, X_{kiT}, c_i \sim N(0, 1) \qquad (8.68)$$

という設定を考えよう。ここで問題となるのは，観察不能な異質性 c_i が説明変数 $X_{1it}, \ldots, X_{kit}$ と相関し，説明変数が内生となってしまう可能性があることであった。とくに女性の就業に関する価値観が c_i に含まれ，時間当たり賃金の自然対数値 X_{1it} と正の相関を持つことを懸念していた。ここで，観察不能な異質性が説明変数に依存する仕方が，次の仮定で表現されるとしよう。

$$c_i|X_{1i1}, \ldots, X_{ki1}, \ldots, X_{1iT}, \ldots, X_{kiT}$$
$$\sim N(\gamma_0 + \bar{X}_{1i}\gamma_1 + \cdots + \bar{X}_{ki}\gamma_k, \ \sigma_a^2) \qquad (8.69)$$

ただし，ここで $\bar{X}_{ji} = (1/T)\sum_{t=1}^T X_{jit}$ であり，つまり各説明変数の各個人の平均値である。これは各個人の時間を通じて一定な観察不能な異質性が，観察される説明変数の平均値に依存しているという仮定である。伝統的な価値観を持つ女性は賃金も低いと考えてきたので，$\gamma_1 > 0$ を予測する。

この異質性に関する仮定 (8.69) 式を構造式 (8.66) 式に代入し，(8.67) 式と (8.68) 式を用いると，$Y_{it} = 1$ のすべての期間のすべての説明変数で条件付けたときの条件付き確率は

$$\Pr(Y_{it} = 1|X_{1i1}, \ldots, X_{kiT}) = \Phi\left[\frac{(\beta_0 + \gamma_0) + \sum_{j=1}^k X_{jit}\beta_j + \sum_{j=1}^k \bar{X}_{ji}\gamma_j}{(1 + \sigma_a^2)^{-1/2}}\right]$$
$$(8.70)$$

と表すことができる。この式は j 番目の説明変数の各個人の平均値 $\bar{X}_{ji}$ を制御することで個人の異質性の影響を取り除き，そのうえで j 番目の説明変数 X_{ji} の個人内の変動が $Y_{it} = 1$ となる確率にどのような影響を与えるかを分析するアプローチである。仮にすべての個人について j 番目の説明変数に個人内変動がないときには，$X_{jit} = \bar{X}_{ji}$ となり，完全な多重共線性が起こるため β_j と γ_j は推定できない。このことは個人の異質性を許したうえで，ある説明変数が被説明変数に与える影響を推定しようとするときには各説明変数の個人内での変動が必要なことを示している。この議論は線形モデルのときと同様である。女性就業の例では，ある女性がオファーされる賃金が変動することを用いて，就業確率の賃金弾力性が推定できるのである。

このモデルの推定にあたっては，説明変数とは相関しない各個人の固定的な異質性の存在に配慮する必要がある。つまり，個人の異質性に関する仮定であ

る (8.69) 式が示すように，各個人の説明変数の平均値の影響を取り除いた後でも分散 σ_a^2 をもたらすような個人の異質性が存在するのである。

もっともこの異質性は，説明変数やその平均値とは相関しないので，変量効果として考えることができる。そのため，(8.70) 式のモデルを変量効果プロビット・モデルで推定することが対応の一案である。あるいは，推定にあたっては異質性の存在はさしあたり無視して，標準誤差の計算にあたって個人レベルのクラスター構造に対して頑健な標準誤差を計算するという方法も考えられる。変量効果プロビット・モデルを用いるかクラスター構造に対して頑健な標準誤差を計算するか，どちらかの対応が求められる。

(8.70) 式はプロビット・モデルによって，2 値変数である Y_{it} を説明変数 $X_{1it}, \ldots, X_{kit}$ とそれら変数の個人平均値 $\bar{X}_{1it}, \ldots, \bar{X}_{kit}$ に回帰すれば推定できる。通常の統計解析ソフトを用いると，このとき X_{jit} の係数として推定されるのは $\beta_j/(1+\sigma_a^2)^{-1/2}$ であり，β_j ではない。ただし，われわれはプロビット・モデルの係数そのものよりも，ある説明変数が変化したときに $Y_{it}=1$ となる確率がどのように変化するかを示す限界効果に関心がある。(8.70) 式を X_{jit} に関して偏微分すれば

$$m_{jit} = \phi\left\{\frac{[(\beta_0+\gamma_0)+\sum_{j=1}^{k}X_{jit}\beta_j+\sum_{j=1}^{k}\bar{X}_{ji}\gamma_j]}{(1+\sigma_a^2)^{-1/2}}\right\}\frac{\beta_j}{(1+\sigma_a^2)^{-1/2}} \quad (8.71)$$

が得られる。なおここでは，X_{jit} が変化することで $\bar{X}_{ji}$ が変化することの影響は無視している。先に述べたように通常の統計解析ソフトを用いると $\beta_j/(1+\sigma_a^2)^{-1/2}$ が推定されるため，推定された係数を用いて限界効果を求めれば正しい限界効果を求めることができる。限界効果は個人や時間によって異なることになるが，$\bar{m}_j = (NT)^{-1}\sum_{i=1}^{N}\sum_{t=1}^{T}m_{jit}$ が平均限界効果となる。これが多くの場合，われわれが関心を持つ効果である。

SECTION 6 サンプル・セレクション・バイアスへの対応

爆撃機のどこを
強化すべきか

本章最後となる本節は，第二次世界大戦中のあるエピソードから始めよう。当時，ヨーロッパ戦線において爆撃機の帰還確率が低いことに頭

FIGURE 図 8-3 ● 第二次世界大戦中のヨーロッパ戦線における連合軍の爆撃機の被弾状況

(出所) Wikimedia Commons。

を悩ませたアメリカ軍関係者が爆撃機の装甲を強化することを考えた。装甲を厚くすれば敵の銃撃を受けたとしても機体に致命的なダメージが与えられず帰還できる可能性が高まるためである。しかしながら、全体の装甲を厚くしてしまうと機体が重くなりすぎてしまうために、弱点と思われる部分だけ装甲を厚くしようと考えた。この軍関係者はどの部分を補強すべきかを検討するために、帰還した爆撃機の被弾状況を調べ、機体のどの部分が多く被弾しているかを調べた。これによれば、翼の部分や、胴体の部分に多数の銃痕が残されており、翼の中ほどのエンジン部分にはほとんど銃痕が残っていなかった（図8-3参照）。

この軍関係者は、第二次世界大戦中にコロンビア大学で数学を応用した軍事研究に従事していた統計学者のエイブラハム・ワルド（A. Wald）を訪ねた。ワルドは、この図を見て被弾痕が残っていないエンジン部分の装甲を補強することを進言したという。エンジン部分に被弾したデータがないのは、エンジン部分に被弾するとそれが致命傷となるため、エンジン部分に被弾した爆撃機は帰還できなかったことを意味すると見抜いたのである。

この爆撃機の話の重要なポイントは、銃痕のデータが帰還した爆撃機のみからしか取れていなかった点である。これでは、出撃した爆撃機すべてという母集団からランダムに得られたサンプルとはいえない。仮に、撃ち落された爆撃機からも銃痕のデータを取ることができていれば、母集団を代表するサンプルを得ることができたはずである。そして、そのサンプルからはエンジン部分の著しい被弾が明らかになったであろう。問題は、帰還できるかどうかという結果変数に基づいてサンプルが選ばれてしまっている点にあったといえよう。

第 8 章 制限従属変数モデル 381

このように，関心がある結果によって分析できるサンプルが限定されてしまうケースは社会科学のデータにも数多い。たとえば，女性の教育年数が賃金に与える影響を知りたいとしよう。働いていない女性については賃金がわからないので，教育年数と賃金の関係を分析するためのサンプルに入ってこない。いったいこのことが推定にどのような影響を与えてしまうのだろうか。

女性が働かないそもそもの理由を考えると，1つには，仮に働いたとしてもそれほど高い賃金が得られないということが考えられる。この仮説と整合的なエビデンスもあり，働いても高い賃金が得られない教育年数の短い女性は働かない傾向がある一方で，教育年数が長い女性は働く傾向がある。そんな中で，教育年数が短いにもかかわらず働いている女性は，そもそも対人能力が高かったり，やる気があるような人々である可能性が高い。一方で，教育年数が長くて働いている女性の中には対人能力が高い人も低い人もいるだろうし，やる気がある人もない人もいるだろう。つまり，教育年数が短い女性の中で働いている人は労働市場で働くことに向いている人々で，教育年数の長い女性の中で働いている人はごく平均的な人々だと考えることは自然である。すると働いている人だけを分析対象にしてしまうと，教育年数と観察不能な賃金決定要因は負の相関関係を持ってしまう。つまり，教育年数が伸びると提示賃金が上がり，多少やる気のない人や対人能力に問題がある人でも労働参加させるという形で労働参加率を上げるため，教育年数が賃金に与える影響を過小に推定することにつながる。

これらの例のように，母集団からランダムに選ばれたサンプルが得られないことによって推定量に偏りが生じてしまうことを，**サンプル・セレクション・バイアス**という。以下では，このバイアスがモデルの中でどのように表現されるかを考察し，そのうえで，どのようにその偏りを補正するかを紹介する。

ヘキット・モデル われわれが関心を持っているモデルは，以下のように表現できるとしよう。

構造式とセレクション式

$$Y_i = \beta_0 + \beta_1 X_{1i} + \cdots + \beta_k X_{ki} + u_i$$
$$S_i = 1[\delta_0 + \delta_1 X_{1i} + \cdots + \delta_k X_{ki} + \delta_{k+1} Z_{1i} + \cdots + \delta_{k+m} Z_{mi} + v_i > 0]$$

$$(8.72)$$

ただし，Y_i は連続の被説明変数，$X_{1i}, \ldots, X_{ki}$ は説明変数，S_i はサンプルに含まれるかどうかを示す 2 値変数，$Z_{1i}, \ldots, Z_{ki}$ はサンプルに入るかどうかを規定する除外変数である。1 つめの式は構造式，2 つめの式はセレクション式と呼ばれる。ここで，以下の仮定を置く。

(1) $(X_{1i}, \ldots, X_{ki}, Z_{1i}, \ldots, Z_{mi}, S_i)$ は常に観察されるものの Y_i は $S_i = 1$ のときだけ観察される。

(2) (u_i, v_i) は X_i から独立で，期待値 0 である。

(3) $v_i \sim N(0, 1)$

(4) $\mathrm{E}(u_i | v_i) = \gamma v_i$

このような仮定のもとで Y_i が観察されるときの Y_i の条件付き期待値は

$$
\begin{aligned}
\mathrm{E}(Y_i | X_{1i}, \ldots, X_{ki}, Z_{1i}, \ldots, Z_{ki}, S_i = 1) &= \beta_0 + \beta_1 X_{1i} + \cdots + \beta_k X_{ki} \\
&+ \gamma \mathrm{E}[v_i | v_i > -(\delta_0 + \delta_1 X_{1i} + \cdots + \delta_k X_{ki} + \delta_{k+1} Z_{1i} + \delta_{k+m} Z_{mi})]
\end{aligned}
$$

$$(8.73)$$

と書くことができる。右辺の第 2 項が**サンプル・セレクション項**と呼ばれるもので，これを無視すると $\beta_0, \ldots, \beta_k$ の推定にバイアスをもたらしてしまう可能性がある。サンプル・セレクションによって推定値が一致性を持たなくなることが，サンプル・セレクション・バイアスである。

この表現より明らかなのは $\gamma = 0$ であれば，セレクション項の存在は無視できる。つまり，構造式の誤差項とセレクション式の誤差項が無相関であれば，セレクションの影響は無視することができるということである。これは，観察不能なサンプル・セレクション決定要因が観察不能な結果変数の決定要因と相関していないことを意味している。つまり，サンプル・セレクションが結果変数とは無関係に起こっていれば，セレクションが係数の推定に与える影響は無視できるということである。より一般的には，$\mathrm{E}(u_i | X_{1i}, \ldots, X_{ki}, S_i) = \mathrm{E}(u_i | X_{1i}, \ldots, X_{ki}) = 0$ が満たされていれば，構造式を OLS 推定することで一致性のある推定量を求めることができる。このように，サンプル・セレクション (S_i) が $X_{1i}, \ldots, X_{ki}$ を条件付けたうえで u_i とは無相関であることを，観察可能な変数に基づくサンプル・セレクション（selection on observables）といったり，セレクションが無視できる（ignorable）といったりする。

サンプル・セレクション・バイアスが生まれうる状況（$\gamma \neq 0$）のときに，

第 8 章　制限従属変数モデル　383

どのようなバイアスが生まれるかを検討する。理解を容易にするため，女性賃金の決定の例を考えよう。被説明変数 Y_i を女性の時間当たり賃金の自然対数値，S_i を就業を示すダミー変数，X_{1i} を教育年数だと考えよう。さらに時間当たり賃金の自然対数値に影響を与えるその他の変数群を $X_{2i}, \ldots, X_{ki}$ とし，女性の就業にのみ影響を与える変数群を $Z_{1i}, \ldots, Z_{mi}$ とする。このとき，やる気の高さや対人能力といったデータでは捉えられない観察不能要因は，賃金にも就業決定にも同じような影響を与えると考えられる。そのため，やる気の高さや対人能力をともに含む構造式の誤差項 u_i とセレクション式の誤差項 v_i は正の相関を持つと考えられるであろう。つまり，$\gamma > 0$ である。

この状況で教育年数が時間当たり賃金の自然対数値に与える影響を調べたい。プラスの効果を期待するので，$\beta_1 > 0$ を予想する。一方で，教育年数が伸びると提示賃金が上がるので就業確率も上がると考えられ，$\delta_1 > 0$ を予想する。このときセレクション項の条件である，$v_i > -(\delta_0 + \delta_1 X_{1i} + \cdots + \delta_k X_{ki} + \delta_{k+1} Z_{1i} + \delta_{k+m} Z_{mi})$ を満たす v_i の範囲は，教育年数 X_{1i} が伸びると下方向にずれる。そのため v_i の条件付き期待値は小さな値になる。ここで $\gamma > 0$ を想定しているので，セレクション項と X_{1i} は負の相関を持ってしまう。よって，構造式の推定をセレクション項の存在を無視して行うと，教育の収益率 β_1 は過小に推定されることになる。つまり，セレクション項が欠落変数となり欠落変数バイアスが発生するのである。このバイアスは，教育年数の就業決定に対する影響が大きければ大きいほど深刻になる。セレクション項の条件付き期待値に与える影響が大きくなるためである。また，セレクション式と構造式の結果変数を決定する観察不能な共通要因が大きければ大きいほどバイアスは深刻になる。これは γ の絶対値が大きくなるためである。

サンプル・セレクション・バイアスを補正するためにはセレクション項を推定に導入する必要がある。章末補論 A に示すように，標準正規分布に従う確率変数 $Z \sim N(0,1)$ の条件付き期待値は，標準正規分布の累積分布関数を $\Phi(\cdot)$ とし確率密度関数を $\phi(\cdot)$ とするとき，$\mathrm{E}(Z|Z > c) = \phi(c)/[1 - \Phi(c)]$ である。したがって，(8.73) 式は以下のように書くことができる。なお，$\lambda(\cdot)$ は，本章 4 節でも登場した逆ミルズ比である（詳しくは章末補論 A を参照）。

384　第 II 部　ミクロ編

ヘキット・モデル

$$Y_i = \beta_0 + \beta_1 X_{1i} + \cdots + \beta_k X_{ki}$$
$$+ \gamma \frac{\phi[-(\delta_0 + \delta_1 X_{1i} + \cdots + \delta_k X_{ki} + \delta_{k+1} Z_{1i} + \delta_{k+m} Z_{mi})]}{1 - \Phi[-(\delta_0 + \delta_1 X_{1i} + \cdots + \delta_k X_{ki} + \delta_{k+1} Z_{1i} + \delta_{k+m} Z_{mi})]}$$
$$= \beta_0 + \beta_1 X_{1i} + \cdots + \beta_k X_{ki} + \gamma \lambda(X_{1i}, \ldots, X_{ki}, Z_{1i}, \ldots, Z_{mi})$$

$$(8.74)$$

このモデルは，モデルの提唱者であるジェームズ・ヘックマン（J. J. Heckman）の名前にちなんでヘキット（Heckit）と呼ばれる。

(8.74) 式の推定は以下のような手順で行うことができる。

(1) セレクション式の推定：サンプルに含まれるかどうかの決定を S_i を $X_{1i}, \ldots, X_{ki}, Z_{1i} \ldots, Z_{mi}$ に回帰するプロビットモデルを推定し，推定値 $\hat{\delta}_0, \ldots, \hat{\delta}_{k+m}$ を求める。

(2) プロビット推定で得られた係数の推定値と各個人の $X_{1i}, \ldots, X_{ki}, Z_{1i} \ldots, Z_{mi}$ を用いて，各個人 i に関して逆ミルズ比 λ_i を計算する。

(3) 構造式の結果変数 Y_i を $X_{1i}, \ldots, X_{ki}$ と λ_i に OLS 推定する。

このとき，λ_i の係数 γ について，$H_0 : \gamma = 0$ を t 検定し，サンプル・セレクションを考慮する必要があるかどうかをテストすることができる。仮に帰無仮説が棄却されるようであれば，サンプル・セレクションを考慮する必要がある。なお，逆ミルズ比の計算にあたってはプロビット推定した $\hat{\delta}_0, \ldots, \hat{\delta}_{k+m}$ の推定値を用いるため，説明変数に生成された説明変数（generated regressor）を含むことになる。そのため，最終的に推定する構造式を OLS 推定した結果は標準誤差を補正する必要がある。そのため，通常は統計解析ソフトに搭載されるヘキット推定のコマンドを用いて推定を行う。

ヘキット・モデルの推定にあたっては，識別の問題を考えることが重要である。(8.74) 式を見てみると，$\lambda(X_{1i}, \ldots, X_{ki}, Z_{1i}, \ldots, Z_{mi})$ は $Z_{1i}, \ldots, Z_{mi}$ が入っていることによって，他の説明変数とは独自の変動を持つことがわかる。そのため，逆ミルズ比の決定要因として $Z_{1i}, \ldots, Z_{mi}$ が含まれること，つまり，セレクション式の中で $\delta_{k+1}, \ldots, \delta_{k+m}$ のうちのある変数が 0 とは異なっ

第8章 制限従属変数モデル　385

ていることが重要である。別の言い方をすると，サンプル・セレクション式には入るものの，構造式には入らない除外変数があることが大切である。このような除外変数があるかどうかはセレクション式をプロビット推定した際に，$H_0 : \delta_{k+1} = \cdots = \delta_{k+m} = 0$ を仮説検定することで判断できる。この除外変数が存在しないという帰無仮説が棄却されるようであれば，ヘキット・モデルはしっかりと識別できているということになる。その一方で，除外変数が存在しないときには，逆ミルズ比は $\lambda(X_{1i}, \ldots, X_{ki})$ となる。逆ミルズ比は非線形関数であり，(8.74) 式を推定する際に多重共線性は発生しないため，構造式の係数は推定できる。ただし，逆ミルズ比の非線形性はセレクション式の誤差項が標準正規分布に従うという仮定から得られるものであって，経済学的に本質的な意味がある仮定ではない。そのため，このような識別は非線形性に基づく識別と呼ばれ，信頼性が置けないと判断されることが多い。セレクション式に含まれるものの構造式には含まれない除外変数が存在することが，ヘキット・モデルを使って信頼の置ける結果を得るためには重要である。

実証例 8.5　PIAAC を用いた女性賃金の決定要因の分析

EMPIRICAL

　ここで女性賃金の決定式を推定することを考えよう。時間当たり賃金の自然対数値を教育年数や経験年数で説明する式をミンサー型賃金関数といい，労働経済学者はしばしばこの式を推定する。女性に関してこのミンサー型賃金関数を推定しようとする際に問題となるのは，賃金が観察できるのは就労している女性だけであるという点である。働いている女性だけをサンプルに用いてミンサー型賃金関数を推定すると，働いていない女性は市場で提示される賃金が低すぎて働いていない可能性もあり，被説明変数によるサンプル・セレクションが起こっているかもしれず，サンプル・セレクション・バイアスの問題が発生する可能性がある。

　この問題をヘキット推定を使って解決しようとする例を紹介しよう。用いるデータは，本章ですでに数度登場している PIAAC である。女性サンプルに含まれる 1747 名のうち 763 名が働いていないなどの事情で賃金が記録されていない。一方で，残りの 984 名に関しては賃金が記録されている。働いている者だけでサンプルを構成すると約 44% の女性がサンプルから落ちるため，深刻なサンプル・セレクション・バイアスが

起こる可能性がある。

　表には女性の時間当たり賃金の自然対数値を被説明変数としたミンサー型賃金関数の推定結果が報告されている。なお，ミンサー型賃金関数には教育年数と経験年数，経験年数の2乗項を導入するのが一般的である。ここでは実際の労働市場経験年数の代わりに年齢から教育年数を引き，さらに小学校に入学するまでの年数である6を引いたものを潜在経験年数として用いた。1列目にはサンプル・セレクションを無視して，働いている女性だけをサンプルにしてミンサー型賃金関数をOLSで推定した結果が報告されている。これを見ると教育年数が1年伸びると時間当たり賃金の自然対数値が0.086ポイント上昇することがわかる。近似的にいうと教育年数が1年伸びると時間当たり賃金が約8.6％増加することを意味する。一方で，潜在経験年数は時間当たり賃金の自然対数値に統計的に有意に影響を与えているとはいえない。もっともこのOLSの推定結果にはサンプル・セレクション・バイアスがかかっているかもしれない。

　表の2列目ならびに3列目は潜在的なサンプル・セレクション・バイアスを補正するためにヘキット推定を行った結果が報告されている。ここでは第1段階で働いていて賃金が観察される場合に1を取り，そうでない場合に0を取るセレクション式をプロビット・モデルで推定し，その推定結果より逆ミルズ比をつくり，第2段階の賃金式に逆ミルズ比を含める2段階推定を報告する。まず2列目にはセレクション式の推定結果が報告されている。セレクション式に入っていて，賃金式には入っていない除外変数は配偶者ありを示すダミー変数と子供数である。これは家族構成は就業するかどうかには影響するが，賃金には影響を与えないという強い仮定に基づいている。ここでは配偶者がいることが統計的に有意に就業率を下げることが明らかになった。このことは2段階目の賃金式が非線形性のみに依存した識別とはなっていないことを示している。3列目には賃金式の推定結果が報告されている。ここで教育年数や潜在経験年数ならびにその2乗項に対する係数を見てみると，OLS推定の結果とそれほど異ならないことがわかる。また逆ミルズ比にかかる係数は(8.74)式における γ であり，セレクション式と賃金式の誤差項の相関関

| | | | 女性の時間当たり賃金の自然対数値の決定 | | |

推定法	OLS	2 段階ヘキット		最尤法ヘキット	
推定式	賃金式	セレクション式	賃金式	セレクション式	賃金式
教育年数	0.086***	0.003	0.086***	0.003	0.086***
	(0.013)	(0.017)	(0.013)	(0.017)	(0.013)
経験年数	0.007	0.133***	0.009	0.133***	0.010
	(0.012)	(0.014)	(0.034)	(0.014)	(0.018)
経験年数 2 乗/100	−0.013	−0.239***	−0.017	−0.239***	−0.018
	(0.021)	(0.025)	(0.061)	(0.025)	(0.031)
配偶者あり	–	−0.288***	–	−0.288***	–
		(0.094)		(0.094)	
子供数	–	0.001	–	0.002	–
		(0.031)		(0.031)	
定数項	5.831***	−1.173***	5.786***	−1.175***	5.768***
	(0.237)	(0.299)	(0.673)	(0.299)	(0.347)
逆ミルズ比			0.028		–
			(0.390)		
誤差項の相関					0.055
					(0.221)
$\bar{R}^2$ /疑似 R^2	0.05		–		–
N	984		1,747		1,747

(注) カッコ内に標準誤差を記している。***, **, *はそれぞれ 1%, 5%, 10% の有意水準で有意であることを示す。

係を示すものである。この係数は正であり，観察不能な要因によって就業しやすい傾向がある女性は観察不能な要因によって高賃金を得る傾向があることが示されている。ただし，この係数は統計的に有意に 0 とは異ならない。このことは，この例においてサンプル・セレクション・バイアスが起こっていないという帰無仮説を棄却できないことを示している。ヘキット推定による賃金式の推定結果と OLS 推定による推定結果がそれほど変わらなかった理由も，これにより説明されている。

　紙幅の関係で詳細な説明は省いたが，ヘキット・モデルはセレクション式と賃金式のパラメータのすべてを最尤法を用いて同時に推定する方法がより一般的である。その推定結果が 4 列目と 5 列目に報告されているが，結果は 2 段階ヘキットの推定結果とほとんど変わらなかった。なお，2 つの式の誤差項の相関を示すパラメータも推定されているが，やはり統計的に 0 とは異ならず，サンプル・セレクション・バイアスが起こっていないという帰無仮説を棄却できない。

388　第 II 部　ミクロ編

この例における結果は，日本においては必ずしも提示される賃金が高い女性のみが就業しているわけではないことを示していて興味深いといえるが，このような結果が常に得られるわけではない。一般的にいって，被説明変数に基づくサンプル・セレクションが起こっていると考える状況では，何らかのサンプル・セレクション・バイアスの補正を行うことが必要である。

EXERCISE　●練習問題

8-1 [確認]　多項ロジット・モデルにおいて連続的な説明変数に関する限界効果が (8.35) 式の形で示されることを確認しなさい。

8-2 [確認]　プロビット・モデル (8.10) 式において，誤差項の仮定が $u_i|X_{1i}, \ldots, X_{ki} \sim N(\gamma_1 X_{1i}, 1)$ であるとしよう。これは誤差項の条件付き期待値が説明変数の値によって変わる状況，つまり，X_{1i} が内生な状況であるといえる。このとき，(8.13) 式のモデルに基づいて (8.14) 式の最大尤度関数を推定したときの $\hat{\beta}_1$ の確率収束する先を求めなさい。

8-3 [発展]　プロビット・モデル (8.10) 式において，誤差項の仮定が $u|X_{1i}, \ldots, X_{ki} \sim N(0, \delta_0 + \delta_1 X_{1i} + \cdots + \delta_k X_{ki})$ であるとしよう。これは誤差項の分散が説明変数の値に依存する不均一分散のモデルである。このとき，$\Pr(Y_i = 1|X_{1i}, \ldots, X_{ki})$ がどのような形になるかを考え，(8.13) 式と比較して，そこからわかることを述べなさい。

8-4 [実証]　本章で用いた PIAAC のデータを本書のウェブサポートページからダウンロードして，以下の課題を実行しなさい。

(a) 何らかの統計解析ソフトを用いて，表 8-1（女性の就業決定）を再現しなさい。

(b) 何らかの統計解析ソフトを用いて，表 8-5（女性の時間当たり賃金の自然対数値の決定）を再現しなさい。

第 8 章　制限従属変数モデル　　389

補論：逆ミルズ比の導出

トービット・モデルやヘキット・モデルを推定するにあたっては切断された標準正規分布の期待値を求めることが必要になる。ここではその導出を紹介しよう。まず確率変数 Z が標準正規分布に従う，つまり，$Z \sim N(0,1)$ だと仮定する。この標準正規分布の累積分布関数を $\Phi(\cdot)$，確率密度関数を $\phi(\cdot)$ と書いたときに，$\mathrm{E}(Z|Z>c) = \phi(c)/[1-\Phi(c)]$ であることを示すのが目標である。導出は以下の通りである。

$$\begin{aligned}
\mathrm{E}(Z|Z>c) &= \int_c^\infty Z \frac{\phi(Z)}{1-\Phi(c)} dZ \\
&= \frac{1}{1-\Phi(c)} \int_c^\infty Z\phi(Z) dZ \\
&= \frac{1}{1-\Phi(c)} \int_c^\infty Z(2\pi)^{-1/2} \exp(-Z^2/2) dZ \\
&= \frac{1}{1-\Phi(c)} [-(2\pi)^{-1/2} \exp(-Z^2/2)]_c^\infty \\
&= \frac{1}{1-\Phi(c)} [-\phi(Z)]_c^\infty \\
&= \frac{1}{1-\Phi(c)} [-\phi(\infty) - (-\phi(c))] \\
&= \frac{\phi(c)}{1-\Phi(c)} \qquad (8.75)
\end{aligned}$$

なお，同様の計算を行うことによって

$$\mathrm{E}(Z|Z<c) = -\frac{\phi(c)}{\Phi(c)} \qquad (8.76)$$

や

$$\mathrm{E}(Z|c_1 < Z < c_2) = -\frac{\phi(c_1) - \phi(c_2)}{\Phi(c_2) - \Phi(c_1)} \qquad (8.77)$$

を示すことができる。

第 9 章 政策評価モデル

海外での短期語学研修は、英語力をどれだけ高めるのか。本章で学ぶ政策評価モデルの手法を使えば、そういったプログラムの因果効果を推定することができる。

(写真：8x10/PIXTA（ピクスタ）)

CHAPTER 9

INTRODUCTION

政策担当者は、社会問題の解決を目指して公共政策を実施する。しかし政策には公的な資金が充てられる以上、担当者はその政策の効果に対する説明責任も負うことになる。そのためには、「政策を実施したことによって、その対象の状態が改善した」ことが示せなければならない。たとえば、公的職業訓練を受けたことで失業者の再就職確率が上昇したことが示せれば、その職業訓練政策に効果があったと説明することができる。しかし実際には、失業者の再就職確率には訓練以外のさまざまな要因も関係してくるため、単純に訓練を受けた人と受けなかった人を比較しても、純粋に職業訓練の効果だけを示すことはできない。本章では、こうした場合に直面する困難を解決するためのさまざまな分析手法を紹介する。

KEYWORD
FIGURE
TABLE
COLUMN
EXERCISE

問題の設定

語学研修プログラムの効果

ある国立大学の取り組み　ある国立大学は，学部生の英語力向上に熱心に取り組んでいる。そして，学部生の英語力を上げるための方法として，通常の授業に加えて，すべての学生を海外で行われる短期語学研修に送り出すことを検討している。もっとも，短期語学研修に学生を送り出すためには費用が掛かるため，大学の予算を充てるだけでは十分ではない。そのため，現時点では希望者を募って選考する形式で，学生の自己負担も求めることが検討されている。また対案として，海外の定評ある語学学校の教師を大学に招いて，学生に授業を受けさせるという案も浮上してきた。これらを受け，学生全員を語学研修に送り出すことをめぐっては，その効果が十分に大きいかどうかが議論のポイントとなっている。

はたして，海外で行われる語学研修はどれくらい学生の英語力を向上させるのだろうか。幸いなことに，この大学では全学年の学生にTOEFLの受験を義務付けていた。そのため，学生個人の英語力を客観的に把握することができる。語学研修に参加するのは2年生であり，TOEFLの受験が義務付けられているのは2年生の終わりであるので，語学研修に参加した学生AのTOEFLのスコアY_Aと，語学研修に参加しなかった学生BのTOEFLのスコアY_Bを比較することができる。すなわち，

$$Y_A - Y_B$$

である。しかしこの方法で得られた結果を，海外語学研修に参加したことの効果であると考えるのは適切なのだろうか。もっとも，これだと語学研修に参加した学生はAさん1人で，参加しなかった学生もBさん1人である。そのため，AさんとBさんがどの程度，参加したグループと参加しなかったグループの学生を代表しているかはわからず，ここで得られた結論を一般化するのは難しいだろう。たまたま，Aさんは英語が得意で，BさんよりもTOEFLのスコアがもとより高かったということも考えられる。このときに，$Y_A - Y_B$の結果をもって海外語学研修の効果であると主張しても，説得力はない。

語学研修の効果を評価する

上記では，AさんとBさんがそれぞれどの程度，語学研修に参加した学生のグループと語学研修に参加しなかった学生のグループを代表しているかが問題であったので，語学研修に参加したグループと参加しなかったグループについて，それぞれ平均的なTOEFLスコアを捉えることにしよう。ここでは，参加者と不参加者の全員を対象としているため，参加者の集団からたまたま成績が良い人が選ばれる，といった問題は生じない。また，以下では仮想的に，母集団すべての情報がわかるという理想的な状況を考えることとする。そしてその状況で，どこまで語学研修の効果に関する評価が可能であるかを議論する。

本章では母集団の情報を用いた議論をするので，標本平均ではなく，母集団平均である期待値を用いた議論を行う。このように，期待値など確率変数の母集団における分布情報を用いた議論を行うことで，完全なデータが手に入った理想的な状況であっても，データからわかることもあればわからないこともある，ということがはっきりと理解できる。母集団情報が使えたと仮定して，われわれが知りたいと思っていることが，原理的にデータからわかることなのかどうかを議論することを「識別について議論する」という。データを集めたり，サーベイを行ったりする前に，「何が知りたいのか」「それは原理的にどこまで知ることができるのか」など，識別可能性についてよく考えをめぐらせることが必要である。

語学研修の評価を行う大学の各学生にID番号iを振り，学生iの2年生終了時点のTOEFLスコアをY_iと表現することにしよう。また学生iが語学研修に参加したかどうかを示すダミー変数D_iを定義する。この変数は，学生iが語学研修に参加した場合には$D_i = 1$を取り，参加しなかった場合には$D_i = 0$を取る。語学研修のようにある種の効果を期待できる取り扱いのことを，**処置**（treatment），**介入**（intervention），**プログラム**（program），**政策**（policy）などという。語学研修に参加することを処置ということに違和感のある読者もいるかもしれないが，この種の統計分析は，ある医療行為が患者の状態を改善するかどうかを評価するという生物統計や医学統計の分野で発展し，その影響が計量経済学に波及したという歴史的経緯があるため，こうしたものものしい表現を用いるのが慣例になっている。なお，この処置を受けた学生の集団のことを**処置群**，**実験群**，あるいは**トリートメント・グループ**（treatment group）といい，受けなかった集団のことを**対照群**，**統制群**，**比較群**，あるい

第9章　政策評価モデル　　393

はコントロール・グループ（control group）という。また，語学研修が TOEFL スコアに与える影響のように，介入（または処置，プログラム，政策）が結果に与える影響を評価することを，プログラム評価（program evaluation），あるいは政策評価（policy evaluation）などという。

以上の設定のもとで，語学研修に参加した学生の TOEFL スコアの母集団平均は，条件付き期待値を用いて $\mathrm{E}(Y_i|D_i = 1)$ で表すことができる。一方で，語学研修に参加しなかった学生については $\mathrm{E}(Y_i|D_i = 0)$ となる。そのため，語学研修に参加した学生と参加しなかった学生のスコアの差は，

$$\mathrm{E}(Y_i|D_i = 1) - \mathrm{E}(Y_i|D_i = 0)$$

で表現できる。

それでは，このスコアの差は，語学研修への参加が TOEFL スコアに与える影響を推定したものだといえるのだろうか。つまり，語学研修に参加したグループと参加しなかったグループの TOEFL スコアの平均点の差を，語学研修の効果と考えてもよいのだろうか。しかしよく考えてみると，語学研修に参加した学生と語学研修に参加しなかった学生は，そもそも違った特性を持った学生の集団なのではないか，という疑問が湧いてくる。たとえば，語学研修に参加した学生はもともと英語が得意であり，語学研修に参加する前から平均点が高い集団だったのかもしれない。そうだとすると，仮に語学研修に参加した学生の TOEFL スコアの平均点が，参加しなかった学生の TOEFL スコアの平均点を上回っていたとしても，その差は純粋に語学研修の効果だけを示しているのではなく，語学研修に参加した学生のもともとの英語力の高さを反映した結果かもしれない。

学生の英語力がもともと異なっていることを勘案しつつ，語学研修が英語力向上に与える影響を知りたい場合には，学生の英語力が個人 i ごとに異なることを明確に示しつつ，さらに英語力が語学研修を受けることで変化しうることを明確に表現する枠組みを作り上げる必要がある。ここで便利なのが，ルービン（D. Rubin）が作り上げたルービン因果モデルと呼ばれる分析の枠組みである。

ここでは，学生 i が語学研修を受けなかった場合の 2 年生終了時点の TOEFL スコアを Y_{0i} と表現する。一方で，語学研修を受けた場合の 2 年生終了時点の TOEFL スコアを Y_{1i} と表現する。テストスコアを表す Y の右下に，個体

番号 i とは別に付いている添え字 $0, 1$ は，それぞれ語学研修を受けない場合
（$= 0$）と，受ける場合（$= 1$）に対応している。ここで注意が必要なのは，こ
の添え字は実際に語学研修に参加したかどうかを示す D_i とは別に定義されて
いるため，実際には語学研修に参加しなかった学生についても Y_{1i} を，実際に
は語学研修に参加した学生についても Y_{0i} を定義できることである。このよ
うに，実際には起こらなかったシナリオのもとでどのようなことが起こって
いたかを想定することを，反実仮想（counterfactual）という。また，語学研修
参加者に関して実際には観察されない結果である Y_{0i} や，語学研修不参加者に
関して観察されない結果である Y_{1i} を，潜在結果（potential outcome）という。
ルービンの枠組みの特徴は，反実仮想を用いて語学研修の TOEFL スコアに
与える因果的影響を定義する点にある。

この表現を用いれば，学生 i に関して語学研修を受けることが TOEFL ス
コア向上に与える影響は，

$$Y_{1i} - Y_{0i}$$

で表現されることになる。これが，語学研修参加が TOEFL スコアに与える
因果的影響である。因果関係をどのように定義するかは哲学的で難しい問題だ
が，ルービンは「ある特定の個体（学生）が特定の介入（語学研修）を受けた場
合と受けなかった場合の結果（TOEFL スコア）の違い」が介入の結果に対す
る因果関係である，と定義している。ルービン因果モデルは，反実仮想を用い
て因果関係を定義することで，複雑になりがちな因果関係の定義を単純明快に
行っている。この単純明快さが，概念の操作可能性を向上させ，また因果推論
がどのようなレベルで，どのような仮定のもとで可能なのかを明確にしてくれ
る。

一方で，反実仮想を用いた因果関係の定義は，語学研修への参加が TOEFL
スコアに与える影響を知ろうとしたときにわれわれが直面する問題を，より鮮
明に示してくれる。それは，実際に語学研修を受けなかった学生については語
学研修を受けないときの TOEFL スコア Y_{0i} しか観察できず，語学研修を受
けたときの TOEFL スコア Y_{1i} は観察できない，という問題である。同様に，
実際に語学研修に参加した学生については Y_{1i} しか観察できず，Y_{0i} は観察で
きない。学生 i が語学研修に参加した場合に 1 を取る，参加の有無を示すダ
ミー変数 D_i を用いると，実際に観察される結果 Y_i は以下の式で表現できる。

第 9 章　政策評価モデル　　395

$$Y_i = D_i Y_{1i} + (1 - D_i) Y_{0i}$$

この表現は，各学生 i に関して観察可能な TOEFL スコアが Y_{1i} または Y_{0i} のうちどちらか 1 つだけであること，すなわち学生 i についての語学研修のTOEFL スコアへの影響 $Y_{1i} - Y_{0i}$ が，原理的に観察不能であることを明確に示している。個々の学生についての因果効果 $Y_{1i} - Y_{0i}$ を知ることが到達不能なゴールであるとわかったところで，いったいわれわれはどこまでそのゴールに近づくことができるのだろうか。

語学研修が学生の TOEFL スコアに与える効果を知ろうとする大学当局の立場からすると，個々の学生の効果 $Y_{1i} - Y_{0i}$ まで知りたいわけではないだろう。それは，大学当局としては，個々の学生のレベルで見れば語学研修の効果にはばらつきがあるとしても，平均的にどの程度の効果があるかがわかればよいと考えている可能性が高いためである。仮に，その大学が学部生全員の短期語学研修を義務付けようとしているならば，その効果の学生全体での母集団平均としての期待値，

$$\mathrm{E}(Y_{1i} - Y_{0i})$$

に関心があるといえるだろう。このように，介入の影響の期待値を取ったものを平均処置効果（average treatment effect; ATE）と呼ぶ。その一方で，今の時点で語学研修を受けている学生の中での平均的な効果を知ろうとするならば，

$$\mathrm{E}(Y_{1i} - Y_{0i} | D_i = 1)$$

に関心があるといえる。この値は，「現行の語学研修プログラムを来年度以降も続けようとする際に，その期待される効果を知る」という文脈において有用である。このように，介入を受けている者の中での，介入が結果に与える影響の期待値を取ったものを，処置を受けた者の中での平均処置効果（average treatment effect on the treated; ATT）と呼ぶ。

あるプログラムを評価する際に，その目標となるのが ATE の推定なのか ATT の推定なのかは，そのプログラム評価の目的がどのようなものであるかに依存する。もしもこの大学が，来年度からは全学生を対象にして語学研修プログラムを実施することを検討しており，その是非を判断するための材料としてプログラム評価をするのであれば，ATE を知ることが目標となるだろう。

一方で，来年度も今年度と同じような語学研修プログラムを継続することを前提として，その継続の是非を検討するための材料としてプログラム評価をしようとしているならば，ATT を知ることが目標になるだろう。仮に処置効果が大きい学生が語学研修に参加する傾向があるとすると，ATT は ATE に比べて大きなものとなる。そのため，すでに語学研修に参加している学生から推定された ATT を使って，全員を参加させたときの平均処置効果である ATE を予想してしまうと期待外れに終わることとなる。

さて，今年度の参加者から得られたデータを用いて，平均処置効果（ATE）や処置を受けた者の中での平均処置効果（ATT）を知ることはできるのだろうか。われわれがデータから実際に観察することができるのは，各学生の TOEFL スコア Y_i と語学研修に参加したか否かを示す D_i である。先に見たように，この情報を使えば，語学研修を受けた者と受けなかった者の母集団平均の差 $E(Y_i|D_i = 1) - E(Y_i|D_i = 0)$ が計算できる。しかしこの値は，平均処置効果や処置を受けた者の中での平均処置効果には一致しない。このことを，次の式のように示そう。

$$
\begin{aligned}
&E(Y_i|D_i = 1) - E(Y_i|D_i = 0) \\
&= E[D_i Y_{1i} + (1 - D_i)Y_{0i}|D_i = 1] - E[D_i Y_{1i} + (1 - D_i)Y_{0i}|D_i = 0] \\
&= E(Y_{1i}|D_i = 1) - E(Y_{0i}|D_i = 0) \\
&= E(Y_{1i}|D_i = 1) - E(Y_{0i}|D_i = 1) + E(Y_{0i}|D_i = 1) - E(Y_{0i}|D_i = 0) \\
&= E(Y_{1i} - Y_{0i}|D_i = 1) + [E(Y_{0i}|D_i = 1) - E(Y_{0i}|D_i = 0)] \quad (9.1)
\end{aligned}
$$

(9.1) 式の最初の項 $E(Y_{1i} - Y_{0i}|D_i = 1)$ は，語学研修を受けた学生の中での平均処置効果（ATT）に対応する。一方で，第 2 項の中の $E(Y_{0i}|D_i = 1)$ は，実際には語学研修を受けた学生が受けなかったときに取る TOEFL 平均点であり，$E(Y_{0i}|D_i = 0)$ は実際に受けなかった学生の TOEFL 平均点である。その差を示す $[E(Y_{0i}|D_i = 1) - E(Y_{0i}|D_i = 0)]$ は，「語学研修を受けた学生と受けなかった学生の，語学研修を受けなかった場合の TOEFL スコアの差である」ということができる。これが 0 ならば，研修を受けた人と受けなった人の TOEFL スコアの差で，ATT を求めることができる。しかし仮に，もともと英語が得意で語学研修を受けなかったときの TOEFL スコアが高い学生が研修に参加しているとするならば，この値は正の値となる。逆に，もともと語

第 9 章 政策評価モデル　397

学が苦手で研修を受けなかったときのスコアが低い学生がそれを克服するために語学研修に参加するとすると，この値は負の値となる。このように，語学研修に参加する学生と参加しない学生にもともと差があることを，セレクション効果という。語学研修に参加するかどうかを学生自身が決定することに着目して，セルフ・セレクション効果ともいう。

　語学研修のようなプログラムの効果を評価しようとするときには，セルフ・セレクション効果が引き起こす問題は，常に深刻なものとなる。セルフ・セレクション問題が発生しているかどうかを見極めるために大切なのは，どのような過程を経てプログラムへの参加が決定されているかを考えることである。この大学の語学研修のプログラムは，大学が提携校と調整をして開講し単位として認定するものの，基本的には費用は自己負担で，参加するかどうかは学生自身が自分で決定するものである。そのため，語学研修に自ら参加する学生は，何らかの意味で語学学習に意欲がある学生だと考えられる。仮に，語学学習に意欲を持つ者の TOEFL スコアがもともと高いとすると，語学研修参加者の TOEFL スコアは不参加者の TOEFL スコアよりもそもそも高いことになる。つまり，語学研修に参加しなかった場合の TOEFL スコアが，語学研修に参加した学生のほうが語学研修に参加しなかった学生よりも高い（$[E(Y_{0i}|D_i = 1) - E(Y_{0i}|D_i = 0)] > 0$）ので，セルフ・セレクションが起こっているのである。

　あるプログラムの効果を知ろうとするときには，そのプログラムへの参加・不参加がどのように決まっているかを深く考えることが大切である。そして，その決定要因がプログラムに参加しなかったときの結果変数，すなわち Y_{0i} とも関係を持つようであれば，セルフ・セレクションの問題が発生することになる。しかし実際には，プログラムに参加した人々の Y_{0i} は観察できないため，セルフ・セレクション問題が発生しているかをデータから検証することはできない。そのため，セルフ・セレクションが発生しているかどうかを評価するためには，計量経済学的な分析とは別に，プログラムの制度的側面の詳細を調べたり，選考過程に関する内部文書を調べたり，現場担当者にインタビューを行ったりすることを通じて，プログラムへの参加を検討する個人がどのような意思決定をしているかについて，想像をめぐらす必要がある。この点で，プログラム評価の作業は，本質的に社会科学的な営為であるといえる。同時に，プログラム評価に関する計量経済学的な知識は，制度や文書の調査，インタビュー

398　第II部　ミクロ編

といった社会科学の伝統的な作業を行う際に,どの点に着目すべきかについての重要な示唆を与えてくれる。

ここまで述べたように,セルフ・セレクションの問題がなければ,プログラム参加者の中での平均処置効果(ATT)が推定できる。そして,セルフ・セレクションが起こっているかどうかは,プログラムへの参加がどのようなプロセスを経て決定されているかに依存する。そのため,セルフ・セレクション問題を回避してプログラムの効果を推定しようとする際には,プログラム参加の決定プロセスに人為的な操作を加えたり,プログラム参加の決定プロセスに潜む特異な点に着目することが必要になる。種々の解決方法が考案されているので,次節以降では,具体例を交えてそれらを紹介していこう。

無作為参加割当

社会科学における実験的手法

セルフ・セレクション問題を回避してプログラム効果を正しく知るための最も強力な方法は,プログラムへの参加を個人に**無作為に割り当てる**(random assignment)ことである。大学2年生を対象にした海外短期語学研修の例だと,大学2年生の初めにすべての学生にサイコロを振ってもらい,4以上の目が出た学生には語学研修に参加させ,3以下の目が出た学生には参加させない,といったルールが考えられる。この方法だと,半分の学生が語学研修に参加し,残りの半分の学生は参加しないことになる。この場合には,語学研修への参加がランダムに決定されているので,語学研修への参加の有無と,語学研修に参加しなかった場合の2年生終了時点のTOEFLスコアは相関を持たないことになる。そのため,語学研修に参加した学生のほうがもともと英語が得意でTOEFLスコアが高かったかもしれない,という問題は発生しない。語学研修に参加したときのTOEFLスコア Y_{1i} にしても,参加しなかったときのスコア Y_{0i} にしても,語学研修への参加を示す D_i とは独立であると考えられる。すなわち,語学研修への参加を無作為に割り当てることは,

$$\{Y_{1i}, Y_{0i}\} \perp\!\!\!\perp D_i$$

を成立させる。ここで,$\perp\!\!\!\perp$ の記号は統計的独立性を示す記号である。この独

立性の仮定より $\mathrm{E}(Y_{0i}|D_i = 1) = \mathrm{E}(Y_{0i}|D_i = 0) = \mathrm{E}(Y_{0i})$ が成立する。つまり，語学研修参加者と不参加者の平均的語学力は同じであるため，$\mathrm{E}(Y_{0i}|D_i = 1) - \mathrm{E}(Y_{0i}|D_i = 0) = 0$ となりセルフ・セレクション効果は無視できることになるのである。したがって (9.1) 式より，

$$\mathrm{E}(Y_i|D_i = 1) - \mathrm{E}(Y_i|D_i = 0) = \mathrm{E}(Y_{1i} - Y_{0i}|D_i = 1)$$

となり，語学研修参加者と不参加者の母集団平均，すなわち期待値の差が ATT となる。

さらに $\{Y_{1i}, Y_{0i}\} \perp\!\!\!\perp D_i$ より，

$$\mathrm{E}(Y_{1i} - Y_{0i}|D_i = 1) = \mathrm{E}(Y_{1i} - Y_{0i})$$

が導けるため，プログラム参加者の中での平均処置効果（ATT）と，母集団全体での平均処置効果（ATE）は等しくなることもわかる。通常は，プログラム参加者の処置効果の大きさと不参加者の処置効果の大きさが異なるため 2 つの値は異なる。しかし，無作為割当を行った際には処置を与えるか否かが処置効果の大きさとも独立に決定されているため，ATT と ATE が等しくなるのである。

実際には，母集団平均である期待値を標本平均で置き換えて $ATE = ATT$ を推定することになる。ここで，ATE の推定量を $\widehat{ATE}$，ATT の推定量を $\widehat{ATT}$ とすると，それらは，

$$\frac{1}{N_1} \sum_{D_i = 1} Y_i - \frac{1}{N_0} \sum_{D_i = 0} Y_i$$

と表現できる。ただし，ここで N_0 は $D_i = 0$ の数，N_1 は $D_i = 1$ の数である。すなわち，語学研修参加者の TOEFL スコア平均値と不参加者の平均値の差が，ATE および ATT の推定量となるのである。

このように，プログラムを無作為割当すれば，プログラム参加者の中での平均処置効果である ATT と ATE が推定できる。そのためプログラムの無作為参加割当は，プログラム評価にあたっては究極の研究手法である。プログラムを無作為に割り当てて，処置を受けたグループと受けなかったグループの結果を比較する実験手法をランダム化比較実験（randomized control trial; RCT）というが，この手法は自然科学では研究手法として広く受け入れられている。伝

400　第 II 部　ミクロ編

統的には社会科学では実験は難しいとされてきたが，野心的な政策担当者や研究者によって，失業保険の受給期間の長短を無作為に割り当てて失業期間への影響を見た研究，健康保険への加入を無作為に割り当てて健康状態への影響を見た研究，などといった大規模な実験がさまざまに行われてきた。また最近では，より小さな規模で RCT を行い，報酬の多寡が仕事に取り組む姿勢に与える影響を推定した結果などが報告されている。

　無作為割当によって ATT を推定することができるのは，プログラムへの参加と結果が独立であるという $\{Y_{1i}, Y_{0i}\} \perp\!\!\!\perp D_i$ という仮定が満たされているためであった。しかし，この仮定の正当性はデータから検証することはできない。検証するためには，たとえば $D_i=1$ であるプログラム参加者と $D_i = 0$ であるプログラム不参加者の Y_{0i} の平均値が比較できればよいのだが，プログラム参加者に関しては Y_{0i} が観察できないため，このような検証はできない。同様の理由で，プログラムに参加したときに得られる TOEFL スコアである Y_{1i} の平均値をグループ間で比較することもできない。したがって，$\{Y_{1i}, Y_{0i}\} \perp\!\!\!\perp D_i$ という仮定は検証不能であり，維持されるべき仮定 (maintained assumption) なのである。

> **属性変数を用いた検証**

このように，無作為割当による実験を行った後にプログラムへの参加と結果が独立であることは直接検証できないのであるが，実験がうまくいっていることを示す方法はある。それは，プログラム参加者と不参加者の属性が基本的に同じであることを示すことである。語学研修の例でいうと，語学研修に参加する学生と参加しない学生の特性を表す変数が，属性変数だということになる。たとえば，語学研修を受けるのは大学 2 年生のときであるため，各学生が入学時に受験した TOEFL のスコア (X_{1i})，各学生の 1 年生時点の成績の平均値である GPA (X_{2i})，親の年収 (X_{3i}) などといった変数が考えられる。入学時の TOEFL スコアや 1 年生時点の GPA を制御するのは語学研修参加前の学生の学力を制御するためであり，親の年収を制御するのは家計所得の水準によって大学入学前の海外旅行の経験などの違いがあることを制御するためである。そして，これらの変数を横に並べた行ベクトル X_i を定義する。これらの変数は，語学研修が実施される前に決まっている先決変数であるため，語学研修への参加によって影響を受けるとは考えられない。そのため，仮に無作為割当によって語学研修への参加の有無が決まっているとするならば，語学研修に参

第 9 章　政策評価モデル　401

加した学生としなかった学生の間で，これらの変数の分布に違いがあるようではおかしい。すなわち，$X_i \perp\!\!\!\perp D_i$ が成立しているかどうかを検証することが，無作為割当という実験計画がうまくいっているかどうかを間接的に示すことになるのである。具体的には，語学研修に参加しなかった $D_i = 0$ の学生の属性変数 $\{X_{1i}, X_{2i}, X_{3i}\}$ の平均値と，語学研修に参加し $D_i = 1$ である学生の属性変数 $\{X_{1i}, X_{2i}, X_{3i}\}$ の平均値を比較して，ずれがないかを確認するという方法が考えられる。無作為割当の実験がうまくいっているならば，プログラム参加者と不参加者の入学時に受験した TOEFL のスコア（X_{1i}），各学生の1年生時点の GPA（X_{2i}），親の年収（X_{3i}）の平均値は，標本誤差を除いては同じ値を取るはずである。

無作為割当の実証例

ここで無作為割当の1つの研究例として，Gneezy and List (2006) を紹介しよう。彼らの研究は，市場相場以上の賃金を支払うことで労働者がやる気を出して高い生産性を発揮するかどうかを検証しようとしたものである。ノーベル経済学賞を受賞したジョージ・アカロフ（G. A. Akerlof）は，既存の経済学に飽き足らず，経済学の中に社会学的な考え方を積極的に導入した経済学者としても著名である。彼の提唱した理論の中で影響力があるものとして，「労働の贈与交換理論」がある。この理論によれば，労働者と雇用主の間には互酬性があり，もしも雇用主が相場賃金以上の賃金を支払うという形で労働者に贈与をすれば，労働者は期待されている以上の働きをして雇用主に贈与をし返すという。この理論の検証が難しいのは，通常の労働現場では労働契約が繰り返し結ばれることが多いために，相場よりも高い賃金を提示された労働者が，そのよい仕事を失わないように追加的な努力をする可能性があることである。この場合には，高い賃金を提示された者がそうでない者よりも高い生産性を発揮したとしても，それは互酬性によるものではなくて，労働者が解雇されることなどを避けようとする経済合理的な行動の結果だということになる。このような可能性を排除し，1回限りの労働契約であることを明示したうえで，贈与交換理論の予測が実際の労働市場に当てはまるかどうかを実験したのが，Gneezy and List (2006) による研究である。彼らは2つの実験を行っているが，ここではそのうちの1つである図書館で行われた実験を紹介しよう。この研究で行われたように，実際の経済取引の現場で行う実験のことをフィールド実験と呼び，実験室でコンピュータを用いて行われるラボ実験とは区別される。

402　第Ⅱ部　ミクロ編

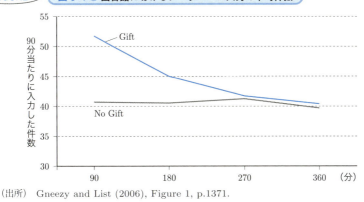

図 9-1 ● 図書館におけるデータベース入力の平均件数

（出所）　Gneezy and List (2006), Figure 1, p.1371.

　彼らの図書館実験は，時給12ドルの図書館でのデータベース入力のアルバイト募集に応募してきた19名を被験者として行われた。募集の際には，この仕事は1回限りの仕事であることが強調して示された。このうち10名には約束通り時給12ドルで働いてもらい，後の9名には時給が20ドルに上がったことを告げたうえで働いてもらった。なお実験は，被験者同士が互いにいくら支払われているかはわからない状況で行われた。仮にアカロフの労働の贈与交換理論が正しいとするならば，時給20ドルを提示された者は時給12ドルを提示された者よりも雇用主に感謝をし，その分生産性を上げてお返しをしようとするはずである。被験者たちは，渡された本から書誌情報を確認し，データベースに入力するという仕事が与えられた。このような仕事であれば，生産性をデータベース入力件数という形で容易に観察できる。

　図9-1は，90分ごとのデータベース入力件数のグループごとの平均値をグラフにしたものである。図の "Gift" は時給20ドルを提示されたグループであり，"No Gift" は時給12ドルを提示されたグループであることを示している。これを見ると，最初の90分は2つのグループ間の平均入力件数には大きな差があることがわかる。時給20ドルを提示されているグループは1人当たり51.7件のデータベース入力を行った一方で，時給12ドルを提示されたグループは1人当たり40.7件のデータベース入力を行った。この差について，グループ間の分散が異なることを許容したうえで，平均値の差の検定をすると $t = 1.85$ となり，5%水準の片側検定では両者の平均が等しいという帰無仮

第9章　政策評価モデル　403

説は棄却される。ただし，次の90分には2つのグループの平均生産性は接近し，時間の経過とともに2つのグループの生産性はほぼ変わらない水準まで収束した。最初の90分以外は，2つのグループの間の平均値の差は統計的に有意に0とは異ならない，という帰無仮説が棄却できないことも明らかになった。この結果より，彼らは労働の贈与交換は短期的には観察されるが，時間をおいて冷静になった労働者が努力の水準を引き下げたり，高い賃金水準に慣れてしまうことなどによって，長期的には労働の贈与交換理論は正しくないという結論を導き出している。

無作為割当の威力

本節では無作為割当について解説してきたが，最後に，上述の実証例に基づいて，このようなランダム化を行わない場合にどのような問題が発生するかを考えてみよう。仮に，図書館から各労働者の時給と時間当たりのデータベース入力件数のデータを入手したとしよう。そして，このデータから労働者の中で時給の違いがあり，時給が高いほどデータベース入力件数が多いことが確認できたとしても，それが直ちに労働の贈与交換理論が正しいことを示すとは限らない。なぜならば，時給20ドルで雇われている労働者は時給12ドルで雇われている労働者よりもそもそもの生産性が高いために高賃金が支払われているという可能性が排除できないためである。この場合には，高賃金だから高生産性なのではなくて，高生産性だから高賃金だという逆の因果関係が相関関係をもたらしている可能性を排除できない。一方，無作為割当を行うことで，時給と労働者のもともとの生産性に相関がない状況を作り出すことができるため，高い時給が生産性に与える一方向の因果的な影響を推定することができるのである。

SECTION 3 属性変数を制御することによる評価

母集団における識別

プログラムの効果を測定するためには，RCTを行うことが究極の研究手法ではあるものの，この種の実験を行うためには莫大な費用がかかる。そのため多くの場合，実験を行わずにプログラム評価をすることが必要となる。ある大学の語学研修の例でも，実験までは行うことができなかった。そこで本節では，実際に語学研修に参加した学生と参加しなかった学生のTOEFLスコアを使って，プログラ

ム効果を推定する方法を考えよう。このように，一般に観察データを用いた研究手法を**観察研究**（observational study）という。

観察研究の手法を使って語学研修の効果を調べようとしたときに問題となるのは，語学研修に参加した学生と参加しなかった学生でTOEFLスコアに反映されるもともとの英語力が違う可能性である。であるならば，先に紹介した入学時に受験したTOEFLのスコア（X_{1i}）の成績が同じである学生のグループの中で，語学研修に参加した学生と参加しなかった学生の2年生終了時点のTOEFLスコアY_iを比較すれば，語学研修への参加がTOEFLスコアに与える影響を推定できるのではないか，という希望が見えてくる。さらに，このデータには，各学生の1年生時点の成績の平均値であるGPA（X_{2i}），親の年収（X_{3i}）といった他の属性変数を含むベクトルX_iが含まれているとする。そのため，これらの変数がすべて同じである学生を取り出して，その中で語学研修に参加した学生と参加しなかった学生の2年生終了時点のTOEFLスコアY_iを比較すれば，語学研修がTOEFLスコアに与える影響を評価することができそうである。はたして，こうした考え方はプログラム評価を行うにあたって有効なのだろうか。

属性変数の値が同じ学生の中で，語学研修に参加した学生と参加しなかった学生のTOEFLスコアを比較するという方法は，以下で説明する条件付き独立性の仮定が満たされているときに有効な政策評価の方法となる。**条件付き独立性の仮定**（conditional independence assumption; **CIA**）とは，

$$\{Y_{1i}, Y_{0i}\} \perp\!\!\!\perp D_i | X_i$$

が成立することである。ここで，Y_{1i}は語学研修に参加したときのTOEFLスコア，Y_{0i}は語学研修に参加しなかったときのTOEFLスコア，D_iは語学研修に参加したときに1を取り，参加しなかったときに0を取るダミー変数，X_iは入学時に受けたTOEFLスコア（X_{1i}），各学生の1年生のときの成績の平均値であるGPA（X_{2i}），親の年収（X_{3i}）を束ねた確率変数ベクトルである。この仮定は，入学時点のTOEFLスコア，1年生時点のGPA，親の年収が同じ学生を選び出して比較するならば，語学研修への参加と2年生終了時点のTOEFLスコア（Y_{0i}とY_{1i}）が独立であるということを意味している。この仮定も，先の独立性の仮定と同じく，直接検証することはできない維持されるべき仮定である。

第9章　政策評価モデル　　405

条件付き独立性の仮定が満たされるとき，ある属性を持った学生の中で語学研修に参加した者と参加しなかった者との間の 2 年生終了時点の TOEFL スコアの差は，その属性を持った学生の ATT を推定することになる。この点を，$X_i = x$ という属性を持った学生グループの例で見ていこう。このグループの中の語学研修参加者と不参加者の TOEFL スコアの差は，次のように表現される。

$$
\begin{aligned}
&\mathrm{E}(Y_i|D_i = 1, X_i = x) - \mathrm{E}(Y_i|D_i = 0, X_i = x) \\
&= \mathrm{E}[D_i Y_{1i} + (1 - D_i)Y_{0i}|D_i = 1, X_i = x] \\
&\quad - \mathrm{E}[D_i Y_{1i} + (1 - D_i)Y_{0i}|D_i = 0, X_i = x] \\
&= \mathrm{E}(Y_{1i}|D_i = 1, X_i = x) - \mathrm{E}(Y_{0i}|D_i = 0, X_i = x) \\
&= \mathrm{E}(Y_{1i}|X_i = x) - \mathrm{E}(Y_{0i}|X_i = x) \\
&= \mathrm{E}(Y_{1i} - Y_{0i}|X_i = x) \\
&= ATE_x
\end{aligned}
$$

ここで ATE_x とは，$X_i = x$ という属性を持った学生グループにおける ATE であることを意味している。導出にあたって重要なのは，$\mathrm{E}(Y_{1i}|D_i = 1, X_i = x) = \mathrm{E}(Y_{1i}|X_i = x)$ と $\mathrm{E}(Y_{0i}|D_i = 0, X_i = x) = \mathrm{E}(Y_{0i}|X_i = x)$ というステップである。これらは X を条件付ければ，$\{Y_{0i}, Y_{1i}\}$ が D_i とは独立であるという仮定から導かれている。

　ここで注意すべきは，$X_i = x$ という条件を満たす学生グループの中に語学研修に参加した学生 $D_i = 1$ と語学研修に参加しなかった学生 $D_i = 0$ の両方が含まれていないと，$\mathrm{E}(Y_i|D_i = 1, X_i = x) - \mathrm{E}(Y_i|D_i = 0, X_i = x)$ が計算できないため，ATE_x も計算できないことである。たとえば，1 年生時点の TOEFL スコアや GPA が低い学生の中には，語学研修の参加者がいないかもしれない。この場合，そのような学生に関するプログラム効果を知ることはできない。つまり，プログラムの効果を知るためには，プログラム参加者と不参加者の属性が重なり合っている必要があるのである。

　われわれが最終的に知りたいのは ATE や ATT であり，必ずしも ATE_x ではない。そのため ATE を求めるには，全学生の中で $X_i = x$ を満たす学生が占める割合（$\mathrm{Pr}(X_i = x)$）を重みとした加重平均を取る必要がある。すなわち，

406　第 II 部　ミクロ編

$$ATE = \sum_x ATE_x \Pr(X_i = x)$$

が全学生の中での平均処置効果（ATE）である。このとき，ある $X_i = x$ を満たす学生グループの中に不参加者がまったく含まれていない，あるいは参加者がまったく含まれていないために ATE_x が得られないようなことがあると，ATE を計算することができない。そのため，ATE を計算するためには，

$$0 < \Pr(D_i = 1 | X_i = x) < 1$$

がすべての x に関して満たされる必要がある。この仮定は，**重なりの仮定**（**オーバーラップの仮定**）と呼ばれる。この仮定が満たされるならば，プログラム参加者と不参加者の属性が重なり合うことになる。

また，語学研修を受けた学生の中での平均処置効果（ATT）を知りたければ，語学研修を受けた学生の中で $X_i = x$ という属性を持つ学生が占める割合（$\Pr(X_i = x | D_i = 1)$）を重みとした加重平均を取ればいい。そのため，

$$ATT = \sum_x ATE_x \Pr(X_i = x | D_i = 1)$$

となる。ATT を計算するためには，プログラム参加者がいる $X_i = x$ に関してだけ ATE_x がわかればよい。そのため，$X_i = x$ を満たす学生グループの中で不参加者がいなければならない。これにより，重なりの仮定は，すべての x に関して，

$$\Pr(D_i = 1 | X_i = x) < 1$$

と，上記よりも若干緩い仮定となる。

ATE，ATT の推定方法　ここでは，実際にどのように ATE や ATT を推定するかを見ていこう。まず推定にあたっては，ATE_x を推定する必要がある。これは，X_i に含まれる入学時に受験した TOEFL スコア（X_{1i}），各学生の1年生時点の成績の平均値である GPA（X_{2i}），親の年収（X_{3i}）がそれぞれ特定の値 x を取る学生，つまり，$X_i = x$ を満たす学生をデータから探し出して，そのグループの中で語学研修に参加した学生の2年生終了時点の TOEFL スコアの平均点と語学研修に参加し

第 9 章　政策評価モデル　　407

なかった学生のスコアの平均点の差を取ることで計算できる。もっとも，各学生の入学時点の TOEFL スコア (X_{1i})，1 年生時点の GPA (X_{2i})，親の年収 (X_{3i}) という連続変数の組合せが特定の値を取る学生がデータの中に 1 人しかおらず，語学研修参加者と不参加者の比較ができないというケースが多発することが予想される。この問題の本質は，X_i に含まれる 3 変数が連続変数であるために，3 変数の組合せが取りうるパターンが非常に多いことにある。そのための 1 つの解決方法は，各学生の入学時点の TOEFL スコア (X_{1i}) や 1 年生時点の GPA (X_{2i}) などの属性変数でグループ分けすることである。たとえば，入学時点の TOEFL スコアが 50 点未満，50〜59 点，60〜69 点，70〜79 点，80〜89 点，90〜99 点，100 点以上という形で分ければ，入学時点の TOEFL スコアは 7 グループになる。各学生の 1 年生時点の GPA も同様に，2.0 未満，2.0 以上 2.5 未満，2.5 以上 3.0 未満，3.0 以上 3.5 未満，3.5 以上 4.0 までという形で分ければ，5 グループとなる。また親の年収に関しても，同様にグループ分けすることができる。ここでは例として，10 の年収グループに分けたとしよう。このように，連続変数を区間変数に変換することを離散化するというが，離散化の結果として X_i の取りうる組合せは 7（入学時点の TOEFL スコアグループ）×5（1 年生時点の GPA グループ）×10（親の年収グループ）=350 グループまで減らすことができた。350 の組合せのそれぞれの中であれば，語学研修参加者と不参加者の両方が含まれる可能性も高まるだろう。

このように X_i を離散化した後で，X_i が特定の値 x を取るときの平均処置効果の推定量 $\widehat{ATE}_x$ は，

$$\frac{1}{\sum_{i=1}^{N} 1[D_i = 1, X_i = x]} \sum_{i=1}^{N} 1[D_i = 1, X_i = x] Y_i$$

$$- \frac{1}{\sum_{i=1}^{N} 1[D_i = 0, X_i = x]} \sum_{i=1}^{N} 1[D_i = 0, X_i = x] Y_i$$

となる。ここで $1[\cdot]$ は，$[\cdot]$ の中が真であるときに 1 を取り偽であるときに 0 を取る指示関数である。そのため，$\sum_{i=1}^{N} 1[D_i = 1, X_i = x]$ は $X_i = x$ という変数の組み合わせを満たすグループの中で $D_i = 1$ となる観測値数であり，$\sum_{i=1}^{N} 1[D_i = 1, X_i = x] Y_i$ は $X_i = x$ を満たすグループの中で $D_i = 1$ のときだけ Y_i の和を取る，という操作をしていることを意味している。

結果として，第 1 項は $X_i = x$ という変数の組み合わせを満たすグループの中で $D_i = 1$ を取る観測値の Y_i の平均値である。同様に，第 2 項は $X_i = x$ という変数の組み合わせを満たすグループの中で $D_i = 0$ を取る観測値の Y_i の平均値である。つまり，入学時点の TOEFL スコア，1 年生時点の GPA，親の年収が似通った $X_i = x$ というグループの中で，語学研修に参加し $D_i = 1$ を取る学生と語学研修に参加せず $D_i = 0$ を取る学生の 2 年生終了時点の TOEFL スコアの平均の差が，このグループに対する平均処置効果の推定量 $\widehat{ATE_x}$ ということになる。いま，離散化した X_i で定義されるグループは 350 あるので，350 通りの平均処置効果の推定量があることになる。

　いったん $\widehat{ATE_x}$ を計算できれば，平均処置効果は各グループの構成比率の推定量である $\widehat{\Pr}(X_i = x)$ を用いて加重平均を取ることで，

$$\widehat{ATE} = \sum_x \widehat{ATE_x} \widehat{\Pr}(X_i = x)$$

と求められる。ここで，$\widehat{\Pr}(X_i = x)$ は $X_i = x$ となる観測値が観測値全体の中で占める比率として求められる。

　また，処置を受けた者の中での平均処置効果（ATT）に関しては，

$$\widehat{ATT} = \sum_x \widehat{ATE_x} \widehat{\Pr}(X_i = x | D_i = 1)$$

と求められる。ここで，$\widehat{\Pr}(X_i = x | D_i = 1)$ は $D_i = 1$ を取る観測値の中で，$X_i = x$ の組合せを取る観測値の比率として求められる。

　このように変数の離散化を行うことで，個人の属性を示す変数が連続であったとしても，同等の特性を持ったグループを定義することができる。そして，そのグループの中で処置を受けた者と受けなかった者を観察し，平均処置効果や処置を受けた者の中での平均処置効果を推定することができる。こうした変数の離散化によってグループを作成するというのは，実験を行わずにプログラム評価をするための 1 つのアイデアではあるが，離散化の方法はやや恣意的である面が否めない。もう少し客観的な基準で，X_i の取りうる組み合わせを単純化することはできないだろうか。また，ここで取り上げた例のように 350 もグループがあると，特定のグループには $D_i = 0$ と $D_i = 1$ の両方はいないというケースもありうる。このような問題意識に基づいて分析を進めるのが，

次節で解説するマッチング推定法である。

マッチング推定法

> **属性変数をまとめた指標による制御**

属性を統一したうえで分析を進める目的は、「語学研修の参加者と不参加者はもともとの属性が違うかもしれないので、同じ属性を共有する学生の中で参加者と不参加者の TOEFL のスコアを比べたい」ということであった。このように、同じ属性を持った者の中で処置が結果変数に与える影響を推定するという作業を、**属性を制御する**という。しかし、一般的には属性が取りうる組合せがあまりにも多いため、同じ属性を共有する者を選び出すことができないことが多い点が、この方法の問題であった。そのため、属性の持つ情報量を圧縮することができれば、この問題を解決することができると考えられる。しかし、どのような視点で情報を圧縮すればよいのだろうか。

そもそもの目的は、プログラム参加者と不参加者の比較において属性を揃えることにあるのだから、プログラム参加の有無という視点から属性情報をまとめてしまうというのはどうだろうか。たとえば、語学研修に参加する確率が同じ学生については、実際の属性の組合せがさまざまであるにしても、同じ属性を持った者として取り扱い、その中で参加者と不参加者の TOEFL スコアを比較するというアイデアである。

ここで、属性から予測されるプログラム参加確率を用いれば、複雑な組合せをもたらしてしまう属性ベクトル X_i が持つ情報を、1つの連続変数にまで圧縮することができる。入学時点の TOEFL スコアが高く、1年生時点の GPA が高く、親の年収が高いといった、いかにも語学研修に参加しそうな学生を集めて、参加者と不参加者の TOEFL スコア差を見れば語学研修の効果を正しく知ることができそうにも思える。はたして、このような考え方は正しいだろうか。

> **傾向スコア・マッチング**

実は、プログラム評価をする際に属性を制御するためには、その属性から予測されるプログラム参加確率を制御すれば十分であることが知られている。以下では、この方法について解説しよう。

まず，属性ベクトル X_i から予測されるプログラム参加確率，つまり $\Pr(D_i = 1|X_i) = \mathrm{E}(D_i|X_i) = e(X_i)$ と表記する。この属性ベクトル X_i から予測されるプログラム参加確率を，**傾向スコア** (propensity score) という。属性を制御することでプログラムの平均処置効果を知るためには，重なりの仮定が満たされることに加えて，条件付き独立性の仮定 (CIA) すなわち，

$$\{Y_{1i}, Y_{0i}\} \perp\!\!\!\perp D_i | X_i$$

が満たされることが必要であった。そして，この仮定のままだと使い勝手が悪いのは，X_i の取りうる組合せが複雑すぎることにあった。そこで，条件付き独立性の仮定は，

$$\{Y_{1i}, Y_{0i}\} \perp\!\!\!\perp D_i | e(X_i)$$

を含意することを示したい。

これを示すことができれば，X_i を条件付ける代わりに傾向スコア $e(X_i)$ だけを条件付ければ，プログラム評価の観点からは事足りることが示せるからである。つまり，条件付き独立性の仮定が満たされているときに，$e(X_i)$ を条件付けたうえで $\{Y_{1i}, Y_{0i}\}$ と D_i が独立であること，すなわち，

$$\Pr[D_i = 1|Y_{0i}, Y_{1i}, e(X_i)] = \Pr[D_i = 1|e(X_i)] \tag{9.2}$$

が成立することを示す。

まず，

$$\Pr[D_i = 1|Y_{0i}, Y_{1i}, e(X_i)]$$
$$= \mathrm{E}[D_i|Y_{0i}, Y_{1i}, e(X_i)]$$
$$= \mathrm{E}[\mathrm{E}(D_i|Y_{0i}, Y_{1i}, X_i)|Y_{0i}, Y_{1i}, e(X_i)]$$

である。なお，ここでは繰り返し期待値の法則を用いている。この表現は，$\{Y_{1i}, Y_{0i}\} \perp\!\!\!\perp D_i|X_i$ の仮定より，$\mathrm{E}[\mathrm{E}(D_i|X_i)|Y_{0i}, Y_{1i}, e(X_i)]$ と書き換えられる。ここで，$\mathrm{E}(D_i|X_i) = e(X_i)$ を用いると，

$$\mathrm{E}[e(X_i)|Y_{0i}, Y_{1i}, e(X_i)]$$

が得られる。この表現は，Y_{0i}，Y_{1i}，$e(X_i)$ を条件付けたときの $e(X_i)$ の条件付き期待値であるが，これは当然 $e(X_i)$ となる。なお，(9.2) 式の右辺について，

$\Pr[D_i{=}1|e(X_i)] = \mathrm{E}[D_i|e(X_i)] = \mathrm{E}[\mathrm{E}(D_i = 1|X_i)|e(X_i)] = \mathrm{E}[e(X_i)|e(X_i)]$ $= e(X_i)$ である。結果として，(9.2) 式を示すことができた。したがって，$\{Y_{1i}, Y_{0i}\} \perp\!\!\!\perp D_i|X_i$ が満たされれば，$\{Y_{1i}, Y_{0i}\} \perp\!\!\!\perp D_i|e(X_i)$ がいえることがわかった。

この結果から，条件付き独立性の仮定が満たされるとき，属性が $X_i = x$ を満たすということを条件付ける代わりに，傾向スコア $e(X_i)$ だけを条件付ければ，平均処置効果が以下のように得られることが明らかになる。

$$\mathrm{E}[Y_i|D_i = 1, e(X_i)] - \mathrm{E}[Y_i|D_i = 0, e(X_i)]$$
$$= \mathrm{E}[D_iY_{1i} + (1 - D_i)Y_{0i}|D_i = 1, e(X_i)]$$
$$\quad - \mathrm{E}[D_iY_{1i} + (1 - D_i)Y_{0i}|D_i = 0, e(X_i)]$$
$$= \mathrm{E}[Y_{1i}|D_i = 1, e(X_i)] - \mathrm{E}[Y_{0i}|D_i = 0, e(X_i)]$$
$$= \mathrm{E}[Y_{1i}|e(X_i)] - \mathrm{E}[Y_{0i}|e(X_i)]$$
$$= \mathrm{E}[Y_{1i} - Y_{0i}|e(X_i)]$$
$$= ATE_{e(X_i)}$$

この $ATE_{e(X_i)}$ という表現は，プログラムへの参加確率が $e(X_i)$ である人々の平均処置効果の大きさを示す。たとえば，語学研修への参加確率が 0.5 の学生に関する，語学研修が TOEFL スコアに与える平均処置効果を示しているのである。上記の結果は，プログラム参加確率が等しい人々の中でプログラム参加者の結果平均と不参加者の結果平均の差をとれば，$ATE_{e(X_i)}$ が求まることを示している。このように，プログラム参加者とプログラム不参加者の属性を $e(X_i)$ で条件付けて分析することは，あたかもプログラム参加者と不参加者を傾向スコア $e(X_i)$ でマッチして分析を行うような趣があるため，傾向スコア・マッチング推定 (略して，マッチング推定) といわれる。

いったん参加確率ごとの平均処置効果がわかれば，全体の平均処置効果 (ATE) は，

$$ATE = \mathrm{E}(ATE_{e(X_i)})$$

で求められるし，処置を受けた者の中での平均処置効果 (ATT) は，

$$ATT = \mathrm{E}(ATE_{e(X_i)}|D_i = 1)$$

で求めることができる。

この推定を実際に行うためには，まずは傾向スコア $e(X_i)$ を推定する必要がある。そのために，例えば，

$$e(X_i) = \Pr(D_i = 1|X_i) = \Phi(X_i\beta)$$

を考える。ただしここで，Φ は標準正規分布の分布（累積分布）関数であるとして，プロビット推定でパラメータ β を推定し，その推定量 $\hat{\beta}$ を用いた予測値，

$$\hat{e}(X_i) = \Phi(X_i\hat{\beta})$$

を求めることが一般的である。このとき，プロビット・モデルの代わりにロジット・モデルを用いたり，X_i に含まれる変数の高次項や各変数間の交差項を含めたりすることもある。

推定の次のステップは，$\mathrm{E}[Y_i|D_i = 1, e(X_i)]$ と $\mathrm{E}[Y_i|D_i = 0, e(X_i)]$ をそれぞれ推定し，その差である $ATE_{e(X_i)}$ を推定することである。最も単純な方法は，

$$\mathrm{E}[Y_i|D_i, e(X_i)] = \gamma + \delta D_i + \theta e(X_i) \tag{9.3}$$

と関数形を仮定することである。ここでは，傾向スコア $e(X_i)$ を一定としたうえで，D_i が変わることで被説明変数が平均的にどれだけ変化するかを推定する，という考えのもとに，最も単純なこのような定式化を行っている。このとき平均処置効果は，

$$
\begin{aligned}
\mathrm{E}(Y_{1i} &- Y_{0i})\\
&= \mathrm{E}\{\mathrm{E}[Y_i|D_i = 1, e(X_i)] - \mathrm{E}[Y_i|D_i = 0, e(X_i)]\}\\
&= \mathrm{E}\{\gamma + \delta + \theta e(X_i) - [\gamma + \theta e(X_i)]\}\\
&= \delta
\end{aligned}
$$

となる。もっとも，この定式化は処置効果 δ が傾向スコア $e(X_i)$ によらず一定であることを仮定しており，強い仮定を置いた推定だといえる（次節では，この仮定を緩めた推定法を紹介する）。

これを推定するためには，

$$Y_i = \gamma + \delta D_i + \theta e(X_i) + u_i \tag{9.4}$$

という式を用いればよい。ここで $E[u_i|D_i, e(X_i)] = 0$ であるため，最小2乗法を用いて推定される $\hat{\delta}$ は平均処置効果の不偏推定量である。

★ ノンパラメトリック回帰を用いたマッチング法

本節では，傾向スコア・マッチングを用いた処置効果の推定を，関数形に関する強い仮定を置かずに行う方法を紹介する。やや難しい内容を含んでいるが，応用研究において標準的に用いられている方法であり，推定の細部にテクニカルな点はあるものの，考え方自体は難しくはないので，傾向スコア・マッチングを用いた分析を行おうとする読者には，ぜひ読んでもらいたい。

傾向スコア・マッチングを用いた処置効果は，$D_i = 1$ であるプログラム参加者をサンプルに用いて Y_i を $\hat{e}(X_i)$ に回帰することで $E[Y_i|D_i = 1, e(X_i)]$ を推定し，同様に $D_i = 0$ であるプログラム不参加者をサンプルに用いて Y_i を $\hat{e}(X_i)$ に回帰することで $E[Y_i|D_i = 0, e(X_i)]$ を推定し，推定された $E[Y_i|D_i = 1, e(X_i)]$ と $E[Y_i|D_i = 0, e(X_i)]$ の差を $e(X_i)$ を所与としたときの処置効果の大きさと考えることで推定できる。これらの回帰を行うにあたって，なるべく関数形を定めることなく回帰分析を行いたい。

関数形を定めずに回帰分析を行うことを**ノンパラメトリック回帰**というが，その1つの例が **Nadaraya-Watson 推定量**である。プログラム参加者の条件付き期待値 $E[Y_i|D_i = 1, e(X_i)]$ の推定量を $\hat{\mu}_1[\hat{e}(X_i)]$，プログラム不参加者の条件付き期待値 $E[Y_i|D_i = 0, e(X_i)]$ の推定量を $\hat{\mu}_0[\hat{e}(X_i)]$ と書いたとき，Nadaraya-Watson 推定量は，

$$\hat{\mu}_d[\hat{e}(x)] = \frac{\sum_{D_i=d} Y_i K([\hat{e}(X_i) - \hat{e}(x)]/h)}{\sum_{D_i=d} K([\hat{e}(X_i) - \hat{e}(x)]/h)}$$

と定義される。ここで d はプログラム参加の有無を示す変数であり，0 または 1 をとる。また $\hat{e}(x)$ は推定された傾向スコアである。この中で $K(\cdot)$ は**カーネル関数**と呼ばれる関数で，0 のときに最大値を取り，0 から正負両方向に離れるほど対称的に小さな値を取る関数である。また，h は**バンド幅**と呼ばれる

任意の正の定数である。ややこしい表現のように思えるかもしれないが，よく見てみると，分子は $\hat{e}(x)$ の近傍における Y_i の加重平均を取っているにすぎない。ある個人 i の $\hat{e}(X_i)$ が $\hat{e}(x)$ から離れると，$K(\cdot)$ の値は小さくなるため重みが小さくなる。分母は，重みの合計が 1 になるように標準化しているにすぎない。

カーネル関数 $K(\cdot)$ の選択はあまり結果に影響を与えないことが知られているが，バンド幅 h は結果に重大な影響を与えることが知られている。バンド幅 h を小さく取ると，$\hat{e}(X_i)$ が $\hat{e}(x)$ から離れたときに急激に重みが小さくなる。一方で，h を大きく取ると，重みはあまり小さくならない。つまり h は，バンド幅という言葉の通り，加重平均を考えるときに，どこまで遠くの観測値を含めて加重平均を取るかを決めるパラメータである。狭く選べば，局所的な情報を使って加重平均を計算することになるので，関数形を正しく捉えることができるが，加重平均を計算するのに使う観測値が実質的に少なくなるため標本誤差は広がる。逆に広く選べば，関数形を間違って推定する可能性は高まるが，多くの観測値を使った推定ができるため標本誤差は小さくなる。

この Nadaraya–Watson 推定量をもう少し一般化して，$\hat{e}(x)$ の各点で加重最小 2 乗法を行う局所線形回帰 (local linear regression) は，より良い性質を持つことが知られている。そのため，マッチング推定を行う際には，こちらがより広範に利用されている。局所線形回帰推定量は，

$$\hat{\mu}_d[\hat{e}(x)] = \arg\min_{\alpha,\beta} \sum_{D_i=d} \{Y_i - \alpha - [\hat{e}(X_i) - \hat{e}(x)]\beta\}^2 K\left[\frac{\hat{e}(X_i) - \hat{e}(x)}{h}\right]$$

と定義される。ここで arg とは続く問題の解という意味である。つまり上記の式を最小化する α が $\hat{\mu}_d[\hat{e}(x)]$ となるということである。

プログラム参加者と不参加者の結果変数の平均値である $\hat{\mu}_1[\hat{e}(X_i)]$ と $\hat{\mu}_0[\hat{e}(X_i)]$ が，傾向スコア $\hat{e}(X_i)$ とともにどのように変化していくかがわかったならば，ATE や ATT は以下のように求めることができる。

$$\widehat{ATE} = \frac{1}{N} \sum_{i=1}^{N} \{\hat{\mu}_1[\hat{e}(X_i)] - \hat{\mu}_0[\hat{e}(X_i)]\}$$

$$\widehat{ATT} = \frac{1}{N_1} \sum_{D_i=1}^{N_1} \{\hat{\mu}_1[\hat{e}(X_i)] - \hat{\mu}_0[\hat{e}(X_i)]\}$$

第 9 章　政策評価モデル　415

ここで N_1 は $D_i = 1$ を満たすサンプルの大きさである。

これらの推定量がどの程度の正確さで推定されているかを知り、統計的推測を行うためには、これらの推定量の標準誤差を知る必要がある。しかしマッチング推定量は、傾向スコアの推定、プログラム参加者と不参加者それぞれに関する結果変数の推定された傾向スコアへのノンパラメトリック回帰、ノンパラメトリック回帰から得られた処置効果推定量の加重平均と何段階にも及ぶ推定を積み重ねて得られているものであるため、その分布を知ることは容易ではない。そのため、第8章で紹介したブートストラップ法を用いて、標準誤差や信頼区間を推定することが一般的である。

線形回帰モデルによる属性変数の制御

さて、ここまでの議論では、語学研修に参加することがその後のTOEFLスコアにどのような影響を与えるかについて、各学生の入学時点のTOEFLスコア (X_{1i})、1年生時点のGPA (X_{2i})、親の年収 (X_{3i}) といった属性を制御して推定する方法を説明してきた。観察可能な属性が同じ者を比較して、説明変数から被説明変数への因果関係を推定しようとする議論の運び方は、これまでの章で学んできた重回帰の考え方と似ていると感じる読者もいるかもしれない。実をいうと、本章における議論は、以下に述べるいくつかの仮定のもとで重回帰モデルとして表現できる。

> **仮定1** 語学研修への参加がTOEFLスコアに与える影響である処置効果に個人間の違いがない。

この仮定は、処置効果が

$$Y_{1i} - Y_{0i} = \delta$$

で与えられることを意味する。ここで δ は処置効果であり、添え字 i がついていないことより、処置効果に個人間の違いがないことを示している。

仮定 2　語学研修を受けないときの結果は，属性の線形関数と誤差項の和として書ける。

この仮定は，個人 i が語学研修に参加しなかったときの TOEFL スコアが，

$$Y_{0i} = \sum_{j=1}^{3} X_{ji}\beta_j + u_i$$

で与えられることを意味する。この結果と仮定 1 を用いると，個人 i が語学研修に参加したときの TOEFL スコアは，

$$Y_{1i} = \delta + \sum_{j=1}^{3} X_{ji}\beta_j + u_i \tag{9.5}$$

で与えられる。

各個人 i の TOEFL スコアは，語学研修に参加しなかったときの Y_{0i} と，参加したときの Y_{1i} の両方があるのだが，実際に観察されるのはどちらか 1 つである。そのため，実際に観察される TOEFL スコアは，語学研修に参加した場合（$D_i = 1$）には Y_{1i}，参加しなかった場合（$D_i = 0$）には Y_{0i} となる。そのため，仮定 1 と仮定 2 もあわせると，

$$\begin{aligned}Y_i &= D_i Y_{1i} + (1 - D_i)Y_{0i} \\ &= \delta D_i + \sum_{j=1}^{3} X_{ji}\beta_j + u_i\end{aligned} \tag{9.6}$$

という関係が得られる。この式は，重回帰のモデルと等しい。

誤差項に関しては，条件付き独立性の仮定の代わりに条件付き期待値が一定である仮定を置く。つまり，

$$\mathrm{E}(u_i | D_i, X_i) = 0$$

である。これは，属性 X_i や D_i が変わっても u_i の期待値は変化しないことを意味する。言い換えると，属性 X_i が同じであれば，D_i と u_i が相関していないことを意味している。この仮定は，条件付き独立の仮定より導かれる仮定でもある。この仮定のもとで，重回帰式 (9.6) を推定すれば，語学研修への参加

第 9 章　政策評価モデル　417

がTOEFLスコアに与える影響δを一致推定できる。

このように，プログラム評価の枠組みで重回帰モデルを見てみると，重回帰モデルは，①処置効果が個人によって異なる可能性を許していないこと，②属性変数が処置を受けないときの結果に与える影響について線形性の仮定を置いていること，が明らかになる。この仮定が強く効いてくるのが，語学研修の参加者と不参加者の属性が大いに異なるケースである。マッチング推定の場合，プログラムの参加者と不参加者の傾向スコアの重なりを明示的に検証することで，参加者と不参加者の属性が重なり合うことを確かめる。そして，傾向スコアが重なる範囲でだけ処置効果の大きさが推定される。

一方で，重回帰モデルの場合，(9.6)式のような強い仮定を課すために，プログラムの参加者と不参加者の属性がまったく重なり合わないとしても処置効果が推定できてしまう。仮に，属性が結果に与える影響が線形関数でうまく捉えられており，仮定が正しいのであれば，傾向スコアの重なりがなくても処置効果は推定できる。しかしこれは，回帰関数の関数形に結果が依存しているという意味で，頑健な結果だとは言い難い。その意味では，重回帰を行うにしても，プログラム参加への傾向スコアが十分に重なっていることを推定する前に検証し，重なっていない観測値についてはサンプルから取り除くことが望ましいといえる。

ランダム化奨励デザインによる評価

ランダム化奨励デザイン　評価者が政策を無作為に割り当てたとしても，評価者の意図通りに従ってもらえるとは限らない。不参加を割り当てた人の中にも参加する人が出てくるし，参加を割り当てた人の中にも不参加者が出てくる。このように，被評価者が評価者の実験設計に従わないケースを**不完全遵守**（imperfect compliance）という。語学研修の例では，大学が無料で語学研修に参加できる権利をくじで割り当てたとしても語学研修には参加しない学生がいるだろうし，くじで外れても全額自己負担で参加する学生もいるだろう。第7章でも紹介したが，このようにプログラム参加を促すような措置を無作為に割り当てることを**ランダム化奨励デザイン**（randomized encouragement design）と呼ぶ。この場合，参加費の全額補助を割

り振られた学生は，割り振られなかった学生よりは語学研修への参加確率が高いとしよう。

このように，語学研修の参加費の全額補助がランダムに与えられているときに，語学研修への参加が TOEFL スコアに与える因果関係を推定する方法を考えてみよう。参加費補助を受けることが TOEFL スコアを上げる効果は，参加費補助を受けることが語学研修参加確率を上げる効果に，語学研修への参加が TOEFL スコアに与える効果を掛け合わせたものである。仮に，参加費補助を受けること自体は TOEFL スコアには直接影響を与えないとするならば，(参加費補助の TOEFL スコアへの影響) = (参加費補助が語学研修参加に与える影響) × (語学研修参加が TOEFL スコアに与える影響)，と書ける。そのため，(語学研修参加が TOEFL スコアに与える影響) = (参加費補助の TOEFL スコアへの影響)/(参加費補助が語学研修参加に与える影響)，と計算できる。

操作変数法による局所平均処置効果の推定
ここで，参加費補助が受けられるかどうかを示すダミー変数が Z_i で与えられ，語学研修への参加を示すダミー変数が D_i で与えられ，TOEFL スコアが Y_i で与えられる状況を考えよう。この場合，(参加費補助の TOEFL スコアへの影響)/(参加費補助が語学研修参加に与える影響) は，次式で表現できる。

$$\frac{\mathrm{E}(Y_i|Z_i = 1) - \mathrm{E}(Y_i|Z_i = 0)}{\mathrm{E}(D_i|Z_i = 1) - \mathrm{E}(D_i|Z_i = 0)} \tag{9.7}$$

この式のサンプル対応は以下の通りである。

$$\frac{\frac{1}{N_1} \sum_{i=1}^{N} Z_i Y_i - \frac{1}{N_0} \sum_{i=1}^{N} (1 - Z_i) Y_i}{\frac{1}{N_1} \sum_{i=1}^{N} Z_i D_i - \frac{1}{N_0} \sum_{i=1}^{N} (1 - Z_i) D_i} \tag{9.8}$$

ただし，N_1 は $Z_i = 1$ を満たすサンプルの大きさ，N_0 は $Z_i = 0$ を満たすサンプルの大きさである。これは，操作変数推定量（ワルド推定量）と呼ばれる推定量である。そのため，(9.7) 式は操作変数推定量が推定しようとしているもの，すなわち推定対象 (estimand，まだ定訳はない) と呼ばれる。以下では，いくつかの仮定のもとで，この推定量が何を示しているのかを明らかにしていこう。

まず，変数を改めて定義しよう。操作変数は Z_i で 0 か 1 を取るダミー変数

第 9 章　政策評価モデル　419

である。0か1を取るダミー変数である D_{0i} は $Z_i = 0$ のときに個人 i がプログラムに参加するか否かを示す変数である。同様に，$Z_i = 1$ のときのプログラムに参加するか否かを示すダミー変数を D_{1i} と定義する。ここで，プログラム参加が操作変数に依存しているのは，プログラム参加が操作変数の値によって変わる可能性を許すためである。さらに，結果変数はプログラム参加と操作変数の値に，潜在的には依存する。Y_{00i} は $D_i = 0$ かつ $Z_i = 0$ のときの結果，Y_{10i} は $D_i = 1$ かつ $Z_i = 0$ のときの結果，Y_{01i} は $D_i = 0$ かつ $Z_i = 1$ のときの結果，Y_{11i} は $D_i = 1$ かつ $Z_i = 1$ のときの結果である。結果変数は離散変数でも連続変数でもかまわないが，結果がプログラム参加や操作変数の取る値によって異なる可能性を許す表現となっている。

操作変数推定量の仮定

(1) **[操作変数の関連性に関する仮定]** 操作変数 Z_i はプログラム参加 D_i の確率に影響を与える。つまり，$\mathrm{E}(D_i|Z_i = 1) - \mathrm{E}(D_i|Z_i = 0) > 0$ である。なお，不等号の向きが満たされるように操作変数やプログラム参加を定義できるので，不等号の向きは本質的な意味を持っていない。

(2) **[除外制約]** プログラム参加 D_i の状況が同じであれば，操作変数は結果に影響を与えない。つまり，$Y_{00i} = Y_{01i}$ と $Y_{10i} = Y_{11i}$ が成立する。

(3) **[操作変数の独立性]** 操作変数 Z_i はプログラム参加や結果から独立している。つまり，$Z_i \perp\!\!\!\perp \{Y_{00i}, Y_{01i}, Y_{10i}, Y_{11i}, D_{0i}, D_{1i}\}$ である。

(4) **[単調性 (monotonicity)，あるいは一様性 (uniformity)]** 操作変数が増加したときに，プログラム参加は減少しない。つまり，$D_{0i} \leq D_{1i}$ である。

これらの仮定が満たされるとき，その推定対象 (estimand) は，

$$\frac{\mathrm{E}(Y_i|Z_i = 1) - \mathrm{E}(Y_i|Z_i = 0)}{\mathrm{E}(D_i|Z_i = 1) - \mathrm{E}(D_i|Z_i = 0)}$$
$$= \mathrm{E}(Y_{1i} - Y_{0i}|D_{1i} - D_{0i} = 1) \tag{9.9}$$

となる。これは，局所平均処置効果 (local average treatment effect; LATE) と呼

ばれる。つまり，操作変数が増えたがゆえにプログラム参加するようになった人たち（$D_{1i} - D_{0i} = 1$）の中での平均処置効果である。

> **操作変数とプログラム参加の関係**

操作変数とプログラム参加の関係について，語学研修の例に従って考えてみよう。参加費全額補助のランダムな割当と語学研修への参加の関係を考えたとき，学生には次の4つのタイプがいると考えられる。まず第1のタイプは，参加費補助の割当に関わりなく語学研修に参加する学生である。このタイプを**常時参加者**（always takers）と呼ぶ。第2のタイプは，割当に関わりなく語学研修には参加しない学生である。このタイプを**常時不参加者**（never takers）と呼ぶ。第3のタイプは，参加費補助の割当を受けたら参加するが，割当を受けなければ参加しないという学生である。このタイプを**遵守者**（compliers）と呼ぶ。第4のタイプは，参加費補助の割当を受けたら参加しないが，割当を受けなければ参加するという学生である。このタイプを**反抗者**（defiers）と呼ぶが，単調性の仮定より，このタイプはいないことになる。

操作変数法は，遵守者の中の平均処置効果を推定することになる。直観的な理由は，常時参加者や常時不参加者は参加費補助の割当が語学研修を受けるか否かに影響を与えないため，操作変数法を使った推定の際には彼らの情報が使われず，遵守者の情報だけを使って処置効果が推定されるためである。

以下では4つの仮定のもとで，操作変数推定量が局所平均処置効果を推定することについて，もう少し厳密に示そう。まず，操作変数推定量が推定しようとする推定対象，

$$\frac{\mathrm{E}(Y_i|Z_i=1) - \mathrm{E}(Y_i|Z_i=0)}{\mathrm{E}(D_i|Z_i=1) - \mathrm{E}(D_i|Z_i=0)} \tag{9.10}$$

を分子と分母に分けて考えよう。

まず，推定対象の分子である

$$\mathrm{E}(Y_i|Z_i=1) - \mathrm{E}(Y_i|Z_i=0) \tag{9.11}$$

に関しては，操作変数の独立性と除外制約より，

$$\mathrm{E}(Y_i|Z_i=1) - \mathrm{E}(Y_i|Z_i=0)$$
$$= \mathrm{E}(Y_i|D_{1i}, Z_i=1) - \mathrm{E}(Y_i|D_{0i}, Z_i=0)$$
$$= \mathrm{E}(Y_i|D_{1i}) - \mathrm{E}(Y_i|D_{0i})$$

第9章 政策評価モデル　421

が成立する。さらに，これに $Y_i = D_i Y_{1i} + (1 - D_i) Y_{0i}$ を代入すると，

$$
\mathrm{E}[Y_{1i} D_{1i} + Y_{0i}(1 - D_{1i})]
$$
$$
- \mathrm{E}[Y_{1i} D_{0i} + Y_{0i}(1 - D_{0i})]
$$
$$
= \mathrm{E}[(Y_{1i} - Y_{0i})(D_{1i} - D_{0i})]
$$

が得られる。ここで，$(D_{1i} - D_{0i})$ が $1, 0, -1$ しか取らないことに着目すると，この表現は，

$$
\mathrm{E}(Y_{1i} - Y_{0i} | D_{1i} - D_{0i} = 1) \Pr(D_{1i} - D_{0i} = 1)
$$
$$
- \mathrm{E}(Y_{1i} - Y_{0i} | D_{1i} - D_{0i} = -1) \Pr(D_{1i} - D_{0i} = -1)
$$

となる。ここで，上式の2行目の $\Pr(D_{1i} - D_{0i} = -1)$ が0であることは，単調性の仮定より明らかである。したがって，推定対象の分子は，

$$
\mathrm{E}(Y_i | Z_i = 1) - \mathrm{E}(Y_i | Z_i = 0)
$$
$$
= \mathrm{E}(Y_{1i} - Y_{0i} | D_{1i} - D_{0i} = 1) \Pr(D_{1i} - D_{0i} = 1)
$$

と書ける。

　一方で，推定対象の分母である $\mathrm{E}(D_i | Z_i = 1) - \mathrm{E}(D_i | Z_i = 0)$ は，

$$
\mathrm{E}(D_i | Z_i = 1) - \mathrm{E}(D_i | Z_i = 0) = \mathrm{E}(D_{1i} - D_{0i}) \tag{9.12}
$$

と書けるが，再び $(D_{1i} - D_{0i})$ が $1, 0, -1$ しか取らないことに着目すると，

$$
\mathrm{E}(D_{1i} - D_{0i})
$$
$$
= \mathrm{E}(D_{1i} - D_{0i} | D_{1i} - D_{0i} = 1) \Pr(D_{1i} - D_{0i} = 1)
$$
$$
+ \mathrm{E}(D_{1i} - D_{0i} | D_{1i} - D_{0i} = -1) \Pr(D_{1i} - D_{0i} = -1)
$$
$$
= \Pr(D_{1i} - D_{0i} = 1)
$$

を示すことができる。ここでは単調性の仮定より，$\Pr(D_{1i} - D_{0i} = -1) = 0$ を再び使っていることに注意してほしい。また，$\mathrm{E}(D_{1i} - D_{0i} | D_{1i} - D_{0i} = 1)$ は，定義より1となることにも注意してほしい。

　ここまでの操作変数推定量の分子と分母の簡単化の結果を総合すると，

422　第 II 部　ミクロ編

$$\frac{\mathrm{E}(Y_i|Z_i=1) - \mathrm{E}(Y_i|Z_i=0)}{\mathrm{E}(D_i|Z_i=1) - \mathrm{E}(D_i|Z_i=0)}$$
$$= \mathrm{E}(Y_{1i} - Y_{0i}|D_{1i} - D_{0i} = 1) \tag{9.13}$$

を示すことができた。これはまさに，操作変数推定量が遵守者の中での平均的な処置効果を推定していることを示している。これにより，先ほどの操作変数推定量が遵守者の平均処置効果を推定するという直観的な議論が正しいことを示すことができた。

SECTION 8 自然実験を用いた内生性の回避

自然実験アプローチ　本章のここまでの例では，語学研修への参加がランダムに割り当てられたり，語学研修の参加費の全額補助がランダムに割り当てられたりといった実験が行われたときに，因果関係をどのように推定するかを議論してきた。しかしながら，実際にわれわれがデータを分析しようとするときには，そのような理想的な実験の状況が得られないことが大半である。

そのような状況では，各学生の大学入学時点の TOEFL スコア，各学生の 1 年生時点の GPA，親の年収といった観察可能な属性が同じ学生の中で，語学研修に参加した学生としなかった学生を比べて，その TOEFL スコアへの影響を見るという考えのもとでマッチング推定が行われたり，重回帰が行われたりする。もっとも，観察可能な属性を条件付けた場合には処置変数 D_i が結果変数 Y_{1i}, Y_{0i} と独立であるという仮定や，誤差項 u_i の条件付き期待値に課される $\mathrm{E}(u_i|D_i, X_{1i}, X_{2i}, X_{3i}) = 0$ といった仮定は，なかなか成立しがたいともいえる。各学生の入学時点の TOEFL スコア，各学生の 1 年生時点の GPA，親の年収，といった条件を揃えたうえでも，学生のもともとの英語力と語学研修への参加の間には何らかの相関があると考えられるためである。このように実験データが得られない場合に，処置変数から結果変数への因果関係を推定するために用いられる手法が，**自然実験**（natural experiment）と呼ばれる手法である。

自然実験とは，実験データが得られない状況の中で，制度がもたらす偶然や

第 9 章　政策評価モデル　423

> **COLUMN** *9-1* アングリストらによる自然実験アプローチの発展

　第8章でも触れたアングリストは，アメリカとイスラエルの二重国籍を持つ労働経済学者で，現在はマサチューセッツ工科大学教授である。プリンストン大学大学院で労働経済学者のオーリー・アッシェンフェルター（O. C. Ashenfelter）の指導のもと，博士論文を執筆した。博士論文ではベトナム戦争への従軍が退役後の労働所得にどのような影響を与えたのかを調べた（Angrist 1989）。

　ベトナム戦争への従軍経験者と非従軍経験者を単純に比較してしまうと，ベトナム戦争に従軍した人とそうでなかった人の労働所得がそもそも異なっていた可能性が高いという内生性の問題が発生する。一般的な傾向として労働市場で得られる所得がそれほど高くない人々が従軍する傾向があるためである。この問題に対処するため，アングリストはベトナム戦争への従軍者の一部が誕生日に基づくくじ引きで決定されていたことに着目し，ベトナム戦争への従軍が所得に与える因果的な影響を推定した。その際に，くじで選ばれた人の中でも従軍しなかった人がいる一方で，くじで選ばれなかったにもかかわらず自発的に従軍した人がいるという状況を操作変数法を用いて解決した。操作変数法自体は古くから存在する推定手法であるが，アングリストによる操作変数法の解釈は，操作変数法の特性を際立たせるものであったといえる。

　なお，この論文の中でアングリストは，くじで選ばれて従軍した者と自ら志願して従軍した者では，従軍が所得に与えた因果効果が異なる可能性を指摘し，操作変数法が推定するものは，くじで選ばれて従軍した者の中での平均的な因果効果であることを指摘している。つまりアングリストは，操作変数法が推定するものは，くじの結果によらず従軍する常時参加者，くじの結果によらず従軍しない常時不参加者，くじに当たれば従軍するが当たらなければ従軍しない遵守者のうち，遵守者の中での平均処置効果であることを指摘したのである。この指摘は，後に数理的な計量経済学者であるグイド・インベンス（G. Imbens）や統計学者のドナルド・ルービンとの共同研究でより洗練された形で一般化され，局所平均処置効果という新しい考え方につながっていった。また，推定にあたっては，くじの当たり外れを決める誕生日と所得が入っている社会保険料の払い込みの記録（社会保険料の払い込み額は所得に依存するため，所得額も記録されている）と，誕生日と従軍の有無が入っているサーベイデータ（Survey of Income and Program Participation; SIPP）という2つのデータを使っている。操作変数と被説明変数が入っているデータと，操作変数と内生の説明変数が入っているデータの2つを組み合わせて推定を行ったのである。この考え方は，後に「2サンプル2段階最小2乗法」として発展を遂げていくことになる。このアングリストの論文は，社会保険料の払い込み記録という，利用しているデータの特異性も含めて，革新的な論文

424　　**第Ⅱ部　ミクロ編**

であり，ここ半世紀ほどの間に書かれた経済学の論文の中で最も影響力を持った論文の1つであるといっても過言ではないだろう。

アッシェンフェルター，デイビット・カード（D. Card），アラン・クルーガー（A. Krueger），アングリストという1980年代後半に教員，大学院生としてプリンストン大学に在籍した労働経済学者は，アングリストの博士論文に代表されるような因果関係の識別を重視する研究の重要性を強調し，彼ら自身がそのような研究を多数進めるとともに，学界の研究の方向性を決定づけることに貢献した。実験が難しい状況下であたかも実験が行われたかのような状況を使って因果関係を推定する研究手法が，本文でも紹介した自然実験であるが，彼らは説明変数の変動が外生であるかどうかの重要性を強調したので，因果関係を信頼のおける形で推定する際には自然実験を上手に使う必要があるということを研究者に認識させることに成功した。労働経済学に端を発するその研究手法は，まずは教育経済学，公共経済学，開発経済学，医療（健康）経済学といったミクロデータを多用し，取り扱うテーマも労働経済学に近い分野で広まっていった。その後は，マクロ経済学のミクロ的基礎，国際経済学，都市経済学などといったさまざまな分野に燎原の火のごとく広がり，現在では経済学のほぼすべての分野の実証経済学者が，何を外生変動として実証研究を行っているかを明確に意識するようになった。

自然実験の状況を上手に探すためには社会制度や歴史的出来事を深く知る必要があるため，彼らの研究は数理的な側面が強調される形で発展してきた経済学研究の進め方に一石を投じるという意義も持つことになった。一方で，その後の経済学の実証研究は，外生性の重要性を強調しすぎるあまり，自然実験が存在しない研究テーマを「研究不能」と頭から決めつけ，経済学的には重要な研究を放置するような傾向を生み出したという批判もある。そのため，自然実験が存在しないけれども経済学的に重要な問題に対して，本書で紹介するさまざまな研究手法を総動員して取り組む泥臭い研究も引き続き重要であるといえるだろう。

偶発的な歴史的事象によって，結果変数 Y_{1i}, Y_{0i}, あるいは構造式の誤差項 u_i とは本質的に無関係に処置変数の変動が起こる状況を使って，処置変数から結果変数への因果関係を推定しようとするアプローチである。語学研修の例を使って具体的に考えてみると，たとえばこの大学の経済学部生には2年生の夏休みの間に全員を対象に大学の費用負担による海外語学研修への参加が義務付けられたものの，商学部の学生にはそのような義務付けがなされない，といった状況が考えられる。経済学部の入学者と商学部の入学者の大学入学時点の英語力には差がないとすると，同質の学生であるにもかかわらず，入学した

第9章 政策評価モデル　　425

学部が違うだけで海外語学研修への参加が義務付けられる場合と義務付けられない場合が生まれているといえる。こうした外生的イベントを使って因果関係を推定しようとするアプローチが，自然実験アプローチである。

差の差（DD）推定

さてここで，大学2年生の夏休みに海外語学研修への参加が義務付けられたことが，2年生の間の1年間の TOEFL スコアの伸びに与える影響を調べたいとしよう。そこで以下では，2年生終了時点に加えて，1年生終了時点の TOEFL スコアのデータも利用可能であるとする。ここで，経済学部生 i の1年生終了時点のスコアを $Y_{T,i0}$ として，2年生終了時点のスコアを $Y_{T,i1}$ とすると，各学生の2年生の間のスコアの伸びは $Y_{T,i1} - Y_{T,i0}$ で表される。ここで T という添字が付けられているのは，語学研修を受けているという意味で処置を受けているため処置群（treatment group）に属しているという意味である。その期待値である $\mathrm{E}(Y_{T,i1} - Y_{T,i0})$ は，平均処置効果であるといってよいだろうか。おそらくこれは適切ではない。2年生の間に，語学研修への参加以外の要因によって TOEFL スコアが変動することが考えられるためである。たとえば，2年生が終わるまでの間に大学受験で培った英語力が下がってしまうかもしれないし，通常の語学の授業が効果的で英語力が上がるかもしれない。語学研修への参加というプログラムの効果を分析するためには，このように，仮にプログラムが行われていなかったとすればいったい何が起こっていたか，という仮想的な状況を考えることが必要なのである。

ここでさらに，この大学の海外語学研修参加が経済学部の学生のみ必修化され，商学部の学生には必修化されなかったということを利用して，海外語学研修が必修化されなかったときの大学2年生の間の TOEFL スコアの変化を推定することを考えよう。語学研修が必修であった経済学部の学生の TOEFL スコアの伸びの期待値は $\mathrm{E}(Y_{T,i1} - Y_{T,i0})$ であるが，これは海外語学研修の効果と2年生の間の英語力の変化を合わせたものである。一方で，海外語学研修が必修ではない商学部生の TOEFL スコアの伸びの期待値 $\mathrm{E}(Y_{C,i1} - Y_{C,i0})$ は，2年生の間の英語力の変化を示していると考えられる。ここで C という添字は語学研修を受けていないため対照群（control group）に属しているという意味である。仮に海外語学研修の必修化がなかったら，経済学部と商学部の学生で2年生の間の英語力の変化は共通であるとすれば，経済学部生の英語力の伸びから商学部生の英語力の伸びを引く，つまり $\mathrm{E}(Y_{T,i1} - Y_{T,i0}) -$

426　第Ⅱ部　ミクロ編

	介入前	介入後	差	差の差
処置群	$\bar{Y}_{T,0}$	$\bar{Y}_{T,1}$	$\bar{Y}_{T,1} - \bar{Y}_{T,0}$	$\{\bar{Y}_{T,1} - \bar{Y}_{T,0}\} - \{\bar{Y}_{C,1} - \bar{Y}_{C,0}\}$
対照群	$\bar{Y}_{C,0}$	$\bar{Y}_{C,1}$	$\bar{Y}_{C,1} - \bar{Y}_{C,0}$	

TABLE　表 9-1 ● 差の差推定

(注)　添え字の T は処置群，C は対照群，1 は介入後，0 は介入前である
ことを示す。たとえば $\bar{Y}_{T,0}$ は処置群の介入前の結果変数の平均値を示
す。

$E(Y_{C,i1} - Y_{C,i0})$ を計算することで，語学研修の効果を抽出することができる。

ここで，経済学部生は語学研修参加というプログラム介入の影響を受ける
グループであることから処置群，商学部生はプログラム介入の影響を受けな
いグループであることから対照群である。また，仮にプログラム介入がなけれ
ば，処置群と対照群の結果の変化が共通していたという仮定を，**共通トレンド**
(common trend) **の仮定**という。処置群の結果変数の変化は，「プログラム効果
＋その他の影響による変化」であり，対照群の変化は「その他の影響による変
化」であるため，共通トレンドの仮定が満たされているときには，処置群の変
化から対照群の変化を引くことでプログラム効果を推定できる，というのが基
本的な考え方である。このように，処置群の結果変数の前後差から対照群の結
果変数の前後差を引くことでプログラム効果を推定する手法のことを，差の差
を取ることから**差の差推定**（difference-in-differences estimation; **DD 推定**）という
（DinD と略記されることも多い）。差の差推定量とその求め方は，表 9-1 のよう
にまとめることができる。

差の差推定は，表 9-1 に示すように，グループごとの結果変数の平均値を
計算することで求めることができる。表 9-1 から明らかなように，差の差推
定によって因果関係を推定するための重要な仮定は，処置群と対照群で仮に処
置がなかった場合の介入前後の変化が $\{\bar{Y}_{C,1} - \bar{Y}_{C,0}\}$ で同じである，という共
通トレンドの仮定である。この仮定が満たされていればこそ，処置がなかった
場合の変化を差し引き，純粋な政策介入の効果を識別できるのである。この共
通トレンドの仮定が，差の差推定にあたって重要となるわけである。海外語学
研修の例に戻って考えると，共通トレンドの仮定とは，経済学部生と商学部生
の大学 2 年生の間の TOEFL スコアの変化は，仮に経済学部生が海外語学研
修を受けなければ同じであった，という仮定である。

第 9 章　政策評価モデル　　427

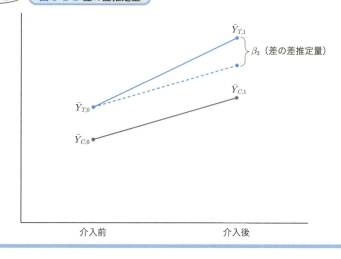

図 9-2 ● 差の差推定量

　差の差推定は，線形回帰モデルを推定することによっても行うことができる。個人 i の t 時点での結果変数を Y_{it} と書き，個人 i が処置群に属するときに 1 を取り，対照群に属するときに 0 を取るダミー変数を D_i と定義する。さらに，プログラム介入が行われる前の時期に 0 を取り，プログラム介入が行われた後の時期に 1 を取るダミー変数を "After" から取った A_t と定義する。海外語学研修の例に戻って考えてみると，Y_{it} は TOEFL スコア，D_i は経済学部生の場合に 1 を取り商学部生の場合に 0 を取るダミー変数，A_t は 1 年生終了時点の場合に 0 を取り 2 年生終了時点の場合に 1 を取るダミー変数である。この設定のもとで，

$$Y_{it} = \beta_0 + \beta_1 D_i + \beta_2 A_t + \beta_3 D_i \times A_t + u_{it} \qquad (9.14)$$

を推定すると，差の差推定を行うことができる。1つ1つのパラメータの意味を考えてみると，そのことが明らかになる。前提知識として，ある変数 Y_i を定数項にだけ回帰すると，その回帰係数は Y_i の標本平均になることを思い出してほしい。このとき β_0 は何を示しているかというと，$D_i = 0$ かつ $A_i = 0$ を満たす人々，つまり対照群の介入前の期間の Y_i の平均値である。次に β_1 について検討すると，これは介入前の期間 ($A_t = 0$) の処置群 ($D_i = 1$) の平均値が対照群 ($D_i = 0$) の平均値に比べてどれだけ高いかを示している。

TABLE	表 9-2 ● 差の差推定と線形回帰モデル				
	介入前 $(A_t = 0)$	介入後 $(A_t = 1)$	差	差の差	
処置群 $(D_i = 1)$	$\beta_0 + \beta_1$	$\beta_0 + \beta_1 + \beta_2 + \beta_3$	$\beta_2 + \beta_3$	β_3	
対照群 $(D_i = 0)$	β_0	$\beta_0 + \beta_2$	β_2		

次に β_2 について検討すると，これは対照群 $(D_i=0)$ において介入前の期間 $(A_t=0)$ と介入後の期間 $(A_t=1)$ において平均値がどれだけ変化したかを示している。さらに β_3 は，処置群の介入前後の平均値の変化が対照群の介入前後の平均値の変化に比べてどれだけ大きかったかを示している。つまり，β_3 が差の差推定量である。これについては，すでに第 5 章 6 節において，ダミー変数の交差項が入った多重回帰モデルとして紹介した。

差の差推定を回帰モデルの枠組みで推定する際に，各パラメータを一致推定するために必要な条件は，説明変数である D_i，A_t，$D_i \times A_t$ と誤差項の u_{it} が相関しないことである。仮に共通トレンドの仮定が成立せず，政策効果以外の要因によって処置群のほうが介入後の伸びが大きいとしよう。この場合には，u_{it} と $D_i \times A_t$ に正の相関があることによって，差の差推定量である $\hat{\beta}_3$ にはプラスの漸近バイアスが掛かる。ここでも，共通トレンドの仮定が重要であることは変わりない。

線形回帰モデル (9.14) 式を推定することで差の差推定を行えることは，表 9-2 に示すように処置群，対照群の介入前後の平均値が (9.14) 式の中のパラメータにどのように対応しているかを確認すると，明らかである。このように，線形回帰モデルを推定することのメリットは，差の差推定量である β_3 の標準誤差を通常の統計解析ソフトを用いて計算することができるため，$H_0:$ $\beta_3 = 0$ といった統計的検定を容易に行えることである。なお，標準誤差の計算にあたっては，個人 i の誤差項が処置群あるいは対照群のそれぞれのグループの中で相関する可能性があるため，グループ内の個人間の誤差項の相関を許す標準誤差を計算することが多い。また，同一のグループの中で介入前後の誤差項も時系列的な相関を持っている可能性もあるため，そのような時系列的な相関を許す標準誤差を計算することも多い。具体的には，グループの単位をクラスターの単位として，クラスター構造に頑健な標準誤差を計算することが一

第 9 章　政策評価モデル　　429

般的になっている[1]。

差の差推定を回帰分析の枠組みで行う追加的なメリットとしては，説明変数
を追加できることがある。海外語学研修の例では，各学生の大学入学時点の
TOEFL スコア（X_{1i}），各学生の 1 年生時点の GPA（X_{2i}），親の年収（X_{3i}）
といった説明変数を (9.14) 式に追加して，

$$Y_{it} = \beta_0 + \beta_1 D_i + \beta_2 A_t + \beta_3 D_i \times A_t$$
$$+ \beta_4 X_{1i} + \beta_5 X_{2i} + \beta_6 X_{3i} + u_{it} \tag{9.15}$$

といったモデルを考えることができる。ここでも引き続き，処置群である経済
学部生と対照群である商学部生の大学 2 年生の間の TOEFL スコアの変化が
等しいという共通トレンドの仮定は必要であるが，説明変数を追加することに
よって誤差項に含まれる要因を減らし，誤差分散を減少させることができる。
このことは，各パラメータ推定値の標準誤差を減らすことに貢献する。つま
り，説明変数を追加することによって，差の差推定値をより正確に求めること
ができるようになるのである。

さらに，説明変数である X_{1i}, X_{2i}, X_{3i} と A_t の交差項をそれぞれ導入する
ことによって，各学生の入学時点の TOEFL スコア，1 年生時点の GPA，親
の年収といった要因によって，大学 2 年生の間の TOEFL スコアの変化が異
なる可能性も許すことができるようになる。このような形で説明変数を増やす
ことによって，共通トレンドの仮定がより成立しやすいように定式化すること
もできる。繰り返しになるが，共通トレンドの仮定は維持されるべき仮定であ
り，差の差推定にあたってはきわめて重要であるため，X_{1i}，X_{2i}，X_{3i} と A_t
の交差項を導入した定式化を試すことで結果の頑健性を示すことは，とても有
用である。

> **差の差推定と回帰分析**

差の差推定を回帰分析の枠組みで行うことの追
加的なメリットとして，処置のあり方が複雑な
ケースであっても対応が可能な点が挙げられる。差の差推定は，処置群の結果

---

1) 最もクラスター構造に頑健な標準誤差は，クラスターの単位数が無限大に近づくときに漸近
的に望ましい性質を持つ標準誤差である。しかし，差の差推定においてはクラスター構造を構
成するグループ数が 2 つしかないため，そのように計算された標準誤差が意味のあるものにな
っているかどうかに関しては議論の余地が大きい。より現実的には，後述する通り，グループ
数を増やして回帰分析の枠組みで分析を行ったときに，グループレベルのクラスター構造を許
して標準誤差を計算することが推奨されている。

430　第 II 部　ミクロ編

の前後差と対照群の結果の前後差を比較することによって，介入が結果変数に与える因果的な影響を見ようとする考え方であるのだが，介入の仕方が単純に処置群と対照群という二分法では分けられない場合もある。海外語学研修の例では，グループとして経済学部と商学部の他にも多数の学部があることが考えられ，さらに必修である海外語学研修の期間が学部によって異なる，などといったケースが考えられる。

たとえば，例として挙げている大学には商学部，経済学部，法学部，社会学部の4学部があり，先述の通り商学部では海外語学研修は必修ではなく，経済学部では8週間の海外語学研修が必修だとしよう。さらに法学部では2週間，社会学部では4週間の語学研修が必修だとする。また利用可能なデータには，1年生終了時点と2年生終了時点のTOEFLスコアに加えて，3年生終了時点，4年生終了時点のTOEFLスコアも含まれているとしよう。

複雑なのは，対照群である商学部に対して，処置群は経済学部，法学部，社会学部の3学部になる点である。処置群を変えれば3つの差の差推定ができてしまう。また，必修期間の長さが異なることを生かして経済学部と法学部の比較を行うなどといったことも考えることができる。さらに，海外語学研修は2年生だけであるにもかかわらず，3年生終了時点や4年生終了時点のデータも手に入るという点も，問題を複雑にしている。これらの追加的な学年の情報は無駄であるようにも思われるかもしれないが，そもそも学部ごとに学生にどの程度のTOEFLスコアの差があるのかを正確に知るためには，3年生終了時点や4年生終了時点の情報も有益だといえる。

このような複雑な状況で実質的な差の差推定を行うために便利なのが，多重回帰の枠組みである。この大学には4つの学部があるが，商学部生を基準カテゴリーとして，学生が経済学部，法学部，社会学部に所属するときにそれぞれ1を取るダミー変数を D_{2i}, D_{3i}, D_{4i} としよう。また，1年生終了時点を基準カテゴリーとして，2年生，3年生，4年生終了時点に対応するダミー変数を T_{2i}, T_{3i}, T_{4i} と定義する。さらに，必修となっている海外語学研修の期間の長さを週で表したものを W_{it} としよう。この値は学生 i が所属する学部と学年 t に依存して決まるが，1，3，4年生の間はどの学部の所属であったとしても海外語学研修は必修ではないため0を取る。これらの変数を用いると，実質的な差の差推定を行う多重回帰式は，

第9章 政策評価モデル 431

$$Y_{it} = \beta_0 + \sum_{d=2}^{4} \gamma_d D_{di} + \sum_{t=2}^{4} \delta_t T_{ti} + \theta W_{it} + u_{it} \tag{9.16}$$

として表すことができる。これはすなわち，すべての学年に共通する学部間の学生の TOEFL スコアの差を γ_2, γ_3, γ_4 で捉え，すべての学部の学生に共通する学年ごとの TOEFL スコア差を δ_2, δ_3, δ_4 で捉えたうえで，学部ごとに異なる TOEFL スコアの変化を必修海外語学研修の期間で説明しようとするモデルである。ここで関心があるのは，必修海外語学研修の 1 週間の延長が TOEFL スコアにどれだけの影響を与えるかを示す θ である。グループごとの違いを捉え，さらに各グループに共通する介入後の変化を捉えたうえで，介入が結果変数に与える影響を推定しようとしている点で，この推定式は処置群と対照群の介入前後の結果変数の変化を比較していると見なすことができ，実質的に差の差推定となっている。なおここでは，t 年に語学研修に参加すると，その効果は t 学年終了時点に受ける TOEFL のスコアには影響を与えるが，後の学年の終了時点に受ける TOEFL スコアには影響を与えない，という仮定が置かれている。

　このモデルは別の見方をすると，グループを示す固定効果（学部ダミー）と時間を示す固定効果（学年ダミー）が入った固定効果モデルであるといえる。このように，クロスセクション方向の固定効果と時系列方向の固定効果の双方を入れて，政策介入の変数に対する係数を推定するモデルは，頻繁に利用される。このような固定効果モデルは，政策介入を示す変数の変動のうち，クロスセクション方向の固定効果と時系列方向の固定効果を取り除いた後の変動だけを用いて政策変数の結果変数への影響を推定している。つまり，クロスセクションごとに政策変数の時系列変化が異なることが，推定に用いられている情報なのである。そのため，パネルデータを用いてグループ固定効果と時間固定効果を入れた推定は，実質的には差の差推定を行っているといえるため，差の差推定を行ったと紹介する論文も多い。本書の第 6 章で紹介した Asai, Kambayashi and Yamaguchi (2015) による保育所定員率が母親就業率に与える影響の推定は，その典型例である。

　　　　　　　　　　　　　ここで，実際の事例に基づいて，多額の大学の
| 広島大学における短期留学補助プログラム効果の実証例 |
補助が付く短期留学プログラムへの参加が，学生の英語のテストスコアに与えた影響を推定し

432　第 II 部　ミクロ編

た論文を紹介しよう。

広島大学に所属する（論文執筆時）研究者である川田・西谷 (2017) は，広島大学で実施されてきた短期留学プログラム（START プログラム）が英語テストの一種である TOEIC のスコアに与えた影響を推定している。彼らが利用しているデータがプログラム効果の推定に適しているのは，プログラムの参加者と不参加者の TOEIC スコアが，プログラム実施の前と後の 2 時点において記録されている点である。このデータの特徴を生かすことで，プログラム参加の効果について差の差推定を行っている。

評価の対象となる広島大学 START プログラムは，海外経験の少ない学部 1 年生を対象として，国際交流や本格的な留学への関心を高めることを目的としている。参加費用の大部分は大学からの補助で賄われ，分析の対象となっている 2011 年のプログラムに関しては自己負担額は 5 万円であった。この年の参加学生総数は 83 名であった。2011 年 2～3 月に実施されたプログラムに関して，派遣対象国はアメリカとベトナムでそれぞれ約 2 週間が派遣期間であった。定員 59 名に対して 102 名の応募があったが，書類選考とグループ面接によって選考された。選考にあたっては海外経験が少ない学生が優先され，さらに英語力，志望動機，GPA などが考慮された。同様のプログラムは，2011 年 8～9 月にもオーストラリアを派遣国として行われ，こちらに関しては定員 24 名に対して 91 名の応募者があった。

TOEIC は，TOEFL と同じくアメリカの Educational Testing Service が行っている英語によるコミュニケーション能力を測る試験であり，広島大学では 1 年生の 5 月と 2 年生の 5 月に無料受験の機会を与えている。評価対象とした 2011 年度入学者に関しては，1 年生時点の受験者数は 2448 人であり，2 年時の受験者数は 2252 人であった。ちなみに 1 年生時点の平均スコアは 555 点であった。このうち，分析の対象となったのは 1 年生時点と 2 年生時点の両方の TOEIC スコアが入手可能な 2242 人である。このうち START に参加したのは 70 名であり，残りの 2172 人はプログラム不参加であった。

短期留学プログラムの TOEIC スコアに対する影響を評価するために，著者らはいくつかのモデルを推定している。学生 i の 1 年目と 2 年目の TOEIC スコアをそれぞれ Y_{1i}, Y_{2i} として，START プログラムへの参加を示すダミー変数を D_i としたときの最も単純なモデルは，

TABLE	表 9-3 ● TOEIC スコアの決定			
推定方法	(1) OLS	(2) 差の差	(3) 差の差のマッチング	(4)
START	124.80*** (15.04)	44.28*** (12.36)	35.81*** (11.53)	38.97*** (10.41)
コントロール変数	なし	なし	学部	学部，1 年時の TOEIC スコア
N	2242	2242	1681	1666

（出所）川田・西谷 (2017) より作成。***は 1% の有意水準で有意であることを示す。

$$Y_{2i} = \alpha + \beta D_i + u_i \tag{9.17}$$

というものである。しかしながら，このモデルにおいて，著者らはもともと英語を学習する意欲が高い者がプログラムに参加し，結果として D_i と u_i が正の相関を持ってしまう内生性を懸念している。そのうえで，この懸念を払拭するため，1 年目のスコアと 2 年目のスコアの差分である $Y_{2i} - Y_{1i}$ を被説明変数とした，

$$Y_{2i} - Y_{1i} = \delta + \gamma D_i + v_i \tag{9.18}$$

を推定した。ここで γ は，1 年生から 2 年生にかけての TOEIC スコアの伸びがプログラム参加者と不参加者でどれだけ違っているかを示すものであり，差の差推定量になっている。

表 9-3 では，さまざまなモデルの推定結果をまとめている。表の列 (1) は，(9.17) 式の推定結果を報告したものである。これを見ると，プログラム参加者の 2 年生時点の TOEIC スコアは不参加者よりも 124.80 点も高いことが示されている。1 年生時点の平均点が 555 点であったことを考えると大きな差である。また，この差は統計的に有意な差である。もっとも，この推定結果はもともと英語力が高い者がプログラムに参加する確率が高かったかもしれないという内生性を制御できていない。そこで，差の差の推定式である (9.18) 式を推定した結果が列 (2) に報告されている。これを見ると，プログラム参加者のスコアの伸びは不参加者に比べて 44.28 点高かったということがわかる。先の結果に比べると，プログラム参加が TOEIC スコアに与える影響は約 3 分の 1 まで小さくなっており，プログラム参加の内生性がきわめて深刻であったことがわかる。

434　第 II 部　ミクロ編

ここで著者らは，さらにプログラム参加者と不参加者の間でそもそものテストスコアの伸びが異なっていて共通トレンドの仮定が破られている可能性にも言及し，その対応を行っている。仮にプログラム参加者のほうが英語の学習意欲がもともと高いとすると，プログラム参加者は仮にプログラムに参加しなかったとしても，プログラム不参加者よりも TOEIC スコアの伸びが大きかったことになり，共通トレンドの仮定が成立しなくなる。実際に参加者と不参加者の所属学部の分布を比較してみると，参加者がいわゆる文系学部に多かった。この点を考慮すると，そもそもの英語への学習意欲が異なっており，もともとの英語力の伸びが違ったのかもしれない。さらに 1 年生時点の TOEIC スコアも 1 年生時点から 2 年生時点のスコアの伸びを決めるかもしれない。たとえば，1 年生時点のスコアが高い学生はさらに伸びるかもしれないし，反対に 1 年生時点のスコアが高い学生は伸びしろがないために伸びが抑制されているかもしれない。このような可能性を考え，著者らは個人の点数の伸びは所属学部や 1 年生時点の TOEIC スコアにも依存すると考えて分析を行った。(9.18) 式に学部ダミーや 1 年生時点の TOEIC スコアを追加的な説明変数として入れることもできたであろうが，著者らはより柔軟な推定方法に依拠した。これらの 2 つの変数に基づいてプログラム参加者と不参加者をノンパラメトリック法を使ってマッチングし，プログラム参加者と不参加者の TOEIC スコアの伸びを比較したのである。

　ここで，ある学生 i がプログラムに参加したときのテストスコアの伸びを ΔY_{1i}，参加しなかったときの伸びを ΔY_{0i} と表記し，さらにプログラム参加を示すダミーを D_i とすると，プログラム参加者については ΔY_{1i} のみが，プログラム不参加者については ΔY_{0i} のみが観察されるため，

$$\Delta Y_i = D_i \Delta Y_{1i} + (1 - D_i) \Delta Y_{0i}$$

が成立する。

　ここで，所属学部を示すダミー変数群を X_{1i}，1 年生時点の TOEIC スコアを X_{2i} と表記して，

$$\{\Delta Y_{1i}, \Delta Y_{0i}\} \perp\!\!\!\perp D_i | X_{1i}, X_{2i}$$

が成立するとしよう。この条件付き独立の仮定と，先に述べた傾向スコアの重なりの仮定のもとで，傾向スコア・マッチング法によってプログラム参加者の

平均処置効果

$$E(\Delta Y_{1i}|D_i = 1)$$

を一致推定することができる。この推定はもとより被説明変数がスコアの差となっているため，差の差推定を傾向スコア・マッチング法によって行う形になっている。

表 9-3 の列 (3) と列 (4) は，差の差推定を傾向スコア・マッチング法を用いて行った結果である。列 (3) は，所属学部のダミー変数群を傾向スコアの説明変数とした推定結果である。サンプルサイズが大幅に落ちるのは，傾向スコアの重なりの仮定を満たさない観測値が落ちるためである。実際に START 参加者の所属学部を見てみると，歯学部や薬学部からの参加者は 0 人であるなど，所属学部が傾向スコアを規定し，参加者と不参加者の傾向スコアが重ならないケースが多かったものと思われる。この推定方法を使うと参加者の平均処置効果は 35.81 であり，列 (2) に報告されている差の差推定法で推定された効果よりもさらに小さい効果しか見出されなかった。列 (4) には，所属学部ダミーと 1 年生時点の TOEIC スコアをマッチング変数にした推定結果が報告されているが，これにより推定される参加者の平均処置効果は 38.97 であり，列 (3) に報告した結果よりも大きな値を取ることがわかった。これは，1 年生時点の TOEIC スコアが高い者は伸びしろが小さい傾向があるためであろう。差の差推定をマッチング法を用いて行った結果は，短期留学プログラムへの参加が TOEIC スコアを伸ばす効果があることを示している。著者らはこの効果は短期留学プログラムの間の学習だけではなくて，事前の準備学習の効果やプログラム参加が英語学習の意欲を高めた効果など，総合的な効果を捉えたものであろうと解釈している。

ドイツにおける課税の帰着の実証例

差の差の分析にあたって本質的なのは処置群と対照群の差異を捉えるダミー変数をモデルに導入し，さらに両グループに共通する時間特有のショックを捉えるダミー変数をモデルに導入したうえで，特定の処置が結果変数に与えた影響を推定することである。このような推定を，2 グループ以上を含み，2 期間以上のモデルに拡張したのが，(9.16) 式のように多数のグループ・ダミーと，多数の期間ダミーを含んだ線形回帰モデルである。(9.16) 式のモデルでは，処置については処置がなされたかどうかという 2 値変数だけと

436　第 II 部　ミクロ編

なっているが，差の差推定は処置の程度が連続的に変化する場合にも適用することができる。以下では，複数のグループ・ダミーと複数の期間ダミーを含み，処置変数が連続変数である例を紹介しよう。

ここで拡張された差の差の分析の例として考えたいのは，法人税の課税が企業によって実質的に負担されるのか，労働者によって実質的に負担されるのかといった問題に挑戦した Fuest, Peichl and Siegloch (2018) である。

入門的な経済学の授業では，課税の帰着について勉強し，企業に対する課税が必ずしも実質的に企業の負担に帰着するとは限らず，労働者に帰着する可能性を指摘する。企業は利潤への課税によって税引き後の利潤が減ってしまうことを受けて生産を縮小させるが，生産を縮小させる中で労働者に支払う賃金を低下させる可能性がある。もっとも，各企業が勝手に賃金を決められるかというと，そういうわけではない。仮に賃金を少しでも下げようものならば，労働者が他の企業に移ってしまうという状態であれば，企業は法人税負担の増加を賃下げで吸収することはできない。その一方で，労働者に他の企業で働くという選択肢があまりないような状態のときには，企業は法人税増加に伴う負担の増加を賃下げに反映させることで，負担を労働者に転嫁することができるのである。このように，法人税の増加が実質的に企業によって吸収されるのか，労働者によって吸収されるのかは労働市場の構造によって異なることが予想されるため，法人税の増加がどの程度賃金を下げることにつながるのかは実証分析を行う必要がある。

Fuest, Peichl and Siegloch (2018) が注目したのは，ドイツにおける地方法人税 (local business tax) である。1993 年から 2012 年の期間において毎年約 10% の自治体が地方法人税を変更した結果，1 万 1 の自治体において 1 万7999 回の税率変更が起こった。彼らはこれらの税率変更が賃金に与える効果を企業と労働者のデータを接合したパネルデータを用いて検証しているが，自治体によってはデータセットに含まれる事業所が存在しないケースもあるため，推定に用いられたのは 3522 自治体における 6802 回の税率変更である。このデータを用いて彼らが推定したモデルは，

$$\ln w_{ft} = \beta_0 + \beta_1 \ln(1 - tax_{mt}) + c_f + c_m + c_{st} + u_{ft} \tag{9.19}$$

である。ここで w_{ft} は企業 f の t 年における時間当たり賃金の中央値，tax_{mt} は自治体 m の t 年における地方法人税率，c_f は企業固定効果，c_m は自治体

固定効果，c_{st} は州と年の固定効果である。ここで，$\ln(1 - tax_{mt})$ とは税引き前利潤に占める税を引いた後の企業の手元に残る利潤の割合の自然対数値である。左辺の $\ln w_{ft}$ も自然対数となっているため，β_1 は企業の税引き後利潤が 1% 上がったときに賃金が何 $\%$ 上がるかを示す弾力性である。

　ここで，モデルにおける固定効果について若干の説明を加えたい。州 s とは，自治体 m の集まったものである。このモデルにおける処置変数は $tax_{m,t}$ であるが，処置変数が定義されている m に関する固定効果と，t に関する固定効果が含まれているため，クロスセクションの固定効果と時系列の固定効果が含まれるモデルとなっている。そのため，このモデルは実質的には差の差推定モデルとなっている。ここでは，ドイツ全体では年ごとに同じショックがあるとする年固定効果 c_t を入れる代わりに，州と年に特有の固定効果 c_{st} を入れることによって仮定を緩めている点には，注意が必要である。なお，自治体と年に特有の固定効果 c_{mt} は処置変数の tax_{mt} と多重共線関係にあるため，モデルに導入することができない。

　彼らの推定結果を紹介しよう。4 万 4654 の観測値を用いて推定された $\hat{\beta}_1$ は 0.388 であり，自治体レベルでのクラスタリングに対して頑健な標準誤差は 0.127 であった。このことは地方法人税が上がり企業の税引き後利潤が 1% 下がると，その地域に立地する企業の賃金の中央値が 0.388% 下がることを意味しており，企業に対する課税は相当部分が賃金引き下げの形で労働者の負担によって賄われていることを示している。所得分配の観点から，税収を上げるため企業に対する課税をすべきか労働所得に対する課税をすべきかといったことが議論されることがあるが，企業に課税したところでその相当な部分は労働者負担となることを示しており，議論は見た目ほど単純ではないことをこの推定結果は示している。この研究は，①経済学にとって大切なテーマを，②高品質なデータに基づいて，③差の差推定という信頼のおける推定手法を用いて推定した点で重要であり，その結果として，*American Economic Review* という一流誌に掲載されたと考えることができよう。

差の差の差（DDD）推定　ここで再び，海外語学研修が必修化されている経済学部生と必修化されていない商学部生の TOEFL スコアの比較の例に話を戻そう。経済学部生と商学部生の 2 年生の間の 1 年間の TOEFL スコアの伸びを比較することで，経済学部生に課された海外語学研修必修化の TOEFL スコアへの影響を差の差推定しようとする際

には，仮に両学部で海外語学研修が必修でないならば，2年生の間のTOEFL
スコアの伸びは同じだという共通トレンドの仮定が決定的に重要であることを
述べた。しかし現実には，経済学部では海外語学研修がすでに必修化されてし
まっているため，この仮定が正しいのかどうかをデータを使って検証すること
はできない。そのため，これは維持されるべき仮定であるといえる。そしてこ
の仮定が破られてしまうと，分析のための努力はすべて水泡に帰してしまう。
そのため，何とかしてこの仮定が正しい仮定かどうかを検証したい。そこで考
え出されたのが，プラセボ分析という考え方である。

　プラセボとは薬効成分の入っていない偽薬のことであり，医薬品の効果検証
にあたって被験者に与えられ，薬効がないことを確認するために用いられる。
医者から薬を投与されたという事実が患者の症状を改善することもあるため，
効果が期待できる薬の効果を調べるのが重要であるのと同じく，効果が期待で
きない薬の効果がないことを確かめることも重要なのである。「空振り」が期
待できる状況で実験を行い，実際に「空振り」に終わるかどうかを検証し，実
験そのものがうまくいっているかを確かめるのである。

　差の差分析においてもプラセボ分析が用いられるが，これはそもそも効果が
ないと先験的にわかっている状況で差の差分析を行い，本当に効果がないこと
を確認する分析である。ある国立大学の経済学部で必修化された海外語学研修
プログラムの評価の例で見ると，海外語学研修がどの学部にもまったく導入さ
れていない私立大学の経済学部生と商学部生の大学2年生終了時点までの間
のTOEFLスコアの伸びを比較する差の差分析を行うということが考えられ
る。

　ここで，Y_{it}はTOEFLスコア，D_iは経済学部生の場合に1を取り商学部
生の場合に0を取るダミー変数，A_tは1年生終了時点で0を取り2年生終
了時点で1を取るダミー変数とする。この設定のもとで，私立大学の学生の
データを使って，

$$Y_{it} = \beta_0 + \beta_1 D_i + \beta_2 A_t + \beta_3 D_i \times A_t + u_{it} \qquad (9.20)$$

を推定すると，差の差推定を行うことができる。β_3が差の差推定量を示すこ
とは先述の通りだが，この私立大学では経済学部・商学部ともに海外語学研修
の必修化は行われていないので，2年生の間のTOEFLスコアの伸びは経済学
部と商学部で共通しているはずである。そのため，$\beta_3 = 0$となることが，先

第9章　政策評価モデル　　439

| TABLE | 表 9-4 ● 差の差の差推定と線形回帰モデル |

効果が期待できるサンプル ($N_i = 1$)	介入前 ($A_t = 0$)	介入後 ($A_t = 1$)	差	差の差
処置群 ($D_i = 1$)	$\beta_0 + \beta_1 + \beta_3 + \beta_5$	$\beta_0 + \cdots + \beta_7$	$\beta_2 + \beta_4 + \beta_6 + \beta_7$	$\beta_4 + \beta_7$
対照群 ($D_i = 0$)	$\beta_0 + \beta_3$	$\beta_0 + \beta_2 + \beta_3 + \beta_6$	$\beta_2 + \beta_6$	
プラシボ・サンプル ($N_i = 0$)	介入前 ($A_t = 0$)	介入後 ($A_t = 1$)	差	差の差
処置群 ($D_i = 1$)	$\beta_0 + \beta_1$	$\beta_0 + \beta_1 + \beta_2 + \beta_4$	$\beta_2 + \beta_4$	β_4
対照群 ($D_i = 0$)	β_0	$\beta_0 + \beta_2$	β_2	
差の差の差				β_7

験的には予想される。このように「空振り」で終わることを予測しながら行うのが，プラセボ分析である。仮に $\beta_3 \neq 0$ という結果が出たとすると，経済学部生と商学部生の 2 年生の間の TOEFL スコアの伸びが，もとより異なることを意味している。このような結果が出ると，国立大学の経済学部生と商学部生の間に共通トレンドの仮定を課すことについても，疑念が生まれてくるといえよう。

　その一方で，仮に私立大学の経済学部生と商学部生の間で大学 2 年生の間の TOEFL スコアの伸びに差が認められたとしても，この結果を使って，国立大学の経済学部における海外語学研修必修化の効果を推定しようと考えることもできる。すなわち，国立大学のデータを使って得られた差の差である β_3 から，私立大学のデータを使って得られた差の差である β_3 を引くことで，海外語学研修必修化の効果を推定することができるのではないか，というアイデアである。実際にこの方法は，経済学部生と商学部生の 2 年生の間の TOEFL スコアの伸びの差が，国立大学と私立大学で共通しているという仮定のもとでは，海外語学研修必修化の TOEFL スコアへの因果効果を推定することができる。このように，実際に処置が行われたサンプルの差の差からプラセボ・サンプルの差の差を引く推定法を，**差の差の差推定**（difference-in-differences-in-differences estimation; **DDD 推定**，「トリプルディ推定」と読む）と呼ばれる。

　あまりにたくさんの差を取っているので一見すると混乱してしまいそうだが，ここでも回帰分析の枠組みを使うと思考を整理できる。まずは，どのような軸でデータがグループ分けされているかを考えてダミー変数を作っていこう。1 つめは，経済学部と商学部の違いという処置群と対照群という軸であ

440　第 II 部　ミクロ編

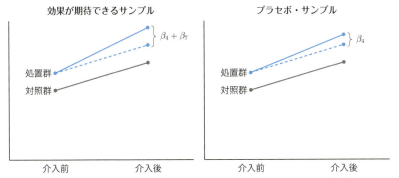

(注) 効果が期待できるサンプルの差の差（$\beta_4 + \beta_7$）とプラセボ・サンプルの差の差（β_4）の差である β_7 が DDD 推定量である。

る。ここでは先と同じように，経済学部生の場合には 1 を取り商学部生の場合には 0 を取るダミー変数 D_i を作る。2 つめは，海外語学研修という処置が行われる前か後かという時間軸である。ここでも前と同様に，2 年生であれば 1 を取り 1 年生であれば 0 を取るダミー変数 A_t を作る。3 つめは，効果が期待できるサンプルか，プラセボ・サンプルかという軸である。そこで国立大学であれば 1 を取り私立大学であれば 0 を取るダミー変数 N_i を作る。DDD 推定のための回帰モデルを作るためには，これらのダミー変数とその交差項をすべて右辺に入れる。具体的には，

$$Y_{it} = \beta_0 + \beta_1 D_i + \beta_2 A_t + \beta_3 N_i + \beta_4 D_i \times A_t \\ + \beta_5 D_i \times N_i + \beta_6 A_t \times N_i + \beta_7 D_i \times A_t \times N_i + u_{it} \quad (9.21)$$

というモデルが，DDD 推定になる。

ここで，β_4 がプラセボ・グループである私立大学における差の差であることに着目すれば，国立大学における差の差の上乗せ分を示す β_7 が，差の差の差（DDD）であることに気づく。ここで重要な仮定は，海外語学研修の必修化がなければ，国立大学と私立大学における 2 年生の TOEFL スコアの伸びの経済学部と商学部の差は β_4 で共通していたという仮定である。この仮定のもとで，β_7 は海外語学研修必修化が TOEFL スコアに与えた因果的な影響だということができるのである。なお，β_5 は経済学部と商学部の差が国立と私

立でどれだけ異なるかを示しており，β_6 は大学2年における TOEFL スコアの伸びが国立と私立でどれだけ異なるかを示している。

ここまで，政策介入の無作為割当がないときに因果推論を行う自然実験手法の例として，政策介入が行われたグループである処置群と政策介入が行われなかった対照群の結果変数の介入前後の差を取ることによって因果推論を行う差の差推定を紹介してきた。この方法は，政策介入が行われるグループと行われないグループがあるときには有用な方法であるが，政策介入はしばしばすべての人々を対象にして行われてしまう。たとえば，海外語学研修の必修化の例だと，ある大学の全学部において海外語学研修が必修化されるならば，すべての学生が処置群に入ってしまい，対照群が存在しないことになってしまう。このような状況下では，他の自然実験的手法を用いた推定を行うことを考える必要がある。次節では，そのための手法の1つを紹介しよう。

9 回帰非連続デザイン

シャープな回帰非連続デザイン

あるプログラムの介入が行われるか否かがある連続変数に依存していて，その連続変数がある閾値を超えたときにプログラム介入が行われるという例は数多い。たとえば，「ある名門大学で教育を受ける」というプログラムの介入対象になるかどうかは入試の点数によって決まっており，合格最低点を取れば入学を許可されるが，1点でもそれを下回れば入学は許可されない。入試の点数の1点の差が天国と地獄を分けるのである。このときに合格最低点を取りギリギリで入学を許可された人と，合格最低点に1点満たず入学を許可されなかった人の間には，運以外の本質的な差はないといえるだろう。そのため，合格最低点を取った人々と1点足りなかった人々を追跡調査して30歳時点の平均所得の差を見れば，この名門大学で教育を受けることが所得に及ぼす因果的な影響を見ることができそうである。

ある国立大学で行われた海外語学研修の例に戻ろう。この大学では，すべての学部の学生を対象に試験を行い，その試験の成績に応じて大学2年生の夏に海外語学研修に派遣するかどうかを決めているとしよう。ここで，2年生終了時点の学生 i の TOEFL スコアを Y_i とし，海外語学研修への参加を示すダ

ミー変数を D_i, 海外語学研修選抜試験の成績を S_i, 選抜にあたっての合格最低点を $\bar{S}$ としよう。ここで、仮に Y_i を D_i に回帰して、海外語学研修の参加が TOEFL スコアに与える影響を推定しようとすれば、おそらく海外語学研修の効果を過大評価することになってしまうだろう。前述したようにこれは、海外語学研修に参加しようという英語に関心のある学生はもともと TOEFL スコアが高いといったことが考えられるためである。この海外語学研修参加の内生性に対処するために取りうる方法の 1 つが、本節で解説する回帰非連続デザインである。

海外語学研修に参加する者の英語力はもともと高いという問題に対応しながら、研修への参加が英語力に与える影響を知りたければ、海外語学研修選抜試験の成績 S_i が合格最低点 $\bar{S}$ でギリギリ参加を許可された者と、合格最低点を 1 点下回って参加を許可されなかった者の大学 2 年生終了時点の TOEFL スコア Y_i を比較するというのが一案である。このように、連続変数に基づいて非連続に政策介入がなされるケースを用いて政策介入の結果変数への因果関係を推定するアプローチを、**回帰非連続デザイン**（regression discontinuity design; **RDD**）という。ここで非連続的に政策介入がなされるかどうかを決定する変数を**ランニング変数**（running variable）という。これは、選抜試験の成績が合格最低点であったか、それを 1 点下回ったかは運であり、この二者は本質的に同じ英語力を持っていると考えてよいという想定に基づいている。仮に、選抜試験に合格した者が全員語学研修に参加し、選抜試験に合格しなかった者は誰も語学研修に参加できなったとするならば、

$$\mathrm{E}(Y_i | S_i = \bar{S}) - \mathrm{E}(Y_i | S_i = \bar{S} - 1) \tag{9.22}$$

を計算すれば、語学研修への参加が英語力に与える因果的影響を推定できそうである。

ここでは (9.22) 式が、語学研修への参加を示す D_i が TOEFL スコアに与える因果的影響を示すことを見てみよう。ここでもルービンの因果分析のフレームワークを使って、ある学生 i の語学研修を受けたときの TOEFL スコアを Y_{1i}, 受けなかったときの TOEFL スコアを Y_{0i} で示すことにしよう。すると、語学研修を受けることが TOEFL スコアに与える因果的影響は $Y_{1i} - Y_{0i}$ であるが、1 人の学生について両方を観察することはできない。言い換えると、語学研修に参加した者については Y_{1i} しか、語学研修を受けなかった者

第 9 章　政策評価モデル　　443

については Y_{0i} しか観察することができない。つまり,

$$Y_i = D_i Y_{1i} + (1 - D_i)Y_{0i} \tag{9.23}$$

である。

　また,ここでは資格試験に合格した者はすべて語学研修に参加し,不合格だった者は語学研修に不参加であったと想定しているため,

$$D_i = \begin{cases} 1 & (S_i = \bar{S}) \\ 0 & (S_i = \bar{S} - 1) \end{cases}$$

である。このように,資格を満たす者がすべて参加し,満たさない者がすべて不参加になるのは,先に紹介した無作為割当に対して完全遵守 (perfect compliance) されるケースと似ている。このように連続変数によって決まる政策介入の割当について完全遵守が成立する回帰非連続デザインを,シャープな回帰非連続デザイン (sharp regression discontinuity design; Sharp RDD) という。

　さらに,結果変数である Y_{1i} と Y_{0i} の連続変数 S_i に関する条件付き期待値である $\mathrm{E}(Y_{1i}|S_i)$,ならびに $\mathrm{E}(Y_{0i}|S_i)$ はそれぞれ $S_i = \bar{S}$ の近傍で連続であると仮定する。これは連続性の仮定と呼ばれ,回帰非連続デザインを用いて因果関係を推定する際には最も重要な仮定である。これは,仮に実際の語学研修への参加の有無がなければ,2 年生終了時点の TOEFL スコアである Y_{1i} と Y_{0i} の期待値が資格試験の成績 S_i について連続的に変化していただろうと仮定するということである。実際には資格試験の成績が合格最低点を超えてしまうと語学研修に参加するようになるので Y_{0i} は $S_i \geq \bar{S}$ の領域で観察されないことから,反実仮想に基づいた仮定である。同様に資格試験の成績が合格最低点を下回ると,誰も語学研修に参加しないので,Y_{1i} は $S_i < \bar{S}$ の領域では観察されない。そのため,こちらも反実仮想に基づいた仮定である。

　これらの仮定を (9.22) 式に代入すると,

$$\mathrm{E}(Y_i|S_i = \bar{S}) - \mathrm{E}(Y_i|S_i = \bar{S} - 1)$$
$$= \mathrm{E}[D_i Y_{1i} + (1 - D_i)Y_{0i}|S_i = \bar{S}] - \mathrm{E}[D_i Y_{1i} + (1 - D_i)Y_{0i}|S_i = \bar{S} - 1]$$
$$= \mathrm{E}(Y_{1i}|S_i = \bar{S}) - \mathrm{E}(Y_{0i}|S_i = \bar{S} - 1)$$
$$= \mathrm{E}(Y_{1i} - Y_{0i}|S_i = \bar{S})$$

を得ることができる。ここで，2番目の等号は完全遵守の仮定より得られている。また，最後の等号は $\mathrm{E}(Y_{0i}|S_i)$ が $S_i = \bar{S}$ の近傍で連続つまり，$\mathrm{E}(Y_{0i}|S_i = \bar{S}-1) = \mathrm{E}(Y_{0i}|S_i = \bar{S})$ であることより得られている。これらの仮定より得られる最終的な式を見ると，(9.22) 式が推定するのは資格試験の点数が合格最低点近傍であった者の中での平均処置効果ということがわかる。合格最低点近傍の情報しか平均処置効果の推定に用いていないので，このようなことになるのである。

回帰非連続デザインに基づいて因果関係を推定しようとする際には，$\mathrm{E}(Y_{1i}|S_i)$ ならびに $\mathrm{E}(Y_{0i}|S_i)$ がそれぞれ $S_i = \bar{S}$ の近傍で連続であるとの仮定が重要であった。仮にこれらに連続性がないとすると，$\mathrm{E}(Y_i|S_i)$ の $S_i = \bar{S}$ の近傍での非連続が観察されたとしても，それは政策介入の効果ではなくて，もともより $\mathrm{E}(Y_{1i}|S_i)$ や $\mathrm{E}(Y_{0i}|S_i)$ が非連続なためである可能性を排除できないからである。$\mathrm{E}(Y_{1i}|S_i)$ ならびに $\mathrm{E}(Y_{0i}|S_i)$ がそれぞれ $S_i = \bar{S}$ の近傍で連続というのは資格試験の成績である S_i が合格最低点 $\bar{S}$ 付近の者について，語学研修を受けないときの英語力（これをベースラインの英語力ということもある）が同じであることを意味している。つまり，合格最低点 $\bar{S}$ の前後の者が同質の者であることを求めているのである。

この仮定が成立しない典型的な例は，たとえば試験官が学生の質を知っていて，本来の英語力が高いけれどもギリギリで合格最低点をクリアできなかった者に下駄をはかせて，合格最低点を取れるように操作するようなケースである。この場合には，ギリギリで合格最低点になった者は，惜しいところで合格最低点を取れなかった者に比べて本来の英語力が高いかもしれない。この場合，語学研修に参加しないときのベースラインの英語力である $\mathrm{E}(Y_{0i}|S_i)$ が $S_i = \bar{S}_i$ で非連続になる。先述の通り，$\mathrm{E}(Y_{0i}|S_i)$ は $S_i \geq \bar{S}$ の領域において観察されないから，連続性の仮定は直接検証することはできない維持されるべき仮定である。ただ，ここで紹介したような試験官による資格試験の成績の操作が行われるケースでは，合格最低点よりも少し高いところに多くの学生が固まることで，資格試験の成績の分布が異様な形になることが予想できる。つまり，ランニング変数 S_i に関する確率密度関数を描いてみて，もしも確率密度が $\bar{S}$ のあたりで非連続になっているようであれば，それは S_i が操作されている可能性を示唆しているといえる。そのため，RDD を行うにあたってはランニング変数の S_i の分布に関して確率密度関数を報告し，政策介入を決める閾

値付近で連続的に分布していることを確認することが重要である。

E$(Y_{0i}|S_i)$ ならびに E$(Y_{1i}|S_i)$ がそれぞれ $S_i = \bar{S}$ の近傍で連続である，という仮定を検証する方法がもう1つある。それは，政策介入が行われる前に決まっている各個人のバックグラウンドを示す変数が $S_i = \bar{S}$ の近傍で連続しているかどうかを確かめることである。たとえば，語学研修の例では，各学生の大学入学時点の TOEFL スコア（X_{1i}），各学生の1年生時点の GPA（X_{2i}），親の年収（X_{3i}）といった変数が考えられる。もしも資格試験の成績 S_i が合格最低点 $\bar{S}$ に達するかどうかが，$\bar{S}$ の近傍においてはランダムに決まっているとするならば，S_i が合格最低点 $\bar{S}$ を超えるかどうかで，これらのバックグラウンド変数が非連続に変化するとは考えにくい。そのため，各変数 $j = 1, 2, 3$ に関して，

$$H_0 : \mathrm{E}(X_{ji}|S_i = \bar{S}) = \mathrm{E}(X_{ji}|S_i = \bar{S} - 1) \tag{9.24}$$

が成立しているかどうかをテストするということが考えられる。上記の帰無仮説が棄却されなければ，E$(Y_{0i}|S_i)$ ならびに E$(Y_{1i}|S_i)$ もそれぞれ $S_i = \bar{S}$ の近傍で連続であるとの仮定が，もっともらしさを増すといってもいいだろう。

(9.22) 式を推定すれば，完全遵守と連続性の仮定のもとで，政策介入の結果変数への因果関係を推定できることが明らかになった。問題は，これをサンプルを用いてどのように推定するかである。このうち E$(Y_i|S_i = \bar{S})$ は，資格試験の成績がちょうど合格最低点だった学生の大学2年生終了時点の TOEFL スコアの期待値なので，実際に資格試験の成績が合格最低点の学生を集めて2年生終了時点の TOEFL スコアの平均点を計算すれば推定はできる。同様に E$(Y_i|S_i = \bar{S} - 1)$ も，資格試験の成績が合格最低点に1点満たなかった学生を集めれば推定できる。同時に平均値の差の検定を行えば，推定された差が統計的に有意であるかどうかも検定できる。

ただしこのアプローチの問題点は，サンプルの中で資格試験の成績がちょうど合格最低点の学生や1点だけ満たなかった学生は，それほど数がいないケースが多いことである。資格試験の成績が合格最低点よりも1点高い学生や，合格最低点よりも2点低い学生の情報も使えばサンプルサイズは大きくなるので，この小さなサンプルの問題を解決するために役に立ちそうである。これらのサンプルを使って E$(Y_i|\bar{S} \leq S_i \leq \bar{S}+1)$ や E$(Y_{it}|\bar{S}-2 \leq S_i \leq \bar{S}-1)$ を推定すれば，合格最低点における TOEFL スコアのギャップは大きなサン

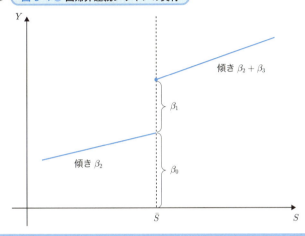

図 9-4 ● 回帰非連続デザインの実行

プルのおかげで正確に推定できそうである。

さらに、資格試験の成績が合格最低点からより大きく乖離している学生の情報を用いれば、サンプルサイズをより大きくすることができる。ただ、問題は資格試験の点数が高い学生ほど英語力が高いので、2年生終了時点の TOEFL スコアの成績も高くなる傾向があることである。つまり、合格最低点からの点数の乖離幅を大きく取れば、サンプルサイズを大きくして、合格最低点における平均 TOEFL スコアの非連続な変化をより正確に推定できる一方で、本来推定したかった $\mathrm{E}(Y_i|S_i=\bar{S})$ や $\mathrm{E}(Y_i|S_i=\bar{S}-1)$ から外れてしまうというバイアスの問題が発生してしまう。これは、本書の中でもたびたび登場した、推定量の正確さと推定量のバイアスのトレードオフである。

推定量の正確さとバイアスのトレードオフを踏まえて、なるべく大きなサンプルを使って非連続点近傍の結果変数の平均値をバイアスを抑えながら推定することが目的となる。この目的を実現するためにしばしば用いられる手法は、政策介入を決める連続変数 S_i が閾値 $\bar{S}$ の近傍である（閾値との差が h よりも小さい）サンプルを用いて、次のような線形式を推定することである。

$$Y_i = \beta_0 + \beta_1 D_i + \beta_2 (S_i - \bar{S}) + \beta_3 D_i \times (S_i - \bar{S}) + u_{it} \qquad (9.25)$$

この式を、$\bar{S}-h \leq S_i \leq \bar{S}+h$ を満たすサンプルを用いて推定するのである。この推定式を図示すると、図 9-4 のような形となる。このモデルは、閾値か

ら S_i がずれると線形の関係に従って Y_i も変化していくことを許していることに特徴がある。この図が示すように，この推定を行った結果 β_1 は $\mathrm{E}(Y_i|S_i = \bar{S}) - \mathrm{E}(Y_i|S_i = \bar{S} - 1)$ を推定していることになる。ここで，h を大きくとれば，サンプルサイズが大きくなり推定量 $\hat{\beta}_1$ の標準誤差を小さくできる一方で，閾値 $\bar{S}$ の左右で $\mathrm{E}(Y_{0i}|S_i)$ ならびに $\mathrm{E}(Y_{1i}|S_i)$ が S_i に関して線形であるとの仮定が間違っていると，その特定化の誤りによって $\hat{\beta}_1$ にバイアスがかかってしまうかもしれない。このように，h の大きさの選択はやはりトレードオフを生むことになる。本章5節で説明した通りこの h のことを，バンド幅という。望ましいバンド幅の選び方については，理論計量経済学者の間で議論が行われている。閾値 $\bar{S}$ の左右で，$\mathrm{E}(Y_{0i}|S_i)$ ならびに $\mathrm{E}(Y_{1i}|S_i)$ が S_i に関して線形であるという仮定が正しければ，それぞれの条件付き期待値の関数の S_i に関する2階微分は閾値近傍で0になるはずである。そのため，2階微分の値が0に近ければバンド幅 h は広くとったほうがいいし，2階微分が0から大きくずれるときにはバンド幅を狭くとったほうがいい。もっともこの議論は，2018年時点では理論計量経済学者にとっても最先端の研究分野であり，応用経済学者の間で広く定着した決定的手法はまだないといえよう。そのため，いくつかの h のもとでの推定結果を示し，結果の頑健性を議論するという手順が一般的である。

ブラジルにおける電子投票制度に関する実証例

民主主義が政治体制として支持される1つの理由に，有権者の意思が政治家の選出を通じて政府の採る政策に影響を与えるという前提がある。この前提が成立しないとなると，有権者がどの政治家に投票したとしても政府の政策に影響を与えないということになり，民主主義が政治体制として望ましいとする前提が大きく揺らぐことになる。この前提が満たされているかどうかを検証するためには，有権者の範囲が拡大することが選挙結果を通じて政府の政策決定にどのような影響を与えたかを調べることが有効である。このような問題意識のもとで，Fujiwara (2015) はブラジルにおける電子投票制度の導入が政府の政策決定に与えた影響を調べている。識字率が高くない発展途上国においては，有権者が投票所に出向いて投票用紙に候補者の名前を書き，有効投票としてカウントされることは必ずしも容易なことではなく，しっかりと字が書けない有権者の投票はしばしば無効票となってしまう。ところが，1990年代を通じてブラジルに導入された，投票所に置かれた端末に立候補者

図 9-5 ● 電子投票制度の導入が有効票率に与えた影響

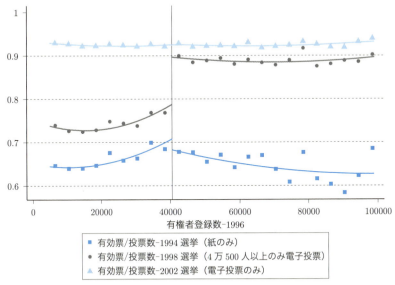

- 有効票/投票数-1994 選挙（紙のみ）
- 有効票/投票数-1998 選挙（4万500人以上のみ電子投票）
- 有効票/投票数-2002 選挙（電子投票のみ）

（出所）Fujiwara (2015), Figure 2, p.435.

に対応した数字を入力することで投票する電子投票は、無効な数字を入力した場合にはエラーが出たり、確認のために候補者の顔写真が画面に表示されるなど無効票が減るような工夫がなされたものであった。そのため、電子投票制度の導入は字の読み書きがままならない有権者の無効票を減らし、政府の政策決定に影響を与えた可能性があった。

議論の前提となる電子投票の導入が無効票を減らしたかどうかを調べるのは、容易なことではない。電子投票の導入時期のずれを利用して、電子投票が導入された投票所でされなかった投票所よりも無効票が少なかったかどうかを調べればよさそうにも見えるが、電子投票を導入した投票所はもとより豊かで有権者の識字率も高く無効票が少なかったという内生性があることも排除できないのである。そこで Fujiwara (2015) は、1998年の選挙においては有権者登録が4万500人以上の投票所でだけ電子投票が導入されたという非連続性を用いた実証分析を行った。このような推定を行った結果が、図9-5である。

この図を見ると、1998年の選挙において、有権者登録が4万500人以上の投票所では 10％ ポイント前後、有効票の比率が上がっていることを見て取

第 9 章　政策評価モデル　　449

ことができる。ただし，この非連続性を電子投票の導入によるものと考えるためには，有権者登録が4万500人より小さな投票所と4万500人以上の投票所の違いは電子投票の導入の有無だけであることを仮定する必要がある。この仮定の妥当性を直接検証することはできないものの，有権者登録数によらず紙のみで投票が行われた1994年，すべての投票所で電子投票が導入された2002年に関しては，有権者登録数4万500人前後での非連続性はそれぞれ観察されない。総合的に考えると1998年の非連続性は電子投票の導入によって生まれていると考えても差し支えなさそうである。

Fujiwara (2015) はさらに，電子投票の導入が識字率の低い，学歴の低い層が多い地域で有効票を増加させたことを示し，電子投票の導入による有効票の増加が，文字の読めない人々の政治力を強めたことを示している。加えて，このことが左翼政党の得票率を増やしたことで，貧困層に利益が大きい公的医療費の増加をもたらし，学歴が低い母親の産前受診を促進し，低体重出生の減少をもたらしたことを示している。この論文は，有権者の範囲を拡大することだけでなく，投票にあたっての障害を減らすことによって，政治力が弱い階層の政治力を増加させ，その階層の福祉を増大させることを示したといえる。

ファジーな回帰非連続デザイン

ここまで解説してきたシャープな回帰非連続デザインでは，資格試験の点数 S_i が合格最低点 $\bar{S}$ 以上であればその学生 i は語学研修に参加し，S_i が $\bar{S}-1$ 以下であれば語学研修に参加しない，という完全遵守の状況を仮定していた。しかし実際問題としては，S_i が $\bar{S}$ 以上でもさまざまな事情から語学研修に参加しない学生もいるだろうし，$\bar{S}-1$ 以下でも何らかの方法で参加する学生もいるだろう。このように，現実の問題として回帰非連続デザインを行うとすると，不完全遵守の問題に頻繁に直面することになる。この不完全遵守の問題に対応するのが，**ファジーな回帰非連続デザイン**（fuzzy regression discontinuity design; **Fuzzy RDD**）である。

ファジーな回帰非連続デザインは，不完全遵守の問題を操作変数法を用いることで解決する。語学研修の例では，資格試験の点数が合格最低点をギリギリで超えた学生の語学研修参加確率が60％であり，ギリギリで超えなかった学生の参加確率40％よりも20％ポイント高かったとしよう。一方で，資格試験の点数が合格最低点をギリギリで超えた学生のTOEFLスコアの平均点は80点で，ギリギリで超えられなかった学生の平均点75点よりも5点高かった

450 第II部 ミクロ編

としよう。この状況で，ある学生が語学研修に参加した場合にどれだけ点数が上がったかを知ろうとすれば，語学研修参加確率が0%から100%に上がる状況を考えればよいわけである。資格試験の点が合格最低点を超えることで語学研修参加確率が20%ポイント上がり，TOEFLスコアが5点上がったというわけだから，参加確率の上昇幅が20%ポイントから100%ポイントへと5倍になれば，TOEFLスコア上昇幅も5点の5倍である25点になると考えるのが自然だろう。このように，閾値における結果変数の非連続な変化を処置確率の変化の逆数を掛けて膨らまし，平均処置効果を推定しようとするのが，ファジーな回帰非連続デザインである。

操作変数推定法との対応で，ファジーな回帰非連続デザインを説明しよう。資格試験の点数 S_i が合格最低点 $\bar{S}_i$ か最低点を1点下回る $\bar{S}_i - 1$ であった者だけを分析対象とし，成績が合格最低点以上かどうかを操作変数とし，語学研修への参加 D_i を内生変数とする。また，TOEFLスコア Y_i を結果変数とする操作変数推定量は，母集団においては次の式と対応する。これは，(9.7) 式における操作変数推定量と同じものである。

$$\frac{\mathrm{E}(Y_i|S_i = \bar{S}) - \mathrm{E}(Y_i|S_i = \bar{S} - 1)}{\mathrm{E}(D_i|S_i = \bar{S}) - \mathrm{E}(D_i|S_i = \bar{S} - 1)} \tag{9.26}$$

この式が定義できるのは，

$$\mathrm{E}(D_i|S_i = \bar{S}) \neq \mathrm{E}(D_i|S_i = \bar{S} - 1) \tag{9.27}$$

が成り立つ，すなわち，資格試験の点数が合格最低点以上かどうかが語学研修参加確率に非連続な影響を与えるときである。これは操作変数法において，操作変数が内生変数と相関しているという仮定に対応する。

また，局所平均処置効果（LATE）の推定を議論したときのように，資格試験の点数が合格最低点以上であったがゆえに語学研修に参加する人々，つまり，

$$D_i = \begin{cases} 1 & (S_i = \bar{S}) \\ 0 & (S_i = \bar{S} - 1) \end{cases}$$

を満たす人々を遵守者と呼ぼう。また，逆のケースである，

第9章 政策評価モデル　451

$$D_i = \begin{cases} 0 & (S_i = \bar{S}) \\ 1 & (S_i = \bar{S} - 1) \end{cases}$$

という反抗者はいないという単調性(一様性)の仮定が満たされているとする。

このとき,シャープな回帰非連続デザインのときに用いた議論のステップと,局所平均処置効果のときに用いた議論のステップを組み合わせると,

$$\frac{\mathrm{E}(Y_i|S_i = \bar{S}) - \mathrm{E}(Y_i|S_i = \bar{S} - 1)}{\mathrm{E}(D_i|S_i = \bar{S}) - \mathrm{E}(D_i|S_i = \bar{S} - 1)} = \mathrm{E}(Y_{1i} - Y_{0i}|S_i = \bar{S}, \text{遵守者}) \quad (9.28)$$

という結果を得ることができる。つまり,ファジーな回帰非連続デザインを用いると,遵守者の閾値における平均処置効果を推定することになる。

ファジーな回帰非連続デザインを実行するためには,$\bar{S} - h \geq S_i \geq \bar{S} + h$ を満たすサンプルを用いて,

$$Y_i = \beta_0 + \beta_1 D_i + \beta_2 (S_i - \bar{S}) + \beta_3 D_i \times (S_i - \bar{S}) + u_{it} \quad (9.29)$$

を推定する。この際に D_i を内生変数として扱い,それに対応する操作変数として $S_i \geq \bar{S}$ を満たすときに1を取り,それ以外のときに0を取るダミー変数を用いて,操作変数法で上記の式を推定する。すると,β_1 は (9.28) 式に対応する。ここでバンド幅 h の選択が重要な役割を果たすことはシャープな回帰非連続デザインと同様で,いくつかのバンド幅を試し,結果が大きく変わることがないかを調べる必要がある。また,ランニング変数の確率密度関数が閾値付近で連続になっていることや,各人のバックグラウンド変数がランニング変数の閾値付近で連続になっているかなどを確認し,政策介入が起こる閾値付近でランニング変数の操作が起こっていないかを検討することも必要である。

高校卒業のシグナリング効果に関する実証例

教育水準が賃金と高い相関関係を持っていることは世界各国で観察される事実であるが,この相関関係を,経済学者は2つの異なる理論で説明しようとしてきた。1つはベッカー(G. S. Becker)やミンサー(J. Mincer)が主張した「人的資本理論」による説明である。彼らの理論は,学校教育によって労働者の生産性が上がり,その生産性の上昇が賃金上昇となって現れるという理論である。その一方で,スペンス(A. M. Spence)は,学校教育には労働者の生産性を上げる効果はないものの,雇用主が労働者の能力を直接観察できず,さらに教育を受けるためのコストが労働者の能力に依存するという想

452　第 II 部　ミクロ編

定のもとで，能力の高い労働者は自身の能力の高さを示す目的で教育を受けるという「シグナリング・モデル」を提唱した。教育年数の長さと所得の間の相関関係を人的資本理論で説明するか，シグナリング理論で説明するかは，教育に対する公的な補助のあり方を考えるうえで大切になる。もしもシグナリングの考え方が正しいとするならば，教育に対して公的な補助を施したとしても生産性は上がらないので，公的補助を与えることを正当化することは難しくなるが，仮に人的資本理論の考え方が正しいとするならば，ある一定の仮定のもとで公的補助を与えることを正当化しうることになる。たとえば，教育を受けることが本人のみならず他人の生産性をも上げるとすると，教育を受けることには正の外部性があることになるので，教育に対して公的な補助を与えることが望ましいことになる。

　教育年数と賃金の間の正の相関関係が，人的資本理論によるものか，シグナリング理論によるものかを区別することは重要であるにもかかわらず，実証的にその区別を明らかにすることはきわめて難しい。理想的には，能力がまったく同じ労働者をたくさん集めて，処置群には学位を与えて，対照群には与えないという実験を行うことができれば，人的資本（能力）は同じであるものの，学位の有無が異なるという状況が生み出されるため，純粋なシグナリング理論の検証ができるものの，実際にそのような実験を行うことが難しいためである。この労働経済学における長年の難問に1つの解答を与えたのが，Clark and Martorell (2014) である。

　彼らが着目したのは，アメリカ・テキサス州における高校卒業資格試験のデータである。テキサス州では，高校卒業資格を得るためには数学，読解，ライティングの3科目からなる試験に合格しなければならない。時代によって異なるものの，高校1年生の春あるいは高校2年生の秋に最初に試験を受け，その試験に落ちた場合には再度合格しなかった科目の試験を再試験日に受験しなければならない。高校3年生が終わった後でも再試験を受けることはできるが，多くの人々は高校3年が終わるまでに試験に通らない場合，高校卒業証書を得ないままに高校を去ることになる。そのため，最後のチャンスとなる再試験の成績が基準点を上回った場合には高校卒業証書を受け取る確率は高いが，基準点を少しでも下回るとその確率は大幅に低下することになる。

　図9-6の上の図は，高校在学中の最後の卒業資格試験の成績分布である。ここでは合格点が0となるように基準化されているが，合格点の前後で得点

第9章　政策評価モデル　　453

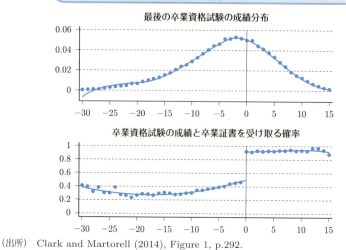

図 9-6 ● 高校卒業資格試験の成績分布と高校卒業資格試験の成績と卒業証書を受け取る確率

(出所) Clark and Martorell (2014), Figure 1, p.292.

は滑らかに分布している。このことから，最後のチャンスだからといって高校卒業資格試験の成績が操作されているということはなさそうだということが確認できる。下の図は，高校卒業資格試験の成績と高校の卒業証書を受け取る確率の関係を示したものである。これを見ると，高校卒業資格試験の成績が合格点に少しだけ満たない場合には，卒業証書を受け取る確率がおおよそ 0.5 であることがわかる。合格点に満たないにもかかわらず卒業証書を受け取る者がいるのは，高校卒業後にも資格試験を受けることができるためである。一方で，成績が合格点を少しでも上回ると卒業証書を受け取る確率が 0.9 にまで上がることがわかる。つまり，高校卒業資格試験の成績が合格点を上回るかどうかで，卒業証書を受け取る確率は 0.4 も異なっている。結果として，高校卒業資格試験の成績で測った人的資本がほぼ同じ人であるにもかかわらず，合格点をやや下回る人々は約半数しか卒業証書を持っておらず，合格点をやや上回る人々は 9 割の人々が卒業証書を持っているということになる。そのため，もしもシグナリング理論が正しいとするならば，卒業証書を持っている人は持っていない人よりも有意に所得が高いはずである。

Clark and Martorell (2014) は，最後のチャンスとなる卒業資格試験を受けた人々の 1 年後から 11 年後の所得を，失業保険の所得記録から得ている。失

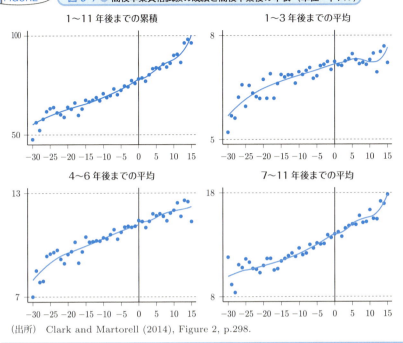

図 9-7 高校卒業資格試験の成績と高校卒業後の年収（単位：千ドル）

(出所) Clark and Martorell (2014), Figure 2, p.298.

業保険の保険料は所得に依存して決まるため，各個人の所得情報を州政府が記録しているのである。彼らは，この所得データを卒業資格試験の記録とマッチしたデータを作成し，卒業証書を受け取ることがその後の所得にどのような影響を与えたかを分析したのである。このように，マッチングして作成されたデータを用いて，横軸に卒業資格試験の成績（合格最低点が0になるように基準化されている），縦軸に年収を取り，卒業資格試験の成績ごとの平均年収をプロットしたグラフが図9-7である。左上のグラフが卒業1年後から11年後までのデータをすべてプールしたもの，他の3つのグラフはそれぞれ卒業からの何年経過したかによって分類したものである（卒業後1〜3年，4〜6年，7〜11年で分類）。どのグラフを見ても，高校卒業資格試験の成績が上がると平均年収が上がるという正の関係があることを確認できる。その一方で，合格最低点のところで平均所得が非連続に上昇することは観察されない。

合格最低点を超えることが平均年収に統計的に有意な影響を与えないことは，年収を卒業資格試験の成績が合格最低点を上回っているかどうかと卒業資

格試験の成績の関数に回帰させた,

$$Y_i = \beta_0 + \beta_1 Z_i + f(S_i) + u_i \tag{9.30}$$

という式を推定することによっても確認されている。ここで, Y_i は卒業資格試験受験 1 年後から 11 年後までの年収, Z_i は卒業資格試験の成績が合格最低点を上回ったときに 1 を取るダミー変数, S_i は卒業資格試験の成績である。f の関数形としては, 合格最低点を下回る部分と上回る部分で違う形を許す 1次式から 4 次式までが試されているが, いずれにせよ, β_1 の推定値は統計的に有意にはならなかった。これは, 合格最低点を超えた部分で高校卒業証書を受け取る確率が, おおよそ 0.5 上がっていたのと対照的である。すなわち, 合格最低点を超えることが高校卒業証書を受け取る確率を有意に上昇させている一方で, 所得を有意には上昇させていないということを総合すると, 高校卒業証書を受け取ること自体は平均所得に対して影響を与えないことが含意される。

　高校の卒業証書を受け取ることが所得に与える影響を推定するために, Clark and Martorell (2014) は,

$$Y_i = \gamma_0 + \gamma_1 D_i + g(S_i) + v_i \tag{9.31}$$

$$D_i = \delta_0 + \delta_1 Z_i + h(S_i) + e_i \tag{9.32}$$

というモデルを操作変数法によって推定することで, ファジーな回帰非連続デザイン・モデルの推定をしている。ここで, D_i は高校卒業証書を受け取ったか否かを示すダミー変数である。g や h に関しては 2 次関数を用いて推定を行っているが, γ_1 の推定値は統計的に有意ではなく, 高校卒業証書を受け取ることは所得に影響を与えないことが明らかになった。このことより著者らは, 高校卒業証書にはシグナリング機能はないと結論付けている。その解釈として, 雇用主が卒業証書の有無から推測できる労働者の生産性に関する情報を, 面接などその他の手段で得ることができるためであるとしている。

◀EXERCISE▶　● 練習問題

9-1 [確認]　夏休みの間に行われる語学研修プログラムへの参加者と非参加者に夏休み明けに英語の試験を受験させ, その点数を比較し, 語学研修プ

ログラムへの参加の効果であると結論づけることにはどのような問題があるか，説明しなさい。

9-2 [確認]　語学研修プログラムへの参加をランダムに割り振ることを目的とした実験が行われたとしよう。ランダム化比較実験がうまくいっているかどうかを検証するための標準的な方法を述べなさい。

9-3 [発展]　結果変数を Y_i，プログラムへの参加を示すダミー変数を D_i，各個人の属性を示す変数を $X_{1i}, X_{2i}, \cdots, X_{Ki}$ とする。このとき，Y_i を D_i と $X_{1i}, X_{2i}, \cdots, X_{Ki}$ に線形回帰をして推定したプログラムの効果と，傾向スコア・マッチングを用いて推定したプログラムの効果がかなり異なっていることに気づいたとしよう。どのような原因で推定結果のずれが生じたと考えられるか，列挙しなさい。そのうえで，それぞれの可能性を検証するために行うべき作業を具体的に説明しなさい。

9-4 [発展]　関連性，除外制約，独立性を満たすものの単調性を満たさない操作変数があるとする。このとき，操作変数推定量の推定対象はどのようなものになるか，またその表現は解釈可能なものか，議論しなさい。

9-5 [実証]　「国際成人力調査（PIAAC：ピアック）」の日本のミクロデータには過去 12 カ月間に訓練や教育に参加したかどうかを示すダミー変数が含まれている。これらへの参加が賃金あるいは所得に与えた影響を，線形回帰と傾向スコア・マッチングの双方で推定しなさい。推定結果にはどのようなバイアスが生じていると考えられるか，議論しなさい。

第 9 章　政策評価モデル　　457

第 **Ⅲ** 部

マクロ編

時系列データの分析手法

第10章 系列相関と時系列モデル

アルバン・ウィリアム・フィリップス（1914-1975）は、フィリップス曲線の発見で知られるマクロ経済学者である。写真はマクロ経済政策の効果を検証できるフィリップス・マシンを操作するフィリップス。

（写真：Flickr）

CHAPTER 1

KEYWORD

FIGURE

TABLE

COLUMN

EXAMPLE

EMPIRICAL

EXERCISE

本章では、回帰分析の誤差項に系列相関がある場合に生じる問題を解決する方法を学ぶ。まず、時系列データの特徴を代表的なマクロ経済変数の時系列プロットを用いて確認する。次に、回帰分析の誤差項の系列相関を判断するための検定方法を紹介する。さらに、誤差項の系列相関に対して頑健性を持つ HAC 標準誤差を導入する。また基本的な時系列モデルである自己回帰（AR）モデルとそのラグの選択手法を解説する。さらに、外生変数を含んだ自己回帰分布ラグ（ADL）モデル、分散変動の時系列モデルである ARCH モデルなどについても簡単に紹介する。

INTRODUCTION

マクロ経済データの分析

1-1　マクロ時系列データとその変換

　マクロ経済活動の規模は時間を通じて変化するが，その要因を解明することはマクロ経済学の重要な課題の1つである。そのような分析では，関心のあるマクロ経済変数を一定の時間間隔で連続的に記録した時系列データが役立つだろう。第III部では，時系列データを用いる計量分析の諸問題を取り上げる。クロスセクションデータの分析と区別するため，変数の添え字は t に限定し，Y_t や X_t のように表記する。また原則としてサンプルサイズは T で表し，データの観測期間は $t = 1$ から $t = T$ までとする。

原系列

マクロ経済の時系列データを分析するにあたり，まず横軸に時間 t を，縦軸に変数 Y_t や X_t などの値を示した時系列プロットを眺めて，データの特徴を十分に吟味しなければならない。必要があれば，この段階でデータを適切に変換する。たとえば，ある時点で不自然な不連続性があれば，何らかの修正が必要となる。統計的な処理や変換が行われる前段階の生のデータは原系列と呼ばれる。

　まず，一国のマクロ経済活動を表す代表的な変数である GDP（gross domestic product，国内総生産）を原系列から見てみよう。データは GDP 統計を作成している内閣府経済社会総合研究所（Economic and Social Research Institute; ESRI）のウェブサイトからダウンロードできる（本章以降で用いるデータの詳細については，章末補論 A〔522 ページ〕を参照）。1 年分の日本国内の総生産額は目的に合わせて，1 月から 12 月までを 1 年とする暦年を用いる場合と，4 月から翌年 3 月までを 1 年とする（会計）年度を用いる場合がある。図 10-1 では暦年で 1980 年から 2016 年までの名目 GDP の時系列プロットが示されている。図の縦軸の単位は 10 億円で，横軸の 1 目盛りは 1 年に対応している。このように 1 年ごとに 1 つの観測値があるデータは，年次データと呼ばれる。図からは，名目 GDP は 1980 年代中には増加しているものの，1990 年代以降はほぼ横ばいであることが確認できる。

第 10 章　系列相関と時系列モデル　　461

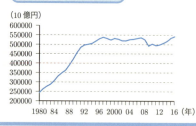
図 10-1 ● 名目 GDP

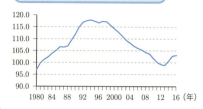
図 10-2 ● GDP デフレーター

名目系列と実質系列

　図 10-1 の名目 GDP からは，総生産の実額の動向を知ることができるが，物価の上昇や下落の影響が反映されていないため，年度間の実質的な経済活動規模の比較には不適切である。GDP の構成要素の価格変化を考慮した価格指数は GDP デフレーターと呼ばれる。価格指数は特定の財の価格ではないため，ある時点でちょうど 100 となるような基準化が必要となる。たとえば，図 10-2 には図 10-1 と同じ標本期間の GDP デフレーターが示されているが，2011 年が基準年であるため，その年で 100 となっている。図からは 1980 年代から 1990 年代前半まで上昇傾向にあった物価が，1990 年代後半から低下していく様子が確認できるだろう。

　一般的に，名目系列は次の関係式によって実質系列に変換することができる。

$$\text{実質変数}_t = 100 \times \frac{\text{名目変数}_t}{\text{価格指数}_t} \tag{10.1}$$

　このようなデータの変換は，価格指数による**実質化**と呼ばれる。(10.1) 式の変換では，基準年で名目系列と実質系列が一致するように 100 が掛けられている点に注意してほしい。名目 GDP と GDP デフレーターを (10.1) 式に代入して計算された実質 GDP を図 10-1 に加え，両系列を図 10-3 で比較しよう。名目値で見た 1980 年代の伸びは，物価上昇分が含まれており，実質値の伸びはより緩やかになっている。また，物価の低下分を差し引いた実質値で見ると，横ばいに見えた 1990 年代以降も成長が持続していたことが確認できる。実質 GDP は，物価変動の要因が取り除かれていることから，不変価格表示の GDP (GDP at constant prices) と呼ばれることもある。これに対して名目

図 10-3 ● 名目系列と実質系列

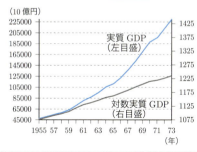
図 10-4 ● 原系列と対数系列

GDP は，現行価格表示の GDP（GDP at current prices）と呼ばれることもある。

対数系列とトレンドの除去　自然対数を用いて原系列 X_t を対数変換した $Y_t = \ln X_t$ は，**対数系列**と呼ばれる。多くのマクロ経済変数の原系列は時間とともに分散が大きくなる傾向があるが，対数変換することで分散の拡大を防ぐ効果がある。また，後に説明するように，対数系列は乖離率や変化率の計算や分解に非常に便利である。

図 10-4 には高度成長期（1955 年から 1973 年まで）の実質 GDP（左目盛）と対数変換して 100 を掛けた対数実質 GDP の系列（右目盛）が示されている。原系列が指数的に増加しているのに対して，対数系列の増加傾向が直線的であることがわかる。このように，時間とともに増加したり減少する傾向を持つ変数は，**トレンドのある変数**（trending variable）と呼ばれる。トレンドのある変数から時間とともに増加する（あるいは減少する）要因となる**トレンド成分**（trend component）を除いたものは，**循環（サイクル）成分**（cyclical component）と呼ばれる。別の見方をすれば，トレンドのある変数 X_t は常に次式のように分解することが可能である。

$$X_t = \text{トレンド成分}_t + \text{循環成分}_t \tag{10.2}$$

このように，トレンドのある変数をトレンド成分と循環成分に分解する作業を**トレンド・サイクル分解**（trend cycle decomposition）と呼ばれ，経済成長のような長期的なマクロ経済現象の分析ではトレンド成分，景気対策のよう

第 **10** 章　系列相関と時系列モデル　　463

な短期的な分析では循環成分に注目することが多い。つまり，長期の分析では (10.2) 式から $Y_t = X_t -$ 循環成分$_t$ のような変換，短期の分析では逆に $Y_t = X_t -$ トレンド成分$_t$ の変換が用いられる。とくに後者のようにトレンド成分を除去して循環成分を残す変換のことを**トレンド除去**，または**ディトレンド** (detrend) と呼ぶ。時系列分析の手法を用いたトレンド・サイクル分解は，次の第 11 章で詳しく説明するが，ここでは内閣府が公表している潜在 GDP を実質 GDP のトレンド成分と見なした場合のトレンド除去を考えよう。潜在 GDP とは，一国の生産要素を理想的に稼働させた場合の供給量を示す仮想的な数値であり，前述の GDP デフレーターで実質化されているものとする。この変換で抽出される循環成分，つまり 実質 GDP$_t$ − 潜在 GDP$_t$ は，GDP ギャップと呼ばれる。実証分析で使われる GDP ギャップは次式のように，実質 GDP と潜在 GDP の乖離の割合で表現されることが多い。

$$\text{GDP ギャップ}_t = 100 \times \frac{\text{実質 GDP}_t - \text{潜在 GDP}_t}{\text{潜在 GDP}_t} \tag{10.3}$$

図 10-5 には，このパーセント表示の GDP ギャップの 1980 年から 2016 年までの系列が示されている。対数変換した GDP を使えば，$100 \times [\ln(\text{実質 GDP}_t) - \ln(\text{潜在 GDP}_t)]$ によって (10.3) 式を代用することもできる。

これは第 2 章でも説明されているように $(a - b)/b$ が比較的小さいときは

$$\ln a - \ln b = \ln\left(\frac{a}{b}\right) = \ln\left(1 + \frac{a - b}{b}\right) \approx \frac{a - b}{b} \tag{10.4}$$

の近似が成立するからである。この近似には自然対数関数の $y = \ln x$ について，$x = 1$ のとき $y = 0$ であり，その点での接線の傾き（微分係数）が 1 である性質が使われている。このため，たとえば，x を 1 から 1.01 まで 0.01 だけ増やした場合，y は 0 から 0.01 へ増加したように考えることができる ($\ln(1 + 0.01) \approx 0.01$)。ここでは (10.4) 式の a が実質 GDP で，b が潜在 GDP と見なせばよい。このため，実質 GDP の潜在 GDP からの乖離率がそれほど大きくない場合には，どちらの GDP ギャップの定義を用いても両者の挙動はほぼ同じになる。本章以降では，(10.3) 式のような乖離率と (10.4) 式のような対数変換の差を用いた乖離率とを区別したい場合には，後者を特に**対数差乖離率**と呼ぶことにする。

階差系列と変化率

今期の実質 GDP を実質 GDP$_t$ として，前年の実質 GDP を実質 GDP$_{t-1}$ とした場合，そ

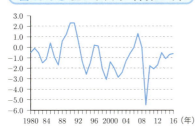

図 10-5 ● GDP ギャップ（年次データ）

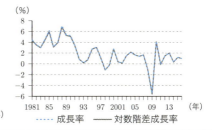

図 10-6 ● 実質 GDP 成長率

の差である実質 $\text{GDP}_t - $ 実質 GDP_{t-1} を計算すれば，生産量が過去1年間で増加したか，減少したかを判断することができる。ある時点から見て過去の時点のことを**ラグ**と呼び，Y_{t-1} や X_{t-2} のように変数の添え字が t よりも小さい変数を**ラグ付き変数**，あるいは単に**ラグ変数**と呼ぶ。実質 GDP の1年の変化分が実質 $\text{GDP}_t - $ 実質 GDP_{t-1} から計算されるように，ある変数 X_t とその1期ラグ付き変数 X_{t-1} の差，は**階差**と呼ばれ，$\Delta X_t = X_t - X_{t-1}$ と記述される。この階差をラグ付き変数 X_{t-1} で割り，100を掛けてパーセントの単位に変換した系列を，本章以降では変化率（rate of change）と呼ぶ。

$$\text{変化率}_t = 100 \times \frac{X_t - X_{t-1}}{X_{t-1}} \tag{10.5}$$

変化率には，変数の種類や分野の慣習に従って，前期比，伸び率，成長率，収益率などとさまざまな呼び方がある。図 10-6 には，(10.5) 式の変換を用いて計算された 1981 年以降の実質 GDP 成長率が示されている。GDP ギャップを対数系列から計算した場合と同様に，マクロ経済分析では対数変換した系列 $\ln X_t$ の階差系列に100を掛けた，$100 \times \Delta \ln X_t = 100 \times (\ln X_t - \ln X_{t-1})$ を変化率として用いることも多い。この近似式の導出は，(10.4) 式において，a に変数 X_t を，b にラグ付き変数 X_{t-1} を代入し，100 を掛ければよい。本章以降では，(10.5) 式との変化率の違いを強調したい場合には，対数階差のことを便宜上**対数階差変化率**と呼ぶことにする。ただし，(10.5) 式の変化率がそれほど大きくない場合には，対数階差による変化率を用いても，ほとんど差異が生じない。このことは，図 10-6 に加えた対数階差成長率と，もとの成長率がほとんど見分けがつかないことからも確認できる。また変化率や対数階差変化

率は，もとの系列の単位に依存しないという便利な性質を持っている。

ここで，図 10-4 の高度成長期の対数実質 GDP がほぼ直線のトレンドで近似できたことを思い出してほしい。実は，対数系列の毎期の増分がほぼ一定であることは，（対数階差）成長率がほぼ一定であることに対応していたのである。

図 10-2 で示されていた GDP デフレーターを (10.5) 式を用いて変換すれば，一般物価水準の変化率であるインフレ率 (inflation rate) が計算される。また，GDP デフレーターの対数系列からは対数階差インフレ率が計算できる。(10.5) 式の代わりに対数階差変化率を用いると，積や比率で定義された変数の変化率を簡単に分解できる利点がある。たとえば，実質変数は (10.1) 式のように名目変数と価格指数の比率として定義されていたことを思い出してほしい。ここで (10.1) 式を対数変換して，階差を計算すれば，次の分解式が得られる。

実質変数の対数階差変化率$_t$

$= $名目変数の対数階差変化率$_t$ $-$ 価格指数の対数階差変化率$_t$ (10.6)

(10.6) 式から，実質 GDP の対数階差成長率が名目 GDP の対数階差成長率と対数階差インフレ率の差としても計算可能である点が理解できる。一方，(10.5) 式を用いて実質 GDP の成長率を計算した場合には，このような単純な分解式は成立しない。

季節調整済み系列

先にも述べたように，GDP の計算を担当する内閣府経済社会総合研究所は，3 カ月分の集計値を四半期ごとに公表している。このような，四半期 (3 カ月) ごとに 1 つの観測値があるデータは四半期データと呼ばれる。第 1 四半期から第 4 四半期の値を集計すれば，1 年分の GDP になる。GDP は 3 カ月に 1 度よりも高い頻度で観測されることはない。ただし，GDP とは別の実質経済活動の指標である鉱工業生産指数は，経済産業省が毎月公表している。総務省統計局が作成する消費者物価指数や完全失業率も観測間隔は 1 カ月であり，これらのデータは月次データと呼ばれる。さらに，金利，株価や為替レートなどの金融データには毎日観測される日次データや，分単位や秒単位などのさらに高い頻度で観測される高頻度データも存在する。

観測頻度が 1 年に 1 度よりも多い場合の原系列は，季節的な変動を伴って

いることが一般的である。たとえば，どの年でも夏季にはエアコンのための電力使用量やアイスクリームの消費量が他の季節に比べて多いだろう。ところが，季節性のような規則的な変動の要因は，マクロ経済分析の対象外であることが多い。原系列からトレンド成分を除去したように，原系列から季節変動成分を取り除くことを季節調整と呼ぶ。季節調整後のデータは季節調整済み系列（略して季調済み系列）や季節調整値（略して季調値）と呼ばれる。内閣府では，四半期 GDP について原系列と，特定の季節調整法を採用して計算された季節調整済み系列の 2 つの系列を公表している。比較のために，図 10-7 では四半期 GDP の原系列と，内閣府の計算による季調値が示されている。

　四半期 GDP の季節性成分を除いた成長率の計算は，季調値を (10.5) 式に代入すればよい。ただし，季調済み四半期 GDP 系列の成長率については，次に述べる 2 つの点に注意してほしい。1 つめは，GDP 成長率として 1 年間の変化率である年率で表示することが多い点である。年率換算の準備として，まず (10.5) 式を $100 \times (X_t/X_{t-1} - 1)$ と書き換えることができる点を確認しよう。現在の四半期と同じ成長率が今後 4 期続くと考えた $100 \times [(X_t/X_{t-1})^4 - 1]$ が，年率換算された四半期 GDP 成長率となる。もちろん現在と同じ成長率が丸 1 年持続するとは限らないので，このような計算は「瞬間風速」とも表現される。年率換算された成長率である $100 \times [(X_t/X_{t-1})^4 - 1]$ の近似値として，単に四半期成長率を 4 倍する，つまり，(10.5) 式の 100 を 400 に置き換えた値を用いることもある。同様に，対数階差成長率を年率換算する場合には，$400 \times \Delta \ln X_t = 400 \times (\ln X_t - \ln X_{t-1})$ を用いればよい。消費者物価指数の月次データを用いたインフレ率や対数差インフレ率を年率表示に直す場合は，12 倍するために 1200 を掛けることが多い。

　2 つめの注意点は，内閣府が採用している季節調整法が必ずしも唯一の望ましい方法とは限らない点である。また一般的に新しい観測値の追加によって過去の季調値が変化してしまうという問題もある。ここでは観測値を追加しても季調値が変化しない簡単な季節調整法である移動平均と前年同期比を紹介しよう。まず，現在の値と過去 3 四半期分の値の平均を計算した 4 四半期移動平均による季調値である。

$$\text{移動平均}_t = \frac{X_t + X_{t-1} + X_{t-2} + X_{t-3}}{4} \tag{10.7}$$

ただし，$X_t, \ldots, X_{t-3}$ は季節調整前の原系列である。移動平均変換によっ

第 **10** 章　系列相関と時系列モデル　　467

図 10-7 ● 実質 GDP（公表季調値）

図 10-8 ● 季調済み GDP デフレーターのインフレ率

て，どの時点でもすべての季節の固有変動要因が反映されることになる。たとえば，夏季に相当する第3四半期は，どの四半期の移動平均の計算にも必ず1回含まれる。(10.7) 式には今期と過去のみの値を用いているという意味で，後方移動平均とも呼ばれる。この後方移動平均に対し，今期よりも先の値も加えた平均 $(X_{t+2} + 2X_{t+1} + 2X_t + 2X_{t-1} + X_{t-2})/8$ は X_t が平均の中心になっていることから中心化移動平均と呼ばれる。この中心移動平均の公式では，今期とその前後が2倍されて，8個分の値の和が8で割られていることに注意してほしい。これは単純に今期を中心とした5四半期分の和，$X_{t+2} + X_{t+1} + X_t + X_{t-1} + X_{t-2}$ を5で割っても，季節の固有変動要因が均等に反映されないからである。たとえば，第1四半期の季節調整値の計算では，両端に第3四半期の値が2回含まれてしまうことになる。この不均等な部分を調整するために，今期とその前後の値は2倍される。ちなみに，時点 t の中心化移動平均は，(10.7) 式による移動平均$_{t+2}$ と移動平均$_{t+1}$ の平均としても計算できる。

変化率に関しては，次に定義される前年同期比（前年比）も季節性に依存しない変換としてよく用いられる。

$$前年同期比_t = 100 \times \frac{X_t - X_{t-4}}{X_{t-4}} \tag{10.8}$$

ただし，X_t は季節調整前の原系列である。季調値の前期比と異なり，400を掛けなくても (10.8) 式は年率表示となっている。(10.8) 式の分子 $X_t - X_{t-4}$ は1年前の同じ四半期との差を示しており，**季節階差**（あるいは**季節差分**）と呼ばれる。対数系列の季節階差で定義される対数季節階差変化率（あるいは対数

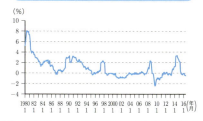

図 10-9 消費者物価指数の(対数季節階差)インフレ率

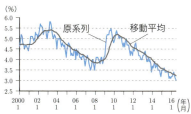

図 10-10 完全失業率（移動平均）

季節階差成長率）は $100 \times (\ln X_t - \ln X_{t-4})$ として同様に計算される。また対数季節階差変化率は，以下のような性質を持つ。

$$
\begin{aligned}
&100 \times (\ln X_t - \ln X_{t-4}) \\
&= \frac{(400 \times \Delta \ln X_t) + (400 \times \Delta \ln X_{t-1})}{4} \\
&\quad + \frac{(400 \times \Delta \ln X_{t-2}) + (400 \times \Delta \ln X_{t-3})}{4}
\end{aligned}
\tag{10.9}
$$

つまり，対数季節階差の変化率は対数階差変化率の（後方）移動平均と一致する。月次データの前年同月比は (10.8) 式の X_{t-4} を X_{t-12} に置き換えて同様に定義される（1200 を掛ける必要はない）。一方，対数季節階差変化率は $100 \times (\ln X_t - \ln X_{t-12})$ として計算される。

ここで，すでに紹介した四半期 GDP 以外の季節性を考慮した変換系列の例を挙げておこう。まず，図 10-8 には内閣府による季節調整済み GDP デフレーターを $400 \times (X_t - X_{t-1})/X_{t-1}$ に代入して年率換算されたインフレ率の四半期データが示されている。次に，図 10-9 では月次の消費者物価指数の原系列を対数変換し，季節階差に 100 を掛けた $100 \times (\ln X_t - \ln X_{t-12})$ から計算されたインフレ率が示されている（ただし，ここでは消費税の影響は除去されていない点に注意）。最後に，図 10-10 では月次の完全失業率の原系列と，その 12 カ月移動平均が示されている。これらの図から，すべての系列から季節性が除去されていることが確認できるだろう。

図 10-11 ● 実験系列

(a) 系列相関なし

(b) 正の系列相関

1-2 系列相関と景気循環

ラグ付き変数 Y_{t-1} を新しい変数と見なせば，もとの変数 Y_t との相関を考えることができる。このような同じ変数の今期と前期の間の相関を **系列相関** (serial correlation)，あるいは **自己相関** (autocorrelation) と呼ぶ。系列相関の符号を調べるために，今期の変数とラグ付き変数の共分散を導入しよう。

$$\gamma_1 = \mathrm{Cov}(Y_t, Y_{t-1}) = \mathrm{E}[(Y_t - \mu)(Y_{t-1} - \mu)] \tag{10.10}$$

ただし，μ は Y_t の平均で，Y_{t-1} の平均と一致しているとする。このように定義される共分散 γ_1 は **自己共分散** (autocovariance) と呼ばれる。(10.10) 式の符号が正であれば，Y_t には正の系列相関があり，その符号が負のときは負の系列相関があるという。正の系列相関があることは，前期が正であれば，今期も正である可能性が高く，前期が負であれば，今期も負である可能性が高いことを示唆している。

まず，サンプルサイズが $T = 150$ の仮想的な時系列データをコンピュータで発生させて，その動きを検討しよう。図 10-11(a) はまったく系列相関がないデータを発生させた場合の挙動を示し，図 10-11(b) は正の系列相関があるデータを発生させた場合の挙動を示している。両者とも平均は 0 であるが，系列相関のない場合は 0 から離れても，そこに留まらず，次期には 0 に戻る傾向が見られる。一方，系列相関がある場合には 0 に戻るまでには一定の時間が必要なことが観察できる。

図 10-11(b) のような正の系列相関は，多くのマクロ経済変数の時系列データの特徴として観測される。たとえば図 10-12 は，1980 年第 1 四半期から 2016 年第 4 四半期までの四半期の GDP ギャップを示している。図中の GDP

図 10-12 ● GDP ギャップ（四半期データ）

ギャップが正の値を取る期間は潜在 GDP を上回っているという意味で生産活動は活発であり，逆に負の値を取る時期には生産活動が停滞していると解釈できる。マクロ経済活動が活発となる期間と停滞する期間が交互に繰り返される「景気循環」の現象は，マクロ時系列データ上では正の系列相関として観察される。これは図 10-12 の GDP ギャップの挙動が，図 10-11(a) の系列相関のない仮想的な時系列データの挙動よりも，図 10-11(b) の正の系列相関がある仮想的な時系列データの挙動に近いことから理解できるだろう。

図 10-8 の GDP デフレーターのインフレ率，図 10-9 の消費者物価指数のインフレ率，図 10-10 の完全失業率の時系列プロットを見ると，どの変数も瞬時に 0 やその平均値に戻る傾向がないため，正の系列相関がある可能性が高い。同様の正の系列相関は，他のマクロ経済変数でも確認できる。

1-3 変数間の相関と回帰分析

複数のマクロ経済変数，たとえば X_t と Y_t の相互依存関係を調べるためには，自己共分散 (10.10) 式だけでなく，以下の通常の共分散を用いることが必要である。

$$\gamma_{XY} = \mathrm{Cov}(X_t, Y_t) = \mathrm{E}[(X_t - \mu_X)(Y_t - \mu_Y)] \quad (10.11)$$

ただし，μ_X は X_t の平均で μ_Y は Y_t の平均である。マクロ経済分析では，(10.10) 式の系列相関構造と (10.11) 式の相互相関構造を同時に考慮する必要がある。なお，この両者を包括的に取り扱う時系列分析の手法である VAR（ベクトル自己回帰）モデルは第 12 章で紹介するが，ここではまず同時点の相

関に着目しよう。

　前掲の図 10-8 や図 10-9 のインフレ率と図 10-10 の完全失業率には，ともに正の自己相関があるが，(10.11) 式から見た実質 GDP や GDP ギャップとの相互依存関係という観点では，前者は正，後者は負の相関があることが確認できる。たとえば，Y_t を GDP ギャップの年次系列として，X_t をインフレ率の年次系列とした場合には $\gamma_{XY} > 0$ である。一方，X_t を失業率の年次系列とした場合には $\gamma_{XY} < 0$ となる。インフレ率のように，生産量（ここでは GDP ギャップ）と正の相関がある変数は**正循環的**（procyclical）であるといい，失業率のように生産量と負の相関関係にある変数は**反循環的**（countercyclical）であるという。

　正循環的であるインフレ率を GDP ギャップに回帰すると，回帰係数が正となることが予想されるだろう。一方，インフレ率は正循環的であり，完全失業率は反循環的であるため，インフレ率を完全失業率に回帰すると回帰係数が負となることが予想されるだろう。実際に，図 10-8 の GDP デフレーターのインフレ率を図 10-12 の GDP ギャップに回帰してみよう。ここでは説明変数の内生性の可能性はとりあえず無視する（内生性を考慮した推計については，本章の最後で取り上げる）。標本期間は 1980 年第 2 四半期から 2016 年第 4 四半期までであり，この四半期データのサンプルサイズは 147 である。回帰分析の結果，次の関係式が得られた。

$$\widehat{\text{インフレ率}}_t = \underset{(0.173)}{0.604} + \underset{(0.093)}{0.415} \, \text{GDP ギャップ}_t \qquad (10.12)$$

$$\bar{R}^2 = 0.10, \quad T = 147$$

予想通り，傾きの最小 2 乗（OLS）推定値は正であり，有意であることが確認できた。ただし，カッコ内は自由度修正ホワイト標準誤差である。

　次に，図 10-9 の消費者物価指数の（対数季節階差）インフレ率を図 10-10 の（12 カ月移動平均）完全失業率に回帰する。標本期間は 1980 年 1 月から 2016 年 7 月までで，この月次データのサンプルサイズは 439 である（ただし図 10-10 では 2000 年以降の数値のみが表示されている）。回帰分析の結果は以下の通りである。

$$\widehat{インフレ率}_t = \underset{(0.258)}{5.199} - \underset{(0.061)}{1.199} 完全失業率_t \qquad (10.13)$$

$$\bar{R}^2 = 0.52, \quad T = 439$$

完全失業率の係数推計値は負であり，有意であることが確認できた。ただしカッコ内は自由度修正ホワイト標準誤差である。

インフレ率と GDP ギャップの正の相関関係を表す (10.12) 式やインフレ率と失業率の負の相関関係を表す (10.13) 式は，フィリップス曲線と呼ばれる。フィリップス曲線は，貨幣的な現象であるインフレ率と実質的な経済活動の指標である実質 GDP や失業率の相互依存関係を表しており，その傾きの大きさによって経済政策の有効性を評価できることがマクロ経済学では長年議論されてきた（フィリップス曲線の詳細については Column10-1 を参照）。

ただし，フィリップス曲線の傾きの推定値と，その標準誤差を使って政策効果を評価する場合には，回帰モデルの誤差項に系列相関がないことが前提となる。平均が 0 で系列相関がない確率変数はホワイトノイズ（white noise）と呼ばれる。つまり，(10.12) 式や (10.13) 式の誤差項は，図 10-11(a) に示された仮想的な時系列データのようなホワイトノイズの挙動を示していなければならない。ところが，これらの回帰式の残差の挙動を調べると，図 10-11(a) よりも図 10-11(b) の仮想的な時系列データの挙動に近く，正の系列相関があることが確認できる。実際に，マクロ経済変数の回帰分析では誤差項がホワイトノイズではないことが多い。また (10.13) 式については，被説明変数として対数季節階差インフレ率が使われていることに注意しよう。すでに見たように，この変数変換は対数階差インフレ率の 12 カ月移動平均に一致している。ここで，12 カ月移動平均の変数とそのラグ付き変数を比べると，11 カ月分の対数階差インフレ率が重複していることがわかるだろう。つまり，(10.13) 式で用いられている変数に，景気循環の性質とは別の理由で強い正の系列相関が生じている。このような場合にも，回帰モデルの誤差項がホワイトノイズにならない可能性は高くなる。

それでは，誤差項に系列相関がある回帰モデルは，系列相関がない場合と比較して，何が問題になるのだろうか。まず 1 つめの問題は，(10.12) 式や (10.13) 式のように，誤差項の系列相関がない仮定のもとで導出された標準誤差を用いると，誤った結論を導いてしまう可能性があることである。たとえ

第 **10** 章　系列相関と時系列モデル　　473

COLUMN 10-1 フィリップス曲線の推定と基本的な解釈

フィリップス曲線とは、貨幣的な現象を表す名目賃金や一般物価水準の変化率と実質的な経済活動を表す失業率や生産量を結ぶ関係式のことである。その名前のもとになったフィリップス（A. W. Phillips）はニュージーランドで生まれ、太平洋戦争に従軍したあと、イギリスで活躍した経済学者である。技術者でもあった彼は、まずイギリスのマクロ経済現象をパイプを流れる水量で表現する通称「フィリップス・マシン」と呼ばれる機械を考案した。この研究が注目されたことで、1951年イギリスの名門大学である LSE（ロンドン・スクール・オブ・エコノミクス）

A. W. フィリップス
写真：Flickr

で終身雇用権を獲得する。その後 1958 年に、次のような名目賃金と失業率の間の重要な関係式を学術雑誌『エコノミカ』（*Economica*）に発表した。

$$\ln Y_t = 0.984 - 1.394 \ln X_t$$

ここで、Y_t は名目賃金の変化率に定数 0.9 を足して調整した変数（1 単位は 1%、つまり 100 ベーシスポイント）であり、X_t は失業率である。失業率の低下に対する名目賃金変化率上昇のトレードオフを表現したこの関係式は、1861 年から 1913 年までのイギリスの年次データを用いて推計され、1957 年まで延長されたデータに対する説明力も高いことが示された。ただし係数の推定値は、フィリップスの試行錯誤と OLS 推定アプローチの組合せの産物であり、彼の論文では標準誤差は計算されず、統計的有意性の議論もなされていない。

その 2 年後にサミュエルソン（P. A. Samuelson）とソロー（R. M. Solow）は、左辺の名目賃金の変化率を一般物価水準の変化率に置き換え、その関係式を「フィリップス曲線」と呼んだ。さらに広義のフィリップス曲線ではインフレ率と GDP の正の相関関係を表現した関係式も含めるようになる。なお、広義のフィリップス曲線を回帰モデルとして推定する場合の説明変数には、GDP ではなく、(10.12) 式のように潜在 GDP との差である GDP ギャップが用いられることが多い。仮に潜在 GDP が時間を通じて不変であれば、どちらの説明変数を採用しても、定数項の値が変わるだけで、フィリップス曲線の傾きは同じになることに注意してほしい（つまり、GDP の係数＝GDP ギャップの係数）。

ミクロ経済学では、縦軸を価格、横軸を数量とした場合、均衡が右上がりの供給曲線と右下がりの需要曲線の交点で決定される。同様にマクロ経済学では、GDP 版のフィリップス曲線は、縦軸をインフレ率、横軸を GDP とする

右上がりの総供給曲線として解釈することができる。もう一方のマクロの右下がりの総需要曲線を上方シフトさせる政策は、総供給曲線上に均衡を右上に移動させるため、フィリップス曲線の傾き（GDP ギャップの係数）から政策効果の予測が可能となる。たとえば、図 10-13(a) では傾きが急であり、図 10-13(b) では傾きが緩やかな右上がりのフィリップス曲線が描かれている。仮に右下がりの総需要曲線を 2 つの図で同じだけ上方シフトさせるような経済政策をとった場合、図 10-13(b) で GDP を上昇させる効果は、図 10-13(a) の効果よりも大きいことがわかるだろう。つまりフィリップス曲線が安定している期間のデータを用いて、その傾きを推定すれば、政策効果を統計的に分析できるはずである。国際比較では総需要の変動がより大きな国ほど、図 10-13(a) のようにフィリップス曲線の傾きが大きい傾向にあるとする分析結果が報告されている。

ただし、フィリップス曲線を観測された変数の相関関係としてではなく、経済構造の一部を記述する総供給曲線として扱う場合には、説明変数である GDP ギャップは内生変数となり、傾きの推定値に内生性バイアスが生じてしまう。本章の分析例では、系列相関の解説が主題であるため、傾きが OLS 推定できる特殊な条件が暗黙に仮定されている。たとえば、①フィリップス曲線は固定されており、経済変動はすべて総需要曲線のシフトによって生じている、②インフレ率の測定誤差は GDP ギャップと無相関で、かつ GDP ギャップの測定誤差は無視できるほど小さい、などの仮定が成立していれば、説明変数は外生変数となり、内生性バイアスの問題は生じない。

FIGURE　図 10-13 ● フィリップス曲線

(a)　傾きが急なフィリップス曲線

インフレ率

総需要曲線

総供給曲線
＝フィリップス曲線

GDP

(b)　傾きが緩やかなフィリップス曲線

インフレ率

総需要曲線

総供給曲線
＝フィリップス曲線

GDP

ば，実際は有意でないものを有意と判断したり，有意なものを有意でないと判断する恐れがある．また，計算された 95% 信頼区間の真の信頼水準が，95% でなくなってしまう．2つめの問題は，OLS 推定量が最も効率的な推定量ではなくなってしまうことである．このため，誤差項に系列相関がある回帰モデルの場合，一般的には OLS 推定量と比べ，より効率的な推定量が存在する．そのような推定量が利用可能な場合には，同じデータを用いて，より正確なフィリップス曲線の傾きの情報を得ることができるだろう．次節以降，本章ではこれらの諸問題の解決方法を紹介する．

系列相関の検定

自己共分散と自己相関　　前節では，誤差項に系列相関があるにもかかわらず系列相関がない仮定を前提とした回帰分析を行うと，誤った結論を導いてしまう可能性を指摘した．本節では「回帰モデルの誤差項に系列相関がない」という帰無仮説を検定する方法を説明する．もし系列相関がないという仮説が棄却できなければ，通常の回帰分析の結果を信頼してもよいだろう．逆に系列相関がないという仮説が棄却される場合には，系列相関があると判断されるため，通常の分析結果をそのまま採用せず，別の方法を試すことが必要となる．後者の場合の対処方法については，次節以降で検討する．

本節以降では，系列相関があるかもしれない回帰モデルの誤差項を u_t と表記することにしよう．系列相関の検定方法を説明するに際し，本当に知りたいことは直接観測することのできない誤差項 u_t の系列相関であるが，理解を助けるため，まず観測される変数 Y_t の系列相関の場合から議論を始めよう．

系列相関を厳密に定義するための準備として，**定常性** (stationarity) という概念を導入しよう．定常性とは，平均，分散，自己共分散が時間を通じて不変である仮定である．この仮定は，ある t 時点における時系列変数 Y_t の平均 μ が，サンプルサイズ T が十分大きい場合に，時間方向の長期の標本平均 $\bar{Y} = (1/T)\sum_{t=1}^{T} Y_t$ で近似できるための条件と密接な関係がある．もう少し詳しく説明すると，本書では「共分散定常」や「弱定常」と呼ばれる定常性の定義を採用している．これとは別に「強定常」という定義もあり，その場合，平均や

分散が有限である必要はない。次に，(10.10) 式の自己共分散を一般化した概念として，j 次の自己共分散を導入する。ある変数 Y_t の時点 t を j 期分過去に戻した Y_{t-j} を j 次のラグ変数といい，2 つの変数間の共分散を j 次の自己共分散という。定常性の仮定が満たされていれば，Y_t と Y_{t-j} の平均はどのような t と j の組合せを取っても μ で一定である。このため非負の整数 j について，j 次の自己共分散は

$$\gamma_j = \mathrm{Cov}(Y_t, Y_{t-j}) = \mathrm{E}[(Y_t - \mu)(Y_{t-j} - \mu)] \tag{10.14}$$

で定義される。特に $j = 0$ の場合，自己共分散 γ_0 は分散 $\sigma_Y^2 = \mathrm{Var}(Y_t) = \mathrm{E}[(Y_t - \mu)^2]$ に一致する。また，先に説明した (10.10) 式は $j = 1$ の場合の 1 次の自己共分散に対応している。定常性の仮定のもとで自己共分散 γ_j は時間 t には依存せず，次数 j のみに依存するという性質を持つ。系列相関があることは少なくとも 1 つの正の次数 j について (10.14) 式が 0 でない状況であり，系列相関がないためにはすべて正の次数 j について (10.14) 式が 0 である必要がある。

通常の共分散を分散で標準化することで相関係数が定義されたように，自己共分散を分散で標準化することで j 次の自己相関係数

$$\rho_j = \frac{\gamma_j}{\gamma_0} \tag{10.15}$$

を定義することもできる。自己相関係数は，単に自己相関と呼ばれることが多いため，本書でも自己相関と記述する。定常性の仮定が満たされていれば，自己共分散 γ_j と分散 γ_0 は時点 t に依存しないため，自己相関 ρ_j も t に依存することはない。相関係数と同様に自己相関は絶対値で 0 以上 1 以下であり，0 次の自己相関は定義より 1 である。また系列相関がない状況を記述するときには，自己共分散が 0 であることを用いても，自己相関が 0 であることを用いてもかまわない。なぜならば (10.15) 式の分子である (10.14) 式が 0 であれば，(10.15) 式も常に 0 となるからである。先にも述べたように，系列相関がなく，かつ平均が 0 である確率変数はホワイトノイズと呼ばれ，この特性は誤差項の仮定としてよく採用される。ただし，ホワイトノイズの仮定は，必ずしも誤差項が独立であることを意味するものではない。これは，一般的に確率変数が無相関であっても，独立であるとは限らないことに対応している。系列相関の概念との違いを明確にする場合は，「系列独立」(serial independence)

第 **10** 章　系列相関と時系列モデル　477

図 10-14 ● GDP ギャップのコレログラム

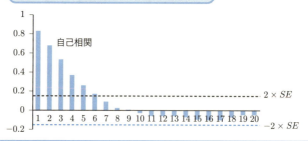

や「系列従属」(serial dependence) 等の用語を用いればよい。

次に，標本自己共分散と標本自己相関を導入する。サンプルサイズ T の標本 $\{Y_1, Y_2, \ldots, Y_T\}$ が観測可能な場合，母平均と母分散の標本版として標本平均は $\bar{Y} = (1/T) \sum_{t=1}^{T} Y_t$，標本分散は $\hat{\gamma}_0 = (1/T) \sum_{t=1}^{T} (Y_t - \bar{Y})^2$ と計算された。この考え方を用いて，j 次の標本自己共分散は

$$\hat{\gamma}_j = \frac{1}{T} \sum_{t=j+1}^{T} (Y_t - \bar{Y})(Y_{t-j} - \bar{Y}), \qquad (10.16)$$

j 次の標本自己相関は

$$\hat{\rho}_j = \frac{\hat{\gamma}_j}{\hat{\gamma}_0} = \frac{\sum_{t=j+1}^{T}(Y_t - \bar{Y})(Y_{t-j} - \bar{Y})}{\sum_{t=1}^{T}(Y_t - \bar{Y})^2} \qquad (10.17)$$

で計算することができる。

ある時系列データの系列相関の構造を知るためには，$j=1$ から順番に (10.17) 式を用いてそのデータの標本自己相関を計算していけばよい。多くの次数に関して計算された標本自己相関は，**コレログラム** (correlogram) を用いて図示すると便利である。コレログラムは横軸を次数 j として，縦軸に j 次の標本自己相関を示した図として定義され，自己相関プロットとも呼ばれる。図 10-14 は，1980 年第 1 四半期から 2016 年第 4 四半期までの四半期の GDP ギャップのコレログラムを示している。図からは，5 次以下の低次の標本自己相関についてはとくに大きく正であり，1 次の自己相関をピークに単調に減少していくことがわかる。これは正の系列相関がある典型的なマクロ経済変数のデータのコレログラムの例となっている。系列相関がないデータを用いた場合

には，サンプルサイズがある程度大きければ1次以上の標本自己相関はすべて0に非常に近い値となることが予想される。

系列相関の検定統計量 ここでは，記述統計量である標本自己相関に基づいて，「系列相関がない」という帰無仮説を検定する方法を紹介する。まず，特定の次数 j の真の自己相関 ρ_j が0であるかどうかを調べたいとしよう。ただし，その次数 j より小さいすべての次数に関して自己相関が0であることがすでにわかっているとする。このとき，帰無仮説 $\rho_j = 0$ のもとで，標準誤差を

$$SE(\hat{\rho}_j) = \sqrt{\frac{1}{T}} \tag{10.18}$$

として計算された $\hat{\rho}_j$ の t 統計量について，

$$\frac{\hat{\rho}_j}{SE(\hat{\rho}_j)} = \sqrt{T}\hat{\rho}_j \xrightarrow{d} N(0,1) \tag{10.19}$$

であることが知られている。たとえば有意水準5%の場合，t 統計量の絶対値 $|\hat{\rho}_j/SE(\hat{\rho}_j)|$ が標準正規分布の臨界値1.96を超えていれば，帰無仮説 $\rho_j = 0$ を棄却する。

ただし，系列相関がないためには，特定の次数だけでなく，すべての次数に関して自己相関が0であることが必要である。このため，他の次数も検討しなければならない。有限個の観測値からすべての次数の標本自己相関を計算することはできないため，分析者が選択した最大の次数 m までの標本自己相関について検定する。

最大の次数 m の決定には必ずしも明確な基準があるわけではないが，m が大きくなりすぎると $\hat{\rho}_j$ の計算に含まれる観測値の数が少なくなるため，目安としては $T/4$ を超えない値が選択されることが多い。たとえば四半期データの場合には，その条件を満たす4の倍数で最大の値を選んでもよいだろう。

まず，最初に $j=1$ として，1次の標本自己相関 $\hat{\rho}_1$ の t 統計量の値が絶対値で有意水準5%の臨界値1.96を超えていれば，帰無仮説 $\rho_1 = 0$ を棄却し，系列相関があると判断する。もし臨界値を下回り，棄却できなければ，次数 $j=2$ の標本自己相関について同様の検定を行う。この手続きを $j=m$ まで繰り返し，すべての検定で棄却できなければ，系列相関がないと判断する。この逐次検定を視覚化するためには，コレログラムに区間 $[-1.96 \times SE(\hat{\rho}_j),\ 1.96 \times SE(\hat{\rho}_j)] = [-1.96/\sqrt{T},\ 1.96/\sqrt{T}]$ の上限と下限の直線を含めるとよい。い

第10章 系列相関と時系列モデル 479

ずれかの次数 j において標本自己相関の値が区間の外側にあれば，系列相関があるとすぐに判断できる。GDP ギャップの例では $T = 147$ であるため，$[-1.96/\sqrt{147},\ 1.96/\sqrt{147}] = [-0.162, 0.162]$ として計算された区間が，図 10-14 に示されている。この例では $j = 6$ まで区間の外側にある。

　低次の標本自己相関の値の多くは区間外にあり，系列相関の存在が示唆される。一方，次数 $j - 1$ 以下で自己相関が 0 である仮説が棄却された場合でも，j 次の自己相関が 0 であることを検定することも可能である。そのような検定に用いる標準誤差は

$$
SE(\hat{\rho}_j) = \sqrt{\frac{1}{T}\left(1 + 2\sum_{s=1}^{j-1}\hat{\rho}_s^2\right)}
$$

で与えられる。

　以上が，逐次検定やコレログラムの区間によって系列相関の有無の判断する方法の概略である。ただし，標本自己相関の数があまり大きくなると多重検定の問題が生じてしまうため，逐次検定は好ましくない。これは第 5 章 7 節（175 ページ）で議論されたように，t 検定を複数回行うと設定された有意水準 5% よりも高い頻度で第 1 種の過誤が生じてしまう問題である。つまり実際には，系列相関がないにもかかわらず，どこかの次数で帰無仮説を棄却してしまう確率が，系列相関の検定の繰り返しの回数とともに増加してしまう。

　この問題を避けるには，複数の自己相関が 0 であるという結合帰無仮説 $H_0 : \rho_1 = \rho_2 = \cdots = \rho_m = 0$ を一度に検定すればよい。対立仮説は，「少なくとも 1 つの自己相関は 0 ではない」である。つまり 1 から m の範囲で $\rho_j \neq 0$ となる次数 j が存在する。以下のように定義されるボックス = ピアース (Box and Pierce, 1970) の Q 検定統計量は，帰無仮説 $\rho_1 = \rho_2 = \cdots = \rho_m = 0$ のもとで自由度 m の χ^2 分布に従う。

ボックス = ピアースの Q 検定統計量

$$
Q_{BP} = T\sum_{j=1}^{m}\hat{\rho}_j^2 \tag{10.20}
$$

　この Q 検定統計量を，以下では単に Q 統計量と呼ぶことにする。標本自己

相関が 0 から乖離すると Q 統計量は大きくなり，標本自己相関が 0 に近いと Q 統計量は 0 に近い値となる．たとえば，ホワイトノイズであれば，すべての自己相関は 0 であるため，Q 統計量も 0 に近くなる．Q 統計量が，χ^2 分布表の臨界値を超えれば，系列相関がないという帰無仮説を棄却し，系列相関があると判断すればよい．このボックス＝ピアースの Q 検定や，次に紹介するリュン＝ボックス修正 Q 検定は複数の自己相関の仮説をひとまとめにしてしまうことから，「かばん」検定や「風呂敷」検定と呼ばれることもある．

例題 10.1

帰無仮説のもとで，m 個の $\sqrt{T}\hat{\rho}_j$ が漸近的に独立な標準正規分布に従うことがわかっているとして，(10.20) 式の漸近分布が自由度 m の χ^2 分布となることを確認しなさい．

（解答例）

サンプルサイズ T に関する確率変数列を $Z_{jT} = \sqrt{T}\hat{\rho}_j$ として，(10.20) 式に示されている Z_{jT} の収束先の標準正規変数を Z_j とする．Q 統計量は $Q_{BP} = T\sum_{j=1}^{m}\hat{\rho}_j^2 = \sum_{j=1}^{m}(\sqrt{T}\hat{\rho}_j)^2 = \sum_{j=1}^{m}Z_{jT}^2$ と書けるため，確率変数列の和の分布収束先がそれぞれの収束先の確率変数の和であるスルツキーの定理の結果（巻末付録 A の A.6.4 項〔650 ページ〕を参照）を利用すれば，Q_{BP} の分布収束先は $\sum_{j=1}^{m}Z_j^2$ であることがわかる．独立な m 個の標準正規確率変数の 2 乗和は自由度 m の χ^2 分布に従う．♠

ボックス＝ピアースの Q 検定の手続きは，大標本理論に基づいている．ところが，サンプルサイズがそれほど大きくない場合には，Q 統計量の分布の近似の精度があまり高くないことがわかっている．サンプルサイズが小さい場合の代替的な方法として，リュン＝ボックス（Ljung and Box, 1978）の修正 Q 検定統計量が用いられることも多い．

リュン＝ボックスの修正Q検定統計量

$$Q_{LB} = T(T+2)\sum_{j=1}^{m}\frac{\hat{\rho}_j^2}{T-j} \qquad (10.21)$$

修正Q統計量についても，計算された統計値が自由度mのχ^2分布の臨界値を超えれば，系列相関がないという帰無仮説を棄却する。

実証例 10.1　GDPギャップの系列相関

図10.14では，GDPギャップの自己相関のコレログラムが示されていた。ここでは，リュン＝ボックスの修正Q検定を用いて，GDPギャップの系列相関が統計的に検出されるかどうかを調べてみよう。

GDPギャップの系列相関の検定

m	1	2	3	4	8	12	16	20
$\hat{\rho}_m$	0.83	0.68	0.54	0.38	0.03	-0.06	-0.10	-0.04
Q_{LB}	105.0	176.2	220.7	242.5	259.7	260.8	265.1	268.2
臨界値	3.84	5.99	7.81	9.49	15.51	21.03	26.30	31.41
P値	0.00	0.00	0.00	0.00	0.00	0.00	0.00	0.00

表に示されたQ_{LB}の値は臨界値を超えており，「系列相関がない」という帰無仮説は棄却されることがわかる。

実証例 10.2　ホワイトノイズの系列相関

次に，コンピュータ上で発生させた図10-11(a)のホワイトノイズ系列を用いて系列相関の検定を行うと，どのような結果になるかを見てみよう。図10-15には，この仮想データのコレログラムが示されている。以下の表には，リュン＝ボックス検定の結果が示されている。

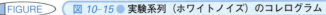
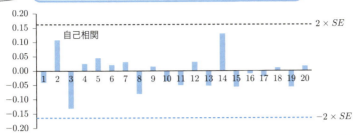

図 10-15 ● 実験系列（ホワイトノイズ）のコレログラム

仮想データの系列相関の検定

m	1	2	3	4	8	12	16	20
$\hat{\rho}_m$	−0.04	0.11	−0.13	0.03	−0.08	0.03	−0.01	0.02
Q_{LB}	0.2	2.1	4.8	4.9	6.5	7.3	11.2	11.9
臨界値	3.84	5.99	7.81	9.49	15.51	21.03	26.30	31.41
P 値	0.62	0.35	0.19	0.30	0.60	0.84	0.80	0.92

表に示された Q_{LB} の値が臨界値より小さいため，「系列相関がない」という帰無仮説は棄却されないことが確認できた。

回帰残差を用いた系列相関の検定

以上が観測される変数 Y_t の系列相関の検定の方法だが，直接観測することのできない誤差項 u_t の系列相関を調べたい場合にはどうすればよいだろうか。答えは単純で，回帰分析の残差 $\hat{u}_t$ を用いて Q 統計量や修正 Q 統計量を計算すればよい。

ただし，この手法を用いることができるのは，すべての時点の説明変数 $\{X_t\}_{t=1}^{T}$ を条件とした場合の誤差項 u_t の条件付き期待値が 0 であるという強外生性の条件が満たされる場合に限られる（強外生性を含む外生性の分類については第 6 章 5 節を参照）。強外生性が満たされない場合の一般的な回帰モデルの残差の系列相関の検定については，時系列分析のモデルを導入した後に説明する。

実証例 10.3　フィリップス曲線の誤差項の系列相関

本章 1-3 項でインフレ率と GDP ギャップの四半期データから推計したフィリップス曲線を再掲すると，

$$\widehat{INF_t} = \underset{(0.173)}{0.604} + \underset{(0.093)}{0.415}\, YGAP_t \qquad (10.22)$$

である。ただし，INF_t はインフレ率，$YGAP_t$ は GDP ギャップであり，カッコ内は自由度修正ホワイト標準誤差である。以下の表には，誤差項に系列相関があるかどうかを調べるための残差 $\hat{u}_t = INF_t - 0.604 - 0.415\, YGAP_t$ のリュン＝ボックス検定の結果が示されている。

残差の系列相関の検定

m	1	2	3	4	8	12	16	20
$\hat{\rho}_m$	0.211	0.218	0.197	0.198	0.088	0.169	0.117	0.097
Q_{LB}	6.68	13.88	19.78	25.72	42.09	59.60	68.11	82.17
臨界値	3.84	5.99	7.81	9.49	15.51	21.03	26.30	31.41
P 値	0.01	0.00	0.00	0.00	0.00	0.00	0.00	0.00

表に示された Q_{LB} の値は臨界値を超えており，「系列相関がない」という帰無仮説は棄却される。

なお過去の論文や教科書などを読むと，「ダービン＝ワトソン比」と呼ばれる統計量を用いて系列相関を検討している記述が見られるかもしれない。現在ではほとんど使われないため，本書では割愛するが，目安としてはダービン＝ワトソン比が 2 前後の値を取れば，残差の系列相関がないと判断される。

SECTION 3　系列相関がある場合の回帰係数の検定

HAC 標準誤差

回帰分析の残差を用いた系列相関の検定の結果，「系列相関がない」という帰無仮説が棄却された場合には，系列相関がないという想定のもとで導出された通常の不均一分散に頑健な標準誤差は適当ではない。本節では，系列相関がある場合に有効

な標準誤差を導出する。理解を助けるために，最も簡単な設定である説明変数のないモデルの平均値の標準誤差の導出から議論を始めよう。

説明変数が回帰モデルに含まれていない場合は，定数項のみが残り，

$$Y_t = \beta_0 + u_t$$

と書ける。ただし，u_t は平均 0，分散 σ^2 の誤差項である。両辺の期待値を取り，u_t の平均が 0 であることを考慮すると，

$$\mathrm{E}(Y_t) = \beta_0 + \mathrm{E}(u_t) = \beta_0$$

となることから，β_0 は Y_t の平均と一致する。いま，Y_t の平均を μ と書き直すと，

$$Y_t = \mu + u_t \tag{10.23}$$

と表すことができる。

真の平均値 μ の OLS 推定量は，Y_t の標本平均 $\bar{Y} = (1/T)\sum_{t=1}^{T} Y_t$ である。ここで，標本平均 $\bar{Y}$ の分散は，(10.23) 式の誤差項 u_t に系列相関があることによって，どのような影響を受けるであろうか。前章までのように u_t に系列相関がない場合には，標本平均の分散は

$$\mathrm{Var}(\bar{Y}) = \frac{\sigma^2}{T} \tag{10.24}$$

であった。一方，u_t に系列相関がある場合には，標本平均の分散は次のように計算される（導出の詳細については，章末補論 B〔524 ページ〕を参照）。

$$\mathrm{Var}(\bar{Y}) = \mathrm{Var}\left(\frac{1}{T}\sum_{t=1}^{T} Y_t\right) = \mathrm{Var}\left(\frac{1}{T}\sum_{t=1}^{T} u_t\right)$$
$$= \frac{1}{T}\left[\sigma^2 + 2\sum_{j=1}^{T-1}\left(1 - \frac{j}{T}\right)\gamma_j\right] \tag{10.25}$$

系列相関がある場合の標本平均の分散 (10.25) 式と，もとの標本平均の分散 (10.24) 式を比較すると，$2\sum_{j=1}^{T-1}(1 - j/T)\gamma_j$ の項が新たに加えられていることがわかる。ただし γ_j は u_t の j 次の自己共分散である。

ここで，新たに導入された分散の (10.25) 式を詳細に検討してみよう。まず，すべての j について $\gamma_j = 0$，つまり系列相関がなければ，(10.24) 式に

第 **10** 章　系列相関と時系列モデル　　485

一致することが簡単に確認できる。では，正の系列相関がある場合はどうなるだろうか。いますべての次数 j について $\gamma_j > 0$ であれば，追加された項，$2\sum_{j=1}^{T-1}(1 - j/T)\gamma_j$ は必ず正となり，新しい分散 (10.25) 式はこれまでの分散 (10.24) 式よりも大きくなる。つまり，$\bar{Y}$ の推定精度は系列相関がない場合よりも低くなることがわかる。次に，負の系列相関がある場合を考えよう。すべての次数 j について $\gamma_j < 0$ であれば，追加された項は必ず負となり，新しい分散 (10.25) 式はこれまでの分散 (10.24) 式よりも小さくなるだろう。この場合は，系列相関があることによって推定精度が逆に高くなっている。もちろん，次数 j に依存して自己共分散 γ_j の符号が変化する場合もあるため，(10.25) 式と (10.24) 式の大小関係は自明ではない。しかしながら，一般的に系列相関がある場合に両者が一致することは稀だろう。

この事実は，OLS 推定量の標準誤差について次の重要な点を示唆している。これまで用いてきた標準誤差は系列相関のない場合の標本平均の分散 (10.24) 式の平方根の推定量として導入されていた。つまり，系列相関がある場合には，正しい標本平均の分散である (10.25) 式の平方根の推定量とはなっていないのである。これが系列相関がある場合に，通常の標準誤差を用いて仮説を検定したり信頼区間を構築すると，誤った結論を導いてしまう理由である。

例題 10.2 ● ＞　　　　　　　　　　　　　　　　　　　◁ EXAMPLE

サンプルサイズが $T = 10$，$\sigma^2 = \gamma_0 = 1$ のデータが以下の系列相関の構造を持つとき，(10.25) 式を用いて，標本平均の分散を求めなさい。

(1) $\gamma_j = 0, \quad j = 1, 2, 3, \ldots$

(2) $\gamma_1 = 0.5, \ \gamma_j = 0, \quad j = 2, 3, \ldots$

(3) $\gamma_1 = -0.5, \ \gamma_j = 0, \quad j = 2, 3, \ldots$

(4) $\gamma_j = (0.5)^j, \quad j = 1, 2, 3, \ldots$

(5) $\gamma_j = (-0.5)^j, \quad j = 1, 2, 3, \ldots$

（解答例）

(1) 　0.1

(2) 　$(1/10)[1 + 2(0.9 \times 0.5)] = 0.19$

(3) $(1/10)[1 + 2(0.9 \times -0.5)] = 0.01$

(4) $(1/10)\{1 + 2[0.9 \times 0.5 + 0.8 \times (0.5)^2 + \cdots + 0.1 \times (0.5)^9]\} = 0.26$

(5) $(1/10)\{1 + 2[0.9 \times (-0.5) + 0.8 \times (-0.5)^2 + \cdots + 0.1 \times (-0.5)^9]\} = 0.04$

♠

それでは系列相関がある場合に不適切な標準誤差を用いる問題について，さらに詳しく考えてみることにしよう。

前述の正の系列相関の例では，分散 (10.24) 式が真の分散 (10.25) 式を過小評価していた点に注意してほしい。分散 (10.24) 式から標準誤差が計算された場合の t 統計量を用いた，Y_t の平均 μ に関する仮説検定を考えてみよう。本来の分母よりも小さい数で統計量が基準化されてしまうので，帰無仮説が正しい場合に，t 統計量は標準正規分布よりもばらつきが大きく，裾の厚い（重い）分布に従うことになる。この状況で，標準正規分布表から得られた臨界値を用いると，名目上の有意水準よりも高い頻度で第 1 種の過誤が生じてしまう。つまり，本来よりも仮説を棄却しやすくなる問題が発生することになる。また，この過小な標準誤差を用いて信頼区間を構築すると，正しい信頼区間よりも狭く計算される。このため，名目上の信頼度（たとえば 95%）よりも低い確率で真の値を含むような信頼区間が計算されてしまうことになる。一方，負の系列相関の例を使えば，逆に仮説検定の第 1 種の過誤の確率は有意水準よりも低くなり，広すぎる信頼区間が真の値を含む確率は名目上の信頼度よりも高くなることが，すぐに理解できるだろう。以上が，系列相関を無視して OLS 推定量の統計的推測を行った場合に生じる問題である。

系列相関がある場合の正しい分散 (10.25) 式の平方根の推定量である「HAC 標準誤差」の公式を導入する前に，(10.25) 式を用いて OLS 推定量（ここでは標本平均）の一致性も確認しておこう。復習となるが，平均 2 乗収束は確率収束を示唆する。つまり，$\bar{Y}$ がその平均 μ に確率収束することを証明するためには，サンプルサイズ T が大きくなるときに $\bar{Y}$ の分散が 0 に収束することを示せばよい（不偏推定量の場合，平均 2 乗誤差は分散に一致する）。系列相関がない場合，(10.24) 式の分母は T であるため，サンプルサイズ T に反比例して標本平均の分散は小さくなり，極限では 0 となることから，OLS 推定量 $\bar{Y}$ は μ の一致推定量であることがわかる。系列相関がある場合でも，もし正しい標本平均の分散 (10.25) 式の極限が 0 になれば，やはり OLS 推定量は μ に確率収

束する。

　ここで，正しい分散 (10.25) 式の極限を計算するために，まず和の要素である $(1-j/T)\,\gamma_j$ に注目する。次数 $j=1$ の場合を考えると，サンプルサイズ T が大きくなれば，$1-1/T$ は 1 に近づくので $(1-1/T)\,\gamma_1$ は γ_1 に収束する。同様にすべての固定された次数 j については，$(1-j/T)\,\gamma_j$ は γ_j に収束する。ここで同時に，次数 j の最大値 $T-1$ は無限大に発散するので，(10.25) 式の中で $[\sigma^2 + 2\sum_{j=1}^{T-1}(1-j/T)\,\gamma_j]$ の部分は $[\sigma^2 + 2\sum_{j=1}^{\infty}\gamma_j]$ に収束することが示された。この収束先は**長期分散** (long run variance) と呼ばれ，ここでは有限な非負の値を取るものとする。この長期分散を表す記号として ω^2 を導入しよう。(10.25) 式の構成要素の $[\sigma^2 + 2\sum_{j=1}^{T-1}(1-j/T)\,\gamma_j]$ が長期分散 ω^2 に収束し，残りの部分の $1/T$ は 0 に収束することから，分散 (10.25) 式の極限は 0 となることがわかった。これは，$\bar{Y}$ が μ に確率収束することを意味するため，OLS 推定量は一致性を持つ。

　(10.23) 式のモデルで未知の平均 μ の OLS 推定量が $\bar{Y}$ であることから，残差 $\hat{u}_t$ は $Y_t - \bar{Y}$ となる。誤差項 u_t に系列相関があってもなくても望ましい一致性が維持されるという点で，OLS 推定量は系列相関に対して頑健な推定量であるといえる。一方，標本平均の分散 (10.24) 式をもとに計算される標準誤差，

$$SE(\bar{Y}) = \sqrt{\frac{\hat{\sigma}^2}{T}} = \sqrt{\frac{1}{T}\left(\frac{1}{T}\sum_{t=1}^{T}\hat{u}_t^2\right)} = \sqrt{\frac{1}{T}\left[\frac{1}{T}\sum_{t=1}^{T}(Y_t - \bar{Y})^2\right]} \qquad (10.26)$$

は系列相関がある場合には用いることができないので，系列相関に対しては頑健でない。これから導入する HAC 標準誤差は，系列相関に対して頑健な標準誤差である。

　通常の標準誤差の公式 (10.26) では，(10.24) 式の未知のパラメーター σ^2 がその推定量である $\hat{\sigma}^2 = (1/T)\sum_{t=1}^{T}\hat{u}_t^2$ に置き換えられていることを考えれば，(10.25) 式で追加されている未知のパラメーター $\gamma_1, \gamma_2, \ldots, \gamma_{T-1}$ についてそれぞれの推定量で置き換えれば，望ましい標準誤差をつくることができそうである。自己共分散の推定量としては前節で導入した標本自己共分散を用いればよいだろう。ここで，$\hat{\gamma}_j$ は Y_t，あるいは $\hat{u}_t$ の j 次の標本自己共分散としよう。ここでは Y_t と $\hat{u}_t$ のどちらを標本共分散の計算に用いても，$\hat{u}_t$ の標本平均は常に 0 であることから，2 つは同値となることに注意しよう。そのよう

488　第III部　マクロ編

なアイデアに基づく標準誤差は

$$\sqrt{\frac{1}{T}\left[\hat{\sigma}^2 + 2\sum_{j=1}^{T-1}\left(1 - \frac{j}{T}\right)\hat{\gamma}_j\right]} \tag{10.27}$$

と表現できる。しかし，残念ながらこの方法ではうまくいかないことが知られている。その理由を以下で検討しよう。

この標準誤差の候補 (10.27) 式で用いられている標本自己共分散の次数は，0次から $T-1$ 次までの範囲を取る。ここで，標本自己共分散の最も大きな次数は $T-1$ となっている点に注意してほしい。次数 j の標本自己共分散の公式 (10.16) から，$\hat{\gamma}_j = (1/T)\sum_{t=j+1}^{T}\hat{u}_t\hat{u}_{t-j}$ となるが，$j = T-1$ を代入すれば，$\hat{\gamma}_{T-1} = (1/T)\hat{u}_T\hat{u}_1$ である。これでは，いくらサンプルサイズ T が大きくなっても，$\hat{u}_t\hat{u}_{t-j}$ の観測値は常に $\hat{u}_T\hat{u}_1$ のみで観測数は増加しないため，推定量 $\hat{\gamma}_{T-1}$ が γ_{T-1} に確率収束しない。同様に，$j = T-2$ を代入すると $\hat{\gamma}_{T-2} = (1/T)(\hat{u}_{T-1}\hat{u}_1 + \hat{u}_T\hat{u}_2)$ となり，$\hat{u}_t\hat{u}_{t-j}$ の観測数は常に2であり，$\hat{\gamma}_{T-2}$ が γ_{T-2} に確率収束しない。これらの結果から，$[\hat{\sigma}^2 + 2\sum_{j=1}^{T-1}(1-j/T)\hat{\gamma}_j]$ は長期分散 $\omega^2(= [\sigma^2 + 2\sum_{j=1}^{\infty}\gamma_j])$ の一致推定量でないことが確認できる。このため，(10.27) 式は系列相関に対して頑健な標準誤差ではない。

実は，この問題の解決はそれほど難しくはない。いま問題となっているのは，次数 j が $T-1$ や $T-2$ のように T に近い場合に，$\hat{\gamma}_j$ が γ_j に収束しない点であった。解決策として，標準誤差の候補 (10.27) 式のように0次から $T-1$ 次まで合計 T 個の標本自己共分散 (標本分散 $\hat{\sigma}^2$ を含む) を用いるのではなく，T よりも十分に小さい m 個の標本自己共分散を用いることを考えてみよう。次数の範囲を0次から $m-1$ 次に限定すれば，以下の標準誤差を考えることができる。

標本平均の HAC 標準誤差

$$SE_{\mathrm{HAC}}(\bar{Y}) = \sqrt{\frac{1}{T}\left[\hat{\sigma}^2 + 2\sum_{j=1}^{m-1}\left(1 - \frac{j}{m}\right)\hat{\gamma}_j\right]} \tag{10.28}$$

次数の範囲を限定した (10.28) 式は系列相関に対して頑健であり，**ニューウィー゠ウェスト** (Newey-West, 1987) **の標準誤差**，または **HAC 標準誤差**と呼ば

れる。ここで HAC (Heteroskedasticity and Autocorrelation Consistent) とは，不均一分散と系列相関があった場合にも一致性を持つことを指している。ただし，(10.28) 式は説明変数 X_t がない場合の回帰モデルの場合の標準誤差なので，X_t の条件付き不均一分散がある誤差項を考える必要はなく，系列相関に関する部分にのみに注目してほしい（なお，不均一分散に関する頑健性は，説明変数がある回帰モデルの HAC 標準誤差の導出後に議論する）。ここで，最大次数を $m-1$ 次に減らすことで正しい標準誤差が導出されるという結果に対して，不思議に感じる読者もいるだろう。以下では，$[\hat{\sigma}^2 + 2\sum_{j=1}^{m-1}(1-j/m)\hat{\gamma}_j]$ が長期分散 $\omega^2 (= [\sigma^2 + 2\sum_{j=1}^{\infty}\gamma_j])$ の一致推定量となっていることを直観的に説明しよう。

　最初の候補として検討した，標準誤差 (10.27) 式に含まれる最大次数の $T-1$ 次の標本自己共分散は，自己共分散の一致推定量でないことはすでに見た通りである。HAC 標準誤差 (10.28) 式の最大次数に対応した $m-1$ 次の標本自己共分散は $\hat{\gamma}_{m-1} = (1/T)\sum_{t=m}^{T}\hat{u}_t\hat{u}_{t-m+1}$ であり，その計算に用いられる $\hat{u}_t\hat{u}_{t-j}$ の観測数は $T-m+1$ である。ここで，m が T よりも十分に小さい数と考えていたことを思い出してほしい。これは，サンプルサイズ T が大きいときに，観測数 $T-m+1$ が T に比べて $m-1$ だけ少ない効果は無視できて，$\hat{\gamma}_{m-1}$ が観測数 T である $\hat{\sigma}^2 = (1/T)\sum_{t=1}^{T}\hat{u}_t^2$ と，漸近的には同じ推定精度を持つ状況を想定している。次数が $m-1$ よりも小さい場合には，観測数は $T-m+1$ よりも多くなり，やはり同じ推定精度が維持できる。つまり，(10.28) 式に含まれるすべての $\hat{\gamma}_j$ は γ_j の一致推定量である。さらに，$[\hat{\sigma}^2 + 2\sum_{j=1}^{m-1}(1-j/m)\hat{\gamma}_j]$ が長期分散 $\omega^2 (= [\sigma^2 + 2\sum_{j=1}^{\infty}\gamma_j])$ の一致推定量になるためには，$\hat{\gamma}_j$ が γ_j に収束する以外にも，m 個の標本自己共分散の数が増えて，$1-j/m$ が 1 に収束する必要がある。つまり，m は T よりも十分に小さいという条件を満たしつつ，ゆっくりと増加しなければならない。

　ここまでの結果をふまえると，HAC 標準誤差 (10.28) 式が系列相関に対して頑健となるためには m の扱いが重要だといえそうだ。実際に，実証分析で (10.28) 式の HAC 標準誤差を用いる場合には，m を適切に選ばなければならない。では，どのようにして m を選べばよいのだろうか。これも明確な基準があるわけではないが，たとえば，経験則として次のような m のルールがある。

490　第Ⅲ部　マクロ編

$$m = \text{int}\left[4\left(\frac{T}{100}\right)^{1/3}\right] \tag{10.29}$$

ただし，int[·] は [·] 内の小数点以下を切り下げた整数部分とする。たとえば $T=100$ の場合には $4\times(100/100)^{1/3}=4$ なので，$m=4$ とすればよい。このようにして選ばれた m は T よりも十分に小さく，かつゆっくりと増加するという条件を満たしている。このことは次のような議論から確認できる。漸近的に T よりも十分に小さいが，増加していることを数学的に表現するためには m/T の極限が 0 で，かつ m が発散すればよい。ルール (10.29) 式を T で割った比率は定数と $(1/T)^{2/3}$ の積となり，T が大きくなれば 0 に収束することがわかる。一方，ルール (10.29) 式に従えば，m が T とともに増加していくことは明白であろう。

例題 10.3 ● EXAMPLE

HAC 標準誤差のラグ次数の選択ルール (10.29) 式を用いて，$T=50$ と $T=1000$ の場合の m を求めよ。

（解答例）

$T=50$ のとき，$4\times(50/100)^{1/3}=3.17$ なので，$m=3$ である。$T=1000$ のとき，$4\times(1000/100)^{1/3}=8.62$ なので，$m=8$ である。♠

より厳密なラグ次数選択法については，章末の補論 C（525 ページ）を参照してほしい。

説明変数があるモデル　次に，以下の単回帰モデルにおいて，系列相関に対して頑健な HAC 標準誤差を導出しよう。

$$Y_t = \beta_0 + \beta_1 X_t + u_t \tag{10.30}$$

ただし，誤差項 u_t には系列相関があり，説明変数 X_t は $\mathrm{E}(u_t|X_t, X_{t-1}, \ldots)=0$ という意味で外生変数の仮定が満たされているとする。これは第 6 章 5 節で説明した外生性の分類では，先決性と呼ばれる種類の外生性である。真の傾き β_1 の OLS 推定量 $\hat{\beta}_1$ は，

$$\hat{\beta}_1 = \frac{\sum_{t=1}^{T}(X_t - \bar{X})(Y_t - \bar{Y})}{\sum_{t=1}^{T}(X_t - \bar{X})^2} = \frac{\sum_{t=1}^{T}(X_t - \bar{X})Y_t}{\sum_{t=1}^{T}(X_t - \bar{X})^2} = \beta_1 + \frac{\sum_{t=1}^{T}(X_t - \bar{X})u_t}{\sum_{t=1}^{T}(X_t - \bar{X})^2}$$

と書くことができるので，その分散の導出は

$$\frac{\sum_{t=1}^{T}(X_t - \bar{X})u_t}{\sum_{t=1}^{T}(X_t - \bar{X})^2} = \frac{(1/T)\sum_{t=1}^{T}(X_t - \bar{X})u_t}{\hat{\sigma}_x^2} \tag{10.31}$$

に注目すればよい。この式の右辺の分母に現れる $\hat{\sigma}_x^2 = (1/T)\sum_{t=1}^{T}(X_t - \bar{X})^2$ は X_t の標本分散なので，X_t の真の分散 σ_x^2 に確率収束する。一方，分子 $(1/T)\sum_{t=1}^{T}(X_t - \bar{X})u_t$ については X_t の標本平均 $\bar{X}$ が，X_t の真の平均 μ_x に確率収束することから，その性質は

$$\frac{1}{T}\sum_{t=1}^{T}(X_t - \mu_x)u_t$$

とほぼ同値である。ここで $v_t = (X_t - \mu_x)u_t$ として 1 つの確率変数であると見なせば，その平均値 $\bar{v} = (1/T)\sum_{t=1}^{T}v_t$ の分散は (10.25) 式の導出とまったく同じ計算から

$$\begin{aligned}
\mathrm{Var}(\bar{v}) &= \mathrm{Var}\left(\frac{1}{T}\sum_{t=1}^{T}v_t\right) \\
&= \frac{1}{T^2}\mathrm{Var}\left(v_1 + v_2 + \cdots + v_T\right) \\
&= \frac{1}{T}\left[\sigma^2 + 2\sum_{j=1}^{T-1}\left(1 - \frac{j}{T}\right)\gamma_j\right]
\end{aligned} \tag{10.32}$$

と書くことができる。説明変数がない場合の分散 (10.25) 式との唯一の違いは，σ^2 と γ_j が u_t ではなく $v_t = (X_t - \mu_x)u_t$ の分散と自己共分散として定義されていることである。説明変数がない場合の HAC 標準誤差である (10.28) 式において，$\hat{u}_t$ の代わりに $\hat{v}_t = (X_t - \bar{X})\hat{u}_t$ を用いて $\hat{\sigma}^2$ と $\hat{\gamma}_j$ を計算し，(10.31) 式の右辺の分母の存在も考慮すれば，傾きの推定量 $\hat{\beta}_1$ の HAC 標準誤差を導出することができる。

492　第Ⅲ部　マクロ編

単回帰分析の HAC 標準誤差

$$SE_{\mathrm{HAC}}(\hat{\beta}_1) = \frac{1}{\hat{\sigma}_x^2} \sqrt{\frac{1}{T}\left[\hat{\sigma}^2 + 2\sum_{j=1}^{m-1}\left(1 - \frac{j}{m}\right)\hat{\gamma}_j\right]} \qquad (10.33)$$

ただし，$\hat{\sigma}_x^2 = (1/T)\sum_{t=1}^{T}(X_t - \bar{X})^2$ は説明変数の標本分散，$\hat{\sigma}^2$ と $\hat{\gamma}_j$ は $\hat{v}_t$ の標本分散と標本自己共分散である．OLS 推定量の性質から，残差 $\hat{u}_t$ と同様に，$\hat{v}_t = (X_t - \bar{X})\hat{u}_t$ の平均も 0 となっていることに注意してほしい．次数の上限 m の選択については，ルール (10.29) 式を用いることができる．

ここで，HAC 標準誤差の名称の頭文字「H」部分は "Heteroskedasticity"，つまり不均一分散に対しても頑健であることを示していたことを思い出してほしい．仮に，誤差項の系列相関がないことが既知であるとしよう．その場合，自己共分散は $j > 0$ についてすべて 0 であることがわかっているので，$m = 1$ を (10.33) 式に代入すれば，$T^{-1/2}\hat{\sigma}_x^{-2}\hat{\sigma}$ となり，第 4 章で導入された不均一分散に頑健な標準誤差となる．つまり，(10.33) 式は X_t に関する条件付き不均一分散も許容する構造になっている．次の「A」部分は不均一分散に加えて "Autocorrelation"，つまり系列相関があってもよいことを示している．最後の「C」部分は "Consistent"，つまり一致性を持つことを示している．ただし，これまで確認してきたように，標準誤差は 0 に収束するので，標準誤差そのものが一致性を持つというよりも，(10.33) 式を $\sqrt{T}$ 倍したものが，OLS 推定量を標準化した $\sqrt{T}(\hat{\beta}_1 - \beta_1)$ の漸近分散（の平方根）の一致推定量になっている，と表現するほうが正確である．

以上の結果の導出には，(10.33) 式の $[\hat{\sigma}^2 + 2\sum_{j=1}^{m-1}(1 - j/m)\hat{\gamma}_j]$ が常に v_t の長期分散 $\omega^2 (= [\sigma^2 + 2\sum_{j=1}^{\infty}\gamma_j])$ の一致推定量になっていることが決定的に重要である．仮に誤差項に系列相関がない場合に，そうとは知らずに (10.33) 式を用いたとしても，サンプルサイズが十分に大きければ $j > 0$ について $\hat{\gamma}_j$ はすべて 0 に確率収束するので，問題は生じない．つまり，この場合は長期分散 ω^2 が分散 σ^2 に等しいので，$[\hat{\sigma}^2 + 2\sum_{j=1}^{m-1}(1 - j/m)\hat{\gamma}_j]$ は σ^2 の一致推定量になっている．逆に，系列相関があるにもかかわらず，系列相関がないと判断してしまえば，$\hat{\sigma}^2$ は長期分散 ω^2 の一致推定量にはならないことは明白である．つまり，系列相関がないと誤って判断する可能性を考えれば，常に

HAC 標準誤差を用いておくほうが無難であろう。

より一般的な重回帰モデルの HAC 標準誤差についても，本節の議論を拡張することで導出できる。説明変数の数を増やした重回帰モデルの HAC 標準誤差の導出の詳細については，巻末付録 B（674 ページ）を参照されたい。なお，本章や付録 B の時系列分析の HAC 標準誤差は，T が十分大きい場合の漸近理論に依拠している。ただし，K 個の説明変数がある場合の不均一分散に頑健な標準誤差で，$\sqrt{T/(T-K)}$ を掛けることで，小標本特性を改善した自由度修正ホワイト標準誤差と同様の調整を HAC 標準誤差に用いることも可能である。また，第 6 章のパネルデータ分析のクラスター構造に頑健な標準誤差として説明した「HAC 標準誤差」では，T が小さい場合が想定されている点で，本章の (10.33) 式とは性質が異なっている点には，注意が必要である。

実証例 10.4　フィリップス曲線の HAC 標準誤差

本章 1–3 項でインフレ率と GDP ギャップの四半期データから推計したフィリップス曲線の HAC 標準誤差を計算すると以下のようになった。

$$\widehat{INF_t} = \underset{\underset{[0.232]}{(0.173)}}{0.604} + \underset{\underset{[0.109]}{(0.093)}}{0.415}\, YGAP_t \qquad (10.34)$$

ただし，$(\cdot)$ 内は自由度修正ホワイト標準誤差で，$[\cdot]$ 内は HAC 標準誤差である。サンプルサイズは 147 であるため，HAC 標準誤差の計算に必要なラグ次数は選択ルール (10.29) 式を用いて $m = \mathrm{int}\left[4 \times (147/100)^{1/3}\right] = 4$ とした。

正の系列相関があるため，フィリップス曲線の傾きの HAC 標準誤差は 0.093 から増加し 0.109 となった。このため信頼水準 95% の信頼区間も $0.415 \pm 1.96 \times 0.093$ に基づく $[0.232, 0.600]$ から $0.415 \pm 1.96 \times 0.109$ による $[0.201, 0.629]$ へと若干幅が広がっている。

4 時系列分析の基礎

自己回帰モデル

時系列データの挙動を記述するための統計モデルを**時系列モデル**という。マクロ時系列データを用いた実証分析では、時系列モデルを用いて系列相関構造を明確にモデル化すると便利なことが多い。本節では、その中で最も基本的な時系列モデルである**自己回帰モデル**（autoregressive model; **AR モデル**）を紹介する。自己回帰モデルは Y_t や X_t のように観測可能な変数の系列相関構造の記述だけでなく、回帰モデルの誤差項 u_t のように直接観測することが不可能な変数にも用いることができる。まず本節では、直接観測可能な変数が自己回帰モデルで記述される場合を説明し、観測不可能な誤差項が自己回帰モデルで記述される場合については、次節で取り上げることにする。

自己回帰モデルでは、通常の回帰モデルの説明変数に被説明変数のラグ変数を用いる。単回帰モデルの説明変数 X_t を Y_{t-1} に置き換えた以下の式は、1次の自己回帰モデルと呼ばれ、AR(1) と表記される。

AR(1) モデル

$$Y_t = \beta_0 + \beta_1 Y_{t-1} + \varepsilon_t \tag{10.35}$$

ただし、誤差項 ε_t は系列相関がないホワイトノイズであり、$\mathrm{E}(\varepsilon_t) = 0$ かつ $\mathrm{E}(\varepsilon_t^2) = \sigma_\varepsilon^2$ である。(10.35) 式の表現を1期前で評価すれば、$Y_{t-1} = \beta_0 + \beta_1 Y_{t-2} + \varepsilon_{t-1}$ となり、さらに過去の時点での評価を逐次代入すれば、ラグ変数 Y_{t-1} は $\varepsilon_{t-1}, \varepsilon_{t-2}, \ldots$ の過去の誤差項の加重和となる。ここでホワイトノイズの性質を使えば、誤差項とラグ変数は $\mathrm{E}(Y_{t-1}\varepsilon_t) = 0$ の意味で直交していることがわかる。この自己回帰モデルの傾き β_1 は**自己回帰係数**と呼ばれ、β_1 の符号が正（負）であることは、Y_t に正（負）の系列相関があることに対応する。

自己回帰モデルの次数は、モデルに含まれるラグの最大次数を表している。たとえば、2次の自己回帰モデルは、説明変数が2個の重回帰モデルの説明変

数 X_{1t} と X_{2t} をそれぞれ Y_{t-1} と Y_{t-2} で置き換えた

$$Y_t = \beta_0 + \beta_1 Y_{t-1} + \beta_2 Y_{t-2} + \varepsilon_t \tag{10.36}$$

で定義され，AR(2) と表記される。一般的に p 個のラグ変数を説明変数とする p 次の自己回帰モデルは以下の式で定義され，AR(p) と表記される。

AR(p) モデル

$$Y_t = \beta_0 + \beta_1 Y_{t-1} + \beta_2 Y_{t-2} + \cdots + \beta_p Y_{t-p} + \varepsilon_t \tag{10.37}$$

ここで，AR(1) モデルの場合と同じ理由から，すべてのラグ変数 $Y_{t-1}, \ldots,$ Y_{t-p} は誤差項 ε_t と直交していることに注意しよう。

(10.35) 式，(10.36) 式，(10.37) 式のような自己回帰モデルは，通常の OLS で推定できる。たとえば，(10.35) 式の 1 次の自己回帰モデルの自己回帰係数の OLS 推定量は，次式で与えられる。

$$\hat{\beta}_1 = \frac{\sum_{t=2}^{T}(Y_{t-1} - \bar{Y}_{-1})(Y_t - \bar{Y}_0)}{\sum_{t=2}^{T}(Y_{t-1} - \bar{Y}_{-1})^2} \tag{10.38}$$

ただし，$\bar{Y}_{-1}$ は $t = 1$ から $t = T - 1$ までの Y_t から計算された標本平均，$\bar{Y}_0$ は $t = 2$ から $t = T$ までの Y_t から計算された標本平均である。注意することは，データの観測期間が $t = 1$ から $t = T$ までだとしても，$t = 1$ のときに (10.35) 式の説明変数 Y_{t-1} の値を利用することができない。このため，OLS 推定のサンプルサイズは T ではなく，$T-1$ に減少してしまう。サンプルサイズが T でないことが気になる場合には，観測期間の定義を $t = 0$ から $t = T$ とすればよい。同様に，AR(p) モデルでデータの観測期間を $t = -p + 1$ から $t = T$ までと定義すれば，OLS 推定のためのサンプルサイズは $T - p$ ではなく T となる。このような T の再定義は，単なる表記の問題であるが，推定された異なる次数の自己回帰モデルを比較する場合には便利である。この点については，次項でラグ次数の選択方法を紹介する際に詳細に説明する。

AR(1) モデルの自己回帰係数 β_1 は，定常性が成立すれば 1 次の自己相関 ρ_1 に一致している。このため，(10.38) 式を 1 次の自己相関 ρ_1 の推定量として用いることもできる。AR(1) モデルでは β_1 と ρ_1 が等しいことを確認して

496　第III部　マクロ編

みよう。まず定常性を成立させるために，$-1 < \beta_1 < 1$（あるいは $|\beta_1| < 1$）の係数制約を仮定しよう。(10.35) 式の両辺の期待値を計算し，$\mathrm{E}(\varepsilon_t) = 0$ を代入すると

$$\mathrm{E}(Y_t) = \beta_0 + \beta_1 \mathrm{E}(Y_{t-1}) \tag{10.39}$$

となる。定常性の条件から，平均，分散，自己共分散が時間を通じて一定でなければならない。平均については

$$\mathrm{E}(Y_t) = \mathrm{E}(Y_{t-1}) = \mu_Y$$

が成立しているため，(10.39) 式は

$$\mu_Y = \beta_0 + \beta_1 \mu_Y \tag{10.40}$$

となり，μ_Y について解けば，Y_t の平均 $\mu_Y = \beta_0/(1 - \beta_1)$ が得られる。次に (10.35) 式から (10.40) 式を引けば

$$Y_t - \mu_Y = \beta_1(Y_{t-1} - \mu_Y) + \varepsilon_t \tag{10.41}$$

となる。さらに両辺に $Y_{t-1} - \mu_Y$ を掛けて，期待値を計算すれば，

$$\mathrm{E}[(Y_t - \mu_Y)(Y_{t-1} - \mu_Y)] = \beta_1 \mathrm{E}[(Y_{t-1} - \mu_Y)^2] + \mathrm{E}[(Y_{t-1} - \mu_Y)\varepsilon_t]$$

となり，左辺は 1 次の自己共分散 γ_1 となる。さらに定常性の仮定から右辺第 1 項は $\beta_1 \mathrm{E}[(Y_{t-1} - \mu_Y)^2] = \beta_1 \mathrm{E}[(Y_t - \mu_Y)^2] = \beta_1 \gamma_0$ であり，ラグ変数と誤差項の直交条件と $\mathrm{E}(\varepsilon_t) = 0$ から右辺第 2 項は $\mathrm{E}[(Y_{t-1} - \mu_Y)\varepsilon_t] = \mathrm{E}(Y_{t-1}\varepsilon_t) - \mathrm{E}(\mu_Y \varepsilon_t) = \mathrm{E}(Y_{t-1}\varepsilon_t) - \mu_Y \mathrm{E}(\varepsilon_t) = 0$ である。最後に両辺を γ_0 で割ることで，$\beta_1 = \gamma_1/\gamma_0 = \rho_1$ が証明できた。分散 $\gamma_0 = \mathrm{Var}(Y_t)$ を計算する場合には (10.41) 式の両辺を 2 乗して，期待値を計算すれば $\gamma_0 = \mathrm{E}[(Y_t - \mu_Y)^2] = \mathrm{E}[(Y_{t-1} - \mu_Y)^2] = \sigma_\varepsilon^2/(1 - \beta_1^2)$ となる。ただし σ_ε^2 は ε_t の分散である。

もちろん，(10.17) 式に $j = 1$ を代入した 1 次の標本自己相関

$$\hat{\rho}_1 = \frac{\hat{\gamma}_1}{\hat{\gamma}_0} = \frac{\sum_{t=2}^{T}(Y_t - \bar{Y})(Y_{t-1} - \bar{Y})}{\sum_{t=1}^{T}(Y_t - \bar{Y})^2} \tag{10.42}$$

も 1 次の自己相関 ρ_1 の一致推定量である。(10.38) 式と (10.42) 式は異なっているが，サンプルサイズが十分に大きい場合には両者の違いは無視できるほど

小さくなる。

AR(p) モデルの係数も同様に OLS で推定できる。定常性の仮定が満たされている限り，通常の不均一分散に頑健な標準誤差を用いて，t 統計量や信頼区間の計算が可能であり，HAC 標準誤差を使う必要はない。ただし $p > 1$ の AR(p) モデルでは，(10.37) 式の β_1 と ρ_1 が通常は一致しないことに注意が必要である。

例題 10.4

AR(2) モデルの 1 次の自己相関を計算しなさい。

（解答例）

(10.39) 式の導出と同様に，(10.36) 式の両辺の期待値を計算し，定常性の条件を用いると

$$\mu_Y = \beta_0 + \beta_1 \mu_Y + \beta_2 \mu_Y \tag{10.43}$$

となり，$\mu_Y = \beta_0/(1-\beta_1-\beta_2)$ が得られる。次に (10.36) 式から (10.43) 式を引けば

$$Y_t - \mu_Y = \beta_1(Y_{t-1} - \mu_Y) + \beta_2(Y_{t-2} - \mu_Y) + \varepsilon_t \tag{10.44}$$

となる。さらに両辺に $Y_{t-1} - \mu_Y$ を掛けて，期待値を計算すれば，

$$\begin{aligned} \mathrm{E}[(Y_t - \mu_Y)(Y_{t-1} - \mu_Y)] &= \beta_1 \mathrm{E}[(Y_{t-1} - \mu_Y)^2] \\ &\quad + \beta_2 \mathrm{E}[(Y_{t-1} - \mu_Y)(Y_{t-2} - \mu_Y)] \\ &\quad + \mathrm{E}[(Y_{t-1} - \mu_Y)\varepsilon_t] \end{aligned}$$

となる。定常性の仮定から $\mathrm{E}[(Y_t - \mu_Y)(Y_{t-1} - \mu_Y)] = \mathrm{E}[(Y_{t-1} - \mu_Y)(Y_{t-2} - \mu_Y)] = \gamma_1$ となる。さらに $\mathrm{E}[(Y_t - \mu_Y)^2] = \gamma_0$ と $\mathrm{E}[(Y_{t-1} - \mu_Y)\varepsilon_t] = 0$ を代入すれば，$\gamma_1 = \beta_1 \gamma_0 + \beta_2 \gamma_1$ が導出できる。両辺を γ_0 で割ると，$\rho_1 = \beta_1 + \beta_2 \rho_1$ となり，ρ_1 について解くと，$\rho_1 = \beta_1/(1-\beta_2)$ が計算できた。♠

> **ラグ次数の選択：
> AIC と BIC**

AR(p) モデルを推定する場合，そのラグ次数 p はどのように選択すればよいだろうか。まず t 統計量を使い，推定されたモデルの中で，次数が最も大きい自己回帰係数が 0 である制約を逐次検定する方法が考えられる。最大値の候補として $p = m$ を設定し，AR(m) モデルの β_m の推定値が有意であれば，そのモデルを選択する。もし有意でなければ，AR($m-1$) モデルを推定し，β_{m-1} の推定値が有意であるかどうか確認する。この作業を繰り返すことで，最初に有意となる時点のラグ次数を選択すればよい。

　ここで，自己相関に似た概念である偏自己相関（partial autocorrelation）について簡単に触れておこう。AR(1) モデルの (10.35) 式を見ると，Y_t が Y_{t-1} から影響を受けていることが自明であり，AR(2) モデルの (10.36) 式からは Y_t が Y_{t-1} と Y_{t-2} から影響を受けていることが自明である。ところが，AR(1) モデルについては $Y_{t-1} = \beta_0 + \beta_1 Y_{t-2} + \varepsilon_{t-1}$ という関係も考慮すれば，Y_{t-2} についても Y_{t-1} を介して Y_t に影響を与えていることがわかる。もちろん，Y_{t-1} を通じた間接的な影響を排除すれば，Y_{t-2} と Y_t に関係はない。このように，間に挟まれた変数の間接的な影響を排除したうえで，Y_t と Y_{t-j} の間の直接的な相関を見るための指標が偏自己相関である。真のモデルが AR(p) である場合には，$p+1$ 次以上の偏自己相関は 0 になる。

　AR(1) モデルの自己回帰係数 β_1 の OLS 推定量が，1 次の自己相関 ρ_1 の一致推定量であることはすでに説明した。同様に，AR(p) モデル (10.37) 式の p 次の自己回帰係数 β_p の OLS 推定量は，p 次の偏自己相関の一致推定量であることが知られている。このため，AR(p) モデルの β_p の t 統計量を使った逐次検定は，偏自己相関を使った逐次検定であると考えてもよい。また，横軸を次数 j とし，縦軸を j 次の偏自己相関推定値とする偏自己相関コレログラム（あるいは偏自己相関プロット）を図示することもできる。

　ただし，逐次検定によるラグ次数選択法を用いた場合，ラグ次数の最大値の候補 m が大きいほど多重検定の問題が大きくなる。系列相関の逐次検定でも同様の問題が生じることを防ぐために，Q 検定が導入された。また選択されるラグ次数の結果は，設定する有意水準に依存してしまうという欠点もあるだろう。そこで，本節では別のラグ選択の手法として，情報量規準を用いた選択を解説する。ここでは，とくに代表的な 2 つの情報量規準を紹介しよう。

　まず，赤池情報量規準（AIC）は，以下のように定義される。

第 **10** 章　系列相関と時系列モデル　　499

AIC

$$\mathrm{AIC}(p) = \ln\left[\frac{RSS(p)}{T}\right] + (p+1)\frac{2}{T} \tag{10.45}$$

ここで，$RSS(p)$ は推定された AR(p) モデルの残差平方和である。すべての
ラグ次数の候補について推定された AR モデルから AIC を計算し，最小の
AIC に対応したラグ次数を選択すればよい。

同様に，ベイズ情報量規準（BIC）は，以下のように定義される。

BIC

$$\mathrm{BIC}(p) = \ln\left[\frac{RSS(p)}{T}\right] + (p+1)\frac{\ln T}{T} \tag{10.46}$$

AIC と同様に BIC を最小にすることでラグ次数を選択できる。ラグ次数が
大きくなると，説明変数の数が増えて，残差平方和は低下するため，AIC と
BIC で共通の第 1 項は低下する。一方，第 2 項の $(p+1)$ の部分はラグ次数が
大きいと増加するため，説明変数を増加させる誘引に歯止めをかける罰則項
の役割を果たす。AIC と BIC では，このような罰則項への重みが異なってい
る。$T > 7$ であれば $\ln T > 2$ であるため，通常は BIC の罰則項への重みのほ
うが AIC のものよりも大きい。また，$(p+1)$ の部分は推定されるパラメータ
の総数に対応しているため，AR モデルに定数項がない場合は $(p+1)$ を p に
置き換える必要がある。

実証分析で情報量規準を用いるときには以下の 4 点に注意するとよい。

(1)　情報量規準を用いてラグ次数を選択する場合，推定するすべての AR モ
デルのサンプルサイズが同じになるように調整する必要がある。通常は，最
大のラグが $p = m$ であれば，すべての候補の AR モデルについてデータの
観測期間が $t = -m+1$ から $t = T$ までとなるように再定義された共通
のサンプルサイズを用いて，情報量規準を比較する。たとえば，2001 年か
ら 2016 年までの年次データのサンプルサイズは $T = 16$ であるが，最大ラ
グが 3 の場合のラグ次数選択を考えよう。このとき，共通のサンプルサイ

ズは $T = 13$ と設定されて，AR(1) モデル，AR(2) モデル，AR(3) モデルの 3 つのモデルはすべて 2004 年から 2016 年までの標本期間で推定される。ここで，AR(3) モデルの推定に 2001 年の値は使われるが，AR(2) モデルと AR(1) モデルの推定には使われない。同様に 2002 年の値は AR(2) モデルと AR(3) モデルの推定に使われるが，AR(1) モデルの推定には使われないことになる。サンプルサイズが適切に再定義されていることを簡単に確認する方法として，すべての推計モデルで残差の数が同じになっているかを調べるとよいだろう。

(2) 情報量規準の比較では最大のラグ次数だけでなく最小のラグ次数を設定する必要がある。たとえば，$p = 1$ や $p = 0$ を最小のラグ次数に設定することができる。ただし，$p = 0$ だと系列相関が消滅してしまうため，$p = 1$ を最小値として用いることも多い。

(3) AIC と BIC でラグ選択の結果が異なる場合，どちらの結果を信用するべきだろうか。BIC はサンプルサイズが十分大きいときに正しいモデルを必ず選ぶという意味で好ましい。AIC にはこのような理論的な正当性がない代わりに，サンプルサイズがそれほど大きくない場合に短めのラグ次数を選ぶ定式化の誤り（過少定式化）を防ぐ性質を持っている。このため，サンプルサイズが十分に大きいときには BIC，比較的小さいときには AIC の結果を用いるとよいだろう。

(4) 本節で紹介した (10.45) 式や (10.46) 式は，計算や解釈が容易な簡便型である。より厳密な AIC や BIC の定義を用いた場合でも (10.45) 式や (10.46) 式を定数倍したり，定数分を加減した変換となり，ラグ選択の結果は変わらない（練習問題 10-6 を参照）。統計解析ソフトの設定に依存して，厳密な情報量規準ではなくさまざまな簡便型が表示されることがあるので，混乱しないようにしたい。

実証例 10.5　GDP ギャップの AR モデルのラグ選択

実証例として GDP ギャップ（$YGAP_t$）の AR モデルのラグ次数を選択してみよう。最大のラグ次数を $p = 4$ と設定し，平均が 0 なので定数項を含まない AIC と BIC を，以下の表のように計算した。

GDP ギャップの AR モデルのラグ選択					
p	0	1	2	3	4
AIC	1.045	−0.166*	−0.154	−0.147	−0.157
BIC	1.065	−0.125*	−0.092	−0.064	−0.054

(注) 最小の情報量規準には * 印を付けた。

　どちらの情報量規準を用いても $p = 1$ が選択される結果となった。ここで GDP ギャップは 1980 年第 1 四半期から 2016 年第 4 四半期まで利用可能であり，観測値の数は 148 である。ただし，情報量規準の比較のために AR モデルの推定に用いた標本期間は最大のラグ次数を用いた AR(4) モデルに合わせて，1981 年第 1 四半期から 2016 年第 4 四半期までであり，サンプルサイズはすべて $T = 144$ である。ここで AIC と BIC の計算に用いた残差平方和と罰則項について，少し詳しく調べてみよう。

　以下の表から，残差平方和がラグ次数の増加とともに単調に減少していることがわかる。

GDP ギャップの AR モデルの残差平方和と罰則項					
p	0	1	2	3	4
残差平方和（RSS(p)）	403.7	118.6	118.4	117.6	114.8
$\ln[\mathrm{RSS}(p)/T]$	1.031	−0.194	−0.195	−0.202	−0.227
AIC の罰則項	0.014	0.028	0.042	0.056	0.069
BIC の罰則項	0.035	0.069	0.104	0.138	0.173

(注) すべての AR モデルは 1981 年第 1 四半期から 2016 年第 4 四半期までの標本期間を用いて推定されている。

　$\ln[RSS(p)/T]$ は残差平方和の単調変換なので，やはり単調に減少する。一方，AIC と BIC の罰則項はラグ次数の増加とともに単調に増加している。それぞれの罰則項と $\ln[RSS(p)/T]$ の和が，情報量規準であり，両者をちょうどバランスさせるラグ次数が 1 であるといえよう。モデル選択後に 1980 年第 2 四半期から 2016 年第 4 四半期までの標本期間を用いて $T = 147$ として再推計された AR(1) モデルは以下のようになった。

$$\widehat{YGAP}_t = -0.147 + 0.834 \ YGAP_{t-1}, \quad \bar{R}^2 = 0.69, \quad T = 147$$
$$\underset{(0.086)}{} \quad \underset{(0.046)}{}$$

ただし，カッコ内は自由度修正ホワイト標準誤差である。この結果から，GDP ギャップには正の系列相関があることが再確認できるだろう。選択

されたAR(1)モデルの真の自己回帰係数は1次の系列相関に一致することを思い出せば，その推定値は0.834である。一方，実証例10.1の表で計算された1次の標本自己相関は0.83であり，ほとんど差がないことが理解できる。

分布ラグモデル

GLS 推定　本章1節で，誤差項に系列相関がある回帰モデルの場合，一般的にはOLS推定量と比べ，より効率的な推定量の存在を指摘したことを思い出してほしい。誤差項の系列相関構造がわかっている場合には，その情報を利用することで効率化ができるのである。本節では，直接観測されない変数である誤差項がAR(1)モデルで記述される場合の回帰モデルの推定方法を議論する。推定したいパラメータは単回帰モデル

$$Y_t = \beta_0 + \beta_1 X_t + u_t \quad (10.47)$$

の傾き β_1 であるとしよう。またモデルの誤差項は (10.35) 式の AR(1) モデルの Y_t を u_t に置き換えて，

$$u_t = \rho u_{t-1} + \varepsilon_t \quad (10.48)$$

で記述されるとする。(10.35) 式と同様に，(10.48) 式の誤差項 ε_t はホワイトノイズであり，分散は σ_ε^2 と表記する。ただし，(10.48) 式の定数項は0であり，回帰モデルの係数 β_1 と区別するために，(10.48) 式の自己回帰係数には ρ を用いている。自己回帰係数に $-1 < \rho < 1$ の係数制約を仮定すれば，(10.47) 式の誤差項の定常性は満たされる。一般的に，(10.35) 式の平均が $\beta_0/(1-\beta_1)$ であったことから，(10.48) 式に定数項がないことは (10.47) 式の誤差項 u_t の平均が0であることに対応している。また，(10.35) 式の分散が $\sigma_\varepsilon^2/(1-\beta_1^2)$ であったことから，(10.47) 式の誤差項 u_t の分散は $\sigma_\varepsilon^2/(1-\rho^2)$ であることもわかる。

ここで，誤差項に系列相関がある (10.47) 式に対して，ある変換を用いることで，誤差項の系列相関を取り除くことができることを示そう。今期と前期の変分 $Y_t - Y_{t-1}$ は階差と呼ばれ，ΔY_t と表記されることはすでに本章 1 節で説明した。この階差を少し変形した $Y_t - \rho Y_{t-1}$ は**準階差**（quasi-difference）と呼ばれる。仮に $\rho = 1$ の場合には，準階差は本来の階差に一致するという意味で，少しだけ一般化された階差の概念であるといえよう。(10.48) 式を使えば u_t の準階差は ε_t であることが簡単に確認できる。この性質を利用して (10.47) 式の両辺の準階差を計算すれば，

$$Y_t - \rho Y_{t-1} = (1 - \rho)\beta_0 + \beta_1(X_t - \rho X_{t-1}) + \varepsilon_t \tag{10.49}$$

となり，系列相関がない回帰モデルに変換できる。ただし，ρ は未知であるため，実際に準階差を計算する場合には ρ の代わりにその推定量 $\hat{\rho}$ を用いる。まず，系列相関を無視して (10.47) 式を OLS 推定し，その残差を用いて自己回帰モデル (10.48) 式を再び OLS 推定して $\hat{\rho}$ を計算すればよい。このように準階差の ρ を $\hat{\rho}$ に置き換えて，(10.49) 式の β_1 を OLS 推定した推定量を**コクラン゠オーカット推定量**と呼ぶ。ただしデータの観測期間が $t = 1$ から $t = T$ であったとしても，準階差は $t = 2$ から $t = T$ の範囲でしか計算できない。最初の時点 $t = 1$ の水準の情報を加えることで，β_1 の推定のサンプルサイズを T まで増やした効率的な推定量が，以下で定義される**プレイス゠ウィンステン推定量**である。

$$\hat{\beta}_{1,PW} = \frac{\sum_{t=1}^{T}(\tilde{X}_t - \bar{\tilde{X}})(\tilde{Y}_t - \bar{\tilde{Y}})}{\sum_{t=1}^{T}(\tilde{X}_t - \bar{\tilde{X}})^2}$$

ただし，$\tilde{X}_t$ は変数 X_t に関して，$t = 1$ のとき $\tilde{X}_t = \sqrt{1 - \hat{\rho}^2}X_t$，$t = 2$ から $t = T$ のとき $\tilde{X}_t = X_t - \hat{\rho}X_{t-1}$ で定義される変換であり，$\bar{\tilde{X}}$ はその標本平均である。$\tilde{Y}_t$ や $\bar{\tilde{Y}}$ についても同様に定義される。

ここで最初の観測値だけ $\sqrt{1 - \rho^2}$ の推定値である $\sqrt{1 - \hat{\rho}^2}$ が掛けられている理由は，(10.47) 式の誤差項の分散の大きさを，準階差変換した回帰モデルの誤差項の分散の大きさと揃えるためである。$t = 2$ から $t = T$ の観測値については，準階差変換された (10.49) 式の誤差項 ε_t の分散は σ_ε^2 であるが，準階差変換できない最初の観測値については，(10.47) 式の誤差項 u_t の分散が $\sigma_\varepsilon^2/(1 - \rho^2)$ となっている。ここで (10.47) 式の両辺に $\sqrt{1 - \rho^2}$ を掛けること

で，$\sqrt{1-\rho^2} \times u_t$ の分散がちょうど σ_ε^2 と一致するように調整されているのである。巻末付録 B.1.8（667 ページ）のガウス=マルコフの定理の条件である誤差項の均一分散と無相関の仮定が満たされることで，分散が最小となり，(10.47) 式を直接 OLS 推定するよりも効率的な推定量となっている。

　以上の理由から，プレイス=ウィンステン推定量は，系列相関があるときに，OLS 推定量よりも効率的な一般化最小 2 乗（GLS）推定量として解釈することができる。プレイス=ウィンステン推定量の計算に必要な準階差変換（および最初の観測値の変換）では ρ の代わりにその一致推定量 $\hat{\rho}$ を用いているため，巻末付録 B.2（676 ページ）の GLS 推定量の節で説明されている FGLS 推定量に対応している。プレイス=ウィンステン推定量は重回帰モデルでも用いることができるが，(10.48) 式の定式化に誤りがあると，準階差の変換によって系列相関を完全には取り除くことができないため，もとの OLS 推定量と同様の問題が生じる。

自己回帰分布ラグモデル

前項では，準階差によって系列相関を除去する方法を解説したが，次に分布ラグモデルを用いることでも，系列相関を除去できる場合があることを示す。まず (10.47) 式では，Y_t が今期の X_t だけに依存している。これを過去の X_t にも影響を受けるように (10.47) 式を拡張すれば，

$$Y_t = \mu + \delta_0 X_t + \delta_1 X_{t-1} + \delta_2 X_{t-2} + \cdots + u_t$$

$$= \mu + \sum_{j=0}^{\infty} \delta_j X_{t-j} + u_t \tag{10.50}$$

と書ける。このモデルは，**分布ラグ**（distributed lag; **DL**）**モデル**と呼ばれる時系列モデルである。分布ラグモデルの今期と過去の X_t の係数 δ_j は**動学乗数**と呼ばれる。とくに，係数 δ_0 は今期の X_t が今期の Y_t に与える影響を表し，$j > 0$ について係数 δ_j は j 期前の X_t が今期の Y_t に与える影響を表す。係数の総和 $\sum_{j=0}^{\infty} \delta_j$ は**長期動学乗数**と呼ばれ，X_t から Y_t への累積された効果を捉えることができる。

　もちろん，有限個の観測値から無限個の動学乗数パラメータ δ_j を推定することはできない。この問題は通常，分布ラグモデルの係数間の制約や一定のラグの長さ以上の係数に 0 制約を課すことで解決される。たとえば，パラメータの数を節約する簡単な方法として，以下の定式化を採用し，OLS で推

第 **10** 章　系列相関と時系列モデル　　505

定することが考えられる。

ADL モデル

$$Y_t = \beta_0 + \beta_1 Y_{t-1} + \beta_2 X_t + \varepsilon_t \tag{10.51}$$

ここで，(10.51) 式のモデルが分布ラグモデルの一種であることを確認しよう。これは (10.51) 式の表現を 1 期前で評価した $Y_{t-1} = \beta_0 + \beta_1 Y_{t-2} + \beta_2 X_{t-1} + \varepsilon_{t-1}$ を (10.51) 式に逐次代入すれば，(10.50) 式の表現に一致することで示すことができる。発散しない条件である $|\beta_1| < 1$ を仮定して計算すれば，$\delta_j = \beta_1^j \beta_2$，$\mu = \beta_0/(1 - \beta_1)$，$u_t = \sum_{j=0}^{\infty} \beta_1^j \varepsilon_{t-j}$ となる。つまり (10.50) 式の無限個のパラメータ間の制約が，(10.51) 式の 3 つのパラメータで簡潔に表現されている。(10.51) 式のような定式化は，自己回帰モデルのように被説明変数のラグが右辺に現れるため，**自己回帰分布ラグ**（autoregressive distributed lag; **ADL**）**モデル**と呼ばれる。

ここで，系列相関がある回帰モデルの (10.47) 式と (10.48) 式を再考しよう。準階差の変換後の (10.49) 式を整理すると

$$Y_t = (1 - \rho)\beta_0 + \rho Y_{t-1} + \beta_1 X_t - \rho \beta_1 X_{t-1} + \varepsilon_t \tag{10.52}$$

に書き直すことができる。(10.52) 式を 1 期前で評価した $Y_{t-1} = (1 - \rho)\beta_0 + \rho Y_{t-2} + \beta_1 X_{t-1} - \rho \beta_1 X_{t-2} + \varepsilon_{t-1}$ を (10.52) 式に逐次代入すれば，やはり (10.50) 式の表現に一致する。つまり，系列相関がある回帰モデルは，制約つきの分布ラグモデルとして表現できる。さらに，(10.52) 式は ADL モデルの一種としても解釈できるため，(10.51) 式に X_t の 1 次のラグを加えた

$$Y_t = \beta_0 + \beta_1 Y_{t-1} + \beta_2 X_t + \beta_3 X_{t-1} + \varepsilon_t \tag{10.53}$$

を OLS 推定することが可能で，コクラン゠オーカット推定量やプレイス゠ウィンステン推定量のような 2 段階推定の必要がない。とくに，今期の X_t の係数 β_2 は，もとの回帰モデルの (10.47) 式の係数 β_1 と 1 対 1 に対応しているため，変換をすることなく直接解釈することが可能である。

もちろん，(10.51) 式と (10.52) 式は定式化が異なるモデルである。ところが，(10.51) 式と (10.53) 式の比較から，X_{t-1} の項の影響が小さい場合には

観測される Y_t の挙動は似ていると考えられる。もし正しい定式化が (10.51) 式であるならば，(10.47) 式を推定した場合，必要な説明変数が省かれている理由から残差系列に系列相関が生じている可能性がある。この場合には，(10.47) 式に Y_{t-1} を説明変数として追加することで，系列相関は除去されるだろう。

回帰残差を用いた系列相関の検定：一般的な場合

本章 2 節の「回帰残差を用いた系列相関の検定」の項では，説明変数が強外生性の仮定を満たしている場合，回帰モデルの誤差項の系列相関の検定では残差を用いて計算された Q 統計量や修正 Q 統計量をそのまま使用できることを説明した。

一方，ラグ付き内生変数が説明変数に含まれる AR モデルや ADL モデルでは，強外生性の仮定が満たされていない。そのため，残差を用いた系列相関の検定は少し工夫が必要になる。

例題 10.5

(10.35) 式の AR(1) モデルでは，強外生性の仮定が満たされていないことを確認せよ。

（解答例）

定義から X_t が強外生であるためには，すべての t と s について $\mathrm{E}(X_t \varepsilon_s) = 0$ でなければならない。$X_t = Y_{t-1}$ と $s = t-1$ を代入して，(10.35) 式から $Y_{t-1} = \beta_0 + \beta_1 Y_{t-2} + \varepsilon_{t-1}$ であることを利用すれば，$\mathrm{E}(Y_{t-1}\varepsilon_{t-1}) = \mathrm{E}(\beta_0 + \beta_1 Y_{t-2} + \varepsilon_{t-1})\varepsilon_{t-1} = \beta_0 \mathrm{E}(\varepsilon_{t-1}) + \beta_1 \mathrm{E}(Y_{t-2}\varepsilon_{t-1}) + \mathrm{E}(\varepsilon_{t-1}^2) = \mathrm{E}(\varepsilon_t^2) = \sigma_\varepsilon^2 \neq 0$ となり，簡単な反例を示すことができた。このため，強外生性の仮定が満たされていないことがわかる。♠

強外生性の仮定が満たされない場合に，回帰分析の残差から計算された Q 統計量や修正 Q 統計量を直接適用できない理由を考察しよう。説明を簡単にするため，(10.35) 式から定数項 β_0 を除いた以下の AR(1) モデルを検討する。

$$Y_t = \beta_1 Y_{t-1} + \varepsilon_t \tag{10.54}$$

ここで，ε_t は平均 0 で分散 σ_ε^2 の i.i.d. 変数であると仮定しよう。もし，β_1 が既知の場合は，$\varepsilon_t = Y_t - \beta_1 Y_{t-1}$ を用いてデータを準階差変換すれば，ε_t を直接観測することができる。この ε_t を用いて，「1 次の系列相関がない」という帰無仮説を検定する場合には，ε_t の真の自己相関は $\rho_1 = 0$ であるので，標本自己相関 $\hat{\rho}_1$ の t 検定統計量 $\hat{\rho}_1 / SE(\hat{\rho}_1) = \sqrt{T}\hat{\rho}_1$ は，サンプルサイズ T が十分大きいとき，標準正規分布に従うことは先に確認した。このため，ε_t から計算された Q 統計量 $T\sum_{j=1}^{m}\hat{\rho}_j^2$ も，「1 次から m 次までの系列相関がない」という帰無仮説 $\rho_1 = \rho_2 = \cdots = \rho_m = 0$ のもとで，自由度 m の χ^2 分布に従う。

次に，β_1 が未知の場合は，(10.54) 式を OLS で推定し，その残差 $\hat{\varepsilon}_t = Y_t - \hat{\beta}_1 Y_{t-1}$ を用いて標本自己相関を計算する。誤差項 ε_t が直接観測できる場合と区別するために，残差を用いて計算した（1 次の）標本自己相関を $\tilde{\rho}_1$ と表記しよう。2 つの標本自己相関 $\hat{\rho}_1$ と $\tilde{\rho}_1$ の違いは，ε_t と $\hat{\varepsilon}_t$ の違い，つまり $\hat{\varepsilon}_t - \varepsilon_t = (\hat{\beta}_1 - \beta_1)Y_{t-1}$ から生じており，OLS 推定量の推定誤差 $\hat{\beta}_1 - \beta_1$ が関係していることがわかる。OLS 推定量 $\hat{\beta}_1$ は β_1 に $\sqrt{T}$ の速度で確率収束するので，推定誤差は $1/\sqrt{T}$ の速さで小さくなる確率変数で表されるが，標本自己相関の分布に影響する場合と影響しない場合がある。

強外生性が成立していれば，回帰係数の推定量 $\hat{\beta}_1$ の推定誤差は標本自己相関の t 統計量（つまり $\sqrt{T}\tilde{\rho}_1$）には影響を与えず，標準正規分布の臨界値を用いて，検定することができる。ところが，AR(1) モデルのように，強外生性の仮定が満たされない場合には，係数推定量の推定誤差は標本自己相関の分布に影響を与えてしまう。実際に (10.54) 式の例では

$$\sqrt{T}\hat{\rho}_1 \xrightarrow{d} N(0,1)$$

に対して，

$$\sqrt{T}\tilde{\rho}_1 \xrightarrow{d} N(0, \beta_1^2) \tag{10.55}$$

となり，異なる分布に従うことになる（この結果の導出については章末補論 D〔526 ページ〕を参照）。このため，標本自己相関 $\tilde{\rho}_1$ の t 統計量に標準正規分布の臨界値を用いることはできず，Q 統計量 $T\sum_{j=1}^{m}\tilde{\rho}_j^2$ に自由度 m の χ^2 分布

の臨界値を用いることもできない。

　以上が，ラグ付き内生変数が説明変数に含まれると，通常の Q 統計量を用いた系列相関の検定ができない，直観的な理由である。では，強外生性の仮定が満たされない場合，回帰モデルの誤差項の系列相関はどのようして検定すればよいのだろうか。ここでは，2 つの補完的な方法を解説する。

　1 つめは，統計量ではなく，臨界値を修正する方法である。ボックス＝ピアースは，ある種の近似を採用すれば，$\mathrm{AR}(p)$ モデルの誤差項の系列相関の検定においても，臨界値に用いる χ^2 分布の自由度を m から $m-p$ に変更して対応できることを指摘した。この方法では，内生性がない場合と同じ Q 統計量を用いるため，とくに追加的な計算を必要としない。ただし，ボックス＝ピアースの近似は，HAC 標準誤差 (10.28) 式に含まれる標本自己共分散の次数を決めた場合と同様に，m は T よりも十分に小さいが，T が大きくなると，ゆっくりと増加していくような状況を想定している。つまり，m が非常に小さい状況は想定外で，m が $\mathrm{AR}(p)$ モデルの次数を下回ると $(m < p)$，χ^2 分布の自由度 $m-p$ が負となり，臨界値が計算できない。なお，次に説明する 2 つめの方法は，次数 m が小さい場合でも利用可能である。

　2 つめは，回帰係数の推定誤差によって生じた歪みの部分を修正した検定統計量を用いる方法である。たとえば，(10.54) 式の例では，$\hat{\beta}_1$ が β_1 の一致推定量であることを利用して $SE(\tilde{\rho}_1) = \sqrt{1/T}$ の代わりに $SE(\tilde{\rho}_1) = \sqrt{\hat{\beta}_1^2/T}$ を用いれば，t 統計量 $\tilde{\rho}_1/SE(\tilde{\rho}_1) = \sqrt{T/\hat{\beta}_1^2}\,\hat{\rho}_1$ は帰無仮説のもとで標準正規分布に従うため，通常の臨界値を用いた系列相関の検定が可能になる。このような修正の考え方を帰無仮説 $\rho_1 = \rho_2 = \cdots = \rho_m = 0$ の「かばん」検定や「風呂敷」検定に拡張することも可能である。導出の詳細は省略するが，次のような補助回帰式を用いれば，帰無仮説のもとで自由度 m の χ^2 分布に従う検定統計量を簡単に計算することができる。一般的な重回帰モデル

$$Y_t = \beta_0 + \beta_1 X_{1t} + \cdots + \beta_k X_{kt} + u_t \tag{10.56}$$

を再考しよう。以下では，強外生性が満たされないが，u_t が i.i.d. であり，次の意味で先決性が成立していると想定する。

$$\mathrm{E}(u_t | u_{t-1}, u_{t-2}, \ldots, X_{1t}, X_{1,t-1}, \ldots X_{kt}, X_{k,t-1}, \ldots) = 0$$

たとえば，AR モデルや ADL モデルでもこの仮定は成立している。(10.56)

式を OLS 推定し，その残差を $\hat{u}_t = Y_t - \hat{\beta}_0 - \hat{\beta}_1 X_{1t} - \cdots - \hat{\beta}_k X_{kt}$ としよう。次に，補助回帰式

$$\hat{u}_t = \beta_0' + \beta_1' X_{1t} + \cdots + \beta_k' X_{kt} + \phi_1 \hat{u}_{t-1} + \cdots + \phi_m \hat{u}_{t-m} + \varepsilon_t$$

を推定し，結合仮説 $H_0 : \phi_1 = \phi_2 = \cdots = \phi_m = 0$ を検定する。ここでは均一分散が仮定されているため，第5章末の補論B（205ページ）で紹介した簡便な公式に従って，F 統計量

$$F = \frac{(RSS^R - RSS)/m}{RSS/T}$$

を計算することができる。ここで，RSS は制約のない補助回帰式の残差平方和であり，RSS^R は帰無仮説の制約を課した補助回帰式の残差平方和である。帰無仮説のもとで，F は漸近的に $F(m, \infty)$ 分布に従い，$m \times F$ は漸近的に自由度 m の χ^2 分布に従う。F 統計量の分母は $RSS/(T - m - k - 1)$ に置き換えてもよい。また補助回帰式の決定係数 R^2 を計算すれば，補助回帰式のサンプルサイズを掛けた $(T - m) \times R^2$ を漸近的に自由度 m の χ^2 分布に従う検定統計量として用いることもできる。補助回帰式の決定係数を用いる系列相関の検定は，**ブルイッシュ゠ゴッドフレイ検定**と呼ばれる。

実証例 10.6　ラグ付きインフレ率を含むフィリップス曲線の推定と誤差項の系列相関の検定　　EMPIRICAL

　系列相関の問題に対処するために，ADL モデルを用いてフィリップス曲線を推定してみよう。4期までのラグ付きインフレ率を説明変数に追加したフィリップス曲線の推定結果は

$$\widehat{INF_t} = \underset{(0.146)}{0.215} + \underset{(0.077)}{0.106}\, INF_{t-1} + \underset{(0.075)}{0.149}\, INF_{t-2} + \underset{(0.092)}{0.174}\, INF_{t-3}$$

$$+ \underset{(0.074)}{0.144}\, INF_{t-4} + \underset{(0.092)}{0.224}\, YGAP_t \tag{10.57}$$

$$\bar{R}^2 = 0.27, \quad T = 143$$

となった。ただしカッコ内は自由度修正ホワイト標準誤差である。まず (10.57) 式を分布ラグモデルと解釈して，動学乗数（の推定値）を計算しよう。GDP ギャップの動学乗数は 0.224 であり，1期先の動学乗数は 0.024 ($= 0.106 \times 0.224$) である。長期動学乗数は逐次代入を繰り返した

極限値の 0.524 ($=0.224/(1-0.106-0.149-0.174-0.144)$) と計算できる。次に，以下の表に示されているように残差の系列相関を調べてみると，Q 統計量を用いた場合，「系列相関がない」という帰無仮説は棄却できない。

ADL モデルの残差の系列相関の検定

m	1	2	3	4	8	12	16	20
$\hat{\rho}_m$	-0.07	-0.06	-0.06	-0.03	-0.04	0.08	-0.04	-0.07
Q_{LB}	0.69	1.30	1.88	1.99	4.25	6.13	8.98	11.76
臨界値	—	—	—	—	9.49	15.51	21.03	26.30
P 値	—	—	—	—	0.37	0.63	0.70	0.76
$(T-m)\times R^2$	12.91	12.47	12.21	12.44	21.72	22.57	22.68	20.96
臨界値	3.84	5.99	7.81	9.49	15.51	21.03	26.30	31.41
P 値	0.00	0.00	0.01	0.01	0.01	0.03	0.12	0.40

ここではボックス＝ピアースによる近似を用いているため，リュン＝ボックスの修正 Q 統計量の χ^2 分布の臨界値は実証例 10.1 と 10.2 の表で用いていた臨界値の自由度から，ラグの数 4 だけ引かれていることに注意してほしい。このため，「4 次までの系列相関がない」という帰無仮説は検定できない。上記の表には，補助回帰式から計算されたブルイッシュ＝ゴッドフレイ検定の統計量 $(T-m)\times R^2$ の結果も示されている。十分に長いラグを用いた場合には「系列相関がない」という帰無仮説が棄却できないことが確認できる（短い場合には棄却されている）。

これらの結果から，ADL モデルを用いたフィリップス曲線では，系列相関が除去されている可能性は高いと判断することができる。自由度修正済み決定係数は 0.10 から 0.27 に増加しており，当てはまりも改善されている。ラグ付きインフレ率を説明変数に追加することでフィリップス曲線の当てはまりが改善することは経験則としては知られているが，マクロ経済学の理論的な裏付けがないという欠点も持っている。

6 分散変動の時系列モデル

ARCH モデル

これまでは，AR モデルを用いてデータの系列相関構造について解説してきた。定常性の仮定が満たされている場合，たとえば，(10.35) 式の ε_t を u_t で置き換えた AR(1) モデル $Y_t = \beta_0 + \beta_1 Y_{t-1} + u_t$ で定常性が成立すれば，その平均は $\beta_0/(1 - \beta_1)$ であり，時間を通じて一定である。ただし，時間を通じて変わらないのは無条件の平均であって，条件付き平均も一定であることを意味するわけではない。過去の Y_t を所与とした条件付き平均を計算すれば

$$\mathrm{E}(Y_t | Y_{t-1}, Y_{t-2}, \dots) = \beta_0 + \beta_1 Y_{t-1} \tag{10.58}$$

となり，Y_{t-1} は時間とともに変化するので，条件付き平均も変動することがわかる。なお，この計算では $\mathrm{E}(u_t | Y_{t-1}, Y_{t-2}, \dots) = 0$ の仮定を利用している。ここで，条件付き平均が時間を通じて変化することを強調するために，時間の添え字がついた記号 $\mu_t = \mathrm{E}(Y_t | Y_{t-1}, Y_{t-2}, \dots)$ を導入しよう。本章 4 節の「自己回帰モデル」の項では，マクロ経済時系列データにおける系列相関と AR モデルの自己回帰係数 β_1 の対応関係を説明した。自己回帰係数が正であれば，前期の Y_t が大きい（小さい）と，今期の Y_t の条件付き平均 μ_t の値も大きい（小さい）という，景気循環の特性が記述できることになる。つまり，この AR モデルは，条件付き平均が過去の実現値に依存するような時系列モデルであると解釈することができる。

　一方，条件付き平均でなく，条件付き分散が過去の実現値に依存して変化する現象を記述するための時系列モデルも存在する。たとえば，図 10-16 には東証株価指数（TOPIX）の（対数階差）収益率の 2000 年から 2016 年までの土日祝日を除いた日次データが図示されている。この図から，収益率の分散がいったん上昇すると，分散の高い状態がしばらく持続し，その後低下すると，分散の低い状態がしばらく持続する様子が観察できる。このような現象は，**ボラティリティ・クラスタリング**（volatility clustering）と呼ばれる。Y_t の条件付き平均の時系列モデルである (10.58) 式を参考にすれば，

図 10-16 ● 東証株価指数（対数階差収益率）

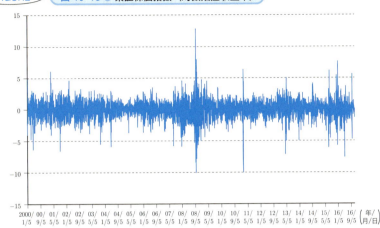

$$\mathrm{E}[(Y_t - \mu_t)^2 | Y_{t-1}, Y_{t-2}, \ldots] = \omega + \alpha(Y_{t-1} - \mu_{t-1})^2 \tag{10.59}$$

のような条件付き分散の時系列モデルを考えることができるだろう。条件付き分散が時間とともに変化することを強調するために，再び時間の添え字がついた記号 $h_t = \mathrm{E}[(Y_t - \mu_t)^2 | Y_{t-1}, Y_{t-2}, \ldots]$ を導入する。もとの AR(1) モデル $Y_t = \beta_0 + \beta_1 Y_{t-1} + u_t = \mu_t + u_t$ を (10.59) 式に代入すれば，誤差項 u_t に関して，

$$h_t = \mathrm{E}(u_t^2 | u_{t-1}, u_{t-2}, \ldots) = \omega + \alpha u_{t-1}^2 \tag{10.60}$$

と表現することができる。この計算では AR(1) モデルが既知であることから，過去の情報集合として $\{Y_{t-1}, Y_{t-2}, \ldots\}$ と $\{u_{t-1}, u_{t-2}, \ldots\}$ が同じであることを利用している。β_0 と β_1 が既知だと，情報集合が同じになることは，たとえば，Y_{t-1} と Y_{t-2} がわかれば，$u_{t-1} = Y_{t-1} - \beta_0 - \beta_1 Y_{t-2}$ より u_{t-1} が計算できることから理解できる。誤差項 u_t の条件付き平均は 0 であるため，h_t は u_t の条件付き分散としても解釈できる。一般的に条件付き分散 h_t が過去の u_t^2 に依存する時系列モデルを，**ARCH** (Autoregressive Conditional Heteroskedasticity; アーチ) **モデル**と呼ぶ。とくに，(10.60) 式のように，1 期前の誤差項の 2 乗のみを用いる ARCH モデルは，ARCH(1) と表記される。

第 10 章　系列相関と時系列モデル　513

ARCH(1) モデル

$$u_t = \sqrt{h_t} \times \varepsilon_t = \sqrt{\omega + \alpha u_{t-1}^2} \times \varepsilon_t \qquad (10.61)$$

ただし，ε_t は平均が 0 で分散が 1 である i.i.d. 確率変数とする。ARCH モデルは $Y_t = \beta_0 + \beta_1 Y_{t-1} + u_t$ のような AR モデルの誤差項だけでなく，一般的な回帰モデル $Y_t = \beta_0 + \beta_1 X_t + u_t$ の誤差項としても採用することができる。

ARCH 効果の診断　誤差項が ARCH モデルで記述できるとき，その誤差項の系列相関構造はどうなっているのだろうか。また，誤差項に ARCH モデルのような分散変動構造（以下，**ARCH効果**と呼ぶ）が存在するかどうかは，どのように判断すればよいのだろうか。(10.61) 式では α が 0 でない限り u_t が u_{t-1} に依存するため，u_t と u_{t-1} は独立ではない。ところが，u_t の水準には系列相関がない。一方，u_t を 2 乗変換して再定義された変数には系列相関がある。このことから，リュン＝ボックスの修正 Q 統計量等の系列相関の検定を残差の 2 乗に用いることで，誤差項のARCH 効果を検出することができる。以上の点を，順に確認してみよう。

　定常な AR モデルでは条件付き平均が変動しても，（無条件の）平均は定数であった。同様に，定常な ARCH モデルでは条件付き分散が変動しても，（無条件の）分散は定数になる。まず，第 2 章 **4-3**（58 ページ）で説明した繰り返し期待値の法則から (10.61) 式の平均を計算すると

$$
\begin{aligned}
\mathrm{E}(u_t) &= \mathrm{E}[\mathrm{E}(u_t | u_{t-1}, u_{t-2}, \dots)] \\
&= \mathrm{E}[\mathrm{E}(\sqrt{h_t}\varepsilon_t | u_{t-1}, u_{t-2}, \dots)] \\
&= \mathrm{E}[\sqrt{h_t}\mathrm{E}(\varepsilon_t | u_{t-1}, u_{t-2}, \dots)] = 0
\end{aligned}
$$

となる。最後の等式は ε_t が i.i.d であることから，$\mathrm{E}(\varepsilon_t | u_{t-1}, u_{t-2}, \dots) = 0$ となる結果を利用している。また同じ計算式から，$\mathrm{E}(u_t | u_{t-1}, u_{t-2}, \dots) = 0$ であることも確認できる。次に (10.61) 式の分散は

$$
\begin{aligned}
\mathrm{Var}(u_t) &= \mathrm{E}(u_t^2) = \mathrm{E}(\omega + \alpha u_{t-1}^2)\mathrm{E}(\varepsilon_t^2) \\
&= \omega + \alpha\mathrm{E}(u_{t-1}^2) \qquad (10.62)
\end{aligned}
$$

と計算されるため，$\mathrm{E}(u_t^2) = \omega/(1-\alpha)$ で定数である。分散は正でなければな

514　第Ⅲ部　マクロ編

らないため，ARCH モデルでは $\omega > 0, \, 0 < \alpha < 1$ の制約が仮定される。1 次の自己共分散は，繰り返し期待値の法則から，

$$\mathrm{Cov}(u_t, u_{t-1}) = \mathrm{E}(u_t u_{t-1}) = \mathrm{E}[\mathrm{E}(u_t u_{t-1} | u_{t-1}, u_{t-2}, \dots)]$$
$$= \mathrm{E}[u_{t-1} \mathrm{E}(u_t | u_{t-1}, u_{t-2}, \dots)] = 0$$

となる。さらに，すべての $j > 1$ の j 次の自己共分散についても，同様の繰り返し期待値の法則から

$$\mathrm{Cov}(u_t, u_{t-j}) = \mathrm{E}(u_t u_{t-j}) = \mathrm{E}[\mathrm{E}(u_t u_{t-j} | u_{t-j}, u_{t-j-1}, \dots)]$$
$$= \mathrm{E}[u_{t-j} \mathrm{E}(u_t | u_{t-j}, u_{t-j-1}, \dots)] = 0$$

となる。最後の等式は

$$\mathrm{E}(u_t | u_{t-j}, u_{t-j-1}, \dots) = \mathrm{E}[\mathrm{E}(u_t | u_{t-1}, u_{t-2}, \dots) | u_{t-j}, u_{t-j-1}, \dots] = 0$$

の結果を利用している。以上で，u_t に系列相関がないことが確認できた。

次に u_t^2 の系列相関を証明する。便宜的な新しい誤差項を $v_t = u_t^2 - h_t$ で定義すると，$h_t = \mathrm{E}(u_t^2 | u_{t-1}, u_{t-2}, \dots)$ であることから，その条件付き平均 $\mathrm{E}(v_t | u_{t-1}, u_{t-2}, \dots) = \mathrm{E}(u_t^2 - h_t | u_{t-1}, u_{t-2}, \dots)$ および無条件の平均 $\mathrm{E}(v_t)$ は 0 である。この誤差項を用いて (10.60) 式を書き直すと

$$u_t^2 = h_t + v_t = \omega + \alpha u_{t-1}^2 + v_t \tag{10.63}$$

となり，u_t^2 の動学過程を AR(1) モデルで表現することができる。したがって u_t^2 に系列相関があることが確認できた。

一般的に誤差項は観測できないため，ARCH 効果の診断にはその推定値である回帰分析の残差を用いる必要がある。残差の 2 乗は u_t^2 の推定値となるため，残差の 2 乗に関するリュン＝ボックスの修正 Q 統計量が，χ^2 分布表の臨界値を超えれば，u_t^2 に系列相関がない，つまり「u_t に ARCH 効果がない」という帰無仮説を棄却する。その場合は誤差項の ARCH モデルは，回帰モデルの係数と同時に最尤推定することで，OLS よりも効率的な推定が可能である。EViews や Stata などの一般的な統計解析ソフトには，ARCH モデルや次に紹介する GARCH モデルを最尤推定するためのコマンドが用意されている。

> **COLUMN** 10-2 フィリップス曲線からニューケインジアン・フィリップス曲線へ
>
> Column10-1 でも説明したように，フィリップス曲線はもともとマクロ経済データの実証分析から見出された関係式である。その結果，経済活動の活性化や失業率の引き下げには，インフレ率上昇というコストを伴うことが現実の政策発動の際に広く認識されるようになる。ところが，1970 年代に入ると，景気後退とインフレが同時に観測される状況が続き，安定的なフィリップス曲線を前提にした政策判断が困難になってしまった。フィリップス曲線がこの時期から急に不安定化したとすると，その要因は何なのか。この新たな経済現象を理論的に解明する研究に取り組んだマクロ経済学者のフリードマン（M. Friedman）やフェルプス（E. S. Phelps）の出した解答は，経済主体による将来のインフレ期待の変化であった。彼らのモデルを用いると，企業や家計等の経済主体が常にインフレ率は変化しないと予想しない限り，フィリップス曲線の定数項が変化（シフト）してしまうことが説明できる。
>
> 経済主体による合理的な将来の期待形成というアイデアは，その後のマクロ経済学の理論分析に大きな影響を与える。とくにルーカス（R. E. Lucas）は，経済主体が合理的に期待を形成していることを前提とするならば，経済政策の効果は，常にインフレ率は変化しないと予想する経済主体を前提にした場合とまったく異なる可能性を強調した。この点は，当時主流であった多数の回帰式の連立方程式からなる大規模マクロ計量モデルを使った政策分析への批判にもなっている。経済主体が先見的（forward-looking）であれば，マクロ計量モデルを構成する（誘導形の）回帰式は時間を通して一定にならないため，正しい政策評価には理論モデルの構造パラメータに依拠する必
>
>
> ロバート・ルーカス
> 写真：TT News Agency/時事通信フォト

GARCH モデル

最後に，分布ラグモデルの類推を用いて ARCH モデルを一般化したモデルである，GARCH モデルを紹介する。分布ラグモデル (10.50) 式と同様に (10.60) 式を 1 期前より過去のすべての u_t^2 に依存するように拡張すれば，

$$h_t = \alpha_0 + \alpha_1 u_{t-1}^2 + \alpha_2 u_{t-2}^2 + \alpha_3 u_{t-3}^2 + \cdots$$
$$= \alpha_0 + \sum_{j=1}^{\infty} \alpha_j u_{t-j}^2 \tag{10.64}$$

要がある。この問題は「ルーカス批判」として知られている。

では、現代的なマクロ経済分析でフィリップス曲線の実証分析が重要ではなくなったのかといえば、そうではない。時代を経て、古典的なフィリップス曲線は「ニューケインジアン・フィリップス曲線」という名のもとに、マクロ経済学者の関心を集め続けている。ニューケインジアン・フィリップス曲線の分析では、従来型のフィリップス曲線で過去に指摘された問題を緩和するための2つの大きな特徴を持っている。

1つめは、先見的である経済主体が考慮されている点である。将来のインフレ率を考慮する経済主体がいることで、ニューケインジアン・フィリップス曲線の定数項は期待インフレ率に比例して変化する。このため推計式の右辺には過去のインフレ率ではなく、将来のインフレ予想が説明変数として追加される。将来のインフレ予想のデータとしては、本文で用いた事後的に実現された1期先のインフレ率以外にも、エコノミストや一般消費者からの聞き取り調査の平均値、インフレ連動債の価格から逆算した市場参加者による予想値、第12章で説明するベクトル自己回帰（VAR）モデルから計算される予測値などを用いることができる。

2つめは、マクロ経済理論のミクロ的基礎付けを重視するため、構造パラメータの役割が明確となっている点である。このためニューケインジアン・フィリップス曲線の傾きは、価格の硬直性の度合いや価格設定におけるマークアップ率など、企業の利潤最大化行動に直接関わる構造パラメータに依存する。また、傾きの推計のための説明変数としては、GDP ギャップではなく、企業の行動方程式に直接関わる、実質限界費用の代理変数（たとえば実質単位労働コスト）が用いられることも多い。

となる。ただし、無限個のパラメータは有限個のデータからは推定できない。そこで簡単な ADL モデルである (10.51) 式を用いることで分布ラグモデルの未知のパラメータの数を節約したように、(10.60) 式の右辺に過去の h_t を加えると

$$h_t = \omega + \alpha u_{t-1}^2 + \beta h_{t-1} \tag{10.65}$$

となる。(10.65) 式を 1 期前で評価した $h_{t-1} = \omega + \alpha u_{t-2}^2 + \beta h_{t-2}$ を (10.65) 式に逐次代入すれば、(10.64) 式の表現に一致することが確認できるだろう。

第 **10** 章 系列相関と時系列モデル 517

発散しない条件である $|\beta| < 1$ を仮定して計算すれば，$j \geq 1$ について $\alpha_j = \alpha\beta^{j-1}$，および $\alpha_0 = \omega/(1-\beta)$ となる。このように，条件付き分散 h_t が過去の u_t^2 に加えて過去の h_t にも依存する時系列モデルを **GARCH** (Generalized Autoregressive Conditional Heteroskedasticity; ガーチ) **モデル**と呼ぶ。とくに (10.65) 式のように，1 期前の誤差項の 2 乗と 1 期前の条件付き分散のみを用いる GARCH モデルは，GARCH(1, 1) と表記される。

GARCH(1, 1) モデル

$$u_t = \sqrt{h_t} \times \varepsilon_t = \sqrt{\omega + \alpha u_{t-1}^2 + \beta h_{t-1}} \times \varepsilon_t \tag{10.66}$$

このモデルの分散は $\mathrm{E}(u_t^2) = \omega/(1-\alpha-\beta)$ で与えられるため，$\omega > 0$ と $\alpha + \beta < 1$ の制約が仮定される。

実証分析において，図 10-16 で示した株価収益率などといった金融資産の収益率の挙動を記述するモデルとしては，GARCH モデルの当てはまりが非常に良好であることが知られている。

実証例 10.7　ARCH モデルと GARCH モデルの推定

EMPIRICAL

図 10-16 で示した東証株価指数の収益率を用いて，ARCH モデルを推定してみよう。2000 年から 2016 年までの土日祝日を除いた日次データであり，サンプルサイズは 4172 である。ここでは，条件付き平均が一定である (10.23) 式で株価収益率が記述できるとしよう。

まず，(10.23) 式の誤差項に ARCH 効果が存在するかどうかを検証する。株価収益率から標本平均を差し引いた値を残差として 2 乗変換し，リュン゠ボックスの修正 Q 統計量を計算した結果が以下の表に示されている。

ARCH 効果の検定

m	1	2	3	4	8	12	16	20
$\hat{\rho}_m$	0.28	0.34	0.33	0.20	0.18	0.23	0.12	0.08
Q_{LB}	337.7	809.1	1266.3	1428.2	2196.0	2887.6	3275.4	3451.8
臨界値	3.84	5.99	7.81	9.49	15.51	21.03	26.30	31.41
P 値	0.00	0.00	0.00	0.00	0.00	0.00	0.00	0.00

この結果から「残差の2乗に系列相関がない」という帰無仮説は5%の有意水準で棄却され，株価収益率にARCH効果があることが確認された。ARCH(1)モデルとGARCH(1, 1)モデルをそれぞれ最尤法で推定した結果は以下のようになった。

$$\widehat{RTOPIX}_t = \underset{(0.021)}{0.012}, \quad \hat{h}_t = \underset{(0.026)}{1.504} + \underset{(0.016)}{0.239}\, u_{t-1}^2 \tag{10.67}$$

$$\widehat{RTOPIX}_t = \underset{(0.018)}{0.046}, \quad \hat{h}_t = \underset{(0.008)}{0.056} + \underset{(0.009)}{0.128}\, u_{t-1}^2 + \underset{(0.010)}{0.847}\, h_{t-1} \tag{10.68}$$

ただし，$RTOPIX_t$は株価収益率であり，カッコ内は標準誤差である。それぞれのモデルでAICとBICを計算すると，どちらの情報量基準の場合にも，GARCH(1, 1)モデルの値がARCH(1)モデルの値よりも小さく，GARCH(1, 1)モデルが選択される結果となった。

まとめ

　本章では，主に回帰分析の誤差項に系列相関がある場合に生じる問題を解決する2つの方法を中心に紹介した。1つめは誤差項の系列相関に対して頑健性を持つHAC標準誤差を用いる方法である。2つめは誤差項のARモデルを回帰モデルとともに推定したり，ADLモデルを推定する方法である。これらの2つの方法の応用例として，四半期データを用いてフィリップス曲線のOLS推定を取り上げた。

　本章で説明したHAC標準誤差の考え方は，OLS推定量以外にもさまざまな推定量や検定統計量で利用することができる。たとえば，第7章で解説された操作変数法や一般化モーメント法（GMM）はマクロ経済分析でよく用いられるが，系列相関があるマクロ経済データを分析するためには，長期分散の一致推定量から導出された，系列相関に対して頑健なHAC標準偏差を用いることが望ましい。とくに過剰識別の場合の最適なGMM推定量には，操作変数Z_{lt}と回帰モデルの誤差項u_tの直交条件（モーメント条件）である$\mathrm{E}(Z_{lt}u_t)$

第10章　系列相関と時系列モデル　　519

$=0,\ l=1,2,\ldots$ に対する適切な重みを選ぶ作業が必要である。系列相関がある場合に、この重みを計算するためには、やはり $Z_{lt}u_t$ の長期分散を一致推定することが必要となる。系列相関がある場合の GMM 推定量の詳細については、Hayashi (2000) 等の上級教科書を参照するとよい。

　本章のフィリップス曲線の推定例では OLS 推定量が採用されているが、GDP ギャップが内生変数である可能性を考慮すれば、より一般的には操作変数法による推定が望ましいだろう。たとえば、ADL モデルの実証例として OLS 推定したラグ付きインフレ率を含むフィリップス曲線を GMM 推定すると、以下の結果が得られる。

$$\widehat{INF_t} = \underset{(0.161)}{0.352} + \underset{(0.079)}{0.04}\ INF_{t-1} + \underset{(0.062)}{0.124}\ INF_{t-2} + \underset{(0.072)}{0.167}\ INF_{t-3}$$

$$+ \underset{(0.059)}{0.161}\ INF_{t-4} + \underset{(0.097)}{0.447}\ YGAP_t \tag{10.69}$$

ここでは、操作変数として定数項以外に $\{Z_{1t},\ldots,Z_{16t}\} = \{INF_{t-1},\ldots,INF_{t-8}, YGAP_{t-1},\ldots,YGAP_{t-8}\}$ を用いた。また HAC 標準誤差と最適な重みの計算に必要なラグ次数は、選択ルール (10.29) 式から $m=4$ とした。GMM 推定量で推定されたフィリップス曲線の傾きは、OLS 推定値よりも大きいことがわかる。一方、ラグ付きインフレ率が説明変数として追加されたフィリップス曲線 (10.69) 式は、COLUMN10-2 で説明したようなマクロ経済理論のミクロ的基礎付けがないという欠点も持っている。時系列分析では変数の時間の添字が t よりも大きい、将来の変数のことをリード変数と呼ぶが、現代的なマクロ経済理論のもとでは、インフレ率のラグ変数の代わりにリード変数を説明変数として加えたフィリップス曲線が導出される。最後に、ミクロ的基礎付けを持つリード変数を含んだフィリップス曲線の GMM 推定の例を紹介しよう。(10.69) 式と同じ操作変数と m を用いた場合の推定結果は

$$\widehat{INF_t} = \underset{(0.191)}{0.057} + \underset{(0.156)}{0.825}\ INF_{t+1} + \underset{(0.142)}{0.150}\ YGAP_t \tag{10.70}$$

となった。(10.70) 式のように将来のインフレ率が右辺に含まれたフィリップス曲線は、ニューケインジアン・フィリップス曲線と呼ばれる。追加されたリード変数は、人々による将来のインフレ予想を表し、その係数は理論的には人々の主観的割引率（0 と 1 の間の値）に一致することが知られている。リード変数の係数は有意であり、その値は理論と整合的である。一方、フィリップ

ス曲線の傾きの推定値は正であるものの，有意ではない。このように，理論的にはより厳密なモデルが，実証的な当てはまりでも常に優れているとは限らない。ニューケインジアン・フィリップス曲線の実証分析に興味のある読者はGali and Gertler (1999) や敦賀・武藤 (2008) などの研究論文を参照してほしい。

EXERCISE ● **練習問題**

10-1 [確認] 月次データの対数系列の季節階差変化率は，対数階差変化率の12ヵ月（後方）移動平均と一致することを確認しなさい。

10-2 [確認] 回帰モデルの誤差項に系列相関がある場合に，OLS で回帰係数を推定することの是非を論じなさい。

10-3 [確認] 本章 3 節で説明した単回帰モデルの傾き β_1 の OLS 推定量 $\hat{\beta}_1$ の HAC 標準誤差の導出と，第 4 章で説明した系列相関がない場合の単回帰モデルの定数項 β_0 の OLS 推定量 $\hat{\beta}_0$ の標準誤差の導出を参考にしながら，単回帰モデルの定数項 β_0 の OLS 推定量 $\hat{\beta}_0$ の HAC 標準誤差を導出しなさい。

10-4 [確認] 1 変数の場合，$j < 0$ に関する j 次の自己共分散や自己相関は，$|j|$ 次の自己共分散や自己相関と一致するため，負の次数を考慮する必要はない。自己共分散の定義と定常性を用いて，このことを確認しなさい。

10-5 [確認] リュン゠ボックスの修正 Q 統計量の漸近分布がボックス゠ピアースの Q 統計量の漸近分布と同じになることを確認しなさい。

10-6 [確認] 情報量規準は，第 3 章 4 節で説明された対数尤度関数と密接な関係がある。たとえば AIC の本来の定義は，対数尤度関数を用いて

$$\mathrm{AIC}^*(p) = -2\mathrm{LL}(\theta_{\mathrm{ML}}) + 2(p+1)$$

で与えられる。つまり，(10.45) 式の第 1 項 $\ln[RSS(p)/T]$ は $-2\times$（最大化された対数尤度関数）に置き換え，第 2 項に T を掛ける必要がある。ところが，簡易版の $\mathrm{AIC}(p)$ と本来の $\mathrm{AIC}^*(p)$ のどちらを用いても，必ず同じラグが選択される。これは情報量規準を定数倍したり，定数分を加減して変換しても，ラグの異なるモデル間の相対的な大小関係が維持されるためである。この点を確認しなさい。また，BIC の本来の定義は

$$\mathrm{BIC}^*(p) = -2\mathrm{LL}(\theta_{\mathrm{ML}}) + (\ln T)(p+1)$$

である。BIC についても同様の議論が可能であるかどうか確認しなさい。

10-7 [発展] ともにシフトする総需要曲線と総供給曲線の交点で，現実のインフレ率と GDP ギャップが決定されるとしよう。この場合，フィリッ

第 **10** 章　系列相関と時系列モデル　　**521**

プス曲線（総供給曲線）を推定すると，①説明変数の内生性の問題と，②総需要曲線との識別の問題が生じる。この理由を説明しなさい。また，それぞれの問題を解決するための方法を議論しなさい。

10-8 [発展]　系列相関の有無の判断や AR モデルのラグ次数の選択に，自己相関係数や AR 係数の t 統計量の逐次検定を採用するとしよう。多重検定の問題を回避するためには，臨界値をどのように調整すればよいか，議論しなさい。

10-9 [実証]　本書のウェブサポートページから価格指数の原系列のデータをダウンロードし，後方移動平均や中心化移動平均によって季節調整した後に計算されたインフレ率と，前年同期比（あるいは前年同月比）を用いたインフレ率を用いて，AR モデルとフィリップス曲線をそれぞれ推定し，季節調整法の差が推計結果に及ぼす影響を確認しなさい。

10-10 [実証]　本書のウェブサポートページからダウンロードした日経平均株価指数の（対数階差）収益率のデータを用いて，次の手続きに従い分散変動の時系列モデルを推定しなさい。

(1)　実証例 10.7 と同様に，(10.23) 式を推定し，その誤差項 u_t について ARCH 効果の有無を検討しなさい。
(2)　ARCH(1) モデルを推定しなさい。
(3)　GARCH (1, 1) モデルを推定しなさい。
(4)　(10.23) 式ではなく，AR(1) モデル (10.35) 式を推定し，(1) から (3) の分析を繰り返しなさい。
(5)　推定された 4 つの分散変動の時系列モデルについて，AIC と BIC を用いて比較検討しなさい。

補論：マクロ経済分析で使用するデータについて

　第 10〜12 章の実証例では，すべて公表されているマクロ経済時系列データが使用されている。たとえば，日本の GDP とその構成要素の系列は GDP 統計（正確には「国民経済計算〔System of National Accounts; SNA〕」）を管轄している内閣府経済社会総合研究所（ESRI）のウェブサイト（http://www.esri.cao.go.jp）から無料でダウンロードして利用することができる。GDP 統計はミクロ実証分析で用いられる個票データと異なり，所有権および使用権に関する制約が少ないという利点がある一方で，その値が頻繁に改定されるという，研究者にとってはいささか不便な側面を持ち合わせている。これは，GDP 統

計が，ミクロ個票データのような1次統計（調査票の回答値）ではなく，さまざまな統計データを組み合わせて集計された2次統計（1次統計から加工された値）であることに起因する。時間の経過とともにより精度の高い集計が可能となるため，段階的に推計値が改定されていくのである。各四半期の2回の速報値（1次速報と2次速報）に加えて，年1回の頻度で確報値（翌年には確々報）が公表される。また5年に一度の基準改定時には実質GDPの金額表示の基準となる参照年次（デフレーターが100となる年）も切り替わる。たとえば2016年の基準改定では参照年次が2005（平成17）年から2011（平成23）年に変更された。さらに2016年の基準改定は，国連で定められたSNAの国際基準の変更への対応と重なり，GDP推計値の水準は大きく変化した。これは最新の国際基準である2008SNAで研究開発投資の分類等が変更されたためであり，速報値からの改定とはまた別の問題である（2008SNAは1953SNA，1968SNA，1993SNAに続く4番目の国際基準）。また統計の基準や推計方法に変更があった場合，同じ手法を用いて過去に遡って再計算した値は，遡及推計値と呼ばれる。

このようにGDP統計はさまざまな要因から入手時点に依存して値が異なる可能性がある。通常は分析に際して入手可能な最新の値を利用するとよい。ただし，経済主体が速報値から経済の状態を把握し行動しているならば，確報値ではなく，速報値を用いたモデル分析が望ましい例もある。ちなみに，現時点で利用可能な限られたデータから直接観測できない現在値（たとえば確報値）を予測する作業は，ナウキャスト（nowcast）と呼ばれる。

なお，本章で使用した四半期のGDP系列は，1994年第1四半期から2017年第4四半期までは2018年2月公表の平成23年基準（2008SNA）系列（2016年第4四半期は1次速報値）に，1980年第1四半期から1993年第4四半期までの平成23年基準（2008SNA）支出側GDP系列簡易遡及推計値（2018年1月公表）が接続されている。GDPデフレータのインフレ率についてもGDPと同様の接続系列を用いた。ただし，第11章で詳しく議論するトレンド・サイクル分解の実証例では，平成17（2005）年基準で統一されたGDP系列を使用した場合でも，ほぼ同様の推計結果となる。また本章のGDPギャップ系列を使用した実証例についても，旧基準系列でほぼ同様の結果が得られることが確認できた。高度成長期（1955年から1973年まで）のGDP年次系列については，平成2年基準（1968SNA）の長期遡及主要系列を用いた。

月次データである消費者物価指数（生鮮食品を除く総合指数）と完全失業率（労働力調査）は，総務省統計局のウェブサイト（http://www.stat.go.jp/）上の長期時系列データを用いた。利用可能な物価指標としては，消費者物価指数（Consumer Price Index; CPI）以外にも，日本銀行が公表している企業物価指数（Corporate Goods Price Index）もよく利用される。また GDP ギャップ系列に関しても，本章で使用した内閣府（ESRI）の推計値以外に日本銀行の試算値が公開されている。読者はさまざまなインフレ率や GDP ギャップの系列を用いて本章の実証例で推計されたフィリップス曲線や AR モデルの結果が再現できるかどうかを確認してほしい。日本以外のマクロ経済データを用いて同様の分析を試みる場合には，セントルイス連邦準備銀行（Federal Reserve Bank of St. Louis）が提供している FRED（Federal Reserve Economic Data）のウェブサイト（https://fred.stlouisfed.org/）が便利である。同サイトからは，日経平均株価指数等の日本のデータもダウンロード可能である。

補論：系列相関がある場合の標本平均の分散の導出

系列相関がある場合の標本平均の分散の公式 (10.25) 式は次のように計算される。

$$\begin{aligned}
\mathrm{Var}(\bar{Y}) &= \mathrm{Var}\left(\frac{1}{T}\sum_{t=1}^{T} Y_t\right) = \mathrm{Var}\left(\frac{1}{T}\sum_{t=1}^{T} u_t\right) \\
&= \frac{1}{T^2}\mathrm{Var}(u_1 + u_2 + \cdots + u_T) \\
&= \frac{1}{T^2}\mathrm{E}\left[(u_1 + u_2 + \cdots + u_T)^2\right] \\
&= \frac{1}{T^2}[\mathrm{E}(u_1^2) + \mathrm{E}(u_1 u_2) + \cdots + \mathrm{E}(u_1 u_T) \\
&\quad + \mathrm{E}(u_2 u_1) + \mathrm{E}(u_2^2) + \cdots + \mathrm{E}(u_2 u_T) + \cdots \\
&\quad + \mathrm{E}(u_T u_1) + \mathrm{E}(u_T u_2) + \cdots + \mathrm{E}(u_T^2)]
\end{aligned}$$

$$
\begin{aligned}
&= \frac{1}{T^2}[\text{Var}(u_1) + \text{Cov}(u_1, u_2) + \cdots + \text{Cov}(u_1, u_T) \\
&\quad + \text{Cov}(u_2, u_1) + \text{Var}(u_2) + \cdots + \text{Cov}(u_2, u_T) + \cdots \\
&\quad + \text{Cov}(u_T, u_1) + \text{Cov}(u_T, u_2) + \cdots + \text{Var}(u_T)] \\
&= \frac{1}{T^2}[\sigma^2 + \sigma^2 + \cdots + \sigma^2 + 2(\gamma_1 + \gamma_2 + \cdots + \gamma_{T-1}) \\
&\quad + 2(\gamma_1 + \gamma_2 + \cdots + \gamma_{T-2}) + 2(\gamma_1 + \gamma_2 \ldots + \gamma_{T-3}) \\
&\quad + \cdots + 2\gamma_1] \\
&= \frac{1}{T^2}[T\sigma^2 + 2(T-1)\gamma_1 + 2(T-2)\gamma_2 + \cdots + 2\gamma_{T-1}] \\
&= \frac{1}{T}\left[\sigma^2 + 2\left(1 - \frac{1}{T}\right)\gamma_1 + 2\left(1 - \frac{2}{T}\right)\gamma_2 + \cdots \right. \\
&\quad \left. + 2\left(1 - \frac{T-1}{T}\right)\gamma_{T-1}\right] \\
&= \frac{1}{T}\left[\sigma^2 + 2\sum_{j=1}^{T-1}\left(1 - \frac{j}{T}\right)\gamma_j\right]
\end{aligned}
$$

補論：HAC 標準誤差のラグ次数の厳密な選択法

本文では HAC 標準誤差のラグ次数の選択法としてサンプルサイズのみに依存する経験的なルールが紹介されているが，より厳密にラグ次数を決定したい場合には，サンプルサイズ以外の要因にも依存する別の選択方法も利用可能である。ここでは，単回帰モデルでニューウィー＝ウェスト型の HAC 標準誤差を用いた場合の厳密なラグ次数選択の方法を紹介する。

まず $\hat{v}_t = (X_t - \bar{X})\hat{u}_t$ を用いて AR(1) モデルを推定し，AR 係数推定値を $\hat{\rho}$ とする。ここで，真の $v_t = (X_t - \mu_x)u_t$ が必ずしも AR(1) モデルから生成されている必要がない点に注意したい。次に以下の公式を使って，データに依存した係数 $\hat{\alpha}$ を計算する。

$$\hat{\alpha} = \frac{4\hat{\rho}^2}{(1-\hat{\rho})^2(1+\hat{\rho})^2}$$

計算された係数から，最適なラグ次数として

$$m = 1.1447 \times (\hat{\alpha}T)^{1/3}$$

の小数点以下を切り上げた整数を用いればよい．このようにして選択されたラグ次数は，サンプルサイズだけではなく，データの系列相関構造に依存しており，アンドリュース (Andrews, 1991) の自動選択 (automatic selection) ルールと呼ばれることもある．このルールを用いた場合，(10.33) 式の $[\hat{\sigma}^2 + 2\sum_{j=1}^{m-1}(1-j/m)\hat{\gamma}_j]$ が v_t の長期分散 $\omega^2 (= [\sigma^2 + 2\sum_{j=1}^{\infty}\gamma_j])$ の推定量として漸近的に MSE を最小化するという意味で，望ましいラグ次数の選択となることが知られている．

重回帰モデルの場合やニューウィー＝ウェスト型以外の HAC 標準誤差を用いる場合には少し異なった公式を利用する必要があるが，標準的な計量分析ソフトウェアではアンドリュースの方法で選択されたラグ次数を用いて HAC 標準誤差が計算されることも多い．

補論：AR(1) モデルの残差の自己相関の分布の導出

誤差項が観測できる場合の誤差項の 1 次の標本自己共分散（標本分散）を $\hat{\gamma}_1(\hat{\gamma}_0)$，残差を用いる場合の 1 次の標本自己共分散（標本分散）を $\tilde{\gamma}_1(\tilde{\gamma}_0)$ で表記する．$\sqrt{T}\hat{\rho}_1 = \sqrt{T}\hat{\gamma}_1/\hat{\gamma}_0$ が標準正規分布に従う確率変数に分布収束することは，分子の $\sqrt{T}\hat{\gamma}_1 \xrightarrow{d} N(0, \sigma_\varepsilon^4)$ と分母の $\hat{\gamma}_0 \xrightarrow{p} \sigma_\varepsilon^2$ を組み合わせることで証明される．同様に，$\sqrt{T}\tilde{\rho}_1 = \sqrt{T}\tilde{\gamma}_1/\tilde{\gamma}_0$ の分布の導出では，分母の漸近的なふるまいは $\tilde{\gamma}_0 \xrightarrow{p} \sigma_\varepsilon^2$ で同じであることから，分子の $\sqrt{T}\tilde{\gamma}_1$ の分布収束先を調べればよい．$\sqrt{T}\tilde{\gamma}_1$ を展開すれば，

$$\begin{aligned}\sqrt{T}\tilde{\gamma}_1 &= \sqrt{T} \times \frac{1}{T}\sum_{t=2}^{T}\hat{\varepsilon}_t\hat{\varepsilon}_{t-1} \\ &= \frac{1}{\sqrt{T}}\sum_{t=2}^{T}(Y_t - \hat{\beta}_1 Y_{t-1})(Y_{t-1} - \hat{\beta}_1 Y_{t-2}) \\ &= \frac{1}{\sqrt{T}}\sum_{t=2}^{T}[\varepsilon_t - (\hat{\beta}_1 - \beta_1)Y_{t-1}][\varepsilon_{t-1} - (\hat{\beta}_1 - \beta_1)Y_{t-2}]\end{aligned}$$

$$
= \frac{1}{\sqrt{T}} \sum_{t=2}^{T} [\varepsilon_t \varepsilon_{t-1} - (\widehat{\beta}_1 - \beta_1) Y_{t-1} \varepsilon_{t-1}
$$

$$
- (\widehat{\beta}_1 - \beta_1) Y_{t-2} \varepsilon_t + (\widehat{\beta}_1 - \beta_1)^2 Y_{t-1} Y_{t-2}]
$$

$$
= \frac{1}{\sqrt{T}} \sum_{t=2}^{T} \varepsilon_t \varepsilon_{t-1} - \frac{1}{\sqrt{T}} (\widehat{\beta}_1 - \beta_1) \sum_{t=2}^{T} Y_{t-1} \varepsilon_{t-1}
$$

$$
- \frac{1}{\sqrt{T}} (\widehat{\beta}_1 - \beta_1) \sum_{t=2}^{T} Y_{t-2} \varepsilon_t + \frac{1}{\sqrt{T}} (\widehat{\beta}_1 - \beta_1)^2 \sum_{t=2}^{T} Y_{t-1} Y_{t-2}
$$

$$
= \frac{1}{\sqrt{T}} \sum_{t=2}^{T} \varepsilon_t \varepsilon_{t-1} - \sqrt{T} (\widehat{\beta}_1 - \beta_1) \frac{1}{T} \sum_{t=2}^{T} Y_{t-1} \varepsilon_{t-1}
$$

$$
- \sqrt{T} (\widehat{\beta}_1 - \beta_1) \frac{1}{T} \sum_{t=2}^{T} Y_{t-2} \varepsilon_t + \frac{1}{\sqrt{T}} [\sqrt{T} (\widehat{\beta}_1 - \beta_1)]^2 \frac{1}{T} \sum_{t=2}^{T} Y_{t-1} Y_{t-2}
$$

となる。まず第 3 項 $\sqrt{T}(\widehat{\beta}_1 - \beta_1) T^{-1} \sum_{t=2}^{T} Y_{t-2} \varepsilon_t$ を 2 つの確率変数列の積と考えよう。大数の法則から $T^{-1} \sum_{t=2}^{T} Y_{t-2} \varepsilon_t$ は $\mathrm{E}(Y_{t-2} \varepsilon_t) = 0$ に確率収束する（AR モデルでは，ラグ変数と誤差項は直交しているため）。また $\sqrt{T}(\widehat{\beta}_1 - \beta_1)$ は発散しない正規分布に従う確率変数に分布収束する。スルツキーの定理（巻末付録 A の A.6.4 項〔650 ページ〕を参照）から，第 3 項はそれぞれの確率極限の積である 0 に分布収束するが，定数に分布収束する確率変数は，同時に確率収束を意味するので，0 に確率収束する。同様に第 4 項についても確率変数列の積と考えよう。$T^{-1} \sum_{t=2}^{T} Y_{t-1} Y_{t-2}$ は大数の法則から $\mathrm{E}(Y_{t-1} Y_{t-2}) = \mathrm{E}(Y_t Y_{t-1})$，つまり Y_t の 1 次の自己共分散に確率収束する。$\sqrt{T}(\widehat{\beta}_1 - \beta_1)$ の確率極限は発散しないので，$[\sqrt{T}(\widehat{\beta}_1 - \beta_1)]^2$ の確率極限も発散しない。$1/\sqrt{T}$ は 0 に収束するので，第 4 項も 0 に収束する。次に第 2 項については，

$$
\sqrt{T} (\widehat{\beta}_1 - \beta_1) \frac{1}{T} \sum_{t=2}^{T} Y_{t-1} \varepsilon_{t-1}
$$

$$
= \sqrt{T} (\widehat{\beta}_1 - \beta_1) \frac{1}{T} \sum_{t=2}^{T} [(\beta_1 Y_{t-2} + \varepsilon_{t-1}) \varepsilon_{t-1}]
$$

$$
= [\sqrt{T} (\widehat{\beta}_1 - \beta_1)] \beta_1 \frac{1}{T} \sum_{t=2}^{T} Y_{t-2} \varepsilon_{t-1} + \sqrt{T} (\widehat{\beta}_1 - \beta_1) \frac{1}{T} \sum_{t=2}^{T} \varepsilon_{t-1}^2
$$

と展開できる。ここで $T^{-1} \sum_{t=2}^{T} Y_{t-2} \varepsilon_{t-1}$ は大数の法則から $\mathrm{E}(Y_{t-2} \varepsilon_{t-1}) = \mathrm{E}(Y_{t-1} \varepsilon_t) = 0$ に確率収束する。$\sqrt{T}(\widehat{\beta}_1 - \beta_1)$ の極限は発散しないので，ス

ルツキーの定理から，$[\sqrt{T}(\widehat{\beta}_1 - \beta_1)]\beta_1 T^{-1}\sum_{t=2}^{T}Y_{t-2}\varepsilon_{t-1}$ は 0 に確率収束する。

以上の結果を用いて，0 に確率収束する項を除けば，$\sqrt{T}\widetilde{\gamma}_1$ の極限での挙動は

$$\frac{1}{\sqrt{T}}\sum_{t=2}^{T}\varepsilon_t\varepsilon_{t-1} - \sqrt{T}(\widehat{\beta}_1 - \beta_1)\frac{1}{T}\sum_{t=2}^{T}\varepsilon_{t-1}^2$$

で近似可能である。ここで $T^{-1}\sum_{t=2}^{T}\varepsilon_{t-1}^2$ は大数の法則から $\mathrm{E}\varepsilon_{t-1}^2 = \mathrm{E}\varepsilon_t^2 = \sigma_\varepsilon^2$ に確率収束する。さらに，$\sqrt{T}(\widehat{\beta}_1 - \beta_1) = \sqrt{T} \times (T^{-1}\sum_{t=2}^{T}Y_{t-1}\varepsilon_t) \div (T^{-1}\sum_{t=2}^{T}Y_{t-1}^2)$ において，$T^{-1}\sum_{t=2}^{T}Y_{t-1}^2$ は $\mathrm{E}(Y_{t-1}^2)$ に確率収束する。このため，$\sqrt{T}(\widehat{\beta}_1 - \beta_1)$ は $\sqrt{T} \times (T^{-1}\sum_{t=2}^{T}Y_{t-1}\varepsilon_t)/\mathrm{E}(Y_{t-1}^2)$ で近似できる。この結果から，$\sqrt{T}\widetilde{\gamma}_1$ は

$$\frac{1}{\sqrt{T}}\sum_{t=2}^{T}\varepsilon_t\varepsilon_{t-1} - \frac{\sigma_\varepsilon^2}{\mathrm{E}(Y_{t-1}^2)}\frac{1}{\sqrt{T}}\sum_{t=2}^{T}Y_{t-1}\varepsilon_t$$
$$= \frac{1}{\sqrt{T}}\sum_{t=2}^{T}\left[\varepsilon_{t-1} - \frac{\sigma_\varepsilon^2}{\mathrm{E}(Y_{t-1}^2)}Y_{t-1}\right]\varepsilon_t$$

でも，近似することができる。

さらに，$\{\varepsilon_{t-1} - [\sigma_\varepsilon^2/\mathrm{E}(Y_{t-1}^2)]Y_{t-1}\}\varepsilon_t$ は $\mathrm{E}(\varepsilon_t\varepsilon_{t-1}) = 0$，$\mathrm{E}(Y_{t-1}\varepsilon_t) = 0$ から，平均が 0 である確率変数であり，その分散は

$$\mathrm{Var}\left\{\left[\varepsilon_{t-1} - \frac{\sigma_\varepsilon^2}{\mathrm{E}(Y_{t-1}^2)}Y_{t-1}\right]\varepsilon_t\right\}$$
$$= \mathrm{Var}\left[\varepsilon_t\varepsilon_{t-1} - \frac{\sigma_\varepsilon^2}{\mathrm{E}(Y_{t-1}^2)}Y_{t-1}\varepsilon_t\right]$$
$$= \sigma_\varepsilon^4 + \left[\frac{\sigma_\varepsilon^2}{\mathrm{E}(Y_{t-1}^2)}\right]^2\mathrm{E}(Y_{t-1}^2)\sigma_\varepsilon^2 - 2\frac{\sigma_\varepsilon^2}{\mathrm{E}(Y_{t-1}^2)}\mathrm{E}(Y_{t-1}\varepsilon_t^2\varepsilon_{t-1})$$
$$= \sigma_\varepsilon^4 + \frac{\sigma_\varepsilon^6}{\mathrm{E}(Y_{t-1}^2)} - 2\frac{\sigma_\varepsilon^2}{\mathrm{E}(Y_{t-1}^2)}\sigma_\varepsilon^4$$
$$= \sigma_\varepsilon^4 + (1 - \beta_1^2)\sigma_\varepsilon^4 - 2(1 - \beta_1^2)\sigma_\varepsilon^4 = \beta_1^2\sigma_\varepsilon^4$$

と計算できる。ここでは，AR(1) モデルの分散の公式から $\mathrm{E}(Y_{t-1}^2) = \mathrm{E}(Y_t^2) = \sigma_\varepsilon^2/(1 - \beta_1^2)$ の結果を用いた。ある種の中心極限定理を用いることで，$\sqrt{T}\widetilde{\gamma}_1 \xrightarrow{d} N(0, \beta_1^2\sigma_\varepsilon^4)$ が導出され，スルツキー定理から $\sqrt{T}\widetilde{\rho}_1 \xrightarrow{d} N(0, \beta_1^2)$ となる。

第 11 章 トレンドと構造変化

通貨の交換比率である為替レートは時々刻々と変化する。この為替レートの動きは，ランダムウォークとして記述できることが知られている。ランダムウォークは確率トレンドの一種である。
(写真：時事)

- KEYWORD
- FIGURE
- TABLE
- COLUMN
- EXAMPLE
- EMPIRICAL
- EXERCISE

CHAPTER 11

第 11 章では，マクロ経済変数の特徴であるトレンドの性質とその分析方法を学ぶ。トレンドのある変数は第 10 章で仮定された定常性を満たさないため，その分析のためには非定常時系列分析の手法を理解する必要がある。トレンドには確定トレンドと確率トレンドの 2 種類があり，両者でトレンドの推定方法や，トレンド・サイクル分解の手続きが異なる。確率トレンドの存在は，単位根検定を用いることで統計的に検定することができる。また，マクロ経済変数の非定常性の要因としてトレンドと同様に重要である構造変化の検定と構造変化点の推定方法も解説する。

INTRODUCTION

1 マクロ経済データのトレンド成分

トレンド・サイクル分解とは

クロスセクションデータとは異なるマクロ経済時系列データの特徴として，トレンドの存在がある。たとえば，GDP は長期的に見て増加する傾向があり，トレンドのある変数 (trending variable) である。トレンドのある変数は「トレンド成分」と「循環（サイクル）成分」の和として表現することができる。第 10 章ではマクロ経済変数の系列相関について，政府公表の潜在 GDP をトレンド成分として，GDP の原系列からトレンド除去（ディトレンド）し，残った循環成分である GDP ギャップの例を用いて説明した（図 10-5 と図 10-12）。単純にいえば，「景気が過熱している時期は GDP がトレンド成分（ここでは潜在 GDP）を上回り，景気が停滞すればトレンド成分を下回る」という現象の繰り返しが景気循環である。第 10 章では，そのような循環成分の挙動を記述するための定常時系列モデルを導入した。ところが，潜在 GDP に代表されるトレンド成分は一般的には直接観測することができない。つまり，何らかの方法で推定する必要がある。そこで本章では，マクロ経済変数のもう一方の構成要素であるトレンド成分に注目し，その計量時系列分析の手法を紹介する。

トレンドはある時点の影響が永続的に残る性質であり，循環成分と違い定常性の仮定が成立しない。定常性が満たされないことを非定常であるという。非定常な系列と定常な系列の和は必ず非定常であるため，トレンド成分と循環成分の和であるトレンドのある変数は非定常である。したがって，マクロ経済データの計量分析を行うには，非定常なデータの特性を理解しなければならない。

トレンド・サイクル分解は原系列をトレンド成分と循環成分に分解する作業だが，通常は非定常な成分であるトレンド成分から推定する場合が多い。これは次節で詳しく説明するように，トレンド成分に関する推定量が，定常な系列に関する推定量よりも速く収束するという性質を持っており，循環成分の系列相関構造にかかわらず，頑健に推定できるからである（もちろん同時に推定することも可能である）。経済成長のような長期的な動向が分析対象である場合に

530　第Ⅲ部　マクロ編

は，推定されたトレンド成分そのものを分析すればよい。一方，景気循環のような短期的な変動が分析対象である場合には，推定されたトレンド成分を原系列から差し引くことでトレンド除去された循環成分を計算し，第10章で説明した定常なARモデルなどを用いて分析すればよい。ただしトレンド成分を誤って定式化してしまうと，正しいトレンド・サイクル分解や定常時系列モデルによる循環成分の分析ができなくなってしまう。

マクロ経済時系列分析で用いられるトレンドは，大きく**確定トレンド**（deterministic trend）と**確率トレンド**（stochastic trend）の2種類に分類することができる。最も基本的なトレンドは線形の確定トレンド，略して線形トレンドである。確定トレンドが，時系列プロット上で単純な直線（または曲線）で表されるのに対し，確率トレンドは方向性が定まらないジグザグ線となる。両者の間ではトレンドの推定方法もトレンド・サイクル分解の方法も異なっている。トレンドの定式化の誤りを回避し，確定トレンドと確率トレンドを統計的に見分けるためには，本章3節で説明する単位根検定を使えばよい。原則的には単位根検定の結果に基づいて，トレンド・サイクル分解の方法を選択することになるだろう。

| 線形トレンド |

まず最も基本的な種類のトレンド成分として，線形の確定トレンドを考察しよう。線形の確定トレンドを含んだ回帰モデルは**線形トレンド**（linear trend）**モデル**と呼ばれる。

線形トレンドモデル

$$Y_t = \mu + \delta t + u_t \tag{11.1}$$

ただし，右辺第2項に現れるtは変数の添え字と同様に1, 2, 3, ... のように毎期1だけ増加していく整数の時間変数であり確率変数ではない。一方，誤差項u_tは，系列相関の可能性もある平均0の定常な確率変数である。(11.1)式では単回帰モデルの説明変数X_tとして時間変数tを用いただけであり，通常の回帰分析の議論がそのまま応用できると考えるかもしれない。第10章で議論された時系列データの回帰分析では，説明変数と従属変数はともに定常性の仮定が満たされていた。ところが線形トレンド・モデルでは，δが0でない限りY_tの定常性が成立しないことが簡単に確認できる。もし変数が定常であ

第**11**章　トレンドと構造変化　　531

ればその平均は時間 t に依存しないはずだが，Y_t の平均は

$$\mathrm{E}(Y_t) = \mu + \delta t + \mathrm{E}(u_t) = \mu + \delta t \tag{11.2}$$

であり，時間とともに変化するからである。(11.1) 式の線形トレンド・モデル
では，(11.2) 式が Y_t のトレンド成分，残りの u_t が Y_t の循環成分であると解
釈することができる。もし μ や δ が既知であれば，観測される Y_t から非定常
なトレンド成分 $\mu + \delta t$ を引くことで，定常な循環成分 u_t を抽出できるだろ
う。通常は μ や δ が未知であるため，(11.1) 式の線形トレンド・モデルを最
小 2 乗 (OLS) 推定し，その残差を循環成分の推定値として用いればよい。

　例として，第 10 章の冒頭で議論した GDP 系列を用いて線形トレンド・モ
デルを推定してみよう。図 10-3 に示された年次の実質値の伸びからは，1980
年代と比べて 1990 年代以降の成長がより緩やかであることを確認した。仮に
原系列のトレンド成分が $e^{\delta t}$ であると想定した場合，対数変換（に 100 を掛け
たもの）は $100 \times \delta t$ となり，トレンド成分の対数階差成長率 $100 \times [\delta t - \delta(t-1)] = 100 \times \delta$ は定数となる。1991 年以降のトレンド成分の成長率が一定だと
仮定して，1991 年から 2017 年までの対数実質 GDP 系列を用いて (11.1) 式
の線形トレンドモデルを OLS 推定すると

$$\text{対数実質 GDP}_t = \underset{(2.331)}{1265.155} + \underset{(0.047)}{0.849}t + \hat{u}_t \tag{11.3}$$

となった。ただし，被説明変数は平成 23 年（2011 年）基準の対数実質 GDP
に 100 を掛けた変数で，カッコ内は（均一分散の場合に用いられる通常の）標準
誤差である。この推定で用いたデータと OLS による予測値が図 11-1 で示さ
れている。これまでの議論に従えば，推定されたトレンド成分の成長率は約
0.85 ％ である。また回帰残差 $\hat{u}_t$ は，GDP ギャップとして用いることができる。
四半期データの場合にも，季節調整値を用いて，同様の線形トレンド・モデル
の推定が可能である（線形トレンドの推定と季節調整を同時に行う方法については，
章末の補論 A を参照のこと）。

　以上のような線形トレンド・モデルを用いた分析に関して，読者はいくつか
の疑問が生じるのでないだろうか。まず時間変数 t の係数推定値 0.849 の t 統
計量は $0.849/0.047 = 18.074$ である。通常の有意水準のもとで $\delta = 0$ の帰無
仮説は有意に棄却されるため，対数実質 GDP にトレンド成分が存在すると判
断したいかもしれない。しかし，定常性の仮定のもとで導出された統計量を

532　　**第III部　マクロ編**

FIGURE 図 11-1 ● 対数実質 GDP と線形トレンド

(出所) 内閣府。

用いて，非定常な線形トレンド・モデルの検定をすることは正当化できるだろうか。また，第 10 章の議論によれば，通常の回帰モデルで誤差項の系列相関構造がわかっている場合には，OLS 推定量よりも効率的な推定量が存在した。同様に線形トレンド・モデルの誤差項（つまり循環成分）の系列相関構造がわかっている場合にも，トレンド係数の推定精度を改善することができるのだろうか。そもそも，年次データを用いた推定の標本期間は 1991 年から 2017 年で，サンプルサイズは 27 と小さい。このような小さなサンプルサイズによるトレンド回帰分析の結果は信頼できるのであろうか。本章 2 節では，以上に挙げた問題を理論的に解明する。

非線形トレンド 　線形トレンドは単純で代表的な確定トレンドであるが，一般的に確定トレンド成分が常に線形トレンドであるとは限らない。図 10-3 ですでに確認したように，GDP 系列の平均的な成長率は 1980 年代と 90 年代以降とでは異なっていた。このため，図 10-3 に示された全期間のデータを用いて，単一の線形トレンド・モデルを推定することは適切ではない。むしろ分割された標本期間で，それぞれ線形トレンド・モデルの切片項や傾きが異なることを許容する

$$Y_t = \begin{cases} \mu_1 + \delta_1 t + u_t & （1990 年以前の期間）\\ \mu_2 + \delta_2 t + u_t & （1991 年以降の期間） \end{cases} \tag{11.4}$$

を推定することが考えられるだろう。(11.4) 式では平均成長率の低下を反映して，$\delta_1 > \delta_2$ であることが想定されている。ここで 1991 年以降の期間に 1，

第 11 章　トレンドと構造変化　　533

図 11-2 ● 対数実質 GDP の長期系列

(出所) 内閣府.

1990 年以前の期間で 0 となるようなダミー変数 D_t を定義して,

$$Y_t = \beta_0 + \beta_1 D_t + (\beta_2 + \beta_3 D_t)t + u_t$$
$$= \beta_0 + \beta_1 D_t + \beta_2 t + \beta_3 (D_t \times t) + u_t \qquad (11.5)$$

と書けば, (11.4) 式を 1 本の式にまとめることができる. ただし $\beta_0 = \mu_1$, $\beta_1 = \mu_2 - \mu_1$, $\beta_2 = \delta_1$, $\beta_3 = \delta_2 - \delta_1$ である. もし 2 つの分割された標本期間の接続点でトレンド成分が連続であることが好ましい場合には, (11.5) 式の推定時に, $\beta_0 + \beta_2 T^* = \beta_0 + \beta_1 + (\beta_2 + \beta_3)T^*$ (つまり $\mu_1 + \delta_1 T^* = \mu_2 + \delta_2 T^*$) という制約を課せばよい. ただし, T^* は接続点での時間変数 t の値である. (11.5) 式は**区分線形トレンド** (piecewise linear trend) **モデル**, あるいは**屈折トレンド** (kinked trend) **モデル**と呼ばれる. このモデルは線形トレンド・モデルを一般化した非線形トレンド・モデルの一種であると解釈することができる.

さらに過去にさかのぼり, 標本期間に高度経済成長期 (1955 年から 1973 年まで) を含めた場合の対数実質 GDP の系列が図 11-2 で示されている. 高度経済成長期の平均成長率が 80 年代の平均成長率よりも高いことを考慮すると, 2 つの分割期間を想定している (11.4) 式よりも, 3 つに分割された標本期間でそれぞれトレンド係数の傾きが異なる

$$Y_t = \beta_0 + \beta_1 D_{1t} + \beta_2 D_{2t} + (\beta_3 + \beta_4 D_{1t} + \beta_5 D_{2t})t + u_t \qquad (11.6)$$

を推定するほうが適切かもしれない. ただし, D_{1t} は高度経済成長期に 1, そ

れ以外は0の値を取るダミー変数で，D_{2t}は1974年から1990年の間に1，そ
れ以外は0の値を取るダミー変数とする。

あるいは図11-2の挙動を説明する確定トレンドの形状として，屈折トレン
ドよりも平滑な非線形トレンド関数が好ましいと考えるかもしれない。その場
合，線形のトレンド回帰式 (11.1) 式に2次のトレンド項を加えた

$$Y_t = \mu + \delta_1 t + \delta_2 t^2 + u_t \tag{11.7}$$

や，p次までのトレンドに関する多項式を加えた

$$Y_t = \mu + \sum_{j=1}^{p} \delta_j t^j + u_t \tag{11.8}$$

を推定することも考えられる。(11.7) 式は**2次トレンド**（quadratic trend）**モ
デル**，(11.8) 式は**多項式トレンド**（polynomial trend）**モデル**と呼ばれる非線形
トレンド・モデルである。多項式トレンド・モデルは，その次数が$p = 1$の
場合は線形トレンド・モデル，$p = 2$の場合は2次トレンド・モデルと一致する。

以上のように，確定トレンドの形状として一般的な非線形トレンド関数を導
入しようとすると，無数の候補が想定できるので，分析が複雑になってしまう
傾向がある。さまざまな非線形トレンド成分の性質や非線形トレンド・モデル
選択の理論的な分析は本書の内容を超えるため，ここでは非線形トレンドの関
数形が未知の場合に役立つ便利な方法として，ホドリック＝プレスコット・フ
ィルターを紹介しよう。

> **ホドリック＝プレスコット・フィルター**

とくに実物的景気循環理論という学派のマクロ
経済学者が好んで用いる**ホドリック＝プレスコ
ット・フィルター**（以下，**HPフィルター**と記述す
る）という手法は，平滑な非線形トレンドの推定方法として解釈することがで
きる。ちなみにHPフィルターの発案者の一人エドワード・プレスコット（E.
C. Prescott）は，ノーベル経済学賞を受賞したマクロ経済学者である。われわ
れが日常生活で用いる「フィルター」としては，たとえば空気清浄機のフィル
ターがイメージしやすいのではないだろうか。空気中のチリや花粉がフィル
ターを通ることで取り除かれ，きれいな空気を取り出すことができる。一方，
HPフィルターでは，トレンド成分と循環成分を含んだマクロ経済時系列の情
報の流れ（信号）の中から循環成分を一種のノイズ（雑音）として扱い，フィ

第**11**章　トレンドと構造変化　　535

ルターを通すことでノイズを除去し，純粋な（非線形）トレンド成分を取り出していると理解するとよいだろう。

トレンド回帰式 (11.1) に関するトレンド係数の OLS 推定量が残差平方和を最小化したように，HP フィルターでは次の目的関数を最小化するように選ばれた Y_t^τ の系列を平滑なトレンド成分の推定値とする。

ホドリック゠プレスコット・フィルターの目的関数

$$\sum_{t=3}^{T}(Y_t - Y_t^\tau)^2 + \lambda \sum_{t=3}^{T}[(Y_t^\tau - Y_{t-1}^\tau) - (Y_{t-1}^\tau - Y_{t-2}^\tau)]^2 \qquad (11.9)$$

トレンド回帰式 (11.1) の残差を循環成分として用いたことと同じように，(11.9) 式の第 1 項の $Y_t - Y_t^\tau$ が循環成分となる。目的関数 (11.9) 式を最小化する方法自体は，1923 年にウィテカー (E. T. Whittaker) が提案しているが，ホドリック゠プレスコットによる分析がマクロ経済分析で頻繁に用いられるきっかけとなったため，通常は HP フィルターと呼ばれている。

ここで，最小化の目的関数 (11.9) 式の第 2 項の λ はトレンド成分の平滑度を調整するパラメータであり，大きな値を取るほど平滑性が重視される。λ が極端に大きな値（たとえば 10^9）であれば，第 2 項は 0 になるように Y_t^τ を選べばよいだろう。線形トレンド (11.2) 式を Y_t^τ とすれば，その階差 $Y_t^\tau - Y_{t-1}^\tau$ は定数 δ であり，階差の階差 $(\delta - \delta)$ は常に 0 となることから，平滑性を追求したトレンド成分は線形トレンドとなる。逆に $\lambda = 0$ の場合は $Y_t^\tau = Y_t$ で目的関数 (11.9) 式が最小となるので，トレンドの平滑性は無視され，循環成分が 0 となってしまう。もちろん実証分析では λ の値は，その間に設定される。とくに四半期データによるマクロ経済分析の場合は，$\lambda = 1600$ に設定することで，抽出された循環成分の周期が通常の景気循環の認識に近くなる。具体的には，8 年周期以下の景気循環は必ず循環成分に含まれるようになる。一方，年次データと月次データの場合は伝統的にそれぞれ $\lambda = 100$ と $\lambda = 14,400$ という値が用いられてきた。最近では，ラヴン゠ウーリグ (Ravn and Uhlig, 2002) の提案した $\lambda = 6.25$ と $\lambda = 129,600$ という値を採用することも多い。

この HP フィルターを用いて，図 11-2 の対数実質 GDP の系列の非線形トレンド成分を推定してみよう。年次データなので，最小化の目的関数 (11.9)

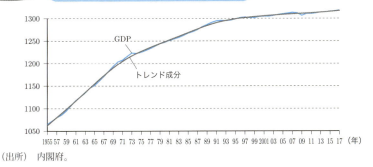

図 11-3 ● HP フィルターのトレンド成分

(出所) 内閣府。

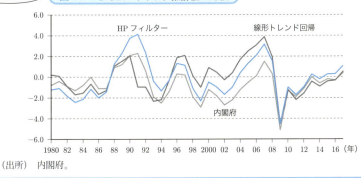

図 11-4 ● GDP ギャップ推計値の比較

(出所) 内閣府。

式の調整パラメータには伝統的な $\lambda = 100$ を用いている。推定されたトレンド成分は図 11-3 で示されている。対数実質 GDP の線形トレンド・モデルの残差が GDP ギャップの推定値として利用できたのと同様に，HP フィルターによる循環成分も GDP ギャップの推定値として解釈することができる。第 10 章で用いた内閣府による GDP ギャップ，線形トレンド・モデルによる GDP ギャップ，HP フィルターによる GDP ギャップの 3 つの推定値を比較したものが図 11-4 である（ただし図に含まれている 1989 年以前の線形トレンド・モデルによる GDP ギャップについては，推定期間を分割した場合の推定値が用いられている）。図からは 3 つの推定値の挙動は似ているが，とくに水準については必ずしも一致しないことが確認できる。この事実からも，マクロ経済分析におけるトレンド成分推定の重要性が認識できるだろう。次節以下では，主に確定

第 11 章 トレンドと構造変化 537

トレンドが線形トレンドである場合の分析方法を詳細に検討する。

確定トレンドと 確率トレンド

確定トレンドは代表的なトレンド成分だが，もう1つの代表的なトレンド成分として分類されるのが，確率トレンドである。確率トレンドも確定トレンドも非定常であるが，確率トレンドでは確定トレンドにない確率変動を伴う。最も基本的な確率トレンドが，**ランダムウォーク** (random walk)である。ここでは，ランダムウォークを用いて，確率トレンドの基本的な性質を確認しよう。

第10章で導入されたAR(1)モデルは$Y_t = \beta_0 + \beta_1 Y_{t-1} + \varepsilon_t$であったが，$|\beta_1| < 1$という定常性の条件が仮定されていた。ここで，定常性が満たされない制約である$\beta_0 = 0$，$\beta_1 = 1$を課した次のモデルを，ランダムウォークと呼ぶ。

ランダムウォーク

$$Y_t = Y_{t-1} + \varepsilon_t \tag{11.10}$$

たとえば，為替レートの挙動はランダムウォークで非常によく記述できることが知られている。この過程が確率トレンドと呼ばれる理由は，確定トレンドの類推を用いるとわかりやすい。(11.10) 式では誤差項のε_tが確率変数であるが，この部分を定数のδに置き換えると

$$Y_t = Y_{t-1} + \delta \tag{11.11}$$

と書ける。Y_tの初期値をY_0に固定すると，$t = 1$の時点では

$$Y_1 = Y_0 + \delta \tag{11.12}$$

となり，$t = 2$の時点では$Y_2 = Y_1 + \delta$に (11.12) 式を代入することで

$$Y_2 = Y_0 + \delta + \delta = Y_0 + \delta \times 2 \tag{11.13}$$

となることがわかる。逐次代入を繰り返すと任意のt時点で，

$$Y_t = Y_0 + \sum_{j=1}^{t} \delta = Y_0 + \delta t \tag{11.14}$$

となり，これは $\mu = Y_0$ と設定した場合の確定トレンド (11.2) 式と同値であることが確認できた。同様にランダムウォークの (11.10) 式でも逐次代入を繰り返すと

$$Y_1 = Y_0 + \varepsilon_1$$

$$Y_2 = Y_0 + \varepsilon_1 + \varepsilon_2$$

$$\vdots$$

$$Y_t = Y_0 + \sum_{j=1}^{t} \varepsilon_j \tag{11.15}$$

と表現できるので，定数ではなく確率変数が蓄積されていく点を除けば，(11.14) 式と似たトレンド構造を持っていることが明確になるだろう。また，確率トレンドが非定常であることを確認するためには，Y_t の分散の性質を調べると理解しやすい。(11.15) 式より分散は

$$\mathrm{Var}(Y_t) = \mathrm{Var}(\varepsilon_1) + \mathrm{Var}(\varepsilon_2) + \cdots + \mathrm{Var}(\varepsilon_t) = \sigma_\varepsilon^2 t \tag{11.16}$$

となり，分散が一定でなく，時間とともに増加することが確認できた。ただし，σ_ε^2 は ε_t の分散である。マクロ経済時系列データのトレンド成分が確率トレンドである場合，確定トレンドを仮定したトレンド回帰式 (11.1) 式を用いてディトレンドしようとしても，正しくトレンドを除去することができない。トレンド成分が確率トレンドであるかどうか判断するための統計的な方法が，本章 3 節で説明する単位根検定である。単位根という名称は，AR(1) モデルの場合，その自己回帰係数が 1 であることに起因しており，ランダムウォークの (11.10) 式が $\Delta Y_t = \varepsilon_t$ と書き換えられることからわかるように，階差によって定常な変数 ε_t に変換される。このことから，確率トレンドを含む系列は**階差定常** (difference stationary) であるという。一方，確定トレンドの場合，線形トレンドの階差は定数となるが，トレンド回帰式 (11.1) を用いてディトレンドしても定常な変数に変換できるため，**トレンド定常** (trend stationary) という。単位根検定はトレンド定常なデータと階差定常なデータを区別するた

第 **11** 章　トレンドと構造変化　　539

めの手法ということもできる。階差定常の場合のトレンド・サイクル分解の方法については，本章 4 節で紹介する。

構造変化

マクロ経済変数では，これまでに見たトレンド成分とは別の種類の非定常な成分が存在することも多い。その代表例が構造変化である。非線形トレンド・モデルの 1 つである屈折トレンド・モデルでは，ダミー変数 D_t と時間変数 t の交差項が導入されたが，時間変数 t のようなトレンド成分が含まれない場合でも，モデルは非定常になる。たとえば，Y_t の平均がある時点 T^* で一度だけ変化する簡単なモデルを考えよう。

$$
Y_t = \begin{cases} \mu_1 + u_t & (t < T^*) \\ \mu_2 + u_t & (t \geq T^*) \end{cases} \tag{11.17}
$$

ただし $\mu_1 \neq \mu_2$ とする。時点が $t = 1$ から $t = T^* - 1$ の期間について $\mathrm{E}(Y_t) = \mu_1$，$t = T^*$ 以降は $\mathrm{E}(Y_t) = \mu_2$ である。つまり平均が時間に依存して変化するため，やはり定常性は満たされない。(11.17) 式は平均値の水準が変化しているという意味で，水準シフト (level shift) モデルと呼ばれることもある。1997 年のアジア通貨危機や 2008 年のリーマン・ショックの事例のように，構造変化点 T^* が既知であれば，$t \geq T^*$ のときに 1，それ以外で 0 となるようなダミー変数 D_t を定義して，回帰式を

$$
Y_t = \beta_0 + \beta_1 D_t + u_t \tag{11.18}
$$

と書けば，(11.17) 式を 1 本の式にまとめることができる。ただし (11.18) 式の β_0 と β_1 は，それぞれ，(11.17) 式の μ_1 と $\mu_2 - \mu_1$ に対応している。OLS で (11.18) 式を推定して，その残差を用いれば，非定常な成分は除去されて，定常な循環部分を分析することができる。「構造変化がない」という帰無仮説の検定は，β_1 が有意に 0 と異なるかを調べればよい。循環成分である u_t に系列相関がある場合には，HAC 標準誤差を用いて検定する。より一般的な回帰モデルで切片項や係数に構造変化がある場合についても，構造変化ダミー変数を用いて

$$
Y_t = \beta_0 + \beta_1 D_t + (\beta_2 + \beta_3 D_t) X_t + u_t \tag{11.19}
$$

と記述することができる。ただし，(11.18) 式や (11.19) 式の方法は，構造変

540　　第 III 部　マクロ編

化点 T^* が未知の場合には用いることができない。本章5節では,構造変化点 T^* が未知の場合に,構造変化点を推定したり,構造変化を検定する方法を説明する。

線形トレンドとトレンド・サイクル分解

線形トレンドモデルの OLS 推定量の一致性と漸近正規性

前節で示したように,説明変数が $X_t = t$ であるような単回帰モデル,

$$Y_t = \mu + \delta t + \varepsilon_t \tag{11.20}$$

は線形トレンドモデルと呼ばれている。議論を単純化するために,系列相関のない誤差項 ε_t を考え,$\mu = 0$ が既知で,定数項が線形トレンドモデルに含まれない場合を想定する。この場合,非定常な変数であるトレンド項の係数 δ の OLS 推定量 $\hat{\delta}$ の性質には,通常の回帰モデルの場合とどのような違いがあるのか調べてみよう。まず,説明変数は確率変数ではないので外生変数の仮定は満たされている。次に,推定量の公式から

$$\hat{\delta} = \frac{\sum_{t=1}^{T} tY_t}{\sum_{t=1}^{T} t^2} = \delta + \frac{\sum_{t=1}^{T} t\varepsilon_t}{\sum_{t=1}^{T} t^2} \tag{11.21}$$

と書くことができる。右辺第2項の分子の分散は,誤差項 ε_t には系列相関がなく,定常で均一分散が仮定されているので

$$\begin{aligned}
\mathrm{Var}\left(\sum_{t=1}^{T} t\varepsilon_t\right) &= \mathrm{Var}\left(\varepsilon_1 + 2\varepsilon_2 + \cdots + T\varepsilon_T\right) \\
&= \mathrm{Var}(\varepsilon_1) + 2^2\mathrm{Var}(\varepsilon_2) + \cdots + T^2\mathrm{Var}(\varepsilon_T) \\
&= \left(\sum_{t=1}^{T} t^2\right) \sigma_\varepsilon^2
\end{aligned} \tag{11.22}$$

と計算される。このため,

$$\mathrm{E}\left[(\hat{\delta}-\delta)^2\right] = \mathrm{E}\left[\left(\frac{\sum_{t=1}^{T} t\varepsilon_t}{\sum_{t=1}^{T} t^2}\right)^2\right]$$

$$= \left(\frac{1}{\sum_{t=1}^{T} t^2}\right)^2 \mathrm{Var}\left(\sum_{t=1}^{T} t\varepsilon_t\right)$$

$$= \frac{\left(\sum_{t=1}^{T} t^2\right)\sigma_\varepsilon^2}{\left(\sum_{t=1}^{T} t^2\right)^2} = \frac{\sigma_\varepsilon^2}{\sum_{t=1}^{T} t^2}$$

となる。トレンドの和に関しては，正の整数 m について，T が十分に大きいとき，

$$\frac{1}{T^m}\sum_{t=1}^{T} t^{m-1} \to \frac{1}{m}$$

が成立することが知られている。この公式を使えば，たとえば，$m=2$ のとき，

$$\frac{1}{T^2}\sum_{t=1}^{T} t \to \frac{1}{2} \tag{11.23}$$

であり，$m=3$ のとき，

$$\frac{1}{T^3}\sum_{t=1}^{T} t^2 \to \frac{1}{3} \tag{11.24}$$

となる。公式 (11.24) を応用すれば，$T \to \infty$ のときに，

$$T^3 \times \mathrm{E}\left[(\hat{\delta}-\delta)^2\right] = \frac{\sigma_\varepsilon^2}{T^{-3}\sum_{t=1}^{T} t^2} \to 3\sigma_\varepsilon^2 \tag{11.25}$$

となる。(11.25) 式は $\mathrm{E}[(\hat{\delta}-\delta)^2]$ が 0 に収束することを示しているが，これは推定量 $\hat{\delta}$ が δ へ平均 2 乗収束する定義に一致する。確率変数の収束定義の強弱関係の結果により，平均 2 乗収束する確率変数は確率収束することが知られているため，$\hat{\delta}$ の一致性が確認できた。また (11.25) 式は $\hat{\delta}$ の漸近分散であると解釈できるため，収束の速度は T^3 の平方根 $T^{3/2}$ であることが確認できる。これは，確率変数を k 倍すると分散は k^2 倍に拡大される性質から，$\hat{\delta}-\delta$ を $T^{3/2}$ 倍すれば，その分散は T^3 倍されると考えればよい。一方，説明変数

542　第III部　マクロ編

が定常な変数である場合の OLS 推定量の収束の速度は $\sqrt{T}$（つまり $T^{1/2}$）であったので，線形トレンドモデルの場合には推定量が真の値により速く収束し，推定精度が高くなることがわかる。

次に漸近正規性を確認する。通常の仮定のもとで $Y_t = \beta_1 X_t + \varepsilon_t$ のモデルを推定した場合には，推定量の収束速度である $\sqrt{T}$ で拡大して，

$$\sqrt{T}(\hat{\beta}_1 - \beta_1) \xrightarrow{d} N(0, V_1)$$

と表現できた。ただし，モデルに定数項がないため，$V_1 = \mathrm{Var}(X_t \varepsilon_t)/[\mathrm{E}(X_t^2)]^2$ である。また標準誤差 $SE(\hat{\beta}_1)$ は $\sqrt{\hat{V}_1/T}$ で与えられた。同様に線形トレンドモデルの場合には，推定量の収束速度である $T^{3/2}$ で拡大して，

$$T^{3/2}(\hat{\delta} - \delta) \xrightarrow{d} N(0, V_\tau)$$

と表現できるが，その漸近分散は (11.25) 式から $V_\tau = 3\sigma_\varepsilon^2$ で与えられる（ここで V の添え字 τ は，トレンドに関する漸近分散を通常の定常変数の場合の漸近分散 V_1 と区別するために用いた）。あるいは (11.21) 式から変形される

$$T^{3/2}(\hat{\delta} - \delta) = \frac{T^{-3/2} \sum_{t=1}^{T} t\varepsilon_t}{T^{-3} \sum_{t=1}^{T} t^2}$$

において，分子の分散が (11.22) 式から $\sigma_\varepsilon^2/3$ に収束し，分母が (11.24) 式から $1/3$ に収束することからも確認できる（$(1/3)^{-2} \times \sigma_\varepsilon^2/3 = 3\sigma_\varepsilon^2$）。

次に標準誤差を計算しよう。通常の $SE(\hat{\beta}_1)$ の類推から，本来であれば $SE(\hat{\delta})$ は $\sqrt{\hat{V}_\tau/T^3}$ と定義されなければならない。この場合，

$$\hat{V}_\tau = \frac{T^{-3} \sum_{t=1}^{T} t^2 \hat{\varepsilon}_t^2}{\left(T^{-3} \sum_{t=1}^{T} t^2\right)^2}$$

である。ところが，もしトレンド回帰式の $X_t = t$ を直接通常の $\hat{V}_1$ の公式に代入すると，

$$\hat{V}_1 = \frac{T^{-1} \sum_{t=1}^{T} X_t^2 \hat{\varepsilon}_t^2}{\left(T^{-1} \sum_{t=1}^{T} X_t^2\right)^2} = \frac{T^{-1} \sum_{t=1}^{T} t^2 \hat{\varepsilon}_t^2}{\left(T^{-1} \sum_{t=1}^{T} t^2\right)^2}$$

となり，$SE(\hat{\beta}_1)$ の公式から以下の結果が得られる。

第 **11** 章　トレンドと構造変化　　543

$$SE(\hat{\beta}_1) = \sqrt{\hat{V}_1/T} = \sqrt{\frac{T^{-1}\sum_{t=1}^{T}t^2\hat{\varepsilon}_t^2}{T\left(T^{-1}\sum_{t=1}^{T}t^2\right)^2}} = \sqrt{\frac{\sum_{t=1}^{T}t^2\hat{\varepsilon}_t^2}{\left(\sum_{t=1}^{T}t^2\right)^2}}$$

$$= \sqrt{\frac{T^{-3}\sum_{t=1}^{T}t^2\hat{\varepsilon}_t^2}{T^3\left(T^{-3}\sum_{t=1}^{T}t^2\right)^2}} = \sqrt{\hat{V}_\tau/T^3} = SE(\hat{\delta})$$

つまり，$SE(\hat{\beta}_1)$ は計算上 $SE(\hat{\delta})$ と完全に一致していることがわかる。

　定数項を含んだ線形トレンド・モデルでも，漸近分散が $V_\tau = 12\sigma_\varepsilon^2$ で与えられる以外は，$\hat{\delta}$ について同様の理論的な結果から，通常の標準誤差の公式で代用できる。ただし定数項 $\hat{\mu}$ の収束の速度は $T^{3/2}$ ではなく通常の $\sqrt{T}$ である。定数項を含んだ線形トレンド・モデルの推定量の漸近分布の導出については，巻末付録 B（659 ページ）で説明されている。

　以上の考察をまとめよう。線形トレンド・モデルの OLS 推定量は一致性を持つが，その収束は通常の回帰モデルよりもずっと速いため，推定精度は高い。ところがトレンド係数推定値の統計的推測をする場合には，収束速度の上昇を考慮せずに，通常の標準誤差の公式を用いることができる。このため，統計解析ソフトではトレンド回帰のために特別なコマンドを用意する必要はなく，推定量の収束速度の差を無視して「トレンドがない」という帰無仮説の検定が可能である。

　ここで，前節で示した 1991 年から 2017 年までの期間に関する実質 GDP の線形トレンド・モデルの推定結果である (11.3) 式を再検討してみよう。トレンド係数の推定量は一致性を持ち，標準誤差から計算される t 統計量 18.074（$= 0.849/0.047$）に標準正規分布の臨界値を用いることが正当化されるため，トレンド成分が有意に 0 でないことが確認できた。また推定のサンプルサイズは 27 であり，一見推定の精度が低そうで不安に感じるかもしれない。ところが，トレンド係数の推定量の収束速度は定常な変数の係数の収束速度の 3 倍であり，理論的には $27 \times 27 \times 27 = 19{,}683$ のサンプルサイズの場合と同じ程度に推定精度が高いことがわかる。

系列相関と GLS 推定　　系列相関のある誤差項 u_t を含む線形トレンド・モデル

$$Y_t = \mu + \delta t + u_t \tag{11.26}$$

544　第III部　マクロ編

の OLS 推定量 $\hat{\delta}$ は一致推定量であるため，Y_t の予測値 $\hat{Y}_t = \hat{\mu} + \hat{\delta}t$ はトレンド成分の一致推定量である。一方，残差 $\hat{u}_t = Y_t - \hat{\mu} - \hat{\delta}t$ は循環成分の一致推定量である。このため OLS によるトレンド・サイクル分解は線形トレンド・モデルの特定化が正しければ，理論的に正当化することができる。ディトレンドされた変数である残差を用いて景気循環の特性を調べるためには，次の段階で時系列モデルを推定すればよい。

たとえば，循環成分の時系列モデルが AR(1) モデルだったとしよう。第 10 章では，回帰モデルの系列相関構造がわかっている場合には，その情報を使えば OLS 推定量よりも効率的な一般化最小 2 乗 (GLS) 推定量を用いることを説明した。同様に，線形トレンドモデルの誤差項 u_t が AR(1) モデルに従っている情報を使って，トレンド項の係数 δ の推定や，トレンド・サイクル分解の精度を改善したいと考えるかもしれない。しかし実は，線形トレンド・モデルの場合には，GLS 推定量を用いても漸近的に推定の精度は変わらないことが知られている。したがって，OLS 推定量を用いたトレンド・サイクル分解で実用上は十分であり，それ以外の推定量が用いられることはあまりない。

このことを確認するために，再び $\mu = 0$ が既知で，定数項が線形トレンドモデルに含まれない場合を想定しよう。また，誤差項の AR(1) モデルである

$$u_t = \rho u_{t-1} + \varepsilon_t \tag{11.27}$$

の自己回帰係数は $-1 < \rho < 1$ の制約を満たしており，既知であるとする。(11.26) 式の準階差は，(11.27) 式を用いて

$$Y_t - \rho Y_{t-1} = \delta[t - \rho(t-1)] + \varepsilon_t \tag{11.28}$$

となり，系列相関がない線形トレンド・モデルに変換できる。初期時点 $t = 0$ の変換の影響は漸近的には無視できるので，サンプルサイズが十分大きい場合の GLS 推定量は (11.28) 式の OLS 推定量

$$\tilde{\delta} = \frac{\sum_{t=2}^{T}[t - \rho(t-1)](Y_t - \rho Y_{t-1})}{\sum_{t=2}^{T}[t - \rho(t-1)]^2}$$

とほぼ同値である。上式に (11.28) 式を代入すれば，

$$\tilde{\delta} = \delta + \frac{\sum_{t=2}^{T}[t - \rho(t-1)]\varepsilon_t}{\sum_{t=2}^{T}[t - \rho(t-1)]^2} = \delta + \frac{(1-\rho)\sum_{t=2}^{T}t\varepsilon_t + \rho\sum_{t=2}^{T}\varepsilon_t}{\sum_{t=2}^{T}[t - \rho(t-1)]^2} \quad (11.29)$$

であり，収束速度の $T^{3/2}$ を掛けると

$$T^{3/2}(\tilde{\delta} - \delta) = \frac{(1-\rho)T^{-3/2}\sum_{t=2}^{T}t\varepsilon_t + \rho T^{-3/2}\sum_{t=2}^{T}\varepsilon_t}{T^{-3}\sum_{t=2}^{T}[t - \rho(t-1)]^2}$$

となる．右辺の分子の $T^{-3/2}\sum_{t=2}^{T}t\varepsilon_t$ の部分は，前項の結果から $N(0, \sigma_\varepsilon^2/3)$ に分布収束し，$T^{-3/2}\sum_{t=2}^{T}\varepsilon_t$ の部分は ε_t の標本平均を $\sqrt{T}$ で割るため 0 に確率収束する．一方，分母は

$$\begin{aligned}
T^{-3}\sum_{t=2}^{T}[t - \rho(t-1)]^2 &= T^{-3}\sum_{t=2}^{T}[(1-\rho)t + \rho]^2 \\
&= T^{-3}\sum_{t=2}^{T}[(1-\rho)^2 t^2 + 2(1-\rho)\rho t + \rho^2] \\
&= (1-\rho)^2 T^{-3}\sum_{t=2}^{T}t^2 + T^{-1} \times 2(1-\rho)\rho T^{-2}\sum_{t=2}^{T}t \\
&\quad + T^{-2}(1 - T^{-1}) \times \rho^2
\end{aligned}$$

となり，(11.23) 式と (11.24) 式の結果を用いると，$(1-\rho)^2 \times 1/3$ に収束する第 1 項以外は 0 に収束することがわかる．以上の結果を組み合わせると，GLS 推定量の漸近分布として

$$T^{3/2}(\tilde{\delta} - \delta) \xrightarrow{d} N\left(0, \frac{3\sigma_\varepsilon^2}{(1-\rho)^2}\right) \quad (11.30)$$

が導出される．一方，前項の結果から，線形トレンドモデルの OLS 推定量の漸近分布は

$$T^{3/2}(\hat{\delta} - \delta) = \frac{T^{-3/2}\sum_{t=1}^{T}tu_t}{T^{-3}\sum_{t=1}^{T}t^2} \xrightarrow{d} N\left(0, 3\omega_u^2\right) \quad (11.31)$$

であった．ただし，ω_u^2 は u_t の長期分散である．ここでは u_t が (11.27) 式に従うことから，$\gamma_j = \rho^j \sigma_u^2$ と $\sigma_u^2 = \sigma_\varepsilon^2/(1-\rho^2)$ なので（すでに第 10 章で導出されている），長期分散は

$$\omega_u^2 = \sigma_u^2 + 2\sum_{j=1}^{\infty} \gamma_j = \sigma_u^2 \left(1 + 2\sum_{j=1}^{\infty} \rho^j\right) = \sigma_u^2 \left(1 + \frac{2\rho}{1-\rho}\right)$$
$$= \frac{\sigma_\varepsilon^2}{(1+\rho)(1-\rho)} \times \frac{1+\rho}{1-\rho} = \frac{\sigma_\varepsilon^2}{(1-\rho)^2}$$

となり，(11.30) 式と (11.31) 式の漸近分散は一致する．以上で，GLS 推定量を用いても推定の精度が漸近的に改善されないことが証明された．

最後に，トレンド項を含めた AR モデルを OLS 推定することで，第 1 段階のディトレンドの操作を省略し，トレンド係数と循環成分の自己回帰係数を同時に推定できる点を指摘しよう．誤差項 $u_t = Y_t - \mu - \delta t$ を (11.27) 式に代入すれば，

$$Y_t - \mu - \delta t = \rho\left[Y_{t-1} - \mu - \delta(t-1)\right] + \varepsilon_t \tag{11.32}$$

となる．ここで係数を整理すると

$$Y_t = \mu + \delta t + \rho Y_{t-1} - \rho\mu - \rho\delta(t-1) + \varepsilon_t$$

と書き換えられるので，

$$Y_t = \beta_0 + \beta_1 t + \beta_2 Y_{t-1} + \varepsilon_t \tag{11.33}$$

と表現できる．ただし $\beta_0 = (1-\rho)\mu + \rho\delta$, $\beta_1 = (1-\rho)\delta$, $\beta_2 = \rho$ である．(11.33) 式を OLS 推定した場合には，誤差項に系列相関がないため，検定のために HAC 標準誤差を使う必要がない．自己回帰係数の ρ については，β_2 の推定値を直接用いることができる．また，トレンド係数の δ は $\beta_1/(1-\beta_2)$ の変換から計算できる．どちらの係数に関しても，トレンド・サイクル分解後に AR モデルを推定した場合と漸近的には同値になる．ただし，(11.33) 式を用いる方法は，循環成分の時系列モデルの特定化が正しくないと機能しない．一方，(11.26) 式の線形トレンド・モデルを使ったトレンド成分の推定は，循環成分の系列相関構造に直接依存しないという意味で頑健な方法である．

実証例 11.1　GDP の線形トレンド・モデル推定

ここでは，実質 GDP 系列の線形トレンド・モデルを 3 期間に分割して推定する．1955 年から 1973 年までを標本期間 I，1974 年から 1990 年

まで標本期間II，1991年から2017年までを標本期間IIIと呼ぶ。被説明変数の GDP_t はすべて 2011 年基準の実質 GDP の対数値に 100 を掛けた変数である。係数推定値の下のカッコ内は（均一分散の場合に用いられる通常の）標準誤差が表示されている。

標本期間 I（1955～1973 年）：

$$GDP_t = \underset{(1.066)}{1061.830} + \underset{(0.101)}{9.166} t + \hat{u}_t \tag{11.34}$$

標本期間 II（1974～1990 年）：

$$GDP_t = \underset{(1.697)}{1140.698} + \underset{(0.061)}{4.247} t + \hat{u}_t \tag{11.35}$$

標本期間III（1991～2017 年，(11.3) 式の再掲）：

$$GDP_t = \underset{(2.331)}{1265.155} + \underset{(0.047)}{0.849} t + \hat{u}_t \tag{11.36}$$

次に，同じ推定期間の組合せで (11.33) 式を OLS で推定した。この結果は以下に示されている。

標本期間 I（1955～1973 年）：

$$GDP_t = \underset{(229.122)}{517.311} + \underset{(2.011)}{4.463} t + \underset{(0.218)}{0.517} GDP_{t-1} + \hat{\varepsilon}_t \tag{11.37}$$

標本期間 II（1974～1990 年）：

$$GDP_t = \underset{(164.884)}{658.578} + \underset{(0.590)}{2.528} t + \underset{(0.144)}{0.422} GDP_{t-1} + \hat{\varepsilon}_t \tag{11.38}$$

標本期間III（1991～2017 年）：

$$GDP_t = \underset{(205.445)}{617.206} + \underset{(0.147)}{0.402} t + \underset{(0.163)}{0.513} GDP_{t-1} + \hat{\varepsilon}_t \tag{11.39}$$

ここで (11.34)～(11.36) 式の残差 $\hat{u}_t$ と (11.37)～(11.39) 式の残差 $\hat{\varepsilon}_t$ の違いについて確認しておこう。まず，残差 $\hat{u}_t$ は GDP ギャップの推定値として用いることができるが，残差 $\hat{\varepsilon}_t$ は GDP ギャップの推定値として用いることができない。ところが GDP ギャップが AR(1) モデルに従っており，(11.27) 式が正しい場合には (11.33) 式より $\beta_0 = (1-\rho)\mu + \rho\delta$，$\beta_1 = (1-\rho)\delta$，$\beta_2 = \rho$ が成立してるため，μ と δ を計算し，$Y_t - \mu - \delta t$ を GDP ギャップとすればよい。また，この GDP ギャップの AR(1)

548　第III部　マクロ編

係数の推定値として (11.37)〜(11.39) 式の GDP_{t-1} の係数推定値を直接用いることができる。

3 単位根検定

ディッキー＝フラー検定

本節では，時系列データに確率トレンドが含まれているかどうかを判断するための統計的な方法である**単位根検定**（unit root test）を説明する。確定トレンドと確率トレンドの項で紹介したランダムウォーク $Y_t = Y_{t-1} + \varepsilon_t$ は，最も単純な確率トレンドの例であり，定数項のない AR(1) モデル

$$Y_t = \beta_1 Y_{t-1} + \varepsilon_t \tag{11.40}$$

において $\beta_1 = 1$ の制約を課したモデルであると解釈することができる。(11.40) 式で $|\beta_1| < 1$ の定常性の条件が満たされていれば，係数の OLS 推定量

$$\hat{\beta}_1 = \frac{\sum_{t=2}^{T} Y_{t-1} Y_t}{\sum_{t=2}^{T} Y_{t-1}^2} \tag{11.41}$$

の漸近分布は，収束速度である $\sqrt{T}$ で拡大して，

$$\sqrt{T}(\hat{\beta}_1 - \beta_1) \xrightarrow{d} N(0, V_1)$$

と表現できる。ただし，$V_1 = \mathrm{Var}(Y_{t-1}\varepsilon_t) / [\mathrm{Var}(Y_{t-1})]^2 = 1 - \beta_1^2$ である。また定常な AR(1) モデルの場合，帰無仮説 $H_0 : \beta_1 = \beta_1^0$ のもとで標準誤差 $SE(\hat{\beta}_1) = \sqrt{\hat{V}_1/T} = \sqrt{\hat{\sigma}_\varepsilon^2 / \sum_{t=2}^{T} Y_{t-1}^2}$ から計算される t 統計量 $(\hat{\beta}_1 - \beta_1^0)/SE(\hat{\beta}_1)$ は漸近的に標準正規分布に従うため，

$$\frac{\hat{\beta}_1 - \beta_1^0}{SE(\hat{\beta}_1)} \xrightarrow{d} N(0, 1)$$

と記述できる。ところが，「単位根が存在する」という帰無仮説（以下，単位根

第 11 章　トレンドと構造変化　　549

仮説）$H_0 : \beta_1 = 1$ のもとでは，$\hat{\beta}_1$ の収束速度が $\sqrt{T}$ ではなく T であることが知られている。しかも，$\hat{\beta}_1$ の漸近分布は正規分布ではなく，非対称で歪みのある分布であり，ディッキー＝フラー分布（DF）と呼ばれている。また，単位根仮説に関する t 統計量は漸近的に標準正規分布ではなく，ディッキー＝フラー t 分布（t_{DF}）と呼ばれる分布に従う。以上の結果をまとめると，

$$T(\hat{\beta}_1 - 1) \xrightarrow{d} DF \tag{11.42}$$

$$\frac{\hat{\beta}_1 - 1}{SE(\hat{\beta}_1)} \xrightarrow{d} t_{DF} \tag{11.43}$$

となる。単位根検定では $\beta_1 > 1$ の対立仮説は考慮しないため，臨界値よりも小さい場合に棄却する（左）片側検定となる。DF と t_{DF} の臨界値をそれぞれ DF^* と t_{DF}^* とすれば，$T(\hat{\beta}_1 - 1) < DF^*$ や $(\hat{\beta}_1 - 1)/SE(\hat{\beta}_1) < t_{DF}^*$ のときに単位根仮説は棄却され，確率トレンドが存在しないと結論する。なお，単位根がある場合に，漸近分布が正規分布にならない理由の説明については，章末の補論 B を参照してほしい。

以上が**ディッキー＝フラー検定**と呼ばれる単位根検定の概観である。実際の応用では，(11.40) 式を OLS 推定するときに，被説明変数である水準 Y_t を階差 ΔY_t に置き換えることが多い。左辺を ΔY_t に変換するために (11.40) 式の両辺から Y_{t-1} を引けば，

$$\Delta Y_t = (\beta_1 - 1)Y_{t-1} + \varepsilon_t = aY_{t-1} + \varepsilon_t \tag{11.44}$$

となる。ただし $a = \beta_1 - 1$ である。本章では (11.44) 式をディッキー＝フラー回帰式と呼ぶ。この表現の便利な点は，説明変数 Y_{t-1} の係数の OLS 推定値 $\hat{a}$ の t 値を用いることで，単位根仮説 $H_0 : \beta_1 = 1$ の t 統計量 $(\hat{\beta}_1 - 1)/SE(\hat{\beta}_1) = \hat{a}/SE(\hat{a})$ が直接計算できることである。また実証分析では多くの場合，(11.42) 式の結果を用いる係数型のディッキー＝フラー検定よりも，(11.43) 式の結果を用いる t 統計量型のディッキー＝フラー検定が用いられる。この理由は，系列相関を許容する拡張を行った場合（後述の拡張ディッキー＝フラー検定を参照）には (11.42) 式の結果が成立せず，追加的な調整項が必要になるためである。一方，(11.43) 式の結果は調整なしで使用することができるという便利な性質を持っている。

550　　**第Ⅲ部　マクロ編**

ここで，(11.40) 式や (11.44) 式では，定数項やトレンドが含まれていない。実際の応用では，定数項を含むディッキー゠フラー回帰式

$$\Delta Y_t = \beta_0 + aY_{t-1} + \varepsilon_t \tag{11.45}$$

や定数項とトレンドを含むディッキー゠フラー回帰式

$$\Delta Y_t = \beta_0 + \beta_1 t + aY_{t-1} + \varepsilon_t \tag{11.46}$$

を推定して，単位根仮説を検定することも多い。この理由は，対立仮説のもとでの定式化がより適切だと考えられるからである。この点を確認しよう。まず，ランダムウォーク $Y_t = Y_{t-1} + \varepsilon_t$ から発生した系列の実現値の標本平均は，通常 0 と大きく異なるだろう。このため対立仮説のもとでも平均が 0 であるという制約を課さない定数項を含む AR(1) モデルを考慮できる (11.45) 式のほうが，(11.44) 式よりも望ましい。

次に，階差定常の帰無仮説をトレンド定常の対立仮説に対して検定したいとしよう。トレンド定常の対立仮説のもとで，確定トレンドと定常な AR(1) モデルに従う循環成分の和は (11.33) 式で表現することが可能であった。これは (11.46) 式とまったく同じモデルである。一方，階差定常の帰無仮説のもとでは，確定トレンド以外にも確率トレンドが存在することになる。この場合には，(11.27) 式で $\rho = 1$ と設定し (11.26) 式に代入するとよい。(11.33) 式の係数制約の結果を用いれば，帰無仮説のもとでは $\beta_0 = \delta$, $\beta_1 = 0$, $\beta_2 = 1$ ($a = \beta_2 - 1 = 0$) に一致することがわかる。この制約を満たすモデルは

$$Y_t = \delta + Y_{t-1} + \varepsilon_t$$

であり，ドリフト付きのランダムウォークと呼ばれる。つまり定数項とトレンドを含むディッキー゠フラー回帰式 (11.46) 式では，ドリフト付きのランダムウォークの帰無仮説に対して，誤差項に系列相関（AR(1) モデル）のある線形トレンド・モデルの対立仮説が想定されているのである。

定数項やトレンドを含む単位根検定で重要なことは，帰無仮説のもとで，(11.43) 式と異なる分布となるため，定数項を含めない単位根検定の場合とは違う臨界値を用いる点である。図 11-5 では 3 つの単位根検定のディッキー゠フラー t 分布 (t_{DF}) と標準正規分布の形状が比較されている。最も右に位置する左右対称な分布が標準正規分布であり，定数項のないモデル，定数項を

FIGURE 図 11-5 ● ディッキー゠フラー t 分布

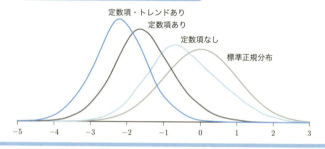

TABLE 表 11-1 ● ディッキー゠フラー検定統計量（t 統計量）の臨界値

	10%	5%	1%
定数項なし	-1.62	-1.95	-2.58
定数項あり	-2.57	-2.86	-3.42
定数項・トレンドあり	-3.13	-3.41	-3.96

（注）Fuller (1996) より抜粋。

含むモデル，定数項とトレンドを含むモデルの順で，左方向に 3 種類のディッキー゠フラー t 分布が示されている。推定するパラメータが増えるほど，分布が左に移動していくことは，臨界値が順に小さくなる（絶対値で大きくなる）ことに対応している。それぞれのディッキー゠フラー検定の t 統計量の臨界値 t_{DF}^* は表 11-1 に示されている。計算された t 統計量が，用いたディッキー゠フラー回帰式に対応した臨界値を下回れば，単位根仮説は棄却される。(11.42) 式のような係数型の検定統計量を用いる場合に必要なディッキー゠フラー分布（DF）の臨界値 DF^* については，Fuller (1996) を参照してほしい。

実証例 11.2　為替レートの単位根検定

EMPIRICAL

　為替レートはランダムウォークで近似できることが知られている。ここでは，図 11-6 に示されている 1991 年 4 月 1 日から 2002 年 12 月 31 日までの外国為替市場の取引営業日の日次円ドル為替レートに単位根検定を応用してみよう。以下の分析では，円ドルレートを対数変換し 100 を掛けた変数である S_t を用いて 3 本のディッキー゠フラー回帰式を推

FIGURE 図 11-6 ● 円ドルレート

（出所） Ito and Yabu（2007）。

定し，それぞれについてディッキー＝フラー t 統計量を計算する。サンプルサイズは 3055 である。

まず (11.44) 式の定数項のないディッキー＝フラー回帰式の推定結果は

$$\widehat{\Delta S_t} = \underset{(0.0000275)}{-0.0000124 S_{t-1}} \tag{11.47}$$

となった。ただしカッコ内は均一分散の標準誤差である。ディッキー＝フラー検定の t 統計量は -0.452 $(=-0.0000124/0.0000275)$ であり，定数項なしの 10% 有意水準の臨界値 -1.62 よりも大きい（絶対値で小さい）ため，単位根仮説は棄却できない。

また，(11.45) 式の定数項を含むディッキー＝フラー回帰式の推定結果は

$$\widehat{\Delta S_t} = \underset{(0.555)}{1.200} - \underset{(0.00117)}{0.00254 S_{t-1}} \tag{11.48}$$

となる。ディッキー＝フラー検定の t 統計量は $-2.174(=-0.00254 \div 0.00117)$ であり，定数項がある場合の 10% 有意水準の臨界値 -2.57 よりも大きい（絶対値で小さい）ため，単位根仮説は棄却できない。

最後に，(11.46) 式の定数項とトレンド項を含むディッキー＝フラー回帰式の推定結果は

$$\widehat{\Delta S_t} = \underset{(0.161)}{1.217} + \underset{(0.0000149)}{0.0000163 t} - \underset{(0.00117)}{0.00263 S_{t-1}} \tag{11.49}$$

第 11 章　トレンドと構造変化　553

となる。ディッキー = フラー検定の t 統計量は $-2.244 (= -0.00263 \div 0.00117)$ であり，定数項とトレンドがある場合の 10% 有意水準の臨界値 -3.13 よりも大きい（絶対値で小さい）ため，単位根仮説は棄却できない。

ディッキー = フラー回帰式ではラグ付き変数の係数が $a = \beta_1 - 1$ であることから，負の係数推定値は β_1 の推定値が 1 より小さいことに対応していることに注意してほしい。係数推定値は，定数項のない場合が絶対値で最も小さいが，他の 2 つについても a はすべて有意に 0 と異なる。つまり，どの場合でも「単位根がある可能性を強く否定できるだけの統計的な証拠がない」という結果となった。

拡張ディッキー = フラー検定

ランダムウォークやドリフト付きのランダムウォークは，誤差項に系列相関がないという点では制約の強い単位根過程（確率トレンド）を想定している。たとえば $Y_t = Y_{t-1} + u_t$ で u_t に系列相関があれば，ランダムウォークではない単位根過程である。そのような帰無仮説を検定する場合には，(11.44) 式の右辺に階差変数のラグを追加して拡張した

$$\Delta Y_t = a Y_{t-1} + \sum_{j=1}^{q} \phi_j \Delta Y_{t-j} + \varepsilon_t \tag{11.50}$$

や，定数項を加えた (11.45) 式を同様に拡張した

$$\Delta Y_t = \beta_0 + a Y_{t-1} + \sum_{j=1}^{q} \phi_j \Delta Y_{t-j} + \varepsilon_t \tag{11.51}$$

を用いればよい。帰無仮説のもとで u_t には AR(q) モデルに従う系列相関構造があり，$\Delta Y_t = u_t$ の関係から Y_t の階差が定常な AR(q) モデルに従うことに等しい。一方，対立仮説のもとで Y_t の水準は定常な AR(p) モデルに従う。ただし，AR モデルのラグは $p = q + 1$ である。同様に，ドリフト付きのランダムウォークの誤差項に系列相関を許容する単位根を考慮するには，定数項とトレンドがある (11.46) 式の右辺に階差変数のラグを追加して拡張した

$$\Delta Y_t = \beta_0 + \beta_1 t + aY_{t-1} + \sum_{j=1}^{q} \phi_j \Delta Y_{t-j} + \varepsilon_t \qquad (11.52)$$

を用いればよい。(11.50) 式，(11.51) 式，(11.52) 式のような形でラグ付き階差変数を説明変数に加えた回帰式は拡張ディッキー゠フラー (Augumented Dickey Fuller; ADF) 回帰式と呼ばれ，ADF 回帰式を用いた単位根検定は，**拡張ディッキー゠フラー（ADF）検定**と呼ばれる。定数項やトレンドの有無は単位根検定の分布を変化させるが，階差変数のラグを追加しても分布は変化しない。つまり，(11.50) 式を用いる ADF 検定の t 統計量の臨界値と，(11.44) 式を用いるディッキー゠フラー検定の t 統計量の臨界値は一致する。同様に，(11.51) 式と (11.52) 式のそれぞれの t 統計量の臨界値は，(11.45) 式と (11.46) 式のそれぞれの t 統計量の臨界値と同じである。ADF 回帰式である (11.50) 式，(11.51) 式，(11.52) 式の階差変数のラグ次数が未知の場合には，第 10 章で紹介した係数の t 値の有意性や情報量規準を用いて選択すればよい。

実証例 11.3　インフレ率の単位根検定

　第 10 章のフィリップス曲線の推定では説明変数の定常性の仮定が満たされるように，1970 年代の高インフレ期は標本期間に含まれていない。図 10-9 の標本期間を過去に延長し，1971 年 1 月から 2017 年 12 月までの月次の対数季節階差インフレ率を示したものが図 11-7 である。この図から 1970 年代と近年のインフレ率の平均値が異なっているように感じるだろう。つまり高インフレ期の期間を含めると，インフレ率の定常性の仮定が満たされない可能性がある。以下の分析では，同期間の対数季節階差インフレ率 (INF_t) について，3 つの ADF 検定の結果を示す。なお，対数季節階差変換は 12 次の系列相関を生じさせることから，ADF 回帰式のラグ付き階差変数のラグは 12 に固定した（BIC を用いたラグ選択の場合でも，12 が選ばれる）。サンプルサイズは 547 である。

　まず (11.50) 式の定数項のない ADF 回帰式の推定結果は

$$\widehat{\Delta INF}_t = \underset{(0.00316)}{-0.00501} INF_{t-1} + \sum_{j=1}^{12} \hat{\phi}_j \Delta INF_{t-j} \qquad (11.53)$$

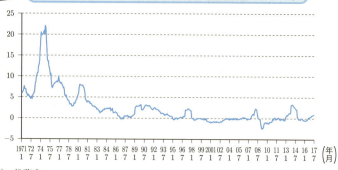

図 11-7 ● 高インフレ期を含む（対数季節階差）インフレ率

(出所) 総務省。

となった。ただしカッコ内は通常の標準誤差である。ADF 検定の t 統計量は -1.585 $(= -0.00501/0.00316)$ であり，定数項なしの 10% 有意水準の臨界値 -1.62 よりも大きい（絶対値で小さい）ため，単位根仮説は棄却できない。

また (11.51) 式の定数項を含む ADF 回帰式の推定結果は

$$\widehat{\Delta INF}_t = \underset{(0.0169)}{0.0105} - \underset{(0.00376)}{0.00627} INF_{t-1} + \sum_{j=1}^{12} \hat{\phi}_j \Delta INF_{t-j} \qquad (11.54)$$

となる。ADF 検定の t 統計量は -1.669 $(= -0.00627/0.00376)$ であり，定数項がある場合の 10% 有意水準の臨界値 -2.57 よりも大きい（絶対値で小さい）ため，単位根仮説は棄却できない。

最後に (11.52) 式の定数項とトレンドを含む ADF 回帰式の推定結果は

$$\widehat{\Delta INF}_t = \underset{(0.0513)}{0.0969} - \underset{(0.000133)}{0.000237} t - \underset{(0.0056)}{0.0137} INF_{t-1}$$

$$+ \sum_{j=1}^{12} \hat{\phi}_j \Delta INF_{t-j} \qquad (11.55)$$

となる。ADF 検定の t 統計量は -2.446 $(= -0.0137/0.0056)$ であり，定数項とトレンドがある場合の 10% 有意水準の臨界値 -3.13 よりも大きい（絶対値で小さい）ため，単位根仮説は棄却できない。

階差の 12 期までのラグ付き変数が含まれる ADF 回帰式では，水準の

ラグ付き変数の係数 a は，水準に関する AR(13) モデルのすべての自己回帰係数の和を 1 から引いたものに一致する。つまり，負の係数推定値は水準の AR モデルの自己回帰係数の和の推定値が 1 より小さいことに対応している。このため，単位根仮説は水準の AR モデルの自己回帰係数の和が 1 である仮説と同じである。3 つの場合すべてについて，自己回帰係数の和が 1 であること，つまり単位根がある可能性を強く否定することができない結果となった。

★ 確率トレンドとトレンド・サイクル分解

　本章 3 節の後半では，$\Delta Y_t = u_t$ や $\Delta Y_t = \delta + u_t$ に含まれる誤差項に系列相関がある場合が想定された。その場合は，ADF 検定を用いることで確率トレンドの有無を検証することができた。もし単位根仮説が棄却できなければ，$\Delta Y_t \, (= u_t)$ は定常な AR(q) モデルに従い，Y_t に確率トレンドが存在すると判断される。具体的には，(11.51) 式を用いた ADF 検定で単位根が棄却できない場合は，トレンド成分としては確率トレンドのみを，また (11.52) 式を用いた検定で単位根が棄却できない場合は，トレンド成分としては確定トレンドと確率トレンドの両者をトレンド成分として採用する。

　トレンド成分の中に確率トレンドがある場合のトレンド・サイクル分解の方法としてベバリッジ＝ネルソン (Beveridge and Nelson, 1981) 分解 (BN 分解) という手法を用いることができる。本節では，トレンド成分が確率トレンドのみの場合と確定トレンドと確率トレンドが混在する場合に分けて，BN 分解を説明する。もとの系列の確率変動する成分を確率トレンドと循環成分に分解することが，BN 分解の目的である。このため，少なくとも 2 種類の確率変数の変動（確率トレンドの部分と循環成分）を考慮しなければならない。ところが，1 変量の AR モデルを推定した場合，確率変動のもととなる誤差項は 1 種類しか存在しない。このため何かの制約がないと，分解は一意に決定できない。そこで，BN 分解では 2 つの重要な制約を課する。1 つめに BN 分解のトレンド成分はランダムウォークに従うという制約である。2 つめはそのランダムウ

第 **11** 章　トレンドと構造変化　　557

オークのショックと循環成分の今期のショックの相関が1であるという制約である。2つの制約の意味は，以下の AR(1) モデルの例を読み進めることで明らかになるだろう。

はじめに，確率トレンドのみのトレンド成分を持つ $\Delta Y_t = u_t$ で，u_t が AR(1) モデルに従う場合を考える。便宜上，BN 分解のトレンド成分を BN トレンドと呼ぶことにしよう。BN トレンドは，水準の無限期先の将来予測値

$$Y_t^\tau = \lim_{j \to \infty} \mathrm{E}_t(Y_{t+j})$$

と定義される。ただし，E_t は t 期までのすべての変数を条件とする条件付き期待値を表している。一見難解なこの定義を採用する理由は，ΔY_t にどのような系列相関構造があっても，ΔY_t^τ がホワイトノイズになることが数学的に示せることにある。つまり，ΔY_t がどのような AR モデルに従っていても，BN トレンドは必ずランダムウォークとなる。このため (11.14) 式の線形トレンドが定数の累積和として表現されたように，BN トレンドも (11.15) 式のような系列相関のない誤差項の累積和として常に表現できる。循環成分については Y_t から線形トレンドを除去したように，BN トレンドを除去することで計算すればよい。実際に階差の AR(1) モデル

$$\Delta Y_t = \beta_1 \Delta Y_{t-1} + \varepsilon_t$$

を用いて，条件付き期待値を逐次的に計算すれば

$$\mathrm{E}_t(Y_{t+1}) = \mathrm{E}_t(\Delta Y_{t+1}) + Y_t = Y_t + \beta_1 \Delta Y_t$$
$$\mathrm{E}_t(Y_{t+2}) = \mathrm{E}_t(\Delta Y_{t+2}) + \mathrm{E}_t(\Delta Y_{t+1}) + Y_t = Y_t + (\beta_1 + \beta_1^2)\Delta Y_t$$
$$\vdots$$
$$\mathrm{E}_t(Y_{t+j}) = Y_t + (\beta_1 + \beta_1^2 + \cdots + \beta_1^j)\Delta Y_t$$

となり，

$$Y_t^\tau = Y_t + \left(\sum_{j=1}^{\infty} \beta_1^j\right)\Delta Y_t = Y_t + \frac{\beta_1}{1 - \beta_1}\Delta Y_t = \frac{1}{1 - \beta_1}(Y_t - \beta_1 Y_{t-1})$$

が得られる。Y_t^τ がランダムウォークであることはその階差系列

558　第Ⅲ部　マクロ編

$$\Delta Y_t^\tau = \frac{1}{1 - \beta_1} \left(\Delta Y_t - \beta_1 \Delta Y_{t-1} \right) = \frac{\varepsilon_t}{1 - \beta_1}$$

がホワイトノイズであることから確認できる（ホワイトノイズを定数倍してもホワイトノイズである）。循環成分は

$$Y_t - Y_t^\tau = -\frac{\beta_1}{1 - \beta_1} \Delta Y_t$$

なので AR(1) モデルに従っている（AR(1) モデルを定数倍しても AR(1) モデルである）。以上から，Y_t をトレンド成分と循環成分に分解できた。また，ΔY_t^τ と循環成分の誤差項の相関は 1 であることも確認できる。

　次に，確定トレンドと確率トレンドの 2 種類のトレンド成分を持つ $\Delta Y_t = \delta + u_t$ で，u_t が AR(1) モデルに従う場合を考える。この場合，BN トレンドは水準の無限期先の将来予測値から将来の確定トレンドの影響を除いた部分である

$$Y_t^\tau = \lim_{j \to \infty} [\mathrm{E}_t(Y_{t+j}) - j\delta]$$

と定義される。

$$\Delta Y_t - \delta = \beta_1 (\Delta Y_{t-1} - \delta) + \varepsilon_t \tag{11.56}$$

を用いて，条件付き期待値を逐次的に計算すれば

$$\mathrm{E}_t(Y_{t+1}) = \mathrm{E}_t(\Delta Y_{t+1}) + Y_t = Y_t + \delta + \beta_1 (\Delta Y_t - \delta)$$

$$\mathrm{E}_t(Y_{t+2}) = \mathrm{E}_t(\Delta Y_{t+2}) + \mathrm{E}_t(\Delta Y_{t+1}) + Y_t = Y_t + 2\delta + (\beta_1 + \beta_1^2)(\Delta Y_t - \delta)$$

$$\vdots$$

$$\mathrm{E}_t(Y_{t+j}) = Y_t + j\delta + (\beta_1 + \beta_1^2 + \cdots + \beta_1^j)(\Delta Y_t - \delta)$$

となり，

$$Y_t^\tau = Y_t + \left(\sum_{t=1}^{\infty} \beta_1^j \right) (\Delta Y_t - \delta) = Y_t + \frac{\beta_1}{1 - \beta_1} (\Delta Y_t - \delta)$$

$$= \frac{1}{1 - \beta_1} (Y_t - \beta_1 Y_{t-1} - \beta_1 \delta)$$

が得られる。BN トレンド Y_t^τ の階差は定数 $\beta_1 \delta$ の階差が 0 であることを用いれば

第 11 章　トレンドと構造変化　　559

$$\Delta Y_t^{\tau} = \frac{1}{1 - \beta_1} \left(\Delta Y_t - \beta_1 \Delta Y_{t-1} \right)$$

である。さらに (11.56) 式を変形した

$$\Delta Y_t - \beta_1 \Delta Y_{t-1} = (1 - \beta_1)\delta + \varepsilon_t$$

を代入すれば

$$\Delta Y_t^{\tau} = \delta + \frac{\varepsilon_t}{1 - \beta_1}$$

となるため, Y_t^{τ} がドリフト付きのランダムウォークであることが確認できる。この結果, BN トレンドは (11.14) 式の定数の累積和である線形トレンドと (11.15) 式のようなホワイトノイズの累積和が同時に含まれていることになる。循環成分は

$$Y_t - Y_t^{\tau} = -\frac{\beta_1}{1 - \beta_1}(\Delta Y_t - \delta)$$

なので, (11.56) 式から AR(1) モデルに従っていることがわかる。以上から, Y_t を「確率トレンドと確定トレンドを含む」トレンド成分と循環成分に分解できた。

実証例 11.4　ランダムウォーク型のトレンド・インフレ率の推定

EMPIRICAL

　実証例 11.3 では, 高インフレ期を含んだインフレ率の単位根仮説が棄却できないことが示された。マクロ経済学では経済主体による超長期のインフレ率の予想水準を「トレンド・インフレ率」と呼ぶ。トレンド・インフレ率は, 必ずしも時間に関して不変である必要はなく, 定常である必要もない。観測されるインフレ率とトレンド・インフレ率の差はインフレギャップと定義される定常な循環成分である。つまり, インフレ率が単位根のある非定常過程であれば, トレンド・インフレ率も必ず非定常であり, トレンド・インフレ率はインフレ率のトレンド成分であると解釈することができる。BN トレンドはランダムウォークに従うが, アメリカのインフレ率の分析では, BN 分解から計算されるランダムウォーク型のトレンド・インフレ率を採用する研究者も多い。

　ここでは, 単位根検定の実証例 11.3 と同じインフレ率の月次データを

560　第III部　マクロ編

図 11-8 ● BN 分解とランダムウォーク型トレンド・インフレ率

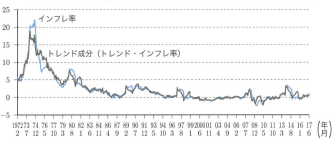

(出所) 総務省。

用いて階差の AR(12) モデルを推定し，BN トレンドをトレンド・インフレ率の推定値として扱うことにする。BN 分解の手法を用いて推定されたランダムウォーク型のトレンド・インフレ率が図 11-8 に示されている。本章 1 節で GDP のトレンド成分として用いられた線形トレンド・モデルや HP フィルターによる確定トレンドの推定値が非常に平滑であったことに比べて，確率的変動を伴う確率トレンドがジグザグの挙動を示していることが確認できるだろう。

COLUMN 11-1 最適な金融政策とトレンド・サイクル分解

　中央銀行が金融政策の手段として重視するものに，金利の変更がある。とくに中央銀行が誘導の目標とする金利は政策金利と呼ばれる。たとえば，日本銀行の政策金利は，無担保コール翌日物金利であり，アメリカの中央銀行である連邦準備制度理事会（Federal Reserve Board; FRB）の政策金利はフェデラル・ファンド・レート（FF レート）である。マクロ経済学者のテイラー（J. B. Taylor）は，アメリカの過去の政策金利の設定が以下の関係式で簡単に近似できることを指摘した（Taylor 1993）。

$$政策金利_t = \beta_0 + \beta_1 インフレギャップ_t + \beta_2 GDP ギャップ_t$$

ただし，$\beta_1 = 1.5$ と $\beta_2 = 0.5$（あるいは $\beta_2 = 1.0$）は正の定数，β_0 は長期的に経済活動に中立的な政策金利の値（時間とともに変動する可能性もある）とする。この金利設定ルールは提唱者の名前から「テイラールール」と呼ばれている。テイラールールによれば，政策金利は 2 つの変数が影響している。1

第 **11** 章　トレンドと構造変化　561

つめは実際のインフレ率とトレンド・インフレ率の差で定義されるインフレギャップであり，2つめは実際の GDP と潜在 GDP の差で定義される GDP ギャップである。中央銀行はインフレギャップか GDP ギャップが上昇すれば，金利を引き上げ，逆の場合には引き下げていることになる。

マクロ経済理論から導かれる重要な結果として，テイラールールに従って金利が設定されているとき，(一定の仮定のもとで) 経済厚生の最大化が実現できる，ということが知られている。したがって，最適な金融政策の議論と，本章で取り上げたトレンド・サイクル分解の手法は無関係ではない。インフレギャップや GDP ギャップの値は，直接観測することができないトレンド・インフレ率や潜在 GDP を推定しないと，評価できないからである。

FRB で連邦公開市場委員会（FOMC）のメンバーが政策金利を決定する際には，高度の経済専門知識を備えた FRB スタッフが作成した「ティールブック」と呼ばれる資料があらかじめ配布される。ティールブックでは，計量経済学の手法を駆使して計算された，失業率，GDP 成長率，インフレ率などの主要なマクロ経済変数の見通し（将来予測値）とともに，テイラールールやそれ以外の政策オプションの選択肢が説明されている。つまりアメリカの政策当局はテイラールールを常に意識しながら金融政策を決定している，といえなくもない。少なくとも，FOMC メンバーたちはテイラールールから計算される金利を常に知っているはずである。

一方で，リーマンショックの前後の時期に FRB が設定していた政策金利が，テイラールールから大きく逸脱していたことが指摘されている。テイラールールから計算される金利と実際の金利の差は，裁量的な政策の度合いを反映していると解釈することもできるだろう。このためテイラールールを基準にして，FRB の裁量的な政策の説明責任を求める法案が議会で検討されたこともあった（Fed Oversight Reform and Modernization Act of 2015）。しかし，テイラールールから逸脱しているかどうかの判断も，トレンド・インフレ率や潜在 GDP の推定手法の選択に影響を受けてしまうことは，本章の議論からも明白であり，その法制化は慎重にならざるをえないだろう。

J. B. テイラー
写真：Wikimedia Commons

構造変化の検定

構造変化点が既知の場合

本節では構造変化の検定手法を説明する。Y_t の構造がある時点 T^* で一度だけ変化する重回帰モデル

$$Y_t = \begin{cases} \beta_0 + \beta_1 X_{1t} + \cdots + \beta_k X_{kt} + u_t & (t < T^*) \\ \beta_0^* + \beta_1^* X_{1t} + \cdots + \beta_k^* X_{kt} + u_t & (t \geq T^*) \end{cases} \quad (11.57)$$

を考えよう。(11.57) 式は，本章 1 節で取り上げた構造変化のある単回帰モデルである (11.19) 式の説明変数の数が増えて一般化されている。

まず，アジア通貨危機やリーマンショックの事例のように構造変化点 T^* が既知であれば，$t \geq T^*$ のときに 1，それ以外で 0 となるようなダミー変数 D_t を定義して，回帰式を

$$Y_t = \beta_0 + (\beta_0^* - \beta_0)D_t + \beta_1 X_{1t} + (\beta_1^* - \beta_1)X_{1t}D_t + \cdots$$
$$+ \beta_k X_{kt} + (\beta_k^* - \beta_k)X_{kt}D_t + u_t \quad (11.58)$$

と書けば，(11.57) 式を 1 本の式にまとめることができる。この場合の残差平方和を RSS とする。もし構造変化がなければ，

$$Y_t = \beta_0 + \beta_1 X_{1t} + \cdots + \beta_k X_{kt} + u_t$$

を，$t = 1, \ldots, T$ のすべての観測値を用いて推定すればよい。この場合の残差平方和を RSS^R とする。

構造変化の検定では (11.57) 式において，構造変化がない帰無仮説 $H_0: \beta_0 = \beta_0^*, \beta_1 = \beta_1^*, \ldots, \beta_k = \beta_k^*$ を，少なくとも 1 つの係数に関して等式が成立しない対立仮説に対して検定する。これは，(11.58) 式でダミー変数が含まれるすべての変数の係数が 0 である結合仮説を検定することに等しい。つまり (11.58) 式に現れるダミー変数の数を q とすると，$q = k + 1$ 個の制約を検定することになる。以下では議論を簡単にするため，誤差項 u_t は均一分散で系列相関がないと仮定しよう。その場合には，第 5 章の章末補論 B で紹介した簡便な公式に従い，検定統計量を計算できる。構造変化がない制約

第 **11** 章 トレンドと構造変化　563

の F 統計量は

$$F = \frac{(RSS^R - RSS)/q}{RSS/(T - 2q)} \tag{11.59}$$

で計算され，帰無仮説のもとでは漸近的に $F(q, \infty)$ 分布に従う。また F 統計量の (11.59) 式に制約の数を掛けて $q \times F$ として計算されたワルド統計量

$$W = \frac{RSS^R - RSS}{RSS/(T - 2q)} \tag{11.60}$$

は，帰無仮説のもとで自由度 q の χ^2 分布に従う。2 つの検定統計量がそれぞれ $F(q, \infty)$ 分布の臨界値と自由度 q の χ^2 分布の臨界値を上回れば，「構造変化がない」という帰無仮説を棄却する。第 5 章で議論したように，どちらの検定を用いたとしても，両者の結果は完全に一致する。構造変化点 T^* が既知である場合の構造変化の F 検定は，**チャウ検定** (Chow test) と呼ばれることが多い (Chow, 1960)。

　誤差項に不均一分散や系列相関がある一般的な場合には，HAC 標準誤差を使って (11.59) 式や (11.60) 式を修正すれば，帰無仮説のもとで同じ漸近分布が導出される。一般的な重回帰モデルの場合，HAC 標準誤差で修正した検定統計量の公式は簡単ではないが，通常は計量ソフトのオプションで選択可能である。ここでは本章 1 節で用いた (11.18) 式のような簡単な水準シフト型の構造変化について，(11.60) 式を修正したワルド統計量を導出しよう。

　すでに見たように，(11.18) 式を (11.17) 式の μ_1 と μ_2 の記号を用いて書き換えると

$$Y_t = \beta_0 + \beta_1 D_t + u_t = \mu_1 + (\mu_2 - \mu_1)D_t + u_t \tag{11.61}$$

となる。このため，帰無仮説 $H_0 : \mu_1 = \mu_2$ の検定は，$\hat{\beta}_1$ の t 統計量

$$\frac{\hat{\beta}_1}{SE_{\mathrm{HAC}}(\hat{\beta}_1)}$$

を用いて $\beta_1 = 0$ の制約を検定すればよい。なお HAC 標準誤差は

$$SE_{\mathrm{HAC}}(\hat{\beta}_1) = \frac{1}{\hat{\sigma}_D^2}\sqrt{\frac{1}{T}\left[\hat{\sigma}^2 + 2\sum_{j=1}^{m-1}\left(1 - \frac{j}{m}\right)\hat{\gamma}_j\right]} \tag{11.62}$$

で計算できる。ただし $\hat{\sigma}_D^2 = (1/T)\sum_{t=1}^{T}(D_t - \bar{D})^2$ であり，$\hat{\sigma}^2$ と $\hat{\gamma}_j$ はそれ

それ $\hat{v}_t = (D_t - \bar{D})\hat{u}_t$ の標本分散と標本自己共分散である。帰無仮説のもとで，t 統計量は漸近的に正規分布に従い，その 2 乗は自由度 1 の χ^2 分布に従う。これは系列相関がないときに，(11.60) 式で $q = 1$ とした場合の漸近分布と同じである。

構造変化点が未知の場合　次に，構造変化点 T^* が未知の場合の分析方法について説明する。まず，構造変化の前後で十分なサンプルサイズを確保するために，π_0 を 0 と 0.5 の間を取る値とし，

$$\mathrm{int}[\pi_0 \times T] \leq T^* \leq \mathrm{int}[(1 - \pi_0) \times T]$$

の範囲で異なる構造変化点の候補 T^* に関するダミー変数 D_t を定義する。ただし，記号 $\mathrm{int}[x]$ は x の小数点以下を切り捨てた整数部分を示し，π_0 には 0.15 や 0.05 の値が選ばれることが多い。たとえば $\pi_0 = 0.15$ の場合，最小値 $T^*_{\min} = \mathrm{int}[0.15 \times T]$ から最大値 $T^*_{\max} = \mathrm{int}[0.85 \times T]$ までそれぞれの T^* の候補について (11.58) 式を推定し，T^* に依存した残差平方和 $RSS(T^*)$ を計算する。そして，その中で最も小さな $RSS(T^*)$ に対応した T^* を，構造変化点の推定量 $\hat{T}^*$ とする。この構造変化点の推定量は，誤差項に不均一分散や系列相関がある場合でも一致推定量である。

ここで，構造変化点が未知の場合の構造変化の検定統計量として用いることができる 2 つの統計量を紹介しよう。誤差項に不均一分散や系列相関がないと仮定した場合の**上限 F 統計量** (sup-F statistic) は，以下のように計算される。

上限F統計量

$$\sup F = \max\{F(T^*_{\min}), F(T^*_{\min} + 1), \ldots, F(T^*_{\max})\} \qquad (11.63)$$

ただし

$$F(T^*) = \frac{[RSS^R - RSS(T^*)]/q}{RSS(T^*)/(T - 2q)}$$

である。

構造変化点が既知の場合に，(11.59) 式の F 統計量から (11.60) 式のワルド統計量に変換できたことと同様に，構造変化点が未知の場合でも，以下に定義

| TABLE 表 11-2 ● 上限ワルド統計量の臨界値 |

	$\pi_0 = 0.15$			$\pi_0 = 0.1$			$\pi_0 = 0.05$		
q	10%	5%	1%	10%	5%	1%	10%	5%	1%
1	7.12	8.68	12.16	7.58	9.11	12.59	8.13	9.71	13.17
2	10.00	11.72	15.56	10.46	12.17	16.09	11.08	12.80	16.57
3	12.28	14.13	18.07	12.81	14.69	18.59	13.46	15.36	19.28
4	14.34	16.36	20.47	14.92	16.91	20.97	15.64	17.54	21.63
5	16.30	18.32	22.66	16.87	18.86	23.21	17.58	19.57	23.85
6	18.11	20.24	24.74	18.71	20.81	25.30	19.45	21.53	25.98
7	19.87	22.06	26.72	20.49	22.62	27.26	21.28	23.41	27.94
8	21.55	23.82	28.55	22.20	24.45	29.16	23.02	25.20	29.89
9	23.20	25.54	30.42	23.89	26.16	31.03	24.71	26.95	31.85
10	24.80	27.13	32.31	25.47	27.77	32.96	26.33	28.64	33.58
11	26.38	28.81	33.96	27.05	29.51	34.62	27.92	30.33	35.36
12	27.90	30.43	35.67	28.63	31.12	36.39	29.55	31.95	37.12
13	29.45	32.04	37.29	30.17	32.76	37.98	31.11	33.63	38.78
14	30.98	33.56	38.96	31.71	34.31	39.76	32.66	35.16	40.65
15	32.47	35.10	40.68	33.22	35.86	41.45	34.15	36.77	42.34
16	33.92	36.64	42.27	34.71	37.43	43.12	35.68	38.35	43.98
17	35.39	38.21	43.90	36.21	39.00	44.68	37.23	39.94	45.53
18	36.87	39.65	45.50	37.68	40.45	46.24	38.69	41.46	47.06
19	38.27	41.14	47.03	39.12	41.90	47.81	40.16	42.96	48.78
20	39.72	42.68	48.59	40.55	43.47	49.48	41.65	44.46	50.47

（注）　Andrews (2003) より一部抜粋して作成。

される**上限ワルド統計量**（sup-Wald statistic）を用いることもできる。

> **上限ワルド統計量**
>
> $$\sup W = \max\{W(T^*_{\min}), W(T^*_{\min}+1), \ldots, W(T^*_{\max})\}$$
>
> ただし
>
> $$W(T^*) = q \times F(T^*) = \frac{RSS^R - RSS(T^*)}{RSS(T^*)/(T-2q)}$$
>
> である。

「構造変化がない」という帰無仮説のもとでの漸近分布は特殊な分布であり，上限ワルド統計量の臨界値は表 11-2 に示されている。臨界値は (11.58) 式に現れるダミー変数の数 q，つまり検定したい制約の数に依存している。もし，

566　第Ⅲ部　マクロ編

すべての変数の係数ではなく，一部の変数の係数だけに構造変化がある可能性を検討したい場合には，(11.58) 式ではなく，該当する係数のみにダミー変数を含めて分析すればよい。その場合，$q < k+1$ であるが，ダミー変数の数と制約の数は一致する。上限 F 統計量の臨界値は，表 11-2 の数値をすべて q で割ったものとなる。なお上限 F 統計量は，クオントの尤度比検定（Quandt LR test; QLR test）と呼ばれることがある（Quandt, 1960）。また上限 F 統計量や上限ワルド統計量の計算で採用された最大値に対応する構造変化点は，実は残差平方和 $RSS(T^*)$ を最小化する推定量 T^* と同じものであることが確認できる。

誤差項に系列相関がある場合でも，HAC 標準誤差を用いて修正した上限ワルド統計量を計算すれば，同じ漸近分布が利用できる。ただし，本章 1 節で紹介した屈折トレンド・モデルのようにトレンドの係数に構造変化がある場合には，この臨界値表を用いることはできない。

実証例 11.5　水準シフト型のトレンド・インフレ率推定と構造変化検定

EMPIRICAL

中央銀行の目標インフレ率は，たとえ一定の期間据え置かれたとしても，経済環境変化等の要因によって改定されることがあるだろう。インフレ率が高インフレ期には高い水準で変動し，低インフレ期には低めの水準で推移していることを考えれば，固定されたトレンド・インフレ率の値がどこかの時点で，より低い値に変化した可能性も高い。つまり実証例 11.4 で検討したランダムウォーク型のトレンド・インフレ率の代替モデルとして，(11.61) 式のような水準シフト型のトレンド・インフレ率を想定することもできるだろう。この場合でも，観測されるインフレ率は，平均が時間に依存するため非定常である。

ここでは実証例 11.4 と同じインフレ率の月次データを用いて，標本期間内のトレンド・インフレ率の水準に一度だけ変化が起こったと想定した場合の構造変化点を推定し，構造変化を検定する。標本期間は 1971 年 1 月から 2017 年 12 月であり，サンプルサイズは 564 である。

構造変化点 T^* の探索の範囲を $\pi_0 = 0.05$ で設定して，すべての T^* の候補に関して計算されたワルド統計量が図 11-9 に示されている。その最大値である上限ワルド統計量 910.72 に対応する構造変化点は，1981 年 4

FIGURE　図 11-9 ● トレンド・インフレ率水準の構造変化（ワルド統計量）

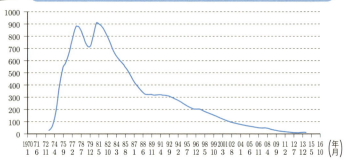

（出所）著者作成。

月となった。上限ワルド統計量は，表 11-2 の $q = 1$ と $\pi_0 = 0.05$ の場合の 1% 有意水準の臨界値 13.17 よりも大きいため，「構造変化がない」という帰無仮説は有意に棄却された。推定されたトレンド・インフレ率は標本期間の前半では 8.51%，推定された構造変化点より後では 0.76% であり，その結果が図 11-10 に示されている。

実証例 11.6　外国為替市場介入関数の構造変化検定

　実証例 11.3 では，為替レートが非定常な単位根過程である可能性が高いことを確認した。政策目標として為替市場の安定化があれば，通貨当局（日本では財務省と日本銀行）は，急速な円高の進行（あるいは円安の進行）を阻止したいかもしれない。ここでは伊藤・藪（Ito and Yabu, 2007）による介入の政策反応関数の推定と構造変化検定の例を紹介し，再現しよう。

　著者たちは，財務省から公表されている日次の介入データをもとに，次のような政策反応関数を OLS で推定した。

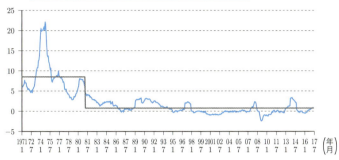

図 11-10 水準シフト型トレンド・インフレ率

(出所) 総務省。

$$\widehat{INT}_t = \underset{(0.005)}{-0.01} + \underset{(0.82)}{3.96\Delta S_{t-1}} - \underset{(0.22)}{0.59\Delta^{20} S_{t-1}}$$

$$+ \underset{(0.12)}{0.27 DMA1_{t-1}} - \underset{(0.12)}{0.40 DMA3_{t-1}}$$

$$+ \underset{(0.11)}{0.53 DMA5_{t-1}} + \underset{(0.04)}{0.45 INT_{t-1}}$$

ただし，INT_t はドル売り・円買い介入日に 1，ドル買い・円売り介入日に -1，介入のない日に 0 をとるダミー変数であり，$\Delta S_t = S_t - S_{t-1}$，$\Delta^{20} S_t = S_t - S_{t-20}$，$DMA1_t = S_t - 100 \times \ln(MA1_t)$，$DMA3_t = S_t - 100 \times \ln(MA3_t)$，$DMA5_t = S_t - 100 \times \ln(MA5_t)$，$MA1_t$ は過去 1 年間の円ドルレートの（後方）移動平均，$MA3_t$ は過去 3 年間の円ドルレートの（後方）移動平均，$MA5_t$ は過去 5 年間の円ドルレートの（後方）移動平均である（S_t の定義は実証例 11.2 を参照）。たとえば ΔS_t の係数が正であることは，円高が進んだとき（$\Delta S_t < 0$）に，ドル買い・円売り介入を実施する（$INT_t = -1$）傾向があることを示している。推定に用いた標本期間は図 11-6 に示されている 1991 年 4 月 1 日から 2002 年 12 月 31 日であり，サンプルサイズは 3055 である。なお，これまで本書で用いられてきたダミー変数は 0 と 1 の 2 つの値しか取ることがなかったが，この例の INT_t は 3 つの値を取る特殊なダミー変数であることに注意してほしい。

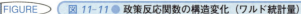

図 11-11 ● 政策反応関数の構造変化（ワルド統計量）

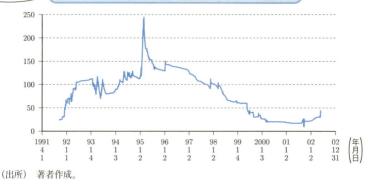

(出所) 著者作成。

　次に，推定された政策反応関数の構造変化の可能性を検討しよう。(11.58) 式のように，定数項を含むすべての係数の構造変化を考慮するためのダミー変数を加えたモデルを再推定する。構造変化点 T^* の探索の範囲を $\pi_0 = 0.05$ で設定して，すべての T^* の候補に関して計算されたワルド統計量が図 11-11 に示されている。その最大値である上限ワルド統計量 245.01 に対応する構造変化点は 1995 年 4 月 18 日となった。上限ワルド統計量は，表 11-2 の $q = 7$ と $\pi_0 = 0.05$ の場合の 1% 有意水準の臨界値 27.94 よりも大きいため，「構造変化がない」という帰無仮説は有意に棄却された。このことは，通貨当局の為替市場介入の手法が変化したことを示唆している。

　著者たちは推定された構造変化点が，ある有力な官僚が大蔵省 (現財務省) 国際金融局長に就任したタイミングと一致していることを指摘している。さらに統計的に有意な構造変化が検出されたことは，新しい局長の主導によって，連続的な小規模介入から少ない頻度の大規模介入へと，通貨当局の介入方針が転換されたことを反映していると解釈している。

まとめ

　本章では,変数の平均や分散が時間を通じて一定であるという定常性の仮定を満たさない非定常時系列データの分析方法を学んだ。とくにマクロ経済変数は,トレンドが含まれている場合や,回帰式の係数がある時点で変化するような構造変化のモデルで記述できる場合が多く,そのための分析手法を整理し,理解することは重要である。

　トレンドのある変数としては,確定トレンドのある変数,確率トレンドのある変数,あるいは両者が混在している変数が考えられる。トレンドの種類に依存して,トレンド・サイクル分解の手続きが異なるため,分析の前段階で,まず単位根検定を用いて確率トレンドの存在を検討しておくと,安心だろう。ただし,単位根検定にはサンプルサイズが小さいと検出力が低いという欠点も指摘されている。つまり,サンプルサイズが小さい場合に単位根仮説が棄却されなかったとしても,積極的に確率トレンドの存在を支持しているとはいえない。

　このような単位根検定の欠点を補うために,さまざまな単位根検定の拡張が提案されてきた。たとえば,もしパネルデータが利用可能であれば,時系列方向のサンプルサイズが比較的小さくても,クロスセクション方向のサンプルサイズが大きければ,単位根検定の検出力を高めることができる。このようなパネル単位根検定の一例として,イム=ペサラン=シンの方法を章末補論Cで紹介した。また,定常性を帰無仮説として,単位根を対立仮説にするような検定方法も提案されている (Kwiatkowski, Phillips, Schmidt and Shin, 1992)。そのような検定を用いて帰無仮説が棄却された場合には,確率トレンドの存在を積極的に支持できることになる。また,確率トレンドが確認されたとき,その確率トレンドが複数の変数間で共有されていれば,共和分と呼ばれる長期的な関係が示唆される。共和分分析については次章で詳しく解説する。

　構造変化の検定についても,さまざまな拡張が提案されている。たとえば,標本期間内に複数回の構造変化がある場合の構造変化点の推定方法や構造変化の検定方法も開発されている。また,構造変化と確率トレンドの両方を同時に分析することも可能である。構造変化を伴う単位根検定の解説は本書の範囲を

超えるため，興味のある読者は Enders (2014) 等の教科書を参照してほしい。

◖EXERCISE◗ ● 練習問題

11-1 [確認] トレンドや構造変化の可能性があるマクロ経済変数の例を挙げなさい。またマクロ経済変数のトレンドや構造変化はどのような理由で生じるか議論しなさい。

11-2 [確認] 1つの変数に線形トレンドと確率トレンドが同時に含まれることが可能であるかどうか議論しなさい。

11-3 [確認] (11.1) 式の線形トレンド・モデルの説明変数である時間変数 $t = 1, 2, 3, \ldots$ を，たとえば暦年の変数 $t = 1991, 1992, 1993, \ldots$ に置き換えた場合でも，トレンド係数 δ の推定値や t 検定の結果が変わらない理由を説明しなさい。

11-4 [確認] 単位根検定では (11.42) 式の係数型と (11.43) 式の t 統計量型の2つの検定が可能である。一方，通常の回帰モデルの回帰係数の検定では，(11.42) 式のような係数型の検定統計量を用いることができない理由を説明しなさい。

11-5 [確認] 構造変化のダミー変数 D_t の値がすべて0か1の場合に，構造変化検定ができない理由を述べなさい。

11-6 [発展] 2次トレンド・モデルの係数推定量の収束の速度について議論しなさい。[ヒント：定数項と線形トレンドが含まれない場合を想定し，本章1節で検討した OLS 推定量の t を t^2 に置き換えると $\mathrm{E}[(\hat{\delta} - \delta)^2]$ の性質はどのように変化するだろうか。]

11-7 [発展] 本章4節では ΔY_t が AR(1) モデルに従う場合の BN トレンドの階差が $\Delta Y_t^{\tau} = \varepsilon_t / (1 - \beta_1)$ となることが示された。一般的に ΔY_t が AR(q) モデルに従う場合には，右辺の分母の β_1 の代わりに $\sum_{j=1}^{q} \beta_j$ を用いた $\Delta Y_t^{\tau} = \varepsilon_t / (1 - \sum_{j=1}^{q} \beta_j)$ が成立することが知られている。この結果を用いて，ΔY_t が AR(2) モデルに従う場合の BN 分解の公式を導出しなさい。

11-8 [実証] 本書のウェブサポートページからダウンロードしたアメリカの対数実質 GDP データについて，線形トレンド回帰と HP フィルターによってトレンドを推定しなさい。また，それぞれのトレンド推定値を用いてトレンド除去した GDP ギャップを比較しなさい。

11-9 [実証] 本書のウェブサポートページからダウンロードした地球温暖化のデータを用いて，単位根と構造変化を検定しなさい。

572　第Ⅲ部　マクロ編

補論：季節ダミー変数による季節調整

第10章では，四半期データや月次データの季節調整方法として，移動平均や前年比（または対数季節階差）を紹介した．ここではダミー変数を用いた構造変化モデルの推定と同様の手法を用いて，季節性を除去する方法を説明する．まず原系列データ Y_t の季節性が

$$Y_t = \begin{cases} \mu_1 + u_t & (t = 1, 5, 9, \ldots) \\ \mu_2 + u_t & (t = 2, 6, 10, \ldots) \\ \mu_3 + u_t & (t = 3, 7, 11, \ldots) \\ \mu_4 + u_t & (t = 4, 8, 12, \ldots) \end{cases} \quad (11.64)$$

のモデルで記述できるとしよう．ただし μ_j, $j = 1, \ldots, 4$ のうち少なくとも1つは他とは異なる値であると仮定する．このとき，Y_t は定常ではない．平均を計算すると，任意の非負の整数 k について時点が $t = 1 + 4(k-1)$（=第1四半期）には $\mathrm{E}(Y_t) = \mu_1$，$t = 2 + 4(k-1)$（=第2四半期）には $\mathrm{E}(Y_t) = \mu_2$，$t = 3 + 4(k-1)$（=第3四半期）には $\mathrm{E}(Y_t) = \mu_3$，$t = 4k$（=第4四半期）には $\mathrm{E}(Y_t) = \mu_4$ である．つまり平均が時間に依存して変化するため，定常性が満たされない．つまり季節性を除去することは，一種の非定常性を除去することと解釈することができる．

まず，第1四半期のみに1，それ以外で0となるような季節ダミー変数 D_{1t} を定義する．同様に定義された第2四半期の季節ダミー変数 D_{2t} と第3四半期の季節ダミー変数 D_{3t} を用いて回帰式を

$$Y_t = \beta_0 + \beta_1 D_{1t} + \beta_2 D_{2t} + \beta_3 D_{3t} + u_t \quad (11.65)$$

と書けば (11.64) 式を1本の式にまとめることができる．ただし β_0, β_1, β_2, β_3 はそれぞれ μ_4, $\mu_1 - \mu_4$, $\mu_2 - \mu_4$, $\mu_3 - \mu_4$ に対応している．OLS で (11.65) 式を推定して，その残差を用いれば，非定常な季節成分は除去されて，季節性調整済系列として第10章の定常時系列の手法で分析することができる．月次データの場合は，D_{1t} から D_{11t} までの月次ダミーを用いる．本章で取り上げたトレンド成分と循環成分を同時に考慮する場合には，次のようなモデルを考

えればよい。

$$Y_t = T_t + C_t + S_t + I_t \tag{11.66}$$

ただし，T_t はトレンド成分，C_t は循環成分，S_t は季節成分，I_t はトレンド成分，循環成分，季節成分以外の要因による不規則成分とする。トレンド成分が線形の確定トレンドであれば，

$$Y_t = \mu + \delta t + \beta_1 D_{1t} + \beta_2 D_{2t} + \beta_3 D_{3t} + u_t \tag{11.67}$$

を OLS で推定し，残差を用いればトレンド成分と季節成分を同時に取り除くことができる。原系列が $Y_t = T_t \times C_t \times S_t \times I_t$ のように各成分の積で表現される乗法モデルの場合には，対数変換を用いて (11.66) 式の加法モデルに書き換えることで，同様の季節調整が可能となる。

補論：単位根検定の漸近分布

本文では (11.40) 式において単位根がある $(\beta_1 = 1)$ 場合，OLS 推定量が正規分布ではなくディッキー＝フラー分布 (DF) に，また単位根制約に関する t 統計量が標準正規分布ではなく，ディッキー＝フラー t 分布 (t_{DF}) に漸近的に従うことを指摘した。とくに，ディッキー＝フラー t 分布は，標準正規分布のように 0 を中心とする対称な分布ではなく，中心が 0 より左側に移動した分布であるため，左片側検定である単位根検定の臨界値は標準正規分布より小さくなる（図 11-5）。単位根検定の漸近分布の厳密な導出は本書の内容を超えるため割愛するが，ここでは漸近分布の中央値（メディアン）が負となることを示すことで，標準正規分布とは異なることを確認しよう。

最初に，(11.41) 式に $Y_t = Y_{t-1} + \varepsilon_t$ を代入し，変形すれば，

$$T(\hat{\beta}_1 - 1) = T \frac{\sum_{t=2}^{T} Y_{t-1}\varepsilon_t}{\sum_{t=2}^{T} Y_{t-1}^2} = \frac{T^{-1}\sum_{t=2}^{T} Y_{t-1}\varepsilon_t}{T^{-2}\sum_{t=2}^{T} Y_{t-1}^2} \tag{11.68}$$

となる。ここで，分母は常に非負である。また (11.68) 式を $T \times SE(\hat{\beta}_1)$ で割ると t 統計量となるが，定義から $SE(\hat{\beta}_1)$ も非負であり，t 統計量が負の値を取る確率は，(11.68) 式の右辺の分子 $T^{-1}\sum_{t=2}^{T} Y_{t-1}\varepsilon_t$ が負となる確率に一致

する。

$Y_t = Y_{t-1} + \varepsilon_t$ の両辺を 2 乗した $Y_t^2 = Y_{t-1}^2 + 2Y_{t-1}\varepsilon_t + \varepsilon_t^2$ を $Y_{t-1}\varepsilon_t$ について解くと

$$Y_{t-1}\varepsilon_t = \frac{1}{2}(Y_t^2 - Y_{t-1}^2 - \varepsilon_t^2)$$

となる。$T^{-1}\sum_{t=2}^{T} Y_{t-1}\varepsilon_t$ に代入すると

$$\frac{1}{T}\sum_{t=2}^{T} Y_{t-1}\varepsilon_t = \frac{1}{2}\left(\frac{1}{T}\sum_{t=2}^{T} Y_t^2 - \frac{1}{T}\sum_{t=2}^{T} Y_{t-1}^2 - \frac{1}{T}\sum_{t=2}^{T} \varepsilon_t^2\right)$$

$$= \frac{1}{2}\left(\frac{1}{T}Y_T^2 - \frac{1}{T}Y_1^2 - \frac{1}{T}\sum_{t=2}^{T} \varepsilon_t^2\right)$$

ここで (11.15) 式の結果から

$$\frac{1}{\sqrt{T}}Y_T = \frac{1}{\sqrt{T}}Y_0 + \sqrt{T}\frac{1}{T}\sum_{j=1}^{T} \varepsilon_j = \frac{1}{\sqrt{T}}Y_0 + \sqrt{T}\bar{\varepsilon}_T$$

となる。ただし $\bar{\varepsilon}_T = T^{-1}\sum_{j=1}^{T} \varepsilon_j$ である。中心極限定理から $\sqrt{T}\bar{\varepsilon}_T \xrightarrow{d} N(0,\sigma^2)$, $T^{-1/2}Y_0 \xrightarrow{p} 0$ と、スルツキーの定理から $T^{-1/2}Y_T \xrightarrow{d} N(0,\sigma^2)$ となる。この結果を変形すると $\sigma^{-1}T^{-1/2}Y_T \xrightarrow{d} N(0,1)$ と $\sigma^{-2}T^{-1}Y_T^2 \xrightarrow{d} \chi_1^2$ となる。一方、$Y_1 = Y_0 + \varepsilon_1$ なので $T^{-1}Y_1^2 \xrightarrow{p} 0$, また $T^{-1}\sum_{t=2}^{T} \varepsilon_t^2 \xrightarrow{p} \sigma^2$ なので $\sigma^{-2}T^{-1}\sum_{t=2}^{T} \varepsilon_t^2 \xrightarrow{p} 1$ となる。3 つの要素の極限に再びスルツキーの定理を用いれば、

$$\frac{1}{T}\sum_{t=2}^{T} Y_{t-1}\varepsilon_t = \frac{\sigma^2}{2}\left(\frac{1}{\sigma^2 T}Y_T^2 - \frac{1}{\sigma^2 T}Y_1^2 - \frac{1}{\sigma^2 T}\sum_{t=2}^{T} \varepsilon_t^2\right)$$

$$\xrightarrow{d} \frac{\sigma^2}{2}(\chi_1^2 - 1)$$

つまり、分子が負となる頻度は $\Pr(\chi_1^2 \leq 1)$ に一致する。自由度 1 の χ^2 変数の累積分布関数を 1 で評価すると 68% であり、中央値（メディアン）は負である。

補論：パネル単位根検定

定常な AR(1) モデルの真の自己回帰係数が 1 に近く，サンプルサイズ T が比較的小さい場合には，単位根検定の検出力が低いことが知られている。もしパネルデータが利用可能であれば，クロスセクション方向のサンプルサイズ N の情報を有効に活用することで，単位根検定の検出力を高めることができる。ADF 回帰式 (11.51) をパネルデータに応用し，すべての $i = 1, \ldots, N$ について

$$\Delta Y_{it} = \beta_{0i} + a_i Y_{it-1} + \sum_{j=1}^{q_i} \phi_{ji} \Delta Y_{it-j} + \varepsilon_{it} \qquad (11.69)$$

を推定し，N 個の ADF 検定の t 統計量 t_i を計算する。あるいは (11.52) 式をパネルデータに応用し，すべての $i = 1, \ldots, N$ について

$$\Delta Y_{it} = \beta_{0i} + \beta_{1i} t + a_i Y_{it-1} + \sum_{j=1}^{q_i} \phi_{ji} \Delta Y_{it-j} + \varepsilon_{it} \qquad (11.70)$$

を推定し，ADF 検定の t 統計量 t_i を N 個計算する。

イム = ペサラン = シン (Im, Pesaran and Shin, 2003) は，次式のパネル単位根検定統計量を提案した。

$$Z_{tbar} = \frac{\sqrt{N}\,[\bar{t} - \mathrm{E}(t_{DF})]}{\sqrt{\mathrm{Var}(t_{DF})}}$$

ただし，$\bar{t} = N^{-1} \sum_{i=1}^{N} t_i$ は t_i の標本平均，$\mathrm{E}(t_{DF})$ と $\mathrm{Var}(t_{DF})$ はディッキー = フラー t 分布に従う変数 t_{DF} の真の平均と分散である。帰無仮説はすべての i に関して $a_i = 0$ であり，対立仮説は少なくとも 1 つの i に関して $a_i < 0$ とする。クロスセクションのサンプルサイズ N が十分大きいとき，帰無仮説のもとで Z_{tbar} は標準正規分布に従う。もし Z_{tbar} が標準正規分布の臨界値を下回れば，帰無仮説は棄却される。このパネル単位根検定ではクロスセクション方向で系列が独立であるという強い制約が用いられている点は，注意が必要である。

第12章 VAR モデル

日本の南極観測隊は,昭和基地周辺のアデリーペンギンの個体数を毎年調査している。ペンギンの数を時系列データとして分析すると興味深い現象が浮かびあがる。

(写真:朝日新聞社)

- KEYWORD
- FIGURE
- TABLE
- COLUMN
- EXAMPLE
- EMPIRICAL
- EXERCISE

CHAPTER 12

INTRODUCTION

本章では,マクロ経済の実証分析で頻繁に用いられるVAR モデルを学ぶ。まず,時系列モデルを用いた予測の基本を解説し,次に VAR モデルを用いた因果性検定を紹介する。さらに,VAR モデルを使うことで複数の非定常時系列データの長期的な相互依存関係を共和分関係として理解できることを学び,第11章で学んだ単位根検定を応用することで見せかけの回帰を回避し共和分関係を検出する方法を解説する。最後に,VAR モデルから計算されるインパルス応答関数と分散分解について説明する。

SECTION 1 マクロ経済変数のシステム分析

短期金利と長期金利

マクロ経済分析では，複数のマクロ変数の相互依存関係に関心があるということを，第 10 章ですでに述べた。たとえば，短期金利と長期金利という 2 つの変数の関係を考えてみよう。短期金利は期間が短い貸出に発生する利息の元本に対する比率であり，長期金利は期間が長い貸出に発生する利息の割合である。通常は，長期金利が短期金利よりも高い状態にあり，長期金利と短期金利の差は「長短金利スプレッド」と呼ばれる。たとえば，ローンの借り手が 10 年後に返済する計画であるとしよう。借り手は借入期間 1 年のローンを毎年借り換えるか，借入期間 10 年のローンを一度だけ借りるかの選択ができるとする。前者の場合，来年以降の 1 年物の金利が今年と変わってしまうかもしれない不確実性がある一方，後者にはそのような不確実性はない。不確実性がないことに価値があるとすれば，長期の場合には短期よりも多めに金利を支払ってもよいと考えるだろう。この不確実性回避のための金利上乗せ分はリスク・プレミアムと呼ばれ，リスク・プレミアムが比較的大きければ長短金利スプレッドは正となることが予想される。このように，短期金利と長期金利の関係を示す経済理論は「金利の期間構造」と呼ばれ，縦軸を金利，横軸を貸出期間（債券の満期）として両者の関係を図示したものは，「イールドカーブ（利回り曲線）」と呼ばれる。

本章では，主に短期金利と長期金利の関係の分析例を用いて，複数の時系列データを分析するための手法を解説する。中央銀行が金融政策手段として主に操作する対象は，伝統的には短期金利である。とくに市中銀行間の資金の貸し借りが「呼べば（call）応える」ほど短期間であることから名が付いた「コールレート」は，代表的な短期金利である。一方，設備投資のために銀行から資金を調達しようとする企業の意思決定は，短期金利ではなく長期金利の動向に左右される。日本銀行は 2016 年 9 月の金融政策決定会合において，「長短金利操作付き量的・質的金融緩和」，いわゆるイールドカーブ・コントロール（YCC）という名のもとに，短期金利に加えて長期金利も直接操作するという新しい金融政策の枠組みを導入した。このような新しい政策がマクロの実体経

578 第III部 マクロ編

FIGURE 図 12-1 ● 短期金利と長期金利（月次データ）

（出所）日本銀行，財務省。

済活動に与える影響を理解するためには，短期金利と長期金利の関係式である金利の期間構造を考慮した時系列分析が有用であると考えられる。

図 12-1 には，短期金利としてオーバーナイト物無担保コールレート（担保のない貸し借りで約定の翌日に返済する資金に対する金利）と，長期金利として 10 年物国債利回りの月次データの挙動が示されている。とくに 1986 年 7 月から 1995 年 9 月までで，コールレートが 0.5% を下回る以前の標本期間を対象としている。この図を見ると，多くの期間について長期金利が短期金利の水準を上回っているが，1980 年代の終わりから 1990 年代の初頭にかけて，一時的に長期金利が短期金利を下回る長短金利の逆転が生じていることがわかる。まず，第 11 章で説明した単位根検定を用いて長期金利と短期金利の挙動を個別に検討してみよう。ADF 検定の t 統計量は短期金利で -0.788，長期金利で -0.778 となり単位根仮説を棄却することができない。なお BIC を用いて選択された ADF 回帰式のラグ次数は，短期金利では 4，長期金利では 5 であった。

では，このような 2 変数の時系列データの動きを同時に分析するにはどうすればよいのだろうか。複数の変数が 1 つのシステムから発生していると想定し，その構造を分析する枠組みが，**ベクトル自己回帰**（vector autoregressive; **VAR**）**モデル**である。ベクトルという言葉はシステム内の複数の変数を一列に並べてひとまとめにしたうえで，動学モデルが構築されていることに対応している。ただし，本章では行列の表記を用いずに，VAR モデルを解説する。

第 12 章 VAR モデル 579

> ### AR モデルから VAR モデルへ

第 10 章と第 11 章では，1 つの変数を説明するための時系列モデルを中心に議論した。本章では，マクロ経済データの分析を行ううえで有用となる VAR モデルを説明する。VAR モデルでは，複数の変数の挙動を同時に説明することができる。本章で導入する VAR モデルを用いた分析と，第 10 章で導入した自己回帰（AR）モデル

$$Y_t = \beta_0 + \beta_1 Y_{t-1} + \varepsilon_t \tag{12.1}$$

や自己回帰分布ラグ（ADL）モデル

$$Y_t = \beta_0 + \beta_1 Y_{t-1} + \beta_2 X_t + \varepsilon_t \tag{12.2}$$

を用いた分析は，何が異なっているのであろうか。

　ノーベル経済学賞を受賞したマクロ計量経済学者のクリストファー・シムズ（C. Sims）は，多数の連立方程式を組み合わせる大型マクロ計量モデルで用いられる個別式の右辺の説明変数が，分析者によって恣意的に選択されていることを批判し，マクロ経済分析に VAR モデルを導入することを提唱した（Sims, 1980）。AR モデルと同様に p 期前までラグ変数を含む VAR モデルは，VAR(p) モデルと表記されるが，ここでは以下のような 2 変数の VAR(1) モデルを考えよう。

VAR(1) モデル

$$Y_t = \beta_{10} + \beta_{11} Y_{t-1} + \beta_{12} X_{t-1} + \varepsilon_{1t} \tag{12.3}$$

$$X_t = \beta_{20} + \beta_{21} Y_{t-1} + \beta_{22} X_{t-1} + \varepsilon_{2t} \tag{12.4}$$

ただし，ε_{1t} は平均が 0，分散が σ_1^2 の i.i.d. で系列相関のない誤差項，ε_{2t} は平均が 0 で，分散が σ_2^2 の i.i.d. で系列相関のない誤差項，ε_{1t} と ε_{2t} の共分散は σ_{12} であるとする。モデルは (12.3) 式と (12.4) 式の 2 本の式で構成されているが，右辺の説明変数 Y_{t-1} と X_{t-1} は 2 式の間で共通である。つまり，システムに含まれる変数はすべて平等に扱われ，個別の式の中の恣意的な変数選択の可能性が排除されている。VAR(1) モデルをデータから推定する場合には，(12.3) 式と (12.4) 式をそれぞれ別々に最小 2 乗（OLS）推定すればよいこ

580　第 III 部　マクロ編

とが知られている。つまり，右辺の説明変数 Y_{t-1} と X_{t-1} が 2 式の間で共通である限り，2 つの式の相互依存関係を表す誤差項の共分散 σ_{12} の情報を利用しなくても，OLS 推定量は効率的である。

シムズは大型マクロ計量モデルだけでなく，(12.2) 式のような ADL モデルを用いた分析に対しても，政策のフィードバックが考慮されていない点を批判している。ADL モデルでは，通常 X_t は外生変数とされる（つまり，X_t と ε_t は無相関であることが仮定される）が，政策変数を外生変数と仮定することは現実的ではない。たとえば，(12.2) 式において Y_t が GDP で，X_t が貨幣供給量（あるいは名目金利）であるとしよう。政策変数である貨幣供給量（名目金利）を変化させることで，GDP が上昇したとしても，外生性の仮定のもとでは，GDP から貨幣供給量（名目金利）へのフィードバックが無視されている。一方，本章で用いる VAR モデルでは，X_t が内生変数であることが考慮されている点を確認しよう。簡単化のため，β_{22} が 0 でないと仮定して，$\beta_2 = \beta_{12}/\beta_{22}$ とする（つまり，$\beta_{12} - \beta_2\beta_{22} = 0$）。(12.4) 式に β_2 を掛けて (12.3) 式から引くと，以下の式が導かれる。

$$Y_t = \beta_{10} - \beta_2\beta_{20} + (\beta_{11} - \beta_2\beta_{21})Y_{t-1} + \beta_2 X_t + \varepsilon_{1t} - \beta_2\varepsilon_{2t}$$

ここで，$\beta_0 = \beta_{10} - \beta_2\beta_{20}$，$\beta_1 = \beta_{11} - \beta_2\beta_{21}$，$\varepsilon_t = \varepsilon_{1t} - \beta_2\varepsilon_{2t}$ と置くと，(12.2) 式とまったく同じ形で表現することができる。ただし，X_t を決定する (12.4) 式の誤差項 ε_{2t} は $\varepsilon_t = \varepsilon_{1t} - \beta_2\varepsilon_{2t}$ に含まれているため，X_t と ε_t には一般的に相関があることがわかる。

これらの結果から，シムズの批判した (12.2) 式の ADL モデルに課された非現実的な外生変数の制約は，VAR モデルでは必要ないことがわかる。第 2 節以降では，(12.3) 式と (12.4) 式で表されるような VAR モデルを用いた経済分析の方法について解説を行う。

2 因果性の検定

時系列モデルと予測

VAR モデルを使えば，X_t から Y_t への影響，あるいは Y_t から X_t への影響を対称的に分析することができる。本節では VAR モデルに基づいた変数の相互作用の代表的

な分析手法であるグレンジャー因果性の検定を紹介する。グレンジャー因果性の概念を理解するためには，まず時系列モデルを用いた予測の知識が必要である。第10章で説明した AR モデル，ADL モデル，そして本章で用いる VAR モデルはすべて時系列モデルの一種であり，標本期間に含まれない将来の値の予測に用いることができる。

　まず，単純な AR(1) モデル (12.1) 式を例に，1 期先の値を予測する問題を考えよう。T 期までの観測値の集合を T 時点での情報集合と呼ぶことにする。(12.1) 式の係数 β_0 と β_1 が既知の場合，$T+1$ 期の Y_{T+1} の予測値として，T 時点での情報集合 $\{Y_T, Y_{T-1}, \dots\}$ を条件とする条件付き期待値 $\mathrm{E}(Y_{T+1}|Y_T, Y_{T-1}, \dots) = \beta_0 + \beta_1 Y_T$ を用いればよい。この予測値を $Y_{T+1|T} = \beta_0 + \beta_1 Y_T$ と記述することにしよう。実現値と予測値の差 $Y_{T+1} - Y_{T+1|T}$ を**予測誤差** (forecast error) と呼び，予測誤差の 2 乗の平均 $\mathrm{E}[(Y_{T+1} - Y_{T+1|T})^2]$ を**平均 2 乗予測誤差** (mean squared forecast error; **MSFE**) と呼ぶ。複数の時系列モデルを比較する場合，MSFE が小さいほど予測精度が高いモデルであるといえる。AR(1) モデル (12.1) 式が真のデータ生成過程であれば，予測誤差は

$$Y_{T+1} - Y_{T+1|T} = (\beta_0 + \beta_1 Y_T + \varepsilon_{T+1}) - (\beta_0 + \beta_1 Y_T) = \varepsilon_{T+1}$$

と計算できるので，予測誤差の平均は ε_t の平均 0 と一致し，MSFE は ε_t の分散 σ_ε^2 に一致する。予測誤差の平均が 0 となる予測は**不偏予測** (unbiased forecast) と呼ばれ，そのときの MSFE は予測誤差の分散と等しい。同様に，条件付き期待値 $\mathrm{E}(Y_{T+2}|Y_T, Y_{T-1}, \dots) = \beta_0 + \beta_1 \mathrm{E}(Y_{T+1}|Y_T, Y_{T-1}, \dots) = \beta_0 + \beta_1(\beta_0 + \beta_1 Y_T)$ より，2 期先の予測値 $Y_{T+2|T} = \beta_0(1 + \beta_1) + \beta_1^2 Y_T$ の MSFE は $(1 + \beta_1^2)\sigma_\varepsilon^2$ となる。

　一般的に，h 期先の予測値 $Y_{T+h|T} = \beta_0(1 + \beta_1 + \cdots + \beta_1^{h-1}) + \beta_1^h Y_T$ の MSFE は $(1 + \beta_1^2 + \cdots + \beta_1^{2(h-1)})\sigma_\varepsilon^2$ となり，定常性の仮定が満たされていれば，MSFE は予測時点 T に依存せず，予測期間（予測ホライズン）h のみに依存する。このため，MSFE はより簡便に $\sigma_Y^2(h)$ と表記することもできるだろう。

　実際の分析では β_0 と β_1 は未知であることが多いだろう。その場合は標本期間の最終期である T 期までの情報を用いて推定された $\hat{\beta}_0$ と $\hat{\beta}_1$ で置き換えればよい。推定値に置き換えた場合の h 期先の予測値を $\hat{Y}_{T+h|T}$，その MSFE

を $\hat{\sigma}_Y^2(h)$ で記述しよう。推定量 $\hat{\beta}_0$ と $\hat{\beta}_1$ が一致性を満たすとき，サンプルサイズ（標本期間）が十分に大きければ，係数の推定誤差が予測に与える影響は小さい。たとえば，$h = 1$ のとき，予測誤差は

$$Y_{T+1} - \hat{Y}_{T+1|T} = (\beta_0 + \beta_1 Y_T + \varepsilon_{T+1}) - (\hat{\beta}_0 + \hat{\beta}_1 Y_T)$$
$$= \varepsilon_{T+1} - (\hat{\beta}_0 - \beta_0) - (\hat{\beta}_1 - \beta_1)Y_T$$

と書けるので，MSFE は

$$\hat{\sigma}_Y^2(1) = \sigma_\varepsilon^2 + \mathrm{Var}[(\hat{\beta}_0 - \beta_0) + (\hat{\beta}_1 - \beta_1)Y_T]$$

となり，第 2 項が 0 に収束すれば，$\hat{\sigma}_Y^2(1)$ は $\sigma_Y^2(1) = \sigma_\varepsilon^2$ に収束する。

グレンジャー因果性

次に，VAR モデルを用いた予測を考える。まず，VAR(1) モデルを構成する 2 本の式 (12.3) 式と (12.4) 式を用いて，Y_t の 1 期先の値を予測しよう。T 時点での情報集合 $\{Y_T, Y_{T-1}, \ldots, X_T, X_{T-1}, \ldots\}$ を条件とする条件付き期待値 $\mathrm{E}(Y_{T+1}|Y_T, Y_{T-1}, \ldots, X_T, X_{T-1}, \ldots)$ より，$Y_{T+1|T} = \beta_{10} + \beta_{11}Y_T + \beta_{12}X_T$ を予測値として用いればよい。このとき，(12.3) 式に現れる係数のみが使われていることに注意しよう。次に 2 期先の予測を考えると，(12.3) 式から

$$\mathrm{E}(Y_{T+2}|Y_T, Y_{T-1}, \ldots, X_T, X_{T-1}, \ldots)$$
$$= \beta_{10} + \beta_{11}\mathrm{E}(Y_{T+1}|Y_T, Y_{T-1}, \ldots, X_T, X_{T-1}, \ldots)$$
$$+ \beta_{12}\mathrm{E}(X_{T+1}|Y_T, Y_{T-1}, \ldots, X_T, X_{T-1}, \ldots)$$

となる。(12.4) 式から，$\mathrm{E}(X_{T+1}|Y_T, Y_{T-1}, \ldots, X_T, X_{T-1}, \ldots) = \beta_{20} + \beta_{21}Y_T + \beta_{22}X_T$ なので，$Y_{T+1|T}$ と組み合わせると，

$$Y_{T+2|T} = \beta_{10} + \beta_{11}(\beta_{10} + \beta_{11}Y_T + \beta_{12}X_T) + \beta_{12}(\beta_{20} + \beta_{21}Y_T + \beta_{22}X_T)$$
$$= \beta_{10}(1 + \beta_{11}) + \beta_{12}\beta_{20} + (\beta_{11}^2 + \beta_{12}\beta_{21})Y_T + \beta_{12}(\beta_{11} + \beta_{22})X_T$$

となり，2 期先の予測では (12.4) 式の係数が現れている。ここで，仮に (12.3) 式で $\beta_{12} = 0$ が成立しているとしよう。この場合，VAR(1) モデルの (12.3) 式は，AR(1) モデル (12.1) 式と完全に一致する（ただし $\beta_0 = \beta_{10}$，$\beta_1 = \beta_{11}$，$\varepsilon_t = \varepsilon_{1t}$）。同様に，制約 $\beta_{12} = 0$ を VAR モデルによる予測値に代入すれば，$Y_{T+1|T} = \beta_{10} + \beta_{11}Y_T$ も $Y_{T+2|T} = \beta_{10}(1 + \beta_{11}) + \beta_{11}^2 Y_T$ も AR モデルによる予測値に一致する。つまり，$\beta_{12} = 0$ という制約が満たされていれば，情報

第 **12** 章　VAR モデル　　583

集合 $\{Y_T, Y_{T-1}, \ldots, X_T, X_{T-1}, \ldots\}$ を用いる VAR モデルによる予測と情報集合 $\{Y_T, Y_{T-1}, \ldots\}$ を用いる AR モデルによる予測は同じになるため，VAR モデルを用いても予測の精度は改善しないのである。

ノーベル経済学賞を受賞した計量経済学者のクライブ・グレンジャー（C. Granger）は予測精度の改善という視点から，時系列分析に特有なある種の因果性の概念を導入した（Granger, 1969）。情報集合 $\{Y_T, Y_{T-1}, \ldots, X_T, X_{T-1}, \ldots\}$ を用いた MSFE（以下では $\sigma^2_{Y, VAR}(h)$ と呼ぶ）が少なくとも 1 つの予測期間 h に対して，過去の X_t を含まない情報集合 $\{Y_T, Y_{T-1}, \ldots\}$ を用いた MSFE（以下では $\sigma^2_{Y, AR}(h)$ と呼ぶ）よりも小さくなっていることを，X_t から Y_t への**グレンジャー因果性**（Granger causality）があるという。逆に，2 つの MSFE がすべての予測期間 h に関して同じであれば，X_t から Y_t へのグレンジャー因果性はない。

> **グレンジャー因果性**
>
> (1) X_t から Y_t への因果性あり：ある予測期間 h について，
>
> $$\sigma^2_{Y, VAR}(h) < \sigma^2_{Y, AR}(h)$$
>
> (2) X_t から Y_t への因果性なし：すべての予測期間 h について，
>
> $$\sigma^2_{Y, VAR}(h) = \sigma^2_{Y, AR}(h)$$

この定義の (2) を見ると，グレンジャー因果性がないことを示すためにはすべての予測期間 h について MSFE を計算する必要があると思うかもしれない。しかし実は，VAR モデルの性質を使えば，すべての予測期間 h の MSFE を直接計算することなく，グレンジャー因果性の有無を検定することができる。たとえば 2 変数の VAR(1) モデルの場合，(12.3) 式で $\beta_{12} = 0$ が成立していれば，X_t から Y_t へのグレンジャー因果性はないことが確認できる。したがって，実際には，データから (12.3) 式を OLS 推定して，t 統計量から $H_0 : \beta_{12} = 0$ を検定すればよいことになる。ただし，帰無仮説は「X_t から Y_t へのグレンジャー因果性がない」であるため，帰無仮説が棄却されることが因果性の統計的な根拠となる。同様に，(12.4) 式で $\beta_{21} = 0$ が成立していれば，Y_t から X_t へのグレンジャー因果性はない。帰無仮説「Y_t から X_t へのグレ

ンジャー因果性がない」を検定するためには，データから (12.4) 式を OLS 推定して，t 統計量から $H_0 : \beta_{21} = 0$ を検定すればよい。

次に，(12.3) 式と (12.4) 式の VAR(1) モデルを以下のような VAR(p) モデルに拡張した場合のグレンジャー因果性の検定を考えよう。

VAR(p) モデル

$$
\begin{aligned}
Y_t = {} & \beta_{10} + \beta_{11}^{(1)} Y_{t-1} + \cdots + \beta_{11}^{(p)} Y_{t-p} \\
& + \beta_{12}^{(1)} X_{t-1} + \cdots + \beta_{12}^{(p)} X_{t-p} + \varepsilon_{1t}
\end{aligned} \tag{12.5}
$$

$$
\begin{aligned}
X_t = {} & \beta_{20} + \beta_{21}^{(1)} Y_{t-1} + \cdots + \beta_{21}^{(p)} Y_{t-p} \\
& + \beta_{22}^{(1)} X_{t-1} + \cdots + \beta_{22}^{(p)} X_{t-p} + \varepsilon_{2t}
\end{aligned} \tag{12.6}
$$

ただし，上記の VAR(p) モデルの係数でカッコ内の数字は，ラグ付き変数の次数に対応している。

一般的な VAR(p) モデルの場合には，(12.5) 式を OLS 推定して，

$$
H_0 : \beta_{12}^{(1)} = \beta_{12}^{(2)} = \cdots = \beta_{12}^{(p)} = 0 \tag{12.7}
$$

の結合仮説を，F 統計量やワルド統計量で検定することが，「X_t から Y_t へのグレンジャー因果性がない」という仮説の検定に対応する。同様に (12.6) 式を OLS 推定して，

$$
H_0 : \beta_{21}^{(1)} = \beta_{21}^{(2)} = \cdots = \beta_{21}^{(p)} = 0 \tag{12.8}
$$

の結合仮説を，F 統計量やワルド統計量で検定することが，「Y_t から X_t へのグレンジャー因果性がない」という仮説の検定に対応する。

ここで，VAR モデルの誤差項が均一分散である場合には，第 5 章の章末補論 B（205 ページ）で紹介した簡便な公式に従って，検定統計量を計算できる。たとえば，(12.7) 式の結合仮説を検定するための F 統計量は

$$
F = \frac{(RSS_{AR} - RSS_{VAR})/p}{RSS_{VAR}/(T - 2p - 1)} \tag{12.9}
$$

となる。ただし，RSS_{AR} は Y_t の AR(p) モデル

第 **12** 章　VAR モデル　585

$$Y_t = \beta_0 + \beta_1 Y_{t-1} + \cdots + \beta_p Y_{t-p} + \varepsilon_t \tag{12.10}$$

を OLS 推定した場合の残差

$$\hat{\varepsilon}_{ARt} = Y_t - \hat{\beta}_0 - \hat{\beta}_1 Y_{t-1} - \cdots - \hat{\beta}_p Y_{t-p}$$

から計算される残差平方和であり，RSS_{VAR} は VAR(p) モデルの (12.5) 式の残差

$$\hat{\varepsilon}_{VARt} = Y_t - \hat{\beta}_{10} - \hat{\beta}_{11}^{(1)} Y_{t-1} - \cdots - \hat{\beta}_{11}^{(p)} Y_{t-p} - \hat{\beta}_{12}^{(1)} X_{t-1} - \cdots - \hat{\beta}_{12}^{(p)} X_{t-p}$$

から計算される残差平方和である。ここでは (12.5) 式に (12.7) 式の制約を課した OLS 推定量が，(12.10) 式の OLS 推定量になっていることに注意しよう。このため，帰無仮説のもとで，(12.9) 式は漸近的に $F(p, \infty)$ 分布に従う。あるいは，F 統計量にラグ次数を掛けて $p \times F$ として計算されたワルド統計量

$$W = \frac{RSS_{AR} - RSS_{VAR}}{RSS_{VAR}/(T - 2p - 1)} \tag{12.11}$$

は，帰無仮説のもとで自由度 p の χ^2 分布に従う。(12.9) 式と (12.11) 式の 2 つの統計量が，それぞれ $F(p, \infty)$ 分布の臨界値と自由度 p の χ^2 分布の臨界値を上回れば，「グレンジャー因果性がない」という帰無仮説を棄却する。

なお，VAR モデルのラグ次数は，AR モデルのラグ次数と同様に AIC や BIC を最小にするように選択することができる。ただし，AIC や BIC は同じラグ次数の (12.5) 式と (12.6) 式をそれぞれ同時に OLS 推定して，次のように計算される。

$$AIC(p) = \ln \left| \hat{\sigma}_1^2 \hat{\sigma}_2^2 - \hat{\sigma}_{12}^2 \right| + (4p + 2)\frac{2}{T} \tag{12.12}$$

$$BIC(p) = \ln \left| \hat{\sigma}_1^2 \hat{\sigma}_2^2 - \hat{\sigma}_{12}^2 \right| + (4p + 2)\frac{\ln T}{T} \tag{12.13}$$

ただし，$\hat{\sigma}_1^2$ は推定された (12.5) 式の残差の標本分散，$\hat{\sigma}_2^2$ は推定された (12.6) 式の残差の標本分散，$\hat{\sigma}_{12}^2$ は 2 つの残差系列の標本共分散である。(12.12) 式と (12.13) 式の右辺の第 2 項の中の $4p + 2$ は，(12.5) 式と (12.6) 式に含まれるすべての定数項と係数の数の和となっている。

586　第Ⅲ部　マクロ編

実証例 12.1　金利の期間構造とグレンジャー因果性

EMPIRICAL

　長短金利スプレッド（以下は単にスプレッドと呼ぶ）が，長期金利と短期金利の差として定義されることは，本章の冒頭で説明した。図 12-1 に示した 1986 年 7 月から 1995 年 9 月までのコールレートを短期金利，10 年物国債利回りを長期金利とした場合，その差がスプレッドである。図 12-1 には，このスプレッドの挙動も示されているが，1980 年代中盤から終盤にかけて上昇傾向から低下傾向に転じており，1990 年前後には負となっている。スプレッドと短期金利を比べると，スプレッドの上昇は短期金利の上昇に先行し，スプレッドの低下は短期金利の低下に先行している点が観察されるだろう。実際に金利の期間構造が示唆する理論的な帰結の 1 つとして，スプレッドが将来の短期金利の変動に対して予測力を持つことが知られている。なぜならば，経済主体の将来の短期金利の予測値が平均的に正しいならば，その情報は現在の長期金利やスプレッドに反映されているはずだからである（このことは，「期待仮説」と呼ばれる）。つまりこれは，短期金利変動の予測精度はスプレッドの情報を加えることで改善されるということであり，グレンジャー因果性が成立していることになる。

　この期間構造の性質を，スプレッドと短期金利の階差（前月差）系列の VAR モデルから検討してみよう。具体的には，スプレッドから短期金利階差へのグレンジャー因果性の検定を用いる。

　推定モデルは一般的な VAR(p) モデル

$$SPD_t = \beta_{10} + \beta_{11}^{(1)} SPD_{t-1} + \cdots + \beta_{11}^{(p)} SPD_{t-p}$$
$$+ \beta_{12}^{(1)} \Delta CALL_{t-1} + \cdots + \beta_{12}^{(p)} \Delta CALL_{t-p} + \varepsilon_{1t} \quad (12.14)$$

$$\Delta CALL_t = \beta_{20} + \beta_{21}^{(1)} SPD_{t-1} + \cdots + \beta_{21}^{(p)} SPD_{t-p}$$
$$+ \beta_{22}^{(1)} \Delta CALL_{t-1} + \cdots + \beta_{22}^{(p)} \Delta CALL_{t-p} + \varepsilon_{2t} \quad (12.15)$$

である。ただし，$CALL_t$ はオーバーナイト物無担保コールレート，SPD_t ($= YIELD10_t - CALL_t$) はスプレッドであり，10 年物国債利回り（$YIELD10_t$）とコールレートの差で定義されている。BIC を用いたラグの選択の結果は $p = 4$ であった。(12.15) 式を $p = 4$ として OLS 推定し

第 **12** 章　VAR モデル　　587

て,

$$H_0 : \beta_{21}^{(1)} = \beta_{21}^{(2)} = \beta_{21}^{(3)} = \beta_{21}^{(4)} = 0$$

の結合仮説を検定すると, ワルド統計量は 12.18 となり「SPD_t から $\Delta CALL_t$ へのグレンジャー因果性がない」という帰無仮説は 5% の有意水準で有意に棄却された。このことは金利の期間構造理論に従い, スプレッドから短期金利へのグレンジャー因果性が成立していると考えることができる。

シムズ検定　VAR モデルを直接推定せずに, グレンジャー因果性を検定する方法も提案されている。シムズは「X_t から Y_t へのグレンジャー因果性がない」ならば,

$$X_t = \beta_0 + \sum_{j=0}^{p} \delta_j Y_{t-j} + u_t \tag{12.16}$$

のような分布ラグ・モデルによる近似が p が十分に大きい場合に成立することを利用して, 因果性検定を行った (Sims, 1972)。具体的には, Y_t のラグ付き変数だけではなく, 来期から q 期先までのリード変数 (将来の変数のこと) である $Y_{t+1}, Y_{t+2}, \ldots, Y_{t+q}$ も含んだ

$$X_t = \beta_0 + \sum_{j=-q}^{p} \delta_j Y_{t-j} + u_t \tag{12.17}$$

を OLS 推定して, リード変数の係数 $(\delta_{-1}, \delta_{-2}, \ldots, \delta_{-q})$ がすべて 0 である

$$H_0 : \delta_{-1} = \delta_{-2} = \cdots = \delta_{-q} = 0$$

の結合仮説を, F 統計量やワルド統計量で仮説検定する。ただし, 帰無仮説のもとで, 誤差項 u_t に系列相関がある可能性を考えた場合, 第 10 章で学んだ HAC 標準誤差による修正か, 準階差変換による GLS 推定量に基づく検定が必要になる。

588　第III部　マクロ編

> **実証例 12.2　金利の期間構造とシムズの因果性検定**
>
> 　実証例 12.1 と同じ標本期間を用いて，長短金利スプレッドから短期金利の階差へのグレンジャー因果性をシムズ検定で検討してみよう。
>
> 　まず，被説明変数として SPD_t，説明変数として $\Delta CALL_t$ と，その 6 次までのラグ付き変数の分布ラグ・モデルにリード変数 $\Delta CALL_{t+1}$ を追加して推計する。推定結果は
>
> $$\widehat{SPD}_t = \underset{(0.185)}{0.674} + \underset{(0.554)}{1.051} \Delta CALL_{t+1} + \sum_{j=0}^{6} \hat{\delta}_j \Delta CALL_{t-j} \qquad (12.18)$$
>
> となった。ただし，カッコ内はラグ次数 4 を用いた HAC 標準誤差である。
>
> 　リード変数の係数推定値は $\hat{\delta}_{-1} = 1.051$，その t 値は 1.900 ($= 1.051/0.554$) であり，$H_0 : \delta_{-1} = 0$ の仮説は 10% の有意水準で棄却できるが，5% の有意水準では棄却できない。このため，シムズ検定を用いた場合の，SPD_t から $\Delta CALL_t$ へのグレンジャー因果性の証拠は，実証例 12.1 の結果に比べてやや弱いといえる。

グレンジャー因果性と政策評価の関係

すでに見たように，グレンジャー因果性では予測精度が改善されたかどうかという点のみに着目して，因果性が定義されている。ここでは，第 9 章で説明されたルービンによる因果性分析の枠組みとグレンジャー因果性がどのように関係しているかという点を，少し検討してみよう。

結果変数を Y_i とし，0 と 1 を取る処置変数（政策変数）を D_i とした場合，

$$E(Y_i|D_i = 1) - E(Y_i|D_i = 0) \qquad (12.19)$$

は，D_i が独立である場合に限り，平均処置効果（ATE）や処置を受けたものの中での平均処置効果（ATT）に一致することが，第 9 章では議論された。

一方，2 変数の VAR(1) モデルを用いたグレンジャー因果性の分析では，(12.3) 式で $\beta_{12} = 0$ が成立していれば，すべての予測期間 h に対して，過去の X_t を含んだ情報集合を用いても MSFE が変化しないことから，X_t から

Y_t へのグレンジャー因果性はないことを意味していた。このことは，(12.3) 式と (12.4) 式に含まれる β_{12} 以外の係数がどのような値であっても成立する。たとえば，2 つの式の定数項がなく（$\beta_{10} = \beta_{20} = 0$），(12.4) 式に説明変数がない（$\beta_{21} = \beta_{22} = 0$）ような単純な設定を考えた場合でも，グレンジャーの因果性は β_{12} だけに依存しているはずである。議論を簡単にするために，この設定を用いて，(12.3) 式と (12.4) 式をそれぞれ以下のように記述しよう。

$$Y_t = \beta_{11}Y_{t-1} + \beta_{12}X_{t-1} + \varepsilon_{1t} \qquad (12.20)$$

$$X_t = \varepsilon_{2t} \qquad (12.21)$$

ここで，(12.20) 式を 1 期先の時点で評価した $Y_{t+1} = \beta_{11}Y_t + \beta_{12}X_t + \varepsilon_{1t+1}$ に (12.21) 式を代入すれば，

$$Y_{t+1} = \beta_{11}Y_t + \beta_{12}\varepsilon_{2t} + \varepsilon_{1t+1} \qquad (12.22)$$

となる。(12.22) 式の逐次代入を繰り返せば，

$$Y_{t+1} = \beta_{12}\varepsilon_{2t} + \varepsilon_{1t+1} + \sum_{j=1}^{\infty} \beta_{11}^j (\beta_{12}\varepsilon_{2t-j} + \varepsilon_{1t-j+1})$$

となる。この式から，もし X_t の式の誤差項 ε_{2t} と Y_t の式の誤差項 ε_{1t} が独立であれば，

$$\mathrm{E}(Y_{t+1}|\varepsilon_{2t} = 1) - \mathrm{E}(Y_{t+1}|\varepsilon_{2t} = 0) = \beta_{12}$$

の結果を導出することができる。これは (12.19) 式において，結果変数 Y_i を Y_{t+1} に置き換えて，処置変数 D_i を ε_{2t} に置き換えた場合の処置効果が，β_{12} と一致することを意味している。この結果は，$\beta_{10} = \beta_{20} = 0$ や $\beta_{21} = \beta_{22} = 0$ の制約がないときにも成立する。もちろん X_t の式の誤差項 ε_{2t} は離散変数ではないので，実際に ε_{2t} が 0 や 1 の値を取るわけではない。つまり仮想現実の設定で，仮に今期の X_t の式の誤差項 ε_{2t} が 0 から 1 単位上昇した場合には，次期の Y_t への影響（処置効果）が β_{12} であることを示している。つまり，ある条件のもとでは，X_t から Y_t へのグレンジャー因果性はないこと（$\beta_{12} = 0$）と，今期の X_t から将来の Y_t へ処置効果がないことが同じ意味を持つ。

ただし，特殊な場合を除けば，一般的にグレンジャー因果性の検定の結果を，政策評価に直接用いることは難しいだろう。もし X_t が貨幣供給量や名目

590　第III部　マクロ編

金利のような政策変数であれば，それはフィードバックを持った内生変数と見なすことが自然である。つまり，X_t の式の誤差項 ε_{2t} と Y_t の式の誤差項 ε_{1t} には相関があることが予想される。この場合，X_t の式の誤差項 ε_{2t} の変化を用いて，政策の変化による正しい処置効果を計算することはできない。言い換えると，X_t の式の誤差項 ε_{2t} の中には政策以外の要因が含まれており，純粋な政策ショックの効果を捉えることができていない。このため，VAR モデルを用いた政策評価では，まず VAR モデルの誤差項から政策介入による純粋なショックのみを抽出する作業が必要となる。この点については，本章5節のインパルス応答関数と分散分解で詳しく解説する。

見せかけの回帰と共和分

見せかけの回帰

AR(1) モデル (12.1) 式で $\beta_0 = 0$ と $\beta_1 = 1$ の制約が満たされる場合，Y_t はランダムウォークとなり，確率トレンドのある単位根過程であることは，すでに第11章で確認した。Y_t に単位根があるため，Y_t 自体は定常ではないが，階差を取れば $\Delta Y_t = Y_t - Y_{t-1} = \varepsilon_t$ となり，定常過程に変換できる。線形トレンド・モデルではディトレンドすることができず，階差変換によってはじめて定常になる変数は **1次の和分変数** と呼ばれ，I(1) と表記される。すなわち，階差定常の変数は I(1) 変数である。一方，AR(1) モデル (12.1) 式で $|\beta_1| < 1$ の制約が満たされる場合には，Y_t は階差を取らなくても定常である。階差を取らずに定常（またはトレンド定常）である変数は **0次の和分変数** と呼ばれ，I(0) と表記される。

次に (12.3) 式で $\beta_{10} = 0$, $\beta_{11} = 1$, $\beta_{12} = 0$, (12.4) 式で $\beta_{20} = 0$, $\beta_{21} = 0$, $\beta_{22} = 1$ の制約がそれぞれ満たされる場合に，VAR(1) モデルは

$$Y_t = Y_{t-1} + \varepsilon_{1t} \tag{12.23}$$

$$X_t = X_{t-1} + \varepsilon_{2t} \tag{12.24}$$

と書くことができる。Y_t と X_t はそれぞれ単位根がある AR(1) モデルに従うため，階差変換 $\Delta Y_t = Y_t - Y_{t-1} = \varepsilon_{1t}$ と $\Delta X_t = X_t - X_{t-1} = \varepsilon_{2t}$ によって定常になる。つまり，どちらも I(1) 変数である。グレンジャー因果性は単位

根の有無とは無関係の概念であるため，$\beta_{12} = 0$ が成立している (12.23) 式より，X_t から Y_t へのグレンジャー因果性がない。また，$\beta_{21} = 0$ が成立している (12.24) 式からは，Y_t から X_t へのグレンジャー因果性がないことも確認できる。さらに，それぞれの誤差項 ε_{1t} と ε_{2t} が独立であれば，ΔY_t と ΔX_t の相関も 0 である。この場合，Y_t と X_t は，それぞれ**独立ランダムウォーク**であるという。

ΔY_t と ΔX_t の相関が 0 であるため，ΔY_t を ΔX_t に回帰しても，サンプルサイズが十分に大きいとき，回帰係数は 0 に確率収束し，t 統計量は有意ではなく，決定係数 R^2（および $\bar{R}^2$）は 0 に収束する。ところが，Y_t を X_t に回帰すると，サンプルサイズが十分に大きいとき，回帰係数は 0 でない確率変数に確率収束し，t 統計量は発散し，決定係数 R^2（および $\bar{R}^2$）は 0 でない確率変数に収束することが知られている。とくに問題となるのは，t 統計量が発散することで，絶対値で 2 前後の臨界値を上回り，回帰係数が 0 であるという帰無仮説が有意に棄却されてしまう点である。両者が無関係であるにもかかわらず，I(1) 変数の間の回帰分析で統計的に有意な結果が得られてしまうこの現象は，**見せかけの回帰**（spurious regression）と呼ばれている。

実証例 12.3　南極のペンギンの数と日本の GDP

EMPIRICAL

　日本が派遣している南極観測隊は，1960 年代から昭和基地周辺のアデリーペンギンの個体数を調査してきた。さて，読者は南極のペンギンの数が日本の経済成長の鍵を握っているという珍説を聞いたことがあるだろうか。図 12-2 には，1982 年から 2014 年までの南極のペンギンの数（正確にはアデリーペンギンの営巣数）と日本の実質 GDP が示されている。確かに，両者はともに増加傾向があるように見えるが，その関係は定かではない。そこで，被説明変数が実質 GDP（GDP_t），説明変数がペンギンの数（$PENGUIN_t$）であるような線形回帰モデルを推定してみよう。推定結果は

$$\widehat{GDP}_t = \underset{(39866.69)}{22319.2} + \underset{(9.75)}{57.45}\, PENGUIN_t \tag{12.25}$$

$$\bar{R}^2 = 0.50, \quad T = 33$$

図 12-2 ● GDP とペンギンの数

（出所）内閣府，www.penguinmap.com

となった。ただし，カッコ内は自由度修正ホワイト標準誤差である。回帰係数の t 値は 5.89 (= 57.45/9.75) であり，1% の有意水準で有意に正である。自由度修正済み決定係数は 0.50 となっている。以上が，南極のペンギンの数が日本の GDP の動向を左右しているという科学的な証拠である……。賢明な読者はもう気づいているだろうが，南極のペンギンと日本の GDP の間に関係性があるはずもなく，ここで求められた有意な回帰係数は見せかけの回帰の結果である。

実際に GDP_t と $PENGUIN_t$ について，定数項のないディッキー＝フラー検定を用いて単位根の可能性を確認したところ，ディッキー＝フラー t 統計量は GDP_t で -1.38，$PENGUIN_t$ で -1.91 となった。2 つの変数は 10% の有意水準でも単位根仮説を棄却できず，I(1) 変数である可能性が否定できない。

共和分の定義

見せかけの回帰の結果から，まったく関係のない I(1) 変数を用いて回帰分析を行うと誤った結論が導かれる可能性があることを指摘した。では，複数の I(1) 変数の間で意味のある関係を見出すことはできるのだろうか。以下で説明する**共和分** (cointegration) の概念を用いることで，I(1) 変数の間の長期の関係を明確にすることができる。

次のような VAR(1) モデルを使い，共和分の概念を導入しよう。(12.3) 式で $\beta_{10} = 0$，$\beta_{11} = 0.5$，$\beta_{12} = 0.5$，(12.4) 式で $\beta_{20} = 0$，$\beta_{21} = 0$，$\beta_{22} = 1$ が

成立しているとすると，VAR(1) モデルは

$$Y_t = 0.5Y_{t-1} + 0.5X_{t-1} + \varepsilon_{1t} \tag{12.26}$$

$$X_t = X_{t-1} + \varepsilon_{2t} \tag{12.27}$$

と書くことができる。誤差項 ε_{1t} と ε_{2t} の間に相関があっても，以下の議論の本質は変わらないが，簡単化のため相関が 0 であるとしよう。まず，X_t が I(1) 変数であることは (12.27) 式から明らかである。次に Y_t の和分の次数を調べる準備として，Y_t と X_t の差の挙動を検討しよう。(12.26) 式から (12.27) 式を引けば

$$Y_t - X_t = 0.5(Y_{t-1} - X_{t-1}) + \varepsilon_{1t} - \varepsilon_{2t} \tag{12.28}$$

と表現することができる。

　ここで，$Y_t - X_t$ を新たな変数 u_t と解釈して，$\varepsilon_{1t} - \varepsilon_{2t}$ を新たな誤差項 ε_t と解釈すれば，u_t は自己回帰係数が 0.5 である AR(1) モデル

$$u_t = 0.5u_{t-1} + \varepsilon_t \tag{12.29}$$

として記述できる。(12.29) 式の自己回帰係数の 0.5 は絶対値で 1 より小さいため u_t は定常であり，定数項がないので平均は 0 である。

　次に (12.26) 式の両辺から Y_{t-1} を引き，(12.27) 式の両辺から X_{t-1} を引けば，

$$\Delta Y_t = -0.5(Y_{t-1} - X_{t-1}) + \varepsilon_{1t} \tag{12.30}$$

$$\Delta X_t = \varepsilon_{2t} \tag{12.31}$$

と書き換えることができる（ここで $\Delta Y_t = Y_t - Y_{t-1}$，$\Delta X_t = X_t - X_{t-1}$ である）。(12.30) 式の右辺は $-0.5u_{t-1} + \varepsilon_{1t}$ であり，平均が 0 で系列相関がある新たな誤差項と解釈すれば，Y_t も I(1) 変数であることが確認できる。つまり，(12.26) 式と (12.27) 式の VAR(1) モデルのもとでは，Y_t と X_t はともに I(1) 変数である。

　ところが，2 つの I(1) 変数の差である $Y_t - X_t = u_t$ は，(12.29) 式に従う定常な I(0) 変数である。このため，Y_t と X_t は個別の変数の挙動だけを見れば，確率トレンドにより発散しているが，両者の差は長期的には発散しない。つまり，I(1) 変数である Y_t と X_t の間に長期的な関係が成立している。図 12-3

594　　第III部　マクロ編

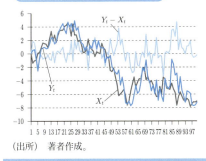

図 12-3 ● 実験系列（共和分）

図 12-4 ● 実験系列（見せかけの相関）

(出所) 著者作成。

には，(12.26) 式と (12.27) 式の VAR(1) モデルから発生させた実験データによる，Y_t，X_t，$Y_t - X_t$ の挙動が示されている。この例のように，I(1) 変数が 0 でない係数 θ を用いた変換 $Y_t - \theta X_t$ によって和分の次数が 1 だけ下がり，I(0) 変数となるとき，「変数間に共和分関係がある」という。また，その場合の θ を**共和分係数** (cointegrating coefficient) と呼ぶ。

一方，独立ランダムウォークの例では，どのような変換 $Y_t - \theta X_t$ を用いても，I(0) 変数とはならないことが確認できる。つまり，見せかけの回帰の状況では共和分関係は存在しないということである。図 12-4 には，(12.23) 式と (12.24) 式の VAR(1) モデルから発生させた実験データによる，Y_t，X_t，$Y_t - X_t$ の挙動が示されている。図 12-3 と図 12-4 における差の変換 $Y_t - X_t$ の挙動の違いは明らかだろう。

エングル＝グレンジャー検定

共和分関係があれば $Y_t - \theta X_t$ は I(0) 変数であるが，見せかけの回帰の場合には $Y_t - \theta X_t$ は I(1) 変数である，という性質の違いに注目すれば，データから両者を区別することができる。まず，共和分係数 θ が既知の場合，$u_t = Y_t - \theta X_t$ という変数を定義して，ADF 検定で単位根仮説を検定すればよい。「単位根がある」という帰無仮説は，「共和分関係がない（つまり，見せかけの回帰である）」という帰無仮説に対応している。このため，帰無仮説が棄却されれば，共和分関係が成立していると判断する。共和分係数 θ が既知の場合は，通常のディッキー＝フラー表（第 11 章表 11-1〔552 ページ〕）の臨界値を用いることができる。

第 **12** 章 VAR モデル 595

	表 12-1 ● エングル = グレンジャー検定統計量の臨界値					
説明変数の数	共和分回帰に定数項あり			共和分回帰に定数項・トレンドあり		
	10%	5%	1%	10%	5%	1%
1	-3.05	-3.34	-3.90	-3.50	-3.78	-4.33
2	-3.45	-3.74	-4.30	-3.83	-4.12	-4.67
3	-3.81	-4.10	-4.65	-4.15	-4.43	-4.97
4	-4.13	-4.42	-4.96	-4.43	-4.72	-5.25
5	-4.42	-4.70	-5.24	-4.70	-4.98	-5.51

（注）　MacKinnon (1991) Table 1 より作成。

　次に，共和分係数 θ が未知の場合には，第1段階として θ を推定する必要がある。具体的には回帰式

$$Y_t = \mu + \theta X_t + u_t \tag{12.32}$$

を OLS 推定して，残差 $\hat{u}_t = Y_t - \hat{\mu} - \hat{\theta} X_t$ を計算し，残差に関する ADF 検定で単位根仮説を検定すればよい。(12.32) 式は，**共和分回帰** (cointegrating regression) と呼ばれ，もし共和分関係が成立していれば，OLS 推定量 $\hat{\theta}$ は共和分係数 θ の一致推定量となることが知られている。このため，サンプルサイズが十分に大きいとき，$Y_t - \hat{\mu} - \hat{\theta} X_t$ の変換は I(0) 変数となるため，残差の単位根仮説は棄却されることが予想される。この2段階の手続きは，**エングル = グレンジャー検定**と呼ばれる (Engle and Granger, 1987)。

　エングル = グレンジャー検定では，2つの点に留意する必要がある。1つめは，残差の ADF 検定では定数項のない ADF 回帰式を用いるという点である。2つめは，OLS 推定された共和分係数を用いた残差の単位根検定には，通常のディッキー = フラー表の臨界値を用いることができないという点である。たとえば，5% の臨界値は通常のディッキー = フラー単位根検定では表 11-1 から -1.95 であるが，エングル = グレンジャー検定では -3.34 となる。エングル = グレンジャー検定で用いる臨界値は，表 12-1 にまとめられている。表 12-1 に示されているように，(12.32) 式の共和分回帰に説明変数を追加した場合には，臨界値は説明変数の数に依存して変化する。たとえば，(12.32) 式に Z_t という I(1) 変数を説明変数に加えた

$$Y_t = \mu + \theta_1 X_t + \theta_2 Z_t + u_t \tag{12.33}$$

の共和分回帰の残差を用いた場合には，表 12-1 から有意水準 5% の臨界値は説明変数の数が 2 なので，−3.74 となる。また，共和分回帰が定数項のみを含む場合と，定数項に加えてトレンドを含む場合とで，臨界値は異なる。たとえば，(12.32) 式に線形トレンドを加えた

$$Y_t = \mu + \delta t + \theta X_t + u_t \tag{12.34}$$

の共和分回帰の残差を用いた場合には，表 12-1 から有意水準 5% の臨界値は共和分回帰に定数項とトレンドがあり，説明変数の数が 1 であることから −3.78 となる。

実証例 12.4　金利の期間構造と共和分

長期金利と短期金利が単位根過程であったとしても，長短金利スプレッドは，リスク・プレミアムが定数である限り定常であることが，金利の期間構造から示唆される。つまり，長期金利と短期金利の間に共和分関係が存在するということである。実証例 12.1 のデータを用いて，長期金利と短期金利の間の長期の関係を表す共和分回帰式を OLS 推定すると，

$$\widehat{YIELD10}_t = \underset{(0.103)}{3.142} + \underset{(0.021)}{0.460}\, CALL_t \tag{12.35}$$

$$\bar{R}^2 = 0.82,\ T = 111$$

という結果になった。ただし，カッコ内は自由度修正ホワイト標準誤差である。ここで，被説明変数と説明変数の両変数が単位根過程であるため，見せかけの回帰ではなく，意味のある共和分回帰であることを確認する必要がある。このためには，次の段階として，推定された残差が定常であるかどうかを ADF 検定を用いて調べればよい。検討の結果，2 次のラグが選ばれ，以下の定数項のない ADF 回帰式が推定された。

$$\Delta \hat{u}_t = \underset{(0.064)}{-0.392}\, \hat{u}_{t-1} + 0.426 \Delta \hat{u}_{t-1} + 0.236 \Delta \hat{u}_{t-2} + \hat{\varepsilon}_t \tag{12.36}$$

ただし，$\hat{u}_t = YIELD10_t - 3.142 - 0.460 CALL_t$ は共和分回帰式 (12.35) 式の残差である。残差の単位根検定の t 統計量は $-6.087\ (= -0.392/$

0.064) であった。トレンドのない 1 つの説明変数の共和分回帰のモデル
で有意水準 5% の臨界値は表 12-1 より −3.34 である。このことから，
「共和分関係がない」という帰無仮説は棄却される。したがって，エン
グル = グレンジャー検定の結果は，共和分の存在を強く示唆していると
いえる。

実証例 12.5　南極のペンギンの数と日本の GDP（再考）

EMPIRICAL

　実質 GDP をペンギンの数に回帰した (12.25) 式の残差を用いて推定さ
れた定数項のないディッキー = フラー回帰式は

$$\Delta \hat{u}_t = \underset{(0.092)}{-0.172}\, \hat{u}_{t-1} + \hat{\varepsilon}_t \tag{12.37}$$

となった。ただし，$\hat{u}_t = GDP_t - 22319.2 - 57.45 PENGUIN_t$ である。
単位根検定の t 統計量は $-1.864\ (= -0.172/0.092)$ であった。表 12-1 よ
り有意水準 5% の臨界値は −3.34 である。したがって，「共和分関係が
ない」という帰無仮説を棄却できない。このことから，ペンギンの数が
日本の GDP の決定要因であるという統計的にも有意な結果は，見せか
けの回帰であることを示唆しているといえる（正確には，見せかけの回帰の
可能性を否定できない）。

誤差修正モデル　　次に，共和分関係がある場合の短期の調整過程
が記述できるモデルを，VAR モデルを書き換
えることによって導入しよう。確率トレンドを持つ 2 変数に共和分関係が存
在すれば，両者の差が長期的に離れていかないような調整が常に働いている必
要がある。(12.26) 式と (12.27) 式の VAR(1) モデルの例では，$Y_t - X_t$ の挙動
が AR(1) モデル (12.28) 式で記述することができた。自己回帰係数が 0.5 で
あるために，誤差項の値を 0 に固定すれば，両者の差は毎期半分ずつ減少す
る。仮に $Y_t - X_t$ が正であるとき，その値が減少するためには Y_t が減少する
か X_t が増加するような調整が働かなければならない。(12.30) 式の表現から，

この例では，誤差項の値が 0 の場合，1 期前の乖離幅 $Y_{t-1} - X_{t-1}$ の 50% 分が，今期の Y_t が減少することで調整されることがわかる。一方，X_t の変化によって $Y_t - X_t$ が減少するように調整される場合には，$Y_{t-1} - X_{t-1}$ の項が (12.31) 式に含まれるようにモデルの設定を変えればよい。たとえば，(12.31) 式に $0.25(Y_{t-1} - X_{t-1})$ の項を追加すれば，乖離幅の 25% 分が X_t の増加によって調整されることになる。

(12.30) 式と (12.31) 式のように VAR モデルに共和分の制約を課して，長期の共和分関係からの乖離を調整する表現に書き換えた式は，ベクトル誤差修正モデル，あるいは単に誤差修正モデル (error correction model) と呼ばれる。一般的な 2 変数の VAR(p) モデルである (12.5) 式と (12.6) 式に共和分の制約を課した誤差修正モデルは，以下のように表現できる。

誤差修正モデル

$$\Delta Y_t = \beta_{10} + \alpha_1(Y_{t-1} - \theta X_{t-1}) + \phi_{11}^{(1)}\Delta Y_{t-1} + \cdots + \phi_{11}^{(q)}\Delta Y_{t-q}$$
$$+ \phi_{12}^{(1)}\Delta X_{t-1} + \cdots + \phi_{12}^{(q)}\Delta X_{t-q} + \varepsilon_{1t} \tag{12.38}$$

$$\Delta X_t = \beta_{20} + \alpha_2(Y_{t-1} - \theta X_{t-1}) + \phi_{21}^{(1)}\Delta Y_{t-1} + \cdots + \phi_{11}^{(q)}\Delta Y_{t-q}$$
$$+ \phi_{22}^{(1)}\Delta X_{t-1} + \cdots + \phi_{22}^{(q)}\Delta X_{t-q} + \varepsilon_{2t} \tag{12.39}$$

ただし，ラグの長さは $q = p - 1$ である。Y_t と X_t は I(1) 変数であるため，左辺の被説明変数 ΔY_t と ΔX_t は定常である。一方，右辺の 1 番目の説明変数 $Y_{t-1} - \theta X_{t-1}$ は誤差修正項と呼ばれる定常な変数であり，残りの説明変数であるラグ付き階差変数 ΔY_{t-j} と ΔX_{t-j} $(j = 1, \ldots, q)$ もすべて定常である。このため，共和分係数 θ が既知の場合，(12.38) 式と (12.39) 式をそれぞれ OLS 推定すれば，すべての係数に関して通常の仮説検定を行うことが可能である。また，共和分係数 θ が未知の場合には，共和分回帰 (12.32) 式の残差 $\hat{u}_t = Y_t - \hat{\mu} - \hat{\theta}X_t$ の 1 期ラグ変数を誤差修正項として説明変数に用いて (12.38) 式と (12.39) 式を OLS 推定すればよい。

第 **12** 章　VAR モデル　599

> **実証例 12.6　金利の期間構造と誤差修正モデル**
>
>
> 　実証例 12.4 の結果を用いて，ラグが $q = 2$ $(p = 3)$ と仮定し，長期金利と短期金利の誤差修正モデルを推定すると，以下のようになった。
>
> $$\widehat{\Delta YIELD10}_t = \underset{(0.023)}{-0.009} - \underset{(0.083)}{0.371}\,\hat{u}_{t-1}$$
> $$+ \underset{(0.116)}{0.492}\,\Delta YIELD10_{t-1} + \underset{(0.127)}{0.230}\,\Delta YIELD10_{t-2}$$
> $$- \underset{(0.080)}{0.058}\,\Delta CALL_{t-1} + \underset{(0.087)}{0.027}\,\Delta CALL_{t-2} \quad (12.40)$$
>
> $$\widehat{\Delta CALL}_t = \underset{(0.023)}{-0.028} + \underset{(0.064)}{0.070}\,\hat{u}_{t-1}$$
> $$+ \underset{(0.097)}{0.097}\,\Delta YIELD10_{t-1} + \underset{(0.095)}{0.011}\,\Delta YIELD10_{t-2}$$
> $$+ \underset{(0.087)}{0.053}\,\Delta CALL_{t-1} + \underset{(0.089)}{0.216}\,\Delta CALL_{t-2} \quad (12.41)$$
>
> ただし，カッコ内は自由度修正ホワイト標準誤差であり，$\hat{u}_{t-1}$ $(= YIELD10_{t-1} - 3.142 - 0.460 CALL_{t-1})$ は共和分回帰式 (12.35) 式の残差を用いた誤差修正項である。
> 　長期金利の回帰式 (12.40) 式の誤差修正項の係数推定値 -0.371 は，長期均衡からの正の乖離の 37.1% が次期の長期金利の低下で調整されることを示唆している。同様に，短期金利の回帰式 (12.41) 式からは，統計的に有意ではないものの，正の乖離の一部が次期の短期金利の上昇で調整されることがわかる。

共和分係数の動学 OLS 推定量

　共和分関係がある場合，(12.32) 式の共和分回帰の OLS 推定量が一致推定量であることはすでに説明した。一方，共和分係数 θ に関する仮説検定に興味がある場合には，(12.35) 式で計算したような係数推定値の標準誤差を用いることが考えられる。ところが，ホワイト標準誤差の公式は，系列相関がなく説明変数が内生変数でないという強い条件が成立している場合に限って使うことができる。つまり，一般的に内生性や系列相関を許容する場合には利用できない。その場合の便利な解決方法として，**動学 OLS 推定量**

(dynamic OLS estimator) が考案されている．ラグ階差変数とリード階差変数を説明変数に追加した共和分回帰式

$$Y_t = \delta + \theta X_t + \sum_{j=-q}^{p} \phi_j \Delta X_{t-j} + u_t \qquad (12.42)$$

を用いて OLS 推定された $\hat{\theta}$ を，動学 OLS 推定量と呼ぶ．動学 OLS 推定量は OLS 推定量よりも効率的であることが証明されている．また，$\hat{\theta}$ の HAC 標準誤差から計算される t 統計量は，帰無仮説のもとで標準正規分布に従う．たとえば $SE(\hat{\theta})$ を HAC 標準誤差とする場合，共和分係数に関して $H_0 : \theta = 1$ という仮説は，t 統計量 $(\hat{\theta}-1)/SE(\hat{\theta})$ を用いて検定することができる．HAC 標準誤差については第 10 章を参照のこと．

実証例 12.7　金利の期間構造と動学 OLS 推定

実証例 12.4 の共和分回帰式を動学 OLS 推定量を用いて再考する．ラグとリードの次数を $p = q = 2$ と設定した場合，推定結果は以下のようになった．

$$\widehat{YIELD10}_t = \underset{(0.160)}{3.211} + \underset{(0.031)}{0.450} CALL_t + \sum_{j=-2}^{2} \hat{\phi}_j \Delta CALL_{t-j} \qquad (12.43)$$

$\bar{R}^2 = 0.82,\ T = 108$

ただし，カッコ内は HAC 標準誤差である．サンプルサイズは 108 であるため，HAC 標準誤差の計算に必要なラグ次数は第 10 章で説明した簡便な選択ルールを用いて，$m = \text{int}[4 \times (108/100)^{1/3}] = 4$ とした．共和分係数（短期金利の係数）推定値 $\hat{\theta}$ の信頼水準 95% の信頼区間は，$0.450 \pm 1.96 \times 0.031$ から $[0.389, 0.511]$ と計算される．また，金利の期間構造から予測される帰無仮説 $H_0 : \theta = 1$ の t 統計量は $-17.742\ (= (0.450 - 1)/0.031)$ であり，帰無仮説は有意に棄却される．

★ VAR モデルの定常性と共和分階数

第 4 章 8 節では被説明変数と説明変数を入れ替えた逆回帰の OLS 推定量は一般的には一致性を持たないことが議論された。ただし，2 つの I(1) 変数の間に共和分関係が成立する場合には，逆回帰の OLS 推定量は共和分係数 θ の逆数に関して一致性を持っている。ところが，もとの共和分回帰と逆回帰の残差を用いたエングル゠グレンジャー検定を比較したときに，相反する結果が得られる可能性は排除できない。また，共和分回帰で 2 変数以上の説明変数がある場合には，理論的に 2 つ以上の組合せの共和分関係が変数間に存在する可能性があり，得られた結果の解釈が困難になってしまう。

たとえば，I(1) 変数である Y_t を被説明変数，2 つの I(1) 変数 X_t と Z_t を説明変数とする共和分回帰を考えよう。もし共和分関係が 1 つ存在する場合には，ある θ_1 と θ_2 に対して $Y_t - \theta_1 X_t - \theta_2 Z_t$ が I(0) 変数となり，Y_t を X_t と Z_t に回帰した場合の OLS 推定量は共和分係数 θ_1 と θ_2 の一致推定量である。このため，説明変数が 1 つの場合のエングル゠グレンジャー検定と同様の解釈が成立する。ところが，共和分関係が 2 つ存在する場合には θ_1 と θ_2 とは別の値の組合せ θ_1^* と θ_2^* についても $Y_t - \theta_1^* X_t - \theta_2^* Z_t$ が I(0) 変数となってしまう状況が生じてしまう。その場合の OLS 推定量の収束先は明確ではない。

次のような例を考えよう。3 つの誤差項 ε_{1t}, ε_{2t}, ε_{3t} が互いに独立なホワイトノイズだとする。Y_t が (12.23) 式から生成されるランダムウォークだったとして，X_t と Z_t がそれぞれ $X_t = Y_{t-1} + \varepsilon_{2t}$ と $Z_t = Y_{t-1} + \varepsilon_{3t}$ のモデルから生成されているとすれば，Y_t と X_t と Z_t の 3 つの I(1) 変数の間には複数の共和分関係がある。たとえば，$Y_t - 0.5X_t - 0.5Z_t$ は I(0) 変数であるし，$Y_t - 1.5X_t + 0.5Z_t$ も I(0) 変数である。理論的に M 個の I(1) 変数間には，最大で $M - 1$ 個の共和分関係があってもよいことがわかっている。このため共和分分析で変数の数を増やしたいときに，エングル゠グレンジャー検定を使い続けることの限界が理解できるだろう。

これらの問題を回避する方法として，本節では共和分階数に基づく共和分検定を紹介する。共和分階数とは，VAR モデルのシステムに存在する共和分関係の数のことである。上に挙げた例でも 3 変数の VAR モデルとして記述する

602　第Ⅲ部　マクロ編

ことができることは簡単に確認することができる。共和分階数は定常性の条件と密接な関係があるため，まず共和分階数の理解の準備として AR モデルの定常性の条件を導出する。

AR モデルの定常性　最初に，時系列モデルの記述に便利な**ラグオペレータ**を導入する。ラグオペレータ L は，t 期の変数 Y_t や X_t を1期前のラグ変数に変換する。たとえば，$LY_t = Y_{t-1}$ や $LX_t = X_{t-1}$ が成立する。ラグオペレータを2回用いると $L^2 Y_t = L(LY_t) = LY_{t-1} = Y_{t-2}$ のように2期ラグ変数となり，j 回用いると $L^j Y_t = Y_{t-j}$ のように j 期ラグ変数となる。なお時間に依存しない定数 k にラグオペレータを用いても $Lk = k$ となり，値は変わらない。

ラグオペレータを使って，AR(1) モデル (12.1) 式を書き換えると

$$Y_t = \beta_0 + \beta_1 L Y_t + \varepsilon_t$$

となる。さらに，Y_t を左辺にまとめると

$$Y_t - \beta_1 L Y_t = \beta_0 + \varepsilon_t$$

あるいは，

$$(1 - \beta_1 L)Y_t = \beta_0 + \varepsilon_t \tag{12.44}$$

となる。(12.44) 式の左辺 Y_t の係数 $1 - \beta_1 L$ は**ラグ多項式**と呼ばれ，L の関数 $\beta(L) = 1 - \beta_1 L$ として表現できる。一般的に，AR モデルのラグ多項式 $\beta(L)$ のラグオペレータ L を z に置き換えて，$\beta(z) = 0$ とした式は**特性方程式**と呼ばれ，特性方程式の解 z は**特性根**と呼ばれる。AR(1) モデルの特性方程式は

$$1 - \beta_1 z = 0$$

であり，その特性根は $z = 1/\beta_1$ で与えられる。ここで，第10章で用いた AR(1) モデルの定常性の条件が $|\beta_1| < 1$ であったことを思い出してほしい。AR(1) モデルの特性根は β_1 の逆数なので，特性根 z を用いた定常性の条件は $|z| > 1$ となる。つまり，AR(1) モデルが定常であることは，その特性根 z が絶対値で1より大きいことを意味している。

この「特性根が絶対値で1より大きい」という定常性の条件は，特性根の数が増えた一般的な AR(p) モデルでも用いることができるため，非常に便利

第**12**章　VAR モデル　　603

である。AR(p) モデルの特性方程式は p 次の方程式となり，すべての特性根の絶対値が 1 より大きいかどうかを調べることで，定常性を確認することができる。一般的に多項式の解は複素数になってもよいが，複素数の絶対値が 1 より大きいことは，実部を横軸，虚部を縦軸とする複素平面上で表された位置が原点を中心とする半径 1 の円（単位円）の外にあることに対応している。このため，特性根が絶対値で 1 より大きいことを「単位円外の値を取る」という場合もある。複数の特性根のうち，1 つでも単位円上（あるいは単位円内）の値を取るものがあれば，その AR モデルは非定常である。以下では，単位円外の特性根を「定常根（安定根）」，単位円上の特性根を「単位根」と呼んで区別することにしよう（本書では単位円内の特性根は扱わない）。ちなみに第 11 章で解説した単位根検定は，モデルの特性根が単位円上にあるかどうかを調べるための検定であった。

　ここでは特性根の計算例として，AR(2) モデルの定常性の条件を調べてみよう。AR(2) モデル

$$Y_t = \beta_0 + \beta_1 Y_{t-1} + \beta_2 Y_{t-2} + \varepsilon_t \tag{12.45}$$

をラグオペレータを使って書き換えると

$$Y_t = \beta_0 + \beta_1 L Y_t + \beta_2 L^2 Y_t + \varepsilon_t$$

となる。さらに，Y_t を左辺にまとめると

$$Y_t - \beta_1 L Y_t - \beta_2 L^2 Y_t = \beta_0 + \varepsilon_t$$

あるいは

$$(1 - \beta_1 L - \beta_2 L^2)Y_t = \beta_0 + \varepsilon_t \tag{12.46}$$

となる。以上から，AR(2) モデルのラグ多項式は $\beta(L) = 1 - \beta_1 L - \beta_2 L^2$ となり，特性方程式は

$$1 - \beta_1 z - \beta_2 z^2 = 0 \tag{12.47}$$

で与えられる。特性方程式は 2 次方程式なので，最大で 2 つの（複素数かもしれない）特性根が存在する。2 つの特性根は β_1 と β_2 の値に依存するが，特性根が単位円外の値であれば定常性の仮定が満たされることになる。2 つの定常

604　第III部　マクロ編

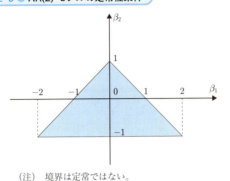

図 12-5 ● AR(2) モデルの定常性条件

（注）境界は定常ではない。

根の存在を保証する β_1 と β_2 の値の組み合わせが，図 12-5 で示された三角形の内側となる。

最後に，ラグオペレータの応用問題として，次のような時系列モデルの定常性を考察してみよう。

$$Y_t = \beta_0 + \beta_1 Y_{t-1} + u_t \tag{12.48}$$

$$u_t = \rho u_{t-1} + \varepsilon_t \tag{12.49}$$

ただし，ε_t は平均 0 で分散が σ_ε^2 の系列相関がない誤差項である。ここで (12.49) 式は $|\rho| < 1$ の条件が満たされている AR(1) モデルであり，u_t が定常であることがわかっているとしよう。一方，(12.48) 式は一見すると AR(1) モデルの表現となっているが，誤差項 u_t には系列相関があるため，純粋な AR(1) モデルではない。実は，Y_t は AR(2) モデルに従っていることが，次のような計算から確認できる。まず両式をラグオペレータを用いて書き換えると

$$(1 - \beta_1 L)Y_t = \beta_0 + u_t \tag{12.50}$$

$$(1 - \rho L)u_t = \varepsilon_t \tag{12.51}$$

となる。(12.51) 式を u_t について解くと，$u_t = (1 - \rho L)^{-1}\varepsilon_t$ と書ける。これを (12.50) 式に代入すると

$$(1 - \beta_1 L)Y_t = \beta_0 + (1 - \rho L)^{-1}\varepsilon_t$$

となり，さらに両辺に $1 - \rho L$ を掛けると

$$(1 - \beta_1 L)(1 - \rho L)Y_t = (1 - \rho L)\beta_0 + \varepsilon_t$$

となる。最後に左辺のラグ多項式をまとめると

$$[1 - (\beta_1 + \rho)L + \beta_1 \rho L^2]Y_t = (1 - \rho)\beta_0 + \varepsilon_t$$

となる。つまり Y_t は，1次の自己回帰係数が $\beta_1 + \rho$，2次の自己回帰係数が $-\beta_1 \rho$，定数項が $(1 - \rho)\beta_0$ の AR(2) モデルに従う。最後の式の右辺の計算では，変数ではなく定数にラグオペレータを用いても値が変わらない性質（$\rho L \beta_0 = \rho \beta_0$）を用いている。

　この AR(2) モデルの特性方程式は $1 - (\beta_1 + \rho)z + \beta_1 \rho z^2 = (1 - \beta_1 z)(1 - \rho z) = 0$ であり，特性根は $z_1 = 1/\beta_1$ と $z_2 = 1/\rho$ であるが，そのうち z_2 については $|\rho| < 1$ が既知であるため，定常根であること（単位円外の特性根）が保証されている。残りの特性根 z_1 も単位円外の値であるためには，$|\beta_1| < 1$ が成立していればよい。しかし $|\beta_1| < 1$ の条件は，(12.50) 式を便宜的に純粋な AR(1) モデルと考えた場合の定常性の条件に一致している。つまり，(12.50) 式は厳密な AR(1) モデルとはいえないが（実際は AR(2) モデル），系列相関を持つ誤差項 u_t が定常であることが既知の場合は，(12.50) 式から導出された特性方程式 $1 - \beta_1 z = 0$ の特性根だけに注目して，定常性の条件が議論できることが理解できる。

VAR モデルの定常性と共和分

AR モデルの定常性の条件に関する知識を用いて，VAR モデルの定常性の条件を導出しよう。具体的には，(12.3) 式と (12.4) 式の 2 本の式で構成される VAR(1) モデルの定常性の条件を導出する。(12.3) 式をラグオペレータを用いて書き換えると，

$$Y_t - \beta_{11}LY_t = \beta_{10} + \beta_{12}LX_t + \varepsilon_{1t}$$

あるいは

$$(1 - \beta_{11}L)Y_t = \beta_{10} + \beta_{12}LX_t + \varepsilon_{1t} \tag{12.52}$$

となる。同様に (12.4) 式は

$$X_t - \beta_{22}LX_t = \beta_{20} + \beta_{21}LY_t + \varepsilon_{2t}$$

あるいは

$$(1 - \beta_{22}L)X_t = \beta_{20} + \beta_{21}LY_t + \varepsilon_{2t} \tag{12.53}$$

と表現できる。(12.53) 式を X_t について解くと $X_t = (1 - \beta_{22}L)^{-1}(\beta_{20} + \beta_{21}LY_t + \varepsilon_{2t})$ と書ける。これを (12.52) 式に代入し，両辺に $1 - \beta_{22}L$ を掛けると

$$(1 - \beta_{22}L)(1 - \beta_{11}L)Y_t$$
$$= (1 - \beta_{22}L)\beta_{10} + \beta_{12}L(\beta_{20} + \beta_{21}LY_t + \varepsilon_{2t}) + (1 - \beta_{22}L)\varepsilon_{1t}$$

となる。この式を展開すれば，

$$[1 - (\beta_{11} + \beta_{22})L + \beta_{11}\beta_{22}L^2]Y_t$$
$$= (1 - \beta_{22})\beta_{10} + \beta_{12}\beta_{20} + \beta_{12}\beta_{21}L^2Y_t + \beta_{12}L\varepsilon_{2t} + (1 - \beta_{22}L)\varepsilon_{1t}$$

となり，整理すれば

$$[1 - (\beta_{11} + \beta_{22})L + (\beta_{11}\beta_{22} - \beta_{12}\beta_{21})L^2]Y_t$$
$$= (1 - \beta_{22})\beta_{10} + \beta_{12}\beta_{20} + u_t \tag{12.54}$$

となる。ただし，$u_t = \varepsilon_{1t} - \beta_{22}\varepsilon_{1t-1} + \beta_{12}\varepsilon_{2t-1}$ は系列相関がある平均 0 の誤差項である。つまり Y_t は純粋な AR(2) モデルではないが，便宜的な AR(2) モデルの表現を使って記述することができる。前項の結果を用いると，Y_t が定常であるためには，特性方程式

$$1 - (\beta_{11} + \beta_{22})z + (\beta_{11}\beta_{22} - \beta_{12}\beta_{21})z^2 = 0 \tag{12.55}$$

の特性根が単位円外の値を取ればよい。同様に X_t の便宜的な AR(2) モデル表現を導出した場合でも，まったく同じ特性方程式となる。これが VAR(1) モデルの定常性の条件である。この特性方程式は $\beta_1 = \beta_{11} + \beta_{22}$，$\beta_2 = \beta_{12}\beta_{21} - \beta_{11}\beta_{22}$ とした場合の AR(2) モデルの特性方程式 (12.47) 式と同じであり，係数の値が図 12-5 に示された三角形の内側に含まれる限り，VAR(1) モデルは定常である。

　導出された特性方程式を用いて，これまでに検討した VAR(1) モデルの特性根を検討してみよう。2 つの特性根が単位円外の値を取る場合には，Y_t と X_t はともに I(0) 変数であるため，見せかけの回帰も共和分関係も発生しな

い。次に，(12.23) 式と (12.24) 式の独立ランダムウォークの数値例では β_{11} $= 1$，$\beta_{12} = 0$，$\beta_{21} = 0$，$\beta_{22} = 1$ の制約が成立していた。特性方程式 (12.47) 式に $\beta_1 = 1+1$ と $\beta_2 = 0 \times 0 - 1 \times 1$ を代入すれば，$1 - 2z + z^2 = (1-z)^2 = 0$ となるので，特性根は重根で単位根 $z_1 = z_2 = 1$ であることが確認できる。次に，共和分関係が存在する (12.26) 式と (12.27) 式の誤差修正モデルの数値例では $\beta_{11} = 0.5$，$\beta_{12} = 0.5$，$\beta_{21} = 0$，$\beta_{22} = 1$ の制約が成立していた。このため，$\beta_1 = 0.5+1$ と $\beta_2 = 0.5 \times 0 - 0.5 \times 1$ を特性方程式 (12.47) 式に代入すれば $1 - 1.5z + 0.5z^2 = (1-0.5z)(1-z) = 0$ となるので，特性根の1つ $z_1 = 2$ は単位円外にある定常根であり，残りの1つは $z_2 = 1$ は単位円上にある単位根である。

このような共和分と特性根の関係は，上記の数値例以外の VAR(1) モデルにも一般化できる。I(1) 変数の2変数 VAR(1) モデルで2つの単位根がある場合には共和分が存在せず，単位根と定常根の混在する場合に限り共和分関係が存在する。

| ヨハンセン検定 |

これまでの結果から，すべてがI(1) 変数である VAR モデルで定常根と単位根が同時に存在することが，共和分関係に対応していることを確認した。2変数の VAR(1) モデルを3変数の以上の VAR(1) モデルに拡張した場合，定常根の数が共和分関係の数に一致する。この共和分関係の数のことを**共和分階数** (cointegrating rank) と呼ぶ。ヨハンセン (S. Johansen) が提案した共和分検定は，共和分階数に関する仮説検定である。たとえば，2変数の VAR(1) モデルでは，単位根が2つある場合は定常根の数が0なので，共和分階数は0である。一方，定常根と単位根が混在すれば，定常根の数は1なので，共和分階数は1である。**ヨハンセン検定**では，共和分階数が0であるという帰無仮説を，共和分階数が1であるという対立仮説に対して検定する。以下，2変数の VAR(1) モデルを用いてヨハンセン検定の基本を説明する。

まず，特性方程式 (12.55) 式で確認したように，VAR(1) モデルの特性根は定数項 β_{10} と β_{20} とは無関係なので，定数項がない場合のモデルを用いることにする。ただしすべての結果は，定数項のあるモデルでも同様に成立する。基本的には，データから VAR(1) モデルを推定し，その係数推定値から特性根を推定すればよい。ただし，ヨハンセン検定では特性根そのものの推定値ではなく，検定しやすいように基準化された特性根の推定値を用いる。

608　第III部　マクロ編

特性根の基準化を考えるために，最初に以下のような定数項のない AR(1) モデルを考えよう。

$$Y_t = \beta_1 Y_{t-1} + \varepsilon_t \tag{12.56}$$

この式を第 11 章で用いたディッキー＝フラー回帰式の形に書き換えると

$$\Delta Y_t = a Y_{t-1} + \varepsilon_t$$

となる。ただし $a = \beta_1 - 1$ であり，単位根の場合（$\beta_1 = 1$）には $a = 0$ となり，定常根の場合（$|\beta_1| < 1$，つまり，$-1 < \beta_1 < 1$）には $-2 < a < 0$ となる。ディッキー＝フラー検定では，a の OLS 推定量の t 統計量が用いられた。しかし，a に対して，$\lambda^2 = -a/2$ という変換を用いて λ を定義すれば，単位根の場合は $\lambda = 0$ という性質を失わずに，定常根の場合は $0 < \lambda < 1$ を満たす基準化ができることになる。

詳細は省略するが，同様の変換を 2 変数の VAR(1) モデルに用いて，基準化された特性根 λ_1, λ_2 を計算する。基準化されているため，どちらの特性根も $0 \leq \lambda < 1$ が満たされている。ここで，特性根の大小関係が $\lambda_1 \geq \lambda_2$ である場合，「共和分階数が 0 である（共和分がない）」という帰無仮説のもとでは，$\lambda_1 = \lambda_2 = 0$ であり，「共和分階数が 1 である（共和分がある）」という対立仮説のもとでは，$\lambda_1 > 0$, $\lambda_2 = 0$ である。このため，

$$-T[\ln(1 - \hat{\lambda}_1) + \ln(1 - \hat{\lambda}_2)] \tag{12.57}$$

で定義される統計量を用いて，共和分仮説を検定することができる。ただし，$\hat{\lambda}_1$ と $\hat{\lambda}_2$ は λ_1 と λ_2 の推定量である。厳密にはヨハンセン検定と呼ばれる (12.57) 式は，帰無仮説のもとで標準的ではない漸近分布に従い，対立仮説のもとでは発散する（この理由は章末補論 A で説明されている）。(12.57) 式が臨界値を超えていれば，「共和分階数が 0 である（共和分がない）」という帰無仮説を棄却し，共和分関係を支持する結果となる。もし (12.57) 式による検定で帰無仮説が棄却された場合には，小さいほうの特性根の推定量 $\hat{\lambda}_2$ のみから計算される統計量 $-T\ln(1 - \hat{\lambda}_2)$ を用いて「共和分階数が 1 である（共和分がある）」という帰無仮説を検定することもできる。

以上の共和分検定は，2 つの一般化が可能である。1 つは，2 変数の VAR(1) モデルを 3 変数以上の VAR(1) モデルの共和分分析に拡張することである。

第 **12** 章 VAR モデル　609

	$M-r$	10%	5%	1%
(1) 変数にトレンドなし	1	2.95	4.07	6.77
共和分回帰に	2	10.47	12.28	16.17
定数項なし	3	21.79	24.21	29.21
	4	37.05	40.10	46.23
	5	56.29	59.96	67.26
(2) 変数にトレンドなし	1	7.60	9.14	12.53
共和分回帰に	2	17.98	20.16	24.69
定数項あり	3	32.25	35.07	40.78
	4	50.50	53.94	60.81
	5	72.74	76.81	84.84
(3) 変数に線形トレンドあり	1	2.71	3.84	6.63
共和分回帰に	2	13.42	15.41	19.62
定数項あり	3	27.16	29.80	35.21
	4	44.45	47.71	54.23
	5	65.73	69.61	77.29
(4) 変数に線形トレンドあり	1	10.68	12.45	16.22
共和分回帰に	2	23.32	25.73	30.67
定数項・トレンドあり	3	39.73	42.77	48.87
	4	60.00	63.66	70.91
	5	84.27	88.55	96.97
(5) 変数に2次トレンドあり	1	2.71	3.84	6.63
共和分回帰に	2	16.14	18.30	22.81
定数項・トレンドあり	3	32.15	35.03	40.87
	4	51.60	55.08	62.01
	5	75.00	79.10	87.17

表 12-2 ● ヨハンセン検定統計量（トレース統計量）の臨界値

(注)　M は変数の数，r は帰無仮説の共和分階数。Doornik (1998) の補足資料より作成。

もう1つは，VAR(p) モデルに拡張することである。またヨハンセン検定の臨界値は，単位根検定と同様に定数項やトレンドの扱いに依存する。それぞれの場合の臨界値は表 12-2 に示されているが，詳細については章末の補論 A を参照してほしい。

実証例 12.8　金利の期間構造と共和分階数

実証例 12.4 では，エングル＝グレンジャー検定を用いて長期金利（$YIELD10_t$）と短期金利（$CALL_t$）の共和分関係を確認した。ここでは，

同じデータについて，ヨハンセン検定を用いて共和分関係を分析してみよう。

2 変量 VAR(1) モデルを推定し，基準化された 2 つの特性根の推定値は $\hat{\lambda}_1 = 0.2442$, $\hat{\lambda}_2 = 0.0029$ となった。ヨハンセン検定のトレース統計量は，(12.57) 式より 30.834 ($= -109 \times [\ln(1 - 0.2442) + \ln(1 - 0.0029)]$) と計算された。一方，表 12-2 より，有意水準 5% の臨界値は 15.41 である（詳細は章末補論 A）。したがって，「共和分階数が 0 である（共和分がない）」という帰無仮説は有意に棄却される。さらに，$-T\ln(1 - \hat{\lambda}_2)$ は 0.317 ($= -109 \times \ln(1 - 0.0029)$) と計算される。この値は表 12-2 の有意水準 5% の臨界値 3.84 よりも小さいため，「共和分階数が 1 である（共和分がある）」という帰無仮説は棄却できない。

★ インパルス応答関数と分散分解

VAR モデルでは，それぞれの式に誤差項が存在している。通常は各式の誤差項の間には相関があり，その役割を経済学的に解釈することが難しい。一方，各式の誤差項が相互に無相関であるという意味において「純粋な」ショックで構成されていると考えて，ショックの波及効果や経済変動への貢献度を分析するための道具が，インパルス応答関数と分散分解である。インパルス応答関数と分散分解の計算で，最も重要な手続きは，純粋なショックを VAR モデルの誤差項から抽出するための制約を検討することである。この手続きを，**ショックの識別**と呼ぶ。

身近な例として，カプセル剤の風邪薬を服用して，風邪の症状が改善したという場合を考えてみよう。もし，このカプセル剤に A 成分と B 成分の 2 つの成分が含まれていたならば，A 成分に効果があったのか，B 成分に効果があったのかは定かではない。もちろん，両方の成分に効果があった可能性もあるが，その場合でも，どちらがより効果的であったのかという点を判断することはできない。ここでもし，カプセル剤の中身をすべて A 成分に詰め替えて服用した結果と，B 成分のみのカプセルを服用した結果を比較することができ

れば，それぞれの成分の効果は明確になるだろう。

VAR モデルの純粋なショックの識別とは，このように薬の成分を分離して効果を判断するようなものである。ある時点で GDP が増加したときに，それが金融政策の緩和によるものなのか，新技術による生産性上昇の効果なのか，研究者が VAR モデルを使って判断する例を考えよう。カプセル剤に 2 つの成分が含まれていたように，現実の経済でも金融政策の名目的なショックと技術革新のような実質的なショックが同時に発生していると考えるほうが自然である。経済変動の要因が VAR モデルの誤差項で表現できるとすれば，その誤差項には 2 種類のショックが含まれていると考えることができるだろう。この誤差項から，経済学的に解釈が可能な純粋なショックを抽出する作業が識別である。

本節では，実際の分析によく用いられる 3 つの方法を取り上げる。まず短期制約，次に長期制約を用いた純粋なショックの識別方法を説明する。最後に近年用いられることが多い，符号制約を用いた VAR モデルの純粋なショックの識別方法についても簡単に紹介する。

短 期 制 約　これまで本章で用いてきた基本的な 2 本の式で構成される 2 変数の VAR(1) モデル (12.3) 式と (12.4) 式を以下に再掲しよう。

$$Y_t = \beta_{10} + \beta_{11}Y_{t-1} + \beta_{12}X_{t-1} + \varepsilon_{1t} \tag{12.58}$$

$$X_t = \beta_{20} + \beta_{21}Y_{t-1} + \beta_{22}X_{t-1} + \varepsilon_{2t} \tag{12.59}$$

ここで，誤差項 ε_{1t} と ε_{2t} が次のように構成されているとしよう。

$$\varepsilon_{1t} = c_{11}e_{1t} + c_{12}e_{2t} \tag{12.60}$$

$$\varepsilon_{2t} = c_{21}e_{1t} + c_{22}e_{2t} \tag{12.61}$$

ただし，e_{1t} と e_{2t} は相互に相関がないという意味で純粋なショックであり，平均が 0，分散が 1 の確率変数であるとする。純粋なショックの係数 c_{11}，c_{12}，c_{21}，c_{22} がわかれば，(12.60) 式と (12.61) 式を e_{1t} と e_{2t} について解くことで，誤差項 ε_{1t} と ε_{2t} から純粋なショックを逆算できることがわかる。これがショックの識別である。いま，誤差項 ε_{1t} と ε_{2t} のそれぞれの分散 σ_1^2 と σ_2^2，その共分散 σ_{12} が既知であるとしよう。このとき，ショックを識別することは可能だろうか。(12.60) 式と (12.61) 式から，σ_1^2，σ_2^2，σ_{12} と係数 c_{11}，c_{12}，c_{21}，

612　　第III部　マクロ編

c_{22} の間の次の関係式を導くことができる。

$$\sigma_1^2 = c_{11}^2 + c_{12}^2 \tag{12.62}$$

$$\sigma_2^2 = c_{21}^2 + c_{22}^2 \tag{12.63}$$

$$\sigma_{12} = c_{11}c_{21} + c_{12}c_{22} \tag{12.64}$$

残念ながら，σ_1^2，σ_2^2，σ_{12} が既知であったとしても，3本の方程式から4つの解 c_{11}，c_{12}，c_{21}，c_{22} を定めることはできない。これが，識別のために何らかの制約が必要となる理由である。

シムズが提唱した短期識別制約では，$c_{21} = 0$（あるいは，$c_{12} = 0$）を仮定する。その場合には方程式の数と解の数が一致するので，残りの係数 c_{11}，c_{12}，c_{22}（あるいは，c_{11}，c_{21}，c_{22}）を計算することができる。もちろん，通常は σ_1^2，σ_2^2，σ_{12} は未知であるため，代わりに VAR モデルの残差から計算された分散と共分散の推定値を用いて識別すればよい。以上が短期制約を用いるショックの識別の考え方である。VAR モデルでは各変数は対称的に扱われるため，$c_{21} = 0$ の制約を用いた場合と，(12.58) 式と (12.59) 式で Y_t と X_t を入れ替えたうえで $c_{12} = 0$ の制約を用いた場合では，e_{1t} と e_{2t} の解釈が逆になることを除けば，まったく同じ識別である。ところが，$c_{21} = 0$ を固定したままで Y_t と X_t を入れ替えると，違う識別条件を採用している結果になってしまうことには注意が必要である。

次に，識別されたショックに基づいたインパルス応答関数と分散分析の手法を説明する。

VAR モデルの2本の式 (12.58) 式と (12.59) 式に，誤差項と純粋なショックの関係式 (12.60) 式と (12.61) 式を代入する。さらにそれぞれの式を過去の Y_t と X_t に逐次代入すれば，今期の Y_t と X_t は今期と過去の純粋なショックの加重無限和を用いて次のように表現できる。

$$Y_t = \sum_{j=0}^{\infty} c_{11}(j)e_{1t-j} + \sum_{j=0}^{\infty} c_{12}(j)e_{2t-j} \tag{12.65}$$

$$X_t = \sum_{j=0}^{\infty} c_{21}(j)e_{1t-j} + \sum_{j=0}^{\infty} c_{22}(j)e_{2t-j} \tag{12.66}$$

ここで，それぞれの式に現れる純粋なショックの係数を期間 j の関数として解釈したものを**インパルス応答関数**と呼ぶ。インパルス応答関数は今期に発生

第 **12** 章　VAR モデル　　613

した純粋なショックが，今期以降の変数に波及していく様子を捉えている。たとえば，$c_{11}(j)$ は Y_t の e_{1t} に対するインパルス応答関数であり，j 期前の e_{1t-j} の影響が今期の Y_t にどれだけ残っているかを表している。同様に $c_{12}(j)$ は Y_t の e_{2t} に対するインパルス応答関数，$c_{21}(j)$ は X_t の e_{1t} に対するインパルス応答関数，$c_{22}(j)$ は X_t の e_{2t} に対するインパルス応答関数である。このようなインパルス応答関数は第 10 章で導入された ADL モデルの動学乗数の概念と類似しているものの，ショックの識別という作業を経ている点が異なっている。また，$j = 0$ の場合のインパルス応答関数については，(12.60) 式と (12.61) 式から $c_{11}(0) = c_{11}$，$c_{12}(0) = c_{12}$，$c_{21}(0) = c_{21}$，$c_{22}(0) = c_{22}$，という関係が成立している。このため，$c_{21} = 0$ という制約を用いて純粋なショックを識別した場合には，今期の e_{1t} の今期の X_t への影響は常に 0 である。言い換えると，今期の Y_t を変化させるが，今期の X_t にはまったく影響を与えないようなショックを e_{1t} として捉えることが短期制約によるショックの識別方法である。

　変数の変動に占める純粋なショックの貢献度を測るものが，分散分解である。より厳密には，すでに説明した予測誤差の分散である MSFE に対する貢献度が測られている。たとえば，(12.65) 式から T 時点での 1 期先の Y_t の予測誤差は

$$Y_{T+1} - Y_{T+1|T} = c_{11}(0)e_{1T+1} + c_{12}(0)e_{2T+1} = c_{11}e_{1T+1} + c_{12}e_{2T+1}$$

であり，MSFE は $c_{11}^2 + c_{12}^2$ となる。そのうち，e_{1t} の貢献度は $100 \times c_{11}^2/(c_{11}^2 + c_{12}^2)\%$ である。一方ここでは，$c_{21} = 0$ の制約を用いているので，(12.66) 式から T 時点での 1 期先の X_t の予測誤差は

$$X_{T+1} - X_{T+1|T} = c_{21}(0)e_{1T+1} + c_{22}(0)e_{2T+1} = c_{22}e_{2T+1}$$

であり，MSFE に占める e_{1t} の貢献度は 0% であることがわかる。より一般的に h 期先の Y_t の MSFE に占める e_{1t} の貢献度は

$$\frac{\sum_{j=0}^{h-1} c_{11}(j)^2}{\sum_{j=0}^{h-1} c_{11}(j)^2 + \sum_{j=0}^{h-1} c_{12}(j)^2}$$

であり，h 期先の X_t の MSFE に占める e_{1t} の貢献度は

$$\frac{\sum_{j=0}^{h-1} c_{21}(j)^2}{\sum_{j=0}^{h-1} c_{21}(j)^2 + \sum_{j=0}^{h-1} c_{22}(j)^2}$$

で計算できる。また，MSFE に占める e_{2t} の貢献度は残りの部分であり，同様に計算される。

例題 12.1

次の VAR(1) モデルの定常性を確認し，インパルス応答関数と分散分解を計算しなさい。

$$Y_t = 0.4 Y_{t-1} + 0.2 X_{t-1} + \varepsilon_{1t} \tag{12.67}$$

$$X_t = 0.1 Y_{t-1} + 0.3 X_{t-1} + \varepsilon_{2t} \tag{12.68}$$

ただし $\mathrm{E}(\varepsilon_{1t}) = \mathrm{E}(\varepsilon_{2t}) = 0$, $\mathrm{E}(\varepsilon_{1t}^2) = \sigma_1^2 = 5$, $\mathrm{E}(\varepsilon_{2t}^2) = \sigma_2^2 = 4$, $\mathrm{E}(\varepsilon_{1t}\varepsilon_{2t}) = \sigma_{12} = 2$ とする。

（解答例）

(12.54) 式より便宜的な AR(2) モデル表現が

$$[1 - (\beta_{11} + \beta_{22})L + (\beta_{11}\beta_{22} - \beta_{12}\beta_{21})L^2] Y_t = u_t$$

となり，$\beta_1 = \beta_{11} + \beta_{22} = 0.4 + 0.3 = 0.7$，$\beta_2 = \beta_{12}\beta_{21} - \beta_{11}\beta_{22} = 0.2 \times 0.1 - 0.4 \times 0.3 = -0.1$ の組合せは，図 12-5 に示された三角形の内側に含まれるため，VAR(1) モデルは定常である。特性方程式 $1 - (\beta_{11} + \beta_{22})z + (\beta_{11}\beta_{22} - \beta_{12}\beta_{21})z^2 = 1 - 0.7z + 0.1z^2 = (1 - 0.2z)(1 - 0.5z) = 0$ の解である 2 つの特性根 $z_1 = 5$ と $z_2 = 2$ が単位円外にあることからも定常性が確認できる。

次に，インパルス応答関数と分散分解を計算するために，ショックの識別を行う。(12.62), (12.63), (12.64) 式に σ_1^2, σ_2^2, σ_{12} の値を代入すると，

$$5 = c_{11}^2 + c_{12}^2 \tag{12.69}$$

$$4 = c_{21}^2 + c_{22}^2 \tag{12.70}$$

$$2 = c_{11}c_{21} + c_{12}c_{22} \tag{12.71}$$

第 **12** 章　VAR モデル　615

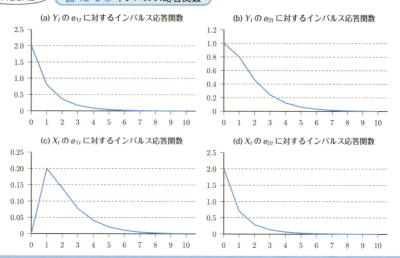

図 12-6 ● インパルス応答関数

純粋なショック e_{1t} の今期の X_t への影響が 0 となる短期識別制約の仮定 $c_{21} = 0$ を用いると，(12.70) 式より $c_{22}^2 = 4$ であり，$c_{22} = 2$ となる。こ こで，純粋なショックは正と負の値を取ることが可能であるため，c_{jj} の符号を便宜的に正としても一般性を失うことはない。(12.71) 式に，$c_{21} = 0$ と $c_{22} = 2$ を代入すれば，$2 = 2c_{12}$ であるため，$c_{12} = 1$ となる。最後に $c_{12} = 1$ を (12.69) 式に代入すれば，$c_{11} = 2$ となった。(12.60) 式と (12.61) 式から，$\varepsilon_{1t} = 2e_{1t} + e_{2t}$ と $\varepsilon_{2t} = 2e_{2t}$ であり，以上の手続きでショックが識別できた。

$\{Y_t, X_t\}$ のそれぞれの変数の $\{e_{1t}, e_{2t}\}$ のそれぞれのショックに対するインパルス応答関数が存在するため，合計 4 $(= 2 \times 2)$ 個のインパルス応答関数が計算できる。ここでは Y_t の e_{1t} に対するインパルス応答関数を期間 $j = 0, 1, 2$ について計算しよう。すでに見たように $j = 0$ の場合は，$c_{11}(0) = c_{11} = 2$ である。次に $j = 1$ の場合を計算する。(12.67) 式に $Y_{t-1} = 0.4 Y_{t-2} + 0.2 X_{t-2} + \varepsilon_{1t-1}$ を代入すれば，

$$Y_t = 0.4(0.4 Y_{t-2} + 0.2 X_{t-2} + \varepsilon_{1t-1}) + 0.2 X_{t-1} + \varepsilon_{1t} \tag{12.72}$$

となり，さらに $\varepsilon_{1t-1} = 2e_{1t-1} + e_{2t-1}$ を代入して e_{1t-1} の係数を見ると $c_{11}(1) = 0.4 \times 2 = 0.8$ である。$j = 2$ の場合の計算では，さらに $X_{t-1} =$

$0.1Y_{t-2} + 0.3X_{t-2} + \varepsilon_{2t-1}$ と $Y_{t-2} = 0.4Y_{t-3} + 0.2X_{t-3} + \varepsilon_{1t-2}$ を代入した式に，$\varepsilon_{1t-2} = 2e_{1t-2} + e_{2t-2}$ を代入し e_{1t-2} の係数をまとめると，$c_{11}(2) = 0.4 \times 0.4 \times 2 + 0.2 \times 0.1 \times 2 = 0.36$ となる。同様の操作を繰り返すことで，より長い期間と残りの変数やショックのインパルス応答関数を計算することができる。図 12-6 では，そのようにして計算された 4 つのインパルス応答関数が $j = 10$ までの期間について示されている。

最後に，分散分解で 2 期先の Y_t の MSFE に占める e_{1t} の貢献度を計算しよう。分散分解の公式に $h = 2$ を代入すると

$$\frac{\sum_{j=0}^{1} c_{11}(j)^2}{\sum_{j=0}^{1} c_{11}(j)^2 + \sum_{j=0}^{1} c_{12}(j)^2} \\ = \frac{c_{11}(0)^2 + c_{11}(1)^2}{[c_{11}(0)^2 + c_{11}(1)^2] + [c_{12}(0)^2 + c_{12}(1)^2]} \quad (12.73)$$

が得られる。$c_{11}(0)$ と $c_{11}(1)$ はすでに計算されているため，残りの $c_{12}(0)$ と $c_{12}(1)$ を計算すればよい。まず，$c_{12}(0) = c_{12} = 1$ である。(12.72) 式に $\varepsilon_{1t-1} = 2e_{1t-1} + e_{2t-1}$ を代入して e_{2t-1} の係数を見ると，$c_{12}(1) = 0.4 \times 1 = 0.4$ である。(12.73) 式に $c_{11}(0) = 2$, $c_{11}(1) = 0.8$, $c_{12}(0) = 1$, $c_{12}(1) = 0.4$ を代入すれば

$$\frac{2^2 + 0.8^2}{(2^2 + 0.8^2) + (1^2 + 0.4^2)} = 0.8$$

となり，e_{1t} の貢献度は 80% である。この結果は e_{2t} の貢献度が 20% であることも，同時に意味している。♠

実証例 12.9　GDP と銀行貸出

バブル崩壊後の 1990 年代の日本経済の低迷は，「失われた 10 年」と呼ばれる。この時期，金融機関のバランスシートの悪化が貸出を減少させたことが，経済の長期停滞の要因の 1 つと考えられている。宮越・佃 (Miyakoshi and Tsukuda, 2004) は，GDP と銀行貸出の相関を調べるため，1975 年から 1998 年までの年次データを用いて，以下のような都道府県別実質 GDP の対数値 (GDP_t) と実質銀行貸出の対数値 ($LOAN_t$) の 2 変量 VAR(2) モデルを推定した。

$$\widehat{GDP}_t = \underset{(0.055)}{0.619}\ GDP_{t-1} + \underset{(0.084)}{0.187}\ GDP_{t-2}$$

$$+ \underset{(0.035)}{0.086}\ LOAN_{t-1} - \underset{(0.032)}{0.094}\ LOAN_{t-2}$$

$$+ 期間ダミー変数とラグ変数の交差項 \qquad (12.74)$$

$$\widehat{LOAN}_t = \underset{(0.116)}{-0.248}\ GDP_{t-1} + \underset{(0.099)}{0.296}\ GDP_{t-2}$$

$$+ \underset{(0.073)}{1.112}\ LOAN_{t-1} - \underset{(0.067)}{0.228}\ LOAN_{t-2}$$

$$+ 期間ダミー変数とラグ変数の交差項 \qquad (12.75)$$

ただし，カッコ内は Miyakoshi and Tsukuda (2004) の表 (Table 3) に対応する標準誤差である。著者たちは，期間ダミー変数を含めることで，GDP のインパルス応答関数の形状が異なる期間で変化したかどうかを検討している。なお，ショックの識別には短期制約が用いられており，$Y_t = GDP_t$，$X_t = LOAN_t$ とすると，(12.60) 式と (12.61) 式で $c_{21} = 0$ が仮定されている。つまり，純粋な GDP ショック（e_{1t}）は今期の GDP_t に影響を与えるが，今期の $LOAN_t$ には影響を与えないとし，純粋な銀行貸出ショック（e_{2t}）は今期の GDP_t と $LOAN_t$ に同時に影響を与えていると考えることで，ショックを識別した。この結果，1990 年代の銀行貸出ショックに対するインパルス応答関数の累積和は 1980 年代以前よりも大きく，貸出の低下による経済への悪影響はより長期に及ぶ可能性があることを指摘している（実際に 2000 年代以降も停滞が続くことで「失われた 20 年」と呼ばれることになる）。

> **COLUMN** *12-1* シムズとマクロ経済の実証分析

本章で何度も登場しているクリストファー・シムズ（C. Sims）は，計量経済学者であると同時に，マクロ経済学者でもある。「マクロ経済変動の原因と結果に関する研究」によってトーマス・サージェント（T. Sargent）と共同で 2011 年にノーベル経済学賞を受賞した。シムズがその開発に先駆的な役割を果たした VAR モデルのインパルス応答関数や分散分解の方法，第 7 章

で紹介した一般化モーメント法（GMM）の枠組みは，現代のマクロ経済実証分析に欠かすことができない手法として，広く支持されている。また，マクロ経済理論の分野では，経済主体が合理的に経済情報の更新を遅らせる行動を取り入れたマクロ経済モデルを提案したことで知られている。最近では，政府の予算制約が物価水準の決定に本質的な役割を担うとする「物価水準の財政理論（fiscal theory of the price level; FTPL）」の提唱者の1人として，日本の報道で取り上げられることも多くなっている。

このように，多岐にわたりマクロ経済学の研究に影響を与え続けるシムズであるが，彼がベイズ統計学の信奉者であることは意外と知られていない。統計学は，頻度論統計学とベイズ統計学に大別することができる。通常，統計学といえば前者を指すことが多く，本書の中で扱う計量経済学の手法の説明にも，前者の考え方が採用されている。ベイズ統計学では，回帰係数などの関心があるパラメータを未知の定数ではなく，確率変数として扱う点が頻度論とは異なっている。確率変数の性質は分布関数で表現できるが，データを観測する前のパラメータの分布は「事前分布」と呼ばれ，データの観測後のパラメータの分布は「事後分布」と呼ばれる。ベイズの定理を用いて事前分布から事後分布へ変換する手続きがベイズ統計分析の中核となっている。経済分析の場合にもその手続きに従い，経済理論などの先験的な情報を反映した事前分布から，データに含まれている情報を加えた事後分布に変換することで，経済構造を再検討すればよいと，シムズは主張している。

たとえば，マクロ経済学の概念の1つである自然利子率（現在の消費財と将来の消費財の相対価格として定義される）の平均が正であるようなマクロ経済モデルを，研究者が推定する場合を考えよう。自然利子率の平均のパラメータが正である制約付きの推定量を採用すれば，推定値が負の値になることはない。しかし，頻度論では対応できない問題もある。仮に，年率1%の推定値の場合はとくに問題は生じない。ところが推定値が年率100%だった場合には，研究者は何かがおかしいと感じるだろうし，結果の解釈は困難になる。しかし，ベイズ統計学の事前分布を用いて，年率100%近辺になるような確率をあらかじめ非常に小さく設定することで，研究者の先験的な知識を反映させることができるのである。

以上のような利点から，経済学的な解釈が必要なDSGE（dynamic stochastic general equilibrium; 動学的確率的一般均衡）モデルを用いたマクロ経済実証分析では，ベイズ統計学の手続きに従って結果を報告することが，現在では標準的になっている（ここでいうDSGEモデルとは，第10章で紹介したニューケインジアン・フィリップス曲線や第11章Column11-1で紹介したテイラールールなど，家計，企業，政府の最適化行動を表す複数の方程式から構成されるマクロ経済モデルを指している）。また，本

C. シムズ
写真：AFP＝時事

第12章　VARモデル　619

章で取り上げている，符号制約からショックを識別する VAR モデルについても，頻度論では複雑すぎて実践が難しい符号制約の問題が，ベイズ統計学の手法を用いることで簡単に扱えるため，実際にはベイズの手法が採用されることが一般的となっている。かつてはベイズ統計学を実践的に用いるうえで障害となっていた事後分布の評価計算の問題は，コンピュータの処理能力の飛躍的な向上により近年ではほぼ解決されている。DSGE モデルの推定に興味のある読者は，藤原・渡部（2011）や廣瀬（2012）等の文献を，また符号制約から VAR モデルのショックを識別することに興味のある読者は，ウーリグ（Uhlig, 2005）の論文を参考にして，ベイズの手法をマクロ実証分析に役立ててほしい。

インパルス応答関数と政策評価の関係

グレンジャー因果性の節では，特殊な場合を除いて，一般的にグレンジャー因果性の検定の結果を政策評価に用いることは難しい点を指摘した。ここでは，VAR モデルの誤差項の変換によって識別されたショックが純粋な政策ショックと解釈できる場合，VAR モデルのインパルス応答関数（および分散分解）を政策評価に用いてもよい理由を解説する。

第 9 章で説明されたルービンによる因果性分析では，結果変数を Y_i とし，0 と 1 を取る処置変数（政策変数）を D_i とした場合，D_i が潜在的な結果と独立であれば，平均処置効果（ATE）

$$\mathrm{E}(Y_i|D_i = 1) - \mathrm{E}(Y_i|D_i = 0) \tag{12.76}$$

を用いた政策評価が可能であった。

一方，インパルス応答関数は，今期に発生した純粋なショックが今期以降の変数に波及していく様子を捉えている。たとえば，識別されたショック e_{1t} が金融政策や財政政策に起因するショックであるとしよう。ここで，政策ショック e_{1t} と他のショック e_{2t} は相互に独立で，かつ系列独立な i.i.d. 変数とする。変数 Y_t は (12.65) 式より，今期と過去の純粋なショックの加重無限和

$$Y_t = \sum_{j=0}^{\infty} c_{11}(j)e_{1t-j} + \sum_{j=0}^{\infty} c_{12}(j)e_{2t-j} \tag{12.77}$$

と記述され，政策ショック e_{1t} に対するインパルス応答関数 $c_{11}(j)$ からは，今期の Y_t に残っている j 期前の e_{1t-j} の影響を知ることができた。ここで

620　第Ⅲ部　マクロ編

(12.77) 式を h 期先の時点で評価すると

$$Y_{t+h} = \sum_{j=0}^{\infty} c_{11}(j) e_{1t+h-j} + \sum_{j=0}^{\infty} c_{12}(j) e_{2t+h-j}$$

となる。この式から $\mathrm{E}(Y_{t+h}|e_{1t})$ を計算すると，

$$\mathrm{E}(Y_{t+h}|e_{1t}) = \sum_{j=0}^{\infty} c_{11}(j)\mathrm{E}(e_{1t+h-j}|e_{1t}) + \sum_{j=0}^{\infty} c_{12}(j)\mathrm{E}(e_{2t+h-j}|e_{1t})$$

$$= c_{11}(h) e_{1t}$$

となる。最後の等式の導出には，変数が独立な場合に，条件付き期待値が無条件の期待値に一致する結果を使えばよい。ここで仮想現実の設定として，今期の政策ショック e_{1t} が 1 単位分発生した場合と，今期の政策ショック e_{1t} が 0 である場合を比較すれば，h 期後の Y_t に与える影響の差は

$$\mathrm{E}(Y_{t+h}|e_{1t}=1) - \mathrm{E}(Y_{t+h}|e_{1t}=0) = c_{11}(h) \times 1 - c_{11}(h) \times 0$$

$$= c_{11}(h)$$

となるはずである。これは（12.76）式において，結果変数 Y_i を Y_{t+h} に置き換えて，処置変数 D_i を e_{1t} に置き換えた場合の処置効果が，インパルス応答関数 $c_{11}(h)$ と一致することを意味している。このことから，識別された政策ショックのインパルス応答関数を政策評価に用いてもよいことが確認できる。同様の理由により，インパルス応答関数から計算される分散分解をもとに，マクロ経済変動にどれだけ政策ショックが寄与しているかという政策評価が可能である。さまざまな h についてインパルス応答関数や分散分解を調べることで，今期の政策ショックの短期的な効果だけでなく，中長期的な効果も分析できる点は，ルービンの因果性の枠組みが動学的に拡張されていると解釈してもよいだろう。

長 期 制 約　次に，長期制約を用いた VAR モデルの純粋なショックの識別方法を説明する。短期制約を用いた識別では (12.65) 式と (12.66) 式の 2 本の式の中で，今期の X_t に e_{1t} がまったく影響を与えないように $c_{21}(0) = c_{21} = 0$ が仮定された。このように短期に影響を与えない仮定の代わりに，長期的に影響を与えないような仮定を導入してショックを識別することも可能である。たとえば，マクロ経済学では貨

第 **12** 章　VAR モデル　621

幣供給量が変化した場合の GDP への影響はあくまでも短期的なものであり，長期的に 0 であるという見方を「貨幣の長期中立性」と呼ぶ。この貨幣の長期中立性の仮定を用いて金融政策ショックを識別するような場合は，短期制約でなく，長期制約を用いることが望ましいだろう。ADL モデルの議論で紹介した長期動学乗数の類推から，e_{1t} の X_t への長期の累積効果は $\sum_{j=1}^{\infty} c_{21}(j)$ で与えられるため，長期効果がないことは $\sum_{j=1}^{\infty} c_{21}(j) = 0$ で表現することができる。

ここで，共和分階数の議論で導入したラグオペレータを再び用いることにする。(12.58) 式と (12.59) 式はそれぞれ以下のように表現できた。

$$(1 - \beta_{11}L)Y_t = \beta_{10} + \beta_{12}LX_t + \varepsilon_{1t} \tag{12.78}$$

$$(1 - \beta_{22}L)X_t = \beta_{20} + \beta_{21}LY_t + \varepsilon_{2t} \tag{12.79}$$

前者を Y_t について解くと $Y_t = (1 - \beta_{11}L)^{-1}(\beta_{10} + \beta_{12}LX_t + \varepsilon_{1t})$ となる。これを後者の式に代入し，両辺に $1 - \beta_{11}L$ を掛けると

$$(1 - \beta_{11}L)(1 - \beta_{22}L)X_t$$
$$= (1 - \beta_{11}L)\beta_{20} + \beta_{21}L(\beta_{10} + \beta_{12}LX_t + \varepsilon_{1t}) + (1 - \beta_{11}L)\varepsilon_{2t}$$

となる。さらに両辺を展開すれば，

$$[1 - (\beta_{11} + \beta_{22})L + \beta_{11}\beta_{22}L^2]X_t$$
$$= (1 - \beta_{11})\beta_{20} + \beta_{21}\beta_{10} + \beta_{12}\beta_{21}L^2X_t + \beta_{21}L\varepsilon_{1t} + (1 - \beta_{11}L)\varepsilon_{2t}$$

となり，X_t を左辺にまとめると，

$$[1 - (\beta_{11} + \beta_{22})L + (\beta_{11}\beta_{22} - \beta_{12}\beta_{21})L^2]X_t = (1 - \beta_{11})\beta_{20} + \beta_{21}\beta_{10} + u_t$$

となる。ただし，$u_t = \varepsilon_{2t} - \beta_{11}\varepsilon_{2t-1} + \beta_{21}\varepsilon_{1t-1}$ は系列相関がある平均 0 の誤差項である。純粋なショックである e_{1t} の X_t への長期の累積効果が 0 であるためには，u_t への長期の累積効果も 0 である必要がある。誤差項に (12.60) 式と (12.61) 式を代入すれば

$$u_t = (c_{21}e_{1t} + c_{22}e_{2t}) - \beta_{11}(c_{21}e_{1t-1} + c_{22}e_{2t-1}) + \beta_{21}(c_{11}e_{1t-1} + c_{12}e_{2t-1})$$

となるため，今期と過去の e_{1t} のすべての係数の和が 0 になる条件は

$$(1 - \beta_{11})c_{21} + \beta_{21}c_{11} = 0 \tag{12.80}$$

である．(12.62), (12.63), (12.64) 式の 3 本に (12.80) 式を新たに加えると 4 本となり，4 つの解 c_{11}, c_{12}, c_{21}, c_{22} を求めることができる．このようにして，識別されたショックを用いて，短期制約の場合と同様のインパルス応答関数や分散分解を計算することができる．

実証例 12.10 沖縄返還と通貨切替え

アメリカ統治下の沖縄県では，1958 年以降ドルが唯一の法定通貨として流通していたが，1972 年の沖縄県本土復帰に伴い，ドルから円への通貨切替えが行われた．また 1971 年にはスミソニアン協定が結ばれ，1 ドル 360 円の固定為替レートが変動相場制へと移行するきっかけとなっている．ここでは高木・新谷・岡本 (Takagi, Shintani and Okamoto, 2004) による長期制約による VAR モデルのショックの識別を，通貨切替えの効果の分析に応用した例を紹介しよう．

著者たちは 1956 年から 2000 年までの年次データを用いて，沖縄県と沖縄県以外の都道府県全体の一般物価比率の対数値 (LQ_t) と両地域の実質 GDP 比率の対数階差 ($\Delta LYRATIO_t$) の 2 変数の VAR(1) モデルを推計した．ここで，識別したい純粋なショックは名目ショック (e_{1t}) と実質ショック (e_{2t}) であり，これらは両地域で大きさが異なることで生じているという意味で，非対称なショックと呼ばれる．名目ショックは，貨幣的な現象で実質的な生産量 (GDP) とは長期的に独立しているようなショックである．(12.3) 式と (12.4) 式で $Y_t = LQ_t$, $X_t = \Delta LYRATIO_t$ とすると，名目ショック (e_{1t}) の両地域の GDP 比率 (X_t) への長期の累積効果は $\sum_{j=1}^{\infty} c_{21}(j)$ となるが，名目ショックに GDP 比率への長期効果がないとすれば $\sum_{j=1}^{\infty} c_{21}(j) = 0$ の制約を用いることができる．このため，(12.80) 式が条件式として追加されて，2 つのショックが識別できる．このようにして識別されたショックを用いて $h = 1, 5, 10, 20$ について h 期先の GDP 比率 (X_t) の分散分解を計算した．この結果，通貨切替え以前の時期では 50% 強であった実質ショックの貢献度が，通貨切替え後には 95% 前後にまで上昇したことが確認された．このことは，共通貨の導入が名目ショックの非対称性を縮小させ，GDP 比率への貢献度を大きく引き下げたことを示唆している．

符号制約

最後に，近年用いられることが多い符号制約を用いた VAR モデルの純粋なショックの識別方法についても簡単に触れておく。ここまでに説明した短期制約と長期制約は，いずれも識別されるべきショックのインパルス応答関数の形状に関する制約であったことに注意しよう。短期制約は期間が最も短い 0 期のインパルス応答関数 $c_{21}(0) = c_{21}$ に対する制約であり，長期制約は 0 期以降のすべての期間のインパルス応答関数の総和に対する制約であった。一方，関心のある経済変数のショックに対するインパルス応答関数が，一定の期間，正や負の値を取ることが理論的に想定される場合があるかもしれない。そのような場合には，符号条件をインパルス応答関数に課すことでショックを識別する手法も開発されている。ただし，短期制約や長期制約を用いた識別制約に比べて，複雑な計算方法が必要となるため，現時点では一般的な統計解析ソフトのコマンドには含まれていない。

まとめ

本章で学んだ VAR モデルは，現代のマクロ経済の実証分析において，標準的な手法として研究者に広く受け入れられている。VAR モデルでは，関心のある変数の組合せを一度選んでしまえば，一定の手続きに従って，ほぼ機械的に分析を進めることができる。このため，VAR モデル分析の結果は他の研究者が比較的簡単に再現することが可能である。

時系列データの将来予測に関心がある場合には，MSFE が小さいという意味で高い予測能力を持つことが多い VAR モデルはとくに力を発揮する。予測力の改善という観点から導入された因果性の概念が，グレンジャー因果性である。推定された VAR モデルから，グレンジャー因果性の存在を統計的に検定することができる。また，VAR モデルが定常性の条件を満たさない場合に，変数間の長期的な相互依存関係を共和分関係として定義したのもグレンジャーである。第 11 章で学んだ単位根検定を共和分回帰からの残差に応用すれば，見せかけの回帰と共和分関係を区別することが可能である（エングル＝グレンジャー検定）。共和分回帰の説明変数の数が 2 以上の場合には，ヨハンセン検定を用いて共和分階数を選ぶことによって，共和分関係の数（共和分階数）を判

断することも推奨される。

ただし，VARモデルを政策評価に用いる場合には，決められた手続きに従った機械的な統計分析だけでは十分ではない。その目的のためには，モデルの構造の経済学的な解釈が必要となる。とくに経済主体の行動方程式から導出されたわけではないVARモデルの分析に，経済学的な解釈を与えるためにシムズが提案した方法が，短期制約を用いた構造ショックの識別である。純粋な政策ショックを識別することで初めて，VARモデルのインパルス応答関数と分散分解を用いて政策の波及経路や景気循環に占める影響度を分析することが可能となる。

本章では，2変数のVARモデルを用いてさまざまな分析手法を説明したが，実際の応用での変数の数は3以上10以下であることが多い。変数の数が増えるとショックの識別条件式も増えるので，純粋なショックの解釈にも工夫が必要となる。本章では基本的な短期制約以外にも，長期制約や符号制約の考え方を紹介したが，場合によってはいくつかの異なる種類の制約を組み合わせることも考えられる。また，すべてのショックを識別せずに，関心のあるショックのみを識別するという手法も提案されている。3変数以上のVARモデルの応用例としては，たとえば日本の金融政策を分析した宮尾(2006)が参考になるだろう。

<hr>

EXERCISE ●練習問題

12-1 [確認] (12.45)式のAR(2)モデルの1期先予測と2期先予測のMSFEを計算しなさい。

12-2 [確認] X_tからY_tへのグレンジャー因果性とY_tからX_tへのグレンジャー因果性が同時に成立することが可能かどうか議論しなさい。

12-3 [確認] 見せかけの相関と共和分の見分け方を説明しなさい。

12-4 [発展] ARモデルでは誤差項が1つなので，純粋なショックは識別できないが，インパルス応答関数を計算することは可能である。その場合のY_tのε_tに対するインパルス応答関数$c(j)$は，j期前のε_{t-j}が今期のY_tに及ぼす影響と定義できる。$j = 0, 1, 2, 3$について(12.1)式のAR(1)モデルと(12.45)式のAR(2)モデルのインパルス応答関数$c(j)$の公式を導出しなさい。またAR(2)モデルでは，こぶのある形状（$j = 0$以外で最大となる形状）のインパルス応答関数が可能であり，AR(1)モデルでは不可能であることを確認しなさい。

第**12**章 VARモデル **625**

12-5［実証］ 恒常所得仮説が成立すれば，貯蓄率から労働所得へのグレンジャー因果性があることが理論的に導出できることが知られている。本書のウェブサポートページからダウンロードした日本の貯蓄率と労働所得のデータを用いてグレンジャー因果性を検定しなさい。

12-6［実証］ 長期的な購買力平価が成立すれば，（対数）名目為替レートと2国の一般物価水準の対数差の2変数に単位根があっても共和分関係が理論的に導出できることが知られている。本書のウェブサポートページからダウンロードしたデータを用いて，エングル＝グレンジャー検定で共和分関係を確認しなさい。

★ 補論：ヨハンセンの共和分検定

　ヨハンセンの共和分検定は，一般的な統計解析ソフトで計算することができる。ここでは，その手順について簡単に解説する。本文では2変数のVAR(1)モデルを用いたが，実際の応用では3変数以上のVAR(p)モデルを想定することが多い。2変数の場合，2個の基準化された特性根 $\hat{\lambda}_1$ と $\hat{\lambda}_2$ が計算されたように，変数の数をMとすると，M個の基準化された特性根 $\{\hat{\lambda}_1, \hat{\lambda}_2, \ldots, \hat{\lambda}_M\}$ が計算される。数学的にはM変数の共分散に，ある変換を施して計算された行列の固有値（eigenvalue）に対応しているため，以下では単に「固有値」と呼ぶ。真の固有値の間には

$$1 > \lambda_1 \geq \lambda_2 \geq \cdots \geq \lambda_M \geq 0 \tag{12.81}$$

の関係が成立しており，0でない固有値の数が共和分階数（共和分関係の数）に対応している。以下では，これらの固有値の推定量 $\{\hat{\lambda}_1, \hat{\lambda}_2, \ldots, \hat{\lambda}_M\}$ をもとに計算された**トレース統計量**（trace statistic）を説明する。統計量の名前は，固有値の和が数学的に行列のトレースという概念と一致することに由来する。ヨハンセンの共和分検定として，最大固有値統計量と呼ばれる統計量も存在するが，最近の実証分析ではトレース統計量が採用されることが多い。

　まず，「共和分階数が0である（共和分がない）」という帰無仮説の検定を考えよう。帰無仮説のもとでは，すべての固有値が0 ($\lambda_1 = \lambda_2 = \cdots = \lambda_M = 0$)である。さらに，もし $\lambda_1 = \lambda_2 = \cdots = \lambda_M = 0$ であれば，固有値の和で表現

できるトレースも $\sum_{j=1}^{M} \lambda_j = \lambda_1 + \lambda_2 + \cdots + \lambda_M = 0$ とならなければならない。このため，すべての固有値の推定量 $\{\hat{\lambda}_1, \hat{\lambda}_2, \ldots, \hat{\lambda}_M\}$ から計算されるトレース統計量

$$\lambda_{\text{trace}} = -T \sum_{j=1}^{M} \ln(1 - \hat{\lambda}_j) \tag{12.82}$$

を検定に用いることができる。ここで，すべての $j = 1, \ldots, M$ について $\lambda_j = 0$ であれば，その推定量 $\hat{\lambda}_j$ も 0 に近いはずであり，$\ln(1 - \hat{\lambda}_j) \approx -\hat{\lambda}_j$ の近似が成立する。この近似式を (12.82) 式に代入すると，$\lambda_{\text{trace}} \approx T \sum_{j=1}^{M} \hat{\lambda}_j$ となるが，すべての $\hat{\lambda}_j$ は帰無仮説のもとで，T の速度で 0 に収束するので，λ_{trace} は発散せず，ある分布に従うことになる。一方，共和分関係があるという対立仮説のもとでは，いくつかの $\hat{\lambda}_j$ は正の値に収束するため，λ_{trace} は T の速度で発散するだろう。

　次に，「共和分階数が 1 である」という帰無仮説の検定を考えよう。帰無仮説のもとで最大固有値 (λ_1) だけが正であり，残りの固有値は 0 である。さらに，$\lambda_1 > 0$ だとしても，もし $\lambda_2 = \cdots = \lambda_M = 0$ であれば，$\sum_{j=2}^{M} \lambda_j = \lambda_2 + \cdots + \lambda_M = 0$ が成立しているはずである。そこで，$\{\hat{\lambda}_1, \hat{\lambda}_2, \ldots, \hat{\lambda}_M\}$ の中で $\hat{\lambda}_1$ を除いたトレース統計量

$$\lambda_{\text{trace}} = -T \sum_{j=2}^{M} \ln(1 - \hat{\lambda}_j) \tag{12.83}$$

を用いた検定が可能である。同様に，「共和分階数が r である」という帰無仮説の検定にトレース統計量

$$\lambda_{\text{trace}} = -T \sum_{j=r+1}^{M} \ln(1 - \hat{\lambda}_j) \tag{12.84}$$

を用いることができる。

　単位根検定の臨界値が定数項やトレンドがディッキー゠フラー回帰式に含まれるかどうかに依存したように，ヨハンセン検定統計量の臨界値も定数項やトレンドの扱いに依存する。しかし，共和分関係を表す式と変数のトレンド構造の 2 つの定式化を考慮する必要があるため，組合せの数が非常に多くなる。ただし実証分析では，ヨハンセン (Johansen, 1995, p. 80-84) で検討されてい

TABLE 表 12-3 ● ヨハンセン検定の5つの組合せ

組合せ	(1)	(2)	(3)	(4)	(5)
変数（データ）	トレンドなし	トレンドなし	線形トレンド	線形トレンド	2次トレンド
共和分回帰式	定数項なし	定数項あり	定数項あり	定数項・ トレンドあり	定数項・ トレンドあり

る表 12-3 の 5 つの組合せから 1 つを選べば十分であろう。

この組合せの意味を理解するために，(12.38) 式の誤差修正モデルで $q = 0$ の場合を想定しよう。組合せ (1) は

$$\Delta Y_t = \alpha_1(Y_{t-1} - \theta X_{t-1}) + \varepsilon_{1t} \tag{12.85}$$

のモデルに対応しており，誤差修正項に現れる共和分回帰式は定数項のない $Y_t = \theta X_t + u_t$ である。ここで，第 11 章で説明したドリフト付きのランダムウォークの性質を思い出してほしい。ドリフト付きのランダムウォークを $\Delta Y_t = \delta + \varepsilon_t$ と記述した場合，右辺の定数項（ドリフト）δ の存在は変数 Y_t に線形トレンド（δt）があることと同値であった。(12.85) 式の右辺の u_{t-1} と ε_{1t} は平均 0 の確率変数であり，変数 Y_t に線形トレンドは存在しない。

次に組合せ (2) は

$$\begin{aligned}
\Delta Y_t &= \alpha_1(Y_{t-1} - \mu - \theta X_{t-1}) + \varepsilon_{1t} \\
&= -\alpha_1\mu + \alpha_1(Y_{t-1} - \theta X_{t-1}) + \varepsilon_{1t}
\end{aligned} \tag{12.86}$$

のモデルに対応している。(12.86) 式の 1 つめの等式の誤差修正項より，共和分回帰式は定数項のある $Y_t = \mu + \theta X_t + u_t$ である。2 つめの等式の右辺の定数項 $-\alpha_1\mu$ は一見すると線形トレンドに対応するドリフトと考えるかもしれないが，実はその影響は共和分回帰式の定数項に吸収されてしまい，1 つめの等式の右辺の $u_{t-1} = Y_{t-1} - \mu - \theta X_{t-1}$ と ε_{1t} は平均 0 の確率変数であることから，変数 Y_t に線形トレンドは存在しない。一方，組合せ (3) は

$$\begin{aligned}
\Delta Y_t &= \beta_{10} + \alpha_1(Y_{t-1} - \mu - \theta X_{t-1}) + \varepsilon_{1t} \\
&= (\beta_{10} - \alpha_1\mu) + \alpha_1(Y_{t-1} - \theta X_{t-1}) + \varepsilon_{1t}
\end{aligned}$$

に対応しており，1 つめの等式の右辺に β_{10} が含まれていることで変数 Y_t に線形トレンドが存在する。もし 2 つめの等式で $\beta_{10} - \alpha_1\mu = 0$ が成立しても，

トレンドが消滅しない点に注意してほしい。

同様に，組合せ (4) は

$$\Delta Y_t = \beta_{10} + \alpha_1(Y_{t-1} - \mu - \delta t - \theta X_{t-1}) + \varepsilon_{1t}$$
$$= (\beta_{10} - \alpha_1\mu) - \alpha_1\delta t + \alpha_1(Y_{t-1} - \theta X_{t-1}) + \varepsilon_{1t}$$

に対応し，組合せ (5) は

$$\Delta Y_t = \beta_{10} + \gamma_{11}t + \alpha_1(Y_{t-1} - \mu - \delta t - \theta X_{t-1}) + \varepsilon_{1t}$$
$$= (\beta_{10} - \alpha_1\mu) + (\gamma_{11} - \alpha_1\delta)t + \alpha_1(Y_{t-1} - \theta X_{t-1}) + \varepsilon_{1t}$$

に対応している。組合せ (4) と (5) の共和分回帰式には定数項とトレンド項が含まれている。組合せ (4) の変数 Y_t には線形トレンドが存在する。一方，組合せ (5) の右辺には $\gamma_{11}t$ が含まれることから，変数 Y_t に 2 次トレンドが存在する。

それぞれの組合せのトレース統計量の臨界値は，表 12-2 に示されている。本文の実証例 12.8 では組合せ (3) を用いた。$M = 2$ であるため，トレース統計量 $\lambda_{\mathrm{trace}} = -T[\ln(1-\hat{\lambda}_1) + \ln(1-\hat{\lambda}_2)]$ の有意水準 5% の臨界値は，表 12-2 の (3) の $M-r = 2$ より 15.41 となる。トレース統計量 $\lambda_{\mathrm{trace}} = -T\ln(1-\hat{\lambda}_2)$ の有意水準 5% の臨界値は，表 12-2 の (3) の $M-r = 1$ より 3.84 となる。

なおトレース統計量は VAR モデルの誤差項が正規分布に従っている場合，尤度比検定として導出することが可能である。詳細について興味のある読者はヨハンセン（Johansen, 1995）を参照してほしい。

付録A ## ECONOMETRICS

線形代数と漸近理論の基礎

　付録 A, B では，ベクトル，行列を用いた解説を行う。その準備として，付録 A の A.1～A.4 節では，付録 B で用いるベクトル，行列，A.6 節では漸近理論（大標本理論）の結果を記す。また，A.5 節では，計量経済学でよく用いられる分布の簡単な紹介を，A.7 節では指数関数と対数関数の性質をまとめておく。

◼ A.1 ベクトルと行列

ベクトル　　　　いくつかの数を縦または横に並べ，ひとまとまりと見たものを**ベクトル**という。付録 A では，ベクトルを表す際には原則として太字（ボールド）体を用いる。たとえば，ベクトル a を

$$a = \begin{bmatrix} a_1 \\ a_2 \\ \vdots \\ a_n \end{bmatrix} \tag{A.1}$$

とすると，これは n 個の数 $a_1, \ldots, a_n$ を縦に並べたものである。このように縦に並べたものを**列ベクトル**と呼び，

$$b = [b_1 \quad b_2 \quad \cdots \quad b_k]$$

のように横に並べたものを**行ベクトル**という。ベクトルの縦横を入れ換える操作を**転置**といい，転置記号 $'$ を用いる。(A.1) 式を転置すると

$$a' = [a_1 \quad a_2 \quad \cdots \quad a_n] \tag{A.2}$$

となり，行ベクトルとなる。ベクトルに含まれるそれぞれの数を**要素**といい，(A.1) 式について，j 番目の要素 a_j を a の第 j 要素という。n 個の要素を持つベクトルを **n 次元ベクトル**という。計量経済学ではとくに断らない限り，ベクトルは列ベクトルを表すのが通例であり，行ベクトルを考えたいときには転置を用いる。また，紙幅の節約のため，(A.1) 式の代わりに転置記号を用いて (A.2) 式，または $a = [a_1 \quad a_2 \quad \cdots \quad a_n]'$ と書くことが多い。

行　列　　　　数を長方形の形に並べたものを**行列**という。たとえば

631

$$A = \begin{bmatrix} a_{11} & a_{12} & \cdots & a_{1k} \\ a_{21} & a_{22} & \cdots & a_{2k} \\ \vdots & \vdots & \ddots & \vdots \\ a_{n1} & a_{n2} & \cdots & a_{nk} \end{bmatrix} \tag{A.3}$$

のようなもので，縦に n 個，横に k 個の数が並んでいるため，**$n \times k$ 次元の行列**，あるいは **$n \times k$ 行列**という。ベクトルと同じく，行列の中に並べられている数を要素といい，i 行目，j 列目の要素 a_{ij} を行列 A の第 ij 要素という。$k = 1$ なら列ベクトル，$n = 1$ なら行ベクトルになるので，ベクトルは行列の特別な場合である。なお，ベクトルや行列と区別して，普通の数のことを**スカラー**という。

次元の等しい列ベクトルをいくつか横に，あるいは行ベクトルをいくつか縦に並べたものを行列と考えることもできる。たとえば，A の第 i 列ベクトルを $\boldsymbol{a}_i = [a_{1i} \ a_{2i} \ \cdots \ a_{ni}]'$ とすると，

$$A = [\boldsymbol{a}_1 \, \boldsymbol{a}_2 \ldots \boldsymbol{a}_k] \tag{A.4}$$

と表すことができる。逆に，行の数または列の数が 1 の行列がベクトルであると考えてもよい。

行列の転置もベクトルと同じく縦と横を入れ換える操作で，(A.3) 式について，

$$A' = \begin{bmatrix} a_{11} & a_{21} & \cdots & a_{n1} \\ a_{12} & a_{22} & \cdots & a_{n2} \\ \vdots & \vdots & \ddots & \vdots \\ a_{1k} & a_{2k} & \cdots & a_{nk} \end{bmatrix}$$

である。A は $n \times k$ 行列であったが，A' は $k \times n$ 行列になる。2 度入れ換えるともとに戻るため，$(A')' = A$ である。

A.2 ベクトルと行列の演算

行列の足し算と引き算　次元が同じ行列については，和と差を考えることができ，次のように定める。

$$A = \begin{bmatrix} a_{11} & a_{12} & \cdots & a_{1k} \\ a_{21} & a_{22} & \cdots & a_{2k} \\ \vdots & \vdots & \ddots & \vdots \\ a_{n1} & a_{n2} & \cdots & a_{nk} \end{bmatrix}, \quad B = \begin{bmatrix} b_{11} & b_{12} & \cdots & b_{1k} \\ b_{21} & b_{22} & \cdots & b_{2k} \\ \vdots & \vdots & \ddots & \vdots \\ b_{n1} & b_{n2} & \cdots & b_{nk} \end{bmatrix} \tag{A.5}$$

とすると，

$$
A + B = \begin{bmatrix} a_{11} + b_{11} & a_{12} + b_{12} & \cdots & a_{1k} + b_{1k} \\ a_{21} + b_{21} & a_{22} + b_{22} & \cdots & a_{2k} + b_{2k} \\ \vdots & \vdots & \ddots & \vdots \\ a_{n1} + b_{n1} & a_{n2} + b_{n2} & \cdots & a_{nk} + b_{nk} \end{bmatrix}
$$

$$
A - B = \begin{bmatrix} a_{11} - b_{11} & a_{12} - b_{12} & \cdots & a_{1k} - b_{1k} \\ a_{21} - b_{21} & a_{22} - b_{22} & \cdots & a_{2k} - b_{2k} \\ \vdots & \vdots & \ddots & \vdots \\ a_{n1} - b_{n1} & a_{n2} - b_{n2} & \cdots & a_{nk} - b_{nk} \end{bmatrix}
$$

である。要するに，各行列の対応する要素同士の和や差を計算したものである。ベクトルの和と差も同様に，対応する要素同士の和と差である。

A と B の次元が同じとき，$(A \pm B)' = A' \pm B'$ である。

掛け算　次に積を定める。ここでは，ベクトルや行列のスカラー倍，行列同士の掛け算の 2 種類の積を定める。ベクトルや行列とスカラーの積は次のように定義される。行列 A とスカラー c の積は

$$
cA = \begin{bmatrix} ca_{11} & ca_{12} & \cdots & ca_{1k} \\ ca_{21} & ca_{22} & \cdots & ca_{2k} \\ \vdots & \vdots & \ddots & \vdots \\ ca_{n1} & ca_{n2} & \cdots & ca_{nk} \end{bmatrix}
$$

つまり，A の各要素に c を掛けたものである。ベクトルの場合も同様である。

次に，ベクトルや行列同士の積を定める。まずベクトル同士の積は次のように定める。ベクトル $\boldsymbol{a} = [a_1 \quad a_2 \quad \cdots \quad a_n]'$ と $\boldsymbol{b} = [b_1 \quad b_2 \quad \cdots \quad b_n]'$ に対して，

$$
\boldsymbol{a}'\boldsymbol{b} = \sum_{i=1}^{n} a_i b_i
$$

と定義する。これを**内積**という。内積を行列に一般化しよう。$n \times k$ 行列 C と $m \times l$ 行列 D を

$$
C = \begin{bmatrix} c_{11} & c_{12} & \cdots & c_{1k} \\ c_{21} & c_{22} & \cdots & c_{2k} \\ \vdots & \vdots & \ddots & \vdots \\ c_{n1} & c_{n2} & \cdots & c_{nk} \end{bmatrix}, \quad D = \begin{bmatrix} d_{11} & d_{12} & \cdots & d_{1l} \\ d_{21} & d_{22} & \cdots & d_{2l} \\ \vdots & \vdots & \ddots & \vdots \\ d_{m1} & d_{m2} & \cdots & d_{ml} \end{bmatrix}
$$

とする。$k = m$ のときのみ積 CD を計算することができて，その第 ij 要素は $\sum_{p=1}^{k} c_{ip} d_{pj}$ である。なお，CD は $n \times l$ 行列となる。もし $k \neq m$ なら，CD を計算することができない。同様に，$n = l$ のときにのみ DC を計算することができる。$k = m$ かつ $n = l$ なら CD も DC も計算可能である。スカラー同士なら積の順序をひっくり返しても結果は等しいが，行列同士の場合は一般に等しくならない。

付録 A　線形代数と漸近理論の基礎　　633

AB が計算できるとき，$(AB)' = B'A'$ である。(A.5) 式の行列 A, B の第 i 行ベクトルをそれぞれ $\boldsymbol{a}_i'$, $\boldsymbol{b}_i'$ とする（$\boldsymbol{a}_i$ と $\boldsymbol{b}_i$ は列ベクトルである）。A' は $k \times n$ 行列，B は $n \times k$ 行列なので積を計算することができ，

$$A'B = \sum_{i=1}^{n} \boldsymbol{a}_i \boldsymbol{b}_i'$$

となる。$\boldsymbol{a}_i \boldsymbol{b}_i'$ を $\boldsymbol{a}_i$ と $\boldsymbol{b}_i$ の**外積**という。この形は最小 2 乗推定量（OLS）や操作変数推定量の表現に用いられる。

| いろいろな行列 |

すべての要素が 0 の行列を**ゼロ行列**という。行と列の数が等しい，すなわち $n = k$ のとき，A は**正方行列**であるという。正方行列 A が $A = A'$，すなわち $a_{ij} = a_{ji}$ を満たすとき，A は**対称行列**であるという。A を正方行列として，$a_{11}, \ldots, a_{nn}$ を A の**対角要素**という。すべての $i \neq j$ に対して $a_{ij} = 0$ なら**対角行列**という。すべての対角要素が 1 の対角行列を**単位行列**，または**恒等行列**といい，I で表す。

| 行列のトレース |

$n \times n$ 行列 A の対角要素の総和 $\sum_{i=1}^{n} a_{ii}$ を**トレース**といい，$tr(A)$ と書く。なお，A を $m \times n$，B を $n \times m$ 行列とすると，AB は $m \times m$ 行列，BA は $n \times n$ 行列であるが，

$$tr(AB) = tr(BA) \tag{A.6}$$

が成り立つ。

| 行列のノルム |

行列 A とその転置 A' の積のトレースの平方根

$$||A|| = \sqrt{tr(A'A)}$$

を行列の**ノルム**という。これは A の各要素の 2 乗和の平方根に一致し，もし A がベクトルならベクトルの大きさに帰着する。

| 1 次独立とランク |

ベクトル $\boldsymbol{x} = (x_1 \quad x_2 \quad \cdots \quad x_k)'$ と (A.5) 式の行列 A に対して，

$$A\boldsymbol{x} = \begin{bmatrix} a_{11}x_1 + a_{12}x_2 + \cdots + a_{1k}x_k \\ a_{21}x_1 + a_{22}x_2 + \cdots + a_{2k}x_k \\ \vdots \\ a_{n1}x_1 + a_{n2}x_2 + \cdots + a_{nk}x_k \end{bmatrix}$$

を $\boldsymbol{x}$ の 1 次形式，または**線形形式**という。A を (A.4) 式のように列ベクトルを並べたものと見ると，

$$A\boldsymbol{x} = \boldsymbol{a}_1 x_1 + \boldsymbol{a}_2 x_2 + \cdots + \boldsymbol{a}_k x_k$$

と書ける。両者は同じものであるが，後者のように $\boldsymbol{a}_i$ に係数 x_i をつけて足し合わせたものと見たとき，$\boldsymbol{a}_1, \boldsymbol{a}_2, \ldots, \boldsymbol{a}_k$ の $\boldsymbol{x}$ による**線形結合**，または **1 次結合**という。

次に, k 個の n 次元ベクトル $\boldsymbol{a}_1, \boldsymbol{a}_2, \ldots, \boldsymbol{a}_k$ と n 次元のゼロベクトル $\boldsymbol{0} = (0 \quad 0 \quad \cdots \quad 0)'$ に対し, $\boldsymbol{x} = (x_1 \quad x_2 \quad \cdots \quad x_k)'$ を未知数とする連立方程式

$$\boldsymbol{a}_1 x_1 + \boldsymbol{a}_2 x_2 + \cdots + \boldsymbol{a}_k x_k = \boldsymbol{0}$$

を考える。この方程式の解が $\boldsymbol{x} = \boldsymbol{0}$ のみであるとき, $\boldsymbol{a}_1, \boldsymbol{a}_2, \ldots, \boldsymbol{a}_k$ は **1 次独立**または**線形独立**であるという。一方, そうでないときは **1 次従属**であるという。$n < k$ なら, 必ず $\boldsymbol{x} = \boldsymbol{0}$ 以外の解があるが, $n \geq k$ のときには, $\boldsymbol{a}_1, \boldsymbol{a}_2, \ldots, \boldsymbol{a}_k$ の要素の値次第で $\boldsymbol{x} = \boldsymbol{0}$ 以外の解がある場合, 解が $\boldsymbol{x} = \boldsymbol{0}$ のみである場合がありうる。$\boldsymbol{x} = \boldsymbol{0}$ 以外の解があれば, $\boldsymbol{a}_1, \boldsymbol{a}_2, \ldots, \boldsymbol{a}_k$ のうちのあるベクトルを他のベクトルの線形結合で表すことができる。一方, $\boldsymbol{x} = \boldsymbol{0}$ 以外の解がなければ, そのようには表現できないため, 独立という言葉が使われる。

k 個の n 次元ベクトル $\boldsymbol{a}_1, \boldsymbol{a}_2, \ldots, \boldsymbol{a}_k$ の線形結合で表されるすべてのベクトルの集合を, $\boldsymbol{a}_1, \boldsymbol{a}_2, \ldots, \boldsymbol{a}_k$ が張る**空間**という。ある空間を張るために必要な最小のベクトルの数を, その空間の**次元**という。$\boldsymbol{a}_1, \boldsymbol{a}_2, \ldots, \boldsymbol{a}_k$ が 1 次独立なら, それらが張る空間の次元は k である。もし 1 次従属なら, 次元は k より小さくなる。行列 A の列ベクトルが張る空間の次元を A の**列ランク**という。同じく, 行列 A の行ベクトルが張る空間の次元を A の**行ランク**という。これらは等しく, それを行列 A の**ランク**といい, $rank(A)$ と表す。行列の列ランクが列数に等しいとき, その行列は**列フルランク**であるという。また, 行列の行ランクが行数に等しいとき, その行列は**行フルランク**であるという。とくに, 正方行列の場合には行フルランクと列フルランクは同値なので, 単に**フルランク**という。ランクは以下の性質を持つ。

$$rank(A) = rank(A'A) = rank(AA')$$

逆 行 列　$n \times n$ の行列 A, B に対して, $AB = BA = I$ となる行列があるとき, 行列 B を A の**逆行列**といい, A^{-1} と表す。これはスカラーの逆数に対応する。スカラーの場合に 0 の逆数がないように, 行列の場合も逆行列が必ず存在するとは限らず, 逆行列が存在するための必要十分条件は $rank(A) = n$ である。つまり, フルランクの正方行列の場合のみ逆行列が存在し, そのとき A は**正則**であるという。逆行列は次の性質を持つ。

$$(A^{-1})' = (A')^{-1}, \quad (AB)^{-1} = B^{-1}A^{-1}$$

行 列 式　行列式を定義するために, 互換, 偶順列, 奇順列という言葉を説明しよう。順列 $\{1, 2, 3, \ldots, n-1, n\}$ のうち 2 つを取り出して入れ換える操作を**互換**という。1 から n の数字を適当に並べ換えた順列を 1 つ決める。偶数回の互換の繰り返しによってその数列ができるとき**偶順列**, 奇数回のとき**奇順列**という。たとえば, $n = 4$ とする。順列 $\{1, 2, 4, 3\}$ は $\{1, 2, 3, 4\}$ のうち 3 と 4 を 1 回入れ換えるだけでよいので, 奇順列である。また, $\{1, 4, 2, 3\}$ をつくるには, $\{1, 2, 3, 4\}$ で 4 と 2 を入れ換え, 2 と 3 を入れ換えればよいので互換が 2 回となり, 偶順列である。もちろん順列をつくるときの入れ換え方は一意ではないが, 必要な

付録 A　線形代数と漸近理論の基礎　　635

互換が偶数回か奇数回かは，順列ごとに決まっている。

いま，

$$\varepsilon_{i_1 i_2, \ldots, i_n} = \begin{cases} 1 & (i_1, i_2, \ldots, i_n \text{が偶順列}) \\ -1 & (i_1, i_2, \ldots, i_n \text{が奇順列}) \end{cases}$$

とすると，正方行列

$$A = \begin{bmatrix} a_{11} & a_{12} & \cdots & a_{1n} \\ a_{21} & a_{22} & \cdots & a_{2n} \\ \vdots & \vdots & \ddots & \vdots \\ a_{n1} & a_{n2} & \cdots & a_{nn} \end{bmatrix}$$

に対して，**行列式** $|A|$ は次のように定義される。

$$|A| = \sum \varepsilon_{i_1 i_2, \ldots, i_n} a_{1i_1} a_{2i_2} \ldots a_{ni_n} \tag{A.7}$$

ただし，和は可能なすべての順列（$n!$ 通りある）について足し合わせる。なお，英語で行列式を "determinant" というので，$det(A)$ とも表記される。

例として，$n = 2$ として $|A|$ を計算してみよう。

$$\varepsilon_{12} = 1, \quad \varepsilon_{21} = -1$$

である。したがって，

$$|A| = \varepsilon_{12} a_{11} a_{22} + \varepsilon_{21} a_{12} a_{21} = a_{11} a_{22} - a_{12} a_{21}$$

である。

A が対角行列のとき，(A.7) 式の定義から

$$|A| = a_{11} \times a_{22} \times \cdots \times a_{nn}$$

であることは明らかだろう。なぜなら，$i_1 = 1, i_2 = 2, \ldots, i_n = n$ 以外の場合は $a_{1i_1} \times a_{2i_2} \times \cdots \times a_{ni_n} = 0$ になってしまうからである。

$|A| \neq 0$ であることと A が正則であることは同値であることが知られている。たとえば，$n = 2$ のとき，

$$A^{-1} = \frac{1}{a_{11} a_{22} - a_{12} a_{21}} \begin{bmatrix} a_{22} & -a_{12} \\ -a_{21} & a_{11} \end{bmatrix}$$

であり，$|A| = 0$ だと A^{-1} は定義できない。

また，B, C もともに $n \times n$ の行列とすると $A = BC$ のとき，

$$|A| = |B||C| \tag{A.8}$$

となることが知られている。

| 固有値と固有ベクトル | $n \times n$ 行列 A に対して,

$$A\boldsymbol{x} = \lambda\boldsymbol{x}$$

を満たすスカラー λ とベクトル $\boldsymbol{x}(\neq \boldsymbol{0})$ をそれぞれ A の固有値, 固有ベクトルという。これを解くには, まず

$$(A - \lambda I)\boldsymbol{x} = 0 \tag{A.9}$$

と変形する。$\boldsymbol{x} \neq \boldsymbol{0}$ なので, $A - \lambda I$ が正則であってはならない。したがって,

$$|A - \lambda I| = 0$$

でなければならない。これを固有方程式といい, λ に関する n 次方程式なので, n 個の解を持つ。もちろん重解になる場合もある。それらを $\lambda_1, \ldots, \lambda_n$ とする。これらを (A.9) 式に代入すると, 各固有値に対応して

$$A\boldsymbol{x}_i = \lambda_i \boldsymbol{x}_i, \quad i = 1, \ldots, n$$

を満たすように固有ベクトル $\boldsymbol{x}_1, \ldots, \boldsymbol{x}_n$ を求めることができる。なお, あるベクトル $\boldsymbol{x}_i$ が固有ベクトルであれば, それを定数倍したものも明らかに上の式を満たすため固有ベクトルである。そのため, $||\boldsymbol{x}_i|| = 1$ となるように標準化したものを使って考えることが多い。

| 半正定値定符号行列 | A が $n \times n$ の正方行列で, $\boldsymbol{x}$ が $n \times 1$ ベクトルのとき,

$$\boldsymbol{x}' A \boldsymbol{x} = \sum_{i=1}^{n} \sum_{j=1}^{n} a_{ij} x_i x_j$$

を $\boldsymbol{x}$ の2次形式という。これはスカラーであることが簡単に確認できる。A を対称行列とする。ゼロベクトルでない任意のベクトル $\boldsymbol{x}$ に対して $\boldsymbol{x}' A \boldsymbol{x} \geq 0$ が成立するとき, A は半正定値定符号行列であるといい, $A \geq 0$ と書く。また, $\boldsymbol{x}' A \boldsymbol{x} > 0$ が成立するとき, A は正値定符号行列であるといい, $A > 0$ と表す。正値定符号行列は逆行列を持つ。

いま, $A \geq 0$ としよう。そのとき, その固有ベクトルを

$$\boldsymbol{x}'_i \boldsymbol{x}_j = \begin{cases} 0 & (i \neq j) \\ 1 & (i = j) \end{cases} \tag{A.10}$$

となるように取ることができる。理由は次の通りである。まず, $||\boldsymbol{x}_i|| = 1$ となるように標準化してもよいので, $\boldsymbol{x}'_i \boldsymbol{x}_j = 1$, $i = j$ は明らかである。$\lambda_i \neq \lambda_j$ のとき $\boldsymbol{x}'_i \boldsymbol{x}_j = 0$, $i \neq j$ となることを示そう。固有値と固有ベクトルの関係から

$$A\boldsymbol{x}_i = \lambda_i \boldsymbol{x}_i, \quad A\boldsymbol{x}_j = \lambda_j \boldsymbol{x}_j$$

であるから, それぞれに前から $\boldsymbol{x}'_j$ と $\boldsymbol{x}'_i$ を掛けると

付録A 線形代数と漸近理論の基礎 637

$$\boldsymbol{x}_j' A \boldsymbol{x}_i = \lambda_i \boldsymbol{x}_j' \boldsymbol{x}_i, \quad \boldsymbol{x}_i' A \boldsymbol{x}_j = \lambda_j \boldsymbol{x}_i' \boldsymbol{x}_j$$

となる。A は対称行列なので，$\boldsymbol{x}_i' A \boldsymbol{x}_j = \boldsymbol{x}_j' A \boldsymbol{x}_i$ であるから，転置の性質より $\boldsymbol{x}_j' \boldsymbol{x}_i = \boldsymbol{x}_i' \boldsymbol{x}_j$ であることに注意して，

$$(\lambda_i - \lambda_j) \boldsymbol{x}_i' \boldsymbol{x}_j = 0$$

となる。$\lambda_i \neq \lambda_j$ なので，$\boldsymbol{x}_i' \boldsymbol{x}_j = 0$, $i \neq j$ が成り立つ。$\lambda_i = \lambda_j$ のときには，$A \boldsymbol{x}_i = \lambda_i \boldsymbol{x}_i$ を満たすベクトルの方向が 1 つに定まらず，ある平面全体がこれを満たすことが示される。そのため，その平面の中に $\boldsymbol{x}_i' \boldsymbol{x}_j = 0$ となるように 2 つのベクトルを取ることができて，それを用いることにすればよい。それを，$n = 2$ の簡単な例で説明しよう。

$$A = \begin{bmatrix} 2 & 0 \\ 0 & 2 \end{bmatrix} = 2I$$

とする。特性方程式 $|A - \lambda I| = 0$ に $A = 2I$ を代入すると

$$(2 - \lambda)^2 = 0$$

となり，重解 $\lambda = 2$ を持つ。任意の $\boldsymbol{x}$ について

$$A \boldsymbol{x} = 2 \boldsymbol{x}$$

が成り立つので，2 次元平面のすべてのベクトルが固有ベクトルになる。したがってたとえば $\boldsymbol{x}_1 = (1/\sqrt{2}, 1/\sqrt{2})'$, $\boldsymbol{x}_2 = (1/\sqrt{2}, -1/\sqrt{2})'$ のように固有ベクトルを取れば，$\boldsymbol{x}_1' \boldsymbol{x}_2 = 0$ が成り立つ。

A が半正値定符号なら，すべての i について

$$0 \leq \boldsymbol{x}_i' A \boldsymbol{x}_i = \lambda_i \boldsymbol{x}_i' \boldsymbol{x}_i = \lambda_i$$

であるから，固有値はすべて正または 0 である。なお，A が正値定符号なら，厳密に不等号が成り立つので，固有値はすべて正である。

> **行列の大小**　2 つの半正値定符号行列 A, B について，ゼロベクトルでない任意のベクトル $\boldsymbol{x}$ に対して，$\boldsymbol{x}'(A - B)\boldsymbol{x} > 0$ が成立するとき，行列の意味で A は B より大きいといい，$A > B$ と表す。また，$\boldsymbol{x}'(A - B)\boldsymbol{x} \geq 0$ が成立するとき，$A \geq B$ と表す。$\boldsymbol{x}' = [1 \quad 0 \quad \cdots \quad 0]$ とすれば，$A > B$ のとき A の第 $1,1$ 要素は B の第 $1,1$ 要素よりも大きい。同様に，すべての i について，A の第 i,i 要素は B の第 i,i 要素よりも大きくなければならないことがわかる。計量経済学では，この定義をベクトル確率変数の分散の大小を定める際に用いる。

> **べき等行列**　$A' = A$ かつ $A^2 = A$ を満たす行列 A をべき等行列という。べき等行列の固有値はすべて 0 か 1 である。計量経済分析では，データ行列 X について $X'X$ が正則のとき，$I - X(X'X)^{-1}X$ と $X(X'X)^{-1}X'$ がべき等行列であることが用いられる。

| 行列の分解 |

1つの行列を2つの行列の積の形に分解する方法を2通り述べる。1つは固有値分解，もう1つはコレスキー分解と呼ばれる。

(1) 固有値分解

スカラーの確率変数の標準化を行うときに，その分散の平方根が用いられる。ベクトルの確率変数の標準化を行う際にも，それに対応する行列が必要になる。そこで，正または0のスカラーに対して平方根を，正のスカラーについて平方根の逆数を考えるのと同様に，$n \times n$ の対称な半正値定符号行列 A の平方根，正値定符号行列について平方根の逆数に相当する行列，つまり2度掛け合わせて A または A^{-1} になるような行列を導出する。なお，そのような行列は一意には決まらないが，以下ではそのうち最もよく用いられるものを紹介する。

A を半正値定符号とする。A の固有値 λ_i と固有ベクトル $\boldsymbol{x}_i$ から対角行列

$$\Lambda = \begin{bmatrix} \lambda_1 & 0 & \cdots & 0 \\ 0 & \lambda_2 & \cdots & 0 \\ \vdots & \vdots & \ddots & \vdots \\ 0 & 0 & \cdots & \lambda_n \end{bmatrix}$$

と，固有ベクトルを横に並べた行列

$$E = \begin{bmatrix} \boldsymbol{x}_1 & \boldsymbol{x}_2 & \cdots & \boldsymbol{x}_n \end{bmatrix}$$

をつくる。ただし，$A \geq 0$ なので (A.10) 式を満たすような固有ベクトルを用いることにする。そのとき，$A\boldsymbol{x}_i = \lambda_i \boldsymbol{x}_i, \ i = 1, \ldots, n$ を1つの式にまとめて

$$AE = E\Lambda$$

と書ける。(A.10) 式より，$EE' = E'E = I$ である。したがって，$E^{-1} = E'$ なので，$A = E\Lambda E^{-1} = E\Lambda E'$ となることがわかる。これを固有値分解という。A が半正値定符号なので，すべての固有値が正または0であるから，

$$\Lambda^{1/2} = \begin{bmatrix} \sqrt{\lambda_1} & 0 & \cdots & 0 \\ 0 & \sqrt{\lambda_2} & \cdots & 0 \\ \vdots & \vdots & \ddots & \vdots \\ 0 & 0 & \cdots & \sqrt{\lambda_n} \end{bmatrix}$$

と置くと，

$$A = (E\Lambda^{1/2}E')(E\Lambda^{1/2}E')$$

が成り立つ。ここで $B = E\Lambda^{1/2}E'$ と置くと $B'B = A$ なので，B を2度掛けると A になることがわかる。したがって，B は A の平方根に相当する行列である。

さらに，もし A が正値定符号なら固有値はすべて正なので，

付録A　線形代数と漸近理論の基礎　　639

$$\Lambda^{-1/2} = \begin{bmatrix} \lambda_1^{-1/2} & 0 & \cdots & 0 \\ 0 & \lambda_2^{-1/2} & \cdots & 0 \\ \vdots & \vdots & \ddots & \vdots \\ 0 & 0 & \cdots & \lambda_n^{-1/2} \end{bmatrix}$$

と置く。$B = E\Lambda^{1/2}E'$ と $EE' = E'E = I$ に注意すると，$(E\Lambda^{-1/2}E')B = B(E\Lambda^{-1/2}E') = I$ だから，B の逆行列は

$$B^{-1} = E\Lambda^{-1/2}E'$$

である。これを用いて，

$$A^{-1/2} = E\Lambda^{-1/2}E' \tag{A.11}$$

と置くと，

$$A^{-1/2}A(A^{-1/2})' = E\Lambda^{-1/2}E'E\Lambda E'E\Lambda^{-1/2}E' = I$$
$$A^{-1/2}(A^{-1/2})' = E\Lambda^{-1/2}E'E\Lambda^{-1/2}E' = E\Lambda^{-1}E' = A^{-1}$$

となることがわかる。この意味で，$A^{-1/2}$ はスカラーでの平方根の逆数に相当する。

A が正値定符号なら $|A| > 0$ である。なぜなら，行列式の性質 (A.8) 式より，

$$|A| = |E\Lambda E'| = |E|\,|\Lambda|\,|E'| = |\Lambda|\,|E'||E| = |\Lambda|\,|E'E| = |\Lambda|\,|I|$$
$$= \lambda_1\lambda_2\ldots\lambda_n$$

となり，$\lambda_i > 0, i = 1, 2, \ldots, n$ だからである。同様に，A が半正値定符号なら $|A| \geq 0$ である。

(2) コレスキー分解

対角要素から見て右上半分の要素がすべて 0 の正方行列を下三角行列という。A を対称な正定符号行列とすると，適当な下三角行列 P を用いて，$A = PP'$ と一意に表すことができる。これをコレスキー分解という。具体的な計算方法は，たとえば Hamilton (1994) の第 4 章に詳しいが，ここでは 3×3 行列を例として説明する。

$$A = \begin{bmatrix} a_{11} & a_{12} & a_{13} \\ a_{12} & a_{22} & a_{23} \\ a_{13} & a_{23} & a_{33} \end{bmatrix}$$

とする。A が正値定符号なので，$a_{11} > 0$ であるから，

$$H_{(1)} = \begin{bmatrix} 1 & 0 & 0 \\ -a_{11}^{-1}a_{12} & 1 & 0 \\ -a_{11}^{-1}a_{13} & 0 & 1 \end{bmatrix}$$

と置くと，

$$H_{(1)}AH'_{(1)} = \begin{bmatrix} a_{11} & 0 & 0 \\ 0 & b_{22} & b_{23} \\ 0 & b_{23} & b_{33} \end{bmatrix}$$

となって，$(1,1)$ 要素は a_{11} のまま第 1 行と第 1 列の他の要素を 0 にすることができる。ここで

$$b_{22} = a_{22} - a_{11}^{-1}a_{12}^2$$
$$b_{23} = a_{23} - a_{11}^{-1}a_{12}a_{13}$$
$$b_{33} = a_{33} - a_{11}^{-1}a_{13}^2$$

である。A が正値定符号なので，

$$A_2 = \begin{bmatrix} a_{11} & a_{12} \\ a_{12} & a_{22} \end{bmatrix}$$

も正値定符号でなければならない。したがって，$b_{22} = a_{11}^{-1}(a_{11}a_{22} - a_{12}^2) = a_{11}^{-1}|A_2| > 0$ なので，

$$H_{(2)} = \begin{bmatrix} 1 & 0 & 0 \\ 0 & 1 & 0 \\ 0 & -b_{22}^{-1}b_{23} & 1 \end{bmatrix}$$

と置くと，

$$H_{(2)}H_{(1)}AH'_{(1)}H'_{(2)} = \begin{bmatrix} a_{11} & 0 & 0 \\ 0 & b_{22} & 0 \\ 0 & 0 & c_{33} \end{bmatrix}$$

という対角行列になる。ここで，$c_{33} = b_{33} - b_{22}^{-1}b_{23}^2$ である。また，

$$H_{(2)}H_{(1)} = \begin{bmatrix} 1 & 0 & 0 \\ -a_{11}^{-1}a_{12} & 1 & 0 \\ a_{11}^{-1}(a_{12}b_{22}^{-1}b_{23} - a_{13}) & -b_{22}^{-1}b_{23} & 1 \end{bmatrix}$$

は正則な下三角行列である。

$$D^{1/2} = \begin{bmatrix} \sqrt{a_{11}} & 0 & 0 \\ 0 & \sqrt{b_{22}} & 0 \\ 0 & 0 & \sqrt{c_{33}} \end{bmatrix}$$

とすると，$P = (H_{(2)}H_{(1)})^{-1}D^{1/2}$ と置けば

$$A = (H_{(2)}H_{(1)})^{-1}D^{1/2}D^{1/2}(H'_{(1)}H'_{(2)})^{-1}$$
$$= PP'$$

付録 A　線形代数と漸近理論の基礎　641

が成り立つ．正則な下三角行列の逆行列が下三角であることは，背理法によって簡単に示されるので，$(H_{(2)}H_{(1)})^{-1}$ は下三角行列である．$D^{1/2}$ は対角行列だから，P も下三角行列である．

| ベクトルによる微分 |

x をベクトル変数とし，c，A, B をそれぞれ以下の積が計算できるような次元の定数ベクトル，行列，正方行列とする．そのとき，ベクトルによる微分は以下の通りである．

$$\frac{\partial c'x}{\partial x} = c, \quad \frac{\partial Ax}{\partial x'} = A, \quad \frac{\partial x'Bx}{\partial x} = (B + B')x$$

もし B が対称行列なら $\partial x'Bx/\partial x = 2Bx$ である．上の結果はスカラーの 1 次関数，2 次関数の微分と同様である．

上の計算は，要素ごとの微分を改めてうまく行列の形に並べ直していると考えれば理解しやすいだろう．いま，例として A, B が 2×2 行列としよう．$x = (x_1\ x_2)'$，

$$A = \left[\begin{array}{cc} a_{11} & a_{12} \\ a_{21} & a_{22} \end{array}\right], \quad B = \left[\begin{array}{cc} b_{11} & b_{12} \\ b_{21} & b_{22} \end{array}\right]$$

として，

$$\frac{\partial Ax}{\partial x'} = \frac{\partial \left[\begin{array}{c} a_{11}x_1 + a_{12}x_2 \\ a_{21}x_1 + a_{22}x_2 \end{array}\right]}{\partial(x_1\ x_2)} = \left[\begin{array}{cc} a_{11} & a_{12} \\ a_{21} & a_{22} \end{array}\right] = A$$

$$\frac{\partial x'Bx}{\partial x} = \frac{\partial[b_{11}x_1^2 + (b_{12} + b_{21})x_1x_2 + b_{22}x_2^2]}{\partial \left[\begin{array}{c} x_1 \\ x_2 \end{array}\right]} = \left[\begin{array}{c} 2b_{11}x_1 + (b_{12} + b_{21})x_2 \\ (b_{12} + b_{21})x_1 + 2b_{22}x_2 \end{array}\right]$$

$$= \left[\begin{array}{cc} 2b_{11} & b_{12} + b_{21} \\ b_{12} + b_{21} & 2b_{22} \end{array}\right] \left[\begin{array}{c} x_1 \\ x_2 \end{array}\right] = (B + B')x$$

である．

A.3　確率変数を要素に持つベクトルと行列

A.3.1　期待値と分散

k 個の確率変数 $Y_1, Y_2, \ldots, Y_k$ を縦に並べてベクトル $Y = (Y_1\ Y_2\ \ldots\ Y_k)'$ をつくる．そのとき，

$$
\mathrm{E}(\boldsymbol{Y}) = \mathrm{E} \begin{bmatrix} Y_1 \\ Y_2 \\ \vdots \\ Y_k \end{bmatrix} = \begin{bmatrix} \mathrm{E}(Y_1) \\ \mathrm{E}(Y_2) \\ \vdots \\ \mathrm{E}(Y_k) \end{bmatrix}
$$

をベクトル $\boldsymbol{Y}$ の期待値という。つまり，各要素の期待値を並べたものである。また，

$$
\begin{aligned}
\mathrm{Var}(\boldsymbol{Y}) &= \mathrm{E} \left[\begin{pmatrix} Y_1 - \mathrm{E}(Y_1) \\ Y_2 - \mathrm{E}(Y_2) \\ \vdots \\ Y_k - \mathrm{E}(k) \end{pmatrix} \begin{pmatrix} Y_1 - \mathrm{E}(Y_1) \\ Y_2 - \mathrm{E}(Y_2) \\ \vdots \\ Y_k - \mathrm{E}(k) \end{pmatrix}' \right] \\
&= \begin{bmatrix} \mathrm{Var}(Y_1) & \mathrm{Cov}(Y_1, Y_2) & \cdots & \mathrm{Cov}(Y_1, Y_k) \\ \mathrm{Cov}(Y_2, Y_1) & \mathrm{Var}(Y_2) & \cdots & \mathrm{Cov}(Y_2, Y_k) \\ \vdots & \vdots & \ddots & \vdots \\ \mathrm{Cov}(Y_k, Y_1) & \mathrm{Cov}(Y_k, Y_2) & \cdots & \mathrm{Var}(Y_k) \end{bmatrix}
\end{aligned}
$$

を $\boldsymbol{Y}$ の分散という。これは，各要素の分散と共分散を並べた $k \times k$ 行列であり，分散共分散行列，あるいは簡単に共分散行列とも呼ばれる。$\mathrm{Var}(\boldsymbol{Y})$ は明らかに対称な半正値定符号行列である。2 つのベクトル $\boldsymbol{X}$ と $\boldsymbol{Y}$ の共分散は

$$
\mathrm{Cov}(\boldsymbol{X}, \boldsymbol{Y}) = \mathrm{E}[(\boldsymbol{X} - \mathrm{E}(\boldsymbol{X}))(\boldsymbol{Y} - \mathrm{E}(\boldsymbol{Y}))']
$$

と定義される。なお，$\boldsymbol{X}$ と $\boldsymbol{Y}$ を入れ換えると

$$
\mathrm{Cov}(\boldsymbol{Y}, \boldsymbol{X}) = \mathrm{E}[(\boldsymbol{Y} - \mathrm{E}(\boldsymbol{Y}))(\boldsymbol{X} - \mathrm{E}(\boldsymbol{X}))']
$$

なので，$\mathrm{Cov}(\boldsymbol{X}, \boldsymbol{Y}) = \mathrm{Cov}(\boldsymbol{Y}, \boldsymbol{X})'$ となることがわかる。スカラーの確率変数の場合と同様に，A, B, C, D を以下の計算ができる次元の定数行列であるとすると

$$
\mathrm{E}(A\boldsymbol{Y} + C) = A\mathrm{E}(\boldsymbol{Y}) + C
$$

$$
\mathrm{Var}(A\boldsymbol{Y} + C) = A\mathrm{Var}(\boldsymbol{Y})A'
$$

$$
\mathrm{Cov}(A\boldsymbol{Y} + C, B\boldsymbol{X} + D) = A\mathrm{Cov}(\boldsymbol{Y}, \boldsymbol{X})B'
$$

が成り立つ。

A.3.2 正規確率変数ベクトル

確率変数ベクトル $\boldsymbol{Y} = (Y_1 \quad Y_2 \quad \ldots \quad Y_k)'$ が以下の同時密度関数を持つとき，$\boldsymbol{Y}$ は期待値 $\boldsymbol{\mu}$，分散 Σ の多変量正規分布に従うといい，$\boldsymbol{Y} \sim N(\boldsymbol{\mu}, \Sigma)$ と書く。

$$
f_{\boldsymbol{Y}}(\boldsymbol{y}) = \frac{1}{\sqrt{2\pi}^k |\Sigma|^{1/2}} \exp\left[-\frac{(\boldsymbol{y} - \boldsymbol{\mu})'\Sigma^{-1}(\boldsymbol{y} - \boldsymbol{\mu})}{2} \right]
$$

付録A　線形代数と漸近理論の基礎　　643

ただし，Σ は正値定符号行列とする。ここで，$\boldsymbol{\mu} = \mathbf{0}$，$\Sigma = I$ のとき，**k 変量標準正規分布**といい，その密度関数は

$$f_{\boldsymbol{Y}}(\boldsymbol{y}) = \frac{1}{\sqrt{2\pi}^k} \exp\left(-\frac{\boldsymbol{y}'\boldsymbol{y}}{2}\right)$$
$$= \prod_{i=1}^{k} \frac{1}{\sqrt{2\pi}} \exp\left(-\frac{y_i^2}{2}\right)$$

である。ここで $\prod_{i=1}^{k} a_i = a_1 \times a_2 \times \cdots \times a_k$ である。したがって，このとき $Y_1, \ldots, Y_k$ は互いに独立である。第 2 章でも述べたように，正規分布には**再生性**という特徴があり，$\boldsymbol{Y} \sim N(\boldsymbol{\mu}, \Sigma)$ のとき，定数行列 A, B に対して

$$A\boldsymbol{Y} + B \sim N(A\boldsymbol{\mu} + B, A\Sigma A')$$

となる。(A.11) 式を用いて $\Sigma^{-1/2}$ を計算し，$A = \Sigma^{-1/2}$，$B = -\Sigma^{-1/2}\boldsymbol{\mu}$ と置くと

$$\Sigma^{-1/2}(\boldsymbol{Y} - \boldsymbol{\mu}) \sim N(\mathbf{0}, I)$$

となるので，$\Sigma^{-1/2}(\boldsymbol{Y} - \boldsymbol{\mu})$ は k 変量標準正規分布に従うことがわかる。この操作を**多変量正規分布の標準化**という。

第 2 章で述べたように，独立な k 個の標準正規変数の 2 乗和は，自由度 k のカイ 2 乗分布 χ_k^2 に従う。この結果を使うと，

$$[\Sigma^{-1/2}(\boldsymbol{Y} - \boldsymbol{\mu})]'\Sigma^{-1/2}(\boldsymbol{Y} - \boldsymbol{\mu}) = (\boldsymbol{Y} - \boldsymbol{\mu})'\Sigma^{-1}(\boldsymbol{Y} - \boldsymbol{\mu}) \sim \chi_k^2$$

が得られる。

A.4　k 変量確率変数の標本平均の期待値と分散

$\boldsymbol{Y}_1, \ldots, \boldsymbol{Y}_N$ を i.i.d. の k 次元確率変数ベクトルとし，$\mathrm{E}(\boldsymbol{Y}_i) = \boldsymbol{\mu}$，$\mathrm{Var}(\boldsymbol{Y}_i) = \Sigma$ とする。そのとき，その標本平均

$$\bar{\boldsymbol{Y}} = \frac{1}{N} \sum_{i=1}^{N} \boldsymbol{Y}_i$$

の期待値と分散を求めよう。もちろん，これも k 次元確率変数ベクトルである。

$\bar{\boldsymbol{Y}}$ の期待値は

$$\mathrm{E}(\bar{\boldsymbol{Y}}) = \mathrm{E}\left(\frac{1}{N} \sum_{i=1}^{N} \boldsymbol{Y}_i\right) = \frac{1}{N} \sum_{i=1}^{N} \mathrm{E}(\boldsymbol{Y}_i) = \boldsymbol{\mu}$$

である。また，分散は

$$\mathrm{Var}(\bar{\boldsymbol{Y}}) = \mathrm{E}[(\bar{\boldsymbol{Y}} - \boldsymbol{\mu})(\bar{\boldsymbol{Y}} - \boldsymbol{\mu})']$$

$$= \mathrm{E}\left\{\frac{1}{N^2}\left[\sum_{i=1}^{N}(\boldsymbol{Y}_i - \boldsymbol{\mu})\right]\left[\sum_{j=1}^{N}(\boldsymbol{Y}_j - \boldsymbol{\mu})\right]'\right\}$$

$$= \frac{1}{N^2}\sum_{i=1}^{N}\sum_{j=1}^{N}\mathrm{E}[(\boldsymbol{Y}_i - \boldsymbol{\mu})(\boldsymbol{Y}_j - \boldsymbol{\mu})']$$

$$= \frac{1}{N}\Sigma$$

となる。4 つめの等号は，$\boldsymbol{Y}_1,\dots,\boldsymbol{Y}_N$ が i.i.d. なので

$$\mathrm{E}\{(\boldsymbol{Y}_i - \boldsymbol{\mu})(\boldsymbol{Y}_j - \boldsymbol{\mu})'\} = \begin{cases} \Sigma & (i = j) \\ 0 & (i \neq j) \end{cases}$$

となることを用いた。

A.5 いくつかの確率分布

第 2 章で簡単に紹介した確率分布について，その密度関数とモーメントその他の性質を述べる。以下ではガンマ関数

$$\Gamma(z) = \int_0^\infty t^{z-1}e^{-t}dt$$

を用いる。$\Gamma(1) = \int_0^\infty e^{-t}dt = [-e^{-t}]_0^\infty = 1$ で，部分積分の公式を用いると

$$\Gamma(z) = [-t^{z-1}e^{-t}]_0^\infty - (z-1)\int_0^\infty t^{z-2}e^{-t}dt = (z-1)\Gamma(z-1)$$

が成り立つ。また，逐次代入により，j を z より小さい整数として，

$$\Gamma(z) = (z-1)(z-2)\times\cdots\times(z-j)\Gamma(z-j)$$

と書けることがわかる。さらに，n を正の整数，$j = n-1$ とすれば

$$\Gamma(n) = (n-1)! = (n-1)(n-2)\times\cdots\times 2\times 1$$

となることがわかる。したがって，一見難しそうに見えるが，ガンマ関数は階乗を整数以外に一般化したものと理解すればよい。

χ^2 分 布

自由度 q の χ^2 分布の密度関数は

$$f(x) = \begin{cases} \frac{1}{\Gamma(q/2)}\left(\frac{1}{2}\right)^{q/2}x^{(q/2-1)}\exp(-\frac{x}{2}) & (x \geq 0) \\ 0 & (x < 0) \end{cases}$$

である。$X \sim \chi_q^2$ とすると，

付録 A　線形代数と漸近理論の基礎　645

$$\mathrm{E}(X) = q, \quad \mathrm{Var}(X) = 2q$$

である。

> **t 分布**　　自由度 q の t 分布の密度関数は

$$f(x) = \frac{\Gamma[(q+1)/2]}{\Gamma(q/2)} \frac{1}{\sqrt{\pi q}} \frac{1}{(1 + x^2/q)^{(q+1)/2}}$$

である。$X \sim t_q$ とすると，

$$\mathrm{E}(X) = 0 \qquad (q > 1)$$

$$\mathrm{Var}(X) = \frac{q}{q-2} \quad (q > 2)$$

である。もし $q = 1$ なら，形式的には期待値は

$$\mathrm{E}(X) = \int x \frac{\Gamma(1)}{\Gamma(1/2)} \frac{1}{\sqrt{\pi}} \frac{1}{1+x^2} dx$$

であるが，この積分は有限の値に収束しない。そのとき，「期待値は存在しない」という。なお，自由度 1 の t 分布 t_1 をコーシー分布という。ちなみに，$\Gamma(1) = 1$，$\Gamma(1/2) = \sqrt{\pi}$ なので，コーシー分布の密度関数は $1/[\pi(1+x^2)]$ である。分散についても，自由度が 2 以下のときには存在しない。

> **F 分布**　　自由度 k_1，k_2 の F 分布の密度関数は

$$f(x) = \begin{cases} \dfrac{\Gamma((k_1+k_2)/2)}{\Gamma(k_1/2)\Gamma(k_2/2)} (\dfrac{k_1}{k_2})^{k_1/2} \dfrac{x^{(k_1-2)/2}}{(1 + k_1/k_2 x)^{(k_1+k_2)/2}} & (x \geq 0) \\ 0 & (x < 0) \end{cases}$$

である。そして，$X \sim F_{k_1, k_2}$ のとき，

$$\mathrm{E}(X) = \frac{k_2}{k_2 - 2} \qquad (k_2 > 2)$$

$$\mathrm{Var}(X) = \frac{2k_2^2(k_1 + k_2 - 2)}{k_1(k_2 - 2)^2(k_2 - 4)} \quad (k_2 > 4)$$

である。

A.6　漸近理論（大標本理論）

　ここでは，推定量や検定統計量の漸近的性質を調べるときに役に立つ結果をまとめておく。$\boldsymbol{Y}_1, \ldots, \boldsymbol{Y}_N$ を i.i.d. の確率変数ベクトルとし，$\mathrm{E}(\boldsymbol{Y}_i) = \boldsymbol{\mu}$，$\mathrm{Var}(\boldsymbol{Y}_i) = \Sigma$ とする。A.6.1 項と A.6.3 項ではサンプルサイズ N が大きくなっていくときに標本平均 $\bar{\boldsymbol{Y}}$

がどのような統計的性質を持つかを調べる。まず，その期待値と分散は，A.4 項で見たように

$$\mathrm{E}(\bar{Y}) = \mu \tag{A.12}$$

$$\mathrm{Var}(\bar{Y}) = \frac{\Sigma}{N} \tag{A.13}$$

である。

A.6.1　大数の法則

N が大きくなるとともに $\bar{Y}$ は μ に近づくことを示すことができる。これを大数の法則という。数学的に厳密に書くと，任意の $\varepsilon > 0$ に対して，

$$\lim_{N \to \infty} \mathrm{Pr}(||\bar{Y} - \mu|| > \varepsilon) = 0$$

と表される。ただし，$||\bar{Y} - \mu||$ は各要素の 2 乗和の平方根である。この式を言葉で表すと，「どんなに小さく ε を選んでも，$\bar{Y}$ が μ から ε 以上離れる確率は N が大きくなると 0 に近づく」ということである。そのとき，

$$\bar{Y} \xrightarrow{p} \mu$$

と書いて，$\bar{Y}$ は μ に確率収束するという。また，

$$\plim_{N \to \infty} \bar{Y} = \mu$$

と書き，μ は $\bar{Y}$ の確率極限であるという。

A.6.2　チェビシェフの不等式と大数の法則の証明

(1)　チェビシェフの不等式

チェビシェフの不等式を用いると，簡単に大数の法則を証明することができる。連続確率変数について証明するが，離散の場合も同様である。X を期待値が μ，分散が Σ の k 次元確率変数とすると，任意の $\varepsilon > 0$ について

$$\mathrm{Pr}(||X - \mu|| \geq \varepsilon) \leq \frac{tr(\Sigma)}{\varepsilon^2}$$

が成り立つ。これをチェビシェフの不等式といい，次のようにして証明できる。X の密度関数を $f(x)$ とすると，

付録 A　線形代数と漸近理論の基礎　　647

$$\Pr(||\boldsymbol{X} - \boldsymbol{\mu}|| \geq \varepsilon) = \int_{||\boldsymbol{x}-\boldsymbol{\mu}|| \geq \varepsilon} f(\boldsymbol{x}) d\boldsymbol{x}$$

$$\leq \int_{||\boldsymbol{x}-\boldsymbol{\mu}|| \geq \varepsilon} \left(\frac{||\boldsymbol{x} - \boldsymbol{\mu}||}{\varepsilon} \right)^2 f(\boldsymbol{x}) d\boldsymbol{x}$$

$$\leq \int_{-\infty}^{\infty} \left(\frac{||\boldsymbol{x} - \boldsymbol{\mu}||}{\varepsilon} \right)^2 f(\boldsymbol{x}) d\boldsymbol{x}$$

$$\leq \int_{-\infty}^{\infty} \frac{(x_1 - \mu_1)^2 + \cdots + (x_k - \mu_k)^2}{\varepsilon^2} f(\boldsymbol{x}) d\boldsymbol{x}$$

$$= \frac{\sigma_1^2 + \cdots + \sigma_k^2}{\varepsilon^2} = \frac{tr(\Sigma)}{\varepsilon^2}$$

ただし，$\sigma_1^2, \ldots, \sigma_k^2$ は Σ の対角要素である。2 行目の不等号は，積分範囲が $||\boldsymbol{x} - \boldsymbol{\mu}|| \geq \varepsilon$ で，$\boldsymbol{x}$ がその範囲にあれば必ず $(||\boldsymbol{x} - \boldsymbol{\mu}||/\varepsilon)^2 \geq 1$ だからである。3 行目の不等号は，積分する関数は常に正または 0 なので，積分範囲を広げれば積分の値は少なくとも小さくはならないからである。

(2) 大数の法則

チェビシェフの不等式はどんな確率変数についても成立する。(A.12)，(A.13) 式を用いて，確率変数 $\bar{\boldsymbol{Y}}$ にチェビシェフの不等式を適用すると，$N \longrightarrow \infty$ のとき，

$$\lim_{N \longrightarrow \infty} \Pr(||\bar{\boldsymbol{Y}} - \boldsymbol{\mu}|| \geq \varepsilon) \leq \lim_{N \longrightarrow \infty} \frac{tr(\Sigma/N)}{\varepsilon^2}$$

$$= \lim_{N \longrightarrow \infty} \frac{tr(\Sigma)}{N\varepsilon^2} \longrightarrow 0$$

となり，大数の法則が証明できる。

(3) 確率収束と平均二乗収束

チェビシェフの不等式を用いた大数の法則と関連して，以下の結果を紹介しておこう。これは，必ずしも不偏でない推定量の一致性を示す際によく用いられる。k 次元の確率変数ベクトル $\boldsymbol{X}_N$ と $\boldsymbol{\theta}$ について，

$$\lim_{N \to \infty} \mathrm{E}||\boldsymbol{X}_N - \boldsymbol{\theta}||^2 = 0$$

が成り立つとき，$\boldsymbol{X}_N$ は $\boldsymbol{\theta}$ に平均 2 乗収束するという。今，$\boldsymbol{X}_N$ が $\boldsymbol{\theta}$ に平均 2 乗収束するとしよう。チェビシェフの不等式の証明の $\boldsymbol{X}$ と $\boldsymbol{\mu}$ をそれぞれ $\boldsymbol{X}_N$ と $\boldsymbol{\theta}$ に置き換えても，同様の計算が可能で，

$$Pr(||\boldsymbol{X}_N - \boldsymbol{\theta}|| \geq \varepsilon) = \int_{||\boldsymbol{x}-\boldsymbol{\theta}|| \geq \varepsilon} f_N(\boldsymbol{x}) d\boldsymbol{x}$$

$$\leq \frac{\mathrm{E}(X_{1n} - \theta_1) + \mathrm{E}(X_{2n} - \theta_2) + \cdots + \mathrm{E}(X_{kn} - \theta_k)}{\varepsilon^2}$$

$$= \frac{\mathrm{E}||\boldsymbol{X}_N - \boldsymbol{\theta}||^2}{\varepsilon^2} \to 0$$

が成り立つ。ここで，$f_N(x)$ は $\boldsymbol{X}_N$ の同時密度関数である。したがって，もし $\boldsymbol{X}_N$ が $\boldsymbol{\theta}$ に平均 2 乗収束するならば，$\boldsymbol{X}_N$ は $\boldsymbol{\theta}$ に確率収束する。

A.6.3　中心極限定理

N が大きいとき，$\bar{\boldsymbol{Y}}$ の分布は期待値が $\boldsymbol{\mu}$，分散が $\boldsymbol{\Sigma}/N$ の正規分布で近似できる。これを保証するのが，以下で説明する中心極限定理である。

一般に，N に依存する確率変数 $\boldsymbol{X}_N$ の分布関数 $F_{\boldsymbol{X}_N}(x)$ が，$N \longrightarrow \infty$ とともにある分布関数 $F_{\boldsymbol{X}}(x)$ にそのすべての連続点で収束するとき，$\boldsymbol{X}_N$ は $\boldsymbol{X}$ に分布収束するといい，

$$\boldsymbol{X}_N \stackrel{d}{\longrightarrow} \boldsymbol{X}$$

と表す。また，$F_{\boldsymbol{X}}(x)$ を $\boldsymbol{X}_N$ の極限分布という。とくに，$\boldsymbol{X}$ が期待値 0，分散 $\boldsymbol{\Omega}$ の正規分布に従うときには，

$$X_N \stackrel{d}{\longrightarrow} N(0, \boldsymbol{\Omega})$$

と書く。

$\boldsymbol{Y}_1, \ldots, \boldsymbol{Y}_N$ が上記の条件を満たすとき，$\sqrt{N} \boldsymbol{\Sigma}^{-1/2} (\bar{\boldsymbol{Y}} - \boldsymbol{\mu})$ は $N(0, I)$ に分布収束する。ただし，$\boldsymbol{\Sigma}^{-1/2}$ は「行列の分解」（639 ページ）で述べたものである。この結果を中心極限定理（central limit theorem; CLT）といい，

$$\sqrt{N} \boldsymbol{\Sigma}^{-1/2} (\bar{\boldsymbol{Y}} - \boldsymbol{\mu}) \stackrel{d}{\longrightarrow} N(0, I)$$

と表す。次の A.6.4 項で述べるスルツキーの定理の (ii) を使えば，同値の結果を

$$\sqrt{N} (\bar{\boldsymbol{Y}} - \boldsymbol{\mu}) \stackrel{d}{\longrightarrow} N(0, \boldsymbol{\Sigma})$$

と表すこともできることがわかる（証明は，スルツキーの定理の (ii) で $\boldsymbol{Y}_N = \boldsymbol{\Sigma}^{1/2}$，$\boldsymbol{X}_N = \sqrt{N} \boldsymbol{\Sigma}^{-1/2} (\bar{\boldsymbol{Y}} - \boldsymbol{\mu})$ とおいて，正規分布の再生性〔644 ページ〕を用いる）。このとき，$\bar{\boldsymbol{Y}}$ は漸近正規性を持つという。

もし $\boldsymbol{Y}_1, \ldots, \boldsymbol{Y}_N$ が i.i.d. の正規確率変数ベクトルなら，$N \longrightarrow \infty$ のときの近似ではなく，任意の N についてこの結果が成立する。つまり，

$$\sqrt{N} (\bar{\boldsymbol{Y}} - \boldsymbol{\mu}) \sim N(0, \boldsymbol{\Sigma})$$

である。同じことであるが，

$$\sqrt{N} \boldsymbol{\Sigma}^{-1/2} (\bar{\boldsymbol{Y}} - \boldsymbol{\mu}) \sim N(0, I)$$

である。

付録 A　線形代数と漸近理論の基礎　　649

A.6.4 確率収束と分布収束の保存

X_N, X, Y_N, Z_N を確率変数ベクトルまたは行列とし，$N \longrightarrow \infty$ のとき $X_N \xrightarrow{d} X$，$Y_N \xrightarrow{p} C$，$Z_N \xrightarrow{p} D$ とする。また，それぞれの結果ごとにベクトルまたは行列の計算ができるような次元であるとする。また，逆行列をとっているものについては，それが存在するものとする。そのとき，以下が成立する。

(1) $Y_N + Z_N \xrightarrow{p} C + D$

(2) $Y_N Z_N \xrightarrow{p} CD$

(3) $Y_N^{-1} Z_N \xrightarrow{p} C^{-1} D$

(4) ベクトル関数 $g(\cdot)$ が C で連続のとき，$g(Y_N) \xrightarrow{p} g(C)$

さらに，以下の結果が成り立ち，これを**スルツキーの定理**という。

(i) $X_N + Y_N \xrightarrow{d} X + C$

(ii) $Y_N X_N \xrightarrow{d} CX$

(iii) $Y_N^{-1} X_N \xrightarrow{d} C^{-1} X$

最後の性質は，OLS 推定量を含めて多くの推定量の漸近分布を求める際に用いられる。多くの推定量 $\hat{\boldsymbol{\theta}}$ は，$\sqrt{N}(\hat{\boldsymbol{\theta}} - \boldsymbol{\theta}) = Y_N^{-1} X_N$ の形に表すことができ，

$$X_N \xrightarrow{d} N(0, \boldsymbol{\Sigma}), \quad Y_N \xrightarrow{p} C$$

となっている。ここで，上の結果を用いれば

$$Y_N^{-1} X_N \xrightarrow{d} C^{-1} X \sim N(0, C^{-1} \boldsymbol{\Sigma} (C^{-1})') \tag{A.14}$$

である。

A.6.5 スチューデント化した標本平均の漸近分布

第 3 章の (3.9) 式（88 ページ）で述べたように，

$$\frac{\sqrt{N}(\bar{X} - \mu_X)}{s_X} \xrightarrow{d} N(0, 1) \tag{A.15}$$

が成り立つ。スルツキーの定理を用いてこれを示そう。CLT より

$$\frac{\sqrt{N}(\bar{X} - \mu_X)}{\sigma_X} \xrightarrow{d} N(0, 1)$$

である。また，$s_X^2 \xrightarrow{p} \sigma_X^2$ なので，A.6.4 項の (4) の結果より，$s_X/\sigma_X \xrightarrow{p} 1$ である。したがって，(A.14) 式より

$$\left(\frac{s_X}{\sigma_X}\right)^{-1}\frac{\sqrt{N}(\bar{X}-\mu_X)}{\sigma_X} \xrightarrow{d} N(0,\ 1^{-1}\times 1\times 1^{-1})=N(0,1)$$

が示される。すなわち，(A.15) 式が成り立つ。k 次元確率変数の標本平均についても，同様の結果が成立する。

A.7　指数関数と対数関数

計量経済学では，密度関数や分布関数に指数関数が現れることが多い。また，変数変換の際に対数もよく用いられる。ここでは，それらの定義と性質をまとめておこう。

指数の性質　a を定数，m を正の整数として，a を m 回掛け合わせることを a を m 乗するといい，

$$a^m = \overbrace{a \times a \times \cdots \times a}^{m\ \text{個}}$$

と表す。m_1, m_2 を正の定数として，

$$a^{m_1+m_2} = a^{m_1} \times a^{m_2} \tag{A.16}$$

$$(a^{m_1})^{m_2} = a^{m_1 m_2} \tag{A.17}$$

が成り立つことがわかる。

これを拡張して，正の整数だけでなく実数 x に対して a^x を定義することができる。ただし，$a > 0$ とする。そのとき，x_1, x_2 を実数として以下が成り立つ。

$$a^0 = 1 \qquad (a \neq 0)$$
$$a^{-x_1} = \frac{1}{a^{x_1}} \quad (a \neq 0)$$
$$a^{x_1+x_2} = a^{x_1} \times a^{x_2}$$
$$(a^{x_1})^{x_2} = a^{x_1 x_2}$$

1 つめと 2 つめの式は，m_2 を 0 と負の整数に拡張したときにも (A.16)，(A.17) 式が成り立つために必要な条件と考えてもよい。というのは，(A.16) 式で $m_2 = 0$ と置くと，

$$a^{m_1} = a^{m_1+0} = a^{m_1} \times a^0$$

なので，$a^0 = 1$ でなければならない。また，(A.17) 式で $m_2 = -1$ と置くと，

$$(a^{m_1})^{-1} = a^{m_1 \times (-1)} = a^{-m_1}$$

となる。a を $-m_1$ 回掛け合わせるといわれても意味がわからないが，a^{-m_1} は a を m_1 回掛け合わせて逆数を取ったものとしておくと都合がよいのである。

付録 A　線形代数と漸近理論の基礎　　651

| 指 数 関 数 | a を任意の正の定数，x を実数として，

$$y = a^x$$

を a を底とする指数関数という。$a = 1$ なら $y = 1$ という定数関数になる。$a > 1$ なら単調増加関数，$0 < a < 1$ なら単調減少関数である。この関数は滑らかな関数なので微分できる。とくに，$x = 0$ での微分係数が 1 になるような a の値を自然対数の底といい，e で表す。つまり，

$$\lim_{h \to 0} \frac{e^{x+h} - e^x}{h}\Big|_{x=0} = e^0 \qquad \lim_{h \to 0} \frac{e^h - 1}{h} = 1$$

である。e の値は約 2.718 で，ネイピア数とも呼ばれ，無理数であることが知られている。なぜこの値にわざわざ e という文字を当てるかというと，円周率 $3.14...$ が円の周の長さや面積，球の体積その他さまざまな計算に現れるために，π という記号を用意したのと同様，数学のさまざまな状況で現れてくる有用な数だからである。とくに，以下の通り，e^x を x で微分するとそれ自身になるというおもしろい性質を持つ。

$$\frac{de^x}{dx} = \lim_{h \to 0} \frac{e^{x+h} - e^x}{h} = \lim_{h \to 0} \frac{e^x(e^h - 1)}{h}$$
$$= e^x \lim_{h \to 0} \frac{e^h - 1}{h} = e^x$$

| 対 数 関 数 | 指数の関係を逆に考えてみよう。まず b の値を決めて，a を何乗すると b になるか考えよう。式で書けば，$a^c = b$ となるような c を探すということである。そのような c を

$$c = \log_a b$$

と表し，a を底とする b の対数という。たとえば，$3^4 = 81$ だから，$4 = \log_3 81$ ということになる。「3 を何乗すれば 81 になるか？」と考えているわけである。指数の関係を逆に見て書き換えたものを対数と理解すればよい。とくに $a = 10$ のとき常用対数，$a = e$ のとき自然対数という。自然対数の表記では底を省略して $\log b$ と書いたり，"natural logarithm" より，$\ln b$ とも書かれる。

　この関係を関数として書いた

$$y = \log_a x$$

を対数関数という。これを指数で書くと

$$x = a^y$$

であるから，数学的にいえば，対数関数は指数関数の逆関数である。

| 対 数 の 性 質 | a, b, b_1, b_2 を任意の正の定数，p を任意の定数とすると，以下の性質が成り立つ。

(1) $\log_a a = 1$

(2) $\log_a 1 = 0$

(3) $\log_a b_1 b_2 = \log_a b_1 + \log_a b_2$

(4) $\log_a b^p = p \log_a b$

(5) $\log_a b = \log_{b_1} b / \log_{b_1} a$

(1), (2) は明らかだろう。(3) は次のように示される。$c_1 = \log_a b_1 b_2$, $c_2 = \log_a b_1$, $c_3 = \log_a b_2$ と置くと

$$b_1 b_2 = a^{c_1}, \quad b_1 = a^{c_2}, \quad b_2 = a^{c_3}$$

となり，それらを組み合わせて b_1, b_2 を消去すると

$$a^{c_2} \times a^{c_3} = a^{c_1}$$

が得られる。さらに指数の性質と指数関数の単調性を使えば，$c_2 + c_3 = c_1$ となるからである。(4) は次のように示される。$c = \log_a b^p$ と置けば $b^p = a^c$ となり，これを変形すると

$$b = a^{c/p}$$

である。対数を使って書き換えると $c/p = \log_a b$ となり，これに $c = \log_a b^p$ を代入すればよい。(5) については，$c_1 = \log_a b$, $c_2 = \log_{b_1} b$, $c_3 = \log_{b_1} a$ と置くと

$$b = a^{c_1}, \quad b = b_1^{c_2}, \quad a = b_1^{c_3}$$

なので，a, b を消去すると $b_1^{c_1 c_3} = b_1^{c_2}$ となり，$c_1 c_3 = c_2$ が得られる。

対数関数の性質　指数関数の性質から，対数関数も $a > 1$ なら単調増加関数，$0 < a < 1$ なら単調減少関数である。また，対数関数 $y = \log_a x$ の微分はたびたび用いられるので，その準備のためにもここで説明しておこう。自然対数の底の定義から，$h \approx 0$ なら $(e^h - 1)h \approx 1$ なので，これを変形すれば

$$e \approx (1 + h)^{1/h}$$

である。さて，性質 (5) を用いると $y = \ln x / \ln a$ だから，

$$\begin{aligned}
\frac{dy}{dx} &= \lim_{h \to 0} \frac{\log_a(x + h) - \log_a x}{h} \\
&= \frac{1}{\ln a} \lim_{h \to 0} \frac{1}{h} \ln\left(1 + \frac{h}{x}\right) \\
&= \frac{1}{x \ln a} \lim_{h \to 0} \ln\left(1 + \frac{h}{x}\right)^{x/h}
\end{aligned}$$

となる。2 行目は性質 (3), (4) を使った。x を固定して考えれば，$h \longrightarrow 0$ と $h/x \longrightarrow 0$ は同じことである。したがって，上で見た e の近似を使えば，極限の部分は $\ln e$ に収

付録A　線形代数と漸近理論の基礎　653

束する。これは性質 (1) より 1 に等しいので,

$$\frac{dy}{dx} = \frac{1}{x \ln a}$$

となる。とくに,自然対数 $y = \ln x$ であれば,

$$\frac{dy}{dx} = \frac{1}{x}$$

となる。これを用いてテイラー展開による近似を行えば, $x \approx 0$ なら

$$\ln(1 + x) \approx x$$

が得られる。

この結果を用いると, x_{t-1} から x_t への成長率を対数の差で近似できることが以下のように示される。

$$\ln x_t - \ln x_{t-1} = \ln\left(\frac{x_t}{x_{t-1}}\right) = \ln\left(1 + \frac{x_t - x_{t-1}}{x_{t-1}}\right)$$

$$\approx \frac{x_t - x_{t-1}}{x_{t-1}} = 成長率$$

付録B ECONOMETRICS

回帰分析，モーメント法，最尤法の漸近理論

　付録 B では，付録 A で解説したベクトルと行列の知識を用いることによって，最小2乗推定量，一般化最小2乗法，一般化モーメント法，最尤法の統計的性質を証明する。なお，付録 A では，スカラーと区別するためにベクトルと行列を太字体で表したが，以下ではほとんどの式がベクトルや行列で表されているため，その区別は行わない。

▰▰▰▰ B.1 最小2乗推定量の漸近理論

B.1.1 単回帰の最小2乗推定量と漸近分散の導出

　まず単回帰における最小2乗（OLS）推定量を導出しよう。目的関数は

$$Q(b_0, b_1) = \sum_{i=1}^{N} (Y_i - b_0 - b_1 X_i)^2$$

である。これを最小にする b_0，b_1 が OLS 推定量である。最小化の1階の条件は

$$\left. \frac{\partial Q(b_0, b_1)}{\partial b_0} \right|_{b_0 = \hat{\beta}_0, b_1 = \hat{\beta}_1} = -2 \sum_{i=1}^{N} (Y_i - \hat{\beta}_0 - \hat{\beta}_1 X_i) = 0$$

$$\left. \frac{\partial Q(b_0, b_1)}{\partial b_1} \right|_{b_0 = \hat{\beta}_0, b_1 = \hat{\beta}_1} = -2 \sum_{i=1}^{N} (Y_i - \hat{\beta}_0 - \hat{\beta}_1 X_i) X_i = 0 \tag{B.1}$$

である。b_0 を固定すれば Q は b_1 に関して下に凸な2次関数，b_1 を固定すれば b_0 に関して下に凸な2次関数なので，2階の条件は満たされており，これを解くと Q を最小にする解が得られ，

$$\hat{\beta}_1 = \frac{\sum_{i=1}^{N} (X_i - \bar{X})(Y_i - \bar{Y})}{\sum_{i=1}^{N} (X_i - \bar{X})^2}$$

$$\hat{\beta}_0 = \bar{Y} - \hat{\beta}_1 \bar{X}$$

である。

漸近分散の一般形　　本文で述べた (4.28) 式と (4.29) 式を導出しよう。$\bar{X}$ が μ_X に収束することに注意すると，(4.26) 式より，

655

$$\sqrt{N}(\hat{\beta}_1 - \beta_1) \approx \frac{\frac{1}{\sqrt{N}} \sum_{i=1}^{N} (X_i - \mu_X) u_i}{\frac{1}{N} \sum_{i=1}^{N} (X_i - \mu_X)^2}$$

となる。大数の法則より分母は $\mathrm{Var}(X_i)$ に確率収束し、中心極限定理（CLT）より分子は $N(0, \mathrm{Var}[(X_i - \mu_X)u_i])$ に分布収束する。付録 A の A.6.4 項で説明したスルツキーの定理と正規分布の性質 (2.20) 式（47 ページ）を用いると，

$$\sqrt{N}(\hat{\beta}_1 - \beta_1) \xrightarrow{d} N\left(0, \ \frac{\mathrm{Var}[(X_i - \mu_X)u_i]}{[\mathrm{Var}(X_i)]^2}\right)$$

となることがわかる。$\hat{\beta}_0 = \bar{Y} - \hat{\beta}_1 \bar{X}$ である。$\bar{X}$ が μ_X に確率収束することに注意しつつ，(4.26) 式と $\bar{Y} = \beta_0 + \beta_1 \bar{X} + \bar{u}$ を代入して変形すると

$$\hat{\beta}_0 \approx \beta_0 + \bar{u} - \frac{\frac{1}{N} \sum_{i=1}^{N} (X_i - \mu_X) u_i}{\frac{1}{N} \sum_{i=1}^{N} (X_i - \mu_X)^2} \mu_X$$

$$= \beta_0 + \frac{1}{N} \sum_{i=1}^{N} \left[u_i - \frac{(X_i - \mu_X)\mu_X u_i}{\frac{1}{N} \sum_{i=1}^{N} (X_i - \mu_X)^2} \right]$$

となり，さらに分母が $\mathrm{Var}(X_i)$ に確率収束することから

$$\sqrt{N}(\hat{\beta}_0 - \beta_0) \approx \frac{1}{\sqrt{N}} \sum_{i=1}^{N} \left[1 - \frac{(X_i - \mu_X)\mu_X}{\mathrm{Var}(X_i)} \right] u_i$$

$$= \frac{\frac{1}{\sqrt{N}} \sum_{i=1}^{N} [\mathrm{Var}(X_i) - (X_i - \mu_X)\mu_X] u_i}{\mathrm{Var}(X_i)}$$

$$= \frac{\frac{1}{\sqrt{N}} \sum_{i=1}^{N} [\mathrm{E}(X_i^2) - X_i \mu_X] u_i}{\mathrm{E}(X_i^2) - \mu_X^2}$$

$$= \frac{\frac{1}{\sqrt{N}} \sum_{i=1}^{N} [1 - X_i \mu_X / \mathrm{E}(X_i^2)] u_i}{1 - \mu_X^2 / \mathrm{E}(X_i^2)}$$

$$= \frac{\frac{1}{\sqrt{N}} \sum_{i=1}^{N} H_i u_i}{\mathrm{E}(H_i^2)}$$

を得る。ただし，$H_i = 1 - X_i \mu_X / \mathrm{E}(X_i^2)$ である。最後の等号は

$$\mathrm{E}(H_i^2) = \mathrm{E}\left[1 - \frac{X_i \mu_X}{\mathrm{E}(X_i^2)} \right]^2 = 1 - \frac{2\mu_X^2}{\mathrm{E}(X_i^2)} + \frac{\mathrm{E}(X_i^2)\mu_X^2}{[\mathrm{E}(X_i^2)]^2} = 1 - \frac{\mu_X^2}{\mathrm{E}(X_i^2)}$$

を用いた。$\mathrm{E}(H_i u_i) = \mathrm{E}[H_i \mathrm{E}(u_i | X_i)] = 0$ だから，中心極限定理と (2.20) 式より

$$\sqrt{N}(\hat{\beta}_0 - \beta_0) \xrightarrow{d} N\left(0, \ \frac{\mathrm{Var}(H_i u_i)}{[\mathrm{E}(H_i^2)]^2}\right)$$

が示される。なお，上に示したように，$\mathrm{E}(H_i^2) = \mathrm{E}(H_i)$ であるから，漸近分散の分母の表現には $\mathrm{E}(H_i)$ を使ってもかまわない。

> **均一分散のもとでの漸近分散**

表現を簡潔にするために添え字の i を省略すると以下のように書ける。

$$\mathrm{E}(H^2) = 1 - \frac{\mu_X^2}{\mathrm{E}(X^2)} = \frac{\mathrm{E}(X^2) - \mu_X^2}{\mathrm{E}(X^2)} = \frac{\mathrm{Var}(X)}{\mathrm{E}(X^2)}$$

また，均一分散なら

$$\mathrm{Var}(Hu) = \mathrm{E}\left\{\left[1 - \frac{\mu_X}{\mathrm{E}(X^2)}X\right]^2 u^2\right\} = \mathrm{E}\left\{\left[1 - \frac{\mu_X}{\mathrm{E}(X^2)}X\right]^2 \mathrm{E}(u^2|X)\right\}$$

$$= \sigma^2 \mathrm{E}(H^2) = \sigma^2 \frac{\mathrm{Var}(X)}{\mathrm{E}(X^2)}$$

なので，これらを (4.28) 式に代入すると，(4.38) 式に一致することがわかる。同様にして，均一分散なら

$$\mathrm{Var}[(X - \mu_X)u] = \mathrm{E}[(X - \mu_X)^2 u^2] = \mathrm{E}[(X - \mu_X)^2 \mathrm{E}(u^2|X)]$$

$$= \sigma^2 \mathrm{Var}(X)$$

なので，(4.29) 式は (4.39) 式に等しくなることがわかる。

B.1.2 重回帰における OLS 推定量の導出

重回帰モデル

$$Y_i = X_i'\beta + u_i, \quad i = 1, \dots, N$$

の OLS 推定量の行列表現を導出しよう。$b = (b_0, b_1, \dots, b_k)'$，$X_i = (1, X_{1i}, \dots, X_{ki})'$ とすると，重回帰分析の目的関数は

$$Q(b) = \sum_{i=1}^{N}(Y_i - X_i'b)^2$$

である。さらに，

$$Y = \begin{bmatrix} Y_1 \\ Y_2 \\ \vdots \\ Y_N \end{bmatrix}, \quad X = \begin{bmatrix} X_1' \\ X_2' \\ \vdots \\ X_N' \end{bmatrix} = \begin{bmatrix} 1 & X_{11} & \cdots & X_{k1} \\ 1 & X_{12} & \cdots & X_{k2} \\ \vdots & \vdots & \ddots & \vdots \\ 1 & X_{1N} & \cdots & X_{kN} \end{bmatrix}$$

と置くと，

$$Q(b) = (Y - Xb)'(Y - Xb) = Y'Y - 2Y'Xb + b'X'Xb$$

と書ける。ベクトルの微分の公式（付録 A〔642 ページ〕）と転置の性質を用いると，1階の条件は

付録 B　回帰分析，モーメント法，最尤法の漸近理論　　**657**

$$\frac{\partial Q(b)}{\partial b}|_{b=\hat\beta} = -2X'Y + 2X'X\hat\beta = -2X'(Y - X\hat\beta) = 0 \tag{B.2}$$

となるので，OLS 推定量は

$$\hat\beta = (X'X)^{-1}X'Y \tag{B.3}$$

と導出される。

$$\frac{\partial^2 Q(b)}{\partial b \partial b'}|_{b=\hat\beta} = 2X'X > 0$$

なので，2 階の条件も満たされている。

B.1.3　OLS 推定量の一致性と漸近正規性

大数の法則と中心極限定理を用いて，(B.3) 式の推定量の一致性と漸近正規性を確認しよう。

$$Y_i = X_i'\beta + u_i, \quad i = 1, \dots, N$$

をまとめて行列表示すると

$$Y = X\beta + u$$

である。ただし $u = (u_1 \quad u_2 \quad \cdots \quad u_N)'$ とする。これを (B.3) 式に代入して変形すると

$$\hat\beta = \beta + \left(\frac{1}{N}X'X\right)^{-1}\frac{1}{N}X'u \tag{B.4}$$

となる。

一　致　性　　ここで第 5 章の仮定 5.1(3)（159 ページ）と大数の法則より

$$\frac{1}{N}X'X = \frac{1}{N}\sum_{i=1}^{N}X_iX_i' \overset{p}{\longrightarrow} E(X_iX_i') \tag{B.5}$$

となり，また

$$\frac{1}{N}X'u = \frac{1}{N}\sum_{i=1}^{N}X_iu_i \overset{p}{\longrightarrow} E(X_iu_i) = 0$$

となる。最後の等号は，第 5 章 4 節（159 ページ）で導入した OLS 推定量の仮定 5.1 (2) を用いた。多重共線性がないという仮定より，$E(X_iX_i')$ が正値定符号であるため，$[E(X_iX_i')]^{-1}$ が存在する。したがって，付録 A の A.6.4 項（650 ページ）の (3) の結果を用いて，$(\frac{1}{N}X'X)^{-1}\frac{1}{N}X'u \overset{p}{\longrightarrow} 0$ となり，

$$\hat{\beta} \xrightarrow{\ p\ } \beta$$

が示される。

漸近正規性と漸近分散　(B.4) 式を変形すると

$$\sqrt{N}(\hat{\beta} - \beta) = \left(\frac{1}{N} X'X\right)^{-1} \frac{1}{\sqrt{N}} X'u \tag{B.6}$$

となり，右辺の第 2 要素は $\frac{1}{\sqrt{N}} \sum_{i=1}^{N} X_i u_i$ と書くことができる。仮定から $\mathrm{E}(X_i u_i)$ $= 0$，$\mathrm{Var}(X_i u_i) = \mathrm{E}(u_i^2 X_i X_i')$ なので，CLT より

$$\frac{1}{\sqrt{N}} X'u = \frac{1}{\sqrt{N}} \sum_{i=1}^{N} X_i u_i \xrightarrow{\ d\ } N(0,\ E(u_i^2 X_i X_i'))$$

となる。(B.5) 式とスルツキーの定理 (iii) を用いて，

$$\sqrt{N}(\hat{\beta} - \beta) \xrightarrow{\ d\ } [\mathrm{E}(X_i X_i')]^{-1} \times N(0, \mathrm{E}(u_i^2 X_i X_i'))$$
$$= N(0, [\mathrm{E}(X_i X_i')]^{-1} \mathrm{E}(u_i^2 X_i X_i')[\mathrm{E}(X_i X_i')]^{-1}) \tag{B.7}$$
$$= N(0, V) \tag{B.8}$$

が得られる。この表現を用いると，

$$\hat{V} = \left[\frac{1}{N} \sum_{i=1}^{N} X_i X_i'\right]^{-1} \frac{1}{N} \sum_{i=1}^{N} \hat{u}_i^2 X_i X_i' \left[\frac{1}{N} \sum_{i=1}^{N} X_i X_i'\right]^{-1}$$
$$= \left(\frac{1}{N} X'X\right)^{-1} \frac{1}{N} X'\hat{U}X \left(\frac{1}{N} X'X\right)^{-1} \tag{B.9}$$

によって V を推定できることが予想される。ただし，$\hat{U}$ は対角要素に $\hat{u}_1^2, \ldots, \hat{u}_N^2$ を並べた対角行列である。後述の B.1.6 項に示す通り，実際 $\hat{V}$ は V の一致推定量である。以上から，スルツキーの定理を用いて

$$\sqrt{N}\hat{V}^{-1/2}(\hat{\beta} - \beta) \xrightarrow{\ d\ } N(0, I) \tag{B.10}$$

であることもわかる。なお，実証分析では，$(1/N)X'\hat{U}X$ の代わりに自由度修正した $[1/(N - k - 1)]X'\hat{U}X$ を用いることが多い。

B.1.4　トレンド・モデルの最小 2 乗推定

　ここでは，トレンド変数と定数項のみが含まれた，次のモデルの最小 2 乗推定量の漸近的性質を調べよう。第 11 章では，トレンド変数のみが含まれる場合を扱ったが，以下では定数項を含めることを許そう。次に示すように，定数項とトレンド係数では，後者の方が OLS による推定の精度が高い。通常のクロスセクションデータでは添え字を i とすることが多いが，ここでは時系列データを扱うため，時点（time）を示す t とす

付録 B　回帰分析，モーメント法，最尤法の漸近理論　　659

る。また，サンプルサイズには N の代わりに T を用いる。

$$Y_t = \beta_0 + \beta_1 t + u_t, \quad t = 1, 2, \ldots, T$$

(B.4) 式の計算と同様に，

$$
\begin{bmatrix} \hat{\beta}_0 - \beta_0 \\ \hat{\beta}_1 - \beta_1 \end{bmatrix} = \left\{ \sum_{t=1}^{T} \begin{bmatrix} 1 & t \\ t & t^2 \end{bmatrix} \right\}^{-1} \sum_{t=1}^{T} \begin{bmatrix} u_t \\ t u_t \end{bmatrix}
$$

$$
= \left\{ \begin{bmatrix} T & \frac{1}{2}T(T+1) \\ \frac{1}{2}T(T+1) & \frac{1}{6}T(T+1)(2T+1) \end{bmatrix} \right\}^{-1} \sum_{t=1}^{T} \begin{bmatrix} u_t \\ t u_t \end{bmatrix}
$$

$$
\approx \left\{ \begin{bmatrix} T & \frac{1}{2}T^2 \\ \frac{1}{2}T^2 & \frac{1}{3}T^3 \end{bmatrix} \right\}^{-1} \sum_{t=1}^{T} \begin{bmatrix} u_t \\ t u_t \end{bmatrix}
$$

となる。普通は両辺にサンプルサイズの平方根 $\sqrt{T}$ を掛けるとうまく漸近分布が導出されるが，この場合はそれではうまくいかない。代わりに両辺に

$$
D_T = \begin{bmatrix} \sqrt{T} & 0 \\ 0 & T^{3/2} \end{bmatrix}
$$

を掛け，さらに最後の表現の積の間に $D_T D_T^{-1}$ を挟み込む。すると

$$
D_T \begin{bmatrix} \hat{\beta}_0 - \beta_0 \\ \hat{\beta}_1 - \beta_1 \end{bmatrix} \approx \left\{ D_T^{-1} \begin{bmatrix} T & \frac{1}{2}T^2 \\ \frac{1}{2}T^2 & \frac{1}{3}T^3 \end{bmatrix} D_T^{-1} \right\}^{-1} D_T^{-1} \sum_{t=1}^{T} \begin{bmatrix} u_t \\ t u_t \end{bmatrix}
$$

となり，右辺の行列とベクトルをそれぞれ計算すると

$$
D_T^{-1} \begin{bmatrix} T & \frac{1}{2}T^2 \\ \frac{1}{2}T^2 & \frac{1}{3}T^3 \end{bmatrix} D_T^{-1}
$$

$$
= \begin{bmatrix} T^{-1/2} & 0 \\ 0 & T^{-3/2} \end{bmatrix} \begin{bmatrix} T & \frac{1}{2}T^2 \\ \frac{1}{2}T^2 & \frac{1}{3}T^3 \end{bmatrix} \begin{bmatrix} T^{-1/2} & 0 \\ 0 & T^{-3/2} \end{bmatrix}
$$

$$
= \begin{bmatrix} 1 & 1/2 \\ 1/2 & 1/3 \end{bmatrix}
$$

$$
D_T^{-1} \sum_{t=1}^{T} \begin{bmatrix} u_t \\ t u_t \end{bmatrix} = \begin{bmatrix} \frac{1}{\sqrt{T}} \sum_{t=1}^{T} u_t \\ \frac{1}{T^{3/2}} \sum_{t=1}^{T} t u_t \end{bmatrix}
$$

となる。$(1/\sqrt{T}) \sum_{t=1}^{T} u_t \xrightarrow{d} N(0, \mathrm{Var}(u_t))$ は中心極限定理から明らかである。第 2 要素を扱うためには「マルチンゲール差分に関する中心極限定理」という本書のレベルを超える結果を用いることになるが，それを使えば

$$
\begin{bmatrix} \frac{1}{\sqrt{T}} \sum_{t=1}^{T} u_t \\ \frac{1}{T^{3/2}} \sum_{t=1}^{T} t u_t \end{bmatrix} \xrightarrow{d} N\left(\begin{bmatrix} 0 \\ 0 \end{bmatrix}, \mathrm{Var}(u_t) \begin{bmatrix} 1 & 1/2 \\ 1/2 & 1/3 \end{bmatrix} \right)
$$

が示される。このことから，スルツキーの定理 (iii) を用いると，

$$
\begin{bmatrix} \sqrt{T}(\hat{\beta}_0 - \beta_0) \\ T^{3/2}(\hat{\beta}_1 - \beta_1) \end{bmatrix} \xrightarrow{d} N\left(\begin{bmatrix} 0 \\ 0 \end{bmatrix}, \mathrm{Var}(u_t) \begin{bmatrix} 1 & 1/2 \\ 1/2 & 1/3 \end{bmatrix}^{-1} \right)
$$

という分布収束が成り立つことがわかる。定数項は $\sqrt{T}$ 倍されているので，普通と同様の分布収束である。一方，トレンドの係数は収束が非常に早いため，$\sqrt{T}$ 倍してもまだ 0 に収束してしまい，$T^{3/2}$ 倍することによってようやく分布収束する。

B.1.5 OLS 残差と R^2 の表現

OLS 残差の性質

重回帰分析の残差ベクトルは $\hat{u} = Y - \hat{Y} = Y - X\hat{\beta}$ であるから，1 階の条件 (B.2) 式より，残差は次の性質を満たすことがわかる。

$$
X'\hat{u} = 0 \tag{B.11}
$$

説明変数行列 X の第 1 列は 1 を並べたベクトルであることに気をつけて，これを要素ごとに並べると，

$$
\sum_{i=1}^{N} \hat{u}_i = 0 \tag{B.12}
$$

$$
\sum_{i=1}^{N} X_{1i}\hat{u}_i = 0 \tag{B.13}
$$

$$
\vdots
$$

$$
\sum_{i=1}^{N} X_{ki}\hat{u}_i = 0 \tag{B.14}
$$

である。

総変動の分解と R^2 の表現

この性質を用いると，

$$
\sum_{i=1}^{N} (Y_i - \bar{Y})^2 = \sum_{i=1}^{N} (\hat{Y}_i - \bar{Y})^2 + \sum_{i=1}^{N} \hat{u}_i^2
$$

すなわち (4.18) 式（116 ページ）の関係が成り立つことが示される。TSS を分解すると

$$TSS = \sum_{i=1}^{N} (Y_i - \bar{Y})^2 = \sum_{i=1}^{N} (Y_i - \hat{Y}_i + \hat{Y}_i - \bar{Y})^2 = \sum_{i=1}^{N} (\hat{u}_i + \hat{Y}_i - \bar{Y})^2$$

$$= \sum_{i=1}^{N} (\hat{Y}_i - \bar{Y})^2 + 2\sum_{i=1}^{N} (\hat{Y}_i - \bar{Y})\hat{u}_i + \sum_{i=1}^{N} \hat{u}_i^2$$

$$= ESS + 2\sum_{i=1}^{N} (\hat{Y}_i - \bar{Y})\hat{u}_i + RSS \tag{B.15}$$

となる。右辺第 2 項に $\hat{Y}_i = \hat{\beta}_0 + \hat{\beta}_1 X_{1i} + \cdots + \hat{\beta}_k X_{ki}$ を代入して展開し，(B.12)，(B.13)，(B.14) 式を用いると，

$$\sum_{i=1}^{N} (\hat{Y}_i - \bar{Y})\hat{u}_i = \sum_{i=1}^{N} (\hat{\beta}_0 + \hat{\beta}_1 X_{1i} + \cdots + \hat{\beta}_k X_{ki} - \bar{Y})\hat{u}_i$$

$$= (\hat{\beta}_0 - \bar{Y})\sum_{i=1}^{N} \hat{u}_i + \hat{\beta}_1 \sum_{i=1}^{N} X_{1i}\hat{u}_i + \cdots + \hat{\beta}_k \sum_{i=1}^{N} X_{ki}\hat{u}_i$$

$$= 0$$

となる。したがって，$TSS = ESS + RSS$ が成り立つ。

この結果に基づいて，決定係数は

$$R^2 = \frac{ESS}{TSS} = 1 - \frac{RSS}{TSS} \tag{B.16}$$

と表すことができる。

B.1.6　OLS 推定量の分散の推定量 $\hat{V}$ の一致性

不均一分散に頑健な $\hat{V}$ 　重回帰における OLS 推定量の漸近分散は (B.9) 式で推定できる。ここではその一致性

$$\hat{V} = \left[\frac{1}{N}\sum_{i=1}^{N}(X_i X_i')\right]^{-1} \frac{1}{N}\sum_{i=1}^{N}\hat{u}_i^2 X_i X_i' \left[\frac{1}{N}\sum_{i=1}^{N}(X_i X_i')\right]^{-1}$$

$$\xrightarrow{p} [\mathrm{E}(X_i X_i')]^{-1}\mathrm{E}(u_i^2 X_i X_i')[\mathrm{E}(X_i X_i')]^{-1} \tag{B.17}$$

を示そう。なお，自由度修正したものについても証明は同様である。i.i.d. の仮定のもとで，大数の法則より

$$\frac{1}{N}\sum_{i=1}^{N} X_i X_i' \xrightarrow{p} \mathrm{E}(X_i X_i')$$

は明らかだから，

$$\frac{1}{N}\sum_{i=1}^{N} \hat{u}_i^2 X_i X_i' \xrightarrow{p} \mathrm{E}(u_i^2 X_i X_i') \tag{B.18}$$

なら，A.6.4 の結果 (2) より (B.17) 式が成り立つ。(B.18) 式の第 p, q 要素に着目しよ

662

う。つまり，X_{pi} を X_i の第 p 要素として

$$\frac{1}{N}\sum_{i=1}^{N}\hat{u}_i^2 X_{pi}X_{qi} \xrightarrow{p} \mathrm{E}(u_i^2 X_{pi}X_{qi}), \quad p,q=1,\ldots,k$$

を示す。残差は

$$\hat{u}_i = Y_i - \hat{Y}_i = Y_i - \hat{\beta}'X_i = u_i - (\hat{\beta}-\beta)'X_i$$

なので，

$$\begin{aligned}
\frac{1}{N}\sum_{i=1}^{N}\hat{u}_i^2 X_{pi}X_{qi} &= \frac{1}{N}\sum_{i=1}^{N}[u_i - (\hat{\beta}-\beta)'X_i]^2 X_{pi}X_{qi}\\
&= \frac{1}{N}\sum_{i=1}^{N}u_i^2 X_{pi}X_{qi} - 2(\hat{\beta}-\beta)'\left(\frac{1}{N}\sum_{i=1}^{N}X_i X_{pi}X_{qi}\right)\\
&\quad + (\hat{\beta}-\beta)'\left(\frac{1}{N}\sum_{i=1}^{N}X_i X_{pi}X_{qi}X_i'\right)(\hat{\beta}-\beta) \qquad \text{(B.19)}
\end{aligned}$$

である。右辺の第 1 項について，第 5 章の仮定 5.1(3)（159 ページ）と大数の法則より

$$\frac{1}{N}\sum_{i=1}^{N}u_i^2 X_{pi}X_{qi} \xrightarrow{p} \mathrm{E}(u_i^2 X_{pi}X_{qi})$$

が成り立つ。また，第 2, 3 項についても同様に

$$\frac{1}{N}\sum_{i=1}^{N}X_i X_{pi}X_{qi} \xrightarrow{p} \mathrm{E}(X_i X_{pi}X_{qi})$$

$$\frac{1}{N}\sum_{i=1}^{N}X_i X_{pi}X_{qi}X_i' \xrightarrow{p} \mathrm{E}(X_i X_{pi}X_{qi}X_i')$$

が成り立つ。$\hat{\beta}$ の一致性から $\hat{\beta}-\beta \xrightarrow{p} 0$ なので，A.6.4 の結果 (2) から (B.19) 式の第 2, 3 要素は 0 に確率収束する。したがって，(B.18) 式が成り立つことがわかる。

均一分散の場合　均一分散，すなわち $\mathrm{E}(u_i^2|X_i)=\sigma^2$ の場合には，繰り返し期待値の法則から

$$\mathrm{E}(u_i^2 X_i X_i') = \mathrm{E}[\mathrm{E}(u_i^2 X_i X_i'|X_i)] = \mathrm{E}[\mathrm{E}(u_i^2|X_i)X_i X_i'] = \sigma^2 \mathrm{E}(X_i X_i')$$

である。したがって，OLS 推定量の漸近分散 (B.7) 式を少し簡単な形に変形できて，

$$V = [\mathrm{E}(X_i X_i')]^{-1}\mathrm{E}(u_i^2 X_i X_i')[\mathrm{E}(X_i X_i')]^{-1} = \sigma^2 [\mathrm{E}(X_i X_i')]^{-1}$$

となる。そのとき，σ^2 の推定量を

$$s^2 = \frac{1}{N-k-1}\sum_{i=1}^{N}\hat{u}_i^2 \qquad \text{(B.20)}$$

として，

付録 B　回帰分析，モーメント法，最尤法の漸近理論　663

$$\hat{V}_{homo} = s^2 \left(\frac{1}{N} \sum_{i=1}^{N} X_i X_i' \right)^{-1} = s^2 \left(\frac{1}{N} X'X \right)^{-1} \tag{B.21}$$

によって $\hat{\beta}$ の漸近分散を推定できる。大数の法則より $\frac{1}{N} \sum_{i=1}^{N} X_i X_i' \overset{p}{\longrightarrow} \mathrm{E}(X_i X_i')$ だから，s^2 が σ^2 の一致推定量であることを示せば，$\hat{V}_{homo}$ の一致性が証明される。$\hat{u}_i = Y_i - \hat{\beta}' X_i = u_i - (\hat{\beta} - \beta)' X_i$ なので，

$$
\begin{aligned}
s^2 &= \frac{1}{N-k-1} \sum_{i=1}^{N} [u_i - (\hat{\beta} - \beta)' X_i]^2 \\
&= \frac{1}{N-k-1} \sum_{i=1}^{N} u_i^2 - 2(\hat{\beta} - \beta)' \frac{1}{N-k-1} \sum_{i=1}^{N} X_i u_i \\
&\quad + (\hat{\beta} - \beta)' \left(\frac{1}{N-k-1} \sum_{i=1}^{N} X_i X_i' \right) (\hat{\beta} - \beta) \\
&\overset{p}{\longrightarrow} \sigma^2
\end{aligned}
$$

である。なぜなら，2つめの等号の後の第2，3項は，以下が成り立つために0に確率収束するからである。

$$\hat{\beta} - \beta \overset{p}{\longrightarrow} 0$$

$$\frac{1}{N} \sum_{i=1}^{N} X_i u_i \overset{p}{\longrightarrow} 0$$

$$\frac{1}{N} \sum_{i=1}^{N} X_i X_i' \overset{p}{\longrightarrow} \mathrm{E}(X_i X_i')$$

なお，説明変数の数 k は固定されているので，(B.20) 式で $N-k-1$ の代わりに N で割っても一致性が成り立つ。しかし，統計解析ソフトでは $N-k-1$ が使われることが多い。なぜなら，そのとき $\mathrm{E}(s^2) = \sigma^2$ が成り立つことが示され，もし N で割ると σ^2 が少し小さめに推定されるからである。

B.1.7 FWL 定理

部分回帰

部分回帰とは，説明変数 X_i を2つのグループ X_{1i} と X_{2i} に分解して，以下のような考え方で一方の係数を推定する方法である。X_{1i} を q 次元ベクトル，X_{2i} を残りの $(k+1-q)$ 次元ベクトルとしよう。どちらを対象としてもかまわないが，ここでは X_1 の係数 β_1 を推定したいものとしよう。まず，その基本となるアイデアから説明する。もとの関係を

$$Y_i = \beta' X_i + u_i = \beta_1' X_{1i} + \beta_2' X_{2i} + u_i$$

と分解しよう。ここで，外生性の仮定より $\mathrm{E}(u_i | X_{2i}) = 0$ が成り立つことに注意して，X_2 を条件とする両辺の期待値を取ると

$$E(Y_i|X_{2i}) = \beta_1' E(X_{1i}|X_{2i}) + \beta_2' X_{2i}$$

となる．これを元の式から引くと，

$$Y_i - E(Y_i|X_{2i}) = \beta_1'[X_{1i} - E(X_{1i}|X_{2i})] + u_i \tag{B.22}$$

を得る．もし $\{Y_i - E(Y_i|X_{2i}),\ X_{1i} - E(X_{1i}|X_{2i})\}$, $i = 1, \ldots, N$ というデータがあれば，最小 2 乗法によって β_1 を推定できそうである．

もちろん Y_i と X_i のデータはあるが，$E(Y_i|X_{2i})$ と $E(X_{1i}|X_{2i})$ のデータはない．そこで，これらを予測値で置き換えることを考える．第 4, 5 章の回帰分析で，$E(Y_i|X_i) = X_i'\beta$ の予測値を計算したいとき，β の OLS 推定量を $\hat{\beta}$ として，$X_i'\hat{\beta}$ を使ったことを思い出そう．

ここでも同じようにして，$Y_i = X_{2i}'\gamma + v_i$, $X_{1i} = X_{2i}'\delta + w_i$ という回帰モデルを想定して，最小 2 乗法から $\hat{\gamma}$, $\hat{\delta}$ を得，予測値 $X_{2i}'\hat{\gamma}$, $X_{2i}'\hat{\delta}$ を計算する．それらを，それぞれ (B.22) 式の $E(Y_i|X_{2i})$ と $E(X_{1i}|X_{2i})$ に代入して

$$Y_i - X_{2i}'\hat{\gamma} = \beta_1'(X_{1i} - X_{2i}'\hat{\delta}) + u_i, \quad i = 1, \ldots, N$$

に対して最小 2 乗法を適用する．左辺は Y_i を X_{2i} に回帰した残差であり，説明変数の $X_{1i} - X_{2i}'\hat{\delta}$ は X_{1i} を X_{2i} に回帰した残差である．これが部分回帰と呼ばれる方法である．

X_{1i} がスカラーの場合は普通の回帰であるが，ベクトル X_{1i} を X_{2i} に回帰する際には X_{1i} の各要素に対して回帰を行い，それらを行列の形に並べる．仮に $q = 2$ で $X_{1i} = (X_{1i}^{(1)},\ X_{1i}^{(2)})'$ とする．それぞれを X_{2i} に回帰する式

$$X_{1i}^{(1)} = X_{2i}'\delta_1 + w_i^{(1)}$$
$$X_{1i}^{(2)} = X_{2i}'\delta_2 + w_i^{(2)}$$

を考え，それぞれについて最小 2 乗法を適用し，

$$\hat{\delta}_1 = \left(\sum_{i=1}^{N} X_{2i}X_{2i}'\right)^{-1} \sum_{i=1}^{N} X_{2i}X_{1i}^{(1)}$$

$$\hat{\delta}_2 = \left(\sum_{i=1}^{N} X_{2i}X_{2i}'\right)^{-1} \sum_{i=1}^{N} X_{2i}X_{1i}^{(2)}$$

を得る．これらを $(k + 1 - q) \times 2$ 次元行列の形

$$\hat{\delta}' = \begin{bmatrix} \hat{\delta}_1 & \hat{\delta}_2 \end{bmatrix} = \left(\sum_{i=1}^{N} X_{2i}X_{2i}'\right)^{-1} \sum_{i=1}^{N} X_{2i}X_{1i}'$$

に並べて，

$$\hat{\delta}'X_{2i} = \begin{bmatrix} \hat{\delta}_1'X_{2i} \\ \hat{\delta}_2'X_{2i} \end{bmatrix}$$

付録 B 回帰分析，モーメント法，最尤法の漸近理論 665

を X_{1i} の予測値とする。

> **FWL 定理**

第 5 章で説明した **FWL 定理**は，以下の (B.23) 式で得られる部分回帰による β_1 の推定量 $\tilde{\beta}_1$ が，X_i すべてを Y_i に回帰したときの β_1 に関する OLS 推定量 $\hat{\beta}_1$ と一致することを示したものである。以下に，その証明を記す。まず，部分回帰推定量 $\tilde{\beta}_1$ をデータ行列

$$
Y = \begin{bmatrix} Y_1 \\ Y_2 \\ \vdots \\ Y_N \end{bmatrix}, \quad
X_1 = \begin{bmatrix} X'_{11} \\ X'_{12} \\ \vdots \\ X'_{1N} \end{bmatrix}, \quad
X_2 = \begin{bmatrix} X'_{21} \\ X'_{22} \\ \vdots \\ X'_{2N} \end{bmatrix}
$$

を用いて書き表す。これを用いると，$\hat{\delta},\ \hat{\gamma}$ は

$$
\hat{\delta} = (X'_2 X_2)^{-1} X'_2 X_1
$$
$$
\hat{\gamma} = (X'_2 X_2)^{-1} X'_2 Y
$$

である。これを用いて，$Y_i - X'_{2i}\hat{\gamma},\ i = 1,\ldots,N$ と $X'_{1i} - X'_{2i}\hat{\delta},\ i = 1,\ldots,N$ をデータ行列の形で表すと，

$$
Y - X_2\hat{\gamma} = Y - X_2(X'_2 X_2)^{-1} X'_2 Y = [I - X_2(X'_2 X_2)^{-1} X'_2]Y
$$
$$
X_1 - X_2\hat{\delta} = X_1 - X_2(X'_2 X_2)^{-1} X'_2 X_1 = [I - X_2(X'_2 X_2)^{-1} X'_2]X_1
$$

となる。これらをそれぞれ被説明変数，説明変数として最小 2 乗法を適用すると

$$
\begin{aligned}
\tilde{\beta}_1 &= [(X_1 - X_2\hat{\delta})'(X_1 - X_2\hat{\delta})]^{-1}(X_1 - X_2\hat{\delta})'(Y - X_2\hat{\gamma}) \\
&= \{X'_1[I - X_2(X'_2 X_2)^{-1} X'_2]X_1\}^{-1} X'_1[I - X_2(X'_2 X_2)^{-1} X'_2]Y
\end{aligned} \tag{B.23}
$$

である（$I - X_2(X'_2 X_2)^{-1} X'_2$ がべき等行列であることに注意）。

次に，X_i すべてを Y_i に回帰したときの X_1 の係数の推定量を求める。目的関数は

$$
\min_{b_1, b_2}(Y - X_1 b_1 - X_2 b_2)'(Y - X_1 b_1 - X_2 b_2)
$$

であり，$(\hat{\beta}_1, \hat{\beta}_2)$ をその解とすると，1 階の条件は

$$
X'_1 Y - X'_1 X_1 \hat{\beta}_1 - X'_1 X_2 \hat{\beta}_2 = 0
$$
$$
X'_2 Y - X'_2 X_1 \hat{\beta}_1 - X'_2 X_2 \hat{\beta}_2 = 0
$$

である。2 つめの式に左から $-X'_1 X_2(X'_2 X_2)^{-1}$ を掛けて第 1 式に足すと $\hat{\beta}_2$ を消去でき，

$$
X'_1 Y - X'_1 X_2(X'_2 X_2)^{-1} X'_2 Y - [X'_1 X_1 - X'_1 X_2(X'_2 X_2)^{-1} X'_2 X_1]\hat{\beta}_1 = 0
$$

となる。これを変形すると，

$$
\hat{\beta}_1 = \{X'_1[I - X_2(X'_2 X_2)^{-1} X'_2]X_1\}^{-1} X'_1[I - X_2(X'_2 X_2)^{-1} X'_2]Y
$$

を得て，(B.23) 式と同じであることがわかる。

なお，$[I - X_2(X_2'X_2)^{-1}X_2]X_2 = X_2 - X_2 = 0$ より，

$$(X_1 - X_2\hat{\delta})'X_2\hat{\gamma} = X_1'[I - X_2(X_2'X_2)^{-1}X_2']X_2\hat{\gamma} = 0$$

なので，実は

$$\tilde{\beta}_1 = [(X_1 - X_2\hat{\delta})'(X_1 - X_2\hat{\delta})]^{-1}(X_1 - X_2\hat{\delta})'Y$$

が成り立つことがわかる。つまり，Y については X_2 に回帰して残差を取ることなく，そのまま使っても同じ結果が得られる。

B.1.8 ガウス゠マルコフの定理

均一分散の重回帰モデルからの無作為標本

$$Y_i = \beta'X_i + u_i, \quad \mathrm{E}(u_i|X_i) = 0, \quad \mathrm{Var}(u_i|X_i) = \sigma^2, \quad i = 1, \ldots, N$$

について，最小 2 乗推定量 $\hat{\beta} = (X'X)^{-1}X'Y$ は最小分散線形不偏推定量（best linear unbiased estimator; **BLUE**）である。この結果をガウス゠マルコフの定理という。多くの教科書では X_i が非確率的な変数である場合の結果が紹介されているが，計量経済学では現実的な仮定ではないので，ここでは説明変数に確率変数が含まれる場合の証明を紹介する。

BLUE とは，不偏性を持つ線形な推定量の中で最も分散が小さい推定量のことである。線形というのは，被説明変数 Y について線形という意味である。ただし，係数の構成に用いるのは X_i と非確率的な変数のみで，X_i 以外の確率変数を使わないものとする。この結果は，以下のようにして証明される。

$\tilde{\beta}$ を任意の線形不偏推定量とする。線形推定量であることから $\tilde{\beta} = C'Y$ と書くことができ，さらに不偏性から

$$\mathrm{E}(\tilde{\beta}|X) = \mathrm{E}(C'Y|X) = C'X\beta = \beta$$

が成り立つ。これが任意の β に対して成立するためには，$C'X = I$ でなければならない。さて，$\tilde{\beta}$ の条件付き分散は

$$\mathrm{Var}(\tilde{\beta}|X) = \mathrm{E}[(\tilde{\beta} - \beta)(\tilde{\beta} - \beta)'|X] = \mathrm{E}(C'uu'C|X) = C'\mathrm{E}(uu'|X)C = \sigma^2 C'C$$

である。$D' = C' - (X'X)^{-1}X'$ と置くと，

$$\begin{aligned}\mathrm{Var}(\tilde{\beta}|X) &= \sigma^2[D' + (X'X)^{-1}X'][D' + (X'X)^{-1}X']'\\ &= \sigma^2[D'D + (X'X)^{-1}X'D + D'X(X'X)^{-1} + (X'X)^{-1}]\end{aligned}$$

であるが，$D'X = C'X - (X'X)^{-1}X'X = C'X - I = 0$ でなければならない。したがって，右辺の [·] 内の真ん中の 2 項は消えて，

$$\mathrm{Var}(\tilde{\beta}|X) = \sigma^2[D'D + (X'X)^{-1}]$$
$$\geq \sigma^2(X'X)^{-1} = \mathrm{Var}(\hat{\beta}|X) \qquad (B.24)$$

となることがわかる。等号が成立するのは $D = 0$，すなわち $\tilde{\beta} = \hat{\beta}$ のときである。以上から，最小2乗推定量は，任意の線形不偏推定量のうち，分散が最も小さいことがわかる。

上の計算では，$\tilde{\beta}$ と $\hat{\beta}$ の条件付き分散の大小を比較した。しかし，以下に示す通り，その結果は条件のない分散についても成り立つ。分散と条件付き分散と条件付き期待値の関係を示した (2.36) 式（63ページ）と $\tilde{\beta}$ の不偏性 $\mathrm{E}(\tilde{\beta}|X) = \beta$ を用いると

$$\mathrm{Var}(\tilde{\beta}) = \mathrm{E}[\mathrm{Var}(\tilde{\beta}|X)] + \mathrm{Var}[\mathrm{E}(\tilde{\beta}|X)] = \mathrm{E}[\mathrm{Var}(\tilde{\beta}|X)]$$

となり，同様に $\mathrm{Var}(\hat{\beta}) = \mathrm{E}[\mathrm{Var}(\hat{\beta}|X)]$ が成立する。(B.24) 式の両辺の期待値を取り，これらの結果を代入すれば

$$\mathrm{Var}(\tilde{\beta}) \geq \mathrm{Var}(\hat{\beta})$$

となる。

B.1.9　ワルド検定とF検定

頑健なF（F_{rob}）

ワルド検定は，β に関する線形制約を帰無仮説とする検定法である。R を $q \times (k+1)$ 次元の定数行列，r を $q \times 1$ 次元ベクトルとして，β に関する q 本の線形制約は，

$$H_0 : \ R\beta = r \qquad (B.25)$$

と書くことができる。たとえば $\beta = (\beta_0, \beta_1, \ldots, \beta_6)'$，つまり $k = 6$ として

$$\beta_0 = 0, \quad \beta_1 + \beta_2 + \beta_3 = 1, \quad \beta_3 = \beta_4, \quad \beta_5 = 2$$

という4本の線形制約を $R\beta = r$ の形に表すには

$$R = \begin{bmatrix} 1 & 0 & 0 & 0 & 0 & 0 & 0 \\ 0 & 1 & 1 & 1 & 0 & 0 & 0 \\ 0 & 0 & 0 & 1 & -1 & 0 & 0 \\ 0 & 0 & 0 & 0 & 0 & 1 & 0 \end{bmatrix}, \quad r = \begin{bmatrix} 0 \\ 1 \\ 0 \\ 2 \end{bmatrix}$$

とすればよい。ただし，制約には重複や矛盾がないようにつくる。**重複**というのは，たとえば $\beta_1 + \beta_2 = 1$，$\beta_2 = \beta_3$，$\beta_1 + \beta_3 = 1$ のように，いずれか2つの式から残りの1つが導かれる場合である。**矛盾**は，たとえば $\beta_1 + \beta_2 = 1$，$\beta_1 = \beta_2$，$\beta_1 - \beta_2 = 1$ のように，同時には成り立たない場合である。制約に重複や矛盾がなければ，R の行ランクは q で，$q < k+1$ である。

検定統計量を導入する前に以下の準備をする。(B.8) 式より

668

$$\sqrt{N}R(\hat{\beta} - \beta) \xrightarrow{d} N(0, RVR')$$

である。(B.9) 式の一致性より $R\hat{V}R' \xrightarrow{p} RVR'$ だから，スルツキーの定理より

$$\sqrt{N}(R\hat{V}R')^{-1/2}R(\hat{\beta} - \beta) \xrightarrow{d} N(0, I)$$

が成り立つ。また，正規分布と χ^2 分布の関係を用いると，

$$N(\hat{\beta} - \beta)'R'(R\hat{V}R')^{-1}R(\hat{\beta} - \beta) \xrightarrow{d} \chi_q^2 \tag{B.26}$$

が成り立つことがわかる。

これを用いて帰無仮説 (B.25) 式を検定する 1 つの方法がワルド検定で，その検定統計量は

$$W_{rob} = N(R\hat{\beta} - r)'(R\hat{V}R')^{-1}(R\hat{\beta} - r) \tag{B.27}$$

である。W は "Wald 検定" の頭文字で，rob の添え字は，不均一分散に "robust"（頑健）な推定量 (B.9) 式を用いているからである。いま，帰無仮説が正しいとしよう。そのとき $R\beta = r$ なので，

$$\begin{aligned}
W_{rob} &= N(R\hat{\beta} - R\beta)'(R\hat{V}R')^{-1}(R\hat{\beta} - R\beta) \\
&= N(\hat{\beta} - \beta)'R'(R\hat{V}R')^{-1}R(\hat{\beta} - \beta)
\end{aligned}$$

となって，(B.26) 式から $W_{rob} \xrightarrow{d} \chi_q^2$ が成り立つ。他方，もし帰無仮説が間違っていたとしよう。つまり，ある q 次元ベクトル $\delta \neq 0$ について

$$R\beta = r + \delta$$

である。そのとき，$r = R\beta - \delta$ なので，上と同様の計算から

$$\begin{aligned}
W_{rob} &= N(R\hat{\beta} - R\beta + \delta)'(R\hat{V}R')^{-1}(R\hat{\beta} - R\beta + \delta) \\
&= N(\hat{\beta} - \beta)'R'(R\hat{V}R')^{-1}R(\hat{\beta} - \beta) \\
&\quad + N(\hat{\beta} - \beta)'R'(R\hat{V}R')^{-1}\delta \\
&\quad + N\delta'(R\hat{V}R')^{-1}R(\hat{\beta} - \beta) \\
&\quad + N\delta'(R\hat{V}R')^{-1}\delta
\end{aligned}$$

となる。第 1 項はすでに見たように，χ_q^2 分布に従う。$\hat{V}$ は V に確率収束し，かつ $\delta'(RVR')^{-1}\delta > 0$ なので，$N \longrightarrow \infty$ とともに第 4 項は N に比例して ∞ に発散する。第 2 項と第 3 項は等しく，$\sqrt{N}[\sqrt{N}(\hat{\beta} - \beta)'R'(R\hat{V}R')^{-1}\delta]$ と書けて，$[\,\cdot\,]$ の中はある正規確率変数に分布収束し，それに $\sqrt{N}$ を掛けたものであるから，第 4 項よりは小さい。そのため，第 4 項が全体の挙動を決めることになり，W_{rob} は ∞ に発散する。

もちろん，以上の結果に基いて W_{rob} を χ_q^2 分布の $100(1 - \alpha)\%$ 点と比較して仮説検定を行えばよい。しかし，第 5 章 7 節で述べたように，近年は頑健な F, $F_{rob} = W_{rob}/q$ を検定統計量とするやり方がよく用いられる。

付録 B　回帰分析，モーメント法，最尤法の漸近理論　　669

| 均一分散の場合 | 均一分散の場合，F 検定とワルド検定は同値となる。

(1) F 検定

　均一分散の場合，古くから F 検定と呼ばれる方法で $R\beta = r$ を検定することが提案されている。それは，通常の最小 2 乗法と帰無仮説を制約とする最小 2 乗法を行い，残差平方和の大きさを比べるものである。もし制約が正しいなら，目的関数の最小値である残差 2 乗和は両者でほとんど変わらないだろう。逆に，もし制約が正しくなければ，後者の最小値のほうが大きくなるだろう。具体的な手続きは以下の通りである。

　いま，普通の（制約のない）最小 2 乗法を

$$\min_b (Y - Xb)'(Y - Xb)$$

とし，制約付きの最小 2 乗法を

$$\min_b (Y - Xb)'(Y - Xb), \quad \text{s.t.} \ Rb = r \tag{B.28}$$

としよう。s.t. は "subject to" の略であり，その後に続く式を制約とするという意味である。前者の解は普通の OLS 推定量 $\hat{\beta}$ で，その残差を $\hat{u} = Y - X\hat{\beta}$ とする。後者の解を $\bar{\beta}$ とし，その残差を $\bar{u}$ としよう。必ず $\bar{u}'\bar{u} \geq \hat{u}'\hat{u}$ が成り立つが，もし制約，つまり帰無仮説が正しければ，$\bar{u}'\bar{u} \approx \hat{u}'\hat{u}$ となるだろう。そこで，F 検定統計量を

$$F = \frac{(\bar{u}'\bar{u} - \hat{u}'\hat{u})/q}{\hat{u}'\hat{u}/(N - k - 1)} \tag{B.29}$$

とする。基本的には分子の $\bar{u}'\bar{u} - \hat{u}'\hat{u}$ が 0 に近いかそれとも大きい値かを調べたいのだが，それ自身は，たとえば Y の単位に依存して大きくも小さくもなりうる。そこで，帰無仮説が正しいときにうまく分布を持つように工夫したのが上の形である。

　もともと F 検定は，均一分散かつ誤差項が正規分布に従うという仮定のもとで考えられており，そのとき F 統計量は N の大きさにかかわらず自由度 q，$N - k - 1$ の F 分布 $F(q, N - k - 1)$ に従う。したがって，F 分布表から得た臨界値と F の値を比較すればよい。正規性の仮定が成り立っているかあやしいときには，漸近理論に依拠するが，その結果を示すために，均一分散の場合のワルド検定について考える。

(2) ワルド検定

　均一分散の場合，ワルド統計量を q で割ったものが F 統計量と同じであることを示すことができる。先述の「頑健な F」の項で説明した W は均一分散，不均一分散に関わらず適用できるが，もし均一分散なら，(B.9) 式の代わりに (B.21) 式の分散を用いればよいだろう。それを W_{homo} と書くことにすると，

$$W_{homo} = N(R\hat{\beta} - r)'(R\hat{V}_{homo}R')^{-1}(R\hat{\beta} - r) \tag{B.30}$$

$$= \frac{(R\hat{\beta} - r)'[R(X'X)^{-1}R']^{-1}(R\hat{\beta} - r)}{s^2} \tag{B.31}$$

である。そのときも、頑健な F の項に示した統計的性質はそのまま成り立つ。すなわち、帰無仮説が正しいとき

$$W_{homo} \xrightarrow{d} \chi_q^2$$

となり、対立仮説のもとでは ∞ に発散する。また、q で割ったものは、帰無仮説のもとでは

$$\frac{W_{homo}}{q} \xrightarrow{d} F(q, \infty) \tag{B.32}$$

となり、対立仮説のもとではこの量は発散する。

では、$F = W_{homo}/q$ であることを示そう。まず、F と W_{homo} の分母が等しいことは明らかである。(B.28) 式の最小化問題のラグランジュ乗数を 2λ、ラグランジュ関数を

$$\mathcal{L} = (Y - Xb)'(Y - Xb) - 2\lambda'(Rb - r)$$

とすると、1 階の条件は

$$\frac{\partial \mathcal{L}}{\partial b}\Big|_{(b,\lambda)=(\tilde{\beta},\tilde{\lambda})} = -2X'(Y - X\tilde{\beta}) - 2R'\tilde{\lambda} = 0$$

$$\frac{\partial \mathcal{L}}{\partial \lambda}\Big|_{(b,\lambda)=(\tilde{\beta},\tilde{\lambda})} = -2(R\tilde{\beta} - r) = 0$$

である。なお、ラグランジュ乗数法は制約付きの最大・最小化問題の解法の 1 つである。詳細は、尾山・安田 (2013) や岡田 (2001) などの経済数学の教科書を参照してほしい。第 1 式の両辺に前から $R(X'X)^{-1}/2$ を掛けて、$\hat{\beta} = (X'X)^{-1}X'Y$ を代入すると

$$R\tilde{\beta} - R\hat{\beta} - R(X'X)^{-1}R'\tilde{\lambda} = 0$$

となり、これに第 2 式を代入して $\tilde{\beta}$ を消去すると

$$\tilde{\lambda} = [R(X'X)^{-1}R']^{-1}(r - R\hat{\beta})$$

となる。これを再び第 1 式に代入して変形すると、

$$\tilde{\beta} = \hat{\beta} + (X'X)^{-1}R'[R(X'X)^{-1}R']^{-1}(r - R\hat{\beta})$$

を得る。これを用いた残差は

$$\tilde{u} = Y - X\tilde{\beta} = Y - X\{\hat{\beta} + (X'X)^{-1}R'[R(X'X)^{-1}R']^{-1}(r - R\hat{\beta})\}$$

$$= \hat{u} - X(X'X)^{-1}R'[R(X'X)^{-1}R']^{-1}(r - R\hat{\beta})$$

である。(B.11) 式で示したように $X'\hat{u} = 0$ が成り立つから

$$\tilde{u}'\tilde{u} = \hat{u}'\hat{u} + (r - R\hat{\beta})'[R(X'X)^{-1}R']^{-1}(r - R\hat{\beta})$$

となることがわかる。したがって，(B.21) 式の分散を用いた場合には，恒等的に

$$F = \frac{W_{homo}}{q} \tag{B.33}$$

が成り立つことがわかる。もともとこの結果がよく知られていたために，W_{rob}/q を F_{rob} と書くようになったのである。

F と W_{homo}/q の漸近分布はもちろん同じなので，帰無仮説が正しいときには

$$F \xrightarrow{d} F(q, \infty)$$

であり，対立仮説が正しければ F は ∞ に発散することを用いて検定する。

(3) F 統計量の R^2 による表現

ワルド検定の特別なケースとして，含めたすべての説明変数が説明力を持たないという帰無仮説を調べることができる。つまり，β のうち定数項以外のものがすべて 0 であるという帰無仮説 $\beta_1 = \cdots = \beta_k = 0$ である。これは**回帰の F 検定**と呼ばれ，多くの統計解析ソフトでは，回帰分析結果の出力に標準的に含まれている。以下に示す通り，均一分散の場合には，これを R^2 を用いて計算することが可能である。先に述べた制約なし最小 2 乗法と制約付き最小 2 乗法の枠組みで考えよう。制約は $\beta_1 = \cdots = \beta_k = 0$ であるから，ラグランジュ乗数法を用いる必要はなく，制約付き最小 2 乗法は

$$\min_{\beta_0} \sum_{i=1}^{N}(Y_i - \beta_0)^2$$

となり，第 4 章 **2-3**（113 ページ）で見たように，$\hat{\beta}_0 = \bar{Y}$ である。したがって $\tilde{u}$ の第 i 要素は

$$\tilde{u}_i = Y_i - \bar{Y}$$

であることがわかる。したがって，$\tilde{u}'\tilde{u} = \sum_{i=1}^{N}\tilde{u}_i^2 = TSS$ である。また，$\hat{u}'\hat{u} = \sum_{i=1}^{N}\hat{u}_i^2 = RSS$ である。これらを (B.29) 式に代入して分母と分子を TSS で割って変形すれば，$R^2 = 1 - RSS/TSS$ を思い出すと，

$$\begin{aligned} F &= \frac{(TSS - RSS)/q}{RSS/(N - k - 1)} = \frac{(N - k - 1)(1 - RSS/TSS)}{qRSS/TSS} \\ &= \frac{(N - k - 1)(1 - RSS/TSS)}{q[1 + (RSS/TSS - 1)]} = \frac{N - k - 1}{q}\frac{R^2}{1 - R^2} \end{aligned} \tag{B.34}$$

であることがわかる。つまり，R^2 さえわかれば回帰の F 検定を行うことができるのである。

上に示した (B.33) 式や (B.34) 式の結果は，均一分散の場合にのみ成り立つ性質で，不均一分散では成立しない。

> **制約が1つと2つの場合のF統計量**

第5章7節（181ページ）において，制約が1つの場合，F統計量はt統計量の2乗で書けること，または制約が2つの場合のF統計量が2つのt値で表現できることを紹介した。なぜそのように表されるか，説明変数が2つのモデル

$$Y_i = \beta_0 + \beta_1 X_{1i} + \beta_2 X_{2i} + u_i$$

について見ておこう。係数の OLS 推定量の漸近分散の推定量を

$$\hat{V} = \begin{bmatrix} s_{00} & s_{01} & s_{02} \\ s_{01} & s_{11} & s_{12} \\ s_{02} & s_{12} & s_{22} \end{bmatrix}$$

とする。

制約が1つで，$H_0 : \beta_1 x_1 + \beta_2 x_2 = 0$ のとき，これを表すベクトル R と r は $R = [0 \quad x_1 \quad x_2]$, $r = 0$ である。ただし，(x_1, x_2) は制約を表す定数で，たとえば帰無仮説が $\beta_1 = \beta_2$ なら，$(x_1, x_2) = (1, -1)$ である。これらを (B.27) 式に代入すると，

$$\begin{aligned} W &= N(\hat{\beta}_1 x_1 + \hat{\beta}_2 x_2)(s_{11} x_1^2 + 2 s_{12} x_1 x_2 + s_{22} x_2^2)^{-1}(\hat{\beta}_1 x_1 + \hat{\beta}_2 x_2) \\ &= \left[\frac{\sqrt{N}(\hat{\beta}_1 x_1 + \hat{\beta}_2 x_2)}{\sqrt{s_{11} x_1^2 + 2 s_{12} x_1 x_2 + s_{22} x_2^2}} \right]^2 \\ &= \left[\frac{\hat{\beta}_1 x_1 + \hat{\beta}_2 x_2}{SE(\hat{\beta}_1 x_1 + \hat{\beta}_2 x_2)} \right]^2 \end{aligned}$$

となるので，t統計量の2乗で書けることがわかる。他の係数についても同様に表現されることは簡単にわかる。

次に制約が2つの場合について，帰無仮説を $H_0 : \beta_1 = \beta_2 = 0$ としよう，これを表す行列 R と r は

$$R = \begin{bmatrix} 0 & 1 & 0 \\ 0 & 0 & 1 \end{bmatrix}, \quad r = \begin{bmatrix} 0 \\ 0 \end{bmatrix}$$

である。(B.27) 式にこれらを代入すると，$\hat{\rho} = s_{12}/\sqrt{s_{11} s_{22}}$ として，

$$\begin{aligned} W &= N \begin{bmatrix} \hat{\beta}_1 & \hat{\beta}_2 \end{bmatrix} \begin{bmatrix} s_{11} & s_{12} \\ s_{12} & s_{22} \end{bmatrix}^{-1} \begin{bmatrix} \hat{\beta}_1 \\ \hat{\beta}_2 \end{bmatrix} \\ &= \frac{N}{s_{11} s_{22} - s_{12}^2} \begin{bmatrix} \hat{\beta}_1 & \hat{\beta}_2 \end{bmatrix} \begin{bmatrix} s_{22} & -s_{12} \\ -s_{12} & s_{11} \end{bmatrix} \begin{bmatrix} \hat{\beta}_1 \\ \hat{\beta}_2 \end{bmatrix} \\ &= \frac{N(s_{22} \hat{\beta}_1^2 - 2 s_{12} \hat{\beta}_1 \hat{\beta}_2 + s_{11} \hat{\beta}_2^2)}{s_{11} s_{22} - s_{12}^2} \\ &= \frac{N\{(\hat{\beta}_1/\sqrt{s_{11}})^2 - 2\hat{\rho}[(\hat{\beta}_1/\sqrt{s_{11}})(\hat{\beta}_2/\sqrt{s_{22}})] + (\hat{\beta}_2/\sqrt{s_{22}})^2\}}{1 - \hat{\rho}^2} \end{aligned}$$

付録 B　回帰分析，モーメント法，最尤法の漸近理論　　**673**

$$= \frac{t_1^2 - 2\hat{\rho}t_1 t_2 + t_2^2}{1 - \hat{\rho}^2}$$

となることがわかる。ただし，t_1，t_2 はそれぞれ，β_1，β_2 に関する t 値である。3 行目から 4 行目の変形は，分母と分子を $s_{11}s_{22}$ で割って $\hat{\rho}$ の定義を代入することで得られる。

B.1.10 不均一分散，系列相関と HAC 標準誤差

誤差項の分散が不均一であるが，無作為標本である場合には B.1.3 項（658 ページ）で見たように，漸近分散を求めることができる。不均一分散に加えて誤差項が系列相関も持つ場合はどうだろうか。いま，(Y_t, X_t')，$t = 1, 2, \ldots, T$ が得られたとして，回帰モデルを行列表示すると

$$Y = X\beta + u, \quad \mathrm{E}(u|X) = 0, \quad \mathrm{Var}(u|X) = \Sigma$$

と表すことができる。Y と X はそれぞれ Y_t と X_t' のデータ行列である。系列相関があっても

$$\sqrt{T}(\hat{\beta} - \beta) = \left(\frac{1}{T}X'X\right)^{-1} \frac{1}{\sqrt{T}}X'u$$

が成り立つ。もし $(1/T)X'X \xrightarrow{p} Q$ で Q が正則，かつ $(1/T)X'u \xrightarrow{p} 0$ なら，OLS 推定量は一致性を持つ。加えて $(1/\sqrt{T})X'u$ が正規分布に分布収束するなら，漸近正規性も成り立つ。

本書のレベルを超えるため詳細は述べないが，観測値の間に相関があっても大数の法則や中心極限定理が成り立つ場合がある。大雑把にいうと，強定常性が成り立ち，さらに十分に時点の離れた観測値同士がほぼ独立であることが条件である。厳密な条件はさておき，中心極限定理が成立するとすれば，その漸近分散は

$$\frac{1}{\sqrt{T}}X'u = \frac{1}{\sqrt{T}}\sum_{t=1}^{T} X_t u_t = \frac{1}{\sqrt{T}}\sum_{t=1}^{T} v_t$$

の分散の極限と等しいだろう。期待値は，$\mathrm{E}(v_t) = \mathrm{E}[X_t \mathrm{E}(u_t|X_t)] = 0$ である。また，v_t がベクトルであることに注意して，

$$\mathrm{Var}\left(\frac{1}{\sqrt{T}}\sum_{t=1}^{T}v_t\right) = \mathrm{E}\left[\left(\frac{1}{\sqrt{T}}\sum_{t=1}^{T}v_t\right)\left(\frac{1}{\sqrt{T}}\sum_{t=1}^{T}v_t\right)'\right]$$

$$= \frac{1}{T}\sum_{t=1}^{T}\sum_{s=1}^{T}\mathrm{E}(v_t v_s')$$

$$= \frac{1}{T}\left[T\Gamma_0 + \sum_{j=1}^{T-1}(T-j)(\Gamma_j + \Gamma_j')\right]$$

$$= \Gamma_0 + \sum_{j=1}^{T-1}\left(1-\frac{j}{T}\right)(\Gamma_j + \Gamma_j') \tag{B.35}$$

となる。ただし，$\Gamma_j = \mathrm{E}(v_{t-j}v_t')$ は j 次の自己共分散で，$\Gamma_j' = \mathrm{E}(v_t v_{t-j}')$ はその転置である。もし v_t がスカラーなら，それらはもちろん等しく，そのときには (B.35) 式の右辺第 2 項は $2\sum_{j=1}^{T-1}(1-\frac{j}{T})\Gamma_j$ である。一定の条件下で $T \longrightarrow \infty$ のとき，

$$\mathrm{Var}\left(\frac{1}{\sqrt{T}}\sum_{t=1}^{T}v_t\right) \longrightarrow \Omega = \Gamma_0 + \sum_{j=1}^{\infty}(\Gamma_j + \Gamma_j') \tag{B.36}$$

が成立し，Ω を**長期分散** (long run variance) という。したがって，中心極限定理が成り立つなら，

$$\frac{1}{\sqrt{T}}\sum_{t=1}^{T}v_t \xrightarrow{d} N(0,\Omega)$$

となることが予想される。なお，もしも標本が i.i.d. なら $\Gamma_j = 0$, $j = 1,2,\ldots$ なので，$\Omega = \Gamma_0$ となり，普通の中心極限定理に帰着する。

以上から，不均一分散と系列相関がある場合に，OLS 推定量の漸近分布は

$$\sqrt{T}(\hat{\beta} - \beta) \xrightarrow{d} N(0, Q^{-1}\Omega Q^{-1})$$

となる。検定と区間推定のためには，この漸近分散の推定が必要である。Q の推定には $\hat{Q} = (1/T)X'X$ を用いればよい。Ω は少し難しいが，次のようにして一致推定ができることが知られている。(B.36) 式を見れば，すべての Γ_j の一致推定量が得られれば，それを用いればよいことがわかる。Γ_j の推定には，標本自己共分散を用いればよいだろう。u_t は観測できないので，残差 $\hat{u}_t = y_t - X_t'\hat{\beta}$ で代用し，$\hat{v}_t = X_t\hat{u}_t$ と置く。これを用いて

$$\hat{\Gamma}_j = \frac{1}{T}\sum_{t=j+1}^{T}\hat{v}_{t-j}\hat{v}_t'$$

によって j 次の自己共分散が推定できる。しかし，実際にはサンプルサイズが T なので，T 次以上の標本自己共分散を推定するのは不可能である。そこで，(B.36) 式の元になった (B.35) 式を用いる。すべての自己共分散は使わず，m を T よりも小さい整数として

$$\hat{\Omega} = \hat{\Gamma}_0 + \sum_{j=1}^{m-1} \left(1 - \frac{j}{m}\right)(\hat{\Gamma}_j + \hat{\Gamma}_j')$$

を Ω の推定量とする。つまり，$\hat{\Gamma}_{m+1}, \ldots, \hat{\Gamma}_{T-1}$ は使わない。その理由は，サンプルサイズが T のときには，たとえば $T-1$ 次の自己共分散の推定に使えるのは $\hat{u}_1$ と $\hat{u}_T$ のみで，これでは大数の法則が働かないため，一致性がないからである。そのため，次数の高い共分散を除外して Ω を推定するのがよい。しかし，もし m を固定してしまう（たとえば $m = 10$ など）と，$\hat{\Omega}$ は $\Gamma_0 + \sum_{j=1}^{m-1}(1 - j/m)(\Gamma_j + \Gamma_j')$ に収束するため，やはり一致性を持たない。一致性を保証するためには，第 10 章に述べたように，T が大きくなるとともに m はそれよりもゆっくり大きくなるように定めればよい。このようにして計算された $\hat{Q}^{-1}\hat{\Omega}\hat{Q}^{-1}$ を，**ニューウィー゠ウェスト** (Newey-West) **の HAC** (heteroskedasticity and autocorrelation consistent) **推定量**という。

B.2 GLS 推定量の漸近理論

B.2.1 GLS 推定量の導出

誤差項に不均一分散や系列相関があっても OLS 推定量は一致性と漸近正規性を持つ。しかし，効率的な推定量ではない。**一般化最小 2 乗** (generalized least squares; **GLS**) **推定**は，そのような場合でも効率的な推定量を得る方法である。いま，無作為標本 (Y_i, X_i'), $i = 1, 2, \ldots, N$ が得られて，それらを行列・ベクトルで表示したものを

$$Y = X\beta + u, \quad \mathrm{E}(u|X) = 0, \quad \mathrm{Var}(u|X) = \Sigma$$

としよう。一般には Σ は X に依存する。ガウス゠マルコフの定理から，均一分散なら最小 2 乗法は効率的な推定法であることがわかっている。したがって，このモデルをうまく推定しようと思えば，最も直観的にわかりやすいのは，均一分散の形に変形して最小 2 乗法を適用するやり方であろう。Σ は正則で仮に既知であるとしよう。固有値分解を用いて $\Sigma = \Sigma^{1/2}\Sigma^{1/2}$ と分解し，$\Sigma^{-1/2} = (\Sigma^{1/2})^{-1}$ と置く。回帰式の両辺に左から $\Sigma^{-1/2}$ を掛けると

$$\Sigma^{-1/2}Y = \Sigma^{-1/2}X\beta + \Sigma^{-1/2}u$$

となるが，$Y^* = \Sigma^{-1/2}Y$ などと置いて，これを

$$Y^* = X^*\beta + u^* \tag{B.37}$$

としよう。すると，

$$\mathrm{E}(u^*|X^*) = \mathrm{E}(\Sigma^{-1/2}u|\Sigma^{-1/2}X) = 0$$

$$\mathrm{Var}(u^*|X) = \Sigma^{-1/2}\mathrm{Var}(u|X)\Sigma^{-1/2} = \Sigma^{-1/2}\Sigma\Sigma^{-1/2} = I$$

となるので，(B.37) 式は均一分散の回帰モデルである。

(B.37) 式に対して最小 2 乗法を適用すると

$$\hat{\beta} = (X^{*'}X^{*})^{-1}X^{*'}Y^{*}$$
$$= (X'\Sigma^{-1/2}\Sigma^{-1/2}X)^{-1}X'\Sigma^{-1/2}\Sigma^{-1/2}Y$$
$$= (X'\Sigma^{-1}X)^{-1}X'\Sigma^{-1}Y$$

となる。これが **GLS 推定量**である。

B.2.2 一致性と漸近正規性

まず，一致性と漸近正規性のための一般論を解説しよう。上に導出したように GLS 推定量は

$$\hat{\beta}_{GLS} = (X'\Sigma^{-1}X)^{-1}X'\Sigma^{-1}Y$$

である。$Y = X\beta + u$ を用いてこれを変形すると

$$\hat{\beta}_{GLS} = \beta + \left(\frac{1}{N}X'\Sigma^{-1}X\right)^{-1}\frac{1}{\sqrt{N}}X'\Sigma^{-1}u$$

である。ここで，

$$\frac{1}{N}X'\Sigma^{-1}X \xrightarrow{p} Q$$
$$\frac{1}{N}X'\Sigma^{-1}u \xrightarrow{p} 0 \tag{B.38}$$

なら，一致性が成り立つ。また，

$$\sqrt{N}(\hat{\beta}_{GLS} - \beta) = \left(\frac{1}{N}X'\Sigma^{-1}X\right)^{-1}\frac{1}{\sqrt{N}}X'\Sigma^{-1}u$$

と書き，(B.38) 式に加えて次の条件が成立するとしよう。

$$\frac{1}{\sqrt{N}}X'\Sigma^{-1}u \xrightarrow{d} N(0, Q)$$

漸近分散が Q になるのは，

$$\mathrm{Var}\left(\frac{1}{\sqrt{N}}X'\Sigma^{-1}u|X\right) = \mathrm{E}\left(\frac{1}{N}X'\Sigma^{-1}uu'\Sigma^{-1}X'|X\right)$$
$$= \frac{1}{N}X'\Sigma^{-1}\mathrm{E}(uu'|X)\Sigma^{-1}X'$$
$$= \frac{1}{N}X'\Sigma^{-1}X'$$

であることと，(B.38) 式から納得できるだろう。

そのとき，GLS 推定量は，次の漸近正規性を持つ。

付録 B　回帰分析，モーメント法，最尤法の漸近理論　　677

$$\sqrt{N}(\hat{\beta}_{GLS} - \beta) \xrightarrow{d} N(0, Q^{-1})$$

B.2.3 FGLS

もし Σ が既知であれば $\hat{\beta}_{GLS}$ を実際にデータから計算することができる。しかし，普通は Σ は未知なので，推定する必要がある。もし Σ が未知パラメータ θ とデータで表されている場合，たとえば

$$\mathrm{E}(u_i^2|X_i) = \exp(X_i'\theta)$$

$$\mathrm{E}(u_i u_j|X_i) = 0, \quad i \neq j$$

という不均一分散がある場合や，$|\alpha| < 1$ として

$$\mathrm{E}(u_i^2|X_i) = \sigma^2$$

$$\mathrm{E}(u_i u_j|X_i) = \alpha^{|i-j|}\sigma^2, \quad i \neq j$$

という自己相関がある場合 ($u_i = \alpha u_{i-1} + \varepsilon_i$ という AR(1) モデル)，$\Sigma = \Sigma(\theta)$ と書ける。後者の例では，$\theta = (\alpha, \sigma^2)$ である。このとき，θ の一致推定量を $\hat{\theta}$ とすれば，$\Sigma(\hat{\theta})$ を Σ の推定量とすればよい。これらの例では，次のようにして $\hat{\theta}$ を構成することができる。

(1) OLS 推定によって $\hat{\beta}$ を推定し，残差 $\hat{u}_i$ を計算する。
(2) 1 つめの例では，$\hat{u}_i^2 = \exp(X_i'\theta) + v_i$ という回帰モデルを考えて，$\min_\theta \sum_{i=1}^{N}[\hat{u}_i^2 - \exp(X_i'\theta)]^2$ から $\hat{\theta}$ を得る。2 つめの例では，$\hat{\sigma}^2 = \frac{1}{N}\sum_{i=1}^{N}\hat{u}_i^2$ とし，さらに，$\hat{u}_i = \alpha\hat{u}_{i-1} + \varepsilon_i$ というモデルを考えて，$\min_\alpha \sum_{i=1}^{N}(\hat{u}_i - \alpha\hat{u}_{i-1})^2$ から $\hat{\alpha}$ を得る。

これを用いた GLS 推定量

$$\hat{\beta}_{FGLS} = [X'\Sigma(\hat{\theta})^{-1}X]^{-1}X'\Sigma(\hat{\theta})^{-1}Y$$

を，**FGLS** (feasible GLS) **推定量**という。

　誤差項に不均一分散や系列相関がある場合，漸近理論の意味では GLS 推定量によって OLS 推定量よりも効率的な推定が可能である。たとえば，第 10 章で導出されたプレイス = ウィンステン推定量は FGLS 推定量の一種である。一方で，サンプルサイズがあまり大きくないときには $\hat{\beta}_{FGLS}$ の推定の精度が $\hat{\beta}_{OLS}$ よりも悪くなる場合があることが，シミュレーション等を用いた研究によって知られている。そのため，実証研究では，推定には OLS を用い，検定と区間推定には前節で説明したニューウィー = ウェストの HAC 推定量を用いることも多い。

678

B.2.4 GLS 推定量の漸近分散の推定

GLS 推定量を用いてパラメータに関する仮説検定や区間推定を行う際には，Q の推定量が必要である．最も簡単なのは Σ が既知の場合で，そのときは

$$\hat{Q} = \frac{1}{N} X' \Sigma^{-1} X$$

とすればよい．他方，未知であるが $\Sigma = \Sigma(\theta)$ と書けるときは，

$$\hat{Q} = \frac{1}{N} X' \Sigma(\hat{\theta})^{-1} X$$

によって Q を推定することができる．

B.3 一般化モーメント法（GMM）の漸近理論

B.3.1 モーメント法

モーメント法は，統計学においてよく用いられる代表的な推定原理の1つであり，母集団モーメントと標本モーメントが等しくなるようにパラメータの値を決める推定法である．確率変数 X の分布が k 次元の未知パラメータ θ を含んでいるとする．そのとき，

$$\mathrm{E}[m(X,\theta)] = \mathrm{E}\begin{bmatrix} m_1(X,\theta) \\ \vdots \\ m_k(X,\theta) \end{bmatrix} = 0 \tag{B.39}$$

が満たされるように k 個の関数 $m_1(\cdot,\cdot), \ldots, m_k(\cdot,\cdot)$ をうまく選べたとする．標本 $\{X_1, \ldots, X_N\}$ が得られたとき，θ_0 のモーメント法推定量 $\hat{\theta}$ は

$$\frac{1}{N} \sum_{i=1}^{N} m(X_i; \hat{\theta}) = 0 \tag{B.40}$$

により定義される．これは，大数の法則から $(1/N)\sum_{i=1}^{N} m(X_i; \theta) \xrightarrow{p} \mathrm{E}[m(X,\theta)]$ が成り立つので，(B.39) 式の左辺を標本平均で置き換えて，その方程式を θ に関して解くという考え方である．

未知パラメータの数と方程式の数が等しいので，(B.40) 式が θ に関して線形であれば推定値は一意に定まる．

例題 B.1

正規分布 $N(\mu, \sigma^2)$ から無作為標本 $\{X_1, \ldots, X_N\}$ を得たところ，$(1/N)\sum_{i=1}^{N} X_i = 8$，$(1/N)\sum_{i=1}^{N} X_i^2 = 90$ であった．そのとき，μ, σ^2 をモーメント法によって推定しなさい．

(解答例)

この場合，パラメータは 2 個なので，$k = 2$ である。

$$m_1(X_i; \mu, \sigma^2) = X_i - \mu$$
$$m_2(X_i; \mu, \sigma^2) = X_i^2 - (\sigma^2 + \mu^2)$$

と置くと，

$$\mathrm{E}[m_1(X_i; \mu, \sigma^2)] = \mathrm{E}(X_i - \mu) = 0$$
$$\mathrm{E}[m_2(X_i; \mu, \sigma^2)] = \mathrm{E}[X_i^2 - (\sigma^2 + \mu^2)] = 0$$

が成り立つことがわかる。モーメント法によって，

$$\frac{1}{N} \sum_{i=1}^{N} (X_i - \hat{\mu}) = 0$$
$$\frac{1}{N} \sum_{i=1}^{N} [X_i^2 - (\hat{\sigma}^2 + \hat{\mu}^2)] = 0$$

を $\hat{\mu}$, $\hat{\sigma}^2$ について解くと，

$$\hat{\mu} = \frac{1}{N} \sum_{i=1}^{N} X_i = 8$$
$$\hat{\sigma}^2 = \frac{1}{N} \sum_{i=1}^{N} X_i^2 - \hat{\mu}^2 = 90 - 64 = 26$$

となる。♠

B.3.2 一般化モーメント法

前項のモーメント法では，未知パラメータの数とモーメント条件の数が等しかった。これを少し一般化して，θ が $k \times 1$ 次元のパラメータのベクトルで，L 個のモーメント条件

$$\mathrm{E}[m(X, \theta)] = \mathrm{E} \left[\begin{array}{c} m_1(X, \theta) \\ \vdots \\ m_L(X, \theta) \end{array} \right] = 0$$

があり，$k < L$ としよう。上と同じ考え方に立って，この L 本の条件式から (B.40) 式と同様に構成した L 本の方程式をつくっても，それらすべてを満たす解は一般に存在しない。そのとき，そのうちの k 本の式のみを用いてちょうど解が求められるようにすることが考えられる。しかし，用いる方程式の選び方によって一般に解は異なり，恣意性が生ずる。そこで，全体的にできるだけ 0 に近くなるように，

680

$$\min_{\theta} Q_N(\theta) = \left[\frac{1}{N} \sum_{i=1}^{N} m(X_i; \theta) \right]' \Sigma \left[\frac{1}{N} \sum_{i=1}^{N} m(X_i; \theta) \right]$$

となるように θ を選ぶことが考えられる。ここで，Σ は正値定符号のウェイト行列である。この方法は**最小距離推定**（minimum distance estimation）と呼ばれる広いクラスの推定法の中の特別な場合であるとも解釈できる。計量経済学の分野では，これを最初に導入した Hansen (1982) にならって**一般化モーメント法**（generalized method of moments; **GMM**）と呼ぶ。ウェイト行列を $\Sigma = I$ として $[(1/N) \sum_{i=1}^{N} m(X_i; \theta)]' [(1/N) \sum_{i=1}^{N} m(X_i; \theta)]$ を最小化してもかまわないが，以下に述べるように，うまくウェイトを用いることによって推定精度を向上させることができる。なお，$k > L$ の場合は識別不能といわれる。そのときは，未知パラメータの数よりも方程式の数のほうが少ないため，解が一意に決まらず，推定できない。

一定の仮定のもとで，この推定量 $\tilde{\theta}$ は一致性と漸近正規性を有する。

一 致 性

目的関数最小化の 1 階の条件は

$$\left[\frac{1}{N} \sum_{i=1}^{N} \frac{\partial m(X_i; \tilde{\theta})}{\partial \theta'} \right]' \Sigma \left[\frac{1}{N} \sum_{i=1}^{N} m(X_i; \tilde{\theta}) \right] = 0$$

である。ただし，$\dfrac{\partial m(X_i; \tilde{\theta})}{\partial \theta'} = \dfrac{\partial m(X_i; \theta)}{\partial \theta'} \Big|_{\theta = \tilde{\theta}}$ である。θ_* を θ_0 と $\tilde{\theta}$ の間の点として $m(X_i; \tilde{\theta})$ を $\tilde{\theta} = \theta_0$ のまわりでテイラー展開すると

$$m(X_i; \tilde{\theta}) = m(X_i; \theta_0) + \frac{\partial m(X_i; \theta_*)}{\partial \theta'} (\tilde{\theta} - \theta_0)$$

となり，これを左辺の最後の $m(X_i; \tilde{\theta})$ に代入して $\tilde{\theta} - \theta_0$ について解くと

$$\tilde{\theta} - \theta_0 = \left\{ \left[\frac{1}{N} \sum_{i=1}^{N} \frac{\partial m(X_i; \tilde{\theta})}{\partial \theta'} \right]' \Sigma \left[\frac{1}{N} \sum_{i=1}^{N} \frac{\partial m(X_i; \theta_*)}{\partial \theta'} \right] \right\}^{-1}$$

$$\times \left[\frac{1}{N} \sum_{i=1}^{N} \frac{\partial m(X_i; \tilde{\theta})}{\partial \theta'} \right]' \Sigma \left[\frac{1}{N} \sum_{i=1}^{N} m(X_i; \theta_0) \right] \tag{B.41}$$

である。大数の法則から右辺の最後の項は

$$\frac{1}{N} \sum_{i=1}^{N} m(X_i; \theta_0) \overset{p}{\longrightarrow} \mathrm{E}[m(X_i; \theta_0)] = 0 \tag{B.42}$$

である。したがって，それ以外の部分が有界で逆行列が存在すれば $\tilde{\theta} \overset{p}{\longrightarrow} \theta_0$ となる。しかし，$\tilde{\theta}$, θ_* は N とともに変化する確率変数なので，$\partial m(X_i; \tilde{\theta}) / \partial \theta'$ と $\partial m(X_i; \theta_*) / \partial \theta'$ の平均の振る舞いは明らかでない。そこで，特別なケースとして $m(X_i; \theta)$ が θ について線形の場合を考えよう。そのとき，$\partial m(X_i; \theta) / \partial \theta'$ は θ に依存しないので，それを $M(X_i)$ とする。(B.41) 式は

付録 B　回帰分析，モーメント法，最尤法の漸近理論　　**681**

$$\tilde{\theta} - \theta_0 = \left\{ \left[\frac{1}{N} \sum_{i=1}^{N} M(X_i) \right]' \Sigma \left[\frac{1}{N} \sum_{i=1}^{N} M(X_i) \right] \right\}^{-1}$$
$$\times \left[\frac{1}{N} \sum_{i=1}^{N} M(X_i) \right]' \Sigma \left[\frac{1}{N} \sum_{i=1}^{N} m(X_i; \theta_0) \right]$$

となる。$\mathrm{E}[M(X_i)]$ が列フルランクなら，大数の法則とスルツキーの定理から左辺は 0 に収束するので，$\tilde{\theta} \xrightarrow{p} \theta_0$ が成り立つ。なお，B.3.3 項で説明する線形モデルの 2 段階最小 2 乗推定は $m(X_i; \theta)$ が θ について線形になる場合の一例である。

少し難しくなるが，$m(X_i; \theta)$ が θ について非線形な場合の一致性の十分条件と証明は Amemiya(1985) の Theorem 4.1.1 を参照のこと。そこでは，一般的に何らかの目的関数を最大（または最小）化して得られる推定量に関する一致性の結果が証明されている。

漸近正規性 (B.41) 式の両辺に $\sqrt{N}$ を掛けると

$$\sqrt{N}(\tilde{\theta} - \theta_0) = \left\{ \left[\frac{1}{N} \sum_{i=1}^{N} \frac{\partial m(X_i; \tilde{\theta})}{\partial \theta'} \right]' \Sigma \left[\frac{1}{N} \sum_{i=1}^{N} m(X_i; \theta_*) \right] \right\}^{-1}$$
$$\times \left[\frac{1}{N} \sum_{i=1}^{N} \frac{\partial m(X_i; \tilde{\theta})}{\partial \theta'} \right]' \Sigma \left[\frac{1}{\sqrt{N}} \sum_{i=1}^{N} m(X_i; \theta_0) \right] \tag{B.43}$$

を得る。一定の仮定のもとで，$\tilde{\theta}$ の一致性から

$$\frac{1}{N} \sum_{i=1}^{N} \frac{\partial m(X_i; \tilde{\theta})}{\partial \theta'} \xrightarrow{p} \mathrm{E}\left[\frac{\partial m(X_i; \theta_0)}{\partial \theta'} \right]$$
$$\frac{1}{N} \sum_{i=1}^{N} \frac{\partial m(X_i; \theta_*)}{\partial \theta'} \xrightarrow{p} \mathrm{E}\left[\frac{\partial m(X_i; \theta_0)}{\partial \theta'} \right]$$

が成り立つ。$V = \mathrm{Var}[m(X_i; \theta_0)]$ とすると，(B.43) 式の最後の項は中心極限定理により

$$\frac{1}{\sqrt{N}} \sum_{i=1}^{N} m(X_i; \theta_0) \xrightarrow{d} N(0, V)$$

であり，スルツキーの定理より

$$\sqrt{N}(\tilde{\theta} - \theta_0) \xrightarrow{p} N(0, \Omega)$$

が成り立つ。ただし，$M = \mathrm{E}[\partial m(X_i; \theta_0)/\partial \theta']$ として，

$$\Omega = (M'\Sigma M)^{-1} M'\Sigma V \Sigma M (M'\Sigma M)^{-1}$$

である。

効率的 GMM 効率性の観点から，推定量の分散は小さいほうが望ましい。Ω を最小にするためには，ウェイト行列を

$$\Sigma = V^{-1} \tag{B.44}$$

とすればよく，これを**効率的なウェイト**という．そのとき推定量の漸近分散は

$$\Omega = (M'V^{-1}M)^{-1}$$

となる．効率的ウェイトによって分散が最小になることは，次のようにして示すことができる．一般のウェイト Σ による漸近分散と効率的ウェイトによる漸近分散の差は

$$(M'\Sigma M)^{-1}M'\Sigma V\Sigma M(M'\Sigma M)^{-1} - (M'V^{-1}M)^{-1}$$
$$= (M'\Sigma M)^{-1}M'\Sigma V^{1/2}[I - V^{-1/2}M(M'V^{-1}M)^{-1}M'(V^{-1/2})']$$
$$\times (V^{1/2})'\Sigma M(M'\Sigma M)^{-1}$$

である．$P = V^{-1/2}M$ と置くと，右辺の $[\cdot]$ の中の行列は $I - P(P'P)^{-1}P'$ となることから，べき等行列であることがわかる．べき等行列は半正値定符号なので，上の行列は半正値定符号になる．したがって，任意の Σ に対して

$$(M'\Sigma M)^{-1}M'\Sigma V\Sigma M(M'\Sigma M)^{-1} \geq (M'V^{-1}M)^{-1}$$

が成り立つ．V^{-1} をウェイトとして用いたときに漸近分散が最も小さくなり，

$$\sqrt{N}(\tilde{\theta} - \theta_0) \xrightarrow{p} N(0, (M'V^{-1}M)^{-1})$$

となる．

　V は未知なので，上式の効率性を達成するためには，それを推定してから用いる必要がある．先に定義したように，$\mathrm{E}[m(X_i; \theta_0)] = 0$，$V = \mathrm{Var}[m(X_i; \theta_0)]$ だから，θ_0 がわかっていれば

$$\frac{1}{N}\sum_{i=1}^{N} m(X_i; \theta_0)m(X_i; \theta_0)'$$

によって推定できる．しかし，θ_0 はもちろん未知なので，工夫が必要である．いくつかやり方が提案されており，最もよく用いられるのは **2 段階 GMM** である．まず $\Sigma = I$ として

$$\min_{\theta} \left[\frac{1}{N}\sum_{i=1}^{N} m(X_i; \theta)\right]' \left[\frac{1}{N}\sum_{i=1}^{N} m(X_i; \theta)\right]$$

から θ を推定し，それを $\tilde{\theta}$ としよう．これが 1 段階目の推定である．データが i.i.d. のときには，それを用いて

$$\tilde{V}^{-1} = \left[\frac{1}{N}\sum_{i=1}^{N} m(X_i; \tilde{\theta})m(X_i; \tilde{\theta})'\right]^{-1} \tag{B.45}$$

によって V を推定し，2 段階目で

$$\min_\theta \left[\frac{1}{N} \sum_{i=1}^N m(X_i; \theta) \right]' \tilde{V}^{-1} \left[\frac{1}{N} \sum_{i=1}^N m(X_i; \theta) \right]$$

により θ の推定量を得る。1 段階目の推定は効率的ではないが，一致性を持つ。そのため，$\tilde{V}$ が V の一致推定量になり，この方法で効率的な推定になる。もし観測値が i.i.d. でないが定常な場合，(B.45) 式の代わりに V を長期分散の推定量で置き換えることによって効率的な推定ができる。

もう 1 つの方法は，

$$V(\theta) = \frac{1}{N} \sum_{i=1}^N m(X_i; \theta) m(X_i; \theta)'$$

として，

$$\min_\theta \left[\frac{1}{N} \sum_{i=1}^N m(X_i; \theta) \right]' V(\theta)^{-1} \left[\frac{1}{N} \sum_{i=1}^N m(X_i; \theta) \right]$$

によって 1 度の最小化で推定するもので，これを連続更新推定（**continuous updating estimator; CUE**）という。

どちらも一致性と漸近正規性を持ち，その漸近分散も同じであるが，サンプルサイズが比較的小さいときに 2 段階 GMM の方がバイアスが大きくなりやすいことが指摘されている。

J 検定 上で述べたように，モーメント条件が正しければ (B.42) 式が成り立ち，GMM 推定量は一致性を持つ。しかし，もしそれが正しくなければ，一般に一致性は失われる。モーメント条件の数がパラメータの数よりも多い，つまり $L > k$ のとき，モーメント条件が正しいかどうかを確かめるために **J 検定**という方法が提案されている。この検定の帰無仮説は，

$$\mathrm{E}[m(X_i, \theta_0)] = 0$$

を満たす θ_0 が存在するというもので，対立仮説は $\mathrm{E}[m(X_i, \theta)] = 0$ となる θ は存在しないというものである。その検定統計量は

$$J = \left[\frac{1}{\sqrt{N}} \sum_{i=1}^N m(X_i; \tilde{\theta}) \right]' \tilde{V}^{-1} \left[\frac{1}{\sqrt{N}} \sum_{i=1}^N m(X_i; \tilde{\theta}) \right]$$

であり，帰無仮説が正しい場合には

$$J \xrightarrow{d} \chi^2_{L-k}$$

が成り立つ。直観的には以下のような理由による。帰無仮説が正しければ，中心極限定理から

$$\frac{1}{\sqrt{N}} \sum_{i=1}^{N} m(X_i; \theta_0) \xrightarrow{d} N(0, V)$$

なので，V^{-1} の一致推定量をウェイトにしてその 2 次形式をつくると，χ_L^2 分布に収束する。推定量の一致性より $(1/\sqrt{N}) \sum_{i=1}^{N} m(X_i; \tilde{\theta})$ は $(1/\sqrt{N}) \sum_{i=1}^{N} m(X_i; \theta_0)$ とほぼ同じであるが，推定量 $\tilde{\theta}$ を使うことに起因して自由度が L から $L - k$ に減少する。

この検定は過剰識別（$L > k$）の場合にのみ用いることができる方法である。丁度識別（$L = k$）のときには $\sum_{i=1}^{N} m(X_i; \tilde{\theta}) = 0$ となり，常に $J = 0$ になってしまって検定ができない。すなわち，J 検定は識別に用いる k 個のモーメント条件を超える部分，つまり過剰識別のモーメント条件の妥当性を調べるものと理解できる。そのため，**過剰識別検定**とも呼ばれる。

B.3.3 線形モデルの一般化モーメント法と 2 段階最小 2 乗法

第 7 章で述べたように，第 4 章で示した最小 2 乗法における仮定 (A2) が成立しないとき，外生性と関連性を満たす操作変数を用意して 2 段階最小 2 乗法（操作変数法）によって係数を一致推定できる。実は，2 段階最小 2 乗推定量は，均一分散な線形モデルで効率的なウェイトを使った GMM 推定量に一致することが示される。

> **線形モデルにおける GMM と 2SLS の関係**　以下のような方程式 1 本の線形モデルを考えよう。

$$\begin{aligned} Y_i &= \beta_0 + \beta_1 X_{1i} + \cdots + \beta_k X_{ki} + \gamma_1 W_{1i} + \cdots + \gamma_p W_{pi} + u_i \\ &= \beta' X_i + \gamma' W_i + u_i \end{aligned}$$

(B.46)

ここで，$X_{1i}, \ldots, X_{ki}$ は内生変数で，$W_{1i}, \ldots, W_{pi}$ は外生変数である。$Z_{1i}, \ldots, Z_{Li}$ を操作変数とし，$L \geq k + 1 + p$ であるとする。また，(Y_i, X_i', W_i', Z_i')，$i = 1, \ldots, N$ は無作為標本とする。Z と W に重複があってもかまわない。また，均一分散 $\mathrm{Var}(u_i | Z_i) = \sigma^2$ が成り立つとする。

まず，このモデルに GMM を適用すると次のようになる。上の状況では，次の L 本のモーメント条件が成立する。

$$\mathrm{E}(Z_{1i} u_i) = \mathrm{E}[Z_{1i}(Y_i - X_i'\beta - W_i'\gamma)] = 0$$

$$\mathrm{E}(Z_{2i} u_i) = \mathrm{E}[Z_{2i}(Y_i - X_i'\beta - W_i'\gamma)] = 0$$

$$\vdots$$

$$\mathrm{E}(Z_{Li} u_i) = \mathrm{E}[Z_{Li}(Y_i - X_i'\beta - W_i'\gamma)] = 0$$

ここで，パラメータの数 $k + 1 + p$ は，モーメント条件の数 L 以下なので，B.3.2 項に述べた GMM 推定法を用いることができる。

付録 B　回帰分析，モーメント法，最尤法の漸近理論　　**685**

$$m_{ij}(b,c) = Z_{ji}(Y_i - X_i'b - W_i'c), \quad j = 1, \ldots, L$$

$$m_i(b,c) = \begin{bmatrix} m_{i1}(b,c) \\ m_{i2}(b,c) \\ \vdots \\ m_{iJ}(b,c) \end{bmatrix}$$

と置くと，ウェイト Σ を用いた GMM 推定は

$$\min_{b,c} \left[\frac{1}{N} \sum_{i=1}^{N} m_i(b,c) \right]' \Sigma \left[\frac{1}{N} \sum_{i=1}^{N} m_i(b,c) \right]$$

となる。ここで考えている線形モデルでは，以下のように推定量を明示的に得ることができる。Y, X, W, Z をそれぞれ Y_i, X_i, W_i, Z_i を並べたデータ行列として目的関数を行列を用いて表示すると，

$$\min_{b,c}(Y - Xb - Wc)'Z\Sigma Z'(Y - Xb - Wc)$$

となる。これを解くと，

$$\begin{bmatrix} \beta_{GMM} \\ \gamma_{GMM} \end{bmatrix} = \left\{ \begin{bmatrix} X' \\ W' \end{bmatrix} Z\Sigma Z' \begin{bmatrix} X & W \end{bmatrix} \right\}^{-1} \begin{bmatrix} X' \\ W' \end{bmatrix} Z\Sigma Z'Y$$

$$= \begin{bmatrix} X'Z\Sigma Z'X & X'Z\Sigma Z'W \\ W'Z\Sigma Z'X & W'Z\Sigma Z'W \end{bmatrix}^{-1} \begin{bmatrix} X'Z\Sigma Z'Y \\ W'Z\Sigma Z'Y \end{bmatrix}$$

が得られる。ここで，均一分散の仮定を用いると，効率的なウェイトは (B.44) 式から，

$$\Sigma = [\mathrm{E}(u_i^2 Z_i Z_i')]^{-1} = \sigma^{-2}[\mathrm{E}(Z_i Z_i')]^{-1}$$

となる。σ^2 は未知であるが，この Σ を上の推定量の表現に代入すると消える。また，$\mathrm{E}(Z_i Z_i')$ はその標本平均 $Z'Z/N$ で一致推定できるので，これをウェイトとする効率的 GMM 推定量は

$$\begin{bmatrix} \beta_{GMM} \\ \gamma_{GMM} \end{bmatrix} = \begin{bmatrix} X'Z(Z'Z)^{-1}Z'X & X'Z(Z'Z)^{-1}Z'W \\ W'Z(Z'Z)^{-1}Z'X & W'Z(Z'Z)^{-1}Z'W \end{bmatrix}^{-1}$$

$$\times \begin{bmatrix} X'Z(Z'Z)^{-1}Z'Y \\ W'Z(Z'Z)^{-1}Z'Y \end{bmatrix} \tag{B.47}$$

であることがわかる。

　他方，2 段階最小 2 乗法は次のように計算される。まず，$[X\ W]$ を Z に OLS 回帰して予測値をつくる。それを説明変数，Y を被説明変数として OLS 推定を行う。すなわち，

$$[X\ W] = Z\Pi + v$$

686

に OLS を適用して

$$\hat{\Pi} = (Z'Z)^{-1}Z'[X\ W]$$

を得て，予測値

$$[\hat{X}\ \hat{W}] = Z(Z'Z)^{-1}Z'[X\ W]$$

を計算する。Y をこの予測値に回帰して，

$$\begin{bmatrix} \beta_{2SLS} \\ \gamma_{2SLS} \end{bmatrix} = \{[\hat{X}\ \hat{W}]'[\hat{X}\ \hat{W}]\}^{-1}[\hat{X}\ \hat{W}]'Y$$

$$= \left\{ \begin{bmatrix} X' \\ W' \end{bmatrix} Z(Z'Z)^{-1}Z' \begin{bmatrix} X & W \end{bmatrix} \right\}^{-1} \begin{bmatrix} X' \\ W' \end{bmatrix} Z(Z'Z)^{-1}Z'Y$$

となる。これは (B.47) 式と一致する。

> **線形モデルにおける J 検定**

線形モデルの場合，残差を $\hat{u}_i = Y_i - X_i'\beta_{GMM} - W_i'\gamma_{GMM}$，$\sigma^2$ の推定量を $s^2 = \sum_{i=1}^{N} \hat{u}_i^2/N$ とすると，J 検定統計量は

$$J = \left(\frac{1}{\sqrt{N}} \sum_{i=1}^{N} \hat{u}_i Z_i' \right) \left(\frac{s^2}{N} \sum_{i=1}^{N} Z_i Z_i' \right)^{-1} \left(\frac{1}{\sqrt{N}} \sum_{i=1}^{N} Z_i \hat{u}_i \right)$$

となる。これは，残差と操作変数の共分散が 0 に近ければ小さな値を取り，逆に 0 から離れていれば大きくなる。

B.4 最尤推定の漸近理論

B.4.1 最尤推定量の漸近的性質

未知パラメータ θ_0 を持つ密度関数 $f(x;\theta_0)$ からの無作為標本 $\{X_1,\ldots,X_N\}$ が得られたとしよう。θ_0 の最尤推定量 θ_{ML} は，対数尤度関数

$$LL(\theta) = \sum_{i=1}^{N} \ln f(X_i;\theta)$$

を最大にする θ の値である。もし変数が離散であれば，右辺の密度関数 $f(X_i;\theta)$ の代わりに確率関数 $P(X_i;\theta)$ を用いる。以下，すべて変数が連続として説明するが，離散変数なら f を P で置き換え，積分を和にすればよい。最尤推定量は一致性と漸近正規性と効率性を持つ。

以下では表現を簡単にするために，関数を微分したものに特定の値 θ_1 を代入したものを $\dfrac{\partial \ln f(X_i;\theta_1)}{\partial \theta} = \dfrac{\partial \ln f(X_i;\theta)}{\partial \theta}\bigg|_{\theta=\theta_1}$ などと書くことにする。最大化の 1 階の条件は

付録 B　回帰分析，モーメント法，最尤法の漸近理論　　687

$$\sum_{i=1}^{N} \frac{\partial \ln f(X_i; \theta_{ML})}{\partial \theta} = 0 \tag{B.48}$$

である。まず，後で用いるために次の 2 つの重要な等式を証明する。とくに，後者は情報等式と呼ばれる。

$$\mathrm{E}\left[\frac{\partial \ln f(X_i; \theta_0)}{\partial \theta}\right] = \int \frac{\partial \ln f(x; \theta_0)}{\partial \theta} f(x; \theta_0) = 0 \tag{B.49}$$

$$\mathrm{Var}\left[\frac{\partial \ln f(X_i; \theta_0)}{\partial \theta}\right] = -\mathrm{E}\left[\frac{\partial^2 \ln f(X_i; \theta_0)}{\partial \theta \partial \theta'}\right] \tag{B.50}$$

まず (B.49) を示そう。密度関数の性質より

$$\int f(x; \theta) dx = 1$$

である。以下では，微分と積分が入れ換えられるとしよう。その両辺を θ で微分すると

$$\int \frac{\partial f(x; \theta)}{\partial \theta} dx = 0 \tag{B.51}$$

である。$\partial \ln f(x; \theta)/\partial \theta = f(x; \theta)^{-1} \partial f(x; \theta)/\partial \theta$ を使って左辺を書き換えると

$$\int \frac{\partial \ln f(x; \theta)}{\partial \theta} f(x; \theta) dx = 0$$

これはどの θ についても成立するので，$\theta = \theta_0$ を代入すれば (B.49) 式が成り立つ。これをもう一度 θ について微分すると，

$$\int \left[\frac{\partial^2 \ln f(x; \theta)}{\partial \theta \partial \theta'} f(x; \theta) + \frac{\partial \ln f(x; \theta)}{\partial \theta} \frac{\partial \ln f(x; \theta)}{\partial \theta'}\right] f(x; \theta) dx = 0$$

である。$\theta = \theta_0$ を代入すると，(B.50) 式を得る。

> **一 致 性** 一定の仮定のもとで，最尤推定量は一致性

$$\theta_{ML} \xrightarrow{p} \theta_0$$

を持つ。(B.48) 式を $\theta_{ML} = \theta_0$ の周りでテイラー展開すると，

$$\sum_{i=1}^{N} \left[\frac{\partial \ln f(X_i; \theta_0)}{\partial \theta} + \frac{\partial^2 \ln f(X_i; \theta_*)}{\partial \theta \partial \theta'}(\theta_{ML} - \theta_0)\right] = 0$$

である。ただし，θ_* は θ_{ML} と θ_0 の間の点である。これを $\theta_{ML} - \theta_0$ について解くと

$$\theta_{ML} - \theta_0 = \left[\frac{1}{N}\sum_{i=1}^{N} \frac{\partial^2 \ln f(X_i; \theta_*)}{\partial \theta \partial \theta'}\right]^{-1} \frac{1}{N}\sum_{i=1}^{N} \frac{\partial \ln f(X_i; \theta_0)}{\partial \theta} \tag{B.52}$$

を得る。(B.49) 式が成り立つので，大数の法則より

$$\frac{1}{N}\sum_{i=1}^{N} \frac{\partial \ln f(X_i; \theta_0)}{\partial \theta} \xrightarrow{p} 0$$

である。もし $\partial^2 \ln f(X_i;\theta)/\partial\theta\partial\theta'$ が θ に依存しないなら，GMM の B.3.2 項での説明と同様に，一致性を示すことができる。分散が既知の正規分布がその一例である。一般には，GMM を説明した B.3.2 項でも述べたように，逆行列自体が θ_* を通して θ_{ML} に依存するため，Amemiya(1985) の Theorem 4.1.1 を用いて証明する。

漸近正規性

(B.52) 式に $\sqrt{N}$ を掛けると

$$\sqrt{N}(\theta_{ML} - \theta_0) = \left[\frac{1}{N}\sum_{i=1}^{N}\frac{\partial^2 \ln f(X_i;\theta_*)}{\partial\theta\partial\theta'}\right]^{-1}\frac{1}{\sqrt{N}}\sum_{i=1}^{N}\frac{\partial \ln f(X_i;\theta_0)}{\partial\theta}$$

を得る。(B.49) 式と (B.50) 式から，

$$\frac{1}{\sqrt{N}}\sum_{i=1}^{N}\frac{\partial \ln f(X_i;\theta_0)}{\partial\theta} \xrightarrow{d} N\left(0, -\mathrm{E}\left[\frac{\partial^2 \ln f(X_i;\theta_0)}{\partial\theta\partial\theta'}\right]\right)$$

が成り立つ。この漸近分散

$$I(\theta_0) = -\mathrm{E}\left[\frac{\partial^2 \ln f(X_i;\theta_0)}{\partial\theta\partial\theta'}\right] \tag{B.53}$$

をフィッシャー情報量という。一致性が成り立つものとすると，$\theta_* \xrightarrow{p} \theta_0$ なので，

$$\frac{1}{N}\sum_{i=1}^{N}\frac{\partial^2 \ln f(X_i;\theta_*)}{\partial\theta\partial\theta'} \xrightarrow{p} I(\theta_0)$$

となりそうである。通常われわれが扱う最尤推定問題では，これが成り立つ。これが成立するための十分条件が Amemiya (1985) の Theorem 4.1.5 に述べられている。それは，θ_0 の近傍で，$\mathrm{E}\left[\dfrac{\partial^2 \ln f(X_i;\theta)}{\partial\theta\partial\theta'}\right]$ が連続かつ $\dfrac{1}{N}\sum_{i=1}^{N}\dfrac{\partial^2 \ln f(X_i;\theta)}{\partial\theta\partial\theta'}$ が $\mathrm{E}\left[\dfrac{\partial^2 \ln f(X_i;\theta)}{\partial\theta\partial\theta'}\right]$ に一様確率収束することである。

これらをまとめると，スルツキーの定理より

$$\sqrt{N}(\theta_{ML} - \theta_0) \xrightarrow{d} N(0, I(\theta_0)^{-1}) \tag{B.54}$$

となる。(B.53) 式の形を見れば，標準誤差を得るには，

$$\hat{I}(\theta_0) = -\frac{1}{N}\sum_{i=1}^{N}\frac{\partial^2 \ln f(X_i;\theta_{ML})}{\partial\theta\partial\theta'} \tag{B.55}$$

を用いればよいことがわかるだろう。実際，これは $I(\theta_0)$ の一致推定量である。

効率性

一般に，不偏性を持つ推定量の分散は，ある水準より小さくなりえないことが知られている。その水準をクラーメル = ラオ下限（Cramér-Rao lower bound; CRLB）という。そのため，CRLB を達成する不偏推定量は効率的であるといわれる。CRLB は次のように導出される。

ある密度 $f(x;\theta)$ から得られた無作為標本を $\{X_1,\ldots,X_N\}$ としよう。θ の任意の不偏推定量を $T(X) = T(X_1,\ldots,X_N)$ とし，$f_N(x;\theta) = f(x_1;\theta) \times f(x_2;\theta) \times \cdots \times$

$f(x_N; \theta)$ とすると，

$$\theta = \int T(x) f_N(x; \theta) dx$$

が成り立つ。もちろん特定の値の θ のみに対してこれが成り立っても意味がなく，θ が取ることのできる範囲全体でこの性質が成り立つような $T(\cdot)$ を考える。たとえば，標本平均は，本当の期待値がいくつであっても不偏推定量である。表現を簡単にするために θ をスカラーとする。両辺を θ で微分すると，

$$
\begin{aligned}
1 &= \int T(x) \frac{df_N(x; \theta)}{d\theta} dx = \int [T(x) - \theta] \frac{df_N(x; \theta)}{d\theta} dx \\
&= \int [T(x) - \theta] \frac{d \ln f_N(x; \theta)}{d\theta} f_N(x; \theta) dx \\
&= \mathrm{E} \left\{ [T(X) - \theta] \left[\frac{d \ln f_N(X; \theta)}{d\theta} \right] \right\} \\
&\leq \left(\mathrm{E} \{ [T(X) - \theta]^2 \} \mathrm{E} \left\{ \left[\frac{d \ln f_N(X; \theta)}{d\theta} \right]^2 \right\} \right)^{1/2}
\end{aligned}
$$

である。2 つめの等号では (B.51) 式，最後の不等号はコーシー＝シュワルツの不等式を使った。この不等式を変形すると

$$
\mathrm{E} \{ [T(X) - \theta]^2 \} \geq \frac{1}{\mathrm{E} \left\{ \left[\dfrac{d \ln f_N(X; \theta)}{d\theta} \right]^2 \right\}} = \frac{1}{N \, I(\theta)}
$$

を得る。最後の等号では，$f_N(x; \theta) = f(x_1; \theta) \times \cdots \times f(x_N; \theta)$ であることと情報量の定義 (B.53) 式を用いた。これは，どの不偏推定量を持ってきても，その分散は $N^{-1} I(\theta)^{-1}$ を下回ることができないことを意味しており，これが CRLB である。

　最尤推定量を提案し，その統計的性質を最初に調べたのはフィッシャー（R. A. Fischer）である。最尤推定量は一般に不偏ではないが，彼は一致性と漸近正規性を有する推定量の分散の下限もクラーメル＝ラオ下限に一致すると予想していた。本書のレベルを超えるため詳細は述べないが，超一致性（super consistency）と呼ばれる性質を持つ特殊な推定量を除外すれば，その予想が正しいことが後に明らかになった。そのため，一致性と漸近正規性を持ち，(B.54) 式の右辺と同じ漸近分散を持つ推定量を有効推定量，もしくは効率的な推定量という。もちろん最尤推定量は効率的な推定量である。

B.4.2　ロジット推定とプロビット推定の漸近分散

　ロジット・モデルとプロビット・モデルのパラメータは，ともに最尤法によって推定される。先に述べたように，一般に最尤推定量は一致性と漸近正規性を持ち，もちろんどちらのモデルについてもそれは成立する。ここでは，それぞれの場合について漸近分散を導出しよう。すでに (B.54) 式で示したように，一般に最尤推定量の漸近分散は (B.53) 式の逆行列であるから，それをモデルに即して求めればよい。

二項選択モデル　二項選択モデルでは，Y_i は 0 か 1 を取る離散確率変数で，説明変数 X_i を条件とする Y_i の確率関数は

$$P_{Y_i|X_i}(y|x;\beta) = \begin{cases} F(\beta'x), & (y=1) \\ 1 - F(\beta'x), & (y=0) \end{cases}$$

である。ここで，F は分布関数である。第 8 章で説明したように，F が標準正規分布ならプロビット・モデル，標準ロジスティック分布ならロジット・モデルに帰着する。下付きの $Y_i|X_i$ を省略して，これを

$$P(y|x;\beta) = [1 - F(\beta'x)]^{1-y} F(\beta'x)^y, \quad y = 0, 1$$

と書くことができる。X の密度関数（もし X が離散なら確率関数）を $g(x)$ とすると，条件なしの確率関数は，

$$P(y, x; \beta) = [1 - F(\beta'x)]^{1-y} F(\beta'x)^y g(x), \quad y = 0, 1$$

となる。すると，第 i 番目の観測値に関するプロビット・モデルの対数尤度は

$$\ln P(Y_i, X_i; \beta) = \ln P(Y_i|X_i; \beta) + \ln g(X_i)$$
$$= \{(1 - Y_i)\ln[1 - F(\beta'X_i)] + Y_i\ln[F(\beta'X_i)]\} + \ln g(X_i)$$

である。β は，$Y = 1$ の確率が X からどのような影響を受けるかを定めるパラメータなので，通常 $g(x)$ は β と無関係である。したがって，これを β で 2 回微分して -1 を掛けると，

$$-\frac{\partial^2 \log P(Y_i, X_i; \beta)}{\partial\beta\partial\beta'} = \left\{\frac{Y_i - F(\beta'X_i)}{F(\beta'X_i)[1 - F(\beta'X_i)]}\right\}^2 f(\beta'X_i)^2 X_i X_i'$$
$$- \frac{Y_i - F(\beta'X_i)}{F(\beta'X_i)[1 - F(\beta'X_i)]} f'(\beta'X_i) X_i X_i'$$

であることがわかる。ただし，$f(z)$ は $F(z)$ の密度関数，つまり $f(z) = dF(z)/dz$ である。Y_i は 0 か 1 の値しか取らないため，常に $Y_i^2 = Y_i$ が成り立ち，また $\mathrm{E}(Y_i|X_i) = F(\beta'X_i)$ である。それらに加えて繰り返し期待値の法則を用いて両辺の期待値を取ると，

$$-\mathrm{E}\left[\frac{\partial^2 \log P(Y_i; \beta)}{\partial\beta\partial\beta'}\right] = \mathrm{E}\left\{\frac{f(\beta'X_i)^2 X_i X_i'}{F(\beta'X_i)[1 - F(\beta'X_i)]}\right\}$$

を得る。したがって，二項選択モデルにおけるフィッシャー情報量は

$$I(\beta_0) = \mathrm{E}\left\{\frac{f(\beta_0'X_i)^2 X_i X_i'}{F(\beta_0'X_i)[1 - F(\beta_0'X_i)]}\right\} \tag{B.56}$$

となる。

プロビット推定量の漸近分散　上の結果を用いてプロビット推定におけるフィッシャー情報量を求めよう。F と f をそれぞれ標準正規分布の分布関数 Φ と密度関数 ϕ で置き換えればよいので，

付録 B　回帰分析，モーメント法，最尤法の漸近理論　691

$$E\left\{\frac{\phi(\beta_0'X_i)^2 X_i X_i'}{\Phi(\beta_0'X_i)[1-\Phi(\beta_0'X_i)]}\right\}$$

である。これを推定するには，(B.55) 式と同様に

$$\hat{I}(\beta_0) = \frac{1}{N}\sum_{i=1}^{N}\frac{\phi(\hat{\beta}_{prob}'X_i)^2 X_i X_i'}{\Phi(\hat{\beta}_{prob}'X_i)[1-\Phi(\hat{\beta}_{prob}'X_i)]}$$

とすればよいので，プロビット推定量の漸近分散は

$$\hat{I}(\beta_0)^{-1} = \left\{\frac{1}{N}\sum_{i=1}^{N}\frac{\phi(\hat{\beta}_{prob}'X_i)^2 X_i X_i'}{\Phi(\hat{\beta}_{prob}'X_i)[1-\Phi(\hat{\beta}_{prob}'X_i)]}\right\}^{-1}$$

によって推定できる。ただし，$\hat{\beta}_{prob}$ はプロビット・モデルの β の最尤推定量である。

ロジット推定量の漸近分散 ロジット・モデルの場合は，プロビットの場合よりも単純な漸近分散の表現が得られる。標準プロビット分布関数は

$$\Lambda(z) = \frac{\exp(z)}{1+\exp(z)}$$

であり，$d\exp(z)/dz = \exp(z)$ であることを用いると，その密度関数は

$$\lambda(z) = \frac{d\Lambda(z)}{dz} = \frac{\exp(z)}{[1+\exp(z)]^2} = \Lambda(z)[1-\Lambda(z)]$$

である。(B.56) 式の F と f をそれぞれ Λ と λ で置き換えると，フィッシャー情報量は

$$E\{\Lambda(\beta_0'X_i)[1-\Lambda(\beta_0'X_i)]X_i X_i'\}$$

となる。したがって，プロビットの場合と同様に，ロジット推定の漸近分散は

$$\hat{I}(\beta_0)^{-1} = \left\{\frac{1}{N}\sum_{i=1}^{N}\Lambda(\hat{\beta}_{log}'X_i)[1-\Lambda(\hat{\beta}_{log}'X_i)]X_i X_i'\right\}^{-1}$$

によって推定すればよい。ただし，$\hat{\beta}_{log}$ はロジット・モデルの β の最尤推定量である。

| | 付録 C | ECONOMETRICS |

実証研究の手引き

　付録 C では，本書で紹介した計量経済学の手法を使って，どのように実証研究を進め，論文やレポートにまとめていけばよいのかについて，順を追って説明する。対象とする読者は，主に実証研究に基づいて卒業論文を書く学部 4 年生であるが，授業のレポートや修士論文を書く際にも参考となるだろう。この付録を参考に，本書で学んだ知識や手法を実際に活用するための実証分析の作法をぜひ身につけてほしい。

C.1　はじめに

　レポートを書く際に最も留意すべきことは，剽窃・盗用・ねつ造・二重投稿など，学術上のルール違反は絶対に侵さないことである。これらが見つかれば，どんなに前のものであったとしても，研究者生命が失われかねないほど重大なものである。研究倫理については日本学術振興会が『科学の健全な発展のために──誠実な科学者の心得』という冊子をまとめている。ネットでも読めるようになっているので，研究者を志す学生は一読すべきである。

　先行研究などを参考にすることは重要であるが，他の人が書いた文章や図表を，そのことを明示的に示さずに，そのまま引き写すことは剽窃・盗用に当たり，避けなければならない。他の人が書いた文章を引き写す場合には適切な引用の形式があるので，それに従う必要がある。また他の人の研究結果を自分のものとして発表することも，剽窃・盗用に当たる。

　データのねつ造を行ってはいけないのは当然であるが，データの加工と分析に再現性があることも重要である。実証分析の論文の読者は，筆者が可能な限り誠実にデータを作成し，そのデータを適切に加工し，分析した結果をもとに議論がされていることを前提としている。それを客観的に示すために，他の研究者が同じ分析をしようとする際に分析結果を再現できるようにデータの出所を正確に記録し，統計解析ソフトの実行ファイルなどをしっかりと保存しておくことが必要である。

　さらに，大学院生等の読者の中には，論文を査読付き学術誌に投稿しようとする者もいるだろう。この際に，すでに出版物になったもの（ディスカッションペーパーなど将来他の媒体で出版することを前提としたものを除く）を査読付き学術誌に投稿することは，二重投稿と呼ばれ厳しく禁じられている。図表など論文の一部を変更したとしても，本質的に同じ論文であれば二重投稿に当たる。

C.2　テーマ設定から研究対象の確定まで

問題意識：テーマを見つける

まずはじめに，分析の対象とするテーマを見つける必要がある。この段階では，テーマは漠然としたものでもよい。テーマを見つけるのは難しいが，身近な問題から考えてもいいし，授業で触れられた先行研究を読む中で生まれた疑問から考えてもいい。

ここで重要なのは，どのような種類のデータを探すのかを決める，ということである。たとえば，労働経済学に興味があり，日本の若年層の労働環境をテーマにするとしよう。これでは漠然としているが，それでも，日本の若年層の就業状況や学歴・資格などの状況を含んだデータを入手したいなどのように，どのようなデータを探せばよいかについては，決めることができるであろう。一方で，自分でデータを作り出すタイプの研究をするのであれば，以下で述べる仮説を立てるところまでを含めて，詳細にどのようなデータを集めればよいかを決める必要がある。

データを集める

次に，先に決めたテーマに関連するデータを探す。実証分析はデータがないと始まらないので，設定したテーマに関連しそうなデータについて一通り探してみることが重要である。データが入手できれば，データの種類（クロスセクション，パネル，あるいは時系列かどうかなど）や，どのような変数が利用可能であるか，欠損値の有無，無作為標本になっているか，もしなっていないならどのようなサンプリングをしているかを確認する。また，データをただ保存するだけでは，後で論文を書く際に出所を忘れてしまう可能性があるので，データの出所について正確にメモを取っておく必要がある。

収集したデータについては，問題点や偏りがないかも十分に検討しなければならない。もし何らかの問題点や偏りが予想されるのであれば，実際に分析に入る前に，研究結果にどのような影響を与えるかを検討しておく必要がある。研究結果に与える歪みがあまりにも深刻であれば，その研究テーマを進めることは難しいと判断することもありうるだろう。また，先行研究で用いられたデータや分析との類似点や相違点があれば，それについても検討する。

第II部のミクロ編で主に扱った個票データを用いる際には，そのデータがどのような調査に基づいて収集されたものかを調べ，信頼に値するものであるかどうかを吟味しなければならない。その際には，どのような母集団を対象とし，どのように標本を抽出したかについて調べ，さらに回収率を確認し，抽出された標本がその調査が対象とする母集団を代表するものとなっているかどうかを検討することが重要である。また，実際の調査票にまでさかのぼり，どのような質問項目から各変数が作成されているかを調べることも必要である。論文やレポートにまとめる際には，その調査が提供しているデータの中から必要なものを取捨選択し，分析に用いるデータがどのように作成されたかを論文やレポートの中でまとめる。

個票を使った分析を行いたい場合には，以下のウェブサイトを見てどのようなデータがあるかを把握することができる。

・東京大学社会科学研究所附属社会調査・データアーカイブ研究センター
・大阪商科大学日本版一般社会調査（JGSS）
・慶應義塾大学パネルデータ設計・解析センター

　これらの調査は利用を希望する場合には利用申請を行う必要がある。許可が下りるまでに時間がかかることがあるので，時間に余裕をもって申請を行う必要がある。

　第7章で利用した「国際成人力調査（PIAAC）」は，成人の働き方を捉える調査として貴重なデータである。データの概要は，国立教育政策研究所のウェブページで紹介されている。さらに，調査の元締めである OECD のウェブページからは日本のものを含めて調査参加各国の個票データがダウンロードできるようになっている。とりあえず，日本の個票データを使った分析をしてみたいという場合には，最も使いやすいデータであろう。

　第III部のマクロ編で扱った GDP 統計などのデータの場合，データがどのように作成されたかを理解することはきわめて難しい場合が多く，論文の中でその作成過程を紹介することが現実的でない場合がある。しかしそのような場合であっても，どのような統計に基づいて集計量が計算されているのかについて，しっかりとした理解を得ることが必要である。

　日本経済のマクロ統計などの基本的な情報を知りたい場合には，「e-Stat（政府統計の総合窓口）」，日本銀行ウェブサイト内の「統計」，内閣府ホームページ内の「国民経済計算（GDP 統計）」などといった政府系のウェブサイトが有用である。これらのウェブサイトを通じて集計された統計を得ることができる。

　研究論文で利用されたデータは，多くの学術雑誌で公開されている。たとえば，アメリカ経済学会（American Economic Association）やエコノメトリック・ソサエティ（Econometric Society）が出版する雑誌に掲載された実証研究の論文のデータは，データが公開できないなどの例外を除いて，ウェブページからダウンロードできる。なお，紹介したウェブサイトへのリンクは，本書のウェブサポートページに掲載してある。ウェブサイト等の情報はアップデートの頻度が高いので，常に最新の情報をフォローするように心がけることが望ましい。

仮説を立てる

　次はいよいよ，具体的にどのような問題を解明するかについて，仮説を立てていく。仮説を考える際には，できる限り経済学の標準的な理論に基づいて考えるべきである。実際に取り組む実証研究の方向性としては，たとえば，社会現象の原因を推論し因果関係を推定する研究，特定の政策介入が初期の目的を達成したかどうかを検証する研究，あるいは新しい統計手法を使うことで先行研究と異なる結果が導かれるかどうかを検証する研究，などといったものがありうる。

　入手したデータで仮説を検証することが可能であるか，また計量経済学の手法を用いて分析することが可能であるかどうか，といった点について判断しておく必要がある。仮説を検証するために必要なデータが不足している場合には，追加のデータが必要になるかもしれない。また，本書などの計量経済学の教科書を参照しながら，手持ちのデー

付録C　実証研究の手引き　695

タでどのような問題を解明できるかを考えるといった場合もありうる。

さらには，進めようとしている研究の意義についても考えておくことが重要である。自身の分析でどのような問題に答えを出そうとしているのか，なぜその問題に答えることが重要なのか，どのような点でおもしろいのか，その問題に答えることの経済学的な意義，社会科学的な意義はどんなところにあるのか，などについて，分析に入る前に十分に考え抜くことが重要である。また，次に述べる先行研究との関係で，まだ明らかになっていない点は何であって，自分の研究の貢献が何かを考えることも重要である。

最後に，仮説は，たとえ狭くなろうとも，しっかりと焦点を定めることが重要だということを指摘しておきたい。基本的には，論文では1つのことのみについて書いていく。たとえ長い論文を書く場合でも，論文の内容は1つの焦点についての議論からなっており，それ以外の部分は，その1つの焦点となる部分のための準備，あるいは結果の正当化のための議論となる。

先行研究を調べる

仮説が立てられたら，次のステップでは先行研究について調べる。どの程度の分量の先行研究を調べるとよいかは研究対象によるが，さしあたり20編程度の論文を目安にするとよい。もし設定した研究テーマや仮説に直接関係する先行研究が少ない場合であっても，関連度があまり高くない研究も含めて20編程度は探して，経済学研究のこれまでの流れのどこに，自身がこれから進めようとする研究を位置づけることができそうかを考えなければならない。先行研究を調べる際には，まずはサーベイ論文（その分野の研究の発展をさまざまな論文を紹介しながら概観した論文）を読んで，その分野の全体像を把握することが有用である。そのうえで，論文や書籍を集め，それらの序論を読んで全体像をつかみ，そのあとで実際の分析や結果の部分を読み進めるようにするとよいだろう。そのあと，とくに関連のありそうな論文を数編見つけ，それらについては細部まで理解できるように読み込んだほうがよい。

先行研究を調べる目的は，先に考えた仮説がどの程度これまで研究されてきたのかを調べることにある。とくに，実証研究を支える経済理論の枠組みを学ぶこと，またこれまでに得られてきた結果はどのようなものか，さらにこれまでに使用されてきた計量経済学の手法を学ぶことが重要である。

大学等の付属図書館にアクセス可能であれば，Web of Science，EconLit with Full-text などの学術論文データベースが利用できるはずである。興味のあるキーワードを入力して，関連する先行研究を調べること。

仮に大学に所属していなくても，Google Scholar は誰でも利用することができる強力なツールである。ある論文がどれだけ他の論文に引用されているかを示す被引用件数を調べることができるため，それぞれの論文がどの程度重要な論文なのかを判断することができる。また，その研究を引用している後続の研究も被引用件数とともに調べられるので，研究がどのように発展してきているかを調べることもできる。ただし残念なのは，日本語文献がそれほどカバーされていないことである。日本語の文献に関しては，CiNii や国立国会図書館のリサーチ・ナビが有用である。

作業の順序

以上の作業を経たあとで，研究対象を確定し，分析に進むことになる。本節ではさしあたり，データ，仮説，先行研究の順に進むことを提案したが，途中でこの手順の中を行き来することもありうる。たとえば，設定した仮説によっては，追加的なデータを探す必要が出てくるかもしれない。あるいは先行研究を調べる中で，より興味深い仮説を思いつき，そのためのデータを探し，さらに関連する先行研究を調べることになるかもしれない。このあたりの点は，柔軟に対応するのがよいだろう。

C.3　分析を進める

データの整理と記述統計の まとめ方

データ分析の最初の段階は，データを統計解析ソフトで分析できるように，データを整理することである。データセットの作成の手順や手法については詳しくメモを取り，実際に用いた統計解析ソフトなどのスクリプトやコードの形で，データセットの作成を記録に残すことが望ましい。

また，具体的な分析に入る前に，記述統計をしっかりと吟味しておくことがきわめて重要である。平均値や標準偏差を見て，それらの数字が常識的な数字であるかどうかを確認する中で，データ作成の過程でミスが起こっていないかを確認するのである。加えて，興味のある説明変数でグループを作り，それぞれのグループごとの平均値や標準偏差を算出することも有用である。たとえば，「教育の収益率」の推定を目的として，被説明変数に対数変換した時間当たり賃金を用い，説明変数に教育年数，勤続年数，その他のコントロール変数を用いて重回帰分析を行うといった場合には，標本全体の記述統計量を算出するとともに，教育年数ごとに標本を分割して，分割したグループごとに，説明変数や被説明変数の記述統計量をまとめる。重要なのは，分析にあたって関心のある説明変数の軸に沿ってグループ分けをすることである。混同しやすいかもしれないが，被説明変数の軸に沿ってグループ分けをするのではないということに注意してほしい。

このように，しっかりした方法に基づいて記述統計量の表を作成すると，記述統計量からでもかなりの情報を読み取ることができる。論文やレポートにまとめる際は，これらの記述統計表から取捨選択し，丁寧に記述していくことで，議論の厚みが増すだろう。記述統計表は本書の第5章で掲げられている表5-5（193ページ）などを参考にしてみてほしい。

モデルと推定手法

事前に立てた仮説を推定しようとするモデルに具体的に落とし込んで，その仮説がどのような統計手法で検証できるのかを検討し，分析を行う。もし先行研究に同じような仮説があれば，それに従って分析を始める。一方で，改善できる点や，利用するデータに合わせて調整が必要な点があれば，追加的に分析していく。この段階では，本書で学んだ統計手法やそれぞれの注意点を参考にしながら進めて行くとよいだろう。

実証研究を行うにあたっては，いったいどのような要因が，分析で焦点を当てている

付録C　実証研究の手引き　　697

説明変数の変動を生み出しているのかについて，明確にしておく必要がある。先にも触れた教育の収益率の推定を目的とする分析で考えると，被説明変数に対数変換した時間当たり賃金を用い，説明変数に教育年数，勤続年数，その他のコントロール変数とした賃金方程式の係数を重回帰分析によって推定することで分析しようとするならば，なぜ個人によって教育年数の違いがあるのかを深く考える必要がある。たとえば，親の所得の高さが教育年数に違いをもたらしていると考えると，親の所得が賃金に直接の影響を及ぼしているかを考える必要がある。もしもそうであれば，親の所得を重回帰モデルの説明変数に導入するなどの対応が必要になる。

分析結果のまとめと解釈　分析を終えたら，結果をまとめ，解釈し，仮説に適合しているか検討する。結果をどのように解釈すべきか，これまで本書の各章で解説した統計手法，紹介してきた実証例，この付録で述べてきた点に注意して検討を進めてほしい。

　ある仮説に基づいて，実際に分析を進めていくと，時としては当初の仮説を修正せざるをえなかったり，当初の仮説よりもさらに興味深い仮説を検証していることに気づいたりすることもある。このような際には，新たな仮説を理論的に導出し，その仮説を検証しているという形式に論文に仕上げるのが一般的である。実際の研究プロセスは試行錯誤を繰り返す，直線的ではないプロセスであるが，論文を書く際には直線的に研究が進んだかのように書かないと，読者には理解しづらい論文となってしまう。新たな仮説を検証するとなると，その仮説から追加的な実証的な含意が得られることもあり，追加的なデータを用意したほうが望ましいことに気づくこともあろう。

　最後に，分析結果が，頑健であるかどうかを確認する必要がある。これをロバストネスチェック（robustness check）という。データの加工の仕方やモデルや統計手法の違いによって，結果が変わることがないかどうかを確認するのである。読者が抱くだろうと予想される疑問を提示して，それに答えるという形で書き進めていく。大切なのは投げかけた疑問を常に回収することである。

　サンプルを年齢や性別といった属性で切り分けるサブサンプル分析も一般的だが，サブサンプルごとに違う結果が得られることが理論的に明確である場合にそのような作業を行ったほうがよい。注意すべきことは，サブサンプルを多数つくると，一部でたまたま統計的に有意な結果が出てしまうことがある。たとえば，5% 有意水準で帰無仮説の検証をするとき，20 のサブサンプルで仮説検証を繰り返すと，帰無仮説が正しいとしても 1 回は統計的に有意な結果が得られてしまう。このような結果から，多くのことを学ぶことは難しい。

C.4　ま　と　め

　最後に，論文やレポートにまとめる際の一般的な順序の一例を示しておく。以下はあくまでも一例なので，同じ手順でなくてもよい。自身で書き進めていく中で最もよいと考えるスタイルでまとめていこう。

　実際の研究プロセスは，テーマ設定，先行研究の精査，仮説の検討，データの収集，

分析，結果の解釈と直線的に進んでいくことはほとんどない。どんなにおもしろい仮説を思いついてもそれを検証するためのデータがなければ始まらないからである。そのため，テーマ設定，先行研究の把握，仮説の設定，データの検討，データの初期的な分析は混然一体とした形で行われているのが実態だろう。そのためには現実社会ではどのようなことが問題になっていて，経済学はその問題に対してどのようにアプローチしているかを，幅広く知ったうえで，どのようなデータが入手できそうかを検討していくことが必要である。

　もっとも，論文を書くときにはあたかも研究が直線的に進んだかのような形で書くほうが，読者は論文の論理構成を理解しやすいであろう。経済学の論文を書くうえでは，文章の芸術的価値よりも，読者にとっての論文の内容・構成・表現がわかりやすくなることを常に念頭に置き，簡潔に正確に書くことが大切である。

　以下では，よく使用される論文の構成の一例を紹介しよう。

論文のタイトル

概要：論文には，半ページ（本書のスタイルにおける）程度の概要を付ける。論文の内容を結果まで含めて書くこと。

1.　はじめに：
  (a)　問題の背景・問題意識を書く。
  (b)　本研究の研究手法について述べる。
  (c)　分析結果の概要を示す。「はじめに」の節には，重要な結果を中心に解説し，副次的な結果は簡単に書くようにする。
  (d)　問題に関する先行研究とそれらの先行研究の限界や明らかになっていない点を明記する。また研究手法において，先行研究の限界をどのような方法で乗り越えるかを明記する。先行研究について別の節を設けることもある。
  (e)　「はじめに」だけを読めば，論文の内容がわかるようにする。「はじめに」以降の内容は，「はじめに」に書かれた内容が適切な研究手法による結果であることを正当化するために存在すると理解するとよい。
  (f)　学部生の卒業論文などでは，個人的な経験から執筆の動機に至る論述をしばしば目にするが，そのようなことはしないこと。

2.　先行研究：
  (a)　「はじめに」に含めることもありうる。
  (b)　「先行研究」の節を独立して設ける場合には，この節を読まずとも「はじめに」を読めば論文の内容自体がわかるようにし，「先行研究」の節は，論文の新規性ならびに既存文献との関連を解説するために書くこと。

付録 C　実証研究の手引き　　699

3. モデルと仮説並びに分析方法：

　　仮説を，経済理論の枠組みで解説し，それが，どのような統計手法で分析できるのかを解説する。

4. データ：

(a) データの出所や，特徴を解説する。

(b) 実証研究では，第三者が既存の研究を再現し，吟味するといったプロセスも重要である。そのため，後で第三者がそのデータにあたることができるように，正確に引用する必要がある。論文やレポートにまとめる場合には，第三者が同じ分析を再現できるように，データの出所はどこかを十分に説明する。また，どのようにもとのデータを加工して，分析に使用するデータセットを構築したのかを書くこと。

(c) 分析で使用する変数の定義と記述統計量を述べる。本書の第5章などで提示した表や，それらの解説を参考にされたい。

5. 分析結果：

(a) 実証分析の結果の報告についての具体的な方法は，本書の第4章で，最小2乗法による重回帰分析の場合を例に詳しく解説している。表の作り方などもならうとよいだろう。他の分析手法を扱った場合の報告の仕方についても，具体的には本書の該当する各章を参照してほしい。

(b) 本文を読まなくても，図表だけを追えばどのような分析を行っているのか，分析から得られるインプリケーションは何か，などがわかることが望ましい。そのために，図表のタイトルの付け方，変数名の作り方，ラベルの貼り方を工夫するとよいだろう。

(c) 推定された係数については，統計的有意性だけではなくて，経済学的な意義や数量的なインパクトの大きさについても検討することが，とくに重要である。また，先行研究で得られている数量的なインパクトの大きさと比較することが可能であればそれも行い，結果が大きく異なる場合にはなぜ異なっているかを議論する。

(d) 注意が必要なのは，単に推定結果を列記しただけでは分析結果を解釈したことにはならないということである。分析の結果，推定された因果関係がどのようなメカニズムを通じて実現されたかを，事前に立てた仮説や経済理論などに踏まえて自身で推論することが，結果を解釈するという作業である。また，この推論を行うにあたっては，改めて先行研究を吟味して，すでに実証されていることを引用しながら議論を展開したり，他の研究で得られた推定結果や記述統計量にも目を配りながら自身の分析結果を吟味したりすることで推論の説得力を高めるようにすることも重要である。

(e) さらに，分析の結果が，頑健であることを示すために，ロバストネスチェックの結果も載せる。

(f) 都合の悪い結果，予想外の結果が得られたときは，なぜそういう結果になったのか，その結果が何を意味するのかをよく考えることが重要で，それが新しい発見につながることも多い。報告した結果のうち，どうしても説明できないこともあるだろう。それが重要であれば，わからないとはっきり書いて，今後の課題だと指摘することもできるし，語りえないことについて沈黙することもできる。

6. 結論（あるいは，「まとめ」「むすび」）：
(a) 分析の結果を短くまとめる。
(b) 結果の意味する学術的な含意や政策的な含意をまとめる。ただテーマによっては無理に政策的な含意を書く必要はない。さらに，追加的な研究が必要になる点なども，研究の結果から他の新しい研究が望まれる場合もここに書く。

7. 参考文献リスト：
(a) 参考文献表には，自分が論文に直接参照・引用したもののみを掲載すること。情報の second source からの引用（「孫引き」という）をできる限り避け，引用元（原典）を確認するよう努めること。
(b) 参考文献の一覧を作る際には，文献管理ソフトを利用するのが便利である。文献情報をソフトに登録しておけば，文献一覧を要求される体裁に合わせて出力することができる。商用ソフトとしては EndNote などがあり，フリーソフトでも Mendeley や JabRef などがある。

8. 補論，付表など：
(a) 参考文献表の後に，必要であれば，最小限の補論，付表などを付けてもよい。できる限りすべての分析結果は本文に入れ，言及することが望ましいが，本文に入れると本筋から離れるもの，長すぎるものなどをここに置く。
(b) たとえば，詳しいデータの出所，変数の計算方法，分析対象企業のリスト，データそのもの，などが考えられる。
(c) 企業の財務データを扱った分析の例では，本文には総資産利益率についてだけの結果を載せ，「売上高利益率についても分析したが，結果は同様であった（付表1参照）」などと書いて，売上高利益率についての計算結果は付表に入れる，といった形も考えられる。または，製造業全体についての分析結果だけを本文に書き，産業別の分析は付表に入れるなどといった形も考えられる。
(d) 場合によっては，付表を付さずに本文で分析結果について言及するだけでもかまわないが，求められればすぐに公表できるようにしておく。

付録D

ECONOMETRICS

文献ガイド

　本書の理解をより深めるために，以下に挙げるものを適宜読み進めるとよいだろう。計量経済学の考え方をわかりやすく一般読者向けに書かれたもの，統計学・計量経済学の定評のある入門書，またミクロ計量経済学と時系列分析にそれぞれ特化した発展的内容のテキストをそれぞれ列挙した。

D.1　統計学・計量経済学の基礎的な文献

■ 一般向け概説書

中室牧子・津川友介 (2017)『「原因と結果」の経済学——データから真実を見抜く思考法』ダイヤモンド社。

伊藤公一朗 (2017)『データ分析の力——因果関係に迫る思考法』光文社。

■ 統計学の入門

東京大学教養学部統計学教室編 (1991)『統計学入門』東京大学出版会。

小島寛之 (2006)『完全独習 統計学入門』ダイヤモンド社。

森棟公夫・照井伸彦・中川満・西埜晴久・黒住英司 (2015)『統計学〔新版〕』有斐閣。

■ 計量経済学の入門

田中隆一 (2015)『計量経済学の第一歩——実証分析のススメ』有斐閣。

鹿野繁樹 (2015)『新しい計量経済学——データで因果関係に迫る』日本評論社。

黒住英司 (2016)『計量経済学』東洋経済新報社。

■ 計量経済学の入門（英語文献）

Joshua D. Angrist and Jörn-Steffen Pischke (2014) *Mastering' Metrics: The Path from Cause to Effect*, Princeton University Press.

James H. Stock and Mark W. Watson (2015) *Introduction to Econometrics*, Update, 3rd Edition, Pearson Education.（第 2 版〔2nd Edition〕の翻訳 James H. Stock and Mark W. Watson／宮尾龍蔵訳 (2016)『入門 計量経済学』共立出版）

Jeffrey M. Wooldridge (2019) *Introductory Econometrics: A Modern Approach*, 7e, South-Western College Publishing.

D.2 ミクロ計量経済学の発展的な文献

ヨシュア・アングリスト，ヨーン・シュテファン・ピスケ／大森義明・小原美紀・田中隆一・野口晴子訳 (2013)『「ほとんど無害」な計量経済学——応用経済学のための実証分析ガイド』NTT 出版。(原著：Joshua D. Angrist and Jörn-Steffen Pischke (2009) *Mostly Harmless Econometrics: An Empiricist's Companion*, Princeton University Press)

末石直也 (2015)『計量経済学——ミクロデータ分析へのいざない』日本評論社。

星野崇宏 (2009)『調査観察データの統計科学——因果推論・選択バイアス・データ融合』岩波書店。

D.3 マクロデータ，時系列分析の発展的な文献

沖本竜義 (2010)『経済・ファイナンスデータの計量時系列分析』朝倉書店。

J. D. ハミルトン／沖本竜義・井上智夫訳 (2006)『時系列解析』上・下，シーエーピー出版。(原著：James D. Hamilton (1994) *Time Series Analysis*, Princeton University Press)

ウォルター・エンダース／新谷元嗣・藪友良訳 (2019)『実証のための計量時系列分析』有斐閣。(原著：Walter Enders (2014) *Applied Econometric Time Series*, 4th Edition, Wiley)

付表

付表1　標準正規分布

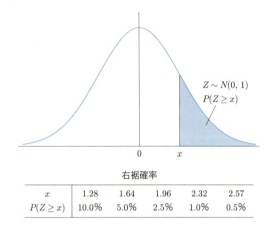

右裾確率

x	1.28	1.64	1.96	2.32	2.57
$P(Z \geq x)$	10.0%	5.0%	2.5%	1.0%	0.5%

付表2　χ^2_k 分布

k	右裾の確率		
	10%	5%	1%
1	2.71	3.84	6.63
2	4.61	5.99	9.21
3	6.25	7.81	11.34
4	7.78	9.49	13.28
5	9.24	11.07	15.09
6	10.64	12.59	16.81
7	12.02	14.07	18.48
8	13.36	15.51	20.09
9	14.68	16.92	21.67
10	15.99	18.31	23.21
11	17.28	19.68	24.72
12	18.55	21.03	26.22
13	19.81	22.36	27.69
14	21.06	23.68	29.14
15	22.31	25.00	30.58
16	23.54	26.30	32.00
17	24.77	27.59	33.41
18	25.99	28.87	34.81
19	27.20	30.14	36.19
20	28.41	31.41	37.57
21	29.62	32.67	38.93
22	30.81	33.92	40.29
23	32.01	35.17	41.64
24	33.20	36.42	42.98
25	34.38	37.65	44.31
26	35.56	38.89	45.64
27	36.74	40.11	46.96
28	37.92	41.34	48.28
29	39.09	42.56	49.59
30	40.26	43.77	50.89

付表 3　$F_{k,\infty}$ 分布

k	右裾の確率		
	10%	5%	1%
1	2.71	3.84	6.63
2	2.30	3.00	4.61
3	2.08	2.60	3.78
4	1.94	2.37	3.32
5	1.85	2.21	3.02
6	1.77	2.10	2.80
7	1.72	2.01	2.64
8	1.67	1.94	2.51
9	1.63	1.88	2.41
10	1.60	1.83	2.32

引用文献 ECONOMETRICS

【英語文献】

Amemiya, T. (1985) *Advanced Econometrics*, Harvard University Press.

Anderson, T. W. and H. Rubin (1949) "Estimation of the Parameters of a Single Equation in a Complete System of Stochastic Equations," *Annals of Mathematical Statistics*, 20 (1), 46-63.

Andrews, D. W. K. (1991) "Heteroskedasticity and Autocorrelation Consistent Covariance Matrix Estimation," *Econometrica*, 59 (3), 817-858.

Andrews, D. W. K. (2003) "Tests for Parameter Instability and Structural Change with Unknown Change Point: A Corrigendum," *Econometrica*, 71 (1), 395-397.

Angrist, J. D. (1989) "Using the Draft Lottery to Measure the Effect of Military Service on Civilian Labor Market Outcomes," *Research in Labor Economics*, 10: 265-310.

Angrist, J. D. (1990) "Lifetime Earnings and the Vietnam Era Draft Lottery: Evidence from Social Security Administrative Records," *American Economic Review*, 80 (3), 313-336.

Angrist, J. D. and A. B. Krueger (1991) "Does Compulsory School Attendance Affect Schooling and Earnings?" *Quarterly Journal of Economics*, 106 (4), 979-1014.

Angrist, J. D. and W. N. Evans (1998) "Children and Their Parents' Labor Supply: Evidence from Exogenous Variation in Family Size," *American Economic Review*, 88 (3), 450-477.

Angrist, J. D. and J.-S. Pischke (2008) *Mostly Harmless Econometrics: An Empiricist's Companion*, Princeton University Press. (大森義明ほか訳『「ほとんど無害な」計量経済学——応用経済学のための実証分析ガイド』NTT 出版, 2013 年)

Angrist, J. D. and J.-S. Pischke (2014) *Mastering 'Metrics: The Path from Cause to Effect*, Princeton University Press.

Angrist, J. D., K. Graddy, and G. W. Imbens (2000) "The Interpretation of Instrumental Variables Estimators in Simultaneous Equations Models with an Application to the Demand for Fish," *Review of Economic Studies*, 67 (3), 499-527.

Asai, Y., R. Kambayashi, and S. Yamaguchi (2015) "Childcare Availability, Household Structure, and Maternal Employment," *Journal of The Japanese and International Economies*, 38, 172-192.

Barro, R. J. (1991) "A Cross-Country Study of Growth, Saving, and Government," in B. D. Bernheim and J. B. Shoven, eds., *National Saving and Economic Performance*, University of Chicago Press, 271-304.

Becker, S. O., F. Cinnirella, E. Hornung, and L. Woessmann (2014) "iPEHD-The ifo Prussian Economic History Database," *Historical Methods: A Journal of Quantitative and Interdisciplinary History*, 47 (2), 57-66.

Becker, S. O. and L. Woessmann (2009) "Was Weber Wrong? A Human Capital Theory of Protestant Economic History," *Quarterly Journal of Economics*, 124 (2), 531-596.

Belloni, A., D. Chen, V. Chernozhukov, and C. Hansen (2012) "Sparse Models and Methods for Optimal Instruments with an Application to Eminent Domain," *Econometrica*, 80 (6), 2369-2429.

Beveridge, S. and C. R. Nelson (1981) "A New Approach to Decomposition of Economic Time Series into Permanent and Transitory Components with Particular Attention to Measurement of the 'Business Cycle'," *Journal of Monetary Economics*, 7 (2), 151-174.

Bound, J., D. A. Jaeger, and R. M. Baker (1995) "Problems with Instrumental Variables Estimation When Correlation Between the Instruments and the Endogenous Explanatory Variable Is Weak," *Journal of the American Statistical Association*, 90 (430), 443-450.

Box, G. E. P. and D. A. Pierce (1970) "Distribution of Residual Autocorrelations in Autoregressive-Integrated Moving Average Time Series Models," *Journal of the American Statistical Association*, 65 (332), 1509-1526.

Brodeur, A., M. Lé, M. Sangnier, and Y. Zylberberg (2016) "Star Wars: The Empirics Strike Back," *American Economic Journal: Applied Economics*, 8 (1), 1-32.

Brückner, M. and A. Ciccone (2011) "Rain and the Democratic Window of Opportunity," *Econometrica*, 79 (3), 923-947.

Cameron, A. C., J. B. Gelbach, and D. L. Miller (2011) "Robust Inference with Multiway Clustering," *Journal of Business & Economic Statistics*, 29 (2), 238-249.

Card, D. (1995) "Using Geographic Variation in College Proximity to Estimate the Return to Schooling," in L. N. Christofides, E. K. Grant, and R. Swindinsky, eds., *Aspects of Labour Market Behaviour: Essays in Honour of John Vanderkamp*, University of Toronto Press.

Chow, G. C. (1960) "Tests of Equality Between Sets of Coefficients in Two Linear Regressions," *Econometrica*, 28 (3), 591-605.

Clark, D. and P. Martorell (2014) "The Signaling Value of a High School Diploma," *Journal of Political Economy*, 122 (2), 282-318.

Cragg, J. G and S. G Donald (1993) "Testing Identifiability and Specification in Instrumental Variable Models," *Econometric Theory*, 9 (2), 222-240.

Dickey, D. A. and W. A. Fuller (1979) "Distribution of the Estimators for Autoregressive Time Series with a Unit Root," *Journal of the American Statistical Association*, 74 (366a), 427-431.

Diebold, F. X. (2015) *Forecasting*, Department of Economics, University of Pennsylvania, http://www.ssc.upenn.edu/~fdiebold/Textbooks.html.

Donald, S. G. and W. K. Newey (2001) "Choosing the Number of Instruments," *Econometrica*, 69 (5), 1161-1191.

Doornik, J. A. (1998) "Approximations to the Asymptotic Distribution of Cointegration Tests," *Journal of Economic Surveys*, 12 (5), 573-593.

Durbin, J. (1954) "Errors in Variables," *Revue de l'institut International de Statistique*, 22 (1-3), 23-32.

Enders, W. (2014) *Applied Econometric Time Series*, 4th ed., Wiley. (新谷元嗣・藪友良訳『実証分析のための 計量時系列解析』有斐閣, 近刊)

Engle, R. F. and C. W. J. Granger (1987) "Co-Integration and Error Correction: Representation, Estimation, and Testing, *Econometrica*, 55 (2), 251-276.

Fuest, C., A. Peichl and S. Siegloch (2018) "Do Higher Corporate Taxes Reduce Wages? Micro Evidence from Germany," *American Economic Review*, 108 (2), 393-418.

Fujiwara, T. (2015) "Voting Technology, Political Responsiveness, and Infant Health: Evidence from Brazil," *Econometrica*, 83 (2), 423-464.

Fuller, W. A. (1996) *Introduction to Statistical Time Series*, 2nd ed., Wiley.

Galí, J. and M. Gertler (1999) "Inflation Dynamics: A Structural Econometric Analysis," *Journal of Monetary Economics*, 44 (2), 195-222.

Gneezy, U. and J. A. List (2006) "Putting Behavioral Economics to Work: Testing for Gift Exchange in Labor Markets Using Field Experiments," *Econometrica*, 74 (5), 1365-1384.

Granger, C. W. J. (1969) "Investigating Causal Relations by Econometric Models and Cross-Spectral Methods," *Econometrica*, 37 (3), 424-438.

Guggenberger, P. (2010a) "The Impact of a Hausman Pretest on the Size of a Hypothesis Test: The Panel Data Case," *Journal of Econometrics*, 156 (2), 337-343.

Guggenberger, P. (2010b) "The Impact of a Hausman Pretest on the Asymptotic Size of a Hypothesis Test," *Econometric Theory*, 26(2), 369-382.

Hall, A. R. and F. P. M. Peixe (2003) "A Consistent Method for the Selection of Relevant Instruments," *Econometric Reviews*, 22 (3), 269-287.

Hamilton, J. D. (1994) *Time Series Analysis*, Princeton University Press. (沖本竜義・井上智夫訳『時系列解析 (上・下)』シーエーピー出版, 2006 年)

Hansen, L. P. (1982) "Large Sample Properties of Generalized Method of Moments Estimators," *Econometrica*, 50 (4), 1029-1053.

Hausman, J. A (1978) "Specification Tests in Econometrics," *Econometrica*, 46 (6), 1251-1271.

Hausman, J. A. and W. E. Taylor (1981) "Panel Data and Unobservable Individual Effects," *Econometrica*, 49 (6), 1377-1398.

Hayashi, F. (2000) *Econometrics*, Princeton University Press.

Heckman, J. J., D. Schmierer, and S. Urzua (2010) "Testing the Correlated Random Coefficient Model," *Journal of Econometrics*, 158 (2), 177-203.

Im, K. S., M. H. Pesaran and Y. Shin (2003) "Testing for Unit Roots in Heterogeneous Panels," *Journal of Econometrics*, 115 (1), 53-74.

Ito, T. and T. Yabu (2007) "What Prompts Japan to Intervene in the Forex Market? A New Approach to a Reaction Function," *Journal of International Money and Finance*, 26 (2), 193-212.

Johansen, S. (1995) *Likelihood-Based Inference in Cointegrated Vector Autoregressive Models*, Oxford University Press.

Kawaguchi, D. (2011) "Actual Age at School Entry, Educational Outcomes, and Earnings," *Journal of Japanese and International Economics*, 25(2), 64-80.

Kézdi, G. (2004) "Robust Standard Error Estimation in Fixed-Effects Panel Models," *Hangarian Statistical Review*, 9, 95-116.

Kitagawa, T. (2015) "A Test for Instrument Validity," *Econometrica*, 83 (5), 2043-2063.

Kleibergen, F. (2002) "Pivotal Statistics for Testing Structural Parameters in Instrumental Variables Regression," *Econometrica*, 70 (5), 1781-1803.

Kleibergen, F. and R. Paap (2006) "Generalized Reduced Rank Tests Using the Singular Value Decomposition," *Journal of Econometrics*, 133 (1), 97-126.

Knack, S. and P. Keefer (1997) "Does Social Capital Have an Economic Payoff? A Cross-Country Investigation," *Quarterly Journal of Economics*, 112 (4), 1251-1288.

Kuersteiner, G. and R. Okui (2010) "Constructing Optimal Instruments by First-Stage Prediction Averaging," *Econometrica*, 78 (2), 697-718.

Kunitomo, N. (1980) "Asymptotic Expansions of the Distributions of Estimators in a Linear Functional Relationship and Simultaneous Equations," *Journal of the American Statistical Association*, 75 (371), 693-700.

Kwiatkowski, D., P. C. B. Phillips, P. Schmidt and Y. Shin (1992) "Testing the Null Hypothesis of Stationarity against the Alternative of a Unit Root: Hov Sure Are We that Economic TimeSeries Have a Unit Root?," *Journal of Econometrics*, 54 (1-3), 159-178.

Ljung, G. M. and G. E. P. Box (1978) "On a Measure of a Lack of Fit in Time Series Models," *Biometrika*, 65 (2), 297-303.

MacKinnon, J. G. (1991) "Critical Values for Cointegration Tests," in R. F. Engle and C. W. J. Granger, eds., *Long-Run Economic Relationships: Readings in Cointegration*, Oxford University Press.

Madestam, A., D. Shoag, S. Veuger, and D. Yanagizawa-Drott (2013) "Do Political Protests Matter? Evidence from the Tea Party Movement," *Quarterly Journal of Economics*, 128 (4), 1633-1685.

Mankiw, N. G., D. Romer, and D. N. Weil (1992) "A Contribution to the Empirics of Economic Growth," *Quarterly Journal of Economics*, 107 (2), 407-437.

Miyakoshi, T. and Y Tsukuda (2004) "The Causes of the Long Stagnation in Japan," *Applied Financial Economics*, 14 (2), 113-120.

Montiel Olea, J. L. and C. E. Pflueger (2013) "A Robust Test for Weak Instruments," *Journal of Business & Economic Statistics*, 31 (3), 358-369.

Morimune, K. (1983) "Approximate Distribution of the k-Class Estimators when the Degree of Overidentifiability is Large Compared with the Sample Size," *Econometrica*, 51 (3), 821-841.

Nakamura, A. and M. Nakamura (1981) "On the Relationships Among Several Specification Error Tests Presented by Durbin, Wu, and Hausman," *Econometrica*, 49 (6), 1583-1588.

Newey, W. K. and K. D. West (1987) "A Simple, Positive Semi-Definite, Heteroskedasticity and Autocorrelation Consistent Covariance Matrix," *Econometrica*, 55 (3), 703-708.

Petersen, M. A. (2009) "Estimating Standard Errors in Finance Panel Data Sets: Comparing Approaches," *Review of Financial Studies*, 22 (1), 435-480.

Phillips, A. W. (1958) "The Relation Between Unemployment and the Rate of Change of Money Wage Rates in the United Kingdom, 1861-1957," *Economica*, 25 (100), 283-299.

Quandt, R. E. (1960) "Tests of the Hypothesis That a Linear Regression System Obeys Two Separate Regimes," *Journal of the American Statistical Association*, 55 (290),

324-330.

Ravn, M. O. and H. Uhlig (2002) "On Adjusting the Hodrick-Prescott Filter for the Frequency of Observations," *Review of Economics and Statistics*, 84 (2), 371-376.

Rosenzweig, M. R. and K. I. Wolpin (1980) "Testing the Quantity-Quality Fertility Model: The Use of Twins as a Natural Experiment," *Econometrica*, 48 (1), 227-240.

Rosenzweig, M. R. and K. I. Wolpin (2000) "Natural 'Natural Experiments' in Economics," *Journal of Economic Literature*, 38 (4), 827-874.

Sala-i-Martin, X. X. (1997) "I just Ran Two Million Regressions," *American Economic Review*, 87 (2), 178-183.

Sargan, J. D. (1958) "The Estimation of Economic Relationships Using Instrumental Variables," *Econometrica*, 26 (3), 393-415.

Sims, C. A. (1972) "Money, Income, and Causality," *American Economic Review*, 62 (4), 540-552.

Sims, C. A. (1980) "Macroeconomics and Reality," *Econometrica*, 48 (1), 1-48.

Staiger, D. and J. H. Stock (1997) "Instrumental Variables Regression with Weak Instruments," *Econometrica*, 65 (3), 557-586.

Stock, J. H. and M. W. Watson (2008) "Heteroskedasticity-robust Standard Errors for Fixed Effects Panel Data Regression," *Econometrica*, 76 (1), 155-174.

Stock, J. H. and M. Yogo (2005) "Asymptotic Distribution of Instrumental Variables Statistics with Many Weak Instruments," in D. W. K. Andrews and J. H. Stock, eds., *Identification and Inference for Econometric Models: Essays in Honor of Thomas Rothenberg*, Cambridge University Press, 109-120.

Takagi, S., M. Shintani, and T. Okamoto (2004) "Measuring the Economic Impact of Monetary Union: The Case of Okinawa," *Review of Economics and Statistics*, 86 (4), 858-867.

Taylor, J. B. (1993) "Discretion versus Policy Rules in Practice," *Carnegie-Rochester Conference Series on Public Policy*, 39, 195-214.

Uhlig, H. (2005) "What Are the Effects of Monetary Policy on Output? Results from an Agnostic Identification Procedure," *Journal of Monetary Economics*, 52 (2), 381-419.

Wang, W., and Ida, T. (2016) "Default Effect versus Active Decision: Evidence from a Field Experiment in Los Alamos," submitted. (https://sites.google.com/site/wenjiemetrics/research；LAC_20161223.pdf)

Weber, Max (1904-1905) "Die protestantische Ethik und der Geist des Kapitalismus," Archiv für Sozialwissenschaft und Sozialpolitik, 20-21, 1-54, 1-110.

Whittaker, E. T. (1922) "On a New Method of Graduations," *Proceedings of the Edinburgh Mathematical Society*, 41, 63-75.

Wu, De-Min (1973) "Alternative Tests of Independence Between Stochastic Regressors and Disturbances," *Econometrica*, 41 (4), 733-750.

【邦語文献】

朝井友紀子・神林龍・山口慎太郎（2016）「保育所整備と母親の就業率」『経済分析』191, 121-152。

アセモグル, ダロン＝ジェイムズ・A. ロビンソン／鬼澤忍訳（2016）『国家はなぜ衰退するのか

——権力・繁栄・貧困の起源』上下，早川書房。

依田高典（2013）『現代経済学 改訂新版』放送大学教育振興会。

ウェーバー，マックス／大塚久雄訳（1989）『プロテスタンティズムの倫理と資本主義の精神』岩波書店。

岡田章（2001）『経済学・経営学のための数学』東洋経済新報社。

奥井亮（2015）「固定効果と変量効果」『日本労働研究雑誌』657，6-9。

尾山大輔・安田洋祐編著（2013）『経済学で出る数学——高校数学からきちんと攻める 改訂版』日本評論社。

川田恵介・西谷元（2017）「短期留学プログラムが語学力到達度に与える影響について——広島大学 START プログラムの事例から」（https://sites.google.com/site/keisukekawata7/；Kawata_Nishitani_20170507.pdf）。

神取道宏（2014）『ミクロ経済学の力』日本評論社。

近藤絢子（2014）「私立中高一貫校の入学時学力と大学進学実績——サンデーショックを用いた分析」『日本経済研究』70，60-81。

ジンガレス，ルイジ／若田部昌澄監訳／栗原百代訳（2013）『人びとのための資本主義——市場と自由を取り戻す』NTT 出版。

末石直也（2015）『計量経済学——ミクロデータ分析へのいざない』日本評論社。

竹内啓（1963）『数理統計学——データ解析の方法』東洋経済新報社。

千木良弘朗・早川和彦・山本拓（2011）『動学的パネルデータ分析』知泉書館。

敦賀貴之・武藤一郎（2008）「ニューケインジアン・フィリップス曲線に関する実証研究の動向について」『金融研究』27（2），65-100。

中嶋亮（2016）「「誘導型推定」V.S.「構造推定」」『経済セミナー増刊 進化する経済学の実証分析』日本評論社，52-62。

パットナム，ロバート，D.／河田潤一訳（2001）『哲学する民主主義——伝統と改革の市民的構造』NTT 出版。

廣瀬康生（2012）『DSGE モデルによるマクロ実証分析の方法』三菱経済研究所。

藤原一平・渡部敏明（2011）「マクロ動学一般均衡モデル——サーベイと日本のマクロデータへの応用」『経済研究』62（1），66-93。

宮尾龍蔵（2006）『マクロ金融政策の時系列分析』日本経済新聞社。

森棟公夫（1985）『経済モデルの推定と検定』共立出版。

山口慎太郎（2016）「差の差分で検証する「保育所整備」の効果——社会科学における因果推論の応用」岩波データサイエンス刊行委員会（編）『岩波データサイエンス vol. 3』岩波書店，112-128。

要藤正任（2005）「ソーシャル・キャピタルは地域の経済成長を高めるか？——都道府県データによる実証分析」『国土交通政策研究』61。

事項索引 ECONOMETRICS

◆ データ

iPEHD　303, 322
PIAAC　→国際成人力調査
国際成人力調査（Programme for the International Assessment of Adult Competencies; PIAAC）　328, 347, 356, 364, 371, 386
SNA　→国民経済計算
Survey of Income and Program Participation; SIPP　424
World Economic Outlook Database　19
県民経済計算　192, 203
国勢調査　80, 192, 203, 242, 264, 323
国民経済計算（System of National Accounts; SNA）　522
社会生活基本調査　144, 192, 204
社会福祉行政業務報告　242, 264
就業構造基本調査　358, 359
消費者物価指数　204, 466, 472, 524
全国県民意識調査　144, 192, 203
都道府県の基礎統計　144, 192, 204

◆ 数 字

0次の和分変数　591
1階差分（first difference）　249
1階差分推定量（first difference estimator）　250
1次結合　634
1次元データ　9
1次従属　635
1次独立　635
1次の和分変数　591
1段階目の回帰（first stage regression）　287
100q%分位点　29, 41
2SLS　→2段階最小2乗法
2SLS推定における外生性　294
2SLS推定における関連性　294
2SLS推定量　286, 288, 289, 292, 301, 324
2階差分　250
2次元正規分布の期待値　65
2次元正規分布の共分散　65
2次元正規分布の分散　65
2次元正規分布の密度関数　65
2次トレンド（quadratic trend）モデル

535
2段階GMM　683
2段階最小2乗法（two stage least squares; 2SLS）　278, 280
2段階目の回帰式　290

◆ A・B・C

ADF回帰式　→拡張ディッキー=フラー回帰式
ADF検定　→拡張ディッキー=フラー検定
ADLモデル　→自己回帰分布ラグモデル
ARCH効果　514
ARCHモデル　→アーチモデル
ARモデル　→自己回帰モデル
ATE　→平均処置効果
ATT　→処置を受けた者の中での平均処置効果
BLUE　→最小分散線形不偏推定量
BN分解　→ベバリッジ=ネルソン分解
CIA　→条件付き独立性の仮定
CLT　→中心極限定理
CRLB　→クラーメル=ラオ下限
CUE　→連続更新推定

◆ D・E・F

DD推定　→差の差推定
DDD推定　→差の差の差推定
DF分布　→ディッキー=フラー分布
DSGEモデル　→動学的確率的一般均衡モデル
ESS　→回帰平方和
EViews　233, 279, 294, 515
FEIV　→固定効果操作変数推定
FFレート　→フェデラル・ファンド・レート
FGLS（feasible GLS）推定量　505, 678
Fuzzy RDD　→ファジーな回帰非連続デザイン
FWL定理　→フリッシュ=ウォー=ローヴェル定理
F 検定　176, 195, 204, 231
F 値　180
F 統計量　177
F 分布　49

◆ G・H・I

GARCHモデル　→ガーチモデル
GDP　→国内総生産
GDPギャップ　464
GDPデフレーター　462

713

GLS 推定　→一般化最小 2 乗推定
GMM　→一般化モーメント法
HAC（heteroskedasticity and auto-
　　correlation consistent）　230
──標準誤差　488, 489, 509, 519, 564
HP フィルター　→ホドリック＝プレスコッ
　　ト・フィルター
I(0) 変数　→ 0 次の和分変数
I(1) 変数　→ 1 次の和分変数
i.i.d.　→独立同一分布
IIA　→無関係な選択肢からの独立
IV　→操作変数

◆ J・K・L
J 検定　296, 684
k 次モーメント　30
k 変量標準正規分布　644
LAD　→最小絶対偏差法
LATE　→局所平均処置効果
LIML estimator　→制限情報最尤推定量
LR　→尤度比検定
LSDV　→最小 2 乗ダミー変数

◆ M・N・O
MLE　→最尤推定量
MSE　→平均 2 乗誤差
MSFE　→平均 2 乗予測誤差
Nadaraya-Watson 推定量　414
OLS　→最小 2 乗法
OLS 推定量　→最小 2 乗推定量

◆ P・Q・R
p 値　94
QLR test　→クオントの尤度比検定
Q 検定統計量　480
　　修正──　481, 483, 507
RCT　→ランダム化比較実験
RDD　→回帰非連続デザイン
RSS　→残差平方和

◆ S・T・V・X
Sharp RDD　→シャープな回帰非連続デザ
　　イン
SSR　→残差平方和
Stata　233, 279, 294, 347, 515
TSS　→全平方和
t 検定　94, 95
t 値　127
t 統計量　94, 127, 162, 177
t 分布　48
VAR モデル　→ベクトル自己回帰モデル
χ^2（カイ 2 乗）分布　48

◆ あ 行
赤池情報量規準（AIC）　499

アーチ（Autoregressive Conditional
　　Heteroskedasticity; ARCH）モ デ ル
　　514
『アメリカン・エコノミック・レビュー』
　　（American Economic Review）
　　196, 438
アンダーソン＝ルービンの検定法　299
安定根　→定常根
アンドリュース自動選択（automatic
　　selection）ルール　526
維持されるべき仮定（maintained
　　assumption）　401
異常値　16, 223, 276, 294
一様性（uniformity）　420, 451
一様分布　38
一致推定量　83
一致性　81, 83, 97, 118, 121, 133, 159,
　　223, 227, 230
一般化最小 2 乗（generalized least squares;
　　GLS）推定　676, 677
一般化最小 2 乗（GLS）推定量　505
一般化推定方程式（generalized estimating
　　equation）　289
一般化モーメント法（generalized method
　　of moments; GMM）　289, 292,
　　324, 519, 618, 681
移動平均　467, 573
イム＝ペサラン＝シンの方法　571
イールドカーブ（利回り曲線）　578
因果関係　119, 121, 134, 149, 395, 425,
　　426
　　逆の──　404
因果効果　5
因果推論　149, 395, 442
因果的影響　395
インパルス応答関数　613, 616, 618, 620,
　　625
打ち切りデータ　27
『エコノミカ』（Economica）　474
『エコノメトリカ』（Econometrica）
　　155
エコノメトリック・ソサエティ
　　（Econometric Society）　155
エングル＝グレンジャー検定　596, 602,
　　624
横断面データ　9
応用計量経済学　2
大型マクロ計量モデル　580

◆ か 行
回帰（regression）　115

714

回帰関数　62, 104, 132
回帰式　106
回帰の F 検定　672
回帰非連続デザイン (regression discontinuity design; RDD)　443
回帰分析　115
回帰平方和 (explained sum of squares; ESS)　114, 115
回帰変数　106
回帰変動　115
回帰モデル　11
階　級　20
階　差　465
階差定常 (difference stationary)　539
階　乗　34
外生 (exogenous)　147, 148
外生性　119, 159, 276, 296, 332
外生変数　148, 224, 282, 286
外　積　634
介入 (intervention)　393
乖離率　22
ガウス=マルコフの定理　132, 505, 667, 676
拡張ディッキー=フラー (Augumented Dickey Fuller; ADF) 回帰式　555, 579
拡張ディッキー=フラー (Augumented Dickey Fuller; ADF) 検定　555, 557, 579, 595
確定トレンド (deterministic trend)　531, 538, 549, 557, 571
確報値　523
確率関数　27
確率極限　85, 647
　　——に基づくバイアス　146
確率収束　647
確率統計　11
確率トレンド (stochastic trend)　531, 549, 550, 557, 571
確率変数　26, 117
重なりの仮定 (オーバーラップの仮定)　407
加重最小 2 乗法　415
過小識別 (under-identification)　284
過剰識別 (over-identification)　284, 286, 292
過剰識別検定 (over-identifying restrictions test)　300, 301, 685
過剰制御 (overcontrol)　188
仮説検定　11, 90

片側検定　96
ガーチ (Generalized Autoregressive Conditional Heteroskedasticity; GARCH) モデル　515, 518
カーネル関数　414
カーネル法　19
「かばん」検定　509
頑健性 (robustness)　84
観察可能な変数に基づくサンプル・セレクション (selection on observables)　383
観察研究 (observational study)　405
観察データ　3, 4, 10
完全遵守 (perfect compliance)　444
観測誤差　120
棄却域　92
疑似決定係数 (Pseudo R^2)　343
疑似パネルデータ (pseudo panel data)　259
記述統計量　15
基準カテゴリー (reference category)　361
奇順列　635
季節階差　468
季節差分　468
季節調整　467
　　——方法　573
期待値　28
　　——の性質　64
帰無仮説　93, 126
逆回帰　135, 602
逆行列　635
逆ミルズ比 (inverse Mill's ratio)　369, 384, 386, 390
強外生 (strict exogeneity)　223, 224
共通トレンド (common trend) の仮定　427
強定常　476
共分散行列　643
共分散定常　476
共分散の性質　64
行ベクトル　631
共変量　106
行　列　10, 631
行列式　636
行列のランク　635
共和分 (cointegration)　12, 571, 593
共和分回帰 (cointegrating regression)　136, 596, 602, 624
共和分階数 (cointegrating rank)　608, 622

事 項 索 引　　715

共和分係数 (cointegrating coefficient) 595

極限分布 86, 649

局所線形回帰 (local linear regression) 415

局所線形回帰推定量 415

局所平均処置効果 (local average treatment effect; LATE) 321, 420, 451

均一分散 124, 129, 204

偶順列 635

クオントの尤度比検定 (Quandt LR test; QLR test) 566

区間回帰モデル 359

区間推定 81, 89, 90

屈折トレンド (kinked trend) モデル 534

区分線形トレンド (piecewise linear trend) モデル 534

クラスター構造に頑健な標準誤差 (cluster robust standard error) 229, 231-233, 380, 429

クラスター構造を持つデータ 258

クラッグ=ドナルドの検定法 298

クラーメル=ラオ下限 (Cramer-Rao lower bound; CRLB) 689

繰り返し期待値の法則 59, 62, 119, 124, 334, 411, 515

繰り返しクロスセクションデータ (repeated cross section data) 259

クレイベルヘンの検定法 299

クレイベルヘン=パープの検定法 298

グレンジャー因果性 135, 582-584, 588, 589, 591, 620, 624

クロスセクションデータ 9, 224, 461

景気循環 471

傾向スコア (propensity score) 411

傾向スコア・マッチング推定 (法) 412, 414, 435, 436

経済モデル 5

計量経済学 2, 5, 6, 155, 619

計量経済モデル 6

系列従属 (serial dependence) 478

系列相関 (serial correlation) 12, 229, 230, 250, 469, 470, 519, 524, 554, 557, 674

系列相関構造 533

系列相関に対して頑健な標準誤差 → HAC 標準誤差

系列独立 (serial independence) 477

結合仮説 (joint hypothesis) 175

月次データ 466

決定係数 116, 156, 246

欠落変数 121

——の問題 (omitted variable problem) 143, 145, 185, 186, 220

欠落変数バイアス (omitted variable bias) 143, 146, 156, 158, 187, 188, 195-197, 212, 215, 234, 237, 252, 260, 261, 269, 311, 384

限界効果 (marignal effect) 106, 169, 170, 182, 341, 375, 380

原系列 461

現行価格表示の GDP (GDP at current prices) 463

検出力 93

検定統計量 90

検定のサイズ 92

交互作用モデル (interaction model) 168, 169, 172

交差項 (interaction term) 168

構造形 290

構造式 382, 383

構造変化 12, 540, 563, 571

構造変化がない制約の F 統計量 563

構造変化の検定 563

恒等行列 634

高頻度データ 466

交絡因子 (confounding factor) 145

効率性 81, 83, 97

効率的なウェイト 683

効率的な推定量 83, 690

国内総生産 (gross domestic product; GDP) 7, 461

コクラン=オーカット推定量 504, 506

誤差項 105

誤差修正モデル (error correction model) 599

コーシー分布 646

個人効果 251

個人固定効果 237

個体内変動に基づく決定係数 247

個体内変動に基づく自由度修正済み決定係数 248

固定効果 (fixed effects) 216, 237, 252, 254

固定効果推定 149, 215, 252, 260, 329

固定効果推定の全体での自由度修正済み決定係数 247

固定効果推定量 (fixed effects estimator) 212, 217, 219, 220, 223, 226

固定効果推定量のクラスター構造に頑健な標準
　誤差　230
固定効果操作変数推定 (fixed effects instru-
　mental variable estimation; FEIV)
　307
固定効果変換 (fixed effects transforma-
　tion)　218, 250, 260
固定効果モデル (fixed effects regression
　model)　212, 216, 222, 250, 432
個別トレンド (incidental trends)　233,
　240
個別トレンド・モデル　240
固有値　637
固有値分解　639
固有ベクトル　637
固有方程式　637
コールレート　578
コレスキー分解　640
コレログラム (correlogram)　478
コントロール (control)　147
コントロール関数 (control function)
　289, 292, 319, 324
コントロール関数法の回帰式　293
コントロール・グループ (control group)
　395
コントロール変数 (control variable)
　147, 185-187, 196
◆ さ 行
最小距離推定 (minimum distance
　estimation)　681
最小絶対偏差法 (least absolute deviation;
　LAD)　136
最小 2 乗 (OLS) 推定量　109, 111, 117,
　119, 133, 143, 151, 196, 206, 655,
　667
　——の一致性　122, 160
　——の確率極限　145
　——の行列表現　657
　——の区間推定　128
　——の漸近正規性　126, 160
　——の漸近分布　123
　——の標準誤差　125, 161
　——の不偏性　121, 160
最小 2 乗ダミー変数 (Least squares
　dummy variables; LSDV)　220,
　254, 256
最小 2 乗法 (ordinary least squares; OLS)
　11, 109, 137, 143, 150, 269, 331, 350
最小分散線形不偏推定量 (best linear
　unbiased estimator; BLUE)　667

再生性　644
最大固有値統計量　626
最頻値 (モード)　16, 29
最尤推定　97
最尤推定法　98, 340
最尤推定量 (maximum likelihood estima-
　tor; MLE)　97, 98, 341, 687
最尤法　329
サーガン検定　301
差の差推定 (difference-in-differences esti-
　mation; DinD, DD 推定)　427,
430, 436
差の差の差推定 (difference-in-differences-
　in-differences estimation; DDD 推定)
　440
差の差の推定量 (difference-in-differences
　estimator)　175
残　差　111
残差平方和 (residual sum of squares;
　RSS, sum of squared residuals; SSR)
　115, 157
残差変動　116
散布図　22
サンプル・セレクション項　383
サンプル・セレクション・バイアス　382,
　384
時間効果 (time effects)　233, 237
時間効果モデル　234
時間固定効果　237
時間ダミー (time dummy)　235
識別 (identification)　165
識別不能 (not identified)　284
時系列構造　6, 7
時系列データ　9, 12, 118, 461, 470
時系列分析　12
時系列モデル　495
次　元　635
自己回帰 (autoregressive model; AR) モ
　デル　108, 496, 531, 580
自己回帰分布ラグ (autoregressive
　distributed lag; ADL) モデル　506,
　580
自己共分散 (autocovariance)　470, 477
自己相関 (autocorrelation)　229, 230,
　470
自己相関係数　477
事後分布　619
指示関数　354, 408
指　数　45
指数関数　345, 652

事 項 索 引　　717

次数条件（order condition） 283
自然実験（natural experiment） 316, 423, 426
自然対数 21, 652
事前分布 619
下三角行列 640
悉皆調査 80
実験群 393
実験データ 4, 10
実質化 462
実質系列 462
実証分析 2
質的変数 328
四半期データ 466
四分位範囲 18, 30
弱定常 476
シャープな回帰非連続デザイン（sharp regression discontinuity design; Sharp RDD） 444, 450
重回帰分析 136, 170, 185, 190, 196
重回帰モデル（multiple regression model） 136, 142, 150, 196
収穫一定 126
収穫逓減 126
収穫逓増 126
従　属 54
従属変数　→被説明変数
自由度 48
自由度修正済み決定係数（adjusted R^2） 156, 157
自由度修正ホワイト標準誤差 131, 161, 230
周辺確率関数 50
周辺分布 50, 56
周辺分布関数 50, 57
周辺密度関数 56, 71
需要関数 5
準階差（quasi-difference） 504
循環（サイクル）成分（cyclical component） 463, 530, 532, 535, 560
遵守者（compliers） 421, 451
順序付きプロビット・モデル 352, 353
　　——の限界効果 355
順序付き離散データの線形確率モデル 351
順序なし離散変数の線形確率モデル 361
上限 F 統計量（sup-F statistic） 565
条件付き確率関数 53
条件付き期待値 58
条件付き独立性の仮定（conditional

independence assumption; CIA） 405
条件付き分布 53
条件付き平均独立性（conditional mean independence） 187
条件付き密度関数 57, 71
上限ワルド統計量（sup-Wald statistic） 566
常時参加者（always takers） 421
常時不参加者（never takers） 421
小標本理論 3, 82
情報等式 688
常用対数 652
除外変数 386
　　——の制約（exclusion restriction） 281
処置（treatment） 393
処置群（treatment group） 393, 426, 431
ショックの識別 611, 612, 624
信頼区間 90, 128, 162
信頼係数 90
水準シフト（level shift）モデル 540
推　定 80
推定対象（estimand） 419
推定値 80
推定量 80
数理統計学 3
スカラー 632
スタイガー=ストックの F 検定 296, 297, 317
スルツキーの定理 123, 575, 649, 650, 659
正規確率変数 48
　　——の線形結合の分布 65
正規分布 45
　　——期待値と分散 48
　　——再生性 65, 87
制限従属変数 12
制限情報最尤推定量（limited information maximum likelihood estimator; LIML estimator） 299
政策（policy） 393
政策評価（policy evaluation） 12, 394
正循環的（procyclical） 472
生成された説明変数（generated regressor） 293, 375, 385
正　則 635
正値定符号行列 637
成長回帰 192

正の相関　24
正方行列　634
積　分　42
説明変数（独立変数）　106
セルフ・セレクション効果　398
セレクション項　384
セレクション効果　398
セレクション式　382, 383
ゼロ行列　634
漸近正規性　88, 97, 118, 123, 133, 159,
　223, 227, 228
漸近バイアス　83, 88
漸近分散　86, 125
漸近分散推定量に基づく標準誤差（HAC
　standard error）　230
漸近分布　86
漸近理論（大標本理論）　3, 81, 84, 118,
　276
線形回帰モデル　62
線形確率モデル（linear probability model）
　331, 336, 340, 346, 350, 351
線形結合　634
線形単回帰モデル　104, 106
線形独立　635
線形トレンド（linear trend）　240, 531,
　560, 628
線形トレンド・モデル　133, 531, 532,
　534, 541, 543
先決変数（predetermined variable）
　225
潜在結果（potential outcome）　395
潜在変数（latent variable）　338, 339
潜在変数モデル　339, 340
センサス　80
全数調査　80
尖　度　30
前年同期比　467
全平方和（total sum of squares; TSS）
　114, 115
全変動　116
相関関係　134
相関係数　22, 64, 179
操作変数（instrumental variables; IV）
　12, 197, 269-271, 282, 286, 320
　強い——　271
　弱い——　271, 296
操作変数推定　136, 329
操作変数推定量（instrumental variable
　estimator）　271, 273, 274, 278,
　419, 420

——の一致性　277
——の外生性　271, 281, 301
——の仮定　420
——の関連性　271, 276, 296
——の漸近分布　277
——の標準誤差　279
操作変数法（instrumental variables
　method）　149, 197, 269, 270, 320,
　519
操作変数法での R^2　317
総変動　115
測定誤差（measurement error）　311,
　312
速報値　523
ソーシャル・キャピタル（社会関係資本）
　191

◆ た　行
第 1 種過誤　93
対角行列　634
対照群（control group）　393, 426, 431
対　数　45, 652
対数階差変化率　465
対数関数　22, 652
対数季節階差変化率　468, 469
対数系列　463
対数差乖離率　464
大数の法則　48, 85, 123, 277, 647, 648
対数変換　107
対数尤度関数（log-likelihood）　99, 340,
　354, 687
対数尤度の和　343
第 2 種過誤　93
代表値　15, 28
大標本理論　→漸近理論
対立仮説　93, 127
ダーヴィン=ウー=ハウスマン検定　319
多項式トレンド（polynomial trend）モデル
　535
多項式モデル（polynominal model）
　168-170
多項分布　74
多項ロジット・モデル　362, 363, 364
　——限界効果　363
多次元データ　9
多重共線性（multicollinearity）　159,
　164-166, 170, 223, 226, 238, 294,
　379, 386
ダービン=ワトソン比　484
多変量正規分布の標準化　644
ダミー変数　9, 106, 114, 348

事項索引　719

——の罠（dummy variable trap）
166
単位根　591, 595, 604
単位根過程　554
単位根検定（unit root test）　531, 539,
549, 550, 571, 624, 628
単回帰分析　136
——の HAC 標準誤差　493
単回帰モデル　136
短期識別制約　612, 613, 615, 621
単調減少関数　652
単調性（monotonicity）　420, 451
単調増加関数　652
弾力性　107
チェビシェフの不等式　647
チャウ検定（Chow test）　564
中央値（メディアン）　16, 29
中間経路の変数　188
抽出調査　80
中心化移動平均　468
中心極限定理（central limit theorem;
CLT）　85, 88, 90, 123, 278, 575,
649, 660
超一致性（super consistency）　690
長期識別制約　612, 621
長期動学乗数　505
長期分散（long run variance）　488, 675
長短金利スプレッド　578
丁度識別（just-identification）　284,
289, 301
直　交　119
定常根（安定根）　604, 606
定常時系列モデル　530
定常性（stationarity）　476, 530, 549
定数関数　652
ディッキー=フラー回帰式　550, 551, 609,
628
ディッキー=フラー（単位根）検定　550,
596
ディッキー=フラー t 分布　550, 552, 574
ディッキー=フラー（DF）分布　550, 574
ディトレンド（detrend; トレンド除去）
464, 530
テイラー展開　331, 654, 681
テイラールール　561, 619
データの 1 次利用　8
データの 2 次利用　8
デルタ法　343, 344
点推定　81
転　置　631

動学 OLS 推定量（dynamic OLS estima-
tor）　600
動学乗数　505
動学的確率的一般均衡（dynamic stochastic
general equilibrium; DSGE）モデル
619
動学パネルデータモデル　224
統計解析ソフト　180-182, 204, 231, 233,
249, 256, 279, 294, 317, 341,
343-345, 347, 375, 380, 385, 429,
515, 564, 626, 664
統計学　80
統計誤差　81
統計的因果推論　149
統計的に有意　196
統計データ　80
統計量　80
同時確率関数　50
同時決定性（simultaneity）　311
同時分布関数　50, 55
同時方程式体系　148
同時密度関数　56
統制群　393
特性根　603, 604, 608
特性方程式　603, 604, 607
独　立　54, 58, 73, 119
独立同一分布（independently and inden-
tically distributed; i.i.d）　73, 118,
159, 223, 230, 276, 294
独立変数　→説明変数
独立ランダムウォーク　592
度　数　20
度数分布表　19
トップコーティング　370
トービット・モデル（Tobit model）　367,
369, 370, 376, 390
——の限界効果　369
トリートメント・グループ（treatment
group）　393
ドリフト付きのランダムウォーク　551,
554, 560, 628
トレース　634
トレース統計量（trace statistic）　626,
629
トレンド　12, 530, 571
トレンド・サイクル分解（trend cycle
decomposition）　463, 530, 557,
562, 571
トレンド除去　→ディトレンド
トレンド成分（trend component）　463,

530, 532, 535
トレンド定常（trend stationary）　539
トレンドのある変数（trending variable）　463, 530

◆ な 行

内生（endogenous）　147, 148
内生性　254, 311, 332, 372
内生変数　148, 224, 269, 278, 282, 286, 332
内　積　633
ナウキャスト（nowcast）　523
二項分布　33
二項変数　9
日次データ　466
ニューウィー=ウェスト（Newey-West）の HAC（heteroskedasticity and autocorrelation consistent）推定量　525, 676
ニューウィー=ウェスト標準誤差　489
ニューケインジアン・フィリップス曲線　517, 520, 619
ネイピア数　21, 652
年次データ　461
ノルム　634
ノンパラメトリック回帰　414
ノンパラメトリック法　435

◆ は 行

バイアス　83, 88
ハウスマン検定（Hausman test）　253, 318, 319
パネル単位根検定　571
パネル単位根検定統計量　576
パネルデータ　10, 197, 211, 215, 260, 377
パネルデータ分析　149, 197, 260
パラメータ　5
（未知）——　80, 81, 90
バロー回帰　192
反抗者（defiers）　421
反実仮想（counterfactual）　395
反循環的（countercyclical）　472
半正値定符号行列　637
バンド幅　414, 448, 452
比較群　393
ヒストグラム　19
被説明変数（従属変数）　106
非線形回帰分析　108
非線形回帰モデル　132, 329
非線形トレンド・モデル　534
非線形モデル　168, 170, 182

非定常　530
非定常時系列データ　571
標準化　18
　確率変数の——　41
標準誤差（standard error）　88, 125
標準正規分布　47
標準偏差　29
標　本　80, 82
標本共分散　22, 88
標本相関係数　22
標本対応（sample analog）　286
標本標準偏差　18
標本分散（不偏分散）　17, 18
標本平均　15
　——の HAC 標準誤差　489
頻度論統計学　619
ファジーな回帰非連続デザイン（fuzzy regression discontinuity design; Fuzzy RDD）　450, 451
フィッシャー情報量　689, 691, 692
フィリップス曲線　472, 473, 516, 520
フィールド実験　402
フェデラル・ファンド・レート（FF レート）　561
不完全遵守（imperfect compliance）　418
不均一分散　129, 204, 230, 335, 674
不均一分散に頑健な標準誤差　131, 279, 335
複合的なクラスター構造に頑健な標準誤差　258
不揃いなパネルデータ（unbalanced panel）　255
ブートストラップ法　343, 344, 375, 377
負の相関　24
部分回帰　664
不変価格表示の GDP（GDP at constant prices）　462
不偏推定量　83
不偏性　18, 81, 118, 121, 159, 223, 227, 278, 332
不偏分散　→標本分散
不偏予測（unbiased forecast）　582
プラセボ分析　439
フリッシュ=ウォー=ローヴェル（Frisch-Waugh-Lovell; FWL）定理　152, 155, 156, 161, 162, 206, 219, 666
ブルイッシュ=ゴッドフレイ検定　510
プールされた OLS 推定量　231, 252
プールした最小 2 乗（pooled OLS）推定量

事 項 索 引　721

213

プレイス=ウィンステン推定量　504, 506

プログラム（program）　393

プログラム評価（program evaluation）
　394

「風呂敷」検定　509

『プロテスタンティズムの倫理と資本主義の精
　神』　268

プロビット・モデル（probit model）
　108, 336, 338, 340, 346, 350, 374

プロビット・モデルの限界効果　341

分　散　29

分散共分散行列　643

分散の性質　64

分散分解　614, 625

　——の公式　617

　——の方法　618

分散分析　613

分布関数　28, 35, 38, 56

分布収束　86, 649

分布ラグ（distributed lag; DL）モデル
　505

平均限界効果（average marginal effect）
　169, 170, 380

平均処置効果（average treatment effect;
　ATE）　396, 397, 400, 407

　処置を受けた者の中での——（average
　treatment effect on the treated;
　ATT）　396, 397, 399, 400, 407

平均2乗誤差（mean squared error; MSE）
　83

平均2乗収束　648

平均2乗予測誤差（mean squared forecast
　error; MSFE）　582, 624

平均への回帰（regression towards
　mediocrity）　115

平均周りのk次モーメント　30

ベイズ情報量規準（BIC）　500

ベイズ統計学　619

ヘキット・モデル（Heckit model）　385,
　390

べき等行列　638

ベクトル　10, 631

ベクトル誤差修正モデル　599

ベクトル自己回帰（vector autoregressive;
　VAR）モデル　12, 471, 517, 579,
　580, 618, 624

ベバリッジ=ネルソン（BN）分解　557

ベルヌーイ試行　32

ベルヌーイ分布　33

偏自己相関（partial autocorrelation）
　499

変数選択　185, 190

変数変換　256

変量効果（random effects）　252, 254

変量効果推定量（random effects estima-
　tor）　252

変量効果プロビット・モデル　380

変量効果モデル（random effects model）
　251

ポアソン分布　34

母集団　80, 82

母集団平均　28

ボックス=ピアース Q 検定統計量　→ Q 検定
　統計量

ホドリック=プレスコット（HP）・フィルター
　535

　——の目的関数　536

ボラティリティ・クラスタリング（volatility
　clustering）　512

ホワイトノイズ（white noise）　473, 477,
　559, 560

ホワイトの標準誤差　131

ボンフェローニ（Bonferroni）の方法
　183

◆ ま 行

マクロ経済時系列データ　530

マクロ経済変数　461

マクロデータ　9

マッチング　435

マッチング推定　412

マルチンゲール差分に関する中心極限定理
　660

ミクロデータ　9

見せかけの回帰（spurious regression）
　592, 624

密度関数　35, 56

無関係な選択肢からの独立（independence
　from irrelevant alternatives; IIA）
　364

無作為抽出　82

無作為標本　82

無作為割り当て（random assignment）
　399, 404

無相関　24

メディアン　→中央値

名目系列　462

モデルから除外された外生変数（excluded
　exogenous variable）　281

モデルに含まれた外生変数（included

exogenous variable) 281
モーメント条件 (moment condition) 273, 285
モーメント法 (method of moments) 273, 274, 286, 679

◆ や 行

有意水準 92
有意性検定 127
有効推定量 690
誘導形 (reduced form) 287, 290
尤度関数 97, 98
尤度比検定 (likelihood ratio; LR) 97, 100, 629
尤度方程式 99
予測誤差 (forecast error) 582
予測値 111
予測問題 159, 190
ヨハンセン (共和分) 検定 608, 609, 624, 626

◆ ら 行

ラグ 465
ラグオペレータ 603, 605, 622
ラグ次数の選択法 525
ラグ多項式 603
ラグ付き階差変数 555
ラグ (付き) 変数 (lagged variable) 225, 465
ラグランジュ関数 671
ラグランジュ乗数 671
ラグランジュ乗数法 671
ラボ実験 402
ランダムウォーク (random walk) 538, 551, 554, 557, 558
ランダム化奨励デザイン (randomized encouragement design) 313, 314, 418
ランダム化比較実験 (randomized control trial; RCT) 10, 135, 149, 314, 400, 404
ランニング変数 (running variable) 443

離散確率変数 26
——の期待値 58
——の共分散 60
——の条件付き分散 60
——の分散 60
離散データ 8
離散変数 333
リスク・プレミアム 578
リード変数 520
リュン=ボックス修正 Q 検定統計量 →修正 Q 検定統計量
両側検定 96, 127, 162
両対数モデル 107
理論分析 2
臨界値 92
累積度数 20
累積分布関数 27
ルーカス批判 517
ルービン因果モデル 394, 395
ルービンによる因果性 589, 621
ルービンによる因果性分析 620
列ベクトル 631
連続確率変数 27
——の期待値 39, 61
——の共分散 63
——の条件付き期待値 62
——の条件付き分散 63
——の分散 39, 62
連続更新推定 (continuous updating estimator; CUE) 684
連続性の仮定 444
連続データ 8
連続変数 333
ロジスティック分布 345
ロジット・モデル 345, 346

◆ わ 行

歪度 30
ワルド (Wald) 検定 178, 668
ワルド推定量 419, 420
ワルド統計量 178, 301, 564

事項索引　723

人名索引　ECONOMETRICS

◆ アルファベット

Anderson, T. W.　299
Andrews, D. W. K.　526
Angrist, J. D.　233, 300, 314, 316
Baker, R. M.　300
Barro, R. J.　192
Becker, S. O.　268-270, 303, 322, 323
Belloni, A.　318
Beveridge, S.　557
Bound, J.　300
Box, G. E. P.　480, 481, 509
Brodeur, A. M.　196
Brückner, M.　315
Cameron, A. C.　258
Card, D.　283
Chen, D.　318
Chernozhukov, V.　318
Ciccone, A.　315
Cinnirella, F.　303, 322
Clark, D.　453, 454, 456
Donald, S. G.　318
Durbin, J.　319
Enders, W.　572
Engle, R. F.　596
Evans, W. N.　316
Fuest, C.　437
Fujiwara, T.　448-450
Fuller, W. A.　552
Galí, J.　520
Gelbach, J. B.　258
Gertler, M.　521
Gneezy, U.　402
Graddy, K.　314
Granger, C. W. J.　596
Guggenberger, P.　254, 320
Hall, A. R.　318
Hansen, C.　318
Hansen, L. P.　289
Hausman, J. A.　252, 318
Hayashi, F.　520
Heckman, J. J.　302
Hornung, E.　303, 322
Ida, T.　314
Imbens, G. W.　314
Jaeger, D. A.　300
Keefer, P.　191

Kézdi, G.　233
Kleibergen, F.　299
Knack, S.　191
Krueger, A. B.　300
Kuersteiner, G.　318
Kunitomo, N.　318
Kwiatkowski, D.　571
Lé, M.　196
List, J. A.　402
Ljung, G. M.　481
Madestam, A.　315
Mankiw, N. G.　192
Martorell, P.　453, 454, 456
Miller, D. L.　258
Montiel Olea, J. L.　298
Nakamura, A.　319
Nakamura, M.　319
Nelson, C. R.　557
Newey, W. K.　318, 489
Peichl, A.　437
Peixe, F. P. M.　318
Petersen, M. A.　233
Pflueger, C.　298
Phillips, P. C. B.　571
Pierce, D. A.　480, 509
Pischke, J.-S.　233, 336
Romer, D.　192
Rosenzweig, M. R.　317
Rubin, H.　299
Sala-i-Martin, X. X.　192
Sangnier, M.　196
Sargan, J. D.　301
Schmidt, P.　571
Schmierer, D. S.　302
Shoag, D.　315
Siegloch, S.　437
Stock, J. H.　233, 298
Taylor, W. E.　252
Urzua, S.　302
Veuger, S.　315
Wang, W.　314
Watson, M. W.　233
Weil, D. N.　192
West, K. D.　489
Woessmann, L.　268-270, 303, 322, 323

Wolpin, K. I.　317
Wooldridge, J. M.　199
Wu, De-Min　319
Yanagizawa-Drott, D.　315
Yogo, M.　298
Zylberberg, Y.　196

◆ あ 行

アカロフ，ジョージ・A.（G. A. Akerlof）
　402, 403
朝井友紀子（Y. Asai）　213, 245, 264,
　432
アセモグル，ダロン（D. Acemoğlu）　192
アッシェンフェルター，オーリー・C.（O. C.
　Ashenfelter）　424, 425
アングリスト，ヨシュア・D.（J. D.
　Angrist）　336, 424, 425
伊藤隆敏（T. Ito）　568
イム，キュンソー（K. Im）　576
インベンス，グイド（G. Imbens）　424
ウィテカー，エドマンド・T.（E. T.
　Whittaker）　536
ウェーバー，マックス（M. Weber）　268
ウーリグ，ハラルト（H. Uhlig）　536,
　620
岡田章（A. Okada）　671
岡本哲朗（T. Okamoto）　623
奥井亮（R. Okui）　251, 318
尾山大輔（D. Oyama）　671

◆ か 行

カード，デイビッド（D. Card）　425
川口大司（D. Kawaguchi）　312
川田恵介（K. Kawata）　433
神取道宏（M. Kandori）　311
神林龍（R. Kambayashi）　213, 245,
　264, 431
クライン，ローレンス（L. Klein）　148
クルーガー，アラン（A. Kruger）　425
グレンジャー，クライブ（C. Granger）
　584
ゴールトン，フランシス（F. Galton）
　115
近藤絢子（A. Kondo）　309, 310, 308

◆ さ 行

サージェント，トーマス（T. Sargent）
　618
サミュエルソン，ポール・A.（P. A.
　Samuelson）　474
シムズ，クリストファー・A.（C. A. Sims）
　580, 581, 588, 613, 618, 625
シン，ヨンチョル（Y. Shin）　571, 576

ジンガレス，ルイジ（L. Zingales）　191
新谷元嗣（M. Shintani）　623
スタイガー，ダグラス・O.（D. O. Staiger）
　297
ストック，ジェームズ・H.（J. H. Stock）
　297
スペンス，アンドリュー・M.（A. M.
　Spence）　452
ソロー，ロバート・M.（R. M. Solow）
　192, 474

◆ た 行

ダーウィン，チャールズ・R.（C. R.
　Darwin）　115
高木信二（S. Takagi）　623
千木良弘朗（H. Chigira）　225
敦賀貴之（T. Tsuruga）　521
テイラー，ジョン・B.（J. B. Taylor）
　561

◆ な 行

西谷元（H. Nishitani）　433

◆ は 行

パットナム，ロバート・D.（R. D.
　Putnam）　191
早川和彦（K. Hayakawa）　225
廣瀬康生（Y. Hirose）　620
フィリップス，アルバン・W.（A. W.
　Phillips）　474
フェルプス，エドムンド・S.（E. S. Phelps）
　516
藤原一平（I. Fujiwara）　620
フリッシュ，ラグナル（R. Frisch）　155
フリードマン，ミルトン（M. Friedman）
　516
プレスコット，エドワード・C.（E. C.
　Prescott）　535, 536
ペサラン，M. ハシェム（M. H. Pesaran）
　576
ベッカー，ゲーリー・S.（G. S. Becker）
　452
ヘックマン，ジェームズ・J.（J. J.
　Heckman）　385
ホドリック，ロバート（R. Hodrick）　536
ホワイト，ハルバート（H. White）　131

◆ ま 行

マクファーデン，ダニエル（D. McFadden）
　343
宮尾龍蔵（R. Miyao）　625
ミンサー，ジェイコブ（J. Mincer）　452
武藤一郎（I. Muto）　521
森棟公夫（K. Morimune）　318

人名索引　725

◆ や 行

安田洋祐 (Y. Yasuda)　671
藪友良 (T. Yabu)　568
山口慎太郎 (S. Yamaguchi)　213, 245, 246, 264, 432
山本拓 (T. Yamamoto)　225
要藤正任 (M. Yodo)　191, 192, 196, 203
ヨハンセン, セーレン (S. Johansen)　608, 628, 629

◆ ら 行

ラヴン, モートン (M. Ravn)　536

ルーカス, ロバート・E. (R. E. Lucas)　516
ルター, マルティン (M. Luther)　268, 270
ルービン (D. Rubin)　394, 395, 424, 589
ロビンソン, ジェイムズ・A. (J. A. Robinson)　192

◆ わ 行

渡部敏明 (T. Watanabe)　620
ワルド, エイブラハム (A. Wald)　381

計量経済学　　　　　　　　　New Liberal Arts Selection
Econometrics: Statistical Data Analysis for Empirical Economics

2019 年 7 月 30 日　初版第 1 刷発行
2023 年 12 月 20 日　初版第 5 刷発行

著　者	西山　彦嗣司	新谷　慶元大	川口　慶元大	奥井　彦司亮	

発行者　　江　草　貞　治
発行所　　株式会社　有斐閣

郵便番号 101-0051 東京都千代田区神田神保町 2-17
https://www.yuhikaku.co.jp/
印　刷・製　本　大日本法令印刷株式会社

© 2019, Yoshihiko Nishiyama, Mototsugu Shintani, Daiji Kawaguchi, Ryo Okui. Printed in Japan
落丁・乱丁本はお取替えいたします。

★定価はカバーに表示してあります。

ISBN978-4-641-05385-4

JCOPY 本書の無断複写（コピー）は、著作権法上での例外を除き、禁じられています。複写される場合は、そのつど事前に（一社）出版者著作権管理機構（電話03-5244-5088, FAX03-5244-5089, e-mail：info@jcopy.or.jp）の許諾を得てください。

本書のコピー，スキャン，デジタル化等の無断複製は著作権法上での例外を除き禁じられています。本書を代行業者等の第三者に依頼してスキャンやデジタル化することは，たとえ個人や家庭内での利用でも著作権法違反です。